Über die Autorin:

Sherry B. Ortner arbeitet als Professorin für Anthropologie an der New Yorker Columbia University. Seit mehr als dreißig Jahren betreibt sie Studien zu den Sherpas; dabei gilt ihr Blick den Menschen und ihrer lebenslangen Sinnsuche. Ihre wissenschaftliche Arbeit wurde mit mehreren Preisen ausgezeichnet.

SHERRY B. ORTNER
DIE WELT DER SHERPAS
LEBEN UND STERBEN
AM MOUNT EVEREST

AUS DEM AMERIKANISCHEN VON
ANNI POTT

BASTEI LÜBBE TASCHENBUCH
Band 60506

1. Auflage: Mai 2002

Vollständige Taschenbuchausgabe
der im Gustav Lübbe Verlag erschienenen Hardcoverausgabe

Bastei Lübbe Taschenbücher und Gustav Lübbe Verlag sind Imprints der
Verlagsgruppe Lübbe

© 1999 by Sherry B. Ortner
Die Originalausgabe erschien unter dem Titel
Life and Death on Mt. Everest. Sherpas and Himalayan Mountaineering
bei Princeton University Press, USA
© für die deutschsprachige Ausgabe:
2000 by Verlagsgruppe Lübbe GmbH & Co. KG,
Bergisch Gladbach
Textredaktion: Elke Weidenstraß, Köln
Einbandgestaltung: Guido Klütsch, Köln, unter Verwendung eines Fotos
aus Manfred Abelein, *Shisha Pangma*, Bergisch Gladbach 1980, und eines
Fotos (Rückseite) von Premium, Stock Photography GmbH, Düsseldorf
Karten: Thomas W. Cuddy/Reinhard Borner, Bergisch Gladbach
Satz: Dörlemann Satz, Lemförde
Druck und Verarbeitung: Clausen & Bosse, Leck
Printed in Germany
ISBN 3-404-60506-3

Sie finden uns im Internet unter
http://www.luebbe.de

Der Preis dieses Bandes versteht sich einschließlich
der gesetzlichen Mehrwertsteuer.

WIDMUNG

Für meine Familie
Tim und Gwen
Daddy und Mel
Verwandtschaft ist wichtig

INHALT

Kapitel 1: Beginn 9
Kapitel 2: Sahibs 35
Kapitel 3: Sherpas 69
Kapitel 4: Mönche 109
Kapitel 5: Tod 149
Kapitel 6: Männer 179
Kapitel 7: Gegenkultur 219
Kapitel 8: Frauen 255
Kapitel 9: Umgestaltungen 291
Kapitel 10: Epilog 329

Anhang A: Geschichten 345
Anhang B: Klöster 359

Danksagung 373
Hinweis für den Leser 374
Verzeichnis der Illustrationen 375
Anmerkungen 379
Bibliographie 411
Register 423

KAPITEL 1

Beginn

IM MAI 1996 KAMEN ACHT PERSONEN VON DREI VERSCHIEDENEN BERGSTEIGERGRUPPEN IN EINEM UNWETTER AM MOUNT EVEREST UMS LEBEN. Es war nicht die schlimmste Katastrophe in der Geschichte des Bergsteigens im Himalaya. Jedoch erhielt sie soviel öffentliche Aufmerksamkeit, wie es vielleicht seit 1924 nicht mehr der Fall gewesen war, als George Leigh Mallory zusammen mit einem weiteren Bergsteiger nahe am Gipfel des Everest im Nebel verschwunden und nie wieder zurückgekehrt war. Es war Mallory, der gesagt hatte, er wolle den Everest besteigen, »weil er da ist«.

Daß sich das Drama von 1996 unter der Anteilnahme einer so breiten Öffentlichkeit abspielte, war das Ergebnis verschiedener Entwicklungen des späten 20. Jahrhunderts. Zum einen war da der technische Fortschritt in den Kommunikationstechnologien, der es einigen Gruppen ermöglichte, vom Berg aus per Computer oder Telefon mit jedem Teil der Welt direkt in Kontakt zu stehen. Eine makabre Folge davon war, daß einer der Bergsteiger, Rob Hall, als er weit oben am Berg feststeckte und im Sterben lag, noch mehrfach mit seiner schwangeren Frau in Neuseeland sprach.

Ein zweiter Faktor, daß die Ereignisse so in den Blickpunkt der Weltöffentlichkeit rückten, war die in den letzten zehn Jahren zu verzeichnende Zunahme der sogenannten »Abenteuerreisen«. Dabei zahlen relativ unerfahrene Personen große Geldsummen für die Teilnahme an gefährlichen Sportarten und Freizeitunternehmungen, die in der Vergangenheit normalerweise nur eingefleischten Fans vorbehalten waren. 1996 handelte es sich bei zwei der Parteien, die tödliche Unfälle zu beklagen hatten, um solche kommerziell organisierten Gruppen, deren Klienten jeweils rund 65000 US-Dollar gezahlt hatten, um sich von einem Profi auf die Spitze des Mount Everest führen zu lassen.

Die Katastrophe von 1996 war auch insofern ungewöhnlich, als dabei kein Sherpa sein Leben verlor.[1] Die Sherpas gehören einer Volksgruppe an, die im Umfeld des Mount Everest und einiger der anderen höchsten Gipfel im Himalaya lebt und die seit dem ersten Jahrzehnt des 20. Jahrhunderts die Himalaya-Expeditionen unterstützt hat. Sie sind die meist stillen Partner der Bergsteiger aus aller Welt, die deren Lasten tragen, die Routen festlegen, Seile fixieren, kochen, die Lager aufschlagen, bisweilen den Bergsteigern das Leben retten und dabei manchmal selbst ums Leben kommen.

Wer waren diese Bergsteiger? Wer waren diese Sherpas? Was war es, das sie aus ihrer eigenen Sicht dort in den überwältigenden und tödlichen Wänden des höchsten Berges der Erde suchten und taten?

Als Ethnologin beschäftige ich mich seit Mitte der sechziger Jahre mit den Sherpas. Ich spürte immer mehr die Notwendigkeit, über die Rolle der Sherpas bei den Expeditionen zu schreiben, die Geschichte des Himalaya-Bergsteigens aus ihrer Perspektive darzustellen. Dieses Unterfangen ist ein Ziel dieses Buches. Zwar haben die Sherpas wesentliche Beiträge zur Bezwingung der Himalaya-Gipfel geleistet, haben damit Geld verdient, sind berühmt geworden und oft dabei ums Leben gekommen. Aber das Bergsteigen im Himalaya wurde von Anfang an und wird immer noch weitestgehend durch die ausländischen Bergsteiger definiert. Es ist ihr Sport, ihr Spiel, sie verwirklichen ihre Wünsche.

Es geht im vorliegenden Buch jedoch um die Geschichte der Rolle der Sherpas beim Bergsteigen, anders gesagt, um die Geschichte des Bergsteigens aus der Sicht der Sherpas. Dies bedeutet, daß die Sherpas in den Rahmen einzubeziehen sind, der von diesen Männern (später auch Frauen) und ihren Ideen vorgegeben wurde. Wichtig ist in dem Zusammenhang die Geschichte, wie es den Sherpas im Laufe des 20. Jahrhunderts gelungen ist, ihre Position außerordentlich zu verbessern, und zwar ungeachtet der Tatsache, daß der Sport von den Bergsteigern kontrolliert wird.

Wir werden eine Geschichte der Streiks bei Expeditionen, von den Anfängen bis heute, kennenlernen, die um bessere Bezahlung und Ausrüstung und – gleichzeitig auch immer – um mehr Respekt geführt wurden. Zudem haben Sherpas und Bergsteiger seit jeher um ihre (vermeintliche) Männlichkeit miteinander konkurriert und sich deswegen gegenseitig verspottet, sie sind Vater-Sohn-ähnliche Beziehungen eingegangen und haben es gelegentlich auch geschafft, so etwas wie Ebenbürtige und Freunde zu werden. Bei der Geschichte des

Himalaya-Bergsteigens »aus der Perspektive der Sherpas« geht es um die Geschichte dieser komplexen und sich stetig wandelnden Beziehungen.

Wenn wir zum einen die sich wandelnde Rolle der Sherpas bei den Expeditionen beleuchten, dann muß es zum anderen um die Rolle gehen, die die Expeditionen im Hinblick auf das Leben der Sherpas selbst gespielt haben. Es ist in den letzten Jahren zunehmend festgestellt worden, daß den Sherpas nicht genügend Anerkennung zuteil wird, womit in der Regel allerdings die Anerkennung für ihre Unterstützung und ihre Erfolge beim Bergsteigen gemeint ist. Wenn dieses Buch jedoch einem Kanon folgt, dann dem, daß die Sherpas ein Leben jenseits des Berges haben, mit eigenen Wünschen, Bestimmungen und Formen der Verwirklichung, ein Leben, das ebenso eigene Formen der Ungleichheit wie auch des Schmerzes kennt.

Die andere Geschichte dieses Buches geht auf dieses Leben jenseits des Berges ein, auf das Leben in den Sherpa-Dörfern in ihrer Heimatregion Solu-Khumbu, in ihren buddhistischen Tempeln und Klöstern und in ihren urbanen Nachbarschaften in Katmandu, der Hauptstadt Nepals. Hier werden wir dem sozialen und ökonomischen Druck des Lebens begegnen, der viele junge Sherpas zum Bergsteigen brachte und weiterhin bringt. Wir werden die religiösen Überzeugungen und geschlechtsspezifischen Annahmen kennenlernen, die sie hatten, als sie sich den Expeditionen anschlossen, aber wir werden auch sehen, wie sich diese Überzeugungen im Laufe des 20. Jahrhunderts verändert haben. Und wir werden verfolgen, wie sich die »Identität« der Sherpas in dem Maße veränderte, wie sich die Erfahrungen des Bergsteigens mit ihrem Leben auf lokaler, nationaler und globaler Ebene verknüpften.

Vor dem Bergsteigen war das Leben der Sherpas anders, aber keineswegs idyllisch. Solu-Khumbu war (und ist immer noch) eine sehr schöne Region, aber der Anbau auf den Äckern ist mühsam, denn das Gelände ist uneben, und es gibt weder Straßen noch Fahrzeuge. In der Sherpa-Gesellschaft gab es Beziehungen, die von Ungleichheit geprägt waren; und selbst innerhalb relativ gleichberechtigter Beziehungen gab es Konkurrenz- und Konfliktmuster.

Den Sherpas, die in das dörfliche und später urbane Leben eingebunden waren, ermöglichte das Bergsteigen neue Wege der Auseinandersetzung mit diesen Problemen. Man mag der Meinung sein, das

Bergsteigen habe einen »nachhaltigen Einfluß« auf die Sherpas gehabt. Man kann es jedoch auch unter dem Aspekt sehen, wie ich es in diesem Buch tue, daß es ihnen Wege und Möglichkeiten geboten hat, ihre Gesellschaft zumindest teilweise im Sinne ihrer eigenen Vorstellungen zu transformieren und umzugestalten.

Eine Anmerkung zur Terminologie: Bis in die siebziger Jahre hinein verwendeten die Sherpas für die Bergsteiger die Anrede »Sahib« (was in der Regel einsilbig als »Sahb« ausgesprochen wird) und bezeichneten sie auch so. Der Begriff kommt aus dem Hindi und bedeutet soviel wie »Boß« oder »Herr«. Frauen werden mit »Memsahib« angeredet. Daß die Sherpas diese Bezeichnung seit den siebziger Jahren nicht mehr verwenden, war ein Teil ihrer Kampagne für mehr Respekt und Anerkennung. In diesem Buch werde ich den Begriff hingegen aus mehreren Gründen weiter verwenden. Zum einen ist er eine griffige, einsilbige Bezeichnung für die Bergsteiger der verschiedenen Nationen im allgemeinen, soweit keine Notwendigkeit besteht, sie nach weiteren Charakteristika zu spezifizieren.

Zum anderen stellt er die Sahibs in den gleichen Rahmen wie die Sherpas, für die ethnographische Untersuchung werden sie in eine einzige Kategorie von Menschen eingeordnet. Und schließlich denke ich, auch wenn ich die in dem Begriff implizierte Überlegenheit nicht akzeptiere (was natürlich der Grund ist, warum die Sherpas aufgehört haben, ihn zu verwenden), daß man die (weiterhin existierende) Macht der Sahibs über die Sherpas bei den Expeditionen nicht einfach ignorieren kann. Daß ich den Begriff, mit einer gewissen Ironie, weiterhin verwende, soll diesem fortbestehenden Umstand Rechnung tragen.

RISIKO

Das Bergsteigen im Hochgebirge gehört zu den gefährlichsten Sportarten überhaupt. Meist kommt der Tod schnell und unerwartet, verursacht durch ein Abrutschen oder Fallen von einem Felsvorsprung, den Sturz in eine Gletscherspalte oder – zahlenmäßig die häufigste Todesart – das Begrabenwerden unter einer Lawine. Es gibt jedoch auch den langsamen Tod, ausgelöst durch die »Höhenkrankheit«, ein harmlos klingender Ausdruck für die Folgen einer unzureichenden

Sauerstoffversorgung des Blutes, was zu Schlaganfällen, Hirn- und Lungenödemen und anderen körperlichen Zusammenbrüchen führen kann.

Es ist schwierig, präzise Statistiken über die Todesarten in der Himalaya-Region zu bekommen; es sind eine ganze Reihe von Zahlen dazu im Umlauf.[2] »Die unglückseligen Statistiken besagen, daß einer von zehn Himalaya-Bergsteigern nicht zurückkehrt.«[3] »Bei Expeditionen ins Everest-Gebiet liegt die Todesrate etwa bei eins zu acht.«[4] »Von zehn Bergsteigern, die den Eisbruch [auf dem Everest] besteigen, kommt einer nicht wieder heraus.«[5] »Auf zwei Bergsteiger, die den Gipfel [des Everest] erreichen, kommt einer, der bei dem Versuch ums Leben gekommen ist.«[6]

Elizabeth Hawley, eine extrem gut informierte Journalistin, die viele Jahre in Katmandu lebte, erzählte 1996 einem Reporter: »Etwa 4000 Menschen haben versucht, den Everest zu besteigen, 660 haben Erfolg gehabt, und 142 sind dabei ums Leben gekommen.«[7] Damit läge die Rate etwa bei einem Todesfall pro fünf Erfolgen. Allein auf die Sherpas bezogen, »kamen von 1950 bis Mitte des Jahres 1989 insgesamt 84 von ihnen bei Bergexpeditionen ums Leben«.[8] Und was speziell den Everest betrifft, »waren von den 115 Bergsteigern, die dort starben, 43 Sherpas«.[9]

Die Ungenauigkeit dieser Zahlen und fehlende Vergleichswerte – ganz zu schweigen von der unpersönlichen Qualität von Statistiken im allgemeinen – sollten jedoch nicht dazu verleiten, zu schnell über sie hinwegzugehen. Wenn man die Frage aus der Sicht derjenigen betrachtet, die den Sport betreiben, dann ist das Gefühl des plötzlichen, nahen und unbarmherzigen Todes nahezu überwältigend.

Es gibt wahrscheinlich nicht einen einzigen Himalaya-Bergsteiger, der nicht mindestens einen engen Freund – in der Regel sogar mehrere – durch einen Unfall beim Bergsteigen verloren hat und der nicht mindestens bei einer Expedition dabei war, bei der es einen Todesfall durch einen Unfall oder eine andere Ursache zu beklagen gab. Der große britische Bergsteiger Chris Bonington erstellte seinen eigenen »Todeskatalog«: Von acht Personen, mit denen er bei einer Expedition geklettert war, sind jetzt vier tot; von zehn Personen, mit denen er bei einer anderen Expedition unterwegs war, sind ebenfalls vier tot – und so weiter, bis zu insgesamt fünfzehn von neunundzwanzig Personen.[10]

RISIKO

Ähnliches gilt für die Sherpas. Unter den über dreißig Sherpas, die ich zu ihren bergsteigerischen Erfahrungen interviewt habe, gab es nicht einen einzigen, der nicht mindestens einen engen Freund (und für gewöhnlich mehrere), einen Dorfnachbarn oder – was für die meisten Sahibs nicht gilt – einen Verwandten bei einem Bergunfall verloren hatte. Jeder der dreißig Sherpas hatte zumindest ein solches Unglück miterlebt, und für einige galt sogar, daß es fast bei jeder Expedition, für die sie gearbeitet hatten, einen tödlichen Unfall gegeben hatte. Und es kann fairerweise wohl gesagt werden, daß es überhaupt keinen Sherpa – ob Mann, Frau oder Kind, Bergsteiger oder Nichtbergsteiger – gibt, der nicht persönlich einen anderen Sherpa kannte, der beim Bergsteigen ums Leben kam.

Angesichts dieses hohen Risikos hat sich meine Einstellung zum Bergsteigen im Laufe der Zeit geändert. Ich glaube, mit einer relativ neutralen Haltung an das Thema herangegangen zu sein, und die Idee des »Abenteuers« und das Glücksgefühl des Erfolges und Triumphes habe ich einfach hingenommen. Meine Neutralität war teilweise darauf zurückzuführen, daß meine erste Feldforschung in einer Zeit und an einem Ort stattfand, wo fast nichts von der Beteiligung der Sherpas am Bergsteigen zu sehen war.

Ich lebte in einem Dorf im Solu-Tal, und in Solu waren im Vergleich zu Khumbu, das höher und näher an den Gipfeln liegt, weitaus weniger Männer ins Bergsteigen involviert. Zudem fand diese erste Arbeit vor Ort von 1966 bis 1968 statt, als die meisten Expeditionen in Nepal verboten wurden, da die Chinesen während der Großen Kulturrevolution extrem empfindlich auf mögliche Grenzverletzungen reagierten. Aus diesen Gründen und wohl auch, weil es mir als Ethnologin darum ging, hinter ihrem populären Image als Bergsteiger die »wirklichen« Sherpas zu sehen, kam mir die ganze Frage, daß und wie sie ins Bergsteigen einbezogen waren, kaum zu Bewußtsein, und ich hatte dazu auch keine besondere Einstellung. Vielmehr beschäftigten mich die finanziellen Einbußen, die die Sherpas in jener Zeit durch die entfallenen Bergtouren erlitten.

Zwischen meinem ersten und meinem zweiten Feldaufenthalt sah ich den Film *The Man Who Skied Down Everest*, ein Bericht über eine japanische Expedition, bei der sechs Sherpas ums Leben kamen. Als ich 1979 wieder vor Ort war, lebte ich in dem Khumbu-(Hochtal-)Dorf Khumjung, aus dem wahrscheinlich die meisten der beim Bergsteigen beschäftigten Sherpas kommen. Mein Hauswirt in Khumjung war, wie sich herausstellte, zuvor der *Sardar* (der Obmann der Sherpas) der japanischen Skiexpedition gewesen, und ich erfuhr, daß die Todesfälle ihn zutiefst erschüttert hatten. Die meisten Opfer waren mit ihm verwandt gewesen, und er war seitdem nie wieder in den Berg gegangen.

Außerdem war, während ich dort war, eine jugoslawische Everest-Expedition unterwegs, und ein Sherpa, der sehr erfahren im Hochgebirge war, kam dabei ums Leben. Er stammte auch aus Khumjung, und so konnte ich aus erster Hand und ungefiltert die Intensität und den gewaltigen Schmerz der Trauer miterleben, die das ganze Dorf erfaßte. Ich war fassungslos angesichts der absoluten Sinnlosigkeit des Todes dieser jungen Männer und entwickelte eine äußerst feindselige Haltung dem Bergsteigen gegenüber. Die ersten Entwürfe einiger Kapitel dieses Buches sind immer wieder mit Worten wie »Wahnsinn« und »absonderlich« durchsetzt.

Es war nicht nur meine schmerzliche Trauer um die Sherpas, die dazu führte, daß ich das Bergsteigen entsetzlich fand. Im Laufe der Vorbereitungen zu diesem Projekt las ich alles zum Thema, und bisweilen erschien mir die Literatur dazu wie eine unbarmherzige Todeschronik der Sahibs wie auch der Sherpas.[11] Es war mir schleierhaft, warum irgend jemand freiwillig diese außerordentlichen Risiken auf sich nehmen sollte. Am Ende kannte ich alle Begründungen der Sahibs dazu, doch ich hatte sehr lange nicht das Gefühl, sie wirklich verstanden zu haben. Die Sahibs erschienen mir in vielerlei Hinsicht wesentlich befremdender als die Sherpas.

Schließlich scheine ich sie aber begriffen zu haben. Meine kritische Einstellung gegenüber dem lebensgefährlichen Risiko habe ich nicht ganz verloren, und ich könnte mir nicht vorstellen, es selbst zu tun. Ich habe jedoch auch gelernt zu sehen, inwieweit das Bergsteigen bei all seiner Teilhabe an bestimmten problematischen kulturellen Szenarien (persönliches Streben nach Ruhm, Männlichkeitswahn usw.) nichtsdestotrotz auch in einem kritischen Verhältnis zur dominierenden Kultur steht. Und dies ist eines der Hauptthemen dieses Buches.

EXPEDITIONEN

Im Himalaya-Gebirge befinden sich die höchsten Berge der Welt. Es gibt nur vierzehn Berge, die über 8000 Meter hoch sind. Alle liegen im Himalaya, acht davon allein in Nepal. Der höchste von ihnen ist mit 8848 Metern der Mount Everest. Und es sollte sicher gleich zu Beginn betont werden, was für eine außerordentlich schwierige Aufgabe es ist, einen Achttausender zu besteigen. In großen Höhen ist der Sauerstoffgehalt der Luft so gering, daß selbst die Erledigung kleinster Aufgaben zu einem ungeheuer schwierigen Kraftakt gerät.

»Ein Bergsteiger im oberen Teil des Everest ist wie ein kranker Mann, der in einem Traum klettert«, schrieb Eric Shipton 1938 in sein Tagebuch.[12] Dies erklärt denn auch, daß die erste erfolgreiche Besteigung – des Annapurna in Nepal – erst 1950 zu verbuchen war (durch den französischen Bergsteiger Maurice Herzog), obwohl die ersten ernsthaften Versuche, Berge über 8000 Meter zu erklimmen, bereits Anfang der 1920er Jahre unternommen wurden. Bis heute sind etwa nur ein Drittel aller Expeditionen erfolgreich, die Achttausender in Angriff nehmen.[13]

Eine Expedition ist eine Gruppe von Personen, die auf eigene Initiative zueinander finden, beschließen, einen Berg zu besteigen, und es dann auch versuchen. Expeditionen waren einst eine reine Männerdomäne, was sich inzwischen jedoch deutlich geändert hat. Ebenso waren die Sahibs einst vorrangig Weiße und kamen aus dem Westen, aber auch dies hat sich in den sechziger und siebziger Jahren merklich verändert.

In einer Hinsicht jedoch ist das Bergsteigen relativ konstant geblieben: Im großen und ganzen war es und ist es ein Sport der Mittelschicht, meist, aber nicht ausschließlich, der gebildeten oberen Mittelschicht. Auch wenn es in den Anfangsjahren einige Personen der Oberschicht gab, die im Blickpunkt der Öffentlichkeit standen, und auch wenn es etwa ab den siebziger Jahren eine zunehmende Zahl von Bergsteigern aus der Arbeiterschicht (vor allem Briten) gab, entstammt doch die Mehrzahl der Kletterer aus der Mittel- bis oberen Mittelschicht. Die kulturellen Aspekte dieses Sports spiegeln (wie ich noch erläutern werde) diese soziale Zusammensetzung wider.

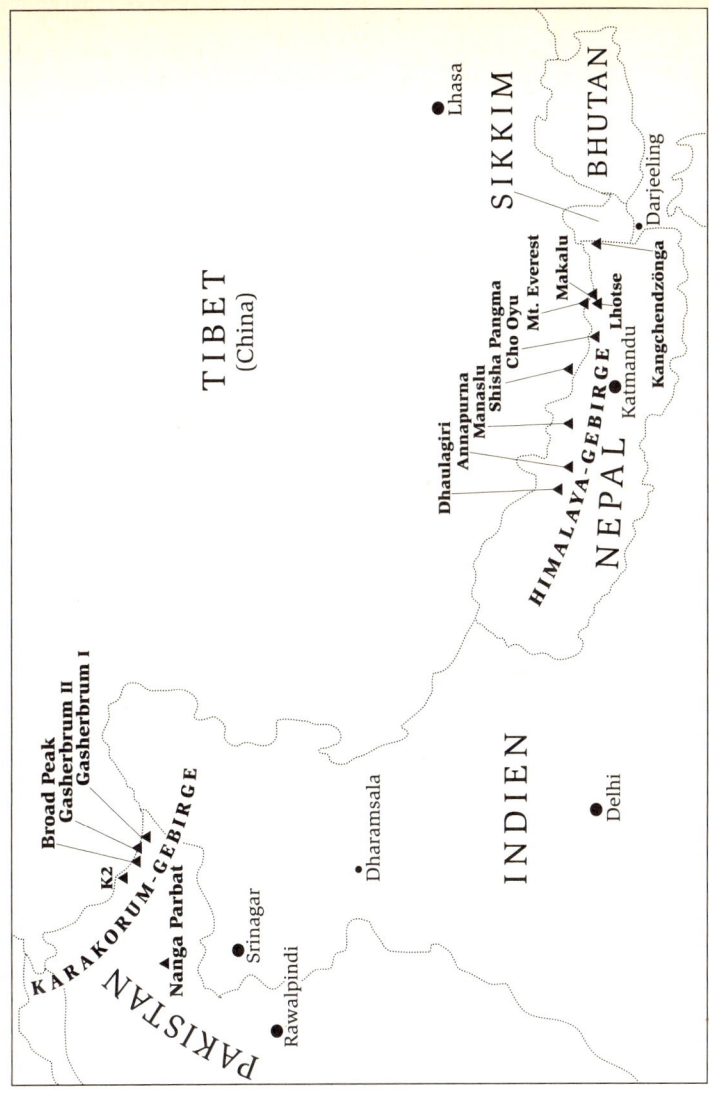

KARTE 1: Das größere Himalaya-Karakorum-Gebiet mit allen 14 Achttausendern der Erde.

EXPEDITIONEN

Eine Expedition auf die Beine zu stellen, ist bereits ein größeres Unterfangen. Die finanziellen Mittel müssen aufgebracht werden, wobei die Methoden der Geldbeschaffung je nach Expedition und Nationalität verschieden waren und sich im Laufe der Zeit verändert haben – auch dies ist als solches ein Teil der Geschichte. In der Regel gibt es eine Kerngruppe, die dann entscheidet, wie viele Personen hinzukommen sollen. Einige werden eingeladen, sich der Gruppe anzuschließen, andere werden abgewiesen. Und alle sind mit den Freuden des Aufgenommenwerdens und Dazugehörens oder dem Schmerz des Ausgeschlossenseins konfrontiert.

Manche Expeditionen sind hochtechnisierte Unternehmungen mit zahlreichen Mitgliedern, Tonnen von Ausrüstung und Proviant sowie sehr vielen Sherpas und buchstäblich Hunderten von Trägern. Auf der anderen Seite gibt es (zunehmend) relativ kleine und nur mit einem Minimum an technischer Ausrüstung ausgestattete Expeditionen. Alle diese Entscheidungen sind mit entsprechenden Konsequenzen verbunden.

Hinzu kommen die sozialen und psychologischen Dynamiken unter den Teilnehmern. Ist die Gruppe einmal im Berg, werden die Unterschiede in der Persönlichkeit, der Nationalität, den bergsteigerischen Wertvorstellungen und in vielen anderen Dingen durch die Enge des Camps, die körperliche Anstrengung und die Schwierigkeit der Aufgabe um ein Vielfaches verstärkt. Auch wenn körperliche Fitneß, technische Fertigkeiten und die Ausrüstung für den Erfolg von fundamentaler Bedeutung sind, so spielen beim Bergsteigen die zwischenmenschlichen Beziehungen eine enorme Rolle.

Aus Sicht der Bergsteiger, die aus westlichen und/oder »Erste-Welt«-Ländern kommen, findet das Hochgebirgsklettern im allgemeinen an fernen Orten (im wesentlichen im Himalaya und in den Anden) statt, wo Menschen leben, die in einem oder allen der nachfolgenden Punkte als entschieden anders betrachtet werden: »Rasse«, Kultur, Religion, das Maß an »Modernität« und hinsichtlich persönlicher Charakteristika, die damit in Zusammenhang gebracht werden.

Die Expeditionen sind von den Einheimischen abhängig, um Genehmigungen, Proviant und insbesondere ihre Arbeitskraft zu bekommen. Somit sind die Beziehungen zu ihnen ebenso ein Teil der

Dynamiken, die beim Hochgebirgsklettern im Spiel sind, wie die Beziehungen innerhalb der Sahib-Gruppe und die technischen Erfordernisse. Kommen wir also nun zu den Sherpas.

SHERPAS

Die meisten Himalaya-Expeditionen des 20. Jahrhunderts wurden von den sogenannten Sherpas unterstützt, die alle anfallenden Dienstleistungen ausführten, die Ausrüstungen in den tieferen Lagen transportierten, die besonders aber als versierte Träger im Hochgebirge eingesetzt wurden. Außenstehende wissen oft nicht, ob es sich bei den »Sherpas« um eine ethnische Gruppe, eine Rollenbezeichnung oder um beides handelt, und diese Verwirrung ist nicht ganz ungerechtfertigt.[14] Ich werde hier nur kurz darauf eingehen, wobei die Frage, was ein Sherpa ist – wie die meisten anderen Dinge, die in dieser Einleitung erwähnt werden –, unter anderen Aspekten in diesem Buch immer wieder auftaucht.

Die Sherpas sind zunächst tatsächlich eine Volksgruppe, die im Nordosten Nepals lebt, in den Bergen und Tälern um das Everest-Massiv. Ihre Vorfahren sind im 16. Jahrhundert aus Osttibet dorthin migriert, und sie sind ethnisch eng mit den Tibetern verwandt. In der zweiten Hälfte des 19. Jahrhunderts zogen einige Sherpa-Männer (überwiegend saisonal) in das indische Darjeeling-Gebiet, um bei den Briten Arbeit in kleineren und auch größeren Unternehmungen und als Lohnarbeiter zu finden.[15]

Zusammen mit Angehörigen anderer Volksgruppen verdingten sich die Sherpas als »Kulis« bei Straßenbauprojekten in und um Darjeeling, für Forschungs- und Erschließungsprojekte in den umliegenden Bergregionen und für Bergsteigerexpeditionen, als diese sich zu einem eigenständigen Betätigungsfeld entwickelten. Die Sherpas profilierten sich schnell: Bereits 1907 bezeichneten Bergsteiger sie für die bei Forschungs- und Bergsteigerprojekten anfallenden Unterstützungsarbeiten als besonders gut geeignet.

Was bei diesen Arbeiten im einzelnen zu leisten war, hat sich im Laufe der Zeit allmählich verändert. Im Prinzip ging es immer um die Beförderung der Lasten wie auch um allgemeine »Hausarbeiten«, wenn man so will – Auf- und Abbauen der Lager, Holz sammeln und

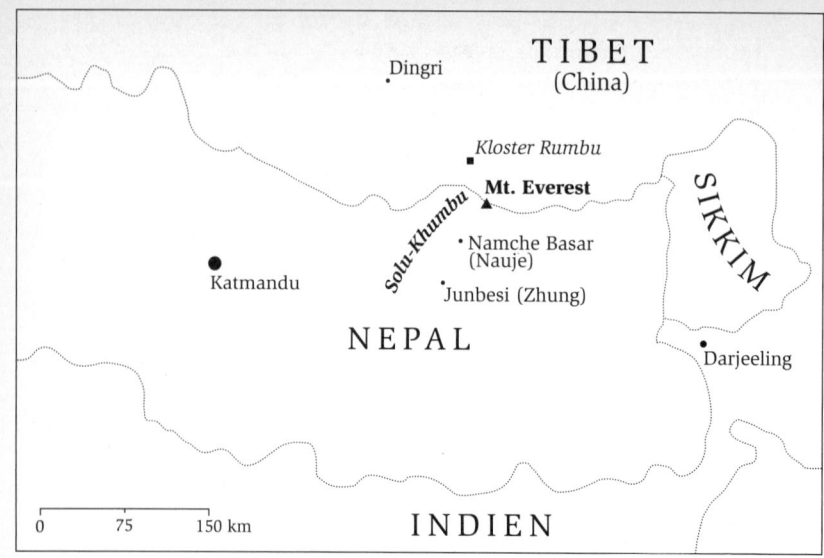

KARTE 2: Ostnepal, die Heimatregion der Sherpas von Solu-Khumbu, und einige der regionalen Hauptreisepunkte.

Wasser holen, Kochen, das Essen servieren, Saubermachen und so weiter. Das »Führen« spielte hier stets weniger eine Rolle, als es bei den europäischen Alpenführern der Fall war und ist.[16] Die Definition der Sherpa-Arbeit wurde jedoch, wie wir noch sehen werden, mit der Zeit so weit ausgedehnt, daß die meisten Expeditionen heute zumindest einige Sherpas als Mitglieder in die eigentliche Bergsteigergruppe aufnehmen.

Darüber hinaus unterlag auch der Begriff »Sherpa« immer wieder Veränderungen. Während er sich ursprünglich auf die Mitglieder einer Volksgruppe bezog, die zufällig auch gute Hochgebirgslastenträger und gut als Unterstützung von Expeditionen im allgemeinen waren, wurde daraus schließlich sowohl ein Rollen- als auch ein Statusbegriff, der im wesentlichen einen spezialisierten Hochlastenträger mit zumindest einiger (und manchmal sehr viel) Erfahrung im Bergsteigen bezeichnet.

Als Statusbezeichnung unterschied er die Sherpas einerseits von den »lokalen Lastenträgern« (Träger für geringere Höhen, die der Ethnie der Sherpas angehören konnten oder auch nicht; heutzutage werden sie überwiegend von den Tamang gestellt) und andererseits von den »Mitgliedern« (der eigentlichen Bergsteigergruppe, die normalerweise ausschließlich aus Sahibs besteht). Wenn ein ethnischer Sherpa, der für die Funktion eines »Sherpa« (zum Beispiel als Lastenträger für große Höhen) engagiert worden war, ausgewählt wurde, um sich der Gruppe für den Gipfelanstieg anzuschließen, dann wurde er vor diesem Hintergrund theoretisch ein »Mitglied« und war kein »Sherpa« mehr.

Während die ersten Sahibs noch versuchten, ihre Sherpas einzeln auszuwählen, wurde es bald üblich, einfach einen guten Sardar zu engagieren, dem man es dann überließ, sein eigenes Team zusammenzustellen. Somit mußte ein Sherpa, der Arbeit bei einer Expedition suchte, Kontakt mit einem Sardar aufnehmen. Dabei halfen verwandtschaftliche oder anderweitige persönliche Beziehungen; oder man brachte dem Sardar Geschenke, eine bei den Sherpas übliche Weise, um einen Gefallen zu bitten.

Es gibt verschiedene Wege für einen Sherpa, bei den Expeditionen Karriere zu machen. Ein junger Mann kann als Küchenjunge oder auch als Träger in geringen Höhen anfangen und nach ein oder zwei Expeditionen darauf hoffen, in den »Rang« eines Sherpa, der mit in die oberen Bergregionen steigt, aufzurücken. Manche jungen Männer haben auch das Glück, diese Stufe sofort zu erreichen. Wenn ein ehrgeiziger junger Mann dann einige Jahre als Sherpa für Hochgebirgsregionen gearbeitet hat, kann er wiederum hoffen, Sardar zu werden.

Aber nicht alle Sherpas werden Sardars, und manche bleiben zeitlebens »einfache« Sherpas. Einige dieser Männer erklären auch, daß sie kein Sardar werden möchten, weil ihnen die Belastung zu hoch sei. Sardars können jedoch sehr gutes Geld verdienen, und viele von ihnen können sich bereits in relativ jungen Jahren zur Ruhe setzen.

Einige Sherpas sind zu regelrechten Bergsteigerlegenden und Helden geworden. Manche haben ihr Leben verloren, andere haben mehrfach den Mount Everest bestiegen (nach der letzten Zählung kam Ang Rita Sherpa auf zehn erfolgreiche Gipfelbesteigungen und Apa Sherpa auf acht).[17] Viele – und alle hätten es verdient, erwähnt zu werden – haben zahlreiche Expeditionen auf den Berg geführt (oder hatten daran Anteil) und sie wieder heruntergebracht, ohne daß es einen tödlichen Unfall gab.

Auch wenn einige dieser Personen im Rahmen dieser Untersuchung genannt werden, ist dies nicht in erster Linie eine Chronik individueller Leistungen. Nach altehrwürdiger ethnologischer Tradition versuche ich vielmehr zu verstehen, was sowohl Sahibs als auch Sherpas antreibt, was sie sich gegenseitig und was sie füreinander getan haben, was sie in ihre Begegnungen eingebracht und was sie daraus mitgenommen haben und welche Auswirkungen – insbesondere für die Sherpas – all dies für ihre Welt hatte, so wie sie von ihnen selbst definiert wird.

DIE FORSCHUNG

Das Bergsteigen wurde kürzlich als »die literarischste aller Sportarten« bezeichnet.[18] Bergsteiger sind in der Regel hoch gebildet und rhetorisch versiert, und sie schreiben zahlreiche Artikel und Bücher, darunter Berichte über einzelne Expeditionen (wobei manchmal mehrere Personen über dieselbe Expedition schreiben) und über persönliche Erinnerungen.

Ich habe im wahrsten Sinne des Wortes Hunderte ihrer Werke gelesen und sie insofern mit einem gewissen schuldbewußten Vergnügen konsumiert, als daß ich sie wesentlich fesselnder fand als so manche der üblichen wissenschaftlichen Lektüren. Um für dieses Buch die Seite der Sahibs kennenzulernen, habe ich diese Literatur genauestens durchforstet: nach detaillierten Schilderungen der Ereignisse und zwischenmenschlichen Dynamiken bei den Expeditionen, nach Einsichten, die sie in die »Sahib-Kultur« gewährt, nach den Meinungen der Sahibs über die Sherpas, und um einen historischen Überblick zu erhalten, wie sich all diese Dinge im Laufe des 20. Jahrhunderts verändert haben.

Zum zweiten habe ich auf die inzwischen sehr umfangreiche ethnographische Literatur über die Sherpas wie auch auf meine eigenen Ethnographien aus den vergangenen Jahren zurückgegriffen. Daraus habe ich die »Daten« über die Sherpas bezogen, die ich jedoch auch als Teil des allgemeinen Pools der »Sahib-Darstellungen« über die Sherpas betrachte, der ebenso kritisch wie die Schriften der Bergsteiger geprüft werden muß.

Drittens greife ich für den ersten Abschnitt des Buches zum Teil umfangreich auf zwei Sherpa-Autobiographien zurück: die von Ang Tharkay Sherpa und von Tenzing Norgay Sherpa.[19] Beide Werke waren insofern problematisch, als sie westlichen Autoren, zum Teil unter Zuhilfenahme von Übersetzern, erzählt wurden und somit nicht als unmittelbare Selbstdarstellungen von Sherpas gelten können. Zwar dürfte es interessant sein, diese Texte dahingehend zu untersuchen, inwieweit (beispielsweise) die »Sherpa-Stimmen« verzerrt, überschrieben oder anders entstellt wurden, ich bin jedoch über diese Frage weitestgehend zugunsten einer unmittelbaren Verwendung der Autobiographien hinweggegangen, um möglichst viel über diese Männer und ihre Zeit zu erfahren.

Und schließlich greife ich natürlich auf meine eigene Feldforschung zurück. Dazu möchte ich einige kurze Anmerkungen machen, die für dieses Buch relevant sein werden. Es war mir bei meinen Forschungen von Anfang an wichtig, Sherpa zu lernen (einen Dialekt des Tibetischen), und ich war damit auch ganz erfolgreich. Ich habe jedoch immer mit einem Assistenten gearbeitet, der ebenso sein Englisch anwenden wollte wie ich mein Sherpa. Das Ergebnis war irgendeine Mischung von Sherpa und Englisch, was jedoch funktionierte. Der Hauptforschungsgegenstand bei meinen früheren Projekten war die Religion der Sherpas, und die meisten meiner Interviews dazu wurden – mit Hilfe meiner Assistenten – in Sherpa geführt. Ein Gutteil der Interviews für das hiesige Projekt über das Bergsteigen wurde in Englisch geführt, da das Englisch vieler Sherpas, die für Expeditionen angeworben werden, mindestens ebenso gut ist wie mein Sherpa.[20]

Ich habe selten Tonbandgeräte verwendet, da ich sie als aufdringlich empfunden hätte. Bei offiziellen Interviews habe ich mir ausführliche Notizen gemacht; bei zwanglosen Gesprächen habe ich jeweils unmittelbar im Anschluß daran Stichpunkte notiert. In beiden Fällen ging ich sobald wie möglich nach Hause, um alles detailgetreu aufzuschreiben. Oftmals befragte ich meinen Assistenten oder andere, die dabei gewesen waren, über ihre Eindrücke von dem, was gesagt worden war oder wie es zu verstehen sei. Durch ihre Äußerungen ergaben sich natürlich weitere verwertbare Daten.

Eine Folge dieser Methode ist, was die Leser vielleicht etwas irritiert, daß die aus meinen Feldnotizen wiedergegebenen Interviews in der dritten Person zitiert werden (»er sagte mir, er habe sich sehr gefreut...«), da ich sie so aufgeschrieben habe. Ich habe überlegt, sie in die erste Person zu setzen, weil sich so das Gesagte viel direkter erfassen läßt. Ich habe zu meinen Feldnotizen jedoch generell die Einstellung, daß sie eine Auswahl feststehender Texte darstellen, genau wie veröffentlichte Werke und historische Dokumente, und ich möchte nicht darin herumpfuschen, außer wenn es vielleicht hier und da einmal um eine kleine Korrektur der Grammatik geht.

Die Feldnotizen stellen, um zum Aufbau dieses Buches zurückzukommen, meine letzte Hauptinformationsquelle dar. Einige davon stammen aus der Zeit meiner ersten Reise in den Jahren 1966 bis 1968 nach Solu-Khumbu in Nepal, die Heimatregion der Sherpas, der weitere Reisen 1976 und 1979 folgten. Die Interviews für dieses Buch führte ich schließlich 1990 in Katmandu, der Hauptstadt Nepals. Obwohl ich bereits auf der Grundlage meiner früheren Aufenthalte eine Reihe von Büchern und Artikeln über die Sherpas veröffentlicht habe, betrachte ich dennoch sämtliche Aufzeichnungen aller Reisen in gewisser Weise als eigenständig und fortdauernd in ihrer Existenz. Ich greife somit nicht nur auf ältere Notizen zurück, um darin Antworten auf neue Fragen zu finden, sondern auch, um bereits behandelte Themen erneut zu überdenken.

Ein wesentlicher Teil des hier präsentierten ethnographischen Materials ist weitestgehend unpubliziert, nämlich jener über die religiösen Auswirkungen der Klostergründungen. In meinem Buch *High Religion* habe ich eine Kulturgeschichte der Gründungen der buddhistischen Sherpa-Klöster Anfang des 20. Jahrhunderts vorgelegt. Nachdem die Klöster gegründet waren, haben die Mönche eine schlichte, aber ausgedehnte Kampagne gestartet, wodurch die Religion der Sherpas aufgewertet und stärker in Einklang mit den klösterlichen Idealen gebracht werden sollte.

Ich hatte ursprünglich vor, diese Erneuerungsbewegung in *High Religion* mit zu behandeln, das Buch wäre jedoch zu dick geraten, und im übrigen waren die Ereignisse nach den Klostergründungen eine ganz andere Geschichte als jene, die ursächlich zu den Gründungen geführt hatten. Sie stellen statt dessen nunmehr ein wichtiges Element bei der hier vorliegenden Arbeit dar, eines der »ernsten Spiele« (auf diesen Begriff werde ich gleich zurückkommen), die für die Sherpas während des ganzen 20. Jahrhunderts von Bedeutung waren und sowohl mit dem Bergsteigen als auch mit den anderen Kräften des gesellschaftlichen Wandels in ihren Heimatgemeinden verknüpft waren.

Meine letzte Arbeit vor Ort fand, wie gesagt, 1990 statt, als ich einen Monat in Katmandu verbrachte, um für dieses Projekt im Bergsteigen tätige Sherpas zu interviewen. Ich hatte auch während früherer Reisen immer für einige Zeit Sherpa-Freunde besucht, die in der Hauptstadt lebten. Doch nie zuvor hatte ich Forschungsarbeit in einer Stadt betrieben, und Katmandu hatte sich zudem seit meiner letzten Reise 1979 sehr verändert. (Die Arbeitsbedingungen in der Stadt entzückten mich – elektrischer Strom, Fotokopierer, Entwicklung von Fotos innerhalb von vierundzwanzig Stunden!) Zusätzlich zu den Interviews mit etwa dreißig bergsteigerisch tätigen Sherpas und Sardars konnte ich einen etwas umfassenderen Eindruck von der urbanen Sherpa-Gemeinschaft gewinnen, und dabei bekam ich eine Menge Klatsch aus Solu-Khumbu mit, wovon vieles in den späteren Kapiteln dieses Buches auftauchen wird.

DIESES BUCH UND DIE ETHNOLOGISCHEN DEBATTEN

Dies ist die Geschichte der Begegnung zweier Gruppen von Personen – die eine mit mehr Geld und Macht ausgestattet als die andere – über einen langen Zeitraum hinweg. Beide entstammen einem anderen historischen Umfeld und kommen aus unterschiedlichen Gründen zusammen, um sich einer gemeinsamen Aufgabe zu stellen. Mit der Entscheidung, sich auf die Begegnung statt auf eine der Gruppen zu konzentrieren, folgt diese Studie einem bestimmten Trend in der gegenwärtigen wissenschaftlichen Forschung: einem Trend, der die Verknüpfung und wechselseitige Schöpfung der Geschichte der westlichen und der restlichen Welt hervorhebt.

Eine derartige Arbeit schließt die Analyse der Begegnungen zwischen »Forschern« und Ureinwohnern im Zuge der frühkapitalistischen Expansion,[21] die kolonialen und postkolonialen Herrschafts- und Wissenssysteme[22] sowie die weltweiten Massenbewegungen (von Arbeitsmigration über Flüchtlingsströme bis hin zum Tourismus) der späten Moderne[23] mit ein. Es geht bei alldem um die Frage, wie Macht und Absichten eingesetzt und verhandelt, zum Ausdruck gebracht und transformiert werden, wenn Menschen mit unterschiedlichen Lebensentwürfen aufeinandertreffen.

Es muß sich dabei nicht um Macht und Herrschaft im eigentlichen Sinne handeln – oft ist dies nicht der Fall. Aber die tatsächliche Unausgeglichenheit von Macht und Ressourcen prägt selbst die wohlgemeintesten Begegnungen und führt somit zu den andauernden – manchmal angenehmen, oft tragischen, stets generativen – Spannungen der Geschichte.

Studien über Begegnungen zwischen Kulturen, bei denen fast immer ungleiche Machtverhältnisse vorliegen, haben ein gemeinsames methodologisches Problem: Es ist in der Regel die überlegene Partei, die (auch im historischen Sinne des Wortes) die Geschichte von der Begegnung schreibt, und es sind im weiteren (oft andere) dominierende Parteien, die diese »dominierenden« Texte interpretieren. Angesichts dieses Materials hat man scheinbar nur zwei Möglichkeiten: sich auf die Formen der Macht und der sozialen Unterschiede innerhalb der Textstruktur, die diese Macht verkörpert und zum Ausdruck bringt, zu konzentrieren und sie zu entschlüsseln oder zu versuchen, beim Lesen der Texte die »Stimmen« der schwächeren Partei, der »Subalternen«, zu vernehmen.

Doch »die Subalternen können sich nicht äußern«, wie Gayatri Chakravorty Spivak[24] in einer unvergeßlichen Bemerkung meinte. Denn von den weniger mächtigen Parteien ist entweder gar nichts zu hören, da sich der Autor weitestgehend auf die Darstellung der dominierenden Sicht konzentriert, oder die weniger Mächtigen tauchen nur als die anderen auf. Sie werden in solchen Fällen ausschließlich durch ihre Unterdrückung definiert, deren einzige Kraft als »Widerstand«[25] zum Ausdruck kommt. Unter diesen Bedingungen geht die Idee, daß die weniger Mächtigen andere Agenden haben könnten – ein Leben, das einen anderen Sinn und Zweck hat als den, der durch die Beziehung mit der dominierenden Partei definiert wird –, vielfach verloren.

In der Vergangenheit bot die Ethnologie die Möglichkeit, den Stimmen und Vorstellungen anderer mit deren eigenen Begriffen und Worten Gehör zu verschaffen. Doch die ethnologische Arbeit als solche ist enorm problematisiert worden. Was heißt es, andere »in ihrem eigenen Sinne« zu verstehen? Wer sind »sie«, deren Stimmen zu hören sind? Ist nicht der Ethnologe selbst einfach eine weitere »dominierende Partei«? Und so weiter und so fort.

Diese und ähnliche Fragen sind in der Ethnologie unter dem Begriff der »Krise der Darstellung« subsumiert worden.[26] Dahinter standen verschiedene, wenn auch miteinander zusammenhängende Überlegungen. Die unmittelbarste war, daß das traditionelle Genre, mit dem Ethnologen andere Kulturen darstellen, die Ethnographie, stilistisch erschöpft war. Zumindest waren die konventionellen Ethnographien oft langweilig und trocken geschrieben, sie zerlegten die fremden Kulturen in etikettierende Teilchen wie »Verwandtschaft«, »Wirtschaft«, »Ritual« und ähnliches, um sie dann im Namen der »objektiven« Beschreibung und »Analyse« in Schubladen zu stecken. Zusätzlich basierten sie weitestgehend auf einem einzigen und zeitlich begrenzten Aufenthalt vor Ort und handelten oftmals von Menschen, die keine eigene geschriebene Geschichte hatten. Dadurch ergab sich ein ahistorisches und starres Bild: Sie hatten keine Geschichte, keine Erzählperspektive, keine Vergangenheit und keine Zukunft.

Diese Bedenken gegenüber dem ethnographischen Genre hatten aber auch eine dunklere Seite und waren einer pointierteren politischen und ethischen Kritik ausgesetzt. Es wurde betont, daß das ethnographische Unterfangen – das ursprünglich als das Erfassen und detaillierte Studieren nichtwestlicher und nichtmoderner Kulturen definiert wurde – im Zeitalter des Britischen Empire im 19. Jahrhundert geboren wurde und als Teil der kolonialen Ambitionen jener Ära betrachtet werden konnte.

Die Objektivierung anderer Kulturen im Namen der Wissenschaft war somit nicht nur eine harmlose (wenn auch öde) Übung der Klassifizierung und Beschreibung; sie beinhaltete den gleichen »Orientalismus« (jene spezifische Form von Rassismus, die der westlichen Wissenschaft über nichtwestliche Kulturen zu eigen ist),[27] der durch Kolonisations- und Ausbeutungsregime hervorgebracht und weiterentwickelt wurde. Darüber hinaus stufte die Kritik die ethnographischen Darstellungen selbst – die Kataloge von Gruppen, Stämmen, Kasten; die Beschreibungen von Gewohnheiten, Sitten, Bräuchen – als Fundus ein, der enorme Machtkontrolle ermöglichte, da er Populationen im Namen der Gesundheit, Ordnung und Zivilisation definierte und regulierte.

Viele der neueren Trends in der zeitgenössischen Ethnologie sind zumindest teilweise durch die Reaktion auf diese Kritiken geprägt worden. Hier wäre als erstes das Spektrum der »experimentellen« ethnographischen Arbeit zu nennen, die verschiedene Schreibmodi mit dem Ziel erforscht, die abstumpfenden positivistischen Darstellungsweisen zu meiden und lebendiger die Stimmen und Erfahrungen derjenigen einzufangen, die porträtiert werden.

Ein Großteil dieser Arbeit ist höchst »literarisch« – Ethnographie als Poesie, Fiktion, surrealistische Texte. Auch meine eigene Arbeit hat sich zumindest zum Teil in der Reaktion auf diese Fragen stilistisch verändert, jedoch geht dieser Wandel eher in die entgegengesetzte Richtung, hin zu einer realistischen Historie, zu wahren Geschichten, (hoffentlich) spannenden Erzählungen. Sofern überhaupt ein literarisches Modell dahintersteht, dann am ehesten die Detektivgeschichte.

Eine zweite Richtung zeitgenössischer Arbeit, die auf die Formen von Beschreibungen eingeht, konzentriert sich vornehmlich darauf, die vorherrschenden Darstellungen im einzelnen aufzuschlüsseln. Auf diese Weise werden die Kategorien und Vorstellungen der Kolonialmächte, der Staatsapparate, Massenmedien, Ethnologen und so weiter offengelegt, aufgrund derer andere Völker, Kulturen und Orte regelrecht »konstruiert« wurden. Bei einer Untersuchung dieser Konstrukte kann – auf einer weniger offensiven Ebene – der Orientalismus und/oder Rassismus der Darstellungen einfach enthüllt und bloßgestellt oder – auf einer offensiveren Ebene – auch behauptet werden, in den dominierenden Darstellungen (und Praktiken) seien andere buchstäblich umgemodelt, das heißt so dargestellt worden, daß sie den Vorhaben der dominierenden Partei entsprachen.

Eine derartige Arbeit ist wichtig, sie wirft jedoch neue Probleme auf. Sich zu sehr auf dominierende Darstellungen zu konzentrieren, führt oft dazu, daß gegenwärtig das Verfassen ethnographischer Schriften gemieden wird.[28] Aufgrund der diversen Kritiken an der Ethnographie – Positivismus, Objektivismus, koloniale Komplizenschaft – mag man versucht sein, sie vielleicht gänzlich aufzugeben, was dann die Aufgabe des Versuchs wäre, den Standpunkt derer zu verstehen, von denen man normalerweise nichts hört, also vor allem von den Entfernten und Schwachen, gelegentlich aber auch den sehr Mächtigen (von denen man aus anderen Gründen »nichts hört«).

Es ist gleichwohl diese tiefgreifende Aufmerksamkeit für andere Perspektiven, die das klassische ethnographische Projekt stets ausgemacht hat, welche Fehler es ansonsten auch immer haben mag. Und das ist es auch, was die Ethnographie als Unterfangen weiterhin so reizvoll gegenüber anderen Disziplinen sein läßt, selbst wenn Ethnologen maßgebende Kritik an dem Konzept als solchem üben.

Die Herausforderung für die vorliegende Arbeit besteht darin, beide Arbeitsformen in einem Text zu berücksichtigen. Das heißt, die Macht der Sahib-Darstellungen bei der Definition der Praktiken des Bergsteigens zu erkennen, wozu auch die Rolle der Sherpas gehört. Gleichzeitig jedoch ist die Rolle der Sherpas beim Bergsteigen in einem relativ klassischen ethnographischen Sinne zu sehen – wie sie sich zum Teil zumindest aus ihren eigenen Perspektiven, ihrer eigenen Gemeinschaft von sozialen Beziehungen, ihren eigenen Lebenszusammenhängen heraus ergibt.

Das Projekt auf diese Weise zu definieren, bedeutet, daß die vielen Formen von Beziehungen, die es im Laufe der Zeit zwischen Sahibs, Sherpas und ihrem jeweiligen Verständnis von der gemeinsamen Unternehmung gab, untersucht werden müssen, statt sie einfach als gegeben vorauszusetzen. In manchen Fällen ist es offensichtlich, daß die Darstellungen und Praktiken der Sahibs im Laufe von fast einhundert Jahren einen nachhaltigen Einfluß auf die Sherpas hatten. In anderen Fällen ist deutlich erkennbar, daß diese sich den Vorstellungen der Sahibs, sowohl was sie selbst als auch was das Unternehmen anging, entzogen, sich auch »widersetzten«, und damit das Bergsteigen wie auch ihre eigene Identität in einer Weise umgestaltet haben, die mehr ihren eigenen Belangen als denen der Sahibs entsprach. All diese Dinge vollziehen sich meistenteils gleichzeitig.

Es ist wichtig, darauf zu bestehen, beide Arbeitsformen ebenso nebeneinander herlaufen zu lassen und sie in einem Spannungsverhältnis zu halten. Durch eine zu starke Betonung der definierenden und konstruierenden Macht der vorherrschenden Darstellungen – also alles von staatlicher Propaganda über Werbung und Massenmedien bis hin zu zwanglosen Diskursen (wie denen der bergsteigenden Sahibs) – entsteht ein Bild von der Welt, in dem die dominierenden Parteien in der Lage sind, mit ihren Sichtweisen die ganze Welt nach ihren Vorstellungen zu gestalten.

Auf der anderen Seite führt ein zu starkes Beharren auf der Kraft und Stärke der schwächeren Partei, sich den dominierenden Diskursen und Praktiken zu entziehen, zu widersetzen oder anderweitig auf Distanz zu bleiben, zu einem gleichermaßen unrealistischen Bild des gesellschaftlichen Lebens angesichts der fortbestehenden ungleichen Macht- und Ressourcenverhältnisse.

Der Gegensatz zwischen diesen beiden Perspektiven wurde unterschiedlich etikettiert: »kulturelle Studien« versus »Ethnographie«, »Konstruktionismus« versus »Widerstand« und »Agenzien«, »Postmodernismus« versus Verpflichtung gegenüber dem »Realen«, und es gibt zweifellos noch weitere Schlagwörter. Ich bin jedoch nicht an der Dichotomie als solcher interessiert, sondern vielmehr daran, eine Schreibpraxis und eine Textform (wie dieses Buch) zu entwickeln, in denen diese beiden Prozesse erkennbar gleichzeitig zum Tragen kommen, aber in einer Weise, die nicht von vornherein vollends vorhersehbar ist.

Uns diese Punkte vor Augen haltend, wollen wir nunmehr zur Geschichte der Begegnungen zwischen den Sherpas und Sahibs beim Bergsteigen im Himalaya zurückkehren. Wie sollen wir diese Begegnungen verstehen? Was können sie uns über die Sahibs, die Sherpas und die spezielle Geschichte sagen, die sich für sie aus ihrem Zusammenwirken ergeben hat? Ich möchte vorab kurz sondieren, um was es dabei geht.

ERNSTE SPIELE

Da ist zum einen vor allem die Frage der »Darstellungen«, die Tatsache, daß vieles, was wir über bestimmte Expeditionen und über die Geschichte des Bergsteigens wissen, aus den Schriften der Sahibs kommt. Als Reaktion darauf spiele ich das bereits angedeutete doppelte Spiel: Auf der einen Seite entschlüssele ich die Sahib-Darstellungen in bezug auf ihren Orientalismus und dahingehend, was sie uns über die Sichtweisen der Sahibs sagen können.

Gleichzeitig bemühe ich mich, die Sichtweisen der Sherpas mit Hilfe ethnographischer Mittel aufzuzeigen. Dazu greife ich zum Teil auf meine eigene Feldarbeit, aber auch auf alle möglichen anderen Quellen zurück, die Zugang zu den (vielfältigen) Sichtweisen der Sherpas gewähren – andere Ethnographien, Autobiographien von Sherpas – und – über ihre orientalistischen Voreingenommenheiten hinweggehend und sie überlesend – auf die Bergsteigertexte der Sahibs selbst.

Zum zweiten bleibt die Frage, wer all diese Personen, die Sahibs wie auch die Sherpas, sind. Ältere Ethnographien hatten oft Probleme, die untersuchten Gruppen zu homogenisieren. »Die Kultur der Soundso« wurde so dargestellt, als gäbe es innerhalb der Gruppe keine Unterschiede in den Standpunkten oder im Laufe der Zeit auch keinen Wandel in den kulturellen Überzeugungen und Werten. Neuere Ethnographien haben jedoch oft ihre eigenen Probleme der Vereinheitlichung.

Es gibt verschiedene Fallen: Eine Betonung der Macht kann die dominierende Gruppe homogenisieren (zum Beispiel »Kolonialbehörden«) oder die dominierte Gruppe (die nichts außer »Widerstand« im Sinn zu haben scheint). Eine Betonung des Transnationalismus oder der Globalisierung kann »den Westen« oder die »Moderne« zu einer monolithischen Kraft homogenisieren, die auf ihrem Weg alles in relativ vorhersehbarer Weise transformiert, und so weiter und so fort. Im Gegensatz dazu erschien es mir wichtig, sowohl Sahibs als auch Sherpas in die speziellen Kontexte zu stellen, aus denen sie kommen. Folglich ist es relevant, daß die Sahibs weitestgehend der gebildeten oberen Mittelschicht angehören und daß es bis in die jüngere Zeit überwiegend Männer waren.

Ebenso ist es relevant, daß die im Bergsteigen tätigen Sherpas vorwiegend aus weniger privilegierten Verhältnissen in ihrer Gesellschaft kommen und auch diese Gruppe bis in die jüngere Zeit überwiegend aus Männern bestand. Bei der Sahib-Sherpa-Begegnung geht es, mit anderen Worten, nicht nur um eine Begegnung zwischen zwei kulturell verschiedenen Gruppen. Jede Gruppe verkörpert wiederum auch noch andere Formen von Unterschieden, Unterschiede, die sie mitbringen und die die Umsetzung der Unterschiede zwischen ihnen bei den Begegnungen prägen.

Als nächstes sind die Fragen des Zwecks und der Intention sehr wichtig. Der Platz, den beide im gesellschaftlichen Prozeß und im kulturellen Denken haben, ist in der Welt der theoretischen Wissenschaft und Philosophie heftig umstritten. Diese Debatten sind mir bewußt, ich möchte dem Leser jedoch eine ausführlichere Diskussion ersparen.

Ich möchte hier nur sagen, daß ich mich der Meinung von Clifford Geertz anschließe, die in weiten Teilen seines Werkes und insbesondere in seinem Buch *Dichte Beschreibung*[29] zum Ausdruck kommt.

Danach bestehen kulturelle Formen nicht nur aus einer Reihe gesellschaftlich festgelegter Bedingungen, Codes und Kategorien, sondern entstehen aus zweck- und wunschorientierten Vorstellungsstrukturen und sind nur vor dem Hintergrund jener grundlegenden Zwecke und Wünsche zu verstehen. Das heißt im vorliegenden Fall, daß das »Bergsteigen« bei den Sahibs nur vor dem Hintergrund der Absichten und Wünsche verstanden werden kann, die es im Hinblick auf die Vorstellungen der Sahibs von Moderne, Schicht und Männlichkeit erfüllt.

Bei den Sherpas geht das »Bergsteigen« auf andere Wünsche und Absichten zurück, unter anderem den Wunsch nach »Geld« und »Modernität«, die jedoch für die Sherpas mit anderen Bedeutungen als für die Sahibs behaftet sind. Um das Bergsteigen auf dieser Ebene zu verstehen, muß man folglich die verschiedenen Absichten ergründen, die hier ins Spiel kommen, Absichten, deren Bedeutungen sich nur aus den sozialen Zusammenhängen, kulturellen Kategorien und historischen Momenten ableiten lassen, in denen sie für beide Parteien wurzeln.

Und schließlich bleibt die Begegnung selbst, die tatsächliche Erfahrung bei den Expeditionen, bei denen diese Menschen mit unterschiedlichem Hintergrund und aus unterschiedlichen Zwecken in einem Kontext zusammenkommen, der sowohl durch die spezifische Natur der Aufgabe als auch durch einen weiteren Unterschied – das Machtverhältnis zwischen den Parteien – geschaffen wird. Diese Begegnung – bei der es darum geht, daß eine Gruppe von Männern (später auch Frauen) sich selbst und andere auf einige der höchsten Gipfel der Erde hochtreibt – hat ihre eigene Dynamik, die »Strukturen der Konjunktur«, wie Marshall Sahlins es nannte.[30]

Die Begegnung ist exakt die Orchestrierung jener vielen Formen von Unterschieden, die hier im Spiel sind. Und die Historie der Begegnung ist nicht nur die Geschichte des Wandels bei den Expeditionen, sondern auch des Wandels bei allen anderen Formen von Unterschieden. Das Himalaya-Bergsteigen hat sich im Laufe des 20. Jahrhunderts verändert, aber ebenso auch die sozialen Hintergründe, geschlechtsspezifischen Annahmen und die Strukturen der Wünsche, die sowohl Sahibs als auch Sherpas einbrachten.

Ich habe unlängst einige dieser Fragen im Sinne der Idee der »ernsten Spiele« beleuchtet.[31] Mit dem Begriff »Spiele« möchte ich, was vielleicht unmöglich ist, die meisten der gerade angesprochenen Punkte in einem Bild einfangen: daß Menschen nicht nur entweder materielle Notwendigkeiten oder kulturelle Skripte umsetzen, sondern ein Leben mit (oft nachhaltigen) Zwecken und Absichten leben. Daß Menschen durch ihre sozialen und kulturellen Kontexte definiert und neu definiert werden, die nicht nur die Ressourcen vorgeben, mit denen sie beginnen, sondern auch die Absichten und Zwecken, die sie in die Spiele des Lebens mit einbringen. Und daß das soziale Leben exakt eine soziale Frage, also eine Frage der Beziehungen ist – der Kooperation und Konkurrenz, der Solidarität und Ausbeutung, von Bindungen und Bündnissen, von Verrat und Betrug.

Mit dem Adjektiv »ernst« möchte ich zudem das fortwährende Machtspiel im Spiel des Lebens hervorheben und die Tatsache betonen, daß für die meisten Menschen die meiste Zeit sehr viel auf dem Spiel steht. Und nicht zuletzt möchte ich mit dem Ausdruck »ernste Spiele« das Gefühl wachhalten, daß die menschliche Erfahrung nie einfach nur »Diskurs« und nie einfach nur »Handeln«, sondern ein unentwirrbar miteinander verwobenes Gefüge von Bildern und Praktiken, Konzeptionen und Handlungen ist, bei dem die historische Situation sowohl die Menschen konstruiert als auch die Spiele, die sie spielen, und bei dem die Menschen die Geschichte erschaffen, indem sie diese Spiele inszenieren, reproduzieren und transformieren.

Bei der Untersuchung des Himalaya-Bergsteigens, das sowohl Traum als auch Praxis ist, sowohl eine Form von Solidarität als auch eine Form von Macht darstellt, werde ich somit die These vertreten, daß die Verflechtungen zwischen den Sherpas und den Sahibs nur vor dem unterschiedlichen Hintergrund verstanden werden können, aus dem sie jeweils in die Realität und Vorstellungswelt des anderen kamen, und in Verbindung mit den Spielen, die sie mitbrachten, und den Spielen, die sich dann vor Ort entwickelt haben.

Und nicht zuletzt sollte ich an diesem Punkt auch auf meine eigenen Spiele als Autorin dieses Buches eingehen. Ich habe festgestellt, daß ich in meinen ganzen Schriften über die Sherpas eines getan habe und hier weiter tue, nämlich mich zumindest teilweise in Opposition zu dem jeweils dominierenden Bild von den Sherpas zu stellen, um welches es sich dabei auch immer handeln mag. Im Unterschied zu dem, was ich als die Romantik des ersten Ethnographen, Christoph von Fürer-Haimendorf, und der frühen Bergsteiger betrachtete, habe ich in meinem ersten Buch auch einige der dunkleren Seiten des Sherpa-Lebens betont – Ungleichheit, Konkurrenz, Egoismus.

Heutzutage ist es indes sowohl unter Bergsteigern als auch unter Ethnologen modern geworden, die Sherpas zu verunglimpfen, sie – wie ich später noch ausführen werde – als »verdorben« hinzustellen, als seien sie den Verlockungen des Geldes und Ruhmes zum Opfer gefallen. Auch in dem Zusammenhang fühle ich mich wiederum aufgerufen, mich auf die andere Seite zu stellen, und ich neige dazu, jene Qualitäten hervorzuheben – Freundlichkeit, Warmherzigkeit, Würde –, die sowohl von den Bergsteiger- als auch von den Ethnologen-Sahibs zunächst (wenn auch romantisch) immer gepriesen wurden. Bei alledem habe ich jedoch keineswegs die Absicht, die Sherpas in dieser oder jener Weise zu bewerten, sondern vielmehr zu versuchen, mich *jeder* einseitigen Darstellung entgegenzustellen, und zu versuchen, sie einfach als reale Menschen mit einem komplexen eigenständigen Leben und komplexen eigenen Absichten wiederzugeben.

Im ganzen Buch wird das »Ich« der Autorin in verschiedenen Gestalten auftauchen, von denen ich einige selbst gewählt habe, während andere mir zugewiesen wurden: die Ethnographin der Sherpas und (in jüngerer Zeit) der westlichen Mittelschicht; die Memsahib mit bestimmten Privilegien (auch wenn ich sie nicht haben wollte); die akademische Ethnologin, die Positionen aufstellt und gegenüber Kollegen und Kolleginnen verteidigt; ein persönliches Selbst, das durch viele der historischen Zeitläufte (die Fünfziger, die Frauenbewegung, die Gegenkultur) geprägt wurde, die auch jene Menschen geprägt haben, über die ich spreche; und es gibt zweifellos noch andere. Jede dieser Gestalten nimmt für sich bestimmte Formen der Autorität in Anspruch und verzichtet auf andere. Ich möchte es jedoch den Lesern überlassen, die in ihren eigenen ernsten Spielen stecken und sie aktiv spielen, sich darüber im einzelnen Klarheit zu verschaffen.

Und jetzt wollen wir in die fremde Welt des frühen Bergsteigens im Himalaya eintauchen.

KAPITEL 2

Sahibs

DIE BRITEN IM HIMALAYA

IM JAHRE 1852 WURDE BEIM GREAT TRIGONOMETRICAL SURVEY OF INDIA, DER LANDVERMESSUNG INDIENS, EIN SCHEINBAR WENIG REIZVOLLER GIPFEL IM HIMALAYA DURCH TRIANGULIERUNG VERMESSEN UND FESTGESTELLT, DASS ER DER HÖCHSTE BERG AUF DER ERDE WAR. Er wurde Mount Everest genannt, nach Sir George Everest, der von den 1820ern bis in die 1840er Jahre den Survey of India leitete und der verantwortliche Mann für die Vermessung des großen Meridianbogens von Indien war. Dieser Bogen bildete die Grundlage aller späteren Vermessungen auf dem Subkontinent und auch darüber hinaus.

Im Sherpa und im Tibetischen wird der Berg Chomolungma genannt, und im Nepali Sagarmatha. Diese Namen wurden im Laufe des Jahrhunderts im Rahmen des öffentlichen Diskurses auch zunehmend verwendet. Da ich jedoch überwiegend auf westliche Expeditionsberichte eingehe, in denen der Berg bis in die jüngere Zeit stets Mount Everest genannt wurde, werde ich die meiste Zeit den englischen Namen verwenden.

Der Great Trigonometrical Survey verdeutlicht sowohl die beste als auch die schlechteste Seite der britischen Herrschaft. Zum einen war es eine erstaunliche wissenschaftliche Leistung, mit der nicht nur buchstäblich alle Gipfel des indischen Subkontinents kartographisch erfaßt, sondern auch »die Grundlage für die Kartierung des ganzen asiatischen Kontinents« geschaffen wurde, und die »zu Recht als ›vielleicht die größte geographische Leistung aller Zeiten auf irgendeinem Kontinent‹ bezeichnet wurde«.[1]

Zum anderen beruhte das ganze Projekt auf der Arbeitskraft der einheimischen Bevölkerung. Einheimische Landvermesser bauten die Instrumente auf und nahmen die Vermessungen hoch oben auf den Spitzen der Berge vor, die »schwieriger und ganze 3000 Meter... höher als die europäischen Gipfel waren, an denen die Alpinisten der damaligen Zeit in Europa scheiterten«.[2]

Darüber hinaus führten die Einheimischen ihre Aufgabe mit einer Ernsthaftigkeit und Hingabe durch, die weder Briten noch andere hätten erwarten können. Kenneth Mason, ein Leiter des Survey of India und Professor der Geographie an der Oxford University, suchte 1911 nochmals einen der Observationsposten der Vermessungen im Karakorum (Westhimalaya) auf und konnte »feststellen, daß die ursprünglich errichtete, etwas über vier Quadratmeter große Plattform noch immer unversehrt und der feingeschnittene Markierungsstein (des Vermessers) noch immer fest in seiner Position verankert war; daneben befand sich ein verfallener Steinunterstand, in dessen Ecke ein menschliches Skelett lag«.[3] Ein anderer Autor erklärte zu Masons Geschichte zusammenfassend:

»Man wird nie wissen, wie viele engagierte Vermesser – *Khalasis* [Träger, ›Kulis‹][4], die für einen Lohn von nicht mehr als sechs Rupien (etwa 60 britische Pence) im Monat bei der Vermessung beschäftigt waren – durch Kälte, Hunger oder Erfrieren auf irgendeinem einsamen Gipfel ums Leben kamen. Es ist nicht bekannt, wie viele Gipfel sie bestiegen haben, noch welcher von diesen Gipfeln der höchste war – obwohl Mason spekuliert, daß derjenige Khalasi, der sich 1860 mit einem Theodolit von 14 Zoll auf den Gipfel des Shilla (7025 Meter) hochkämpfte, möglicherweise den Rekord hält.«[5]

Während des ganzen späten 19. Jahrhunderts erkundeten britische Armeeoffiziere, Naturwissenschaftler und Reisende die Gipfel und Täler des Himalaya-Gebirgszuges[6] und unternahmen Ende des Jahrhunderts erste ernsthafte Versuche, diese Berge zu besteigen.[7] Dabei nahmen sie stets Kulis, Träger, mit, die ihre Ausrüstung beförderten und verschiedene Hilfsleistungen erbrachten. In Dienst gestellt wurden im allgemeinen jeweils Männer aus der Volksgruppe, die in Gipfelnähe vor Ort beheimatet war oder dort sonst zur Verfügung stand. Die Militäroffiziere hingegen brachten vielfach auch einige ausgesuchte Männer aus den Gurkha-Regimentern mit, die sie befehligten und die sich aus Soldaten verschiedener ethnischer Gruppen und Kasten in Nepal zusammensetzten.[8]

Bei der britischen Expedition von 1895 zum Nanga Parbat in Kaschmir war beispielsweise der damals noch junge Major Charles Granville

Bruce dabei, der später eine Schlüsselrolle bei den ersten Everest-Besteigungsversuchen spielen sollte. Bruce brachte zwei Gurkha-Soldaten mit, die »sich als hervorragende Träger und treue Diener erwiesen«.[9] Darüber hinaus schloß sich auch ein »Jäger« namens Lor Khan der Gruppe an, der aus einer Region stammte, die Herrligkoffer an einer Stelle als von »wilden Stämmen« bevölkert beschrieb, »gegen die noch immer militärische Operationen durchgeführt wurden«.[10]

Die Reaktionen der britischen Bergsteiger auf die Gurkhas und auf Lor Khan geben eine gewisse Vorstellung von den Qualitäten, die sie bei den Trägern in den Bergen suchten und schätzten, und auch eine Vorschau auf die lobende Ausdrucksweise – Fröhlichkeit, Loyalität, Mut –, mit der sie bedacht wurden und die später fast ausschließlich den Sherpas vorbehalten sein sollte:

»Lor Khan, der hinter mir am Seil war, schien immensen Spaß daran zu haben. Natürlich war er noch nie zuvor in einer solchen Lage gewesen, aber diese Stammesangehörigen der Chilas sind berühmte Burschen. Welcher schweizerische Bauer hätte es wohl bei seinem ersten Versuch zu den großen Schneegipfeln und dem Eis gewagt, an einen solchen Ort zu folgen, und das nur mit Fellen, die um die Füße gewickelt und vom schmelzenden Schnee völlig durchnäßt waren? Lor Khan zögerte nie auch nur einen Moment. Wenn ich mich umdrehte und nach unten zeigte, grinste er nur und machte den Eindruck, als wäre er es gewohnt, an jedem Tag seines Lebens über Eishänge zu gehen.«[11]

Später, beim Abstieg, überließ man einem der Gurkhas die Führung:
»Er führte uns mit einer enormen Geschwindigkeit und mit immensem Vergnügen die steilsten Hänge hinunter. Ihm zufolge war alles ›gut‹, und sein fröhliches Gesicht unten vor mir gab mir das Gefühl, daß es keine Schwierigkeiten geben konnte.«[12]

Diese Himalaya-Expedition sollte, wie so viele andere auch, mit gewaltsamen Todesfällen enden. Der Führer und beide Gurkhas kamen ums Leben.

Die britischen Aktivitäten im Himalaya bestanden stets aus jener seltsamen Kombination von wirtschaftlichen, politischen, wissenschaftlichen, orientalistischen[13] und »sportlichen« Interessen, die (zu unterschiedlichen Zeiten und an verschiedenen Orten in unterschiedlichen Mischungen) charakteristisch für die britische Herrschaft in Indien insgesamt war.

Während Geographen im Himalaya friedlich Höhenmessungen vornahmen,[14] Naturforscher Pflanzen studierten,[15] und unterschiedliche Beobachter ethnographische Betrachtungen anstellten[16] – und alles im Namen der »Wissenschaft« –, während Orientalisten im Namen der spirituellen Vervollkommnung des Westens östliche Religionen und insbesondere den Buddhismus studierten,[17] und während Bergsteiger sowohl im Namen der Wissenschaft als auch des Sports Berge erkundeten und bestiegen,[18] trat der wirtschaftspolitische Aspekt der britischen Interessen in der Region gewaltsam zutage: und zwar 1904 bei der katastrophalen »diplomatischen Mission« von Younghusband in Tibet, die inzwischen gemeinhin als Invasion bezeichnet wird.

Die Briten hofften diplomatische Abkommen mit den Tibetern zu erzielen, um den in der Region vordringenden russischen Einfluß abzuwehren. Sie entsandten starke indische Truppenverbände mit britischen Offizieren, die in das abgeschottete Land eindrangen und in mehreren Gefechten über siebenhundert Tibeter massakrierten. Die Verluste bei den »britischen« (das heißt indischen) Truppen waren wesentlich geringer, allerdings setzten ihnen die ungewohnten Bedingungen in einer Höhe von rund 4500 Metern über dem Meeresspiegel und die Minustemperaturen im tibetischen Hochland arg zu.[19]

Mit Blick auf diplomatische Ergebnisse erreichte die »Mission« sehr wenig. Es wurde zwar ein Abkommen unterzeichnet, das ohne die Unterschrift des damaligen Dalai Lama jedoch kaum etwas zu sagen hatte. Er war zu Beginn der Invasion nach China geflohen und hatte die Chinesen um Unterstützung gegen die Briten ersucht. Die Folgen dessen kamen Mitte des 20. Jahrhunderts zum Tragen, als die Chinesen 1959 dann selbst unter dem Vorwand eines alten Herrschaftsanspruchs in Tibet einmarschierten. Er war im wesentlichen verfallen, bis der XIV. Dalai Lama durch die britische Invasion gezwungen worden war, die Unterstützung der Chinesen zu suchen. Sie halten Tibet bis auf den heutigen Tag besetzt.

Der einzige konkrete Nutzen für die Briten in jener Zeit, der direkte Folgen für diese Geschichte hatte, waren einige schwammige Konzessionen, die ihnen das Recht zugestanden, Forschungsmissionen zu entsenden und einige nichtspezifizierte Gipfel zu besteigen. Infolgedessen versuchte Charlie Bruce, der ja fatalerweise die beiden Gurkhas zum Nanga Parbat gebracht hatte, drei Jahre später (1907), die allererste Everest-Expedition zu organisieren. Bruce wollte sich auf die Younghusband-Konzessionen berufen und eine Genehmigung für die Expedition für einen Zugang durch Tibet bekommen (der südliche Zugang zum Berg, durch Nepal, war bis in die 1950er Jahre gesperrt). Aber die Invasion hatte einen bitteren Nachgeschmack hinterlassen, und die Tibeter standen einer neuen Expedition extrem ablehnend gegenüber. Auch die britischen Beamten, die von vornherein gegen die Invasion gewesen waren, weigerten sich, das Gesuch zu unterstützen.[20] Die erste Expedition sollte erst 1921 unternommen werden.

DIE »ENTDECKUNG« DER SHERPAS

Da Nepal in der ersten Hälfte des 20. Jahrhunderts Fremden verschlossen war, wurden die Bergtouren im Zentralhimalaya von Darjeeling aus organisiert, einer Stadt im Norden Indiens, etwa zehn Tagesmärsche östlich von der Sherpa-Region im Nordosten Nepals entfernt (siehe Karte 2). Die Sherpas waren seit Mitte des 19. Jahrhunderts auf Arbeitssuche nach Darjeeling gekommen. Viele waren in irgendwelchen kleinen und auch großen Unternehmen untergekommen oder hatten sich selbständig gemacht,[21] während andere einfach als Kulis, als Tagelöhner oder Handwerker Arbeit angenommen hatten. Von Anfang an waren viele Sherpas Saisonarbeiter, es blieben aber so viele, daß zu der Zeit, als im Distrikt von Darjeeling 1901 die erste Volkszählung durchgeführt wurde, 3450 Sherpas gezählt wurden.[22]

Trägerdienste bei Vermessungsarbeiten und bei den Forschungs-, Naturerkundungs- sowie den frühen Bergexpeditionen entsprachen praktisch den Arbeiten am Bau – alles war Kuli-Arbeit, und zusammen mit den Menschen aus vielen anderen Volksgruppen der Region nahmen die Sherpas solche Arbeiten an, wenn sie zu bekommen waren. Darjeeling liegt zwar geopolitisch in Indien, aber im Himalaya-Gebirgszug: der Kangchendzönga (8598 Meter) erhebt sich stolz nördlich der Stadt und ist nur einige Tagesmärsche entfernt. Darjeeling ist eine Handelsstadt, die Menschen aus vielen verschiedenen Berggruppen zusammenführt: Tibeter, Sikkim, Bhotia, Rai und Limbu aus den mittleren Bergen im Osten Nepals sowie Sherpas.

1907, im selben Jahr, als Bruce die Erlaubnis für den ersten Everest-Angriff verweigert wurde, kamen zwei wenig bekannte Norweger, C. W. Rubenson und Monrad-Aas (sein Vorname wird nirgends erwähnt), nach Darjeeling, um zu versuchen, den Kabru im Distrikt von Darjeeling zu besteigen, einen Gipfel von 7320 Metern. Sie nahmen eine ethnisch gemischte Gruppe von Trägern mit, und wenn sie es auch nicht schafften, den Gipfel zu erreichen, sangen sie nach ihrer Rückkehr doch Loblieder auf die Sherpas. Rubenson schrieb:

»Die Hauptsache ist, so gute und willige Kulis zu haben, wie wir sie hatten; ordentlich ausgestattet und freundlich behandelt, überwinden sie alles, auch was eigentlich unmöglich erscheint... Nach unserer Erfahrung sind die Kulis, insbesondere die nepaulesischen [sic] Sherpas ausgezeichnete Männer, wenn sie ordentlich behandelt werden, und unser Erfolg ist einzig auf die Einsatzbereitschaft und die Tapferkeit dieser Menschen zurückzuführen.«[23]

Bruce unterstützte Rubensons Wertschätzung der Sherpas, allerdings schloß er andere »Bhotia«-Gruppen (ethnischer Tibeter) nicht aus und lobte die Sherpas auch nicht so sehr wegen ihrer Einsatzbereitschaft und ihres Muts als vielmehr deswegen, weil sie besser an die Kälte und die Höhen angepaßt waren:

»Sehr viele der Träger, die von den Herren Rubenson und Monrad Aas [sic, ohne Bindestrich] eingesetzt wurden, waren Sherpas vom Dudh Kosi, einem Nebenarm des großen Kosi-Stroms, der in den niedrigeren Senken des Everest entspringt. In allen höheren Tälern gibt es ausgezeichnetes Trägermaterial, die Kleidung ist in den verschiedenen Distrikten jedoch sehr unterschiedlich... Die Bhotia (Tibeter) [Sherpas sind als Sherpa-Bhotia mit eingeschlossen] sind in dieser Hinsicht im allgemeinen weitaus besser ausgerüstet und haben größere Widerstandskräfte gegenüber der Kälte.«[24]

Ähnliche Berichte wie diese kamen ein oder zwei Jahre später von einem englischen Forscher, einem Chemiker namens Dr. A. M. Kellas, der 1909 erstmals in den Darjeeling-Distrikt kam, um die Auswirkungen großer Höhen auf den menschlichen Organismus zu untersuchen. Kellas reiste ohne weitere westliche Begleiter und ging enge Beziehungen mit seinen Trägern ein. Auch hierbei traten die Sherpas wiederum hervor. Am Ende seiner ersten Expedition schrieb er:

»Ihr Verhalten war ausgezeichnet. Am Ende der Reise arbeiteten wir alle auf harmonischste Weise zusammen. Sie sind wirklich die prächtigsten Burschen... Von den verschiedenen Typen von Kulis findet der Autor, daß die nepalesischen Sherpas allen anderen überlegen sind. Sie sind stark, gutmütig, wenn sie fair behandelt werden, und da sie Buddhisten sind, gibt es keine Schwierigkeiten wegen speziellem Essen für sie – ein Punkt, der sehr zu ihren Gunsten im Hochgebirge spricht.«[25]

Kellas kam fast jeden Sommer bis zum Ausbruch des Ersten Weltkrieges wieder und nahm offenbar nur Sherpa-Träger, die immer wieder zu ihm zurückkehrten, um für ihn zu arbeiten. Er leistete in vielen Dingen Pionierarbeit, die später beim Bergsteigen zum Standard werden sollte.

Ein Ergebnis seiner Forschungen war, daß er den Einsatz von zusätzlichem Sauerstoff bei Arbeiten im Hochgebirge als wertvoll propagierte. Durch seine Anerkennung der Sherpas als die besten Hochgebirgsträger machte er gute Werbung für sie. Ebenso brachte er die Sherpas durch seine fortgesetzte Arbeit mit ihnen dazu, das gegenseitige Anseilen zu übernehmen, und machte sie damit mit einigen technischen Voraussetzungen des westlichen Bergsteigens vertraut.[26]

Kellas schloß sich Bruce bei der Everest-Besteigung 1921 an, kam beim Anstieg jedoch ums Leben. Klar ist allerdings, daß er seine starke positive Meinung von den Sherpas an die Bergsteigergruppe von 1921 weitergegeben hat und damit die Reputation der Sherpas als herausragende Hochgebirgsträger geboren war.[27]

WER WAREN DIE SAHIBS?

Um eine tiefere Einsicht in die Dynamiken der Beziehung zwischen den Sherpas und den Sahibs zu bekommen, müssen wir beide Gruppen sehr sorgfältig in ihre eigenen Kontexte stellen und sie sowohl in einem bestimmten historischen Abschnitt als auch über die Zeit betrachten. Auch wenn es verlockend wäre, die Sahibs in der Arena des Bergsteigens als eine undifferenzierte Masse von Personen aus mächtigen Nationen zu behandeln, die wiederum Macht über irgendeine undifferenzierte Masse von Sherpas ausüben, würde dies uns in Wirklichkeit jedoch wenig darüber sagen, was hier tatsächlich geschieht.

Die Macht liegt, wie Foucault uns gelehrt hat, in den Details – in den sehr spezifischen Identitäten und sehr spezifischen Praktiken, durch die Menschen in der Weise miteinander umgehen, wie sie versuchen, etwas in der Welt zu erreichen. Ich werde somit in diesem Buch großen Wert auf die Betonung der Unterschiede legen – sowohl bei den Sahibs als auch bei den Sherpas. Fürs erste konzentriere ich mich auf die Sahibs.

Zunächst ein Wort zur »Rasse«. Buchstäblich alle frühen Sahibs waren Weiße und gehörten somit einer anderen »Rasse« als die Sherpas an. Rasse beschreibt jedoch weniger die physischen Unterschiede, als vielmehr die Unterschiede in der Macht, die aufgrund vermeintlicher physischer Verschiedenheit ausgeübt wird. Spätere Sahibs kamen aus anderen Rassen, aber ein (zum Beispiel) japanischer oder koreanischer Sahib ist in Relation zu den Sherpas immer noch ein Sahib, und deshalb wird die Rasse in dieser Studie keine gewichtige Kategorie sein.

Als nächstes die Nation. Nationale Unterschiede sind beim Himalaya-Bergsteigen in vieler Hinsicht überaus augenscheinlich. Die Expeditionen wurden und werden in der Regel national etikettiert: die britische Mount-Everest-Expedition, die deutsche Kangchendzönga-Expedition, die japanische Dhaulagiri-Expedition und so weiter.

Aus bestimmten historischen Gründen wurden einige Expeditionen in ihren eigenen Nationen zu hochpolitischen Angelegenheiten stilisiert. Das Bergsteigen war und ist in verschiedenen Nationen und zu verschiedenen Zeitpunkten allgemein mit unterschiedlichen Interessen verbunden, und das Maß an nationalem Interesse (und der Politisierung) hatte und hat beispielsweise Auswirkungen auf die finanziellen Mittel, die für die Expeditionen bereitgestellt werden.

Auch für den einzelnen Bergsteiger gab und gibt es erhebliche Unterschiede in der Gewichtung seiner persönlichen nationalen Gefühle. Inwieweit sie beim Himalaya-Bergsteigen von Bedeutung sind, kann durchaus von Interesse sein. Da sie jedoch mit der Ausführung der Expeditionen vor Ort und mit der Sahib-Sherpa-Beziehung nicht unbedingt direkt etwas zu tun haben, gehe ich in weiten Teilen in diesem Buch nicht darauf ein.

Ein Bereich, in dem nationale Unterschiede für die Praxis der Expedition und die Sahib-Sherpa-Beziehung als relevant betrachtet werden könnten, wäre der sogenannte »nationale Charakter«. Organisieren die Briten oder die Amerikaner oder die Deutschen oder die Koreaner ihre Expeditionen anders, und/oder behandeln sie aufgrund ihres eigenen kulturellen Stils die Sherpas anders? Fest steht zweifellos, daß sowohl die Sahibs als auch die Sherpas dies für einen relevanten Faktor *halten*.

Nahezu alle Menschen haben ihre eigenen ethnischen und nationalen Stereotypen, die alles betreffen können, von der Expeditionsverpflegung über das Geschlechterverhältnis bis hin zu den Autoritätsbeziehungen. Aber es sind eben Stereotypen, und als solche sind sie meines Erachtens nie sehr nützlich, um Einsichten in die Dinge zu gewinnen, die hier tatsächlich vorgehen. Aus diesem Grund meide ich sie weitestgehend.

Die Frage des Geschlechts ist demgegenüber für diese Studie höchst relevant – alle frühen Sahib-Bergsteiger waren Männer (und »Sahib« ist ein männlicher Begriff), und alle beteiligten Sherpas waren Männer. Sahib- und Sherpa-Frauen traten beim Bergsteigen erst in den siebziger Jahren zahlreicher in Erscheinung, und dies hatte durchaus nachhaltige Auswirkungen. Die geschlechtsspezifischen Fragen werde ich jedoch erst später ausführlich behandeln.

Der letzte und für unmittelbare Zwecke höchst relevante Punkt ist die Klassenzugehörigkeit der Sahibs. Von den ersten Expeditionen an kam ein sehr großer Teil der Bergsteiger aller Nationen aus der relativ gebildeten, relativ wohlhabenden oberen Mittelschicht. Wenn wir zum Beispiel nur die Briten nehmen, so schrieb der Bergsteiger-Historiker Unsworth über die 1933 unternommene Everest-Expedition: »Die Bergsteiger kamen aus der gleichen Schicht, aus der sich die Mitglieder der Alpinen Vereinigung seit einem Dreivierteljahrhundert rekrutiert haben: der gutsituierten Mittelschicht, mit einem Oxbridge-Hintergrund und einer ordentlichen Menge von Armeeoffizieren und Regierungsbeamten.«[28]

Von Anfang an gab es nur sehr wenige Bergsteiger, die aus der Oberschicht kamen, und ihnen wurde im allgemeinen ein tiefes Mißtrauen entgegengebracht, bis sie unter Beweis stellen konnten, daß sie frei von Snobismus und egalitär orientiert waren. Von der Everest-Unternehmung von 1921 wird uns beispielsweise berichtet, der »Neosozialist« George Mallory hätte den Eliteführer C. K. Howard-Bury nicht ausstehen können, der »ein alter Eton-Schüler [war], aus

der illustren Howard-Familie, den Earls von Suffolk, stammte...
[und] auch noch ein extremer Tory« war.²⁹

Gleichzeitig gab es relativ wenige Bergsteiger aus der Arbeiterschicht (auch wenn die Bergsteiger aus der Mittelschicht bisweilen den Stil der Arbeiterschicht an den Tag legten). Unsworth hat ein gutes Gespür für den Einfluß der Klassenunterschiede bei den Briten. Bezüglich der Everest-Expedition von 1933 meinte er:

»Ruttledge erinnerte daran, daß Bewerbungen für die Teilnahme an den Expeditionen (1933 und frühere) von ›Boxern, einem Friseur und einem Turmdecker‹ kamen – womit er seine Leser implizit animieren wollte, derartige Gedanken und Anwandlungen als absurd zu verhöhnen... Jedenfalls könnte es sich kein Bergsteiger aus der Arbeiterschicht leisten, sich so lange beurlauben zu lassen, um in den Himalaya zu gehen. Die Kluft ergab sich somit gleichermaßen aus den praktischen wie den gesellschaftlichen Gegebenheiten.«³⁰

Es war jedoch nicht nur eine Frage der Beurlaubung oder Freizeit. Die Expeditionen konnten für die Mitglieder oft auch sehr kostspielig sein. Auch wenn außenstehende Sponsoren zur Mitfinanzierung gewonnen werden konnten, wie es in weiten Teilen des Jahrhunderts normalerweise bei europäischen und (später) US-amerikanischen Expeditionen der Fall war, mußten die Bergsteiger dennoch einen Teil der Kosten selbst bezahlen, und die konnten bei Expeditionen in den Himalaya – angesichts der weiten Entfernung und langen Dauer – durchaus erheblich sein.

Auch bei anderen Nationalitäten bleibt der Punkt der Klassenzugehörigkeit, wenn auch mit geringfügigen Abweichungen, bestehen. Zu der deutschen Expedition zum Kangchendzönga gehörten 1929 ein Arzt, ein »Diplomlandwirt«, ein Chemiker, ein Tierarzt, zwei »Diplomvolkswirte«, ein Medizinstudent, ein Ingenieur und ein Notar.³¹ Genau wie im Falle der Briten kamen die Mitglieder nicht nur aus der Mittelschicht, sondern auch aus der erwerbstätigen Mittelschicht, waren hoch gebildet und verfügten zweifellos über gewisse finanzielle Ressourcen.

Das hohe Bildungsniveau der Bergsteiger zeigte sich auch bei ihren Freizeitbeschäftigungen, denen sie bei den Expeditionen nachgingen. Bill Tilman vermittelte einen Eindruck davon bei der Everest-Besteigung 1938, wozu Schachspielen und Lesen gehörte – *Vom Winde verweht, Seventeenth Century Verse*, Montaignes *Essais, Don Quijote,*

Adam Bede und *Martin Chuzzlewit*.³² Aber nicht jeder Bergsteiger saß im 20. Jahrhundert in seinem Zelt und las Gedichte aus dem 17. Jahrhundert.

Es gab tatsächlich auch einige Bergsteiger aus der Oberschicht, einige aus der Arbeiterschicht und auch einige Studienabbrecher, und die Repräsentation der Arbeiterschicht und der weniger gebildeten unteren Mittelschicht nahm im Laufe der Zeit etwas zu. Nichtsdestotrotz galt und gilt weiterhin, daß die gebildete obere Mittelschicht die dominierende soziale Gruppe beim Himalaya-Bergsteigen stellt.³³

Gleichzeitig gilt, daß diese Personen, wenn sie Berge besteigen, nicht in sauberen und bequemen Mittelschichtsalons sitzen. Sie halten sich in einem kalten Klima auf, leben unter schmutzigen und unbequemen Verhältnissen, begnügen sich mit schlechtem Essen und zwingen ihren Körper, extrem schwierige Dinge zu vollbringen.

Und genau das ist der Punkt: Bergsteigen als Sport stammt aus der Mittelschicht und richtet sich an diese und gegen die normalen Lebensmuster der Mittelschicht. Einer der tonangebenden Diskurse über das Bergsteigen nimmt eine kritische Position zur »bürgerlichen« Existenz ein, auch wenn der Sport ebenjene Ressourcen verlangt, die durch eine solche Existenz erst ermöglicht werden. Und dies bringt uns dann zu der Frage, was die Sahibs dachten und über das sagten, was sie taten.

SAHIB-SPIELE

Die Idee von »Spielen« als Metapher dafür, wie das gesellschaftliche Leben gelebt wird, ist für diese Studie in besonderer Weise relevant. Zum einen ist das Bergsteigen ein Sport, was im landläufigen Sinne einem Spiel nahekommt. Zum anderen waren die Briten in den ersten Jahrzehnten des 20. Jahrhunderts im Himalaya in ziemlich ernste politische und militärische Manöver mit den Russen um den Einfluß in der Region verwickelt, und diese Manöver – die unter anderem in Werken wie Kiplings *Kim* in Erinnerung gehalten werden – wurden als »Das Große Spiel« bezeichnet.

Und schließlich habe ich (neben vielen anderen Deutern des gesellschaftlichen und kulturellen Lebens) die Idee des Spiels auch im Sinne eines Weges verwendet, um zu verdeutlichen, wie Menschen durch die Schnittstellen von Kultur, Macht und Geschichte, in denen sie sich befinden, definiert und eingeschränkt werden und dennoch gleichzeitig aktive Spieler beim Gestalten (und bisweilen Umgestalten) jener Welten sind, von denen sie geprägt wurden.

Spiele sind weniger Objekte in der Welt als vielmehr ein Weg, um Objekte in der Welt zu interpretieren. Man kann sich das Bergsteigen als ein Spiel mit seinen eigenen Regeln und Definitionen, seinen eigenen Macht- und Solidaritätsverhältnissen vorstellen, und ich werde es an manchen Punkten in diesem Buch so betrachten. Im großen und ganzen versuche ich jedoch, das Bergsteigen zu verstehen, indem ich herauszufinden versuche, wie es zu anderen oder größeren Spielen paßt. Eines ist das Männlichkeitsspiel, bei dem es um das Definieren und In-Szene-Setzen des maskulinen Selbst geht.

Ein anderes ist das »Abenteuer«-Spiel, bei dem der Punkt beim Bergsteigen darin besteht, wie Georg Simmel es formulierte, »daß es aus dem Zusammenhange des Lebens herausfällt«.[34] Auch wenn wahrscheinlich alle Menschen und alle Kulturen in gewissem Sinne eine Vorstellung von »Abenteuer« haben, das einfach zum Menschsein gehört, ist die Art von Abenteuer, um die es beim Bergsteigen – einem Urphänomen des 20. Jahrhunderts – geht, sehr spezifisch vor dem Hintergrund von Fragen der Moderne zu sehen. Denn man fällt aus dem Zusammenhang des (modernen) Lebens heraus, weil man das Gefühl hat, daß dem Leben etwas fehlt – daß ihm unter anderem etwas an Abenteuer fehlt.

Der Diskurs, bei dem das Abenteurertum des Bergsteigens mit einer Modernitätskritik verknüpft wird, ist vielleicht der tonangebende (wenn auch nicht der einzige) Diskurs über diesen Sport, und ein kurzer Überblick über den gegen-modernen Diskurs des 20. Jahrhunderts über das Bergsteigen wird die Grundlagen für die mehr historisch bedingten Veränderungen schaffen.

Die Modernitätskritik

Für viele, vielleicht die meisten Bergsteiger besteht der eigentliche Punkt des Bergsteigens darin, daß sie hier etwas finden möchten, was man im modernen Leben nicht finden kann, was im modernen Leben in der Tat verlorengegangen ist. Was das moderne Leben im einzelnen so problematisch macht, ändert sich im Laufe der Zeit und ist auch von Bergsteiger zu Bergsteiger verschieden, aber einige augenscheinliche Muster können dennoch aufgezeigt werden.

Für die ersten Bergsteiger schien dem Bergsteigen eine Spiritualität innezuwohnen, die dem modernen Leben völlig fehlte. Bei seinem Versuch, 1920 für die allererste Everest-Expedition Gelder aufzutreiben, erklärte Sir Francis Younghusband, der damalige Präsident der Royal Geographical Society, auch wenn es »im pragmatischen Sinne nicht nützlich sei, den Everest zu besteigen,... so ›würde es doch den menschlichen Geist erheben‹.«[35]

Die vielgedeutete Bemerkung von George Leigh Mallory, man versuche den Everest zu besteigen, »weil er da ist«, scheint sich auf eine unaussprechliche spirituelle Qualität bezogen zu haben, die dieser Form von Unternehmung innewohnt; an anderer Stelle bezeichnete er es als »reine Freude«.[36] Einer anderen Form der Spiritualität begegnen wir in der Bemerkung, die der Schweizer Bergsteiger René Dittert in den fünfziger Jahren machte, als er schrieb, die Spitze des Everest »berührt die verbotenen Türen und Grenzen des Lebens«.[37]

Die Spiritualität und Transzendenz des Bergsteigens steht im Kontrast zu dem krassen Materialismus und Pragmatismus des modernen Lebens. Bill Tilman sprach sich in den dreißiger Jahren dagegen aus, Transistorradios zu den Expeditionen mitzunehmen, um Wettervorhersagen empfangen zu können, da dies sowohl ein Zeichen als auch eine Manifestation sei, daß man »einen Götzen des ›Erfolgs‹« geschaffen hat.[38] Und der Kanadier Earl Denman schrieb in den vierziger Jahren: »Ich glaubte, in der Vorstellung vom Erfolg [auf dem Berg] einen wundervollen Sinn des Lebens zu sehen – mein Triumph über den plumpen Materialismus, in den sich unsere Zivilisation, wie ich sie kannte, hineingestürzt hatte.«[39]

Die Kraßheit der Moderne manifestiert sich unter anderem an ihrem Lärmpegel und ihrer Geschäftigkeit, die ein Nachdenken verhindern und die Möglichkeit, mit dem Selbst, der Natur oder Gott zu kommunizieren. Hinter Tilmans Argumenten gegen das Mitbringen von Transistorradios stand auch der Gedanke, daß Bergsteiger, wenn sie sie mitbringen, »einen außerordentlichen Vorteil, in Tibet zu sein, verlieren..., daß ihre Gedanken und Gefühle nicht durch die täglich gehörten Nachrichten gequält werden«.[40] Ein anderer Bergsteiger schrieb in den fünfziger Jahren:

»So kommt es auch, daß ich bei der Rückkehr in das sogenannte bürgerliche Leben, in die bevölkerten Großstädte und inmitten der eitlen Illusionen und der mancherlei Reibungen mit unseren Mitmenschen jedesmal ein Gefühl der Bedrückung empfinde, daß ich mich unbehaglich fühle und entwischen möchte, daß ich auf der Stelle weglaufen möchte, weit, weit fort, unter einfältige, schlichte und primitive Menschen, daß ich vor allem dorthin zurückkehren möchte, wo niemand ist, wo wir ganz allein uns selber und Gott gegenüberstehen.«[41]

Wenn die Moderne auf der einen Seite vulgär und materialistisch, kraß und lärmend ist, so ist sie auf der anderen auch glatt, der Routine unterworfen und langweilig. In dieser dumpfen modernen Welt verliert das Selbst seine Definition, seine Schärfe, seinen Sinn und Zweck, seine Aufrichtigkeit. Demgegenüber ist das Bergsteigen mit Schwierigkeiten, Gefahren und Herausforderungen verbunden; es schärft das Selbst, macht es härter, offener und ehrlicher, realer. Ein indischer Bergsteiger betonte in den sechziger Jahren, daß die Moderne es einem erlaube, seine Fehler zu verbergen, während das Bergsteigen einen zwinge, sie einzugestehen:

»Die Berge sind erbarmungslose Lehrer! Ein Mann kann sein inneres Selbst verbergen, indem er sich einen Mantel umhängt, den die sogenannte moderne Bildung und Erziehung liefert – geschmeidiges Reden, geschliffene, äußerlich gute Manieren und ein künstliches Lächeln. So kann er oft selbst die klügsten Leute täuschen. Aber in den Bergen fällt diese Tarnung auf mysteriöse Weise ab, und er steht nackt vor allen da. Er kann die peinlichen Beulen und Mißbildungen in seiner mentalen Verfassung und seinem Charakter nicht verbergen. Aber mehr noch, er findet sich vor einem lebensgroßen Spiegel wieder, so wie er ist, und er kann selbst sehen, was er wirklich ist.«[42]

Norman Dyhrenfurth war sich seiner inneren Unzufriedenheit angesichts der Fadheit des modernen Lebens nicht bewußt, bis er in den fünfziger Jahren mit dem Bergsteigen begann. Er hatte wohl aus der Sicht vieler, die dieses Buch lesen, einen phantastischen Job: Er war der Gründer und Chef der Motion Picture Division des Fachbereichs Theaterwissenschaften an der University of California in Los Angeles. Nachdem er dann jedoch 1952 an der gescheiterten Schweizer Everest-Expedition teilgenommen hatte, gab er diesen Job auf:

»Dazu beitragen, an einer großen Universität einen neuen Fachbereich zu schaffen, der eine neue und bessere Generation von Filmemachern heranbilden sollte, hatte einst eine große Herausforderung geboten. Jetzt aber erschien sie mit einemmal schrecklich schal und nicht mehr inspirierend. Der ursprüngliche Impetus war verschwunden. Jemand anderer konnte es übernehmen, jemand, der zufrieden damit sein würde, den Rest seiner Tage in der akademischen Welt zu verbringen.«[43]

In einer Sprache, die an Mallorys Überschwang der »reinen Freude« erinnert, bezeichnete in den siebziger Jahren ein Amerikaner die Anziehungskraft des Bergsteigens als »wirkliches Abenteuer« im Gegensatz zur »Langeweile« des modernen Lebens:

»Einer der Hauptgründe, daß Menschen heute gefährliche, risikoreiche Sportarten wie Bergsteigen betreiben, ist, die Langeweile zu bekämpfen. Die Eintönigkeit zu vertreiben, ist für viele eine der wichtigsten Herausforderungen in einer Welt, in der es fast unmöglich ist, ein wirkliches Abenteuer zu finden.«[44]

Für diese Männer ist Modernität das Problem und Bergsteigen die Lösung. Wo die Moderne vulgär und materialistisch ist, ist das Bergsteigen sublim und transzendental. Wo die Moderne laut und voller Ablenkungen ist, ist das Bergsteigen friedlich und der Reflexion zuträglich. Wo die Moderne glatt und langweilig ist, ist das Bergsteigen schwierig, herausfordernd und voller Nervenkitzel. Das »Dort« des Everest stellt den Widerpart zum »Hier« der Moderne dar.

Romantik

Auch wenn der gegenmoderne Diskurs über das Bergsteigen sich durch das ganze 20. Jahrhundert zieht, waren in verschiedenen Phasen gewichtige Abwandlungen zu verzeichnen. In der Frühphase, das heißt im wesentlichen zwischen den zwanziger und vierziger Jahren, ähnelte er sehr der »Romantik« des späten 19. und frühen 20. Jahrhunderts, und zwar in dem Ethos, das um den Wunsch, die Grenzen des Selbst zu transzendieren, aufgebaut wurde. Ein Diskurs und eine Reihe von Praktiken waren darauf ausgerichtet, das Selbst zu disziplinieren, um eine sehr schwierige Aufgabe zu vollbringen (wie auf den Mount Everest zu steigen), so daß man sich über die zuvor angenommenen Grenzen und Barrieren erheben und diese transzendieren konnte.

Dies konnte in verschiedener Form erfolgen: moralisch, mystisch, asketisch. Der Diskurs wurde oft, wenn auch nicht immer, mit großem Ernst betrieben. Seine Besonderheiten werden in der Gegenüberstellung mit späteren Diskursen deutlich, die schärfer hervortreten lassen, was dieser nicht war: Die Romantik hatte nichts von dem Hol's-doch-der-Teufel-Stil des späteren Bergsteigens, der eine gewisse Herzhaftigkeit hat und sich bereitwillig weigert, den Eindruck zu erwecken, sich allzu ernst zu nehmen; und er hatte auch nichts von dem Männlichkeitswahn und dem scherzhaften Sexualismus des späteren Bergsteigens.

Die andere Seite dieses romantischen Ethos bestand in einer Glorifizierung der Natur, einem Bild der Natur, die die extremen Bedingungen lieferte, unter denen das Selbst seine Grenzen kennenlernen und transzendieren konnte. Als Younghusband sich dafür einsetzte, daß die Royal Geographical Society die erste Mount-Everest-Expedition finanziell unterstützte, sprach er von »dieser Epik des Kampfes des Mannes gegen den Berg – seine eigenen Kräfte gegen die Mächte des Berges zu beweisen, sie bis zur äußersten und unbekannten Dehnung ihrer Kapazität gegen die gleichermaßen unbekannten Mächte des Berges zu erproben«.[45]

Eine deutsche Version des Diskurses kam von Paul Bauer, der 1929 und 1931 versuchte, den Kangchendzönga zu besteigen, und der fast wie ein Echo von Younghusband klang:

»Nicht als ob wir ihm in blindem Eifer oder gar in hemmungslosem Ehrgeiz nachgejagt wären; in gewisser Hinsicht war dieser Berg uns doch nur eine Gelegenheit, die Eigenschaften einzusetzen, die im bürgerlichen Leben so überflüssig geworden sind und die wir doch als das Wertvollste im ganzen Leben empfanden: einen Mut, der nie wankt; Kameradschaft und Opferfreude, die nie erlahmt.«[46]

Zwei Männer, die ebenfalls an diesem Diskurs teilnahmen, versuchten in dieser Zeit, den Everest allein zu besteigen: der Engländer Maurice Wilson versuchte es 1934,[47] der Kanadier Earl Denman 1947.[48] In beiden Fällen sind, wenn auch in unterschiedlichen Mischungen, jene Elemente von Askese, Mystik und/oder Moralismus erkennbar, die diese frühen Bergsteiger in den Himalaya brachten. Denman glaubte, wie wir gesehen haben, die Eroberung des Everest werde es ihm ermöglichen, die materialistischen Werte des Westens zu transzendieren.

Der aber wohl extremste Mystiker jener frühen Phase der Expeditionen war der Engländer Maurice Wilson, der 1934 heimlich zusammen mit zwei Sherpas auf den Everest ging, sie im Basislager zurückließ und ganz allein den Gipfel zu erreichen suchte. Wilson »glaubte, daß, wenn ein Mann nahezu bis an den Punkt des Todes fastete, all seine physischen und psychischen Beschwerden aus ihm herausgezogen würden; und wenn er auch an die Macht Gottes glaubte, dann würde Gott ihn an Leib und Seele erneuern, und er würde als ein stärkerer, besserer Mensch daraus hervorgehen«.[49] Wilson glaubte, wenn er den Mount Everest erfolgreich allein besteigen könnte, während er seinen Körper dieser Fastenkur unterwarf, könnte er damit die Richtigkeit seiner Ansichten beweisen und publikumswirksam bekanntmachen. Er starb bei dem Versuch.

Auch wenn Bill Tilman im herkömmlichen Sinne überhaupt nicht »mystisch« oder »romantisch« erscheinen mag, stellt sich seine scharfe Kritik gegen den Einsatz zusätzlichen Sauerstoffs und anderer moderner Technologie beim Bergsteigen doch als höchst romantisch dar. Sie ist damit nicht nur antimodern, sondern beruht auch auf der Idee, daß es beim Bergsteigen um die Erprobung und Vervollkommnung des inneren Selbst geht. Als erstes wies er auf die Widersprüche einer zusätzlichen Sauerstoffnutzung für die Bergsteiger hin:

»Die verschiedenen anderen Gründe, die in der Vergangenheit [für das Besteigen des Mount Everest] angeführt wurden, wie etwa den ›unbesiegbaren Geist‹ des Menschen zu demonstrieren oder unser Wissen über die Fähigkeiten des Menschen zu erhöhen, sollten uns nicht dazu verleiten, unsere Methoden zu ändern... Ich gehe davon aus, daß, wenn ein Mensch anfängt, Sauerstoff zu inhalieren, sein Geist bereits durch den Berg besiegt wurde und die Grenzen seiner Fähigkeiten sehr klar definiert wurden.«[50]

Dann griff er mit besonderer Bösartigkeit die Idee auf, daß eine Everest-Besteigung selbst mit Sauerstoff von wissenschaftlichem Wert wäre, da sie unser Wissen erhöhe über die Fähigkeit von Männern [sic], bergsteigerisch extreme Höhen zu erreichen. Er sprach von den Wissenschaftlern, die »in ihrer Kaltblütigkeit«[51] an solchen Dingen interessiert seien, und meinte abschließend:

»Nein, ich verlange nur, daß das Bergsteigen und die Wissenschaft getrennt bleiben sollten, insbesondere daß die Lösung des Problems, den Mount Everest – oder auch jeden anderen Berg – zu besteigen, den Bergsteigern überlassen werden sollte, und daß man von denjenigen, die sich aktiv dabei engagieren, nicht erwarten sollte, sich, wie Goethe es nennt, in das wissenschaftliche Beinhaus zu begeben.«[52]

Tilman, der sich mehr in ironischer Kritik als in Lobpreisungen ergeht, beschrieb selten in so vielen Worten die positiven, unmodernen Tugenden des Bergsteigens. Gleichwohl enthalten seine Schlußfolgerungen zu dieser ganzen Diskussion das romantische Bergsteigergefühl im Sinne eines persönlichen, inneren Wertes:

»Unterdessen sollten wir unsere Segnungen zählen – ich meine jene Tausende von Gipfeln, erklommenen und unerklommenen, von jeder Größe, jeder Form und jedem Schwierigkeitsgrad, wo jeder von uns seinen unerreichbaren Mount Everest finden kann.«[53]

Die Spiele der Sahibs zu verstehen – in diesem Fall die Spiele der gegenmodernen Flucht und der Erprobung und Entwicklung des Selbst (was natürlich ziemlich modernistisch ist) – heißt, verstehen zu lernen, was die Sahibs aus ihrer eigenen Sicht zu tun glaubten, und warum. Es hilft uns auch zu verstehen, wie sie die verschiedenen Beziehungen gestalteten, die beim Spielen des Spiels einbezogen waren, und insbesondere, wie sie ihre Beziehungen zu den Sherpas gestalteten.

DIE SHERPAS ALS TEIL DER LÖSUNG

Die Bergsteiger, die in den Himalaya kamen, begegneten zwei »anderen« – den Bergen und den Sherpas. In der Anfangszeit waren die beiden kaum voneinander getrennt: Beide stellten für die Bergsteiger einen Kontrast zu einer negativ empfundenen Moderne dar. Wie die Berge und die Praxis des Bergsteigens standen die Sherpas für alles, was noch nicht von der modernen Welt verdorben und korrumpiert worden war.

Ein Beispiel für die – wohl unverhohlen rassistischste – Darstellung der Unmodernität rückte die Sherpas buchstäblich in den Bereich der Natur. Zum Beispiel wählte die Everest-Expedition von 1924 die Sherpas zum Teil nach Gesichts- und Körpertypen aus.[54]

Andere Bilder aus dieser Zeit hoben ihre physische Kraft und Stärke und natürliche Akklimatisation an große Höhen als Ergebnis dessen hervor, daß sie damit aufgewachsen seien, große Lasten im Hochgebirge zu tragen. Obwohl die physische Kraft und Stärke der Sherpas das ganze Jahrhundert hindurch betont wurde, meinte man in dieser frühen Ära parallel zu erkennen, daß es ihnen an dem notwendigen »Geist« für das Bergsteigen fehle, womit ihre natürliche Körperlichkeit in den Vordergrund gestellt wurde. In Zusammenhang mit der Expedition von 1924 schrieb ein Expeditionsmitglied zum Beispiel:

»Es hieß, daß diese Männer leicht den Gipfel erreichen konnten, wenn sie es selbst wirklich wollten. Ich glaube das nicht. Ich denke, sie brauchen uns nicht weniger als wir sie – sie haben akklimatisierte Körper, ihnen fehlt jedoch die richtige Mentalität; wir haben die Willenskraft, den notwendigen Geist, aber sind erbärmlich schlecht in der Akklimatisierung.«[55]

Younghusband sagte fast das gleiche:

»Direkt vor Ort muß es also Dutzende von [Sherpa-]Männern geben, die, was die körperliche Fitneß angeht, den Gipfel des Everest in jedem Jahr, in dem sie Lust dazu hätten, erreichen könnten. Dennoch bleibt die Tatsache, daß sie es nicht tun. Sie haben nicht einmal den Wunsch dazu. Sie haben nicht die Gesinnung.«[56]

Die dominierende Idee bei diesem Diskurs über das Natürliche und das Unverfälschte und Unkorrupte war vielleicht, daß die Sherpas wie Kinder waren. Diese Analogie machte im Laufe der Zeit einige Wandlungen durch. Zuerst waren sie *kindisch*, undiszipliniert. Über die Träger bei der Everest-Expedition 1922 schrieb Bruce, daß »diese Bergmenschen, ob Nepalesen [das heißt Sherpas] oder Tibeter, sehr unbeschwert, sehr unzurechnungsfähig, sehr temperamentvoll« und bei jeder Gelegenheit dem Trinken sehr zugetan seien.[57]

Im Hinblick auf die Expedition von 1924 beschrieb Norton die Sherpas als »ausgesprochen wie eine kindliche Ausgabe des britischen Soldaten«; in beiden Fällen wurden ihre natürliche »Roheit« und der mangelnde Schliff einer Zivilisation sowohl als Stärke wie auch als Schwäche betrachtet:

»Sie haben die gleiche gehobene Stimmung bei einem harten oder gefährlichen Job, die gleiche Schlagfertigkeit, zu witzeln und zu scherzen. Wie bei dem britischen Soldaten kommt der rauhe Charakter, der immer wieder ein Ärgernis ist, wenn Trinken und die Verlockungen der Zivilisation ihn auf Abwege bringen, am stärksten zum Tragen, wenn er unter Umständen vor ›schwierige Aufgaben gestellt wird‹, unter denen der sanftere Mann versagt.«[58]

Dieser ganze Diskurs über die Kindlichkeit wurde sodann in einem »wissenschaftlicheren« Text jener Zeit aufgegriffen – in Northey und Morris' Werk *The Gurkhas: Their Manners, Customs, and Country*.[59] In seinem Kapitel mit der Überschrift »A Journey on the North East Frontier of Nepal« [Eine Reise an die Nordostgrenze Nepals] beschrieb Morris – der nicht wirklich selbst in Solu-Khumbu gewesen zu sein scheint – die Sherpas zunächst, als seien sie kaum mehr als lastenschleppende Körper: »Genau aus dieser Rasse wurden die Trägertruppen für den Mount Everest rekrutiert, die solche großartigen Leistungen an Ausdauer und Stehvermögen vollbrachten.« Darüber hinaus meinte er:

»Sich selbst überlassen, sind sie extrem faul und verbringen den ganzen Tag mit Spielen um einen Drink, woran sie unmäßigen Spaß haben. Werden sie mit Strenge geführt, dann arbeiten sie mit Sicherheit extrem hart, ihnen fehlt jedoch jenes Hilfsmittel in Notsituationen – ein angeborenes Gefühl von Disziplin.«[60]

Die Idee, daß die Sherpas wie Kinder waren, konnte jedoch auch in einer anderen Richtung verstanden werden, nämlich sie als *kindlich* (statt *kindisch*), unschuldig und unverdorben zu sehen. Von der Expedition von 1922 schrieb George Finch: »Ich fühlte mich verantwortlich für diese fröhlichen, lächelnden, bereitwilligen Männer, die zu ihrem Führer aufschauten und ihm das ganze Vertrauen von kleinen Kindern schenkten.«[61] Genau wie Kinder wurden die Sherpas oft so beschrieben, als hätten sie keine Sorgen. Geoffrey Bruce charakterisierte sie als »unbeschwert [und] sorgenfrei«,[62] und wir hörten von ihren »lächelnden, glücklichen Gesichtern«[63] bei der Nanga-Parbat-Expedition 1934.

Diese Ausführungen über die Unschuld und/oder das Glücklichsein entwickelte sich in den dreißiger Jahren in der Tat zur dominierenden Darstellung der Sherpas als Kinder (wobei jedoch auch die andere Linie – mangelnde Disziplin – nicht ganz verschwand) und hielt sich mit Unterbrechungen etwa bis in die siebziger Jahre. Wenn wir über die Anfangsperiode einen Augenblick hinausblicken, lesen wir in den fünfziger Jahren bei James Morris über seine »Bande von Sherpas, unberührt von irgendeinem Makel der Zivilisation, immer ehrlich und treu«.[64] John Dias faßte die Sherpas und ihre Heimatregion von Solu-Khumbu pauschal zu einer glücklichen, unberührten, unmodernen Einheit zusammen:

»Solo [sic] Khumbu und sein Sherpa-Volk bewahren einen Anschein von idyllischer Einfachheit und Glückseligkeit. Shangrila ist eine abgedroschene Idee, sie kommt einem jedoch in den Sinn, da diese Berge und Täler der geheimen Zurückgezogenheit entsprechen, nach der sich der suchende Geist des unzufriedenen Menschen immer gesehnt hat.«[65]

In den sechziger Jahren bediente sich auch Kohli jener Sprache, mit der man Kinder beschreibt, und bezeichnete die Sherpas als »diese engelsgleichen Männer der Berge, stämmig und kräftig, glücklich und fröhlich«,[66] und Miura leistete diesem Bild 1978 noch weiter Vorschub:

»Ich war sehr beeindruckt von der Loyalität und Hingabe, die sie einander entgegenbringen, Qualitäten, die in der heutigen ›zivilisierten‹ Welt zu verschwinden scheinen, die es jedoch bei diesen barfüßigen Engeln noch immer gibt, die in einem vergessenen Winkel im Fernen Osten leben.«[67]

Der Diskurs über die Unschuld der Sherpas hängt eng mit einem weiteren Hauptthema bezüglich ihrer Unmodernität zusammen: In den frühen Jahren wurde immer wieder betont, daß die Sherpas nicht um des Geldes willen, sondern mit Sicherheit aus anderen Gründen auf die Berge stiegen. Paul Bauer verknüpfte in den dreißiger Jahren die Natürlichkeit und Unschuld mit dem fehlenden Interesse an materiellen Belohnungen:

»Bei so prächtigen Burschen, wie diese Sherpas und Bhutias waren, war unsere Fürsorge nicht umsonst; sie gingen bis zuletzt in oft recht verzweifelten Lagen mit einer Treue und Begeisterung mit uns, die nicht vergolten werden kann, die auch nicht nach dem Sold sah, die rein ethischen Motiven, einer edlen natürlichen Veranlagung entsprang.«[68]

Ebenfalls in den dreißiger Jahren schrieb Frank Smythe, daß die Sherpas nicht um des Geldes willen kletterten, daß sie mit den Rikschas, die sie fuhren, ein »bequemes Auskommen« hatten und im wesentlichen aus den gleichen Gründen wie die Sahibs in die Berge stiegen: »Abenteuer«, »Prestige« und »Liebe zu den Bergen«.[69] Hugh Ruttledge schrieb anläßlich der Everest-Expedition von 1933 über die Sherpas: »Der Sherpa kommt zum Everest nicht nur wegen dem, was für ihn dabei herausspringt. Das gleiche Geld könnte er auch anderswo verdienen.«[70]

Der Diskurs über die unmaterialistischen Motive der Sherpas setzte sich noch die ganzen sechziger Jahre hindurch fort. 1960 schrieb Max Eiselin über die im selben Jahr unternommene Dhaulagiri-Expedition: »Ein Glück, daß die meisten unserer Sherpas so fleißige Burschen sind, die selber am Bergsteigen Freude haben und nicht bloß des Verdienstes wegen an der Expedition teilnehmen.«[71] Etwa in der gleichen Zeit schrieb Ullman über die US-amerikanische Everest-Expedition von 1963:

»Sie wurden für erbrachte Dienstleistungen bezahlt, wie alle Männer bezahlt werden, aber es war nicht hauptsächlich wegen der Bezahlung, daß sie bei dem Marsch mit dabei waren. Wie die westlichen Bergsteiger, die sie beschäftigten, taten sie das, was sie tun wollten, wozu sie geboren waren. Sie waren keine angeheuerten Gehilfen, sondern Gefährten beim Abenteuer.«[72]

Der Auszug von Ullman fängt verschiedene Dimensionen der Sherpas als unmodern oder antimodern ein: Natürlichkeit (sie waren fürs Bergsteigen »geboren«), die Idee, daß sie die gleiche Art von Abenteuer wie die antimodernen Sahibs suchten und daß sie nicht um des Geldes willen mitmachten.

Der Diskurs über den unmodernen Sherpa ist im inzwischen klassischen Sinne von Edward Said (1978) eindeutig »orientalistisch« – geboren aus dem Empire-Projekt der Briten im späten 19. Jahrhundert, manchmal rassistisch, immer »das andere« betonend. Bestimmte Merkmale des Diskurses können mit bestimmten Dimensionen der Beziehung zwischen den Sahibs und den Sherpas verbunden werden: Die Macht der Sahibs und die Notwendigkeit einer wirksamen Autorität bei den Expeditionen korrespondiert mit der Idee, daß es den Sherpas an »Disziplin« fehlte oder daß sie »Disziplin« brauchten, die intensive Romantik der Sahibs, ihr Wunsch, das Bergsteigen als eine Flucht vor der Moderne zu erfahren, ist mit der Sicht der Sherpas (wie auch der Berge) als unberührt, unschuldig, unverdorben, verknüpft.

Die Idee, gar das Beharren, daß die Sherpas nicht um des Geldes willen dabei waren, verknüpfte diese beiden Dimensionen in einer komplexen Weise miteinander: Zum einen sollte sie dafür stehen, daß die Sherpas nicht zur modernen (»kommerziellen«, »materialistischen«) Welt gehörten, zum anderen bot sie den Sahibs die Möglichkeit einer seltsamen Verdrängung des Wissens um ihre eigene ökonomische Macht über die Sherpas. Die Sahibs wollten – und dies war fraglos ein sehr aufrichtiger, in manchen Fällen gar dringender Wunsch –, daß die Sherpas ihre Beweggründe für die Unternehmung und ihre Freude daran teilten.

Ich möchte hier eine der Schlüsselfragen außer acht lassen, die die Idee des Orientalismus fast von Anfang an belastet hat: die Frage nach dem »Realen«. Waren die frühen Sherpas, die sich im Bergsteigen betätigten, tatsächlich relativ undiszipliniert, relativ unschuldig und sorgenfrei, und machten sie diese Arbeit nicht in erster Linie um des Geldes willen?

Ich werde diese Fragen im nächsten Kapitel aufgreifen, wir müssen hier jedoch bedenken, wie die Sahib-Darstellungen, die die Sherpas als kindisch oder kindlich dastehen ließen, sich in der Praxis auswirkten. Damit kommen wir zu dem anderen wesentlichen Thema im Diskurs der Sahibs über das Bergsteigen, der daraus entsprungen ist, daß das Bergsteigen als Teil eines Männlichkeitsspiels gesehen wurde.

Dieses Männlichkeitsspiel durchzog und beseelte genau wie das gegenmoderne Abenteuerspiel das Bergsteigen im gesamten 20. Jahrhundert. Und genau wie das gegenmoderne Spiel veränderte es sich im Laufe der Zeit. In der Anfangszeit, um die es in diesem Kapitel geht, und faktisch bis in die siebziger Jahre, war es weitestgehend von Bildern des militärischen Lebens geprägt. In diesem Zusammenhang erscheint denn auch die Sicht der »Sherpas« in einem etwas anderen Licht.

DAS MILITÄRISCHE MODELL
UND DER PATERNALISMUS DER SAHIBS

Wenn es zum einen relevant ist, die Sahibs als gebildete Mitglieder der oberen Mittelschicht zu sehen, die sich gegen eine seelisch zerstörerische Modernität stellen, dann ist es ebenso relevant, sich vor Augen zu halten, daß die Gruppen der Sahibs bis in die siebziger

Jahre mehrheitlich aus Männern bestanden, die für bestimmte Werte und Ideale der westlichen Maskulinität höchst empfänglich waren. Dazu gehörten körperliche Kraft, Tapferkeit und Mut, Autorität und Führerschaft, Aggressivität (in bestimmten Grenzen) und eine »paternalistische« Verantwortung für die gesellschaftlich Untergeordneten oder Untergebenen und die Schwachen.

Diese Seite der Sahibs hat beständig bestimmte Dimensionen der Moderne gebilligt, auch wenn andere in Frage gestellt wurden. Auch wenn es quer durch die Kulturen und Nationen Abwandlungen dieses Bildes gibt, bleibt es insgesamt doch genügend gewahrt, um es weiterhin als allgemeine Kategorie des Sahibs als Subjekt und Objekt dieser Diskussion zu verwenden.

Ein guter Teil des spezifisch Männlichen der Sahib-Kultur wurde dadurch verkörpert, daß Bergsteigerexpeditionen wie Militärexpeditionen angelegt wurden. Dahinter stand eine Denkweise, die von den ersten Expeditionen bis Mitte der siebziger Jahre Bestand hatte. Von Anfang an war man nämlich der Überzeugung, daß der Himalaya nur durch einen Feldzug im militärischen Stil »erobert« werden konnte, wobei in verschiedenen Höhenlagen jeweils Lager eingerichtet und Vorräte gelagert wurden. Auf diese Weise wurde eine Versorgungskette aufgebaut, mit der die Bergsteiger für den letzten »Angriff« auf den Gipfel gerüstet waren. Und dies war natürlich der Punkt, an dem die Sherpas ins Spiel kamen, da ihre hauptsächliche Tätigkeit darin bestand, all diese Vorräte den Berg hinaufzutragen.

Viele Führer der frühen Expeditionen waren in der Tat Armeeoffiziere, aber auch wenn sie es nicht waren, wurde der militärische Rahmen genutzt, um buchstäblich jeden Aspekt der Unternehmung zu definieren. Das betraf sowohl die technische Organisation der Bergbesteigung, die Sprache (Belagerung, Angriff, Eroberung usw.) als auch die Formen der Führerschaft, Autorität und des Kommandos.

Dieses militärische Modell stand in erklärtem Gegensatz zu den romantischen oder anderweitigen gegenmodernen Sehnsüchten und Bestrebungen, die bei vielen der frühen Bergsteigerunternehmungen eine zentrale Rolle spielten. Von Anfang an gab es Debatten über die Größe und die organisatorische Komplexität der Expeditionen und darüber, wieviel und welche Technologie zweckdienlich war.

Eine der ernsthaftesten Debatten betraf die Verwendung von zusätzlichem Sauerstoff. Sehr früh wurde festgestellt – und Dr. A. M. Kellas

Sahibs der Everest-Expedition von 1922. *Hintere Reihe von links nach rechts:* Major Morshead, Captain Geoffrey Bruce, Captain Noel, Dr. Wakefield, Captain Morris, Major Norton; *vordere Reihe von links nach rechts:* Mr. Mallory, Captain Finch, Dr. Longstaff, General Bruce, Colonel Strutt, Mr. Crawford.

spielte dabei eine Schlüsselrolle –, daß das Bergsteigen in großen Höhen durch zusätzlichen Sauerstoff wesentlich erleichtert und auch wesentlich sicherer wurde, da ein Bergsteiger durch den Sauerstoffmangel dazu neigt, die Konzentration zu verlieren und Fehler zu machen. Für viele minderte aber gerade diese Form der technologischen Unterstützung die Herausforderung, die sie ursprünglich überhaupt zum Bergsteigen in extremen Höhen gebracht hatte. Die Argumente, die in den dreißiger Jahren für und gegen die Verwendung von zusätzlichem Sauerstoff vorgebracht wurden, waren im wesentlichen das ganze 20. Jahrhundert hindurch zu hören.

Nichtsdestotrotz blieb die militärische Herangehensweise bis weit in die siebziger Jahre das dominierende Modell. Extreme Romantiker wie Maurice Wilson und Earl Denman (die zuvor bereits erwähnt wurden), die im Alleingang und ohne zusätzlichen Sauerstoff auf den Berg zu gehen versuchten, kamen entweder bei diesem Versuch ums Leben (Wilson) oder waren äußerst desillusioniert, wenn sie scheiterten (Denman).

Aber trotz des Widerspruchs gab es einen Bereich, in dem das militärische und das romantische Modell leider gut zueinander paßten: in ihrer Sichtweise der Sherpas als kindlich. Im romantischen Kontext wurde das Kindliche der Sherpas als einfach und gewinnend betrachtet. Im militärischen Kontext wurde es hingegen als »unbändig« und »undiszipliniert« gesehen, so daß eine feste paternalistische Hand und eine Reihe von erzieherischen Maßnahmen erforderlich waren.

Ein Bereich dieses Unbändigen betraf das Trinken und Streiten der Sherpas bei den Expeditionen, was sich meistenteils während des Anmarsches abspielte. Alkohol war bei den Expeditionen zwar oft verboten (wobei einige Sahibs ihn im Basislager erlaubten), aber die Sherpas machten in den Städten, die auf dem Weg lagen, dennoch halt und kauften heimisches Bier *(Chang)* oder Spirituosen *(Arak, Rakshi)*. Die Sahibs fanden es amüsant oder ärgerlich, griffen jedoch nicht allzu hart ein, solange die Trinkerei sich nicht auf die Arbeit der Sherpas auswirkte. Dies war in Wirklichkeit selten der Fall, jedoch oft ein Punkt für Reibungen und nährte zweifellos das Bild, wonach die Sherpas ohne die feste Hand des Sahibs zügellos waren und sich gerne gehen ließen.

Die potentielle Disziplinlosigkeit der Sherpas erstreckte sich auch auf den wohl wichtigsten Aspekt: die Bereitschaft, unter gefährlichen Bedingungen weiter den Berg hinaufzugehen. Die Sahibs verlangten von ihnen, Lasten in hochgelegene Lager zu tragen, wozu sie – mehr als zu irgend etwas anderem – da waren. Die hohen Hänge des Himalaya können jedoch ziemlich furchterregend sein – Steilwände, rutschige Eisflächen, tiefe Gletscherspalten, Lawinen; es gibt zahlreiche Möglichkeiten, wie man dabei ums Leben kommen kann. Aber ohnehin kann die Arbeit angesichts der eisigen Temperaturen, starken Winde, des blendenden Schnees und des dünnen Sauerstoffgehalts der Luft extrem strapaziös sein.

So gab es tatsächlich Gelegenheiten, bei denen die Sherpas sich sträubten. Zunächst mußte man sie gewöhnlich dazu bringen weiterzugehen. Grundsätzlich aber mußten sie lernen, von sich aus bereitwillig weiterzugehen (gar, selbst den Wunsch zu haben weiterzugehen), ohne daß jemand sie dazu antreiben mußte, das heißt, Selbstdisziplin zu erwerben im permanenten Schatten des Todes.

TOD UND DISZIPLIN

Todesfälle bei den ersten Expeditionen

Von den frühen Expeditionen im Himalaya hatte fast jede einen tödlichen Unfall zu beklagen, und bei jedem kamen ein oder zwei Sherpas ums Leben. Dabei muß man sich auch vor Augen halten, daß alle und jeder dieser Todesfälle in der gesamten Bergsteigergemeinde, sowohl bei den Sherpas als auch bei den Sahibs, seinen Nachhall fand. Jede Expedition wurde in dem Bewußtsein der vorangegangenen Unglücke unternommen. Ich möchte hier eine kurze Zusammenfassung der Todesfälle in der Zeit vor dem Zweiten Weltkrieg, im wesentlichen in den zwanziger und dreißiger Jahren, einfügen.[73]

• Bei der britischen Erkundung des Mount Everest 1921 erlag Dr. Kellas bei dem Marsch einem Herzanfall, und ein Träger (ohne Namensangabe oder Nennung einer ethnischen Zugehörigkeit) kam ebenfalls bei dem Marsch ums Leben.[74]

• Beim ersten vollen Angriff auf den Everest 1922 kamen sieben Sherpas – Lhakpa, Nurbu, Pasang, Pema, Sange, Dorje und Remba – in einer Schneelawine zu Tode.[75]

• Bei dem dritten Versuch 1924 kamen zwei Sahibs – Mallory und Irvine – um, zwei Nicht-Sherpa-Träger starben (»Lance-Naik Shamsherpun, ein Gurkha, starb infolge einer Gehirnblutung, und Man Bahadur, Schustergehilfe, starb infolge schwerer Erfrierungen an einer Lungenentzündung«),[76] und vier Sherpas wurden in schwerem Schockzustand gerettet, nachdem sie drei Tage in einem Schneesturm eingeschlossen gewesen waren.[77]

• 1930 unternahmen die Deutschen einen Angriff auf den Kangchendzönga. Chettan, ein Sherpa, der sich bei früheren Expeditionen hervorgetan hatte, wurde von einer Eislawine getötet.[78]

• 1931 starteten die Deutschen einen erneuten Angriff auf den Kangchendzönga. Pasang Sherpa wurde durch einen Schneerutsch aus dem Gleichgewicht gebracht, stürzte in eine Eisrinne und zog dabei einen Sahib, Hermann Schaller, mit sich in den Tod.[79]

• Bei der deutsch-amerikanischen Nanga-Parbat-Expedition 1934 kam es zu einer der großen Katastrophen jener Zeit. Ein Sahib (A. Drexel) starb infolge einer Krankheit. Drei Sahibs (W. Merkl, U. Wieland, W. Welzenbach) und sechs Sherpas (Gaylay, Dakshi,

Nima Dorje II., Nima Tashi, Nima Norbu, Pinju Norbu) kamen bei Stürmen ums Leben. Gaylay wollte einen der sterbenden Sahibs, Willy Merkl, nicht im Stich lassen und starb mit ihm einen der legendären heroischen Sherpa-Tode der frühen Bergsteigergeschichte.[80]

- Ebenfalls 1934 starb Maurice Wilson bei seinem Alleingang auf den Everest an Erschöpfung und Unterkühlung.[81]
- 1936, auf dem Rückweg von einem weiteren britischen Versuch, den Everest zu besteigen, befahl der Expeditionsübersetzer, ein »Geschäftsmann aus Darjeeling« namens Karma Paul, einem tibetischen Träger (oder Sherpa – die Berichte weichen voneinander ab), eine dünne Seilbrücke über einer tiefen Schlucht zu überqueren. Der Träger »wagte es nicht, sich zu weigern«, und stürzte in den Tod.[82]
- Ebenfalls 1936, bei der erfolgreichen britisch-amerikanischen Besteigung des Nanda Devi, starb ein Sherpa, Kitar Dorje, im Basislager an Ruhr.[83]
- Der deutsche Angriff auf den Nanga Parbat 1937 nahm einen sogar noch katastrophaleren Verlauf als der vorhergegangene. Sieben Sahibs (Karl Wien, Hans Hartmann, G. Hepp, A. Göttner, P. Fankhauser, M. Pfeffer und P. Müllritter) und neun Sherpas (Pasang Norbu, Mingma Tsering, Nima Tsering I., Nima Tsering II., Tigmay, Chong Karma, Ang Tsering, Gyaljen Monjo und Karmi) kamen durch eine Schneelawine ums Leben, was mit Blick auf die Zahl der Toten bei einer einzelnen Expedition noch immer einen Rekord darstellt.[84]
- Bei dem neuerlichen deutschen Angriffsversuch auf den Nanga Parbat stießen die Bergsteiger 1938 auf die gefrorenen Leichen von Gaylay und Willy Merkl, die bei der Expedition 1934 ums Leben gekommen waren.[85]
- 1938 waren die Briten wiederum auf dem Everest. Pasang Sherpa erlitt einen Schlaganfall und wurde in einer umstrittenen Aktion gerettet (siehe Kap. 5).[86]
- 1939 versuchte eine amerikanische Expedition den K2 im Karakorum zu besteigen. Er ist der zweithöchste Berg der Welt und gilt als wesentlich schwieriger als der Everest. Ein Sahib (Dudley Wolfe) starb infolge einer Erkrankung hoch oben auf dem Berg. Beim Versuch, ihn zu retten, verloren drei Sherpas (Pasang Kikuli, Ang Kitar und Pintso Sherpa) ihr Leben[87] und steuerten so eine weitere Vorkriegsgeschichte über ihre heroischen Taten bei.

- 1939, bei der Schweizer Besteigung des Garhwal-Himalaya, kamen zwei Sherpas (Ajitia und Gombu) in einer Schneelawine ums Leben.[88]
- 1939 nahm Bill Tilman drei Sherpas bei einem Treck nach Assam mit. Nukku Sherpa starb an Malaria.[89]

Zusammenbruch der Sherpas und Verachtung der Sahibs

Summa summarum sind Sherpas bei Expeditionen ums Leben gekommen, sie haben den Tod anderer (von Sherpas und Sahibs) miterlebt und sind manchmal nur beängstigend knapp mit dem Leben davongekommen. Kaum ein Wunder also, daß sie gelegentlich zusammenbrachen und sich bei einer potentiellen Todesgefahr oder bei einem tatsächlichen tödlichen Unfall weigerten weiterzugehen. Auch die Sahibs wurden, manchmal sogar sehr, durch den Tod von Sherpas wie auch von Sahibs erschüttert.[90]

Dennoch hatten sie oft wenig Mitgefühl, wenn es um die Reaktionen der überlebenden Sherpas ging, und reagierten mit Verachtung oder Schlimmerem, wenn die Sherpas Zeichen der Angst oder Demoralisierung erkennbar werden ließen. Ihre Verachtung entsprach, was nicht überrascht, konsistent dem Bild von der Kindhaftigkeit oder Primitivität der Sherpas – ihrem mangelnden Mut und ihrer mangelnden Selbstkontrolle, ihrer übermäßigen Anfälligkeit für Ängste. Über die Everest-Expedition 1922, bei der sieben Sherpas von einer Schneelawine verschüttet wurden, schrieb John Noel zum Beispiel, die überlebenden Sherpas hätten »völlig die Nerven verloren und wie Babys geweint und gezittert«.[91]

Bei der deutschen Expedition 1931 zum Kangchendzönga kam einer der führenden Sherpas ums Leben. Daraufhin wurden die anderen Träger zusehends ängstlicher und verstörter, und nur drei waren schließlich bereit, über die Stelle hinauszuklettern, an der er abgestürzt war.[92] Später »brachen« zwei von denen, die weitergegangen waren, »weinend zusammen«, hauptsächlich offenbar, weil sie völlig überanstrengt waren, nachdem so viele aufgegeben hatten.

Dennoch schrieb der Führer, Paul Bauer: »In der grandiosen Einsamkeit dort auf dem Grat braucht sicher gerade so eine einfache Seele wie die der Träger eine lebendige Verbindung mit dem Leben drunten, es müssen Menschen, Landsleute von unten zu ihnen kommen, damit sie den Glauben an die eigene Wirklichkeit behalten, damit sie sich vor dem Wahn retten, sie seien schon auf dem Weg ins Jenseits, schon ganz im Reich und in der Gewalt der schrecklichen Geister, als die ihnen Berge wie der Kangchendzönga erscheinen.«[93]

Als die deutsche Nanga-Parbat-Expedition 1938 auf die Leichen von Gaylay und Willy Merkl stieß, versuchten die Sahibs zu verhindern, daß die Sherpas die Leichen zu sehen bekamen. Aber, meinte Bauer, »bei diesen Naturkindern ist der Instinkt zu stark«, und anschließend gab es nur noch einen Träger, der oberhalb von Lager IV arbeiten wollte.[94] Später schrieb Klaus Becker-Larsen, der 1951 versuchte, den Everest allein zu besteigen: »Wenn sie [die Sherpas] mit wirklichen Notlagen und Gefahren konfrontiert werden, dann ziehen sie wie die Mehrzahl der primitiven Menschen, denen der Begriff der Ehre noch nicht aufgegangen ist, den Schwanz ein.«[95]

Wenn die Sherpas aus Angst, oder weil sie demoralisiert waren, nicht weiterklettern wollten, und die Sahibs dennoch, aus welchen Gründen auch immer, darauf bestanden, daß sie weitergingen, so waren die Sahibs bekannt dafür, daß sie zu Gewalt griffen, um die Sherpas dazu zu bringen. Im Falle der deutschen Kangchendzönga-Expedition 1931 glaubten die Deutschen zum Beispiel keine andere Wahl zu haben, als zwei der Sherpas zum Weitergehen zu zwingen. Die Verachtung des Leiters der Expedition manifestierte sich in seinen Handlungen und übertrug sich auch auf seinen »treuen Diener«:

»Als gar Dordschi [nach dem tödlichen Unfall] seine Last niederlegte, sich losband vom Seil und in einem Anfall von Irrsinn allein zurücklaufen wollte, da war es mit unserer Geduld zu Ende. Man packte ihn am Kragen und zwang beide, das kurze Stück bis zur Terrasse mitzugehen. Mein treuer Diener Kami zuckte verächtlich mit den Mundwinkeln über sie, wie sie sich da am Seil emporschleifen ließen.«[96]

Wenn die Sherpas, wie die Sahibs es sahen, kindischen Panikanfällen zum Opfer fielen und ihr Mangel an Selbstkontrolle den Erfolg der Expedition gefährdete, dann ging es vom Standpunkt der Sahibs aus darum, sie zu disziplinieren, damit sie sich wenigstens zusammennahmen und bestenfalls den richtigen »Geist« internalisierten, so daß eine Disziplinierung von außen nicht mehr notwendig war.

Disziplinieren der Sherpas

Die Briten insbesondere hatten eine ganze Reihe von Strategien, um die Sherpas »auf Vordermann zu bringen«. Die meisten dieser Strategien gingen auf diese oder jene Weise auf Vorbilder militärischer Disziplin und deren zugrundeliegende Annahmen zurück, wie Autorität funktioniert.[97] So wurde auch der Paternalismus selbst als erzieherische Methode in Dienst gestellt. Geoffrey Bruce (der Neffe von Charlie Bruce, der 1922 und 1924 bei Himalaya-Erkundungen dabei war) schrieb, es sei wichtig gewesen, sich täglich um die Sherpas zu kümmern und sich persönlich nach ihrem Wohlbefinden zu erkundigen, um auf diese Weise sicherzustellen, daß sie die Moral nicht verloren und sich nicht weigerten weiterzugehen.[98] Ähnlich schrieb Norton:

»Es gibt nur einen Weg, die Schwierigkeit zu überwinden, die ich erwähnte – die Träger dazu zu bewegen, am höchsten Feiertag bis nahezu an ihre körperliche Grenze zu gehen –, und das heißt für einen großen Teil der Bergsteiger, daß sie einen solchen Einfluß auf die Träger gewinnen müssen, daß diese ihnen folgen werden.«[99]

Man glaubte also, daß die Sherpas als kindliche Personen nicht dadurch, daß man an ihre Intelligenz und Rationalität appellierte (die ihnen in Wirklichkeit abgesprochen wurden), dazu erzogen und angehalten werden konnten, ihre Arbeit zu machen, sondern dadurch, daß man eben an jene Kindlichkeit appellierte und eine kindliche persönliche Abhängigkeit von den Sahibs förderte, die sie mit ihrer überlegenen Rationalität und Intelligenz führen und beschützen würden.

Wenn Sherpas sich bei Expeditionen tadellos verhielten, wurde dies somit den Sahibs zugute gehalten, die es verstanden hatten, diese Abhängigkeit und Loyalität zu wecken. In einem zuvor bereits angesprochenen Zitat schrieb Bauer beispielsweise, bei den Sherpas »war unsere Fürsorge nicht umsonst; sie gingen bis zuletzt in oft recht verzweifelten Lagen mit einer Treue und Begeisterung mit uns, die nicht vergolten werden kann, die auch nicht nach dem Sold sah« und das Ergebnis ebendieser »Fürsorge« war, mit der die Sahibs sie behandelt hatten.[100]

Jenseits dieses strategischen Paternalismus in der persönlichen Behandlung der Sherpas bot das militärische Denken auch gewisse

Strategien an, um ihnen den richtigen »Geist« einzuflößen. Geoffrey Bruce versuchte, unter den Sherpas ein Konkurrenzdenken zu erzeugen, indem er einzelne in Führungspositionen beförderte,[101] und Norton erklärte den Sherpas, sie würden sehr berühmt werden (»euere Namen werden in Goldbuchstaben gedruckt«), wenn sie frühere Höhenrekorde übertrafen.[102]

Es gab auch die Idee, die Sherpas mit Medaillen und Rangabzeichen zu belohnen. Die Sahib-Mitglieder der Expedition von 1922 erhielten Olympiamedaillen, zusätzliche Medaillen wurden später »zwei Trägern« überreicht.[103] Die berühmteste Medaille war natürlich die sogenannte Tiger-Medaille, die der Himalaya-Club in Darjeeling 1939 offiziell zu verleihen begann. Die Verwendung des Begriffes »Tiger« für Sherpas, die herausragende Leistungen erbrachten, begann nach der Expedition von 1924.

Diese Auszeichnung bedeutete nicht nur die Verleihung des Rangabzeichens, sondern auch »acht Annas pro Tag mehr als die übrigen Träger für Arbeiten oberhalb der Schneegrenze«.[104] Die erste Gruppe von Tigern umfaßte zwölf Sherpas, darunter Ang Tharkay, Tenzing Norgay und »Wangdi« (möglicherweise Wangdi Norbu, der Sardar der Expedition von 1933). Tenzing Norgay beschrieb sich als »sehr stolz und glücklich« über die Auszeichnung.[105]

Zwischen den Expeditionen der zwanziger und der dreißiger Jahre gab es, zumindest was den Everest betraf, einen klar erkennbaren Bruch. Die Sherpas, die bei den Expeditionen 1933 (und danach) dabei waren, scheinen wesentlich professioneller gewesen zu sein. Hier sind keine Klagen der Sahibs über mangelnde Disziplin – Faulheit, Trunkenheit, Verantwortungslosigkeit, mangelnde Motivation und ein Mangel an Geist – der Sherpas mehr zu hören. Im Gegenteil, sie scheinen mehr oder weniger perfekt gewesen zu sein, alles gut gemacht zu haben, bis zum Äußersten gegangen zu sein, willig und bereit zu allem:

»Der 29. Mai brach sehr kalt an, auch wenn er gutes Wetter versprach. Jetzt kam die wirkliche Prüfung der Träger. Bei einer ähnlichen Gelegenheit 1924 fand Norton sich in einer vierstündigen Auseinandersetzung wieder, um die Männer zum Aufbruch zu bewegen. Nichts der Art passierte diesmal. Die Bergsteiger waren um fünf Uhr aufgestanden und fanden die acht [Sherpas] bereits fertig und bereit vor. Es kann keinen Zweifel daran geben, daß diese Sherpas... inzwischen bessere Gepflogenheiten, einen Stolz auf Leistungen, einen Standard in ihren Möglichkeiten entwickelt haben.«[106]

Der Diskurs über die kindliche Unschuld hielt an. Ruttledge beschrieb die Sherpas an anderer Stelle in der Form, daß er meinte, sie »entwickeln ein pathetisches Vertrauen auf den Sahib«.[107] Die tatsächliche Leistung der Sherpas bei ihrer Arbeit war jedoch ein Gegenstand großen Lobes.

Die Briten, was nicht überrascht, hielten es sich zugute, die Sherpas zurechtgestutzt und auf Vordermann gebracht zu haben. Ruttledge bezeichnete es als einen »Prozeß der psychologischen Entwicklung, und das Verdienst hätten gleichermaßen die Männer selbst und die Bergsteiger, die sie geführt haben«.[108] Und Tilman schrieb: »Zu anderen Faktoren, die diese Veränderung herbeigeführt haben und denen wir sehr viel verdanken, gehören die Fürsorge, das Mitgefühl und das bergsteigerische Geschick, mit denen die Träger der frühen Everest-Expeditionen behandelt wurden.«[109]

Es liegt hingegen in der Natur kultureller Begegnungen wie denen beim Himalaya-Bergsteigen, daß das, was während der Expeditionen abläuft, mindestens ebenso sehr ein Ergebnis dessen ist, was »zu Hause« abläuft, wie es ein Ergebnis der Begegnung selbst ist. Dieses Zuhause war für die Sherpas das Solu-Khumbu-Tal in Nepal, wo sich außerordentliche Veränderungen vollzogen, und die Darjeeling-Kalimpong-Region in Indien, wo die Sherpas Lohnarbeiten, einer Geldwirtschaft, nachgegangen waren. Dort hatten sie seit gut fünfzig Jahren, dem Zeitpunkt, an dem das Bergsteigen begann, mit einer Vielzahl von Sahibs zu tun gehabt.[110]

Auch wenn es keinen Zweifel daran gibt, daß das durchaus schöpferische Spektrum der britischen und sonstigen europäischen Erziehungsstrategien einen gewissen Effekt auf die Sherpas hatte, kann ihr nachhaltiger Einfluß – ganz zu schweigen von dem Einfluß dessen, was die Sahibs immer wieder bestritten, nämlich den des Geldes – nur im Rahmen dessen verstanden werden, wie diese Dinge in den eigenen Wünschen, Intentionen und Bedürfnissen der Sherpas – in ihren eigenen ernsten Spielen – ihren Niederschlag fanden, und dazu kommen wir jetzt.

KAPITEL 3

Sherpas

DIE SAHIBS HATTEN VON ANFANG AN UNTERSCHIEDLICHE VORSTELLUNGEN VON DEN SHERPAS. Im letzten Kapitel bin ich darauf eingegangen, inwieweit diese Vorstellungen vielfach ein Spiegel ihrer eigenen projizierten Phantasien und Vorurteile waren. Die Behauptungen der Sahibs über die Sherpas waren jedoch mit dem Anspruch verbunden, etwas Reales zu beschreiben, und dieses Kapitel geht nun auf jene »realen« Sherpas ein. Dabei können Fragen der Darstellungsweise jedoch nicht einfach außer acht gelassen werden.

In diesem Zusammenhang stellen sich zumindest zwei Fragen. Bei der ersten geht es um so etwas wie die Wahrheit. Wenn wir annehmen, daß die Darstellungen, die die Sahibs von den Sherpas geben, verschiedene Neigungen und Befangenheiten beinhalten – nicht nur die persönlichen Vorurteile von Individuen, sondern auch die größeren ideologischen ihrer Zeit und Herkunftsländer (Kolonialismus, Kapitalismus, Männlichkeit, Modernität oder in der Regel mehrere davon) –, können wir dann gleichzeitig akzeptieren, daß die Sahibs etwas Wahres oder Reales über die Sherpas sagen?

Das Problem betrifft nicht nur die Bergsteigerberichte, sondern auch die Beschreibungen der Ethnologen. Was können wir daraus ablesen? Bei der zweiten Frage geht es um die Macht von Darstellungen. Wenn die Darstellungen, die uns Sahibs von den Sherpas geben, in gewisser Hinsicht mehr ihren eigenen Phantasien und Bedürfnissen als der »Realität« der Sherpas entsprechen (obwohl es natürlich nie nur eine einzige Sherpa-Realität gibt), und wenn wir berücksichtigen, daß die Sahibs gleichzeitig Macht über die Sherpas haben, inwieweit könnte es dann sein, daß die Sahibs ihren Darstellungen der Sherpa-Realität ihre eigenen Vorstellungen auferlegen?

Bei beiden Komplexen geht es um Fragen der kulturellen oder ideologischen Konstruktion. Im ersten Fall werden die Sherpas in dem Sinne »konstruiert«, daß von ihnen ein Bild gezeichnet oder zusammengesetzt wird. Sie werden nach Sahib-Bildern konstruiert, die möglicherweise wenig mit der Realität zu tun haben.

Im zweiten Fall werden die Sherpas in dem Sinne »konstruiert«, daß sie durch die Bilder und die hinter diesen Bildern stehende Macht so »gemacht«, geformt werden, daß sie faktisch den Wünschen der Sahibs entsprechen. Ich muß hier einige Worte zu beiden Ansätzen sagen, auch wenn das ganze Buch in einem gewissen Sinne eine Antwort darauf ist.

Zu der Frage, was wir zu den Sahib-Texten sagen können, lasse ich mich von der Arbeit von Ranajit Guha und den Mitgliedern der sogenannten Subalternen Studienschule der indischen Historiographie[1] inspirieren. Sie haben sich nicht nur sehr intensiv mit dem Problem der Wiederherstellung von Berichten über Ereignisse und ethnographische Beschreibungen beschäftigt, sondern sind in den »dominierenden«, tonangebenden (in diesem Falle kolonialen) Texten auch Fragen der Vermittlung und Subjektivität auf den Grund gegangen.

Und ich lasse mich auch von Louis Althusser inspirieren, wonach dominierende Darstellungen (»Ideologie«) stets sowohl »Illusion« als auch »Allusion«, sowohl Verzerrungen als auch Wahrheiten enthalten.[2] In der Praxis bedeutet dies, daß die Texte von allen Seiten betrachtet und permanent zwischen einer ethnographischen und einer ideologischen Lektüre hin- und hergewendet werden. Die Darstellungen der Bergsteiger sind eine Fundgrube für ethnographische Daten über die Sherpas, auch wenn sie wegen ihrer Befangenheiten und Phantasien kritisiert werden.

Desgleichen werden ethnologische Berichte über die Sherpas wegen ihrer eigenen theoretischen und wiedergegebenen Verhaftungen und Befangenheiten kritisiert, selbst wenn die kumulativen Protokolle einer hochwertigen ethnographischen Arbeit der Prüfstein sind, an dem die Sichtweisen der Bergsteiger gemessen oder nach dem sie interpretiert werden. Im Sinne von Althusser könnte man sagen, wenn man die Illusionen in den Allusionen sucht (die ideologischen Neigungen und Verhaftungen in den scheinbar realistischen Behauptungen), daß man gleichzeitig die Allusionen in den Illusionen sucht, Fragmente (oder mehr) von einer ethnographischen Wahrheit selbst in den exzentrischsten Sahib-Darstellungen.

Auf meine Position zur zweiten Frage über die »Darstellung« habe ich bereits hingewiesen, nämlich inwieweit die Bilder, die die Sahibs (einschließlich Bergsteiger, Ethnologen und – später – Touristen) von den Sherpas hatten, die Sherpas selbst beeinflußt haben. In einem unlängst erschienenen Buch (1996) über die Sherpa-Identität im späten 20. Jahrhundert behauptet Vincanne Adams, die Sherpas seien durch die Wünsche und Phantasien der Sahibs stark geprägt worden.

Ihrer Meinung nach ist vieles von dem, was wir heute für Sherpa-Kultur halten, durch einen Nachahmungsprozeß entstanden, im Rahmen dessen die Sherpas – zu einem Gutteil, aber nicht gänzlich, aufgrund ihrer Abhängigkeit von dem Einkommen aus dem Bergsteigen und Tourismus – sich bemüht haben, die Art von Menschen zu sein und die Art von Kultur zu haben, die die Sahibs sich wünschten. Aus Adams' Sicht sind die Sherpas inzwischen »virtuelle Sherpas« geworden. James Fisher hat, wenn auch in einer weniger extremen Form, ähnliche Positionen bezogen,[3] und ich bin durchaus geneigt zuzustimmen, daß es zum Teil so war.

Ich würde jedoch behaupten, daß Adams den Effekt der Sahib-Perspektiven allzusehr überbewertet und die Realität einer Sherpa-Welt, die sich den Einfluß der Sahibs für ihre eigenen Zwecke zunutze macht, allzusehr unterschätzt. Dieses Buch soll einer Position Geltung verschaffen, wonach beides, die Konstruktion der Sahibs von den Sherpas und so etwas wie die Selbstgestaltung der Sherpas, im Rahmen eines komplexen und unvorhersehbaren dialektischen Prozesses simultan stattfindet.

Wenn wir schließlich wieder auf die frühen Sherpas zurückkommen, so möchte ich auch hier wiederum mit den Sahib-Darstellungen beginnen, in diesem Fall den Darstellungen von den »vorzüglichen Leistungen« der Sherpas. Danach gehe ich jenseits davon auf die Sherpa-Welt und ihre sozialen Beziehungen und ihr kulturelles Verständnis in Solu-Khumbu im ersten Teil des 20. Jahrhunderts ein.

DIE VORZÜGLICHKEITEN DER SHERPAS

Ab der ersten Dekade des 20. Jahrhunderts begannen westliche (überwiegend britische) Bergsteiger zu betonen, was für »ausgezeichnete Männer«, »vorzügliches Trägermaterial« und »prächtige Burschen« die Sherpas waren. Diese besonderen Fähigkeiten spielten während des ganzen 20. Jahrhunderts bei der Nutzung ihrer Arbeitskraft und den Sahib-Sherpa-Beziehungen eine zentrale Rolle. Ich möchte mit einem Überblick über die verschiedenen Dimensionen des von den Sahibs konsistent immer wieder beschriebenen und gewürdigten »guten« Sherpa-Charakters beginnen.

Die Sherpas wurden ursprünglich in erster Linie wegen ihrer körperlichen Kraft und Ausdauer geschätzt. Im Vergleich zu den Sahibs konnten sie oft schwerere Lasten über längere Strecken und in größere Höhen hinauftragen. Ein weiterer materieller Faktor war, wie General (damals Major) Bruce 1910 meinte, daß sie warme Ober- und Fußbekleidung trugen (sowohl heimische Wollkleidung als mit der Zeit auch alte Expeditionskleidung) und im Vergleich zu den Indern und Nepalesen aus den Tiefebenen besser mit der extremen Kälte zurechtkamen.[4]

Die Sahibs äußerten sich auch von Anfang an über die gutgelaunte oder gutmütige Art des Sherpa-Charakters oder -Temperaments, wozu sie ihre Neigung, zu lächeln oder zu lachen, zählten, sich bereitwillig auf Scherze oder Hänseleien einzulassen und ihre allgemein freundliche Art, die den Umgang mit ihnen oft so angenehm und erfreulich machte. Der Bergsteiger, der die Einleitung zu Tenzing Norgays Autobiographie schrieb, erwähnte:

»...die Toleranz und den guten Humor, die Spontaneität und fehlende Prüderie..., für die sie bekannt sind. Sie sind tatsächlich ein glückliches Volk, wie jeder weiß, der mit ihnen unterwegs war, sehr tolerant und humorvoll. Sie empfinden fast alles, was sie tun, als Vergnügen, sind interessiert an allem und haben einen ausgeprägten Hang zu Späßen.«[5]

Die Vorstellung, daß die Sherpas fröhlich, gutmütig und humorvoll waren, äußerte sich in verschiedener Form. Manchmal mündete sie, wie wir im letzten Kapitel gesehen haben, in einen nahezu rassistischen Diskurs, in dem ihr Sinn für Humor als kindlich betrachtet wurde.[6] Was überwog, war jedoch eine ehrliche Wertschätzung von Menschen, die unter extrem widrigen Bedingungen ihren Humor und ihre gute Stimmung bewahren konnten.

Die Sahibs staunten beispielsweise immer wieder, wenn sie selbst nach einem harten Tag des Kletterns in großen Höhen oder einer kurzen Nacht mit wenig Schlaf erschöpft waren, daß die Sherpas noch immer gute Laune hatten, lachen, scherzen und singen konnten. »Ich bewunderte die Sherpas«, schrieb Sir Edmund Hillary. »Sie sangen bei der Arbeit und waren fröhlich, wenn die meisten Ausländer kaum noch ein gequältes Grinsen hervorbringen konnten, und es dauerte lange, bis sie sich einmal über ihr Los beschwerten.«[7]

Oder wie ein Kanadier schrieb: »[Den Sherpas] machte die Hitze oder die Sonne scheinbar überhaupt nicht zu schaffen [die die Kanadier als äußerst kräftezehrend empfanden], sie sonnten sich, trockneten die Doppeleinlagen ihrer Stiefel in der Sonne, tranken Tee, lachten und machten ihre Witze.«[8]

Der Humor der Sherpas wurde als wertvoll geschätzt, weil er das Gefüge einer Expedition stützte. Sie waren in der Regel fast immer mit dem einverstanden, was man von ihnen verlangte, und taten es bereitwillig. Sie kooperierten mit einem Lächeln und zeichneten sich im allgemeinen durch eine »Das-kann-ich-tun«-Haltung aus.

Der Schweizer Forscher Toni Hagen schrieb von seinem Sherpa Aila, er habe selbst »in den allermißlichsten Situationen nur grinsend sein ›all right Sir‹« gesagt.[9] Und Ed Hillary schrieb von Tenzing Norgay: »...ich war beeindruckt von seinen Körperkräften, seiner vernünftigen Technik und besonders von seiner Bereitwilligkeit, sofort jeden Umweg zu machen, den ich vorschlug.«[10]

Dann war da noch ihre Großzügigkeit. Die Sherpas haben beispielsweise ihre eigenen Sauerstoffvorräte hergegeben, wenn ein Sahib sie brauchte,[11] ihre Decken oder Schlafsäcke oder wasserdichte Kleidung abgegeben, wenn nicht genügend vorhanden waren,[12] außerhalb des Zeltes geschlafen, wenn die Sahibs drinnen den ganzen Platz für sich beanspruchten,[13] stundenlang einem Sahib die Hände oder Füße gerieben, um sie vor Erfrierungen zu bewahren.[14]

Sie blieben aber auch bei einem langsameren Bergsteiger mit zurück, um ihm zu helfen, wenn alle anderen Sahibs bereits vorgestürmt waren,[15] trugen kranke und verletzte Sahibs, die doppelt so groß waren wie sie, den Berg hinunter,[16] unternahmen freiwillig zusätzliche Märsche, wenn die Vorräte nicht reichten,[17] kletterten einen Teil des Weges wieder auf den Berg hinauf, um einer von einer erfolgreichen Gipfelbesteigung zurückkehrenden Gruppe entgegenzugehen, sie mit heißem Tee zu empfangen und ihnen ihr Gepäck abzunehmen.[18]

Fast immer *boten* die Sherpas von sich aus *an*, diese Dinge zu tun, ohne daß sie dazu aufgefordert werden mußten. Auch wenn sie in irgendeiner Weise vielleicht das Gefühl hatten, kaum eine andere

Wahl zu haben, scheinen die Angebote dennoch wirklich bereitwillig gemacht worden zu sein und vermitteln eine verblüffende Großzügigkeit. Ein Sherpa namens Ang Nyima hatte für eine erste Gruppe, die den Gipfel des Everest besteigen sollte, bereits Sachen ins letzte Hochlager hinaufgetragen. Nun hätte er eigentlich zusammen mit anderen zu einem der unteren und bequemeren Lager zurückgehen sollen. Hillary schrieb über ihn:

»Als sie sich verabschiedeten, schlug Ang Nyima vor, bei uns zu bleiben, um uns am folgenden Tag zu unterstützen. Dieses Angebot eines erschöpften Mannes rührte mich sehr, drückte es doch die Standhaftigkeit und Anhänglichkeit der Sherpas aus.«[19]

Solche Akte der Großzügigkeit wurden allerdings noch durch ausgesprochene Heldentaten bei Unfällen oder in Krisensituationen in den Schatten gestellt. Die Sherpas haben sich bei Expeditionen, wenn alle anderen erschöpft waren, unter außergewöhnlichen Anstrengungen und entsetzlichen Bedingungen aus einem Lager oder Unterschlupf hinausgewagt, um zu versuchen, einen steckengebliebenen Bergsteiger zu retten.[20] In manchen Fällen haben sie dabei ihr Leben gelassen.

Solche Geschichten werden in der Bergsteigerliteratur immer wieder erzählt, etwa die von Pasang Kikuli, der 1939 auf dem K2 einen kranken Sahib zu retten versuchte,[21] oder die von Chhowang, der 1959 am Cho Oyu in einem Schneesturm der Gipfelgruppe zu helfen versuchte.[22] Beide Männer hätten mehrfach die Möglichkeit gehabt, ihre Rettungsversuche abzubrechen und ihr eigenes Leben zu retten.

Eine bemerkenswerte Variante einer solchen Geschichte ist, wenn ein Sherpa sich weigerte, einen kranken oder verletzten Sahib zurückzulassen, selbst wenn diese Entscheidung wahrscheinlich fatale Folgen für ihn selbst haben würde. Die erste dieser Geschichten wird von »Gaylay« (Gyali) erzählt, der 1934 den erschöpften Willy Merkl nicht allein auf dem Nanga Parbat zurücklassen wollte und mit ihm auf dem Berg starb.[23]

Zu den Beispielen jüngeren Datums gehört etwa die Geschichte von Sundhare, der 1978 unmittelbar unterhalb des Everest-Gipfels mit der erschöpften Hannelore Schmatz über Nacht biwakierte und am nächsten Tag in ein tiefer gelegeneres Lager hinabstieg, um Sauerstoff für sie zu holen. Als er zurückkam, war sie bereits zu schwach, um sich noch bewegen zu können, und er blieb bei ihr,

Ajeeba Sherpa trägt den halberfrorenen Maurice Herzog. Französische Annapurna-Expedition, 1950.

bis sie starb. Der Preis dafür war, daß er vier Zehen durch Erfrierung verlor.[24]

Noch jüngeren Datums ist die Geschichte von Lobsang Jangbu Sherpa, der bei der Everest-Katastrophe 1996 darauf bestand, bei Scott Fischer zu bleiben, der zu krank war, um noch weiterzugehen, obwohl Fischer ihn gedrängt hatte, nach unten zu gehen. Lobsang Jangbu ging erst, als Fischer ihm gedroht hatte, ihn den Berg hinunterzuwerfen.[25]

Hinter diesen und anderen heroischen und selbstaufopfernden Akten steht eine allgemeinere, für die Sherpas bezeichnende Loyalität. Die Bergsteiger haben immer wieder erwähnt, wie schnell die Sherpas sie in der Regel gegenüber der Expedition insgesamt und gegenüber einzelnen Sahibs entwickeln. Die Formen der Loyalität waren verschieden und reichten von einer kindlichen Ergebenheit, die zu dem bei den früheren Expeditionen eher üblichen Paternalismus der Sahibs paßte, bis zur Loyalität innerhalb einer echten und gleichberechtigten Freundschaft, die in jüngerer Zeit geläufiger war.

Aber welche Form sie auch immer hatte, die von den Sherpas durchweg so bereitwillig an den Tag gelegte Loyalität und Solidarität waren zweifellos gewichtige Faktoren, daß die Sahibs von ihnen eine so positive Meinung hatten.

Der große Bill Tilman faßte die Wertschätzung eines Sahibs für die besten Seiten der Sherpas vermutlich am treffendsten zusammen, als er 1935 schrieb:

»Seit fast fünf Monaten hatten wir zusammen gelebt und waren zusammen geklettert, und je mehr wir von [den Sherpas] sahen, desto mehr mochten und respektierten wir sie. Daß sie klettern und Lasten schleppen können, gilt inzwischen als erwiesen. Aber noch wertvollere Attribute für unsere kleine, auf sich selbst angewiesene Gruppe waren ihr fröhliches Grinsen, die Bereitwilligkeit, mit der sie im Lager und auf dem Marsch arbeiteten, ihr absolut fehlender Egoismus, die Hingabe, mit der sie uns zu Diensten waren. Ihr Gefährte zu sein, war eine Freude; sie zu führen, eine Ehre.«[26]

Tilmans Lobrede vereinte all die Schlüsselmerkmale, die die Sahibs bei den Sherpas zu finden glaubten: ihre körperlichen Fähigkeiten, ihre Fröhlichkeit, ihren Mangel an Egoismus und ihre Loyalität.

Aber waren die Sherpas tatsächlich so stark, fröhlich, selbstlos und loyal? Die Antwort muß natürlich Ja und Nein lauten. Wir sind bei diesen Charakterisierungen natürlich sensibel für Fragen des Essentialismus und Rassismus. Zu erkennen, daß Darstellungen in vielerlei Hinsicht problematisch sind – oft orientalistisch und rassistisch, manchmal absolut aberwitzig und immer, immer partiell –, bedeutet jedoch nicht, daß man auf den Versuch verzichten sollte, sie in Zusammenhang mit einer tatsächlichen Welt von »Leben und Tod« zu verstehen.

Es ist das »Ja und Nein« in der Beziehung von Sahib-Darstellungen und Sherpa-Realität, um das es mir hier und im ganzen Buch geht. Wir wollen mit der Frage der körperlichen Kraft und Stärke beginnen.

STARKE SHERPAS: ABER WER TRÄGT?

Den Sherpas wurden enorme Kraft und Ausdauer nachgesagt. Dies wurde wiederum darauf zurückgeführt, daß sie vermeintlich von Natur aus höhenangepaßt und es auch kulturell von früher Kindheit an gewohnt waren, Lasten zu tragen.

Die Sherpas besiedeln zwei miteinander verbundene Regionen in Ostnepal, Solu (das niedrigere Tal) und Khumbu (das höhere Tal). In Solu liegen die Dörfer etwa in einer Höhe von rund 2400 Metern bis 3000 Metern, während die Dörfer von Khumbu – aus denen die meisten der frühen bei Bergsteigerunternehmungen tätigen Sherpas kamen – etwa zwischen 3600 und 4300 Meter über dem Meeresspiegel liegen.

Das Weideland sowohl von Solu als auch von Khumbu liegt höher als die Dörfer. Die beiden Regionen werden durch den Dudh Khosi – den Milchfluß – miteinander verbunden, der vom Mount Everest herabfließt. Die zwischen Khumbu und Solu am Fluß liegenden Dörfer gehören zur Region Pharak, was einfach soviel wie die mittlere oder dazwischenliegende Region bedeutet (siehe Karte 3).

Die wirtschaftliche Basis der Region sind Ackerbau (hauptsächlich der Anbau von Kartoffeln, Weizen und Gerste) und Viehhaltung – Yak- und Kuhherden für Milchprodukte und zum Verkauf (und in jüngerer Zeit zum Verleih an Expeditionen) – und bis zur chinesischen Invasion in Tibet 1959 der Handel sowohl nach Norden nach Tibet als auch nach Süden und Osten in andere Regionen Nepals. Da Khumbu höher als Solu liegt und Getreide in Khumbu langsamer wächst, setzt man hier mehr als in der tiefer liegenden Region auf die Herdenhaltung und den Handel.

In Khumbu gibt es keine befestigten Straßen, und die Wege sind sehr steil. In der ganzen Region gibt es folglich auch keine Fahrzeuge (nicht einmal Schubkarren, obwohl sie geeignet wären). Buchstäblich jeder Transport wird zu Fuß bewältigt, und alle Lasten werden auf den Rücken der Menschen befördert.[27] Die Sherpas beginnen bereits in jungen Jahren damit, Lasten über lange Strecken hinweg steile Wege hinaufzutragen.

Durch all das scheinen die physischen Voraussetzungen für die Bergsteigerarbeit geschaffen zu werden, und es spielt tatsächlich zweifellos eine gewisse Rolle. Die Sahibs gingen von Anfang an davon aus, daß die Sherpas genetisch oder erworbenermaßen höhenangepaßt sind, was jedoch nicht gesichert erwiesen ist.

Der Arzt Charles Houston meinte, nachdem er sich mit den diesbezüglich vorliegenden medizinischen Studien befaßt hatte, der Erfolg der Sherpas beim Bergsteigen sei wahrscheinlich eher eine Frage von Antrieb und Motivation:

»Sherpas haben nicht mehr Hämoglobin als Vergleichspersonen auf Meeresspiegelniveau... Die Sherpas scheinen in extremen Höhen mehr Arbeit leisten zu können, als es selbst gut akklimatisierte Einheimische auf Meeresspiegelhöhe können. Es gibt jedoch nur wenige gut kontrollierte Studien, die dies unterstützen, und wenn es hart auf hart kommt, sind Willenskraft, Motivation, Geist [notabene] ein stärkerer Motor, um den Gipfel des Everest zu besteigen, als ein etwas besseres Akklimatisierungsniveau.«[28]

Auch wenn die körperlichen Voraussetzungen als solche relevant sind, so ist doch die Annahme entscheidend, wonach bestimmte Sherpas als besonders stark oder besonders willig, schwere Lasten zu tragen, dargestellt werden. Eine Annahme, die uns sehr schnell zur sozialen Differenzierung in der Sherpa-Gesellschaft bringt.

Nur diese Differenzierung läßt uns die Intentionen von Menschen verstehen, das heißt, die ernsten Spiele, mit denen sie befaßt sind, die Ressourcen, die sie mit einbringen, und die Intensität, mit der sie diese Spiele spielen. Bei den frühen Sherpas ging es dabei, wie ich hier behaupten werde, um ein Spiel der »Befreiung«, der Flucht, oft vor Armut und Abhängigkeit, in jedem Fall jedoch zumindest vor bestimmten Spannungen und Schranken innerhalb der traditionellen Sherpa-Gesellschaft, selbst wenn man nicht wirklich arm war. Wir müssen kurz auf den Druck und die Belastungen eingehen, durch die diese Bedürfnisse und Wünsche erzeugt wurden.

In der Sherpa-Gesellschaft gab es (und gibt es immer noch – wobei es bei meinen Ausführungen hier jedoch hauptsächlich um das frühe 20. Jahrhundert geht) die Kategorien der »großen Leute«, der »kleinen Leute« und derjenigen, die dazwischen lagen – »nicht reich, nicht arm«, wie sie sagen.

Die großen Leute, das waren die Reicheren der Gesellschaft. Sie besaßen mehr Land und Tierherden, sie lebten besser als andere, mit Pächtern und Arbeitskräften, die sich um ihr Land kümmerten, und mit Bediensteten, die ihnen zu Hause zur Hand gingen.

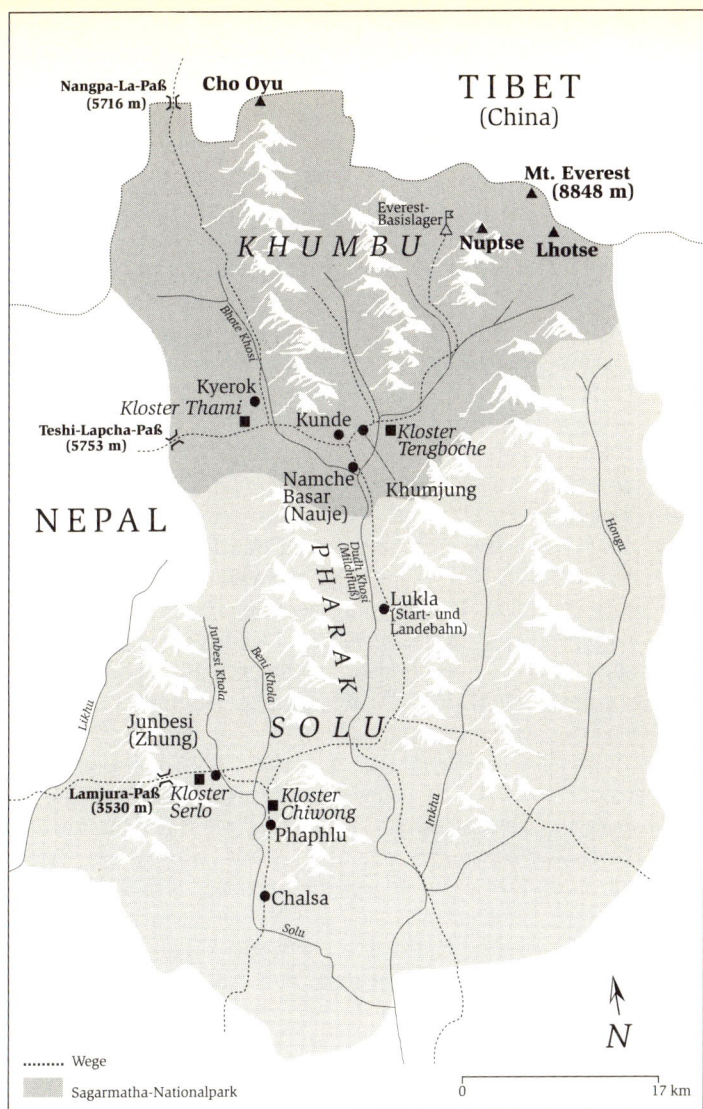

KARTE 3: Die Solu-Khumbu-Region.

Den größten Anteil in der Bevölkerung stellten die gewöhnlichen Sherpas der Mittelschicht. Sie waren meistenteils auch unabhängige Grundbesitzer, insgesamt jedoch weniger vermögend, weniger gutgestellt und weniger abgesichert. Einige – die wirklich Kleinen – hatten keinen Landbesitz, waren sehr arm und verdienten sich, sofern sie nicht anderswohin migrierten, ihren Lebensunterhalt als Pächter und Bedienstete bei den großen Leuten.[29]

Zu den Großen zu gehören bedeutete vieles, aber vor allem eines, das relevant für diese Geschichte ist, nämlich, daß sie keine Lasten zu tragen hatten. Lasten zu tragen war, wie gesagt, ein fester Bestandteil des Lebens in Solu-Khumbu. Dazu gehörte nicht nur die Beförderung von Waren und Gegenständen bei Reisen an entlegenere Orte, sondern auch das Schleppen von Lasten bei alltäglichen Erledigungen, wie Brennholz sammeln, Wasser holen, Dünger auf die Felder bringen sowie Heu und Getreide von den Wiesen und Feldern einbringen; Aufgaben, von denen einige extrem beschwerlich und unerfreulich waren.

Die Wege zu den Wasserquellen waren mitunter sehr weit, im Winter war das Wasser eisig, und das im Haushalt gebrauchte Wasser mußte mehrmals täglich entweder in einem schweren Holzkübel oder einer eiskalten Messingkanne herbeigeschafft werden. Auch wenn diese Besorgungen als notwendig akzeptiert wurden, war dennoch jeder froh, wenn er sie nicht erledigen mußte, und ein sogenanntes gutes Leben wurde zum Teil auch immer durch das Privileg definiert, keine Lasten tragen zu müssen.

Denn nicht jeder mußte Lasten schleppen. Die sogenannten großen Leute nie. Personen der Mittelschicht, gewöhnliche Sherpas, trugen ihre eigenen Lasten, aber es war so etwas wie eine Frage des Stolzes, keine Lasten für andere zu tragen, außer aus Gefälligkeit oder aufgrund einer auf Gegenseitigkeit beruhenden Regelung. Demgegenüber trugen die kleinen Leute – die Pächter, Dienstboten, Lohnarbeiter – nicht nur für sich selbst, sondern auch für die großen Leute.

Dies sagt uns aber auch noch etwas anderes: Die körperlich starken Sherpas, die stundenlang mit sechzig bis achtzig Pfund auf dem Rücken marschieren oder klettern konnten, gehörten mit fast an Sicherheit grenzender Wahrscheinlichkeit zu den Nichtgroßen (wenn auch nicht unbedingt zu den Kleinen) der Gesellschaft. Und dies bedeutete entweder, daß sie sehr stark waren, weil sie es gewohnt waren, viel zu tragen, und auch das Geld brauchten oder daß sie zwar nicht unbedingt sehr stark waren, sich aber mit dieser Arbeit den Rücken ruinieren mußten, weil sie das Geld brauchten. In dem einen wie dem anderen Fall war das Geld bzw. das materielle Wohlergehen der zentrale Punkt.

Eine Anmerkung zum Geld. Geld ist ein extrem komplexes Symbol, das immer und in jedem Fall interpretiert werden muß. Zu sagen, daß die meisten Sherpas sich hauptsächlich um des Geldes willen bei Expeditionen verdingten (und noch immer verdingen), ist der Anfang, nicht das Ende, um zu verstehen, warum sie dies taten.

Denn als Zeichen weist Geld auf die eigenen Wünsche der Sherpas hin, auf ihre Vorstellungen von einem guten Leben, auf ihre Empfindungen, was sie tun und wie sie leben würden, wenn sie die Mittel dazu hätten. Es konnte heißen, einfach finanziellen Profit zu machen; es konnte auch heißen, Verwandte zu unterstützen oder Kinder auf Privatschulen nach Darjeeling zu schicken oder Reisen zu unternehmen oder religiöse Rituale auszurichten oder zur Finanzierung eines Klosters beizutragen.

Der Punkt ist, daß das Geld bei allem negativen Stellenwert, der ihm in einer bestimmten westlichen gegenmodernen Vorstellung beigemessen wird, exakt auf etwas hinweist (ebenso sehr, wie es von etwas wegweisen könnte), das wir für ein »authentisches« kulturelles Universum der Sherpas nehmen können, in dem sie ihre eigenen Wünsche in so etwas wie ihren eigenen Begriffen artikulieren.

Das heißt nicht, daß die Sherpas nicht ihre eigenen komplizierten Gefühle in bezug auf Geld haben, ganz sicher nicht. Es gibt beispielsweise die kulturelle Vorstellung, daß Menschen durch den Anblick von Geld nachhaltig zu Dingen verführt werden können, die sie eigentlich nicht tun wollen, oder daß sie nach der Analogie des (nepalesischen) Liebeszaubers Sklaven der Wünsche anderer werden können.

Man steht Personen, die ausschließlich von materieller Gier und Eigeninteresse, von dem Wunsch nach Geld um des Geldes willen getrieben zu werden scheinen, zweifellos kritisch gegenüber. Dennoch haben die Sherpas kein moralisches Problem mit der simplen Tatsache, daß sie hauptsächlich um der Bezahlung willen bei bergsteigerischen Unternehmungen mitmachen; welche anderen Motive auch immer hinzukommen mögen, das ist das grundsätzliche Motiv. Hinzu kam, daß ihre finanziellen Erfolge bei den frühen Expeditionen ein wesentlicher Faktor für ihre Fröhlichkeit waren.

FRÖHLICHKEIT ALS WEITVERBREITETER KULTURELLER STIL

Ich verwende das Wort Fröhlichkeit, um damit eine Reihe von Merkmalen zu erfassen, die von den Sahibs anerkennend erwähnt wurden: daß die Sherpas freundlich waren, gutmütig, Späße liebten oder eine allgemein positive Art hatten und daß sie ihren Humor selbst unter ziemlich streßreichen Bedingungen bewahren konnten, insbesondere auch, wenn sie einen ganzen Tag lang schwere Lasten getragen hatten. Beschrieb dies tatsächlich einen Teil der Sherpa-Realität? Auch hier muß die Antwort wiederum Ja und Nein lauten, wobei die Frage jedoch komplex und nicht in einem Satz zu beantworten ist.

Wir wollen mit dem »Nein« beginnen. An anderer Stelle habe ich ein Bild vom gesellschaftlichen Leben der Sherpas präsentiert, das völlig anders ist als die fröhlichen Bilder, die wir von den Sahibs vermittelt bekommen.[30]

In meinem ersten, auf meiner Feldarbeit in Solu (1978) basierenden Buch habe ich die Neigung zu »Egoismus« im dörflichen Leben hervorgehoben. Sie beruht auf dem System des Privatbesitzes und sorgte regelmäßig für Dispute, die in Gewalt eskalierten.[31] Mit Gewalt meine ich vor allem Faustkämpfe und ringkampfähnliche Auseinandersetzungen, die gelegentlich unter Zuhilfenahme von Steinen oder Stöcken ausgetragen wurden. Die Verwendung tatsächlicher Waffen war extrem selten, aber die an den Kämpfen beteiligten Parteien konnten nichtsdestotrotz schwer zusammengeschlagen werden.

Bei meinem späteren Aufenthalt in Khumbu hatte ich hingegen den Eindruck, daß die einzelnen etwas kooperativer miteinander umgingen und daß die lokalen Institutionen, die zum Gemeinwohl beitrugen, besser entwickelt waren.[32] Aber dennoch gab es auch in Khumbu sehr viel Streit und Gewalt.

In diesem Buch möchte ich mich auf die Fröhlichkeit und den Humor der Sherpas konzentrieren, die für die Sahibs so verblüffend waren. Streit und Gewalt sind bei den Sherpas jedoch ebenso real, und ich möchte sie hier nicht leugnen. Zunächst möchte ich aber betonen, daß buchstäblich jede Form von Gewalt (und jeder »Egoismus«), die man im Dorfleben der Sherpas sieht, mit den gesellschaftlichen Strukturen der Ungleichheit zusammenhängt.

Zweitens werden Egoismus, Streit und Gewalt nicht von dem vorhandenen Spektrum kultureller Werte, von den Überzeugungen, Idealen und Vorstellungen vom Guten unterstützt oder idealisiert. Und das ist es, was ich meine, wenn ich die Fröhlichkeit als einen weitverbreiteten kulturellen Stil bezeichne. Eine andere Person zu verletzen und sei es nur mit hitzigen, gewaltsamen Worten, ist insbesondere vom buddhistischen Standpunkt aus eine Sünde.

Andere Überzeugungen betonen hingegen nicht so sehr die Sünde als vielmehr die Vorstellung, daß Streit und Kämpfe abstoßend und ein Ärgernis sind. An einem Kampf beteiligt oder auch nur dabei zu sein, führt zu *Thip* (»Beschmutzung«), worunter ein psychisch kranker Zustand zu verstehen ist, der extrem unangenehm und der Beginn einer tatsächlichen Erkrankung sein kann.[33] Zu kämpfen, andere zusammenzuschlagen, sich nichts gefallen zu lassen, sind keine nennenswerten Komponenten der bei den Sherpas vorherrschenden Männlichkeitsvorstellungen. Jungen werden nicht zu physischer Aggression ermutigt.

Die Sherpas sehen natürlich auch selbst, daß es Streit, Kämpfe und Gewalt gibt, sie machen dabei jedoch einige wichtige Unterscheidungen. Auf der einfachsten Ebene tun sie solche Vorfälle einfach als eine Folge des Trinkens ab, als etwas, das halt passiert, wenn man die Selbstkontrolle verliert, was jedoch keine langfristigen Folgen oder Konsequenzen hat und leicht wieder zu richten ist.

Viele Streitigkeiten werden mit einem Wort beantwortet: Chang (Bier). Ernstere Konflikte werden unter zweierlei Aspekten gesehen: zum einen als Teil der Rivalitäten um Ansehen, Reputation und Einfluß (»den Namen«) unter den großen Leuten (wozu sowohl die Wohlhabenden als auch die Lamas gehören) und zum anderen als Teil des Überlebenskampfes unter den nichtgroßen Leuten (sowohl denen aus dem Mittelstand als auch den kleinen), bei dem es hauptsächlich um Eigentumsverhältnisse geht.

Der Gewaltausbruch eines großen Mannes wird als absolut egoistisch und geltungssüchtig mißbilligt, die Gewalt unter den nichtgroßen Leuten um Eigentums- und Erbanteile wird hingegen als bedauerlich, aber verständlich betrachtet.

Trotz des ansehnlichen Maßes an sozialen Konflikten innerhalb der Gemeinschaft kann wohl gesagt werden, daß jene fröhliche Freundlichkeit ein gesellschaftlicher Interaktionsstil ist, der kulturell gefördert, geschätzt und – wenn möglich – in der Praxis gepflegt wird. Somit drängt sich des weiteren die Frage auf, was es im Lebensstil der Sherpas ist, das diesen kulturellen Wert hervorgebracht und reproduziert hat. Diese Frage stand bereits bei einigen früheren ethnologischen Untersuchungen der Sherpas im Vordergrund, und es gab verschiedene Antworten darauf.

Für den ersten Ethnographen der Sherpas, Christoph von Fürer-Haimendorf, war die Frage des guten Sherpa-Charakters die zentrale Frage in seiner Monographie, und er beantwortete sie im wesentlichen damit, daß es ihr Buddhismus sei, der sie so offen und freundlich, so großzügig und kooperativ sein ließ.

Es stimmt natürlich, daß der Buddhismus seinen Anhängern gebietet, in dieser oder jener Weise gute Menschen zu sein, und die Religion der Sherpas spielt in der Tat bei vielen Erörterungen in diesem Buch eine zentrale Rolle. Gleichwohl ist die Verbindung, wie Haimendorf sie zog, zu allgemein, um allzu nützlich zu sein. Alle Religionen halten ihre Anhänger dazu an, gut zu sein, es sind jedoch nur wenige, die sich – einzeln oder kollektiv – in einer klaren und direkten Form an die Vorschriften ihrer Religion halten.

Die andere Erklärung für das Konstrukt der Sherpa-Fröhlichkeit als einen vorherrschenden kulturellen Stil lieferte der Ethnologe und Bergsteiger Mike Thompson, der meinte, das gutmütige Temperament der Sherpas sei im wesentlichen auf eine Handels- und Merkantilismuskultur zurückzuführen.[34]

Mindestens seit dem 16. Jahrhundert, als die Sherpas nach Nepal kamen, haben sie sich maßgebend im Transhimalaya-Handel engagiert, Salz aus Tibet hinuntergebracht und Reis aus den tiefer gelegenen Regionen Nepals hochgetragen. Fast jeder Sherpa-Mann hat in einem gewissen Umfang Kleinhandel betrieben, wobei es jedoch nur wenigen gelungen ist, damit im größeren Rahmen erfolgreich zu sein.[35]

Diese erfolgreichen Männer wurden in der Sherpa-Gesellschaft die politisch dominierenden Akteure, und es wird davon gesprochen, daß ihr Interaktionsstil sodann die kulturell dominierende Umgangsform wurde. Wie Thompson es formulierte: »Der Mensch lebt, wie man hier seit jeher glaubt, nicht von [Kartoffeln] allein, und ihr individualistischer, höchst produktiver, risikofreudiger, lohnender Handel hat die Grundlage für einen fröhlichen, heiteren, unbeschwerten, offenen und gastfreundlichen Lebensstil geliefert, der sie bei Generationen von westlichen Bergsteigern beliebt gemacht hat.«[36]

Beide Deutungsweisen – im Sinne der Religion und des Handels – sind bis zu einem gewissen Punkt plausibel. Keine von beiden trägt jedoch den politischen und ökonomischen Unterschieden in der Sherpa-Gesellschaft Rechnung. Das hohe Maß an Streitigkeiten, Kämpfen und Konflikten im Dorfleben weist darauf hin, wie Freundlichkeit und gute Laune durch politische und ökonomische Ungleichheiten und Rivalitäten auf heimischem Terrain stets potentiell untergraben wurden.

Um auf dieser Linie noch weiter zu argumentieren, möchte ich hier behaupten, daß jene Fröhlichkeit bei den nicht großen Leuten in einem aktiveren und praktischen Sinne konstruiert werden mußte und daß es, wie bei jedem generischen kulturellen Stil, das war, was die Sahibs bei der »Fröhlichkeit« der Sherpas bei den Expeditionen zu sehen bekamen.

FRÖHLICHKEIT HERSTELLEN I:
GELD UND DIE FLUCHT VOR DEM KLEINSEIN

Die Unterschiede zwischen den großen Leuten und anderen (den Nichtgroßen und den Kleinen) in der Sherpa-Gesellschaft waren sowohl eine Quelle wie auch ein Ergebnis anderer Spannungen in der Gesellschaft, Spannungen, die fast während des ganzen 20. Jahrhunderts eine stetig zunehmende Zahl von jungen Sherpa-Männern zum Bergsteigen trieben.

Die Kontinuitäten und Veränderungen dieser Muster werden noch in späteren Kapiteln behandelt werden, da ich mich hier weiterhin vorwiegend auf die ersten Jahrzehnte des Bergsteigens, auf die zwanziger und dreißiger Jahre, konzentrieren möchte.

Landbesitz und Erbschaft

Das Produktivvermögen der Sherpa-Gesellschaft, einschließlich des Ackerlandes und der Milchviehherden, war im Privatbesitz von Familien. Die Kernfamilie war diejenige Einheit der Gesellschaft, der das

Eigentum gehörte, und das Ideal jeder Kernfamilie war, ein eigenes Haus und genügend Produktivvermögen für den Unterhalt ihrer Mitglieder zu besitzen. Das Erbe wurde normalerweise bei der Heirat an die Jüngeren übertragen, und das war der Punkt, an dem es in vielen Familien zu unmittelbaren Problemen kam.

Die bei den Sherpas geltenden Erbschaftsregelungen sind für alle Sherpas, ob groß oder nicht groß, als solche problematisch. Danach sollte der Vater seinen Grundbesitz zu gleichen Teilen unter allen seinen Söhnen aufteilen. Dies wäre jedoch nach ein oder zwei Generationen unmöglich geworden, da die durch die Aufteilung entstandenen Parzellen zu klein gewesen wären, um eine Familie zu ernähren.

Den kleinen Leuten, die erhebliche Vermögensprobleme hatten, blieb in der Vergangenheit, wenn alle anderen Optionen scheiterten, keine andere Wahl, als Geld zu leihen, sich als Arbeiter bei anderen Familien zu verdingen, sich als Pächter oder Kleinpächter von Ackerland an die Reicheren zu binden – oder auch alles zusammen.

Es ist nicht klar, wie verbreitet die Verschuldung, die Verpachtung von Land und die Fronarbeit in der Vergangenheit waren. Mein Eindruck ist, daß unmittelbare Armut unter den Sherpas nicht sehr verbreitet war und daß die Reichen auch nicht außerordentlich reicher als alle anderen waren. Aber die Unterschiede waren groß genug, und das Problem der übermäßigen Teilung und Parzellierung des Landbesitzes (auf winzige und verstreute Einheiten) war vorherrschend.

Somit war es verständlich, daß einige der jungen Männer seit jeher weggehen und ihr Glück woanders suchen mußten, daß die wirtschaftliche Organisation der Sherpas stets »überschüssige« Söhne und brüderliche Konkurrenz hervorbrachte und daß es damit stets notwendig war, außerhalb der Gemeinschaft Ressourcen zu erschließen.[37]

Mitte des 19. Jahrhunderts geriet dieses System dann noch weiter unter Druck. 1846 riß eine Familie namens Rana, die traditionell und in Erbfolge die Premierminister des Königs von Nepal gestellt hatte, die Macht des Königs an sich und reduzierte ihn auf ein Aushängeschild.

Die Machtübernahme der Rana hatte vielfältige Folgen. Den großen Leuten ermöglichte sie, zumindest in manchen Fällen, nun größer denn je zu werden, als Steuereinnehmer, Händler und durch verschiedene Geschäftsabschlüsse, die sie dank der Kontakte mit dem Rana-Staat in Katmandu tätigen konnten.[38]

Andererseits erhoben die Rana auch wesentlich höhere Steuerforderungen – in Naturalien, in Form von Arbeitskraft und Bargeld – und erweiterten die Mittel, um die Abgaben wirksamer einzutreiben.[39] Für die kleinen Leute wurde damit nochmals wesentlich die Notwendigkeit verschärft, weitere Geldquellen aufzutun.

Fest steht, daß die meisten Sherpas, die sich Ende des 19. Jahrhunderts und noch lange danach in Darjeeling um Expeditionsarbeit bewarben, dies taten, weil sie Geld brauchten. Manche von ihnen waren sehr arm, besaßen wenig oder überhaupt kein Land und lebten permanent mit der drohenden (oder realen) Verschuldung. Die Geschichte von Ang Tharkay, der einer der größten frühen Sherpa-Sardars wurde, war hierfür ein mustergültiges Beispiel.

Ich habe die folgende Darlegung aus Ang Tharkays Autobiographie entnommen. Auch wenn sie mit Hilfe westlicher Schreiber und Übersetzer entstand, kommt Ang Tharkays Stimme zumindest in dem hier angesprochenen Abschnitt sehr klar zum Tragen.

Ang Tharkay wurde 1907 in einer sehr armen Familie in Kunde geboren. Obwohl sein Großvater offenkundig etwas Land hatte, erbte der jüngere Bruder seines Vaters, Ang Tharkays Onkel, den Hauptteil des großväterlichen Landbesitzes:

»Mein Vater hatte einen jüngeren Bruder und konnte demnach nicht erwarten, von dem Erbvermögen der Familie etwas abzubekommen, da es bei den Sherpas oft so ist, daß der jüngste Sohn das väterliche Vermögen erbt. So kam es, daß der jüngere Bruder meines Vaters das Land der Familie bekam und mein Vater dastand und sehen mußte, wie er zurechtkam. Beim Tod meines Großvaters nahm dann mein Onkel die Felder und das Haus meiner Großeltern in Besitz, das er noch immer, bis auf den heutigen Tag, bewohnt.«[40]

Als ein alleinstehender Nachbar dann jedoch beschlossen hatte, ins Kloster zu gehen, hatte er Ang Tharkays Vater kostenlos ein Haus und Felder überlassen und damit die Familie vor der völligen Verarmung bewahrt. Dennoch war seine Familie, als Ang Tharkay dreizehn Jahre alt war, unterdessen so schwer verschuldet, daß er gezwungen war, für andere zu arbeiten:

»Wir machten hohe Schulden, was unsere sowieso kaum glänzende Situation noch verschlimmerte. Ich war gezwungen, für andere zu arbeiten, als Kuhhüter, Holzhacker und [allgemeiner] Tagelöhner, um einen mageren Beitrag zum Einkommen der Familie zu leisten... Ich verdingte somit meine Dienste in der ganzen Gegend, und ich konnte erst zwei Jahre später nach Hause zurückkehren und wieder meinen früheren Beschäftigungen nachgehen.«[41]

Andere frühe Sherpas waren zwar nicht unbedingt arm, waren aber Söhne der nichtgroßen Familien, die das machten, wozu das System sie im Endeffekt zwang: den väterlichen Besitz, zumindest einstweilen, unbeschadet und unangetastet zu lassen und von außerhalb zusätzlich zum Lebensunterhalt beizutragen, statt den begrenzten familiären Kuchen zu zerteilen.

Um ein Beispiel aus einer mittelständischen Familie vor Augen zu haben, können wir uns den bekanntesten von allen Sherpas, Tenzing Norgay, anschauen. Tenzing Norgay wurde 1914 als elftes von dreizehn Kindern geboren, von denen sieben Söhne waren. Auch wenn es der Familie recht gutging, war sie nicht übermäßig wohlhabend, und die Verteilung des Landbesitzes unter den Söhnen hätte eindeutig die materiellen Lebensbedingungen für alle erheblich verschlechtert.

Tenzing wurde in das neugegründete Kloster Tengboche geschickt, wo es ihm jedoch nicht gefiel, und er kehrte wieder nach Hause zurück. Später lief er von dort weg, nach Katmandu, weil er die große Stadt sehen wollte. Am Ende ging er dann nach Darjeeling, um für Expeditionen zu arbeiten.

Tenzing glaubte nicht, daß erbrechtliche oder Besitzfragen ihn zum Weggehen bewegt hatten. Er glaubte, einfach schon immer den starken Wunsch gehabt zu haben, die Welt draußen zu sehen und größere Dinge zu vollbringen: »So weit ich zurückdenken kann, hatte ich als Kind, als Knabe, als Mann immer nur den einen Wunsch: in die Ferne zu ziehen, zu wandern, zu sehen, zu suchen und zu finden«, schrieb er.[42]

Der Punkt ist nicht, daß es eine direkte Verbindung zwischen materiellen Bedürfnissen oder Erbschaftsfragen auf der einen Seite und individuellen Wünschen und Plänen auf der anderen gab. Die Sherpa-Gesellschaft war mit ihren eigentums- und erbrechtlichen Regelungen vielmehr so organisiert, daß sie fortwährend junge Männer hervorbrachte, für die wegzugehen stets eine Option, wenn nicht eine Notwendigkeit war.

Hinzu kam, daß die zentrale Bedeutung des Handels mit fernen Orten (und die langen Wanderschaften und Pilgerfahrten) ganz von selbst Individuen hervorbrachte, die einen Sinn für die größere Welt hatten.

Selbst Ang Tharkay glaubte nicht, einfach weggegangen zu sein, um Geld zu verdienen. In seinem Fall verdichtete sich die extreme Armut, seine Abneigung gegenüber seinem Onkel, die Demütigung, für andere Leute arbeiten zu müssen, zu einem Gefühl des Kleinseins, der Rückständigkeit, der fast erstickenden Abgeschlossenheit des Dorflebens in Solu-Khumbu. Einmal sprach er von »unserem verlorenen Land«,[43] zu einem anderen Zeitpunkt davon, »in meinem Heimatdorf eingesperrt *[enfermé]* zu sein«.[44]

In Zusammenhang mit seiner Ankunft in Paris und der Tatsache, daß er sich besonders klein fühlte, reihte er schließlich ein Bild von Rückständigkeit und Eingeschlossensein an das andere. Er bezeichnete sich als »einen armen kleinen Sherpa aus einem elenden Land, das verloren im Schatten der Barriere des Himalaya liegt«.[45]

Als Widerpart zu alldem erhielt die Expeditionsarbeit schnell einen ganz besonderen Glamour. Vieles davon zeigte sich zunächst einmal in materieller Form, in der exotischen Kleidung und Ausrüstung, die die ersten Expeditions-Sherpas von ihren Bergtouren mitbrachten. Tenzing Norgay beschrieb, wie fasziniert er von der Kleidung der Männer war, die in den zwanziger Jahren von den Expeditionen zurückgekommen waren. Er hatte einem Mann sogar Geld dafür bezahlt, daß er seine Expeditionsstiefel anprobieren durfte.[46] Auch Ang Tharkay verband das Bergsteigen mit einer starken verführerischen Kraft:

»Ich war etwas über 20 Jahre alt, als ich einen meiner Dorffreunde, Nim Tharkay, traf, der von der Expedition mit General Bruce zurückkam und mich bei uns zu Hause in Kunde besuchte und seine ganze Bergsteigerausrüstung mit dabeihatte. Er stolzierte von Haus zu Haus, als hätte er eine erstaunliche Heldentat vollbracht. Da ich jünger war, wurde meine Phantasie durch die poetischen Beschreibungen, die er von seinen Abenteuern gab, entfacht, und zwar so sehr, daß es nicht lange dauerte, bis ich den unbändigen Wunsch verspürte, seinem Beispiel zu folgen und mich darum zu bemühen, selbst an einer Expedition teilnehmen zu können.«[47]

Nicht zuletzt boten diese Unternehmungen auch die Möglichkeit, persönlich voranzukommen, die es innerhalb des lokalen dörflichen

Ein frühes Foto von Ang Tharkay *(links)* mit Sen Tenzing und Pasang Bhutia (ohne Datum).

Umfeldes nicht gab, insbesondere nicht für jemanden wie Ang Tharkay, der aus recht armen und kleinen Verhältnissen kam. Bei den Expeditionen war es von Anfang an üblich, daß die Sahibs einen der Sherpas, den sie für verantwortlich hielten und dem sie Führungsqualitäten zutrauten, zum Sardar ernannten, zum obersten Sherpa oder Obmann der Expedition.

Ein intelligenter junger Mann hatte in der Regel den Ehrgeiz, es weiter als zum einfachen »Hoch-Sherpa« (versierten Träger beim Hochgebirgsklettern) zu bringen, und die Hoffnung, einmal Sardar zu werden. Sardars konnten wesentlich mehr Geld als die übrigen Sherpas verdienen, sowohl weil sie besser bezahlt wurden, als auch weil sie (oder viele von ihnen) »Provisionen« von den Sherpas und lokalen Trägern kassierten – zumindest gab es immer dieses Gerücht.

Sardars waren in ihren Heimatgemeinschaften oft ambivalente Figuren, da sie nicht so recht in die lokalen Statushierarchien paßten.

Alle wurden jedoch berühmt und einige hoch respektiert, und die Aussicht, Anerkennung und vielleicht auch Respekt zu gewinnen wie auch Geld zu verdienen, trug weiter zum potentiellen Wert der Expeditionsarbeit bei. Sowohl Ang Tharkay als auch Tenzing Norgay wurden als Sardars berühmt (und recht wohlhabend). Ang Tharkay wurde in der Tat für seine Fähigkeiten als Sardar berühmter als für seine Kletterkünste.

Für die frühen Sherpas war die Arbeit bei Bergsteigerexpeditionen somit eine fast perfekte Lösung für die in der Sherpa-Gesellschaft vorherrschenden Landverteilungs- und Erbschaftsprobleme. Abgesehen von den ganz großen Leuten, bot sie allen eine Möglichkeit, sich einen Lebensunterhalt zu verdienen, einen in der Tat guten Lebensunterhalt.

Die Expeditionsteilnahme bot den »überschüssigen« Söhnen eine Lösung, denen notfalls nichts anderes geblieben wäre, als Knechte und Diener zu werden, oder die bestenfalls in der Familie für Probleme gesorgt hätten, indem sie den Landbesitz geteilt und dadurch den Lebensstandard für alle Angehörigen reduziert hätten. Der Glamour des Bergsteigens (im Gegensatz zu anderen Formen von Kuli-Diensten) verlieh der Arbeit zusätzlich etwas Positives, mit der exotischen Kleidung und Verpflegung der Sahibs und dem Schimmer von der fernen und »modernen« Welt.

Dieses Gefühl der Befreiung aus der Familie und von den größeren ökonomischen Spannungen war die erste Dimension, die bei den Sherpa-Männern, die dieser Arbeit nachgingen, für »Fröhlichkeit« sorgte.

Unabhängige Arbeit und gute Laune

Es gab noch einen weiteren Faktor, weshalb die Expeditionsarbeit den Sherpas ein befreiendes Gefühl verlieh und der mit dem Prinzip des freien (privatbesitz- und handelsorientierten) Unternehmertums der Sherpa-Wirtschaft zusammenhing: die Tatsache, daß die Sherpas als unabhängige Arbeitskräfte auf den Arbeitsmarkt nach Darjeeling und zum Bergsteigen kamen. Sie waren echte kapitalistische Arbeiter, verkauften in ihrem eigenen Namen ihre eigene Arbeitskraft und behielten (abgesehen von Ansprüchen der Familie) ihren Lohn für sich.

»Träger, die am höchsten hinaufstiegen« – bei der britischen Everest-Expedition, 1924.
Von links nach rechts: 'Bom, Narbu Yishe, Semchumbi, Lobsang, Llakpa Chedi, Angtenjin.

Wie seltsam es auch klingen mag, aber die historischen Aufzeichnungen lassen darauf schließen, daß der Umstand, daß die Sherpas als unabhängige Arbeitskräfte operierten, tatsächlich eng mit der positiven und tatkräftigen – »fröhlichen« – Art zusammenhing, mit der sie offenbar bei den Expeditionen an die Arbeit gingen.

Um dies zu erkennen, müssen die Berichte der frühen Sahibs über ihren Umgang mit den Bergstämmen im westlichen Himalaya und Karakorum-Massiv – den Balti, Hunza und anderen – mit den Berichten über ihren Umgang mit den Sherpas verglichen werden. Der Vergleich ist außerdem passend, da die fraglichen Volksgruppen physisch mit den Sherpas vergleichbar sind – Bergbewohner, die an die

Kälte und an lange, harte Märsche gewohnt sind und bei denen es üblich ist, Lasten zu tragen.

Mit wenigen Ausnahmen (vor allem dem fröhlichen Lor Khan, dem wir in Kapitel 2 begegnet sind) wurden die westlichen Himalaya-Gruppen in vielen Expeditionsberichten als mürrisch, schlechtgelaunt und weitestgehend unzuverlässig beschrieben. Die Sahibs beklagten sich, daß sie stahlen, bei jeder Gelegenheit streikten und bei den Expeditionen oft massenweise einfach weggingen und die Mannschaft an extrem isolierten Orten ohne Trägerunterstützung und genügend Vorräte im Stich ließen.[48] Die Karakorum-Gipfel wie der Nanga Parbat und der K2 sind wesentlich weiter von bewohnten Ortschaften entfernt als die weiter östlich gelegenen Gipfel, siehe Karte 1.

Auch wenn die Hunzas (und andere Gruppen dieser Regionen) im Sinne einer Verallgemeinerung kulturell vielleicht weniger zu einer fröhlichen und aufgeschlossenen Art als die Sherpas neigen, ist gleichzeitig auch klar, daß diese Art jeweils situationsabhängig ist.

So können wir in einem der Berichte, in dem die Hunzas als Träger dargestellt werden, die sich sehr schlecht benommen haben, auch lesen, daß »sie zu Hause ... eine großartige kooperative Gesinnung an den Tag legen ... [und] bei ihren Nachbarn im Ruf stehen, eine unerschütterliche Fröhlichkeit und ein angenehmes Selbstvertrauen zu haben«.[49] Wir können sagen, um bei der Sprache der jetzigen Diskussion zu bleiben, daß die Hunzas und ähnliche Gruppen, anders als die Sherpas, nicht bereit oder nicht in der Lage waren, bei Expeditionen Fröhlichkeit an den Tag zu legen.

Entscheidende Faktoren für diesen Unterschied scheinen die unterschiedlichen politischen und wirtschaftlichen Umstände gewesen zu sein, unter denen die beiden Gruppen zur Expeditionsarbeit kamen. Die Hunzas scheinen als *Corvée-Arbeitskräfte* gekommen zu sein, worunter die Arbeitskraft zu verstehen war, die man (wie Steuern) einem Herrscher schuldete und für die man kaum oder gar nicht bezahlt wurde:

»Der Mir von Hunza, der autokratische Herrscher des robusten und unabhängigen Bergstammes, schickte Freiwillige [sic], um den Transport in die höheren Lager zu übernehmen.«[50]

»Die 300 Bergbauern sind auf Befehl der Regierung nach Talichi gekommen, um unsere Lasten nach dem Hauptlager zu tragen.«[51]

»Daraus ergibt sich für sie aber auch die Verpflichtung, daß sie ihren Platz bei der Expedition nur dann verlassen dürfen, wenn ihnen dies vom Expeditionsleiter erlaubt wird – andernfalls müßten sie damit rechnen, daß sie von ihren Dorffreunden verachtet werden und von seiten ihres Staatsoberhauptes, des Mirs von Hunza, zu Zwangsarbeit verurteilt werden.«[52]

In Anbetracht der Bedingungen, unter denen sie dort waren, überrascht es somit wohl nicht, wenn die Hunzas mürrisch und unkooperativ waren, und daß auch die Aussicht auf bessere Bezahlung und Ausrüstung sie nicht dazu brachte weiterzugehen (wie es meist bei den Sherpas der Fall war). Die Hunzas wollten einfach nicht dort sein. Die Expedition riß sie von ihrer eigenen Arbeit weg und aus ihrem Leben heraus, und der Mir strich vermutlich einen Großteil ihrer Löhne ein.

Die Sherpas kamen demgegenüber aus freien Stücken – soweit man das bei Lohnarbeit überhaupt sagen kann. Sie konnten ihre Löhne selbst behalten, und sie empfanden diese Löhne als befreiend – sie befreiten sie von den verschiedenen traditionellen ökonomischen Fesseln.

Darüber hinaus konnten sie einen engen Zusammenhang zwischen ihrer eigenen harten Arbeit, dem Erfolg einer Expedition und ihren eigenen Verdienstmöglichkeiten sowohl bei den gegenwärtigen (in Form eines Bonus oder Bakschischs) als auch bei den zukünftigen Expeditionen sehen. Der Unterschied zwischen der Beziehung, die die Sherpas zu ihren Löhnen hatten, und der, die die Hunzas hatten, scheint fast in einem direkten Zusammenhang mit dem Maß an Fröhlichkeit zu stehen, das sie bei der Arbeit aufbrachten.[53]

FRÖHLICHKEIT HERSTELLEN II:
STREIKS UND IDENTITÄT

Die Bergsteigerei sollte sich am Ende äußerst gut auszahlen, aber das war nicht immer so. Die Löhne, die bei den ersten Expeditionen gezahlt wurden, waren in der Tat kläglich, quasi im wahrsten Sinne des Wortes Kuli-Löhne. Ang Tharkay beschrieb, wie die Sherpas auf dem Rückweg bei der Everest-Expedition 1933 fast verhungerten und nicht genug zum Essen kaufen konnten, ohne ihre mageren Spesen zusammenzuwerfen.[54]

Wenn die Sherpas glücklich waren, dort zu sein, und sie waren es offenbar, so bedeutet dies nicht, daß sie auch mit allen Arbeitsbedingungen zufrieden gewesen wären. Fast von Anfang an verfolgten sie ihr Anliegen, Verbesserungen bei diesen Bedingungen zu erreichen und ebenso die Klassifizierung des Kulis abzustreifen. Sie waren bei alledem in weiten Teilen äußerst erfolgreich, was ein weiterer Anlaß war, der für Fröhlichkeit sorgte.

Seit der Politikwissenschaftler James Scott den Begriff von den »alltäglichen Formen des Widerstands« prägte, wurde die Grenze zwischen Widerstand und vielen anderen Verhaltensweisen enorm verwischt.[55] Die Klärung solcher Fragen wurde verkompliziert, da sie von den Intentionen des Handelnden abzuhängen scheint: Leistet ein kranker Träger, der sich weigert weiterzugehen, Widerstand, oder ist er einfach nur krank und nicht mehr in der Lage weiterzugehen?

Es gibt offenkundig eine große Grauzone zwischen Personen, die sich widersetzen und in der bewußten Absicht streiken, Forderungen geltend zu machen, und Personen, die ohne bewußte Absichten nicht weiterarbeiten, weil sie nicht mehr können. Deutlich wird hier jedoch, daß die Arbeitsbeziehungen eben relational waren. »Krankheit« wurde aus Sicht der Sahibs zum »Widerstand«, ungeachtet der Intentionen des Trägers, weil er den Anforderungen der Sahibs einfach keine Folge mehr leistete.

Bei den meisten der hier besprochenen Fälle handelt es sich durchaus um Beispiele von Widerstand, der mit Absichten verbunden war. Ich möchte allerdings auch einfach Raum lassen für die gelegentlich auftretenden Fälle in den Grauzonen.

Die Sherpas haben wahrscheinlich bei der Mehrzahl der Himalaya-Expeditionen gewisse Formen von Widerstand gezeigt. Die Ursachen dafür waren verschieden. An einem Ende des Spektrums gab es jene gerade erwähnten Gründe: die Weigerung weiterzugehen, weil sie sich dazu außerstande fühlten. Sie waren vielleicht erschöpft oder krank.

Bei der Everest-Expedition 1924 hatte es, obwohl sie insgesamt äußerst gute Leistungen zeigten und von den Sahibs ein großes Lob erhielten, an verschiedenen Punkten hoch oben auf dem Berg die eine oder andere kleine Sherpa-Gruppe gegeben, die einfach nicht aus dem Zelt hatte herauskommen und weitergehen konnten oder wollten, was stundenlange Tiraden und Überredungsversuche seitens der Sahibs nach sich gezogen hatte.[56]

In einem anderen Fall waren sie vielleicht auch aufgrund eines Todesfalles erschüttert und irritiert: Nachdem bei der deutschen Kangchendzönga-Expedition 1931 ein Sahib und ein Sherpa durch einen Unfall ums Leben gekommen waren, zeigten die Sherpas, wie es den Sahibs erschien, unnützen Widerstand, als man das Lager verlegen wollte.[57] Später gab es einen Vorfall mit dem Träger Dordschi, der, demoralisiert und von Angst gepackt, allein zurückzugehen versuchte, aber von dem Führer, Paul Bauer, den Berg hinaufgeschleppt wurde.[58]

Dieser Vorfall mit Dordschi ist ein gutes Beispiel dafür, daß es nicht besonders hilfreich ist zu versuchen, die Linie zwischen tatsächlichem Widerstand und »unabsichtlichen« Formen mangelnder Gefügigkeit zu ziehen. Dordschis Weigerung beispielsweise scheint (nach den üblichen westlichen Kategorien) psychologisch und nicht politisch begründet gewesen zu sein, auch wenn sie wie ein politischer Akt *wirkte*, da sie den Wünschen und Anforderungen der Sahibs zuwiderlief und folglich mit Gewalt beantwortet wurde.

Ein zweites Cluster von Gründen für Widerstand ergab sich aus den materiellen Arbeitsbedingungen der Sherpas beim Bergsteigen – Geld, Essen, Ausrüstung.[59] Bei der allerersten Everest-Expedition, der Besteigung von 1921, unternahmen die Kulis (eine Gruppe, die sich aus Sherpas und Tibetern zusammensetzte; bei den frühesten Expeditionen unterschieden die Sahibs nicht unbedingt zwischen ihnen) »den Versuch einer Meuterei« wegen der Essensrationen.[60] Die Sahibs gaben letzten Endes dem Sardar die Schuld an den meisten Problemen.

Es ist denkbar, daß der Sardar, wie Mallory ihn beschrieb, »ein käsebleicher hinterhältiger Schurke« war, »dessen Verschlagenheit und berechnende Schurkerei ... schuld daran waren, daß unsere Kulis ihr Essen nicht bekamen« (Howard-Bury u.a., 1922, S. 216). Bei anderen Gelegenheiten haben sich auch die Sherpas selbst über die unfaire oder unredliche Behandlung durch ihre Sardars beschwert. Es ist jedoch ebenso möglich, daß die von den Sahibs bereitgestellten Essensrationen unzureichend waren und daß der Streik der Sherpas tatsächlich das war, als was er aufgefaßt wurde: ein Streik gegen die Sahibs und die mangelhaften Bedingungen bei der Expedition.[61]

Bei der deutschen Kangchendzönga-Expedition 1929 forderten die Sherpas mehr Geld.[62] Gegen den Zahlungsoffizier der Internationalen Kangchendzönga-Expedition von 1930 strengten sie tatsächlich einen Prozeß wegen Geldforderungen an.[63] Bei der Everest-Expedition 1933 wäre es im Basislager fast zu einem Streik wegen mangelhaften Essens und unzulänglicher Toiletteneinrichtungen gekommen. Die Krise konnte dann jedoch abgewendet werden, indem der Aufstieg zum nächsten Etappenziel befohlen wurde.[64]

Obwohl alle diese Streiks sich gegen diesen oder jenen Aspekt der materiellen Bedingungen bei den Expeditionen richteten, hatten die meisten noch eine weitere Dimension. Der Zustand der Toiletteneinrichtungen war für die Sherpas zum Beispiel eindeutig eine Frage der Würde und keine, bei der es einfach nur um physische Unannehmlichkeiten oder Ärgernisse gegangen wäre.

Ang Tharkay schrieb, die Sahibs hätten die Sherpas »in einer kaum menschlichen Weise« behandelt.[65] Was die Streiks um Geld (und später – noch zentraler – um die Ausrüstung) anging, so waren sie auf einer Ebene genau das, was sie zu sein schienen; schließlich war Geld der Hauptgrund, warum die Sherpas überhaupt dort waren.

Aber die Frage der Löhne und der Ausrüstung war für die Sherpas auch immer eine Frage der Unterscheidung, und zwar in doppelter Hinsicht: im Sinne von Prestige und von Verschiedenheit. Die Sherpas wollten die Anerkennung, daß die Arbeit, die sie verrichteten, qualifizierter und gefährlicher und damit wertvoller als die Arbeit der gewöhnlichen Träger war.

Die Frage nach dem Besonderen, nach dem, was sie von anderen Gruppen unterschied, kristallisierte sich sehr früh als eine entscheidende Frage heraus. Nach einer gewissen ersten Sondierung und Aussonderung aus anderen Gruppen (Inder und Nepalesen aus den Ebenen, die die Kälte nicht ertragen konnten, oder Hindus und Moslems, die zu viele Nahrungstabus hatten) erwiesen sich die mit ihnen ethnisch engverwandten Gruppen, die Tibeter und die Bhotias (weitere tibetische Volksgruppen aus der Region), als die Hauptkonkurrenten der Sherpas.

Bei der ersten Everest-Expedition 1921 hatten die Sahibs nicht klar zwischen den tibetischen und den Sherpa-Trägern unterschieden. Bei der zweiten Everest-Expedition 1922 legten die Sherpas es dann jedoch eindeutig auf einen Wettbewerb mit den Tibetern an, meldeten sich freiwillig für alle schwierigen Hochgebirgsaufgaben und machten die Sahibs auf sich aufmerksam, indem sie sich als weniger abergläubisch, williger und disziplinierter als die Tibeter präsentierten.[66]

Dies zahlte sich bei der Expedition 1924 aus, da die Sahibs nun zu einer Unterscheidung zwischen lokalen Trägern, die nur in geringeren Höhenlagen eingesetzt wurden und in der Praxis überwiegend Tibeter waren, und Hochgebirgsträgern übergingen, die in der Praxis überwiegend Sherpas waren. Vermutlich wurde die Hochgebirgsarbeit, auch wenn ich keine Zahlen darüber finden konnte, ebenfalls besser bezahlt. Bei den Kangchendzönga-Expeditionen (der deutschen 1929, der internationalen 1930, der deutschen 1931) wurde die Höhe der Bezahlung auch mit dem Konkurrieren zwischen Sherpas und Tibetern verknüpft: 1929 wollten die Sherpas mehr Lohn haben »als gewöhnliche Kulis«, die praktisch überwiegend Tibeter waren.[67] 1930 strengten sie einen Prozeß an, da sie glaubten, daß die Tibeter bei den Lohnzahlungen besser als sie davongekommen waren; und 1931 verlangten sie aufgrund der Ereignisse von 1930 von Bauer, überhaupt keine Tibeter mehr einzustellen – »sonst würden sie nicht mitgehen«.[68]

Die Frage der materiellen Bedingungen und die Unterscheidung, die sie verdeutlichen, nahmen schließlich noch eine weitere Wende, und zwar in Zusammenhang mit dem Lastentragen. Die Hochgebirgsträger waren 1924 wie erwähnt von den lokalen Trägern, die nur in geringeren Höhen eingesetzt wurden, ausgesondert worden. Man teilte denjenigen, die für die Höhenarbeit vorgesehen waren, während des Anmarsches in geringeren Höhen geringere Lasten zu, um sie für »die höheren Etappen frisch zu halten«.[69]

Was bei der nächsten Everest-Expedition 1933 geschah, ist nicht ganz klar, aber 1935 nahmen die Sherpas die Unterscheidung zwischen lokalen Trägern, die nur in geringeren Höhen eingesetzt wurden, und den »Hoch-Sherpas« bereits für gegeben: Sie weigerten sich, auf der Anmarschstrecke Lasten zu tragen, und inszenierten einen Streik, als die Sahibs sie dennoch dazu zu bewegen versuchten.[70] Das gleiche geschah 1938, und Tilman hatte seine eigene Philosophie dazu:

»Die Tradition hat inzwischen über die Grenzen einer Everest-Expedition hinaus Verbreitung gefunden, und es ist klug, die Sherpas

»Die ›Tiger‹ (außer Kipa), die das Lager VI errichteten«; namentlich unbekannte Sherpas der britischen Everest-Expedition von 1933.

als Trägerkräfte unberücksichtigt zu lassen, solange es irgendeine andere Transportmöglichkeit gibt. Entweder laden sie ihre Lasten sowieso bereits genügend beladenen Tieren auf, oder sie leihen sich Tiere für sich selber aus und präsentieren Ihnen dann die Rechnung.«[71]

Die Freistellung von zumindest einem Teil der Trägerarbeit war ein weiterer Grund, der Anlaß zur Fröhlichkeit war. Ich werde später noch einmal auf die radikalen Konsequenzen der erfolgreichen Kampagne zurückkommen, die dazu führte, daß die Sherpas im Vergleich zu den lokalen Trägern höher gestellt waren und eine Sonderstellung beim Lastentragen erhielten.

Der ganze Prozeß von Sahib-Forderungen, Sherpa-Widerstand und der im Laufe der zwanziger und dreißiger Jahre erreichten

Durchsetzung zunehmend günstigerer Arbeitsbedingungen stellte auch eine sich vorwärtsbewegende Front greifbarer Erfolge dar, die des weiteren zum Vergnügen – der Fröhlichkeit – der Sherpas bei ihrer Expeditionsarbeit beigetragen haben muß.

Wichtig ist auch, sich vor Augen zu halten, daß es den Sherpas gelang, ihre Interessen kontinuierlich weiterzuverfolgen und gleichzeitig die Zuneigung und Bewunderung der Sahibs zu behalten. Im selben Jahr, in dem sie streikten und sich weigerten, auf dem Anmarschweg Lasten zu tragen, schrieb Bill Tilman den äußerst bewundernden, bereits zitierten Satz: »Ihr Gefährte zu sein, war eine Freude; sie zu führen, eine Ehre.«[72]

Die ihnen zugute gehaltene Großartigkeit hing noch mit einem weiteren angeblichen Charakterzug der Sherpas zusammen, der von den Sahibs immer wieder erwähnt wurde: ihre Loyalität oder, wie Tilman es nannte, »die Hingabe, mit der sie uns zu Diensten waren«.[73] Neben der körperlichen Kraft und Fröhlichkeit muß auch dieser Punkt gleichzeitig einstweilen als »real« akzeptiert und ebenso »auseinandergenommen« werden, das heißt, von dem Orientalismus der Sahibs befreit und mit dem Sinn und der Bedeutung für die Sherpas neu besetzt werden.

LOYALITÄT: DIE IDEE DES ZHINDAK

Bei den Sherpas gab es den Begriff des Zhindak, eines Patrons oder Beschützers, der einer geringeren Person zum Erfolg verhalf. Man war oft in Konkurrenzkämpfe mit anderen verwickelt – mit Brüdern um die Erbschaft, mit anderen um politische Positionen. Wenn man jedoch den richtigen Zhindak finden konnte, der einen unter seine Fittiche nahm, dann war man möglicherweise imstande, seinen Rivalen zu schlagen. Es ist jedoch wichtig festzuhalten, daß die Zhindaks einem nicht direkt zum Erfolg verhalfen – zu Reichtum, einer bestimmten Position und so weiter –, sondern es nur erleichterten, ihn zu erreichen, dem Helden halfen, sich selbst zu helfen.[74]

Bei den frühen Expeditionen spielten insbesondere die Briten in ihren Beziehungen zu den Sherpas eine höchst paternalistische Rolle. Die Briten gingen auch davon aus, daß der zunehmende »Geist« oder die Gesinnung und das zunehmende Geschick der Sherpas das Ergebnis britischer Erziehung war. Es ist nicht ganz unwahrscheinlich, daß die Sherpas positiv auf die Freundlichkeit der Sahibs reagierten, selbst wenn sich diese ihnen gegenüber paternalistisch gaben.

Viele der Sherpas waren sehr junge Männer, die zudem mitunter aus sehr armen Verhältnissen stammten. Hinzu kam jedoch, daß die Sherpas eine stark verankerte Vorstellung vom Wert eines wohlmeinenden Beschützers, eines Zhindak, hatten. Sie durchdrang viele Aspekte ihrer Kultur – Folklore, religiöse Rituale, soziale Beziehungen. Aber diese kulturellen Ideen sind immer wieder falsch verstanden worden. Insbesondere neigte man dazu, die Beziehung nach den Mustern des klassischen westlichen Paternalismus zu beurteilen, wonach die in der Beziehung unterlegene Partei als kindlich und abhängig betrachtet wurde. Innerhalb der Sherpa-Kultur ist die Beziehung demgegenüber, auch wenn man gelegentlich eine gewisse Eltern-Kind-Sprache zu hören bekommt, in eine Vielzahl zutiefst egalitärer Annahmen gebettet.[75]

Die Idee des Zhindak kommt zunächst einmal in einer kulturell egalitären Welt zum Tragen. Das heißt, obwohl es innerhalb der Sherpa-Gemeinschaft erhebliche Unterschiede im Hinblick auf Reichtum und Macht gibt, sind diese Unterschiede nicht per Geburt gegeben, sondern wurden in einem theoretisch durch Chancengleichheit geprägten System (sowohl auf ehrliche wie auf unehrliche Weise) erreicht.

Somit werden alle nicht miteinander verwandten Sherpa-Männer im Prinzip, wenn nicht gar in der Praxis als gleich angesehen, und jeder hat in der Theorie die Möglichkeit, voranzukommen und soviel wie möglich aus sich zu machen. Die Zhindaks sind nicht Teil eines größeren kulturellen Systems hierarchischer Beziehungen. Sie sind hierarchische Sinnbilder, die in einer Welt, in der Chancengleichheit eine Grundannahme ist, strukturell nutzbar gemacht werden.

Zum zweiten ist die Beziehung zwischen einer Person (wobei es sich seltener um eine Frau handelt) und ihrem Zhindak eine absolut wechselseitige Beziehung. Der Zhindak ist mächtiger als man selbst, diese Macht muß jedoch durch den Schützling bestärkt werden, indem dieser sich um den Zhindak kümmert, ihn nährt und ihm hilft. Die Kraft und Stärke der Zhindaks kommt just von denjenigen, die von ihnen abhängig sind.

Der gleiche Mechanismus liegt dem Verhältnis zu den Göttern zugrunde. Sie können der Menschheit helfen, da sie durch die Opfergaben der Menschen versorgt werden; ohne diese Opfergaben wären sie schwach. Wie der Lama des Tengboche-Klosters es in einem Interview formulierte:

»Die Macht der Götter kommt von [der spirituellen Energie der] Menschen, und sie ist schwach oder stark, je nachdem, wie ergeben wir ihnen sind. Das Glück der Götter steigt und fällt im Laufe der Zeit, genau wie es in einer Familie sein kann. Wenn die Götter schwach sind (wenn es den Menschen an Hingabe mangelt oder aus anderen Gründen), dann kann es leicht zu Überschwemmungen und anderen Dingen kommen, die für den Menschen schlecht sind.«[76]

Dies ist somit die Gesinnung, mit der die Sherpas den Sahibs gedient haben: Wenn du gut für sie sorgst, werden sie auch gut für dich sorgen.[77]

Und schließlich gibt es in der Sherpa-Kultur die Vorstellung, daß hierarchische Verhältnisse ähnlich wie die Zhindak-Beziehung mit der Zeit in eine egalitärere Richtung transformiert werden können. Wenn die rangniedrigere Partei einen gewissen Erfolg erzielt, und sofern es nicht einen größeren Altersunterschied oder formalen Statusunterschied zwischen den beiden Beteiligten gibt, dann werden sich die Dinge am Ende ausgleichen. Dies ist Teil eines größeren kulturellen und religiösen Musters, wonach Hierarchie sowohl akzeptiert als auch überwunden wird.

Die gleiche Dynamik kommt auch in bestimmten religiösen Ideen über die Beziehung mit einer Schutzgottheit, dem *Yidam*, zum Tragen. Genau wie der Zhindak im menschlichen ist der Yidam ein persönlicher Beschützer im übernatürlichen Bereich, dem man ein Höchstmaß an Fürsorge zuteil werden lassen muß. Gleichzeitig beinhaltet die Idee der tantrischen Praxis jedoch, daß die Asymmetrie der Beziehung mit dem Yidam mit der Zeit transzendiert wird:

»Eine bekannte Tradition besagt, daß die Beziehung des [Tantra-]Praktizierenden mit dem tantrischen Gott oder Yidam auf der untersten Ebene *(Kriya)* die eines Dieners gegenüber einem Herrn ist. Auf der nächsten Ebene *(Carya)* ist es die Beziehung eines Freundes zu einem Freund, während die Beziehung auf den höchsten Ebenen nicht mehr dualistisch und der Praktizierende identisch mit der tantrischen Gottheit ist.«[78]

Diese Überlegungen sollen verdeutlichen, daß die Zhindak-Beziehung in verschiedener Hinsicht eine gewisse egalitäre Grundlage hat. Die unterlegene Partei ist nicht in der Position eines Kindes oder einer sozial minderwertigen Person, sondern vielmehr in der eines etwas talentierten, aber benachteiligten Schützlings. In Volkssagen ist die unterlegene Partei in der Regel ein intelligenter junger Mann, der nicht durch eigenes Verschulden »unten« ist und etwas Hilfe und zusätzliche Kraft braucht, um wieder zu erstarken und diejenigen zu schlagen, die ihn widerrechtlich übervorteilen.

Dies zu verstehen heißt eines der Rätsel zu verstehen, die in vielen Sahib-Berichten über den Sherpa-Charakter zu finden sind: Danach haben die Sherpas ein unheimliches Talent, höchst verbindlich und entgegenkommend zu sein und bereitwillig zu tun, um was man sie bittet, und selbst noch darüber hinauszugehen, ohne dabei jedoch servil und unterwürfig zu erscheinen.

Der Schweizer Bergsteiger René Dittert meinte zu den Sherpas (wozu auch Tenzing Norgay gehörte) bei der Expedition 1952: »Ich hätte es nie für möglich gehalten, daß man entgegenkommender *(dienstbeflissen)* und gleichzeitig weniger *servil* sein kann.«[79] Und Eric Shipton sagte 1969 in einem Interview, die Sherpas seien »ungeheuer loyal und dennoch nie kriecherisch gegenüber Leuten«.[80]

Dieser scheinbare Widerspruch ist damit zu erklären, daß diese Handlungsweisen, wenn die Sherpas sich nach einem zhindakähnlichen Prinzip verhalten, keine servilen Handlungen sind, und sie zu vollbringen nichts mit Unterwürfigkeit zu tun hat.

In den Autobiographien von Ang Tharkay wie auch von Tenzing Norgay können wir beobachten, wie diese komplexe Struktur zum Tragen kommt. Bei beiden ist die Bereitschaft zu erkennen, die Sahibs als Zhindaks und sich selbst offenbar als loyale Diener zu sehen. Aber beide reagierten auch empfindlich, wenn sie nicht als Ebenbürtige behandelt wurden, und wußten es sehr zu schätzen, wenn die Beziehungen mit den Sahibs egalitär waren.

Ang Tharkay beschrieb die Annapurna-Expedition 1950 an einem Punkt als »wie eine große Familie, bei der die Sahibs die Eltern gewesen wären«.[81] Von sich selbst und den anderen Sherpas meinte er darüber hinaus, sie hätten dem Expeditionsführer, Herzog, eine tiefe, von Unterwürfigkeit geprägte Bewunderung entgegengebracht:

»So primitiv, wie wir sind, wir anderen Sherpas, wir irren uns selten bei unserer Einschätzung von Schönheit und Stärke und vor allem in unserer Intuition, was die Qualitäten des Herzens angeht. Unsere Bewunderung und Loyalität wurden unserem Führer intuitiv und spontan entgegengebracht.«[82]

Ang Tharkays Autobiographie wurde natürlich durch verschiedene Übersetzer gefiltert, von denen jeder dem Text zweifellos seine eigene besondere Prägung gab.[83] Aber wir wollen dennoch davon ausgehen, daß sie eher zuviel Wahrheit als zuwenig Wahrheit enthält. So daß Ang Tharkay, wenn er sich selbst als übermäßig unterwürfig gegenüber Herzog hinstellte, sich gleichzeitig auch weigerte, in dieser Konstruktion irgendeine Implikation von Minderwertigkeit zu sehen, obwohl Herzog eindeutig mit einer Beschützer-/Zhindak-Rolle bedacht wurde.

Entsprechend schrieb Basil Norton in der Einleitung der Autobiographie, Ang Tharkay habe einen Fehler gehabt, und das sei seine Überempfindlichkeit auf vermeintliche Kränkungen gewesen, und er habe »sehr heftig reagiert, wenn er den Eindruck hatte, daß jemand ihn als minderwertig betrachtete«.[84] Das Wichtigste an der Annapurna-Expedition 1950 war für Ang Tharkay darüber hinaus der egalitäre Umgangsstil:

»Die Sahibs legten sich genau wie wir tüchtig ins Zeug und machten zwischen sich selbst und uns keinen Unterschied, wenn es um die Arbeit ging. Es war eine neue und sehr angenehme Erfahrung; diese Verfahrensweise erfüllte uns mit Begeisterung. Noch nie, noch bei keiner Expedition, die wir mitgemacht hatten, hatten wir einen solchen Eindruck von Freiheit und Vertrautheit mit den Sahibs gehabt. Wir hatten das Gefühl, daß eine enge Kameradschaft uns mit ihnen verband.«[85]

Wenn wir uns als nächstes Tenzings Autobiographien anschauen, sehen wir die gleiche Kombination einerseits von Äußerungen und Handlungen, die von einer scheinbar unterwürfigen Hingabe geprägt sind, und andererseits einer Wertschätzung – sogar Forderung –, als Ebenbürtige behandelt zu werden. Tenzing übertrug wiederholt verschiedenen höherstehenden Menschen, die ihm halfen, die Zhindak-Rolle. Als Junge träumte er davon, von einem Zhindak geholt und weggebracht zu werden:

»Ich erinnere mich, daß ich schüchtern war und abseits blieb, wenn die anderen Knaben sich jagten oder mit Schmutz und Steinen spielten. Ich saß lieber für mich allein und träumte von fernen Orten und weiten Reisen. Oder ich dachte mir Briefe aus an irgendeinen mächtigen Mann in Lhasa, der kommen und mich holen würde.«[86]

Bei der Schweizer Expedition gab es 1952 Anzeichen dafür, daß die Sherpas das Zhindak-Konzept benutzten, um etwas vom Führer zu bekommen. Das war nicht unbedingt zynisch, sondern letztlich das, wofür die Zhindaks da waren. Wie Dittert schrieb:

»Und dann finden [die Sherpas] oft Worte, die einen direkt ins Herz treffen; am anderen Tag sagte Tenzing, der Sardar, der Anführer der Sherpas, zu mir, nachdem er mich um etwas gebeten hatte: ›Ich bitte Sie darum, weil Sie der Vater der Sherpas sind.‹ Versuchen Sie, danach noch etwas abzulehnen.«[87]

Nach dem Erfolg der britischen Expedition 1953 nahm Pandit Nehru, der Premierminister Indiens, Tenzing (der in Darjeeling lebte) unter seine Fittiche.

»... von der ersten Sekunde an war ›Panditji‹ [Nehru] wie ein Vater zu mir. Ganz anders als viele, die meist irgendeinen Vorteil durch mich zu erzielen suchten, dachte er in seiner warmen Herzlichkeit nur daran, mir zu helfen und mich glücklich zu machen.«[88]

Aber genau wie Ang Tharkay reagierte auch Tenzing extrem empfindlich auf Kränkungen. Nach dem Erfolg auf dem Everest weigerte er sich, an einem Empfang in der britischen Botschaft teilzunehmen, weil man ihn dort früher bei einer Gelegenheit einmal abgewiesen hatte.[89] Und er hatte keine Scheu zu sagen, daß er mit den Briten im Vergleich zu einigen anderen Nationalitäten »manche Schwierigkeit und manches Problem« hätte, weil sie offenbar eine rassistische Trennungslinie zwischen sich und den Menschen »im Fernen Osten« zogen.[90]

Zudem wußte er, genau wie Ang Tharkay, eine egalitäre Behandlung zutiefst zu schätzen. Von einer Schweizer Expedition 1947 in Nordindien schrieb er: »Alles übrige auf dieser Unternehmung war gut, das Beste, was ich bisher bei einer Bergbesteigung erlebt hatte – nicht nur wegen des Erfolges..., sondern wegen der außergewöhnlichen Freude, die wir an unserer Unternehmung hatten. Ich habe die Schweizer unbeschreiblich gerne gehabt. Trotz mancher Schwierigkeit der Sprache und der Verständigung fühlte ich mich ihnen sehr nahe und empfand sie niemals als Sahibs oder Arbeitgeber, sondern als Freunde.«[91]

LOYALITÄT: DIE IDEE DES ZHINDAK

Und von einer Expedition 1950 mit englischen Bergsteigern (die hier offenbar ihren vermeintlichen nationalen Charakter transzendiert hatten) schrieb er: »...dies [war] das Herrliche an der Expedition: Es gab keinerlei Unterschied zwischen Sahibs und Trägern. Wir taten dieselbe Arbeit, schleppten dieselben Lasten, und jeder half jedem, wenn es nottat. Wir waren nicht Arbeitgeber und Arbeitnehmer – wir waren Brüder.«[92]

Tenzing versuchte, seinen Lesern zu erklären, daß selbst ein Verhalten, das unterwürfig oder servil erschien, es in Wirklichkeit nicht war, sondern von einem Geist der Gleichheit getragen war:

»Auch betrachten wir es als unsere Pflicht, für die Sahibs zu sorgen. Wir kochen für sie, bringen ihnen Tee, kümmern uns um ihre Ausrüstung und sorgen dafür, daß sie es in ihren Zelten möglichst behaglich haben. All das tun wir nicht, weil wir es tun müssen, sondern weil wir es wollen, *nicht im Sinne von Dienern, sondern von guten Kameraden*.«[93]

Alles in allem haben die Sherpas den Sahibs offenbar häufig die Rolle von Zhindaks zugewiesen, von wohlwollenden Beschützern, die ihnen im Leben helfen würden. Im Gegenzug waren sie oft bereit, den Sahibs loyal und ergeben zu dienen. Dieses Muster spielte von Anfang an und bis in die heutige Zeit eindeutig eine wesentliche Rolle bei den so überaus positiven Reaktionen der Sahibs auf die Sherpas.

Mein Punkt bei dieser ganzen Diskussion, wie paradox er auch erscheinen mag, ist jedoch, daß die offenkundige unterwürfige Loyalität auf einer gewissen egalitären Grundlage beruhte. Die Sherpas hatten nämlich in Wirklichkeit eine Abneigung gegen Hierarchie und reagierten empfindlich darauf, als Untergebene betrachtet zu werden. Ebenso beruhte die Zhindak-Sherpa-Beziehung in Wirklichkeit auf einer gegenseitigen und geteilten Hingabe, bei der der Zufall es so wollte, daß eine Partei gegenüber der anderen vorübergehend in einer privilegierten Position ist, diese Ungleichheit mit der Zeit jedoch aufgehoben und ausgeglichen oder sogar umgekehrt wird.

DAS »MACHEN« DER SHERPAS
DIE SHERPAS »MACHEN« SICH SELBST

Das Ergebnis der ersten Jahrzehnte des 20. Jahrhunderts können wir uns als das Schaffen und Selbstschaffen von Sherpas, die an Expeditionen teilnahmen, im Rahmen eines Bündels von Rollen, Status und Identität vorstellen, das bis in die siebziger Jahre hinein relativ stabil blieb. Wir haben zunächst gesehen, daß diese Sherpas sich erfolgreich dafür einsetzten, im Vergleich zu anderen ethnischen Gruppen (überwiegend Tibeter), die in den frühen Jahren ebenso als Expeditionsträger tätig waren, als besser anerkannt zu werden und somit im Sinne der Bezahlung und anderer Privilegien mehr wert zu sein als sie.

Dies führte mit der Zeit dazu, daß zwischen »lokalen Trägern« und »Hoch-Sherpas« unterschieden wurde, wobei die Hochgebirgsarbeit dann fast ausschließlich den ethnischen Sherpas vorbehalten blieb. Daraus ging, mit anderen Worten, die Kategorie der »Sherpas« hervor, wie die späteren Bergsteiger und auch die »Außenwelt« sie kennenlernen sollte – eine Kategorie, die die Tätigkeit und die Ethnizität zu einer einzigen Identität verschmolz.

Ein »Sherpa« in diesem Sinne zu sein war mit zahlreichen Vorteilen verbunden. Erstens wurde man besser bezahlt. Zweitens genossen die »Hoch-Sherpas« den außergewöhnlichen Vorteil, partiell von ebendem befreit zu werden, für das sie in erster Linie engagiert worden waren: nämlich Lasten zu tragen.

Vor dem Hintergrund dessen, was ich bereits an früherer Stelle über die Einstellung der Sherpas zum Lastentragen gesagt habe, und vor dem Hintergrund dessen, daß ein Nichttragenmüssen mit der Elite assoziiert wurde (im nächsten Kapitel werden wir sehen, daß es auch wichtig für die Identität und das Image des Mönchs ist, keine Lasten zu tragen), war die Idee, daß ein Elite-Sherpa nicht so eine Allerweltsaufgabe zu verrichten hatte, eindeutig ein großer, symbolischer wie auch praktischer Triumph.

Und schließlich gab es noch die Fragen des Respekts. Die Sherpas wurden nicht nur mit allen dazugehörigen materiellen Vorzügen und symbolischen Annehmlichkeiten von den Tibetern unterschieden, sondern die Tiger-Medaillen und andere Auszeichnungen, die ihnen verliehen wurden, scheinen den Sherpas auch etwas bedeutet zu haben. Die Auszeichnungen bedeuteten natürlich wiederum mehr Geld und mehr Chancen bei künftigen Beschäftigungen.

Aber ganz abgesehen davon scheinen die Medaillen zumindest eine Zeitlang genau das erreicht zu haben, was die Briten damit beabsichtigten: Die »Tiger« waren stolz auf ihre Auszeichnungen und fühlten sich in einer Weise anerkannt, die die kuliähnliche Arbeit aufwog und transformierte.[94] All das soll verdeutlichen, daß die Sherpas kontinuierlich die Bedingungen zu gestalten und zu verbessern versuchten, die die Arbeit lohnenswert machten – mehr Geld, mehr Anerkennung und weniger Fremdbestimmung – und zu ihren eigenen bestehenden Befugnissen – und zu ihrer Fröhlichkeit – beitrugen.

KAPITEL 4

Mönche

FÜR DIE WESTLICHEN BERGSTEIGER, FORSCHER UND WISSENSCHAFTLER DES FRÜHEN 20. JAHRHUNDERTS WAREN DIE SHERPAS NUR, WAS SIE ZU SEIN SCHIENEN – MÄNNER, DIE SICH FÜR EINE BESTIMMTE ART VON ARBEIT MELDETEN UND SICH ALS SEHR GUT DABEI ERWIESEN. Hinter den Kulissen der Bergsteigerszene spielte sich in Solu-Khumbu jedoch ein Drama größeren Ausmaßes ab – ein Drama, das weitaus größere Ausmaße hatte als das in Darjeeling.

Genau in derselben Zeit, in der die Sherpas anfingen, in Darjeeling im großen und im kleinen Rahmen Geld zu verdienen, setzten sie auch einen Prozeß in Gang, der ihr religiöses System transformieren sollte. 1916 und 1924 gründeten sie in Solu-Khumbu die ersten beiden Klöster.

Die Gründung der Klöster ging im wesentlichen auf die gleichen Entwicklungen zurück, die auch die Hinwendung zum Bergsteigen hervorgebracht hatten, dieses Mal jedoch aufgrund der Folgen, die diese Entwicklungen für die großen (nicht für die kleinen) Leute hatten. Die Machtergreifung der Ranas in Nepal hatte die kleineren Sherpas nach Darjeeling getrieben, um dort Geld zu verdienen (was ihnen durch die Anwesenheit der Briten in Darjeeling ermöglicht wurde).

Der politische Wandel beeinflußte auch das Leben der einflußreichen Sherpas, die in der Folge Klöster gründeten. Denn verschiedene der wohlhabenden Gründer waren durch Handel mit den Ranas reich geworden, einer von ihnen auch durch ein cleveres Unternehmen in Darjeeling. Hinzu kam, daß die Erbschaftsstrukturen bei den Großen genau den gleichen Effekt hatten, wie für die weniger gut dastehenden Familien. Sie waren genötigt, darauf bedacht zu sein, daß ihr Landbesitz ungeteilt blieb, um keine »überschüssigen« Söhne – also Söhne ohne Eigentum – hervorzubringen.

Die Reicheren wollten aus ökonomischen und Statusinteressen heraus Zerteilungen vermeiden und ihren Besitz zusammenhalten. In diesem Sinne förderten die gleichen Kräfte sowohl die Entstehung von Klöstern als im selben Zeitraum auch das Bergsteigen.[1]

Die monastische Bewegung war, wenn wir so wollen, neben dem Bergsteigen das andere neue »Spiel«, das Anfang des 20. Jahrhunderts bei den Sherpas in Szene gesetzt wurde. Es war in dem Sinne ein neues Spiel, als die Mönche – wie die Bergsteiger – neue Regeln hatten, die sie den Sherpas sowohl anboten als auch aufoktroyierten.

Beim Spiel der Mönche ging es um spirituelle Vervollkommnung, sowohl für sich selbst als auch für die Sherpas allgemein. Zwischen dem frühen Mönchtum und dem Bergsteigen gab es sogar gewisse Parallelen, als daß beide, die Sahibs wie die Mönche, der Meinung waren, daß die gewöhnlichen Sherpas gewisse Formen der Disziplin, gewisse Formen von Verbesserung brauchten.

In diesem Kapitel möchte ich auf die neuen Dimensionen und Umgestaltungen eingehen, die die klösterliche Bewegung für die Volksreligion der Sherpas mit sich brachte, und auch darauf, wie einige der frühen im Bergsteigen beschäftigten Sherpas auf diese andere wesentliche neue Erscheinung mitten unter ihnen reagierten.

DIE GRÜNDUNG DER KLÖSTER

Auch wenn die Sherpas seit jeher eine volkstümliche Form des tibetischen Buddhismus praktiziert haben, hatte es vor dem 20. Jahrhundert in Solu-Khumbu keine klösterlichen Einrichtungen gegeben, das heißt, keine Gemeinschaften von Mönchen, die zölibatär lebten, die keine eigenen Nahrungsmittel anbauten und sich ganz und gar ihrer religiösen Praxis hingaben.

Die ersten Sherpa-Tempel wurden von verheirateten Lamas *(Banzin* oder *Ngawa* oder *Choa)* geleitet, lokalen Ritusexperten, die in das gesellschaftliche Leben der Gemeinde einbezogen waren. Vieles von der frühen Geschichte der Sherpa-Religion (ja der Sherpa-Gesellschaft) konzentriert sich auf die Gründungen dieser lokalen Tempel, die ab dem 16. Jahrhundert zu unterschiedlichen Zeitpunkten im Laufe der Siedlungsgeschichte der Sherpas in Solu-Khumbu gebaut wurden.² Diese Gründungen waren tief mit der Sherpa-Politik verstrickt, mit den Rivalitäten zwischen den konkurrierenden großen Leuten und den Rollen, die die nichtgroßen Leute bei diesen Rivalitäten spielten.

Die von den verheirateten Lamas geleiteten Tempel dienten den religiösen Bedürfnissen der Laienbevölkerung, wobei es den Lamas oblag, Rituale zu vollziehen, die das Wohlergehen des Volkes, der Tiere und eine gute Ernte gewährleisten sollten. Aus Sicht einer umfassenden buddhistischen Ideologie wurden solche religiösen Institutionen als »klein« betrachtet, weil ihre Lamas zum einen verheiratet waren und weil zum anderen ihre religiöse Arbeit mit wenigen Ausnahmen vor allem auf weltliche und praktische Dinge ausgerichtet war.

Der Hoch-Buddhismus toleriert zwar in der ganzen buddhistischen Welt diese niedrigere Ebene der Religion. Die Abwesenheit des Mönchtums, das sich stets in die Pflicht nimmt, die höheren, jenseitigen Ideale der Religion aufrechtzuerhalten und aufzuzeigen, bleibt aber mit der Gefahr verbunden, daß die Laien zurückbleiben und noch tiefer in die Sünde und das Leiden abrutschen, aus denen der Buddhismus sie erretten möchte. Somit ist die Gründung und Unterhaltung von buddhistischen Klöstern überall die Conditio sine qua non einer gefestigten buddhistischen Gesellschaft. Der Grundsatz ist, daß eine Gruppe, die sich als buddhistisch definiert, Klöster gründen und unterhalten *kann* und sollte.

In der zweiten Hälfte des 19. Jahrhunderts starteten die Sherpas dann eine Kampagne zur Aufwertung und Verbesserung ihrer Religion. In den sechziger Jahren des 19. Jahrhunderts begann man mit der Renovierung alter Tempel, der Gründung neuer lokaler Tempel und schließlich den innovativen Gründungen der ersten Klöster, Tengboche und Chiwong, für zölibatär lebende Mönche.

Der Bau des Klosters Tengboche zwischen 1916 und 1919, der mit der freiwilligen Arbeit buchstäblich jeden Mannes, jeder Frau und jedes Kindes in Khumbu bewerkstelligt wurde, fesselte die Phantasie der Sherpas in einem Maße, das kaum übertrieben werden kann. Zwei weitere Gründungen, die mit der ersten eng verbunden waren, folgten in diesem frühen Zeitraum. Der Bau des Klosters Chiwong, das von einem jüngeren Bruder eines der Gründer des Klosters Tengboche gegründet wurde, wurde 1924 begonnen und 1929 fertiggestellt.

Kloster Tengboche mit dem Everest, der hinter dem Nuptse-Kamm zu sehen ist, 1968.

Der Gründer, Sangye Lama, brachte das ganze Stiftungsgeld für den Unterhalt von fünfzig Mönchen auf und schuf somit das einzige Kloster in Solu-Khumbu, das eine derartige Unterstützung vorzuweisen hatte. Und schließlich wurde der Bau des ersten Sherpa-Nonnenklosters, Devuche, 1925 begonnen und 1928 beendet. Devuche galt als ein Ableger des Klosters Tengboche, und zu seinen Hauptunterstützern gehörten die Ehefrauen aus einigen der Familien, die auch in Tengboche und Chiwong mitbeteiligt waren.

DIE KLÖSTER UND DIE SHERPA-IDENTITÄT

Die Frage der ethnischen Identität war in der breiteren Region während dieser Zeit für die Sherpas, die bei Expeditionen arbeiteten, ein relevanter Punkt. Auf dem Arbeitsmarkt, der um das Bergsteigen entstanden war, konkurrierten die Sherpas mit vielen anderen Gruppen, insbesondere jedoch mit den Tibetern, von denen sie sich (meist erfolgreich) zu unterscheiden und abzusetzen versuchten. Für die großen Sherpas gestaltete sich die Identitätsfrage hingegen etwas anders.

Die meisten dieser Männer verdienten ihr Geld mit dem Handel in Tibet. Sie hatten dort Handelspartner und in manchen Fällen sogar Zweitwohnungen in Dingri, der tibetischen Stadt, in der sie normalerweise ihren Handel betrieben. Sie entwickelten auch religiöse Bindungen zum Kloster Rumbu (»Rongbuk«), nachdem es 1902 gegründet worden war. Auf der Skala der Möglichkeiten, die sich den Sherpas für ihre Identität bot, standen die großen Händler also an dem Ende, das den Tibetern am nächsten war.

Die großen Männer entwickelten auch wichtige politische und wirtschaftliche Verbindungen zum Rana-(Hindu-)Staat in Katmandu. Diese Bindungen gewannen im späten 19. Jahrhundert zunehmend an Bedeutung, da sie den großen Sherpas sowohl zu politischen Positionen als auch zu wirtschaftlichen Möglichkeiten verhalfen. Allerdings waren die großen Männer hier kulturell benachteiligt.

Aus Sicht der Hindu-Herrscher waren die Sherpas (zusammen mit allen anderen Gruppen aus dem nördlichen Grenzgebiet Nepals, die mit den Tibetern verwandt waren) innerhalb der Kastenhierarchie kollektiv recht weit unten einzuordnen. Trotz des Wohlstands und Ansehens der großen Sherpa-Männer und obwohl sich in manchen Fällen zwischen ihnen und einigen Rana-Offiziellen herzliche persönliche Beziehungen entwickelt hatten, blieb eine Asymmetrie bestehen, die den Sherpas gewiß ein Dorn im Auge war.

Der Buddhismus orientiert sich natürlich nicht an einem Kastenmodell. Ohne behaupten zu wollen, die großen Sherpa-Männer hätten die Klostergründungen rein aus regionalen identitätspolitischen Gründen gefördert und unterstützt, bleibt dennoch, daß sich aus einer derart umfangreichen religiösen Unterstützung praktisch von selbst eine Verstärkung ihrer tibetischen buddhistischen Identität ergeben hätte.

Die Gründung der Klöster hatte den Effekt, daß die Bindungen zu Tibet gefestigt wurden und zugleich als Gegenstück zur Hindu-Hierarchie eine kastenfreie buddhistische Identität aufgezeigt wurde. Es gibt eine Reihe von Hinweisen, daß die Klostergründer Wert darauf legten, ihre ethnische Verwandtschaft mit den Tibetern bei ihren Selbstdarstellungen gegenüber den Nepalesen hervorzuheben.

Einer der Abkömmlinge des Karma Lama, des Seniorgründers von Tengboche, wies zum Beispiel eigens darauf hin, daß Karma Lama stets Sherpa-Kleidung trug, wenn er die Steuern nach Katmandu brachte (obwohl solche Kleidung für die Hauptstadt viel zu warm war), und daß er immer in dem buddhistischen Heiligtum von Bodnath übernachtete, wenn er dort war.

Und auf einer Fotografie vom Chiwong-Gründer Sangye Lama, die vermutlich in einem Studio in Katmandu aufgenommen wurde, posierte er in einer Kleidung chinesischen Stils vor der Kamera, was die vom tibetischen Adel in jener Ära bevorzugte Kleidung war.[3]

Sobald die Klöster gegründet waren, kamen weitere Identitätsfragen ins Spiel. Die Mönche stellten nicht so sehr die Kaste als vielmehr bestimmte nepalesische/hinduistische religiöse Praktiken in Frage, die sich in der Region eingeschlichen hatten. Damit fügten die Mönche der Abgrenzung zwischen den Sherpas und den Nepalesen, die in dieser Zeit Form annahm, eine weitere Trennungslinie hinzu.

Ein Effekt der Verbindung zwischen der Involvierung der Sherpas im Bergsteigen auf der einen und der Gründung der Klöster auf der anderen Seite war somit die Konstruktion einer speziellen Ausgestaltung der ethno-nationalen Sherpa-Identität, die bis auf den heutigen Tag Bestand hat: Sie ist fest in der tibetischen Kultur verwurzelt, historisch von den ethnischen Tibetern jedoch ganz klar getrennt. Sie ist ebenso fest im nepalesischen Nationalstaat verwurzelt, kulturell jedoch klar von denjenigen Nepalesen getrennt, deren Hierarchien nach Kasten gegliedert sind.

DIE VOLKSRELIGION VOR DEN KLÖSTERN

Die Gründung der Klöster war mit einer Aufwertung und einer in vieler Hinsicht weitreichenden Transformation des Sherpa-Buddhismus verbunden. Um dies zu verstehen und auch die Beziehung zwischen diesen religiösen Transformationen und den Veränderungen zu verstehen, die mit dem Einstieg ins Bergsteigergeschäft herbeigeführt wurden, müssen wir uns zunächst einen kurzen Überblick über die Volksreligion der Sherpas in jener Zeit, als die Klöster gegründet wurden, verschaffen.[4]

Die Sherpa-Religion – die Nyingmapa-Schule des tibetischen Buddhismus – geht davon aus, daß die Menschen des Schutzes der Götter bedürfen, wenn die Dinge für die Menschheit einen guten Verlauf nehmen sollen. Götter treten in allen Formen und Größen in Erscheinung, und auf allen besonderen wie allgemeingültigen Ebenen.

Einzelne, ganze Haushalte und Clans stimmen mit Riten, den *Lha-chetup* (»Gottes-Opferung«), relativ lokale und konkrete Geister und Götter versöhnlich, mit denen sie sich verbunden fühlen. Die Gemeinschaft insgesamt bringt den höheren buddhistischen Göttern, die »alle empfindungsfähigen Wesen« beschützen, Opfergaben (*Lhatso*, »Versammlung der Götter«, in der Regel einfach *Tso* genannt) dar.

Die Götter beschützen die Menschen vor bösen Kräften, die wiederum in vielen Formen und Größen in Erscheinung treten. Es gibt lokale Hexen und Geister, Zauberer und Giftmischer, die von lebenden und verstorbenen Mitgliedern der lokalen Gemeinde abstammen.

Es gibt viele Arten von »Dämonen«, die an keinen bestimmten Ort gebunden sind, sondern in der ganzen Welt herumstreifen und Unglück, Krankheit und Tod bringen. Denkbar einfach ausgedrückt, geht es bei der Volksreligion der Sherpas um den Vollzug von Ritualen, bei denen den Göttern Opfergaben dargebracht werden, damit diese ihren Schutz aufrechterhalten und die Kräfte des Bösen abwehren.

Darüber hinaus gibt es Rituale, die sogenannten *Kurim* (etwa: »Exorzismus«), die eine andere Ebene mit einschließen und bei denen die Kräfte des Bösen mit Hilfe der Götter beschworen und in Behältnisse irgendwelcher Art eingeschlossen und dann rituell vernichtet und ausgetrieben werden.

Die Götter lassen dem einzelnen normalerweise keine Wohltaten oder Vergünstigungen zuteil werden. Man sucht vielmehr ihren Schutz vor schädlichen Kräften, die die eigenen Bemühungen um solche Wohltaten oder Vergünstigungen zunichte machen könnten. Sofern die Gottheit reizbar und gefährlich ist, wie es bei vielen lokalen Göttern und Geistern der Fall ist, bemüht man sich zudem, sie zufrieden zu stimmen, damit sie die eigenen Bemühungen nicht unterlaufen. Die Götter helfen also im allgemeinen denjenigen, die sowohl für sie sorgen, als auch sich selbst helfen.

Einige der weniger komplizierten und aufwendigen Opferriten können zu Hause ohne die Hilfe religiöser Experten von einem Mitglied der Familie vorgenommen werden (für gewöhnlich, aber nicht notwendigerweise vom männlichen Familienoberhaupt). Meistenteils müssen die Rituale jedoch von *Lamas*, entsprechend ausgebildeten und autorisierten religiösen Experten, vollzogen werden, die imstande und ermächtigt sind, die dazugehörigen Texte zu lesen, das angemessene Opfer darzubringen und auch darüber hinaus das Ritual in einer optimal wirksamen Weise zu vollziehen.

Vor den Gründungen der Klöster waren die Lamas meist mehr oder weniger gewöhnliche Mitglieder der Dorfgemeinschaften.[5] Sie waren verheiratet, hatten Familien und nahmen am gesellschaftlichen Dorfleben teil.

Zusätzlich zu den bereits erwähnten Begriffen konnten diese verheirateten Lamas deskriptiv auch als *Gyudpi Lama*, »Abstammungs-Lamas«, bezeichnet werden, um ihre Abstammung von Lamas früherer Generationen und die Tatsache hervorzuheben, daß die rituelle Macht, über die sie verfügten, aufgrund ihrer biologischen Abstammung an sie weitergegeben worden war. Sie unterschieden sich von Mönchen sowohl durch ihr Verheiratetsein als auch durch die Betonung der zumindest teilweise durch biologische Abstammung erworbenen Macht – darauf werde ich gleich noch eingehen.

Im Rahmen ihrer Ausbildung mußten die Lamas an Exerzitien teilnehmen, bei denen es um asketische Praktiken des Fastens, Schweigens, der sexuellen Enthaltsamkeit und der fortwährenden Niederwerfungen ging. Diese asketischen Praktiken sind nicht unähnlich denen von Mönchen.

Aber während die Askese eines Mönchs auf moralische Läuterung und ultimative Erlösung ausgerichtet ist, geht es bei der Askese eines verheirateten Lamas hauptsächlich um die Erhöhung seiner rituellen Macht. Für verheiratete Lamas war die Wirksamkeit ihrer Rituale entscheidend, um die Götter unter Kontrolle zu halten, den Schutz der Götter für die Gemeinde aufrechtzuerhalten und das Böse zu vertreiben.

Weitere wichtige rituelle Experten bei den Sherpas waren die Schamanen, *Lhawa*.[6] Lamas verrichteten ihren Dienst zum Schutz der Familien und der Gemeinschaft, um Unheil abzuwenden. War das Unheil eingetreten, wurden die Schamanen herbeigerufen, meist im Falle von Krankheiten. Die Schamanen versetzten sich in Trance und nahmen Kontakt mit ihren Schutzgottheiten auf, denen sie mit Opfergaben gefällig waren und die ihnen sodann bei der Diagnose der

Krankheitsursache halfen – wobei es sich für gewöhnlich um eine bestimmte lokale Hexe, ein lokales Gespenst oder einen lokalen Geist handelte, die man vernachlässigt oder gekränkt hatte. Der Schamane beriet dann die Familie des Patienten, was zu tun war, um die krankheitsverursachende Kraft zu beschwichtigen, damit der Kranke wieder gesund werden konnte.

Die Volksreligion der Sherpas stellte keine absolute Abkehr vom hohen monastischen Buddhismus dar.[7] Viele der Rituale, die Mönche und verheiratete Lamas vollzogen, waren gleich. Die Prämissen der Religion, was die Notwendigkeit des Schutzes der Götter gegen die Kräfte des Bösen anging, waren die gleichen.

Der vor den Klostergründungen in den Dörfern praktizierte Buddhismus schloß viele »höhere« Praktiken mit ein. So hielten die Dorf-Lamas bestimmte asketische Exerzitien ab, einige Einsiedler praktizierten die weitreichenderen asketischen Vorschriften des klösterlichen Buddhismus, die Laien hielten zum Teil bestimmte Fastentage und zeitweilige asketische Vorschriften an bestimmten Tagen des Monats *(Sozhung)* ein.

Auch die Bestattungen waren in der Regel sehr »orthodox«, dem Verstorbenen wurde *Das tibetische Totenbuch* vorgelesen, und er wurde durch die nach Eintritt des Todes übliche orthodoxe buddhistische Zeremonie geführt.

Aber letzten Endes wurde, nachdem die Klöster gegründet waren, der dörfliche Buddhismus, der in den Händen der verheirateten Lamas lag, als »klein« betrachtet, und die Mönche starteten eine Kampagne, sein Ansehen zu erhöhen. Was war mit der Volksreligion nicht in Ordnung?

DIE KAMPAGNE DER MÖNCHE I: DIE KRITIK AN DER VOLKSRELIGION, WONACH SIE UNDISZIPLINIERT WAR

Die Mönche haben nie eine allgemeine und systematische Kritik an der Volksreligion formuliert, so daß man ihre Einwände aus einer Vielzahl oft verblümter Kommentare zusammensetzen muß. Zusammenfassend kann vielleicht gesagt werden, daß die Mönche die Volksreligion der Sherpas weitgehend als »klein« oder minderwertig betrachteten, weil sie »undiszipliniert« war, was sich wiederum aus dem undisziplinierten Leben derer ergab, die sie praktizierten, der verheirateten Lamas und der Schamanen.[8]

Mangelnde Disziplin konnte sich in vielerlei Hinsicht äußern – zu sexuell, zu emotional, zu materiell verhaftet, zu gewalttätig. Hier möchte ich mich hauptsächlich auf die Frage der Gewalt konzentrieren, auf Sexualität werde ich später zurückkommen.

Töten ist im Buddhismus natürlich die denkbar größte Sünde. Aber selbst Ring- und Faustkämpfe und andere Formen der Gewalt werden als zutiefst verabscheuungswürdig betrachtet. Solche Kämpfe oder physische Mißhandlungen anderer schädigen nicht nur den Körper, sie wühlen die Beteiligten und auch diejenigen emotional auf, die sie miterleben oder davon hören, und zerstören damit die innere Ruhe und Ausgeglichenheit. Sowohl Schamanen als auch verheiratete Lamas wurden als Personen betrachtet, die an übernatürlicher Gewalt beteiligt waren.

Den Schamanen wurde (unter anderem) vorgeworfen, mit Dämonen unrechtmäßigen Handel zu treiben, und Dämonen waren mehr oder weniger nichts anderes als geballte Bösartigkeit und Gewalt. Den Schamanen lastete man an, aus persönlicher Gewinnsucht heraus für Klienten in der Gemeinde Schwarze Magie und Zauberei zu betreiben, wodurch andere Schaden nahmen und möglicherweise den Tod fanden.

Sie wurden beschuldigt, Unruhe und Streit zu stiften, wenn sie bei der Diagnose von Krankheitsfällen mögliche Hexen *(Pem)* in der Gemeinde ausmachten.[9] Die Tatsache, daß Schamanen Menschen von Krankheiten heilten und somit als mitfühlend und Helfer gesehen werden konnten, rückte in den Hintergrund angesichts dieses Bildes, wonach sie Unruhestifter waren, die sowohl Gewalt ausübten als auch verursachten.

Die verheirateten Lamas wurden von den Mönchen noch weitaus mehr kritisiert. Ganz allgemein galten die Lamas als nicht sehr *khamu*, gut ausgebildet oder geschickt in der rituellen Arbeit, und nicht sehr *tsachermu*, rituell stark und mächtig. Dies war auf verschiedene »undisziplinierte« (wie die Mönche meinten) Aspekte des Lebensstils der verheirateten Lamas zurückzuführen.

Als erstes waren die Lamas natürlich verheiratet. Wichtig ist, gleich zu Beginn anzumerken, daß die religiöse Kritik an der Heirat nicht primär eine Kritik an der Sexualität als solcher, sondern daran war, zu was sie führte: Kinder, Familie. Im Unterschied zum Christentum ging es hierbei nicht um eine Verurteilung »der Begierden des Fleisches«, sondern im wesentlichen um die Verurteilung der sozial bedingten Ansprüche und Forderungen, Ablenkungen und moralischen Verfehlungen.

Die Probleme der Ehe wirken sich in viele Richtungen aus. Ehe bedeutet, eine Familie zu haben, und eine Familie muß durch harte (Feld-)Arbeit unterstützt werden. Diese Arbeit ist wiederum sündig, da sie mit dem Töten von Abertausenden von Würmern und Insekten, die in der Erde leben, verbunden ist. Durch die Ehe wird der Mann zum Haushaltsvorstand, was gleichbedeutend mit der ständigen Sorge ist, ob auch für jeden genug zu essen da ist und auch ansonsten für alles Notwendige gesorgt ist.

Zudem ist der Haushaltsvorstand in einem Dorf Teil eines größeren Netzwerkes aus sozialen Beziehungen und sozialen Verpflichtungen. Man muß an den Ritualen und Festen anderer teilnehmen, und man muß auch seine eigenen Rituale und Feste für die Nachbarn und Verwandten ausrichten.

All dies beansprucht Zeit, die vom religiösen Studium und von den religiösen Übungen abgeht; und es ist auch eine Quelle von Sorgen und Belastungen, die den Geist ablenken und die Konzentration stören. Aus Sicht der Mönche ist es einfach unmöglich, religiöse Gelehrsamkeit, Macht und Stärke und Verdienste ernsthaft und gut zu erwerben, wenn man ins normale gesellschaftliche Leben eingebunden ist. Das ist der Grund, warum man Mönch wird.[10]

Der zweite »undisziplinierte« Aspekt des Lebensstils verheirateter Lamas war, daß sie Chang (Bier) und Rakshi (Branntwein) tranken. Das Trinken der Lamas wurde in der Tat zum Symbol all ihrer anderen Vergehen. Dabei ist das Trinken ein normaler Teil des gesellschaftlichen Dorflebens, und es ist zentraler Bestandteil der Gastfreundschaft, bei Festivitäten und jedem gesellschaftlichen Miteinander. Aber es ist auch die Ursache für den absoluten Verlust der Selbstkontrolle, wie folgende häufig erzählte Sage veranschaulicht:

»Es war einmal ein sehr hoher und heiliger Lama, dem sich eine *Dimmu*, eine Dämonin, näherte. Die Dimmu erschien in der Gestalt einer schönen Frau, die einen Kanister Chang bei sich trug und eine Ziege mitführte. Sie zwang den Lama zu wählen – die Ziege zu töten,

Verheiratete Lamas führen im Dorf Junbesi (Zhung) einen Hochzeitszug an, 1967. *Links:* Lama Tenzing; *rechts:* Lama Kinziu.

das Chang zu trinken oder Geschlechtsverkehr mit ihr zu haben. Der Lama entschied sich für das offenbar kleinste Übel, das Chang. Aber davon wurde er betrunken, und in seinem betrunkenen Zustand tötete er die Ziege und hatte Geschlechtsverkehr mit der Frau.«[11]

Sich zu betrinken führt, mit anderen Worten, zu all den anderen gravierenderen Formen des Kontrollverlustes: Es macht den Betreffenden anfällig für sexuelle Versuchungen, womit sich wiederum der Kreis zur Ehe und zu Kindern und all den damit zusammenhängenden Problemen schließt. Ebenso führt das Trinken zu Gewalt (zum Töten der Ziege), womit wir zum letzten wichtigen Aspekt der mangelnden Disziplin verheirateter Lamas kommen.

Genau wie die Schamanen brachte man die Lamas eng mit Zauberei und Schwarzer Magie in Verbindung, und manchen wurden dabei überaus starke und wirksame Kräfte zugeschrieben. Und genau wie die Schamanen stellten die Lamas diese Verbindung nicht unbedingt in Abrede. Denn ihre hauptsächliche Aufgabe war es ja, den Menschen zu helfen, ihre Kraft und Macht zu nutzen, um im Namen der Gemeinde die Götter unter Kontrolle zu halten.

Aber dieselben Kräfte, die es ihnen ermöglichten, diese Dinge zu tun, ermöglichten es ihnen zugleich auch, Schaden anzurichten. Die Geschichten über die Gründungen der alten Tempel zum Beispiel triefen buchstäblich von Blut, das bei den politischen Disputen der verheirateten Lamas vergossen wurde.[12]

Und Gerüchte über gewalttätige Zauberei durch zeitgenössische Lamas kursieren auch weiter in den Dorfgemeinschaften. In Khumbu gab es einen Lama, dem man in diesen Dingen ganz besondere Kräfte zuschrieb. Ihm wurde nachgesagt, daß er Personen tötete und ihr Fett benutzte, um seinen Weihrauch zu verbrennen, und ihre Oberschenkelknochen und ihr Blut für rituelle Zwecke verwendete. Während meiner Feldstudie gab es einen Todesfall, der ihm zugeschrieben und zu dem folgendes gesagt wurde:

»Jemand hatte einen Streit mit Lama X in Khumbu. Dabei ging es um irgendwelche Landstreitigkeiten. Der Mann war vorher sehr krank gewesen, aber inzwischen ging es ihm schon wieder besser. Nach dem Streit mit dem Lama starb der Mann dann jedoch plötzlich. Und es war [für den jungen Mann und die Frau mittleren Alters, die mir die Geschichte erzählten] klar, daß dies das Werk des Lama war: Der Lama, sagten sie, hat einen bösen Gott.«[13]

In einem anderen Fall, der andere Lamas betraf, ging es um eine Pem, eine Hexe. Hier nahmen die Lamas eine Feueraustreibung *(Zingchang)* vor, die von einem Informanten folgendermaßen erklärt wurde:

»Sie schneiden an der Schulter etwas Fleisch aus dem Leichnam heraus und tun es beiseite. Sie braten das Fleisch in sehr viel Butter, und beim Braten wird die Pem durch den Fleischgeruch herbeigelockt. Dann gießen sie Rakshi dazu, und die Brühe fängt Feuer, und die ganze Pem verbrennt. In [einem anderen Dorf] haben sie eines dieser Rituale vollzogen. Eine bekannte Pem, die währenddessen friedlich in ihrem Haus schlief, hatte am nächsten Morgen, als sie aufstand, das halbe Gesicht verbrannt.«[14]

Die übernatürliche Gewalt war unsichtbar, vielleicht war sie nicht einmal real. Aber der Diskurs war real, und die Art und Weise, wie er kursierte, hatte reale Folgen in der Gemeinde. Natürlich existierten diese Vorwürfe zeitgleich mit den Meinungen und Praktiken, wonach die Lamas der Gemeinde in wesentlicher Hinsicht halfen und dienten. Aber mit dem wachsenden Charisma und Einfluß der klösterlichen Bewegung waren es dann die undisziplinierten – »kleinen« – Aspekte der Dorfreligion, die in den Vordergrund traten.

DAS IDEAL DES MÖNCHS: INNERE DISZIPLIN

Im Gegensatz zu den »undisziplinierten« Lebensformen und rituellen Praktiken der verheirateten Lamas und Schamanen wurde der Mönch als die ideale Verkörperung religiöser Ziele und religiöser Praktiken angesehen. Ein Mönch *(Tawa)* ist eine Einzelperson, die ein Zölibatsgelübde ablegt und ins Kloster geht, theoretisch für den Rest ihres Lebens.

Dort widmet er[15] sich im Idealfall dem fortwährenden Studium und religiösen Praktiken, um zumindest eine bessere Wiedergeburt und im optimalen Falle eine transzendentale Erlösung zu erreichen, die als die vollkommene Überwindung des Kreislaufs von Tod und Wiedergeburt definiert wird.[16] Auch wenn es ein gewisses Maß an kollektivem Ritual- und Gemeinschaftsleben gibt, präsentieren die tibetischen buddhistischen Klöster sich nicht als alternative gesellschaftliche Lebensformen – als Bruderschaften, Kommunen oder Kollektive. Sie sind vielmehr eine Ansammlung von Mönchen, deren Bindung an die Gemeinschaft durch ihre individuellen Bindungen an den obersten Lama entsteht.

Die Organisation des Klosters verdeutlicht den Schwerpunkt und erleichtert somit die Umsetzung des individuellen Strebens der Mönche nach Erlösung und Heil. Jeder Mönch lebt in seinem eigenen kleinen Privathaus, nimmt allein seine Mahlzeiten zu sich, studiert allein und verrichtet allein seine Andachtsübungen.[17]

Entscheidend für die Ideale des Mönchtums ist die Selbstdisziplin des Mönchs, sowohl in bezug auf sein materielles Leben – das Zölibatsgelübde, der Rückzug aus normalen sozialen Beziehungen, der einfache Lebensstil – als auch in bezug auf sein emotionales Leben. Zu den wichtigsten Dingen, die der Mönch lernt, praktiziert und anderen beispielhaft vorlebt, gehört im Idealfall die Fähigkeit, starke negative Gefühle wie Wut, Angst und Schmerz wie auch starke positive Gefühle wie Liebe zu kontrollieren und damit umzugehen.

Von den höheren Lamas – den Reinkarnierten, den Einsiedlern, den älteren Mönchen – wird meist angenommen, daß sie diese Fähigkeit wirklich erworben haben. Grundsätzlich gilt jedoch, daß dies ein wichtiges Ziel der mönchischen Praxis ist, daß das Verlassen der Gesellschaft und das Ablegen des Zölibatsgelübdes der erste wichtige Schritt im Hinblick auf dieses Ziel ist, und daß dies zu den entscheidenden Dingen gehört, die Mönche lernen. Das Mönchtum wird unter anderem als eine Technik der emotionalen Selbstbeherrschung verstanden und geschätzt.

Auch wenn die hier besprochenen Ideen für den Buddhismus im allgemeinen gelten und in allen beliebigen Ausgaben entsprechender Texte oder in Sekundärquellen zu finden sind, möchte ich darauf hinweisen, daß ich mich bei allen hier genannten Beispielen auf die Aussagen von lokalen Mönchen, Lamas und Laien in der Sherpa-Region beziehe.

So wichtig es auch ist, für bestimmte wissenschaftliche Zwecke die klassischen Texte zu kennen, ist es im vorliegenden Fall – bei der Untersuchung des volkstümlichen Wissens und der volkstümlichen Praktiken – weitaus wichtiger zu zeigen, wie diese grundlegenden buddhistischen Ideen durch die lokale Sherpa-Gemeinde widergespiegelt werden.

Nach den buddhistischen Grundideen werden somit starke Gefühle – Sehnsüchte, Wünsche, Liebe, Wut, Stolz – als die Wurzel alles Bösen verstanden. Starke Gefühle veranlassen uns, Sünden zu begehen, Wut führt zu Gewalt und Tötungsdelikten, Gier führt zum Stehlen; sexuelles Begehren führt zu Ehebruch und so weiter.

Starke Gefühle führen auch zu Schmerz und zu Leiden; Liebe und Zuneigung zu anderen führen zu Kummer und Trauer, wenn diese Mitmenschen sterben, und Liebe zu materiellen Dingen führt zu Leid beim Verlust dieser Dinge. All diese Gefühle zu kontrollieren – sie zu beruhigen, zu besänftigen, zu zerstreuen – ist der erste Schritt zur Befreiung. »Wenn ich nicht gut denken kann«, meinte ein Sherpa-Mönch zur Bedeutung des Umgangs mit den Turbulenzen seiner inneren Verfassung, »dann kann ich auch keine gute Arbeit leisten«.[18]

Oder wie der große reinkarnierte Lama, Tushi Rimpoche, in einem Gedicht anläßlich seiner Flucht vor der chinesischen Invasion in Tibet schrieb: »Wenn du den Feind in deinem eigenen Geist zähmen kannst..., dann werden die dämonischen Armeen aus den zehn Richtungen ganz von selbst besiegt und geschlagen.«[19]

Die Sherpas verabscheuen allgemein jeden emotionalen Aufruhr. Diese Einstellung ist unter anderem in der Idee der Thip oder Verunreinigung enthalten, worunter ein aufgewühlter innerer Zustand zu verstehen ist, bei dem man sich krank fühlt und der oft der Beginn realer körperlicher Krankheiten unterschiedlichster Art sein kann. Die Sherpas sind der Überzeugung, daß eine Verunreinigung zu Zuständen dauerhafter mentaler Störungen führen kann. Verunreinigende Kontakte werden für die Ursache von Kretinismus gehalten, ein Zustand, in dem der Geist ständig matt und dumpf ist und nicht klar denken kann.

Viele Dinge verursachen Thip: wenn man in Kontakt mit dem Tod kommt, an einem Kampf beteiligt ist oder auch nur einen Kampf miterlebt und wenn man sich in einer Menschenmenge befindet. All diese Dinge lösen starke und störende Empfindungen und auch das Gefühl aus, sich in den Fängen potentiell übermächtiger emotionaler Kräfte zu befinden. Thip-Bilder sind Bilder von Dunkelheit, Sumpf und erregten Bewegungen; Bilder der Reinheit hingegen sind von Klarheit, Helligkeit und Ruhe gezeichnet.[20]

Die Religion bietet spezifische Techniken zur Beruhigung starker und turbulenter Gefühle an. Eine derartige Beruhigung ist die Grundlage buchstäblich jeder religiösen Praxis, sie ist der erste Schritt für jede weitere rituelle und meditative Arbeit. Als er mir die grundlegenden morgendlichen Andachtsübungen erklärte, sagte der Serlo Lama:

»Beim *Kyamdu* am Morgen reinigt man sich zuerst, indem man sich dreimal die Nase schneuzt – damit kommt der weiße Hahn des Stolzes, die rote Schlange der Wut und das schwarze Schwein der Gier heraus. Dann stellt man sich selbst wie ein volles Glas Milch vor, alles weiß und rein im Innern, und dann beginnt man mit seinen Gebeten.«[21]

Ähnlich erklärte ein ehemaliger Mönch, der nunmehr als Dorf-Lama seinen Dienst tut, die Bedeutung eines Teils des Opferrituals, bei dem eine aus Teig gebackene Figur, ein sogenannter *Gyek*, aus dem Tempel hinausgeworfen wird.

»[Was wir dabei tun, ist] alle Geschöpfe aus der Hölle herbeizurufen und sie in den Himmel zu schicken... Sie sind in Wirklichkeit alle in uns – wenn wir glücklich oder wütend oder ähnliches sind. Somit werfen wir sie mit dem Gyek hinaus, und dann üben wir uns mit einem reinen Wesen in *Cho* [Religion]. Dies wird insbesondere für den *Choa* [den ausgebildeten religiösen Praktiker] gemacht, aber auch für uns alle. Wenn der Gyek nicht hinausgeworfen wird, dann empfinden wir (Choa) anschließend Wut, haben kranke Gefühle.«[22]

So erklärte mir ein älterer Mönch, um noch ein weiteres Beispiel zu nennen, das jährliche *Dorsem*-Ritual im Kloster Thami, das der Reinigung der Mönche dient.[23] Bei diesem Ritual verwendet der oberste Lama als rituelle Gegenstände unter anderem einen großen Kristall. Der Mönch sagte, der Kristall habe herzheilende Kräfte (er nannte sie *Nying chelap*, rituelle Medizin für das Herz) und »reinige von allen Sünden, läßt einen klar wie Glas werden«. Als Ergebnis der Wirksamkeit dieses Reinigungsrituals werden die Mönche befähigt, das *Tse wong*, das Lebenskraftritual für das lange Leben der Laien, zu vollziehen.

Die religiöse Betonung der inneren Disziplin ist eng mit der Frage der rituellen Kraft verknüpft. Es ist die Fähigkeit, sich selbst durch Meditation und andere Übungen zu disziplinieren, die allen Lamas (und nicht nur Mönchen) jene Kräfte verleiht, die es ihnen ermöglichen, die Götter unter Kontrolle zu halten. Wie der Tengboche Lama es ausdrückte:

»Bei der Praxis des Buddha-dharma wird unser Geist durch Meditationsübungen klar und rein, und an diesem Punkt wird uns der Zugang zu großer Energie ermöglicht. Es war diese Kraft, mit der die ersten Lamas die Götter kontrollierten.«[24]

Das Erlangen innerer Ruhe und Kontrolle ist somit von entscheidender Bedeutung für die Übungen der Mönche. Entsprechend bemühen sich die Mönche, sich bei ihrem öffentlichen Auftreten, insbesondere in Anwesenheit von Laien, so zu verhalten, als hätten sie jenes emotionale Losgelöstsein zumindest teilweise bereits erreicht. Ich möchte dazu einige kleine Beispiele aus jüngerer Zeit nennen; es gibt keinen Grund anzunehmen, daß das Muster in den ersten Jahrzehnten des Mönchtums anders gewesen wäre.

Bei der Veranstaltung des jährlichen *Dumji*-Festes 1979 war der verheiratete Lama, der die Rolle eines sehr wichtigen Gottes tanzen sollte, am Ende sehr betrunken, so daß er sich kaum noch aufrecht halten, geschweige denn tanzen konnte. Die Mönche, die die Texte sangen, reagierten mit herzhaftem Lachen darauf und schienen nicht verärgert zu sein.

Ähnlich erzählte ein Informant, er habe bei dem Dumji-Fest als Kind in der Regel an obszönen *Tek-tek*-Tänzen teilgenommen (die später noch eingehender behandelt werden), und die Mönche hätten darüber auch einfach nur gelacht. Aus anderen Zusammenhängen ist klar, daß die Mönche sowohl das Trinken der verheirateten Lamas als auch die Tek-tek-Tänze sehr mißbilligten, aber dennoch war es ihnen offenbar wichtig, öffentlich ruhig und gelassen darauf zu reagieren. Ja, es ist wichtig für sie, ruhig und gelassen zu sein, insbesondere beim Vollzug eines Rituals, da starke Gefühle die Fähigkeit zur *Miwa* (zum Visualisieren/Identifizieren) der Götter beeinträchtigen und somit das Ritual unwirksam machen können.

Verwandtschaft und Ehe werden für die Bereiche gehalten, die einige der denkbar stärksten Verhaftungen und Gefühle hervorbringen können. Folglich ist es für Mönche besonders wichtig, tatsächlich oder zumindest scheinbar eine emotionale Distanz zu verwandtschaftlichen Aufregungen oder Tragödien zu halten.

In einem Fall war die Schwester eines Mönchs Nonne gewesen, hatte dann jedoch ihr Zölibatsgelübde gebrochen und war vom Glauben abgefallen. Als ich den Mönch fragte, ob er sich darüber aufgeregt hätte, sagte er recht trotzig: »Nein, warum sollte ich?« Später erzählte mir jedoch ein Laien-Verwandter des Mönchs, dieser habe damals »geweint und geweint«.

In einem anderen Fall war der Bruder eines Mönchs, der auch ein Mönch war, ebenfalls abtrünnig geworden, und ich fragte diesen ersten Mönch ebenso, ob er deswegen gelitten (*dukpa* gehabt) habe. Er habe kein *dukpa* gehabt, platzte es aus ihm heraus, aber sein Bruder – denn der Bruder müsse jetzt für eine Frau und Kinder aufkommen.[25]

Das Zölibat des Mönchs ist sowohl ein Zeichen als auch eine Kraft für die Erlangung der inneren Disziplin. Der tibetische Buddhismus geht davon aus, daß körperliche Disziplin – alles, vom Zölibat bis zum Bewahren eines unbewegten Gesichtes in der Öffentlichkeit – den ersten Schritt zu einer größeren spirituellen und emotionalen Disziplin darstellt.[26] Und jenseits dieser einfachen, aber oft wirksamen Übungen lernt der Mönch eine Vielzahl spezieller Techniken – Meditationsübungen, Mantra-Rezitationen, Visualisierungstechniken und so weiter, die beim Umgang mit den Emotionen und bei der Erlangung von Ruhe und Gelassenheit helfen.

Ang Tharkays Brief

Aus Ang Tharkays Memoiren können wir einen seltenen Einblick gewinnen, wie sich ein Laien-Sherpa in den ersten Jahrzehnten nach den Klostergründungen mit der monastischen emotionalen Disziplin beschäftigte. Ang Tharkay wurde 1907 in dem Dorf Kunde in Khumbu geboren. Er erinnerte sich noch daran, wie das Kloster Tengboche gebaut wurde, als er etwa neun Jahre alt war. Er verbrachte mehr als nur einen Tag dort, um zuzusehen, wie die Dorfbewohner Steinblöcke auf die Baustelle brachten, damit die tibetischen Maurer sie zurechthauen konnten.[27]

Etwa 1927 lief Ang Tharkay von zu Hause weg und ging nach Darjeeling, um sich dort Arbeit zu suchen. Bei der Everest-Expedition 1933 hatte er zum erstenmal das Glück, in die Reihen der »Sherpas« aufgenommen zu werden. Die Expedition machte, wie alle früheren, beim Kloster Rumbu halt, und die »Lamas« (vermutlich die Mönche) »gaben [der Expedition] ihren Segen. Sie sagten uns«, schrieb Ang Tharkay, »wenn wir unsere Arbeit ehrlich, treu und mit Freude verrichten würden, könnte uns nichts Schlimmes widerfahren«.[28]

Etwas später während der Expedition erhielt Ang Tharkay einen anonymen Brief (den er als einen schmutzigen Brief bezeichnete, *une lettre ordurière*), worin ihm mitgeteilt wurde, daß seine Frau ihm untreu gewesen sei. Er regte sich fürchterlich auf, so daß der Führer, Hugh Ruttledge, ihm den Vorschlag machte, zum Basislager zurückzugehen, »um sich auszuruhen und seine Gedanken zu sammeln«.[29]

Er entschloß sich statt dessen jedoch, zum Kloster zurückzugehen, »um die Lamas um Rat zu fragen..., die mich von dem Unglück, das mir geschickt worden war, befreien, die die niederträchtigen Absichten meiner Feinde zerstreuen und mich aus diesen Belastungen herausziehen würden«.[30]

»Nachdem sie mich gesegnet hatten«, beschrieb er seine Erfahrung mit den Mönchen, »trösteten die Lamas mich und erklärten mir, ich müßte auf Gott vertrauen und meine Arbeit in Ruhe und Vertrauen fortsetzen.«[31] Er blieb etwa zwei Wochen in Rumbu und kehrte dann »erleichtert und wieder Herr über mich selbst«[32] zur Expedition zurück.

Selbst wenn wir von Übersetzungsschwierigkeiten ausgehen, bleibt, daß der Text sehr schön die verschiedenen Logiken einfängt, die bei dieser frühen Begegnung zwischen einem Laien-Sherpa und einigen Mönchen zum Tragen kamen. Ang Tharkay verhielt sich eindeutig nach dem Modus der Volks- oder Dorfreligion: Feinde hatten Zauberei gegen ihn benutzt und ihm Unglück geschickt, die Lamas wurden gebeten, ihn vor diesem Unglück zu schützen, es anderswo hinzuschikken (vielleicht zu den Feinden zurück, auch wenn dies nicht gesagt wurde) und ihn aus diesen »Belastungen herauszuziehen«.

Hier ist nichts von innerer Disziplin zu spüren. Die Mönche boten ihm jedoch den Rat der »höheren« buddhistischen Theorie für seine Probleme an: starke Gefühle zu ersticken, innerlich die Fassung wiederzugewinnen, seine Arbeit »in Ruhe und Vertrauen« fortzusetzen. Ang Tharkays Aufenthalt im Kloster und die Erfahrung, die er dort machte, hatten eindeutig einen positiven Effekt. Er kehrte – und es erscheint angezeigt, die Ausdrucksweise hier zu akzeptieren – »entlastet« und »wieder Herr über sich selbst« zur Expedition zurück.

Leider tauchte Ang Tharkays Vater dann auf und schürte seine Ängste aufs neue. Nach der Expedition kehrte Ang Tharkay somit »mit Mordgelüsten in seiner Seele« nach Darjeeling zurück.[33] Wie sich herausstellte, war mit seiner Frau und seiner Familie jedoch alles in Ordnung.

Auch wenn es so nicht gewesen wäre, wird uns der Eindruck vermittelt, daß er im Zweifel direktere und emotional eher weniger disziplinierte Maßnahmen gegen seine Feinde ergriffen hätte. Aber kurz nach dem auslösenden Vorfall war es den Mönchen jedoch eindeutig gelungen, sowohl spirituellen Trost als auch den praktischen Wert innerer Disziplin zu vermitteln.

Nach den Gründungen der Klöster bemühten sich die Mönche dann ganz auf der Linie ihrer Ansichten über die »Kleinheit« vieler dörflicher religiöser Praktiken aktiv darum, Veränderungen in der Volksreligion der Sherpas zu bewirken. Ihre wohl erste und in mancher Hinsicht höchst erfolgreiche Kampagne war die gegen die Verehrung eines nepalesischen Gottes, die sich in die Sherpa-Religion eingeschlichen hatte.

DIE KAMPAGNE DER MÖNCHE II:
DAS PROBLEM DER VEREHRUNG VON NUPKI GYELWU

Zur Zeit der Gründung des Klosters Tengboche waren die meisten Sherpa-Familien nachweislich dazu übergegangen, einen Gott namens Nupki Gyelwu (wörtlich: »Westlicher König«) zu verehren. Man glaubte, die Nupki-Gyelwu-Rituale würden diejenigen, die sie praktizierten, reich machen, und allein aus diesem Grund waren sie sehr populär.

Man hatte sie offenbar von den hinduistischen Nepalesen übernommen, und sie wurden in Nepali vollzogen. (Dem Gott gab man interessanterweise eine tibetische Ahnentafel, siehe dazu den Mythos in Anhang A.) Sie wurden offenkundig von den Oberhäuptern einzelner Familien auf ihren hochgelegenen Wiesen und ohne die nutzbringende Hilfe eines religiösen Sherpa- (oder sonstigen) Spezialisten durchgeführt.

Daß sich ein neues, von den Nepalesen stammendes Ritual zur magischen Erlangung von Reichtum in jener Zeit einer solchen Beliebtheit erfreute, kann möglicherweise – wenn auch nicht allzu direkt – mit den bereits zuvor erwähnten erhöhten Steuerforderungen der Rana in Verbindung gebracht werden.

Die Idee von einem boshaften nepalesischen Gott, der Sherpa-Kinder aß, kann als Symbol der ausbeuterischen Praktiken des Rana-Regimes verstanden werden, während die Verwendung eines von den Nepalesen stammenden Rituals, um Nutzen und Gewinn von einem Gott zu beziehen, zu den Sherpa-Vorstellungen paßt, daß man die rituelle Praxis (und gegebenenfalls die rituellen Experten) dem Charakter des Gottes anpassen muß. Das heißt, wenn Nupki Gyelwu ein nepalesischer Gott war, mußte man nepalesische Rituale benutzen, um mit ihm umzugehen.

Dieser Gott verlangte Blutopfer, wie viele Hindu-Götter, aber anders als irgendwelche der Sherpa-/tibetischen buddhistischen Götter des 20. Jahrhunderts. Nach Aussagen von Informanten aus Solu wie auch aus Khumbu töteten die Solu-Sherpas die Opfertiere, während die Khumbu-Sherpas sie dem Gott lediglich für die Opferung »zeigten«.

Aber selbst nach der unblutigen Khumbu-Version wurde dabei unterstellt, daß man das Tier für den blutdürstigen Appetit des Gottes bereitstellte, und es war keine Frage, daß das Ritual in der Absicht bereits Sünde war, was fast so schlimm wie in der Praxis war.

Den Informanten zufolge wurde die Verehrung Nupki Gyelwus zur Zeit der Gründung des Klosters Tengboche buchstäblich universal praktiziert. Als dann jedoch der Zatul Rimpoche, der große tibetische reinkarnierte Lama, der die treibende spirituelle Kraft hinter der Gründung war, nach Khumbu kam, um Tengboche zu weihen, erklärte er, daß das Volk aufhören müsse, Nupki Gyelwu Opfer darzubringen. Er sagte, Nupki Gyelwu sei ein böser Gott, ein Dämonen- *(Du)* Gott, und die Gläubigen, die ihn verehrten, würden mit dem Vollzug seiner Rituale eine Sünde begehen.[34] Sie möchten vielleicht reich werden, würden aber ein kurzes Leben haben und anschließend in die Hölle kommen.

Ein Informant, der mir all dies erklärte, machte eine Unterscheidung zwischen den »weißen Opfern« *(Karche)* von »unserer inneren [Sherpa-/tibetischen] Religion« – den Nahrungsmittelopfern, die den Göttern periodisch dargebracht wurden – und den »roten Opfern« *(Marche)* des Hinduismus, bei denen die Tiere getötet und ihr Blut dargebracht wurde. Nupki Gyelwu soll in dem Gott reinkarniert sein, dem das nepalesische Fest *Dasain* gewidmet ist, bei dem Tausende von Ziegen und Wasserbüffeln als Opfer geschlachtet werden und die Straßen Katmandus rot vom Blut sind.

Eine Erklärung wie diese durch den Zatul Rimpoche war in der Tat eine sehr ernste Geschichte. Die meisten Sherpas hörten fast sofort mit der Verehrung Nupki Gyelwus auf. Diese wirksame Kampagne gegen die Verehrung des nepalischen Gottes schien darüber hinaus noch den Effekt gehabt zu haben, daß das buddhistische Verbot gegen jede Form des Tötens eine breitere Anhängerschaft fand.

In jener Zeit schienen die kulturellen und religiösen Schranken gegenüber dem Töten allgemein niedriger gewesen zu sein. Die Bereitschaft, lebendige Tieropfer zugunsten Nupki Gyelwus darzubringen, war hierfür der offensichtlichste Indikator. Etwa 1915 gab es auch einen Mordfall, wobei einer der Hauptförderer des Klosters Tengboche, ein reicher Händler und der oberste Steuereintreiber *(Gembu)* der Region, beschuldigt wurde, einen politischen Rivalen getötet zu haben.

Auch Ang Tharkay beschrieb an anderer Stelle seiner Memoiren, wie er bei Expeditionen durchaus mit Begeisterung an Jagden mit Gewehren teilgenommen hatte.[35] Über die Everest-Expedition 1938 schrieb Bill Tilman dann jedoch bereits:

»Die Sherpas haben eine seltsame Abneigung dagegen, ein Schaf zu schlachten. Sie lieben Fleisch..., aber gegen das tatsächliche Töten des Tieres sträubt sich bei ihnen alles. Wenn ansonsten niemand da ist, der es übernimmt, werfen sie das Los unter sich, wobei der Verlierer dann für gewöhnlich so außer Fassung gerät, daß er die Aufgabe verpfuscht und zwei- oder dreimal halbherzig mit dem *Kukri* statt nur einmal zuschlägt, ehe er dem Tier den Kopf abgeschlagen hat.«[36]

Dieses Muster blieb fortan konsistent bestehen. Ein sehr ähnlicher Bericht wie der von Tilman tauchte in den fünfziger Jahren auf:

»Das Töten [eines Schafes] war keine beiläufige Sache, und in der Dunkelheit stellten wir fest, daß die Sherpas einen kleinen Altar errichtet und sich drumherum vor einer Butterlampe, die ihn erleuchtete, versammelt hatten und Gebete sangen... Die Sherpas haben bei solchen Dingen ein sehr empfindliches Gewissen, und es machte ihnen wirklich zu schaffen, wenn auch nur ein Huhn geschlachtet wurde oder sie zusehen mußten, wenn irgend etwas getötet wurde.«[37]

Bei meiner Feldforschung Mitte der sechziger Jahre war deutlich zu erkennen, wie sehr die Menschen sich aufregten, wenn sie auch nur miterlebten, wie ein Tier getötet wurde. Sie ekelten sich vor dem Anblick von Blut. Einmal fanden ein paar kleine Jungen auf dem Pfad unmittelbar außerhalb des Dorfes eine Schlange und steinigten sie zu Tode. Erwachsene versammelten sich um den Schauplatz, hielten sich vor Entsetzen den Mund zu und spuckten als kulturellen Ausdruck des Ekels auf den Boden.

Ich habe nie erlebt, daß ein erwachsener Sherpa bereitwillig etwas getötet hätte. Als mein Kollege Robert Paul und ich unseren Koch baten, einen Nepalesen ausfindig zu machen, der für unseren Haushalt zu Weihnachten ein Huhn schlachten würde, verschwand er sechs

Stunden von der Bildfläche, vor Angst und Zwiespälten hadernd, ehe die Tat vollbracht wurde. Als wir spät am Abend in einem sehr kalten Haus ein halbgares Huhn aßen, schworen wir uns, dies nie wieder zu tun, und wir haben es auch nie wieder getan.[38]

Um nochmals auf das Nupki-Gyelwu-Problem zurückzukommen, so schienen die Sherpas so grundlegend durch jede Form des Schlachtens eines Tieres aus der Fassung zu geraten, daß ich davon ausging, daß sie sich schon immer an das buddhistische Verbot des Tötens gehalten hatten. Als ich Kathryn Marchs Artikel von 1976 las, der besagte, daß die Sherpas lebendige Tieropfer darzubringen pflegten, war ich völlig verblüfft.

In Khumbu erkundigte ich mich später, ob dies stimmte, und dabei bekam ich dann die zuvor erzählten Geschichten und Informationen zu hören. Es stellte sich heraus, daß einige Familien in Khumbu (aber nicht in Solu) weiter insgeheim Nupki Gyelwu verehrt hatten. Welche Meinungen die anderen Leute darüber hatten, mag daran ablesbar sein, daß man sich erzählte, der Vater einer dieser Familien sei als Ergebnis der fortgesetzten Praxis wahnsinnig geworden.

Der Gott wurde noch immer für mächtig gehalten: In der Nacht, nachdem ich den Mythos aufgezeichnet hatte, gab es einen schlimmen Frost, der im Dorf Khumjung einen Großteil der Kartoffelsetzlinge auf den Feldern zunichte machte, was zu gewissen Spekulationen führte, daß dies das Ergebnis allzu vieler Diskussionen über Nupki Gyelwu sein könnte.

In Khumbu haben Familien die Praxis beibehalten, zu Beginn des Winters ein Yak oder eine Kuh von einem Metzger schlachten zu lassen und das Fleisch zu trocknen, um es für das ganze Jahr haltbar zu machen. Man war sich jedoch bewußt, daß selbst diese Vorgehensweise eine Sünde darstellte und verdienstvolle Taten zur Wiedergutmachung der Sünde verlangte.

In Solu, wo im Basar regelmäßig von den nepalesischen Metzgern frisches Fleisch angeboten wurde, wurde nicht einmal dieses jährliche Töten eines Tieres gutgeheißen. Und davon, daß Menschen getötet worden wären, war buchstäblich nichts zu hören. Meines Wissens hat es in Khumbu auch nie wieder einen weiteren Mord gegeben.[39]

DAS ELITÄRE DER KLÖSTER

Auch wenn alle Sherpas (große wie kleine, wie man sagt) von der Begeisterung um die frühen Klostergründungen gepackt gewesen zu sein schienen, hatten die Klöster gewisse elitäre Verbindungen, die nie ganz verschwanden. Zum einen waren alle, die zu den Gründern gehörten, wohlhabende Händler und Geschäftsleute, und drei von vier verfügten auch über enge Verbindungen zum Rana-Regime.

Ich bin an anderer Stelle recht ausführlich darauf eingegangen, inwieweit die Gründungen der Klöster in Statusrivalitäten zwischen diesen großen Männern und deren politischen Rechtsansprüche in bezug auf das gewöhnliche Volk verwickelt waren.

Zudem rekrutierten die Klöster ihre Mönche hauptsächlich aus den wohlhabenderen Familien, zum Teil aus praktischen Gründen. Mit Ausnahme von Chiwong unterstützten die Klöster die Mönche nicht, abgesehen vom täglichen Tee und während des Vollzugs der rein klösterlichen Rituale. Alles, was darüber hinausging, mußte von den Familien der Mönche und Nonnen aufgebracht werden, sie mußten für deren Häuser und ganze Ernährung und sonstige materiellen Bedürfnisse aufkommen, während sie gleichzeitig deren Arbeitskraft verloren. Auch wenn nicht alle Mönche und Nonnen aus elitären Verhältnissen kamen, stammte die Mehrzahl von ihnen doch aus Familien, denen es zumindest gutging, und dies scheint auch für Chiwong zugetroffen zu haben.[40]

Der nächste Punkt war, daß die Mönche sowohl in ihren eigenen als auch in den Augen anderer ein Leben führten, das ähnlich wie das Leben der Reichen angenehm und bequem war. Auch wenn sie bestimmten Vergnügungen des weltlichen Lebens abgeschworen hatten und sich ihren Studien und ihrem religiösen Werk widmen mußten, blieb von allen Gesichtspunkten des Mönchslebens als eines der herausragendsten Merkmale dennoch die Tatsache, daß sie keine schwere Arbeit verrichten mußten.

Da nicht zu arbeiten kein formales Gelübde ist, wurde dieser Punkt nicht erwähnt, wenn man die Leute konkret bat, die besonderen Qualitäten von Mönchen zu erklären. Der Punkt wurde jedoch immer wieder zur Sprache gebracht, wenn man darüber hinaus fragte, warum die Mönche im Vergleich zu den verheirateten Lamas als höherstehend angesehen wurden. Und es kam die Antwort, daß Mönche nicht arbeiten mußten und somit ihre ganze Zeit der Religion widmen konnten.

Dieses Argument wurde ebenso immer wieder zur Sprache gebracht, wenn Mönche gefragt wurden,[41] warum sie sich entschieden hatten, Mönche zu werden, oder warum sie gerne Mönche waren: Das Leben des Mönchs ist *kirmu* (angenehm, glücklich), weil Mönche nicht zu arbeiten brauchen.[42] Wie ein Mönch, Dorje, es ausdrückte:

»Wenn ich die Religion studierte, trug mein Vater mir keine Arbeit auf. Wenn ich mich nicht der Religion widmete, hieß es, ›geh Holz hacken, geh hierhin, geh dorthin, geh Kuli-Arbeit tun, geh Geschäfte machen‹. So viele Befehle. Wenn man sich der Religion hingibt, dann gibt niemand dir Befehle. Es ist sehr wichtig, es ist sehr erhaben.«[43]

Und gelegentlich waren schließlich auch dahingehend Bemerkungen zu hören, daß die Wahl des Mönchslebens eine egoistische Wahl darstellte. Der Mönch zog sich ins Kloster zurück, um sich seiner eigenen Heilsuche zu verschreiben. Er war für andere nicht mehr verfügbar, weder für irgendwelche praktische Hilfe als Mitglied der sozialen Gemeinschaft noch – im Gegensatz zu verheirateten Lamas, die diesen Punkt oft hervorhoben – für irgendwelche rituellen Hilfsdienste.[44] Dies änderte sich zwar in späteren Jahren, aber insbesondere in der ersten Zeit standen die Mönche nur für »hohe« rituelle Ereignisse zur Verfügung und machten sich ihre Hände nicht wegen örtlicher Schutz- und Reinigungsbedürfnisse schmutzig.

Ich möchte das bei den Sherpas zu verzeichnende Maß an Widerstand oder Skepsis gegenüber den Klöstern nicht überbewerten, aber ebensowenig die Ansichten und Gefühle der Sherpas in dieser Frage allzusehr homogenisieren. Das Gefühl, daß Mönche »egoistisch« waren, und eine Skepsis hinsichtlich des Wertes der Mönche für die Gemeinschaft waren bei manchen Sherpas jedoch eindeutig nicht zu leugnen. Ein Beispiel aus den frühen Jahren lieferte der berühmte Tenzing Norgay.

Tenzing Norgays Vorbehalte

Tenzing Norgay wurde 1914 an einem heiligen Ort geboren, an den seine Mutter eine Pilgerreise unternommen hatte. Er wuchs jedoch in dem Dorf Thami, westlich von Khumbu, auf. Seine Mutter war sehr fromm, und Tenzing merkte an, ein Bruder seiner Mutter sei »einst ein hoher Lama« des Klosters Rumbu gewesen. Tenzings Familie ging es materiell wesentlich besser als Ang Tharkays Familie, sie hatten jedoch sehr viele Kinder, und Tenzing war als elftes einer der »überschüssigen« Söhne. Er wurde, was nicht überrascht, in das neugegründete Kloster Tengboche geschickt, um Mönch zu werden. Daraus wurde jedoch nichts:

»Man schickte mich ins Kloster, mein Schädel wurde kahl geschoren, und ich zog das Gewand eines Novizen über. Nachdem ich erst kurze Zeit dort war, erzürnte sich einer der Lamas (sie sind nicht alle Heilige) über mich und schlug mir mit einem Holzbrett auf den kahlen Kopf. Ich rannte heim und erklärte, daß ich nicht mehr ins Kloster zurückkehren würde. Meine Eltern, die sich immer liebevoll und freundlich zu mir gezeigt hatten, waren einverstanden.«[45]

Seine ältere Lieblingsschwester wurde jedoch Nonne im Kloster von Devuche, wo sie sieben Jahre blieb, ehe sie ihr zölibatäres Gelübde mit einem Tengboche-Mönch brach, den sie im Kloster kennengelernt hatte und heiratete. Da Tenzing, nachdem er von einem Mönch geschlagen worden war, kein sonderliches Interesse am Klosterleben mehr hatte, beklagte er den Austritt seiner Schwester nicht und behauptete, durchaus entgegen der allgemeinen Meinung: »In unserer Religion ist es keine Schande, wenn Mönche oder Nonnen heiraten.«[46]

Getrieben, wie er es beschrieb, von dem brennenden Wunsch, etwas von der Welt draußen zu sehen, lief Tenzing 1927 im Alter von dreizehn Jahren für mehrere Wochen von zu Hause weg nach Katmandu. Und nachdem er von heimkehrenden Sherpas von den Bergsteigerexpeditionen gehört hatte, lief er 1932 erneut von zu Hause weg, und diesmal nach Darjeeling. Er war achtzehn. Seine Entscheidung hatte er insbesondere, wie er meinte, entgegen den Ansichten der Lamas getroffen:

»Die Lamas erzählten viele Geschichten über die Regionen des ewigen Schnees; von Göttern und Dämonen, von Geschöpfen, die viel schlimmer noch als die Yeti waren; sie bewachen die Bergeshöhen und bringen Verderben über jeden, der sich hinaufwagt. Ich aber wußte, daß Menschen, und zwar Männer meines eigenen Stammes, auf der anderen Seite des Chomolungma [Everest] hinaufgeklettert waren. Einige verunglückten tödlich, aber mehr noch waren heimgekehrt. Was ich mir wünschte, war, mit eigenen Augen zu sehen, mit eigenen Sinnen zu erkennen.«[47]

Er versuchte sich 1933 bei der Everest-Expedition anwerben zu lassen, wurde jedoch nicht genommen, fand dann allerdings bei den Expeditionen 1935 und 1936 eine Anstellung. In beiden Fällen wissen wir, daß die Expeditionen im Kloster Rumbu haltmachten. Über die Expedition von 1936 berichtete Ang Tharkay, daß die Gruppe als Opfergabe für den obersten Lama eine Sammlung durchgeführt und der Lama jedem von ihnen dafür ein Amulett gegeben hatte, das sie beschützen sollte.

Tenzing erwähnte die Besuche überhaupt nicht. Es ist möglich, daß er sich der Gruppe nicht anschloß, aber das allein wäre schon außergewöhnlich gewesen, zumal wenn der oberste Lama tatsächlich ein Bruder seiner Mutter war.[48] Angesichts der früheren Äußerungen, wie die Lamas versuchten, die Leute vom Klettern abzuhalten, scheint Tenzing – der im übrigen recht fromm war – für das klösterliche Establishment im Grunde wenig übrig gehabt zu haben.

Die aufschlußreichste Episode ereignete sich nach der Everest-Besteigung 1953. Tenzing war von dem ganzen Ausmaß von Veränderungen, die sich in seinem Leben vollzogen hatten, überwältigt.[49] Unter anderem bemerkte er folgendes:

»Es ist noch gar nicht lange her, daß ich nach der Besteigung des Everest gebeten wurde, für ein bestimmtes Kloster in der Nähe Darjeelings Geld zu geben. Nach kurzer Überlegung lehnte ich ab. *Statt den Mönchen Geld zu geben, die es sicherlich nur für sich persönlich verwendet hätten*, zog ich vor, es für die Erbauung einer Herberge oder eines Rasthauses zu stiften, damit alle armen Besucher von Darjeeling eine Unterkunft finden könnten.«[50]

Auch wenn die Mönche manchmal als egoistisch gesehen wurden, so wurde dies zu einem Großteil doch durch eine weitere wichtige Figur des tibetischen Buddhismus aufgewogen, den reinkarnierten Lama, den *Tulku*.

Für die Sherpas bestand der Wert der Klöster und von allem, was dazugehörte, in gewissem Sinne weniger darin, daß sie Mönche hervorbrachten, die in weiten Teilen um ihr eigenes Heil bemüht waren, als vielmehr darin, daß sie starke und mächtige Tulkus hervorbrachten, die weitaus mehr auf das Wohlergehen der allgemeinen Bevölkerung in der Welt bedacht waren.

DAS IDEAL DER TULKUS: MITGEFÜHL

Die Religion der Sherpas, der tibetische Buddhismus, gehört zur Mahayana-Schule des Buddhismus. Die Mahayana-Schule entstand im 1. Jahrhundert n. Chr. als Kritik an der alten, ursprünglichen Lehre des Buddhismus, der sogenannten Theravada. Die Mahayana-Buddhisten kritisierten die Theravada-Schule wegen ihres »Egoismus«, da sich der spirituell Suchende nur um sein eigenes Heil und nicht um die Probleme der Welt kümmere, die er im Endeffekt ihrem eigenen Schicksal überließ. Sie betonten folglich im Rahmen der eigenen Heilssuche die Gewichtigkeit des »Mitgefühls« für andere Menschen.

So verlangten sie von den Suchenden, sich bei ihrer Suche (die keine radikale Änderung zu Buddhas ursprünglicher Konzeption darstellt) nicht nur um ihre eigene Erleuchtung zu bemühen, sondern als Vorbild anderen auch zu helfen, ihrerseits Erleuchtung zu finden. An die Stelle des Theravada-Ideals des *Arhat*, des Würdigen oder Heiligen, der nur nach seiner eigenen Erleuchtung strebt, setzten die Mahayana-Buddhisten das Ideal des *Bodhisattva*, des einzelnen, der die Erleuchtung erreicht hat, aber dem Weltlichen verbunden bleibt, um anderen zu helfen, ebenfalls Erleuchtung zu finden.

In den neugegründeten Klöstern bemühten sich die Mönche, im Rahmen der gesamten Prägung der Volksreligion der Sherpas den Stellenwert des religiösen Ideals des Mitgefühls zu fördern. Auf der einen Seite versuchten sie, »niedrige« und sündige Praktiken wie die Anbetung Nupki Gyelwus oder die »niedrigere« Arbeit der verheirateten Lamas und Schamanen abzuschaffen; wir können dies als die negative Kampagne betrachten.

Auf der anderen Seite bemühten sie sich, neuere und »höhere« Praktiken einzuführen, die auf positive religiöse Ideale wie Mitgefühl ausgerichtet waren. Einer der ersten Schritte im Rahmen dieser Bemühungen, die wir als die positive Kampagne betrachten können, war die Einführung eines Rituals für Laien, des sogenannten *Nyungne*, das ein stärkeres Maß an Mitgefühl ins Leben der Laien bringen sollte. Nyungne wurde anfänglich in den neuen Klöstern praktiziert, wo die Laien hinkamen, um es gemeinsam zu begehen; später wurde es dann in die örtlichen Dorftempel ausgelagert.

Nyungne ist ein Ritual, bei dem einzelne, die es möchten, sich im

Tempel versammeln, um dort unter der Anleitung von Lamas oder Mönchen zwei Tage lang gemeinsam zu fasten und zu schweigen. Während dieser Zeit werfen sie sich wiederholt zu Boden, meditieren über den Gott Chenrezi, beten zu ihm und suchen, sich mit ihm zu identifizieren.

Chenrezis Hauptmerkmal ist, daß er ganz und gar mitfühlend ist; er empfindet enormes Mitleid und große Fürsorge für alle leidenden Kreaturen. Durch das Erreichen der Identifikation mit ihm und seinem großen Mitgefühl erwerben die Gläubigen enorme Verdienste im Hinblick auf eine bessere Wiedergeburt – vielleicht mehr Verdienste, als sie im Rahmen irgendwelcher anderer Praktiken der Volksreligion erwerben könnten.

Das Nyungne-Ritual wurde während des ganzen 20. Jahrhunderts von den Laien-Sherpas etwas unregelmäßig abgehalten[51] (siehe auch Kapitel 9). Und es war nur einer unter verschiedenen Zusammenhängen, bei denen die Idee des Mitgefühls im Rahmen der Sherpa-Religion in den Vordergrund gerückt wurde. Ein weitaus augenfälligerer und zwingenderer war die Figur des Tulku, des reinkarnierten Lama.

Der Einfluß des reinkarnierten Lama

Wie in der ganzen tibetischen buddhistischen Welt kam den reinkarnierten Lamas auch bei der Entwicklung der Sherpa-Hochreligion eine zentrale Bedeutung zu. Der Zatul Rimpoche aus dem Kloster Rumbu der benachbarten Region in Tibet war der geistige Initiator der Gründung der ersten Sherpa-Klöster und bis zu seinem Tod um das Jahr 1940 eine fortdauernde Quelle der Inspiration und Segnungen für alle Sherpas – für die großen Leute, für Mönche und Lamas, für die Sherpas bei den Expeditionen.[52]

Der erste Leiter des Klosters Tengboche, Lama Gulu, wurde rückwirkend zu einer wichtigen Reinkarnation bestimmt, und entsprechend wurde seine Reinkarnation nach seinem Tod 1934 gesucht und gefunden – und dies war dann der erste heimische reinkarnierte Sherpa-Lama. Die Geschichte seiner Entdeckung im Jahr 1935 werde ich am Schluß dieses Kapitels erzählen, um sie jedoch verstehen und einordnen zu können, möchte ich zunächst kurz allgemein etwas zum Hintergrund reinkarnierter Lamas oder Tulkus sagen.

Die Entwicklung des Mahayana-Begriffes der Bodhisattvas geschah im Einklang mit den Ausführungen der Reinkarnationsideologie im tibetischen Buddhismus. Dahinter steht die Idee, daß bestimmte Individuen (einschließlich Buddha) Erleuchtung erlangen, es aber ablehnen, ins Nirwana einzugehen, und es statt dessen vorziehen, in der Welt zu bleiben, um anderen zu helfen, ebenfalls Erleuchtung zu erlangen.

Im chinesischen und japanischen Buddhismus (und auch in der Mahayana-Tradition) bleiben Bodhisattvas nur in spiritueller Form, als Gottheiten, in Kontakt mit der Welt. Im tibetischen Buddhismus wurde hingegen die Vorstellung entwickelt, daß Bodhisattvas sich in menschlichen Körpern reinkarnieren und in der tatsächlichen physischen Welt operieren können. Solche Wesen werden Tulkus (tibet.: *Sprul sku*), »Emanationskörper«, genannt.[53]

Tulkus sind die höchsten – die heiligsten, die rituell wirksamsten, die nutzbringendsten – Gestalten in der Sherpa-/tibetischen Religion. Als Gottheiten, Bodhisattvas oder einfach als geistig höchst fortgeschrittene Wesen, die auf Erden umhergehen, agieren sie als religiöse Kraftfelder, wie man sie vielleicht bezeichnen könnte, und wecken starkes Interesse, Zuneigung, Hingabe und Respekt. Die Leitung eines Klosters liegt fast immer in den Händen eines Tulku.

Sofern von dem obersten Lama als dem Gründer eines Klosters nicht bekannt ist, daß er ein Tulku ist, kann für ihn auch anschließend eine Reinkarnationslinie entdeckt werden, wie es bei dem ersten obersten Lama von Tengboche, Lama Gulu, der Fall war. Aber wie dem auch sei, nach seinem Tod werden die Mönche mit Sicherheit seine Reinkarnation suchen oder, sofern dies aus irgendeinem Grund nicht geht, werden sie irgendeinen anderen Tulku als Klostervorsteher suchen.

Tulkus sind groß, da sie den Gipfel der Macht und Tugend darstellen, wie er durch den tibetischen Buddhismus definiert wird. Da sie spirituell ungeheuer mächtig sind, sind ihre Rituale und Segnungen effektiver, und Opfergaben, die ihnen gegeben werden, werden durch den Gewinn größerer Meriten vergolten als Opfergaben, die geringeren religiösen Persönlichkeiten gegeben werden.

Eines der Zeichen und eine der Manifestationen ihrer großen spirituellen Macht ist, daß ihnen nachgesagt wird, »alles zu wissen« – daß es ihnen leichtfällt, das religiöse Werk zu lernen, da sie es in ihrem vergangenen Leben schon ganz kannten, daß sie die Gedanken der Menschen lesen können, die zu ihnen kommen, daß sie intuitiv wissen, ob ein anderer, der von sich behauptet, ein Tulku zu sein, authentisch ist oder nicht, und so weiter und so fort. Sie haben auch noch andere große magische oder religiöse oder psychische Kräfte; man glaubt, daß sie fast alles tun können, wenn sie es nur möchten.[54]

Die magischen und rituellen Kräfte eines Tulku sind jedoch das Ergebnis seiner spirituellen Vollkommenheit oder fast erreichten Vollkommenheit, und sie hängt mit der Frage des Mitgefühls zusammen. Tulkus sind im tibetischen Buddhismus per Definition im wahrsten Sinne des Wortes Verkörperungen des Ideals des Mitgefühls.

Sie sind hier unter uns, um einen Auftrag reinster Tugend zu erfüllen: Obwohl sie diese Welt des Leidens und des Schmerzes hätten verlassen können, sind sie geblieben, um den unwissenden und leidenden Menschen in dieser Welt den Weg zur Erleuchtung zu zeigen. Und ihr Mitgefühl ist – wiederum per Definition – universal: Sie sind hier, um »allen fühlenden Wesen« zu helfen.

Die Sherpas hatten aus meiner Sicht eindeutig das Gefühl, daß dies tatsächlich in die Praxis umgesetzt wurde. Oft wurde über Tulkus gesagt, wie nett sie zu jedermann, ob »hoch- oder niedrigstehend«, waren und daß sie – im Unterschied zu den kleineren Lamas – bereit waren, für jedermann – ob »hoch- oder niedrigstehend« – Rituale zu vollziehen. Ähnlich schienen die Tulkus auch weniger rigide als Mönche auf die Aufrechterhaltung der Grenzen zwischen der Hoch- und der niederen Religion bedacht und toleranter gegenüber verschiedenen Ebenen und Formen der Religiosität zu sein.

Sowohl der Zatul Rimpoche als später auch der Tushi Rimpoche standen den Schamanen weniger kritisch als die Mönche gegenüber. Der Zatul Rimpoche leistete auch gewisse Beiträge zum Thami-Tempel, als dieser noch eine Gemeinschaft verheirateter Lamas war, um das rituelle Leben des Tempels zu verbessern.

Nach meiner eigenen Erfahrung gibt es unter den tatsächlich lebenden Tulkus große Unterschiede in ihrem persönlichen Stil, und nicht alle von ihnen würden einem Außenstehenden als Menschen auffallen, die sich durch große Warmherzigkeit und Mitgefühl auszeichnen. Dieser Punkt wird jedoch durch verschiedene Dinge aufgewogen.

Es gibt zunächst einmal Regeln, die den Tulku, unabhängig von seinem persönlichen Stil, in der Praxis zu Großzügigkeit und Mitgefühl anhalten. Wenn in der Sherpa-Gemeinde jemand stirbt, soll die Familie die Kleidung des Verstorbenen zu dem örtlichen *Rimpoche* (»edler Meister«, die normale Anredeform und Bezeichnung für einen Tulku) bringen, der diese wiederum an die Bedürftigen weiterverteilen wird.

Darüber hinaus erhalten Tulkus, die beliebt sind und/oder respektiert werden, im allgemeinen viele Spenden, die sie jedoch zum Teil wiederum für edle Zwecke weiterverteilen. Die Gründung des ersten Sherpa-Klosters, Tengboche, wurde durch eine große Spende des Zatul Rimpoche ermöglicht. Die Tulkus üben also sichtbar und manchmal auch im großen Rahmen materielle Großzügigkeit.

Aber viele Tulkus scheinen in der Tat auch bemerkenswert warmherzige, großzügige und liebenswürdige Menschen zu sein, die sich sehr viel Mühe geben, sich anderen freundlich und gefällig zu erweisen. Sie zeigen ein persönliches Interesse an den Problemen und Bedürfnissen anderer, und ihren Mönchen gegenüber sind sie mütterlich und fürsorglich.

Nach allem, was man liest und hört, ist der Dalai Lama eine solche Persönlichkeit. Für die Gläubigen ist es ohne Zweifel von besonderer Bedeutung, daß er eine Reinkarnation von Chenrezi, dem ganz und gar mitfühlenden Gott, ist. Aus meiner eigenen Erfahrung war mir der Tushi Rimpoche näher, ein tibetischer Tulku, der mit seinen Mönchen vor den Chinesen floh und sich im Sherpa-Gebiet niederließ.

Der Tushi Rimpoche strahlte auf positive Weise Güte und Fürsorge aus und wurde von allen, die ihn kannten, Mönchen wie Laien, bewundert – auch die Autorin machte da keine Ausnahme. Unter anderem sagte man dem Tushi Rimpoche nach, daß er die Gedanken von Menschen lesen konnte, die ihm Opfergaben brachten, und wenn er merkte, daß eine Person es sich nicht wirklich leisten konnte, das zu geben, was sie gab, dann gab er das Geschenk, manchmal noch mit einer Zugabe, zurück.

Tulkus sollen somit – und sind es im allgemeinen auf diese oder jene Weise auch – lebendige Beispiele des *Nyingje* sein, des Mitgefühls. Die Präsenz und Bedeutung der Tulkus für die religiöse Landschaft der Sherpas, die um die Jahrhundertwende mit dem Zatul Rimpoche jenseits der Grenze begann, brachte im Laufe des 20. Jahr-

Der große reinkarnierte Lama, der Tushi Rimpoche, 1967.

hunderts eine entscheidende dritte Dimension für die buddhistische Religiosität der Sherpas in den Blickpunkt.

Der Tulku schließt in seiner Person die Idee der »Macht« (die für die Volksreligiosität von zentraler Bedeutung war und blieb) und die Fokussierung auf die »Disziplin« (die durch die Mönche hinzukam) ein, lockert beides jedoch durch die Betonung des »Mitgefühls« für das Leid der Mitmenschen auf.

Der Tod und die Wiedergeburt des Lama Gulu

Lama Gulu ließ das Tengboche-Kloster erbauen und leitete es viele Jahre. Er hatte sich seit der Zeit damit befaßt, als es noch eine Idee im Kopf des Zatul Rimpoche war. Er hatte die Mittel für die finanzielle Absicherung aufgetrieben, den Bau des Klosters überwacht und nach seiner Fertigstellung die Leitung übernommen. Er war ein Mensch, dem sowohl die Mönche als auch Laien große Zuneigung entgegenbringen sollten.

Im Jahr 1933 wurde Nepal von einem schweren Erdbeben heimgesucht. Neben vielen anderen Dingen wurde auch der Tempel von Tengboche in weiten Teilen zerstört. Der damals etwa fünfundachtzigjährige Lama Gulu wurde nicht verletzt, starb jedoch einige Tage später.

Insbesondere unter den Mönchen gab es die Vermutung, daß es bei Lama Gulu zu einer Reinkarnation kommen würde und daß seine Reinkarnation der nächste Vorsteher von Tengboche sein würde. Dies bedeutete, daß der nächste Vorsteher des Klosters ein kurz nach Lama Gulus Tod geborenes Kind sein würde, das sich etwa in der Zeit, wenn es zu sprechen anfangen würde, also im Alter von zwei Jahren, als der Tulku oder die Reinkarnation zu erkennen geben würde. Die umfassende Version von der Entdeckung der Reinkarnation von Lama Gulu wurde mir von einem der ältesten und angesehensten Mönche des Klosters Tengboche, Au Chokdu, erzählt, der als junger Novize die Ereignisse im Kloster miterlebt hatte.

Das fragliche Kind wurde 1935 (dem Jahr des Eisernen Schweins oder *Chak pak* nach dem tibetischen Kalender) einem Händler in Namche Basar (Nauje/Haupthandelsstadt der Sherpas) und seiner Frau geboren. Der Vater war geschäftlich nach Lhasa gegangen, und seine Frau war ihm später gefolgt und hatte ihren Sohn dort zur Welt gebracht.

Als der Junge zu sprechen begann, beharrte er darauf, er sei der Tengboche Lama. Ein in Lhasa lebender Sherpa-Händler schickte daraufhin sowohl in das Kloster Rumbu als auch nach Tengboche die Botschaft, daß die Reinkarnation Lama Gulus erschienen sei.[55]

Während die Eltern und das Kind auf dem Rückweg nach Namche Basar waren, hielten sich die älteren Tengboche-Mönche in Rumbu auf, und in Tengboche war eine Reihe jüngerer Mönche (darunter

Au Chokdu, Mönch des Klosters Tengboche – und ein ausgezeichneter Geschichtenerzähler, 1979.

unser Informant). Die jüngeren Mönche waren sehr gespannt und aufgeregt und freuten sich auf den Augenblick, in dem sie das Kind zu sehen bekommen würden. Sie sprachen bereits von ihm als von »unserem Rimpoche«, auch wenn sie ihre Begeisterung zu zügeln versuchten, indem sie sich sagten: »Niemand weiß, ob er wirklich die Reinkarnation ist oder nicht.«

Unterdessen erhielten sie auch einen Brief von dem Zatul Rimpoche und einen von den älteren Tengboche-Mönchen in Rumbu (Gelung Umze, dem Sohn des Bruders von Lama Gulu), worin sie aufgefordert wurden, das Kind von Namche Basar nach Rumbu zurückzubringen, damit seine Authentizität geprüft werden konnte.

Als die Eltern mit dem Kind in Namche Basar eintrafen, machten Au Chokdu und zwei weitere Mönche mit den gerade Angekommenen gleich wieder kehrt und begleiteten den Jungen und seine Mutter nach Rumbu zurück. Sie trugen den Jungen den Großteil des Weges selbst, so wie sie auch vieles von der ehemaligen Habe Lama

Gulus, Habseligkeiten aus seinem vergangenen Leben, bei sich trugen, die für die Authentizitätsprüfung gebraucht wurden.

Die bei diesem Fußmarsch von etwa sechs Tagen zurückgelegten Entfernungen und die Beschwerlichkeit der Strecke über den fast sechs Kilometer langen Nangpa-Paß zwischen Rumbu und Khumbu lassen diesen Hin- und Rücktransport eines zweijährigen Kindes um so beeindruckender erscheinen.

Als die Reisegruppe ihre letzte Nacht unterwegs verbrachte, hatte der in Rumbu wartende Zatul Rimpoche einen Traum, in dem er Lama Gulu sehr lebendig sah. Am nächsten Morgen erzählte er Gelung Umze, daß »Lama Gulu heute kommt. Du mußt ihm mit Tee und Erfrischungen hinunter entgegengehen, um ihn zu begrüßen«. Und dies tat man.

Daß der Zatul Rimpoche die Fähigkeit hatte, den genauen Ankunftstag des Kindes vorherzusagen, war ein Vorbote seiner späteren Fähigkeit, ohne formale Prüfungen zu wissen, daß das Kind tatsächlich die Reinkarnation war. In Wirklichkeit hatte er dieses Wissen hier schon verdeutlicht, da er das Kind, noch ehe irgendwelche Tests durchgeführt waren, bereits Lama Gulu nannte.

Als die Gruppe schließlich auf den obersten Stufen, die zum Kloster Rumbu führten, ankam, begrüßte der Zatul Rimpoche sie (für jemand Geringeren wäre er natürlich nicht zu den Stufen hinausgekommen) mit den Worten: »Lama Gulu ist angekommen.« Unser Informant, der junge Novize, überreichte dem Zatul Rimpoche eine *Kata*, den bei einer respektvollen Begrüßung üblichen traditionellen Ehrenschal.

Dann überreichte das Kind seinerseits dem Zatul Rimpoche eine Kata. Es griff auch nach der Kata, die seine Mutter hielt, und gab sie dem großen Lama und versuchte auch noch, die Kata einer anderen Frau an sich zu nehmen. Die Frau versuchte zunächst, die Kata festzuhalten, der Zatul Rimpoche sagte ihr jedoch: »Gib sie ihm, gib ihm alles, was er möchte.« Und so ließ die Frau die Kata los, und das Kind nahm sie und gab sie dem Zatul Rimpoche. Die dreifache Wiederholung wurde als ein sehr verheißungsvolles Omen angesehen.

Dann fragte der Zatul Rimpoche das Kind: »Kennst du mich?« Und »unser Lama« (wie Au Chokdu es ausdrückte) antwortete: »Ja, ich kenne dich. Du bist mein *Tsawi*-Lama, mein ›Herz-Lama‹, du bist der Zatul Rimpoche.« Der Zatul Rimpoche sagte: »Irrst du dich nicht?«

Und der Junge antwortete: »Ich irre mich nicht, du bist wirklich mein Tsawi-Lama.«

Dann wurde die bei einer Reinkarnation übliche formale Prüfung durchgeführt. Alle ehemaligen Habseligkeiten von Lama Gulu, die man von Tengboche mitgebracht hatte, wurden ausgebreitet und ähnliche Dinge dazugelegt und mit ihnen vermischt. Das Kind mußte dann »seine eigenen« Sachen aus all den Dingen heraussuchen, und es tat dies.

Der Zatul Rimpoche war auch ohne die Tests von seiner Authentizität überzeugt gewesen, dennoch sagte er den Mönchen, es sei wichtig, die Tests in Khumbu zu wiederholen, oder die Leute würden nicht glauben, daß dieses Kind wirklich die Reinkarnation sei. Nach einigen Monaten, in denen die Tengboche-Mönche zahlreiche Rituale mit den Rumbu-Mönchen vollzogen und auch einen luxuriösen Reliquienschrein für die Hinterlassenschaften des (verstorbenen) Lama Gulu gebaut hatten, kehrten sie mit dem Kind nach Namche Basar zurück.

In Namche Basar stellte der Junge noch einmal seine Authentizität unter Beweis. Man zeigte ihm einen bestimmten Gegenstand, der Lama Gulu gehört hatte, ein *Dablam*, ein kleines Fensterkästchen mit einer Miniaturstatue eines Gottes darin. Der Junge rief aus: »Oh, diese Statue hat einmal mit mir gesprochen.«

Als die Gruppe von Namche Basar zum Dorf Khumjung weiterzog, zeigten die Mönche (bei denen immer noch Au Chokdu war) aus der Ferne auf den Dorftempel von Khumjung und erklärten dem Kind, dies sei das Kloster Tengboche. Der Junge demonstrierte hingegen nochmals sein ererbtes Wissen und sagte: »Nein, dies ist nicht Tengboche, dies ist nicht mein Kloster«, und schlug die Mönche dafür, daß sie versucht hatten, ihn irrezuführen.

Als sie den Tempel von Khumjung betraten, begegneten sie einem der örtlichen verheirateten Lamas, der sich einst einmal ein Buch von Lama Gulu ausgeliehen, es aber nicht zurückgegeben hatte. Der Junge erblickte das Buch und sagte: »Das gehört mir. Wo hast du es her?« Und der Lama entschuldigte sich und warf sich vor dem Jungen zu Boden.

Dieser kleine, inzwischen zu einem Mann herangewachsene Junge ist immer noch der oberste Lama des Klosters Tengboche. Er ist zu einer wichtigen Figur der Sherpa-Religion sowie der Bergstei-

Der Tengboche Rimpoche
im Kloster Tengboche,
1979.

gerkultur geworden. Denn alle von der nepalesischen Seite ausgehenden Everest-Expeditionen haben in seinem Kloster haltgemacht und sind von ihm gesegnet worden, so wie sie in früheren Jahren in Rumbu von dem Zatul Rimpoche gesegnet worden waren.

Er ist ebenso eine wichtige Persönlichkeit der transnationalen buddhistischen Politik des späten 20. Jahrhunderts geworden. In den nachfolgenden Kapiteln werden wir noch von ihm hören. Für die Zwecke dieses Kapitels stellt er das letzte Mosaiksteinchen in der Religion der Sherpas dar, das Anfang des 20. Jahrhunderts mit der Gründung der Klöster eingesetzt wurde: das lokale Auftauchen und die Entwicklung des Tulku in der religiösen Szene der Sherpas, eine Persönlichkeit mit Macht und Disziplin, die beide im Dienste des Mitgefühls mobilisiert und eingesetzt werden.

DAS IDEAL DER TULKUS: MITGEFÜHL

KAPITEL 5

Tod

DIE DREISSIGER JAHRE WAREN FÜR DIE SHERPAS EINE UNGESTÜME ZEIT. Die Zahl der Bergsteigerexpeditionen stieg mit jedem Jahr weiter an, und die Sherpas wurden zunehmend versierter und professioneller. Mit wenigen Ausnahmen glänzten sie bei den Expeditionen mit ihren Leistungen und opferten, in einigen Fällen sogar ihr Leben.

Die Sahibs konnten nicht genug von ihren Leistungen und ihren charakterlichen Vorzügen schwärmen. Nach der Everest-Expedition 1924 begannen die Briten inoffiziell, die Sherpas, die sich durch ihre Leistungen ausgezeichnet hatten, »Tiger« zu nennen, und 1938 wurde dann offiziell die Tiger-Medaille eingeführt und als Auszeichnung an die erste Gruppe verliehen.

Darüber hinaus gab es auch in Nepal Veränderungen, die günstig für die Sherpas waren. Die britische Herrschaft in Indien ließ an den Grenzen des nepalesischen Staates ein Angebot an Arbeitsplätzen entstehen, das die Abwanderung von Arbeitskräften zur Folge hatte und eine attraktive Alternative zu den ausbeuterischen, feudalistischen Wirtschaftsstrukturen in vielen Teilen Nepals darstellte.

Der nepalesische Staat versuchte dem in verschiedener Hinsicht entgegenzuwirken, wozu auch gehörte, daß man einerseits, wann und wo man nur konnte, die Macht und Autorität der traditionellen Eliten und Grundbesitzer untergrub,[1] andererseits aber auch versuchte, bessere wirtschaftliche Bedingungen für die allgemeine Bevölkerung zu schaffen. Sklaverei aufgrund von Verschuldung wurde 1926 offiziell verboten.

1931 wurden Anstrengungen unternommen, diejenigen, die Nepal auf der Suche nach Lohnarbeit oder um Steuern zu umgehen verlassen hatten, zurückzuholen, indem Land für die Wiederansiedlung bereitgestellt wurde.[2] Zudem wurden Banken eingerichtet, die mit niedrigen Zinssätzen mit den Geldverleihern konkurrieren und die Bewohner vor Ausbeutung schützen sollten.[3]

1941 wurden die Steuergesetze geändert und die Steuern an den Landbesitz statt an Personen gebunden, womit die feudalistischen Verhältnisse weiter gelockert wurden.[4] Etwa um diese Zeit, Ende der dreißiger oder Anfang der vierziger Jahre, gelang es den Sherpas, das Amt des Gembu (obersten Steuereintreibers) zu untergraben, der den traditionellen *Pembus* vorgesetzt war und als besonders offen für Mißbrauch galt. Danach verkehrte der Staat direkt mit den Pembus, wobei die Autorität der Pembus jedoch auch in verschiedener Hinsicht geschwächt wurde.[5]

Der Ausbruch des Zweiten Weltkrieges bedeutete für die bei den Expeditionen beschäftigten Sherpas einen recht dramatischen Einbruch, und der Krieg, auf den die indische Unabhängigkeitsbewegung folgte, ließ eine lange Pause im Himalaya-Bergsteigen entstehen. Etwa zwischen 1939 und 1947 gab es überhaupt keine Expeditionen im Himalaya, was für die Sherpas in Darjeeling, deren Gruppe inzwischen über sechstausend Personen zählte,[6] eine schwierige Zeit bedeutete.[7]

Zwischen 1947 und 1950 wurde alles sogar noch schlimmer. Die Briten zogen sich aus Indien zurück, und die anhaltenden Unruhen nach der erreichten Unabhängigkeit brachten sogar das Tourismusgeschäft zum Erliegen. Während dieser Zeit fiel nur wenig Arbeit im Rahmen von Expeditionen an.

1947 versuchte ein Kanadier namens Earl Denman, den Everest »allein« zu besteigen, das heißt, nur er allein zusammen mit zwei Sherpas, darunter Tenzing Norgay – Denman scheiterte jedoch.[8] Zudem gab es 1947 noch eine Schweizer Expedition in Nordindien.[9] Und 1948 bis 1949 reiste der Tibetologe Giuseppe Tucci ein Jahr lang durch Tibet und engagierte Tenzing Norgay in Darjeeling als Begleiter.[10]

Im großen und ganzen mußten sich die Sherpas in Darjeeling jedoch andere Arbeit suchen. Tenzing arbeitete während dieser Zeit zum Beispiel meistenteils als Bursche für einen britischen Offizier bei der indischen Armee und später im Offizierscasino (wo er am Ende zum Leiter des Casinos ernannt wurde).[11] Tenzings Frau arbeitete als Dienstmädchen.

In Solu-Khumbu schienen die Folgen des Krieges und der nachfolgenden Ereignisse in Indien hingegen kaum Spuren hinterlassen zu haben. Es wurden weiterhin Mönchs- und Nonnenklöster gebaut oder erweitert. Um das Jahr 1934 wurde in Bigu, westlich von Solu, von dem Dorfobersten ein Nonnenkloster gegründet.[12]

Ende der dreißiger Jahre starb der Zatul Rimpoche, was ein trauriges Ereignis war, zugleich aber auch die Suche nach seiner Reinkarnation in Gang setzte, woran die Öffentlichkeit allgemein großen Anteil nahm. (Es wurden mehrere Anwärter gefunden, die Anspruch darauf erhoben; siehe Anhang B, Abschnitt über Chiwong.) Anfang der vierziger Jahre veranstaltete der Thami-Tempel sein erstes *Mani-Rimdu*-Fest, was der erste Schritt zu seiner Umwandlung in ein zölibatäres Kloster war.[13]

Etwa 1946 leitete ein Mönch aus Tengboche die Gründung eines neuen Klosters in Takshindo, in seiner Heimatregion Solu ein.[14] Ungefähr zur selben Zeit wurde in Thodung, im westlichen Randgebiet von Solu, ebenfalls ein Kloster gegründet.[15]

Um das Jahr 1949 weilte ein Sherpa-Mönch eine Zeitlang in dem großen Nyingmapa-Kloster in Tashilhunpo in Zentraltibet und berichtete, daß es dort etwa fünfzig Sherpa-Mönche gab.[16] Diese Zahl mag überzogen sein, wir können jedoch davon ausgehen, daß es eine erhebliche Anzahl von Sherpa-Mönchen in Tashilhunpo gab.

Als nach dem Krieg wieder Expeditionen unternommen wurden, spielte die Religion der Sherpas aufgrund ihrer Beteiligung weiterhin eine aktive Rolle oder vielmehr verschiedene Rollen. Im ersten Teil dieses Kapitels möchte ich darauf eingehen, wie die Sherpas ihre religiösen Praktiken für ihre grundlegendsten Zwecke entfalteten: um bei diesen gefährlichen Unternehmungen Schutz von den Göttern zu bekommen.

Angesichts der Allgegenwärtigkeit der Sahibs erfüllten diese Rituale am Ende noch einen anderen Zweck – indem die Sahibs einbezogen wurden, übten sie auch auf sie einen gewissen moralischen Einfluß aus. Aus dieser Sicht lassen sich die religiösen Praktiken der Sherpas bei den Expeditionen zum Teil in den Bereich des »Widerstands« einordnen, das heißt, als Anstrengungen, eine Form der Kontrolle über die von den Sahibs definierten und festgelegten Arbeitsbedingungen zu bekommen.

Im zweiten Teil des Kapitels gehe ich dann darauf ein, auf welche Weise die Sherpa-Religion bei Expeditionen zum Tragen kam, wenn der Schutz versagt blieb und sich ein Todesfall ereignet hatte. Hier kommt eine Reihe von Fragen ins Spiel, die mit den Mustern des höheren monastischen Buddhismus zusammenhängen. Manche Sherpas mobilisieren jene Formen emotionaler Disziplin, die von den Mönchen als Weg aufgezeigt wird, um jene starken, durch den Tod hervorgerufenen emotionalen Reaktionen zu verbergen und damit in einem gewissen Sinne zu beherrschen und zu bewältigen, während andere Sherpas diese spezielle emotionale Strategie ablehnen.

Die Fragen, um die es hier geht, werden somit weniger durch die Macht der Sahibs und den Widerstand der Sherpas als vielmehr durch den unterschiedlichen Einfluß definiert, den die monastische Bewegung innerhalb der Sherpa-Gemeinschaft selbst hatte.

Während die Kapitel dieses Buches mehr oder weniger grob entsprechend dem chronologischen historischen Verlauf des 20. Jahrhunderts aufeinander aufbauen, gibt es bestimmte Themen, die sich besser in einem Kapitel mit allen Stabilitäten und Veränderungen über das ganze Jahrhundert hinweg behandeln lassen. Das Risiko, der Tod und die religiösen Reaktionen auf beides ist eines dieser Themen.

GÖTTER UND BERGE

Aus dem Blickwinkel der religiösen Überzeugungen der Sherpas war Bergsteigen seit jeher ein sehr fragwürdiges Unterfangen. Die Berge sind der Wohnbereich der Götter, und die Götter müssen bei Laune gehalten werden, wenn es der Menschheit gutgehen soll. Etwas, worüber die Götter nicht glücklich sind und was sie in der Tat verärgert, ist die Verschmutzung oder Entweihung der Berge.

Zu einer solchen Entweihung konnte gehören, hoch auf den Berg hinaufzugehen oder den Gipfel zu betreten, auf dem Berg Tiere zu töten oder dort anderweitig Blut zu vergießen, menschliche Exkremente auf dem Berg zu hinterlassen, auf dem Berg Abfall zu verbrennen oder anderweitig schlechte Gerüche zu verbreiten und schließlich auch, Frauen ganz allgemein auf den Berg zu lassen, insbesondere menstruierende Frauen, oder daß Personen auf dem Berg sexuellen Kontakt hatten.

Wenn die Götter unglücklich sind, kann dies alle möglichen schlimmen Dinge zur Folge haben – Krankheit, schlechte Ernte, Unglück; und was die Bergsteigerexpeditionen angeht, so sind Unfälle und Tod die Hauptgefahren. Von Anfang an rieten die Lamas davon ab, auf die Gipfel zu steigen.

Nachdem bei der Everest-Expedition 1922 sieben Sherpas durch eine Schneelawine ums Leben kamen, sprachen die Mönche des nahe gelegenen Rumbu-Klosters Trauergebete für sie. Als 1924 die nächste Everest-Expedition am Kloster vorbeikam, zeigte man John Noel ein Fresko, das die Mönche gemalt hatten.

»Dieses außergewöhnliche Bild zeigt den verärgerten Berggott, der von unheimlichen, wild tanzenden Dämonen, weißen Löwen, bellenden Hunden und haarigen Männern umgeben ist, und zu seinen Füßen liegt der von Speeren durchbohrte nackte Leichnam des weißen Mannes, der es wagte, [den Everest] zu verletzen.«[17]

Andere Lamas haben ähnliche Sorgen oder Mißbilligungen geäußert. Tenzing Norgay schrieb über die Warnungen der Lamas in den dreißiger Jahren.[18] Als Ang Tharkay nach der erfolgreichen Annapurna-Besteigung in den fünfziger Jahren nach Paris eingeladen wurde, rieten einige Freunde ihm, nicht »noch einmal den Zorn der Götter zu riskieren, nachdem ihr Wohnbereich auf dem Gipfel des Annapurna entweiht worden war, nun auch noch ins Land des ›weißen Mannes‹ zu gehen«.[19] Thomas Laird zitierte in den achtziger Jahren einen Lama, der immer noch sagte, wenn die Berge verletzt werden, würden die Götter fliehen, und damit nähmen dann alle menschlichen Bemühungen ein schlimmes Ende.[20]

Nicht jeder Sherpa ließ sich hingegen von den Warnungen der Lamas beeindrucken. Tenzing Norgay spottete, wie wir gesehen haben, sogar darüber. Im anderen Extrem haben einige Sherpas – und nicht nur in den frühen Jahren – sich geweigert, Gipfel zu besteigen, oder versucht, die Sahibs aus ebendiesen Gründen davon abzuhalten, auch noch den letzten Schritt auf den Gipfel zu tun.[21]

Im allgemeinen mußten jedoch alle Sherpas, welche Empfindungen und Einstellungen sie auch gehabt haben mögen, ihre Besorgnisse, die Götter unglücklich zu machen, weitestgehend beiseite schieben, um diese Arbeit tun zu können. Ihre anhaltenden Ängste vor jeder Art von Respektlosigkeit gegenüber dem Berg haben jedoch zusammen mit den objektiven Gefahren des Bergsteigens dazu geführt, daß sie auf den Bergen sehr gewissenhaft auf die Einhaltung ihrer religiösen Praktiken bedacht waren.

Hierbei geht es in Wirklichkeit um verschiedene Bereiche. Auf der einen Seite ist es so, daß die Sherpas bei Expeditionen quasi für sich privat Mantras rezitieren oder Opfer darbringen, womit sie eindeutig einfach nur das tun, was sie ihres Erachtens tun müssen, um bei dieser gefährlichen Tätigkeit Schutz von irgendwelchen übernatürlichen Kräften zu erhalten.

Auf der anderen Seite aber war die Sherpa-Religion nie eine passive Angelegenheit, bei der es damit getan war, daß man seine Gebete sprach und dann das Beste hoffen konnte. Die Götter helfen, wie bereits an früherer Stelle gesagt, denjenigen, die *sowohl* die angemessenen Opfer darbringen *als auch* sich selbst in der realen Welt in praktischer Hinsicht helfen. Somit waren die Sherpas von früh an bestrebt, eine gewisse Kontrolle in der realen Welt über die Quelle zu gewinnen, die der Ursprung der Gefahren war – die Sahibs. Sie versuchten die Sahibs dazu zu bewegen, das Maß an Ärgernissen und Kränkungen, die den Göttern zugefügt wurden, zu beschränken und die Sahibs dazu zu bewegen, aktiv ihren Beitrag zu leisten, den Göttern gefällig zu sein.

Spirituell reine Berge

Die Berggötter werden unter anderem beleidigt, wenn auf den Bergen Tiere getötet werden oder Blut vergossen wird. Die Frage des Tötens war allgemein ein Schwerpunkt der monastischen Reformen, und die Empfindsamkeiten der Sherpas bezüglich des Tötens waren in den Jahrzehnten nach den ersten Klostergründungen stärker geworden.

Wenn sie auch faktisch keine Vegetarier waren, so aßen sie doch nie sehr viel Fleisch (im Unterschied zu den Sahibs, die als ausgesprochene Fleischesser angesehen wurden), und bei Bedarf nahmen sie Tibeter oder Nepalesen aus der Metzgerkaste zu Hilfe, die das Töten übernahmen. Bei den Expeditionen waren die Sherpas jedoch keine freien Akteure. Sie standen in der Hierarchie ganz unten, und die Sahibs wollten oft frisches Fleisch haben, und wenn sie die Sahibs mit ihren diesbezüglichen Bedenken nicht überzeugen konnten, mußten sie das Töten selbst übernehmen.

Aber selbst wenn dem nicht so war, selbst wenn die Sahibs es selbst übernahmen oder Nicht-Sherpas damit beauftragten, die Kränkung der Götter durch diesen Akt brachte jeden bei der Expedition in Gefahr. Die Sahibs dazu zu bewegen, auf den Bergen keine Tiere zu töten, war somit für die Sherpas fast während des ganzen 20. Jahrhunderts ein beständiges Problem.

Das erste Beispiel solcher Bemühungen findet sich in den Berichten über die Everest-Expedition von 1922. Der Zatul Rimpoche, der nicht sonderlich glücklich darüber war, daß die Sahibs überhaupt dort waren,[22] bat die Mitglieder der Expedition, im Umkreis von zwanzig Meilen um das Kloster oder auf dem Berg selbst nicht zu töten.

General Bruce, der Leiter der Expedition, hielt sich daran.[23] Seine Bereitschaft, der Aufforderung Folge zu leisten, ist berühmt geworden, da man davon ausgeht, daß sie einer der Gründe war, daß die nächste Expedition (1924) überhaupt die Erlaubnis für die Besteigung erhielt.[24]

Die Sherpas bei den frühen Expeditionen hatten jedoch kaum die Macht und Autorität des Zatul Rimpoche, und in vielen anderen Fällen töteten die Sahibs weiterhin Tiere oder verlangten von den Sherpas, sie zu töten. Dadurch kam es zu einigen unglücklichen Episoden – mit Sherpas, die sich elend fühlten, die Aufgabe des Tötens mehr als mangelhaft erfüllten und die anschließend inbrünstig den Göttern Opfer darbrachten. Erst in den siebziger Jahren begannen sie, den Mut aufzubringen und zu versuchen, ihre Bedenken in dieser Frage bei den Sahibs durchzusetzen.

»Sonam Girmi kam gerade rechtzeitig am Französischen Paß an, um den Transport der Vorräte zu dirigieren und das Huhn davor zu bewahren, daß es auf dem Speiseplan landete. Ohne Emotionen, aber mit offensichtlicher Sorge erklärte Sonam uns, es sei unangemessen, irgend etwas auf dem Berg zu töten, den man besteigen möchte. Seine Stimme war geduldig; es war für ihn klar, was zu tun war, die lange Erfahrung hatte ihn jedoch gelehrt, daß die Sahibs solche einfachen Vorsichtsmaßnahmen oft nicht kannten. Das Huhn wurde mit dem Postläufer nach Tukche zurückgeschickt, und zum Essen wurden Reis und Kohl serviert.«[25]

Im Falle eines anderen Beispiels, das mir in einem Interview erzählt wurde, war es den Sherpas zunächst gelungen, sich in dieser Frage bei den Sahibs durchzusetzen. Am Ende wurden dann jedoch alle Bedenken wieder über Bord geworfen, mit dem Ergebnis, daß das Gefürchtete nicht lange auf sich warten ließ:

»Mingma Tenzing erzählte eine Geschichte, wie er eine holländische Expedition auf den Makalu geführt hatte. Die Sherpas hatten den Holländern das Versprechen abgenommen, die Expedition sehr sauber durchzuführen – kein Töten von Tieren, kein Verbrennen von Müll [schlechte Gerüche verärgerten die Götter]. Und die Expedition verlief rundum erfolgreich – keine Lawinen, keine Unfälle, Erfolg. Als sie dann alle wieder ins Basislager zurückgekehrt waren, beschlossen die Sahibs, das Ganze zu feiern, und schickten Leute in ein nahe gelegenes Dorf hinunter, um ein Yak schlachten zu lassen. In jener Nacht gab es eine schreckliche Geröll- und Steinlawine, bei der sie alle hätten umkommen können – sie kam bis zum Basislager hinunter, teilte sich erst in letzter Minute und ging haarscharf zu beiden Seiten an ihnen vorbei.«[26]

Daß die Sahibs sich in solchen Situationen kontrollieren ließen, konnte nie garantiert werden, insbesondere nicht, wie die Sherpa-Religion es auch vorhersagte, ohne die Rückendeckung und Autorität einer Figur wie dem Zatul Rimpoche. Diese Unkontrollierbarkeit der Sahibs gehörte angesichts der Tatsache, daß sie unterdessen die Kontrolle über die Sherpas behielten, genau zu den Dingen, die gemeint sind, wenn man sagt, daß sie »die Macht haben«. Auch wenn die Frage des Tötens auf dem Berg nie ganz gelöst wurde, so gab es doch einen anderen Bereich, in dem die Sherpas sichtlich mehr Erfolg hatten.

Die Entstehung der großen Puja-Zeremonie im Basislager

Wenn man einerseits religiösen Schutz erlangte und für sich sicherstellte, indem man eine Kränkung und Verärgerung der Götter vermied, dann ging es andererseits darum, mit Opfergaben aktiv ihre Unterstützung und ihr Wohlwollen zu suchen. Von Anfang an bis in die heutige Zeit wurde bei den Himalaya-Expeditionen beobachtet, wie die Sherpas in dieser oder jener Form ihre religiösen Bräuche pflegten.

Das mindeste war, daß sie fast überall und jederzeit Mantras rezitierten – im Lager, während des Kletterns, in gefährlichen Situationen wie auch bei Routinebeschäftigungen. Die Geräuschkulisse von Sherpas, die ihre Mantras summen, wird von zahlreichen Sahibs erwähnt; es ist wahrlich die Hintergrundmusik der Himalaya-Expeditionen.

Desgleichen nehmen buchstäblich alle Sherpas bei den Expeditionen Reis mit, der von Lamas gesegnet wurde (oder im Notfall auch Reis, den sie selbst gesegnet haben), um ihn in Zeiten großer Gefahr für die Götter zu streuen:

»Am nächsten Tag stiegen wir zu Lager II auf. Nima Tenzing hatte einen Plastikbeutel mit heiligem Reis bei sich, den er, Anrufungen singend, über gefährlich aussehende Spalten, Hänge und Wächten verstreute... Als Nima im Lager II ankam, warf er einen Blick auf die etagenweise übereinanderliegenden Eistürme und schleuderte den Rest des Reises mit weit ausholender Geste über die ganze Nordwestflanke des Kangchendzönga.«[27]

In einem anderen Fall war ein Bergsteiger von einem herunterfallenden Eisblock zu Boden geworfen und eingeklemmt worden, so daß man ihn ausgraben mußte. »Als er wegging, kam er an einem der Sherpas vorbei, einem jungen Mann, der aussah, als sei er nicht einmal zwanzig, und der über dem durch den abgerutschten Block entstandenen Loch stand, ein Mantra sang und heiligen, von einem Lama gesegneten Reis hineinstreute.«[28]

Darüber hinaus haben die Sahibs oft darüber geschrieben, daß sie gesehen oder gehört haben, wie die Sherpas in ihren Zelten oder in einem kleinen, quasi privaten Rahmen im Basislager Opfer- und Schutzrituale vollzogen. Ang Tharkay erwähnte, daß die Sherpas bei der Annapurna-Expedition 1950 in ihren Zelten *Pujas* zelebrierten.[29]

Bei der Everest-Besteigung 1952 brachten einige Sherpas in der Glut des Abendhimmels kleine Opfer dar.[30] Bei der amerikanischen Dhaulagiri-Expedition 1973 zelebrierten die Sherpas am Abend, ehe sie zum erstenmal den Eisbruch betraten, für sich in ihrem Zelt eine Puja.[31]

Einige dieser Praktiken wurden jedoch auch öffentlich ausgeführt. Die Sherpas dürften diese religiösen Riten bei den Expeditionen sicher auch dazu benutzt haben, um die Sahibs in einige ihrer spirituellen Anliegen einzubeziehen und eine gewisse moralische Kontrolle über sie zu erhalten.

Somit gab es neben den kleineren oder eher privaten Praktiken auch ein Muster, wonach im Basislager oder an irgendeinem anderen Punkt während der Expedition Puja-Zeremonien vor aller Augen veranstaltet wurden.[32] Bei der deutschen Nanga-Parbat-Expedition 1934 zum Beispiel »breiteten die Sherpas ihre Gebetsfahnen aus... und brachten den Göttern des Nanga Parbat mit lächelnden, glücklichen Gesichtern Opfer dar«.[33]

1956 bei der Frauenexpedition zu einigen Gipfeln in Zentralnepal baten die Sherpas die Memsahibs, als sie einen hohen Paß erreichten, mit ihnen gemeinsam einen Steinhügel zu bauen, weil »hier noch nie zuvor jemand war«.[34]

Diese Puja-Zeremonien im Basislager scheinen mit der Zeit in größerem Rahmen und mit größerem Aufwand veranstaltet worden zu sein, und es wurde auch zunehmend üblich, die Sahibs zur Teilnahme einzuladen. 1975 bei der Everest-Expedition über die Südwestwand organisierten die Sherpas beispielsweise eine große Puja-Zeremonie im Basislager und luden Chris Bonington ein, daran teilzunehmen, was er auch tat.[35] 1978 bei der Frauenexpedition zum Annapurna bat der Sardar Lobsang die Memsahibs darum, ihm eine gewisse Unterstützung bei der Ausrichtung einer großen Eröffnungspuja zu kommen zu lassen, und sie kamen seiner Bitte tatsächlich nach:

Lopsang, der Sardar, »erklärte..., daß wir vor einer sicheren Bergbesteigung eine Zeremonie abhalten müßten, bei der Flaggen aufgezogen und Speis und Trank zu Ehren der Berggötter geopfert wurden. Weil im tibetischen Kalender die Anfertigung von Gebetsfahnen zur Zeit ungünstig sei, müßten wir warten, bis die Flaggen im September in der Gebetsfahnenfabrik in Katmandu angefertigt werden könnten. Dann würde es noch mindestens zwölf Tage dauern, bevor der Postholer mit ihnen auftauchen konnte... Glücklicherweise paßte die Zeit für die Zeremonie einigermaßen gut zu dem Zeitplan, den ich für die Klettertour gemacht hatte.«[36]

Und während die Sahibs sich bisweilen über die Sherpas belustigten, konnte man ein andermal sogar spüren, wie sie die nutzbringenden Effekte der Rituale mit ihnen teilten, und sei es auch nur auf der Durkheimschen Ebene der Förderung der sozialen Solidarität unter den Expeditionsmitgliedern:

»Einige der Sherpas verbrachten einen Nachmittag damit, am Rande unseres Lagers einen knapp zwei Meter großen Steinaltar zu bauen, in dem mittendrin ein Pfahl stand, der als zentraler Mast für die aufgespannten Schnüre mit unseren Gebetsfahnen diente.

Aufziehen der Gebetsfahnen für die *Puja*-Zeremonie im Basislager. Amerikanische Frauenexpedition zum Annapurna, 1978.

Einige Tage, ehe wir vorhatten, unsere ersten Schritte auf den Berg zu tun, standen wir morgens früh auf und versammelten uns um den Altar für die Puja, eine buddhistische Segenszeremonie... Wir verstanden zwar nicht die religiöse Bedeutung, die die Zeremonie für die Sherpas hatte, sie gab uns jedoch allen die Möglichkeit, uns als Gruppe miteinander verbunden zu fühlen.«[37]

Die Ausweitung der Pujas im Basislager, die mit der Zeit zu verzeichnen war, und die zunehmende Teilnahme der Sahibs kann in verschiedener Hinsicht interpretiert werden. Auf der einen Seite können wir dies als ein weiteres Indiz dafür nehmen, wie es den Sherpas systematisch gelang, den Respekt der Sahibs zu gewinnen und vielleicht auch ein gewisses Maß an moralischem Einfluß und praktischer Kontrolle über sie; so stellt sich mir das Phänomen jedenfalls dar.

Auf der anderen Seite könnte man auch argumentieren, daß die öffentlicher ausgerichteten Puja-Zeremonien eine gewisse »bühnenreife«

Qualität haben. Daß sie weniger als unbefangene religiöse Praktiken als vielmehr als Veranstaltungen für die Sahibs zu sehen sind, die bei dem Abenteuer ihrer bergsteigerischen Unternehmungen auch eine gewisse Exotik suchen. Zweifellos ist davon auch ein Element mit im Spiel, und ich werde später in diesem Kapitel noch einmal darauf zurückkommen.

Es gibt jedoch noch andere Aspekte der Beziehung zwischen den religiösen Praktiken der Sherpas und den Risiken bei den Expeditionen, die wir zuvor noch untersuchen müssen. Bei den bereits angesprochenen Opferriten machen die Sherpas sich ihre Religion in ihrem ursprünglichsten Sinne zunutze: als ein System, das Schutz und Hilfe bietet und somit die menschlichen Anstrengungen mit der Macht der Götter verstärkt.

Beim Bergsteigen bleibt der Schutz, sowohl der praktische wie der übernatürliche, jedoch mit großer Regelmäßigkeit aus, und trotz größter Anstrengungen aller kommt es immer wieder zu schrecklichen und für gewöhnlich zu tödlichen Unfällen. Und damit kommen andere Aspekte der Sherpa-Religion zum Tragen, die uns wieder zu den Fragen der Hochreligion, der Disziplinierung von Gefühlen und den Erscheinungsformen des Mitgefühls bringen.

WENN DER TOD KOMMT

Bei den früheren Expeditionen war es eher an der Tagesordnung (wenn auch nicht die Regel), daß manche Sherpas unter dem Schock eines Todesfalles, der sich bei einer Expedition ereignet hatte, zusammenbrachen. Es waren oft Anlässe dieser Art, die zu der orientalistischen Auffassung führten, wonach die Sherpas als undiszipliniert und kindisch angesehen wurden. Es gab jedoch auch noch ein anderes Reaktionsmuster.

Danach zeigten die Sherpas offenkundig kaum eine oder gar keine Reaktion auf einen Todesfall oder einen beinahe tödlichen Unfall. Dies führte zu einer anderen orientalistischen Auffassung, wenn auch zu einer, die vielleicht verständnisvoll oder zumindest aufgeklärt und kulturell relativistisch sein sollte: der Vorstellung, daß die Sherpas dank ihrer buddhistischen Religion und eines gewissen Fatalismus, der dadurch hervorgebracht wurde, auf den Tod weniger betroffen reagierten.

Namentlich unbekannte Sherpas (Tenzing Norgay, *zweiter von rechts*) am Grab von Mingma Dorjee. Schweizer Everest-Expedition, 1952.

Ich möchte von vornherein klarstellen, daß dies einfach falsch ist. Ich habe nie gehört, daß ein Sherpa einen unfallbedingten oder gewaltsamen oder plötzlichen Tod einfach mit einem Achselzucken abgetan hätte und damit, daß die Zeit des Betreffenden halt gekommen war oder daß es höhere Vorsehung war oder daß es nicht so wichtig war, weil der Betreffende wiedergeboren werde.

Nach meinen eigenen Erfahrungen mit den Sherpas waren sie angesichts solcher Ereignisse zutiefst erschüttert, ob wegen des persönlichen Verlustes, der damit verbunden war, oder weil solche Unfälle auch immer ein Zeichen sind, daß etwas absolut nicht in Ordnung ist. Aber dennoch ist diese Ansicht in der Bergsteigerliteratur recht verbreitet.

WENN DER TOD KOMMT

Teilnahmslosigkeit und »orientalischer Fatalismus« der Sherpas

Die orientalistische Bewertung, daß Sherpas angesichts von Todesfällen zu Fatalismus neigten, trat bei der Everest-Expedition von 1922 zutage, als durch eine Schneelawine sieben Träger ums Leben kamen. Obwohl John Noel beobachtet hatte, daß die Sherpas unmittelbar nach dem Unfall »wie Babys weinten«, schrieb General Bruce, sie hätten »ihren Kummer sehr schnell und sehr leicht einfach unter der Maßgabe abgeschüttelt, daß die Zeit für die Männer gekommen war und daß es somit dazu nichts weiter zu sagen gab«.[38]

Diese Einschätzung setzte sich nach dem Zweiten Weltkrieg noch weitaus stärker durch. Eines der berühmtesten Beispiele hierfür ist in Zusammenhang mit der amerikanischen Everest-Expedition von 1963 zu finden. Nach dem Tod von Jake Breitenbach schienen die Sherpas kaum eine Reaktion gezeigt zu haben:

»Sie waren scheinbar unfähig zu verstehen«, meinte Norman [Dyhrenfurth, der Führer], »warum wir so erschüttert und desorganisiert waren. Sie konnten nicht begreifen, warum wir das Leben so ernst nehmen, und sie murrten teilweise, insbesondere die Älteren, die im Endeffekt sagten: ›Warum machen die Sahibs ein solches Aufhebens?‹ Die meisten waren bereit, gleich zur normalen Tagesordnung überzugehen.«[39]

Just zu diesem Zeitpunkt beschwerten die Sherpas sich auch noch über Dinge, die in den Augen der Sahibs einfach banal und ein Auslöser für die orientalistische Fatalismus-Interpretation waren:

»Eine Gruppe wählte ausgerechnet diesen Zeitpunkt, um sich über Knappheiten bei ihrem Essen und ihrer Kleidung zu beschweren..., und Norman mußte ihnen schließlich mit Hilfe von Gombu, der als Übersetzer fungierte, eine Standpauke halten. Gleichzeitig versuchte er, ihnen die derzeitigen Gefühle der Teammitglieder zu erklären – ›damit sie verstehen‹, sagte er, ›daß wir, die wir einen anderen Hintergrund und eine andere Religion haben, meistenteils nicht an eine Reinkarnation glauben und Leben und Tod somit für uns wichtiger sind‹.«[40]

In den siebziger Jahren wurde noch stärker in diese Kerbe gehauen. 1975 bei der britischen Everest-Expedition über die Südwestwand fiel zum Beispiel ein junger taubstummer Träger in einen Fluß und ertrank. Doug Scott und Chris Bonington waren über den Unfall zutiefst erschüttert (Boningtons eigener Sohn war einige Jahre zuvor ebenfalls ertrunken), aber: »Bei unserer Rückkehr ins Lager wies der ewig pragmatische Mick Burke uns darauf hin, daß die Sherpas nicht übermäßig mitgenommen waren, da sie es mit dem Gedanken, daß seine Zeit gekommen und er in ein besseres Leben eingegangen war, abschütteln konnten.«[41]

Auch bei Reinhold Messners Everest-Besteigung 1978 hatte es im Eisbruch eine Schneelawine gegeben. Niemand wurde verletzt, und die Sherpas schienen durch den Vorfall überhaupt nicht durcheinandergebracht worden zu sein. Die Südtiroler führten diese Art der Reaktion oder Nichtreaktion auf ihren buddhistischen Glauben zurück und schlugen dann auch in die orientalistische Fatalismus-Kerbe: »Für die Sherpas ist das einfach so«, meinte einer, »daß alles durch höhere Kräfte geregelt ist. Wenn sie sterben, dann muß das so sein.«[42]

Um es nochmals zu wiederholen, viele Sherpas sind durch Todesfälle bei Expeditionen zutiefst erschüttert worden. Viele sind danach mehrere Jahre oder überhaupt nicht mehr geklettert. Domai Tsering war der Sardar bei der japanischen Skiexpedition 1970, bei der sechs Sherpas ums Leben kamen, von denen einige mit ihm verwandt waren. Er blieb bis zuletzt bei der Expedition und erfüllte seine Aufgabe, kletterte danach jedoch nie wieder.

Tawa Gyeldzen war ein ehemaliger Tengboche-Mönch, der sein Gelübde gebrochen und geheiratet hatte. In den siebziger Jahren fing er an, bei Expeditionen zu arbeiten, gab die Arbeit aber nach einigen Jahren wieder auf, weil es buchstäblich bei jeder Expedition, bei der er dabei war (einschließlich der japanischen Skiexpedition) zu mehreren Todesfällen gekommen war.

Bei der französischen Everest-Expedition 1974 gab es eine Lawine, die dem französischen Führer und fünf Sherpas zum tödlichen Verhängnis wurde. Pasang Nurus älterer Bruder war unter den Sherpas, die ums Leben kamen, und Pasang Nuru war anschließend drei Jahre lang auf keinen Berg mehr gestiegen.

Pertemba Sherpa hörte ebenfalls drei Jahre mit dem Bergsteigen auf, nachdem 1975 bei der britischen Everest-Expedition über die Südwestwand ein Sahib ums Leben gekommen war. Pertemba Sherpa fing wieder damit an, weil alte Freunde und Kollegen ihn dazu gedrängt hatten, aber als er 1979 auf dem Gaurishankar (einem weiteren Berg) war, erfuhr er vom Tod seines besten Freundes, Ang Phu, der auf dem Everest umgekommen war. Pertemba schloß die Expedition mit ab und blieb auch die Saison noch dabei, ging danach jedoch nie wieder auf einen Berg.

Irgendeine Reaktion zu zeigen bedeutete hingegen das Risiko, in die Schublade der anderen orientalistischen Reaktion gesteckt zu werden, wonach die Sherpas in gewisser Weise kindlich waren. Und ein Grund, keine Gefühle zu zeigen, mag just gewesen sein, daß sie diese Reaktion den Sahibs gegenüber vermeiden wollten.

Es gab jedoch auch noch andere Gründe, auf die wir eingehen müssen. Dabei ist es hilfreich zu unterscheiden zwischen Beinahe-Katastrophen und der Frage, ob man Angst zeigt, und Todesfällen und der Frage, ob man Trauer zeigt.

Beinahe-Katastrophen und die männliche Sherpa-Kultur

Wie im Beispiel der Lawine bei Messners Expedition, bei der niemand verletzt wurde, neigten die Sherpas eher dazu, solche Vorfälle lachend zu überspielen oder überhaupt keine Reaktion zu zeigen. Auch wenn in solchen Fällen normalerweise nichts Ernstes passiert war, zeigten die Sahibs in solchen Situationen eher ihre Erschütterung und erwarteten auch bei anderen zumindest eine situative Erschütterung angesichts des nahen Verhängnisses zu sehen. Ein Beispiel aus Hillarys Bericht über die Everest-Besteigung von 1951 verdeutlicht, wie ein solcher Vorfall ihn mitgenommen hatte:

»Dabei behielt ich ihn [Angputer] ständig im Auge, denn er war manchmal etwas ungeschickt. Plötzlich glitt er auch tatsächlich aus, stürzte und schoß mit hoher Geschwindigkeit an mir vorüber. Ich hielt das Seil mit aller Kraft fest, und es schien eine Ewigkeit zu dauern, bis es sich endlich mit einem Ruck straffte. Die Sicherung hielt, und Angputer hing mit ausgebreiteten Armen und Beinen am Hang. Im ersten Augenblick hörte ich nichts als unser schweres Atmen. Dann ertönte ein Lachen. Ich blickte hinauf und sah, wie die anderen beiden Sherpas ebenfalls das Seil festhielten. Dann begannen sie, sich über Angputers peinliche Lage vor Lachen förmlich auszuschütten.«[43]

Hier ein weiteres Beispiel von der indischen Everest-Expedition 1960, bei der ein Teil des Eisbruchs, auf dem die Bergsteiger saßen, einbrach. Einstürzende Eisblöcke im Eisbruch gehören zu den häufigsten Todesursachen bei der Everest-Besteigung:

»All dies dauerte nur wenige Sekunden, und dann war alles wieder still. Wir waren beide sehr erschrocken, aber unser Freund Lakpa verlor sein Lächeln nicht. Er fand unsere Verwirrung faszinierend und amüsant und blieb völlig unbekümmert auf dem Grat sitzen.«[44]

Was in solchen Situationen offenbar zum Tragen kommt, ist eine Dimension der männlichen Sherpa-Kultur. Sherpa-Männer ziehen sich gerne gegenseitig damit auf, Angst zu zeigen; es gehört zu den kulturellen konkurrenzorientierten Mustern, auf die wir im nächsten Kapitel noch ausführlicher eingehen werden. Ang Tharkay schrieb beispielsweise über eine schwierige Kletterpartie mit einem anderen Sherpa auf dem Nanda Devi 1936:

»Ang Dawa fand, daß dies zu schwer für ihn war, und gab auf. Er verließ uns und ging auf dem schnellstmöglichen Weg nach unten. Als ich ihn in unserem Lager wieder traf, neckte ich ihn wegen seiner mangelnden Courage, worüber er sich sehr ärgerte.«[45]

Fünfzig Jahre später schrieb Sarkey Tshering Sherpa über die erste reine Sherpa-Bergsteigerexpedition: »Wir überwanden unsere Nervosität, indem wir uns gegenseitig aufzogen.«[46]

*Teilnahmslosigkeit der Sherpas:
eine sorgfältigere Betrachtung*

In Situationen, in denen das Schlimmste passiert und es tatsächlich zu einem Todesfall gekommen war, ist nie berichtet worden, daß Sherpas gelacht hätten. Sie schienen manchmal jedoch gelassener oder weniger emotional reagiert zu haben, als die Sahibs es erwartet oder für angemessen gehalten hätten. Die Gründe für diese Art der Reaktion oder Nichtreaktion der Sherpas sind höchst unterschiedlich: Individuen sind verschieden, die Begebenheiten sind verschieden, und bei den Reaktionen eines jeden handelt es sich für gewöhnlich um eine Mischung unterschiedlichster Gefühle. Doch jenseits von solchen individuellen Variabilitäten gibt es verschiedene allgemeine Muster.

Ein Motiv, daß ein Sherpa, in der Regel ein Sardar, seine Reaktion auf einen Todesfall oder auch mehrere Todesfälle bei einer Expedition überdeckt oder dämpft, ist einfach die Professionalität. Er hat gesagt, er würde den Job übernehmen, und er fühlt sich verpflichtet, ihn zu erfüllen, egal, was er emotional erlebt.

Domai Tsering war der Sardar bei der japanischen Skiexpedition 1970, bei der sechs Sherpas ums Leben kamen, darunter sein eigener jüngerer Bruder. Domai Tsering hat nach dieser Expedition nie mehr bei einer bergsteigerischen Unternehmung mitgemacht, er sah sich jedoch gezwungen, die Expedition bis zum Ende durchzuführen, da er sich gegenüber den japanischen Bergsteigern verpflichtet hatte.

Er konnte auch die meisten anderen Sherpas (von denen viele abspringen und ihren Dienst quittieren wollten) überreden, bis zum Schluß mit dabeizubleiben. Ähnlich war Pertemba nach dem Tod seines besten Freundes 1979 am Boden zerstört und hörte nach der Saison mit dem Klettern auf. Die Saison brachte er jedoch noch zu Ende, weil er sich an sein Wort gebunden sah:

»1979 war er bei einer Expedition auf den Gaurishankar dabei. Sie waren gerade in Chaurikot beim Mittagessen, als er im Radio von Ang Phus Tod auf dem Everest hörte. Ang Phu war einer seiner engsten Freunde. Sie waren seit ihrer Kindheit sehr viel zusammen gewesen. Sie waren zusammen zur Schule gegangen, hatten für dasselbe Trekking-Unternehmen gearbeitet, hatten zur selben Zeit mit dem Klettern begonnen. Pertemba setzte 1979 seine Expeditionsarbeit noch fort, weil er vorher seine Zusage dazu gegeben hatte.«[47]

Auf einer Ebene unterscheidet sich die Vorstellung, die die Sherpas von professionellem Verhalten haben, nicht von derjenigen der Sahibs: Pflichterfüllung, eine Aufgabe bis zu Ende erledigen und so weiter. Auf einer anderen Ebene können die Sherpas jedoch möglicherweise andere kulturelle Ressourcen mobilisieren, um mit ihren Gefühlen fertig zu werden und zu beweisen, daß sie Profis sind.

Dabei kommen mitunter zwei wichtige religiöse Dynamiken ins Spiel, von denen jedoch keine etwas mit Fatalismus zu tun hat. Bei der ersten handelt es sich um das kulturelle oder religiöse Gebot, keine starken Emotionen in Verbindung mit dem Tod zu zeigen. Dafür gibt es verschiedene rationale Erklärungen.

Eine ist, daß der Verstorbene noch nicht ganz aus dem Leben geschieden ist (und dies gilt insbesondere bei gewaltsamen Unglücksfällen), und daß es ihm schwerfällt, wenn er das Weinen der Lebenden hört, seine Bindungen zu lösen und weiterzugehen. Manchmal wird auch gesagt, wenn bei Bestattungen allzu stark geweint werde, würde dies dazu führen, daß Blut vom Himmel regnet oder daß die Augen des Verstorbenen mit einem Blutschleier verdeckt werden, so daß er »den Weg« nicht finden kann, den Weg zu einer guten Wiedergeburt.

Wie bei der Frage des Zeigens von Ängsten geht es hier auch um bestimmte geschlechtsspezifische Aspekte: Im Alltagsleben zeigen Frauen bei Bestattungen oft große Trauer, während Männer dies (im allgemeinen) nicht tun. Frauen werden bei Bestattungen von den Lamas oft ermahnt, mit dem Weinen aufzuhören, da der Verstorbene, wenn er dieses Weinen hört, mit seinem früheren Leben verbunden bleibt und das Weinen auch dazu führen kann, daß es Blut regnet.

Das heißt, daß die Männer, was sie in Zusammenhang mit dem Tod auch immer empfinden mögen, bereits lange, ehe sie zu den Expeditionen kommen, gelernt haben, diese Gefühle nicht herauszulassen und sie für sich zu behalten. Das wird im Prinzip auch von den Frauen erwartet, bei ihnen wird jedoch unterstellt, daß sie, was eine derartige Kontrolle angeht, schwächer als Männer sind.

Es gibt einen feinen Unterschied zwischen dem einfachen Verbergen oder Maskieren und einem tatsächlichen Zerstreuen der eigenen Gefühle oder wenigstens einem Distanzieren von Gefühlen, so daß sie sich des Selbst nicht bemächtigen können. Für Mönche ist der erste Punkt, wie in Kapitel 4 dargelegt, eine Vorbereitung auf den zweiten.

Mönchen wird nicht nur beigebracht, ihre »Bindungen und Verhaftungen« zu verbergen, sondern sie auch loszulassen, da es diese Bindungen und Verhaftungen sind, die jene starken Gefühle hervorrufen, die den einzelnen zu überwältigen drohen. Das monastische Ideal, sich selbst dazu zu erziehen, starke Gefühle ganz loszulassen, ist in manchen Fällen auch in Verbindung mit dem Tod bei Expeditionen zum Tragen gekommen.

Ein Beispiel dafür gab es bei der Frauenexpedition zum Annapurna 1978. Zwei der Frauen waren tödlich verunglückt, und alle waren zutiefst erschüttert. Als die Führerin, Arlene Blum, die Situation anschließend beschrieb, vermied sie zunächst erfolgreich die Orientalismusfalle: »Die Sherpas glauben an die Wiedergeburt und haben viel mehr Erfahrung mit dem Tod in den Bergen, doch auch sie waren durch die Tragödie schwer erschüttert.«[48]

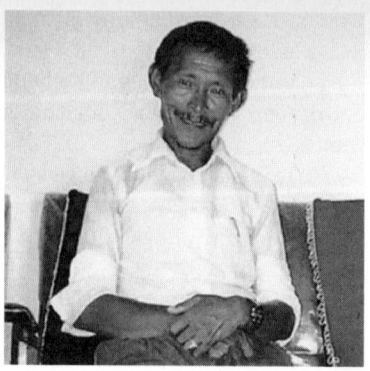

Lobsang Tsering Sherpa, Sardar der amerikanischen Frauenexpedition zum Annapurna und anderer Hochgebirgspartien, 1990.

Dies ermöglichte es ihr, glaube ich, den Trost, den der Sardar Lobsang ihr zu geben versuchte, präziser zu hören, der ein Echo der monastischen Betonung des Loslassens von Bindungen und Verhaftungen enthält: »Lobsang saß in der Nähe, schaute mit dem Fernglas auf den Eisturm und schüttelte den Kopf. Dann kam er herüber, klopfte mir auf die Schulter und sagte: ›Laß sie. Du mußt sie vergessen.‹«[49]

Ein weiteres Beispiel, wie sich die monastische emotionale Disziplin beim Tod in den Bergen auswirkt, findet sich in folgender Begebenheit. Ich war 1979 gerade in dem Dorf Khumjung, als die Nachricht eintraf, daß Ang Phu, der aus diesem Dorf stammte, auf dem Everest ums Leben gekommen war. Ang Phu, den ich persönlich nicht kannte, war nach allen Erzählungen ein äußerst beliebter junger Mann gewesen, und mit der Nachricht ging eine Welle des Schocks durch das ganze Dorf. Es gab viele vergossene Tränen und viel Wut, es gab viele Spekulationen, was geschehen sein könnte, und man griff nach jedem Quentchen an Information (und Fehlinformation). Die Bewohner konnten tagelang über nichts anderes reden und an nichts anderes denken.

Am Tag nachdem wir die Nachricht gehört hatten, ging ich zum Tengboche-Kloster hinauf, das einige Stunden Fußmarsch von Khumjung entfernt war, um eine vorher vereinbarte Verabredung zum Mittagessen mit dem Rimpoche, dem obersten Lama, wahrzunehmen. Ich war gerade mit mehreren Sherpas in den Räumen der Lamas beim Essen, als einer der Diener des Rimpoche hereinkam, um zu sagen, Ang Phus Familie sei gekommen und müsse den Rimpoche sofort sehen.

Die Gruppe wurde hereingebeten, bestehend aus dem Vater, der ein Dorf-Lama war (verheiratet, im Gegensatz zu einem Mönch), einem Cousin (der wie ein wirklicher Bruder zählt) und zwei Schwestern. Meine Feldnotizen vermitteln einen Eindruck von der Intensität des Erlebnisses und auch von meiner eigenen Verwirrung darüber:

»Ang Phus Vater, ein Cousin und zwei Schwestern kamen herein, der Vater ziemlich hysterisch. Er machte seine Kniefälle vor dem Lama, während er weinte und nach Luft rang. Er sagte, sie würden ihm erzählen, sein Sohn käme nicht mehr zurück, und bat den Rimpoche um seinen Segen *(Molom)*. Der Rimpoche blieb jedoch ziemlich kühl. Er bat den Mann, sich zu sammeln, und sagte: ›Du bist ein Choa (religiöser Praktizierender), du solltest es besser wissen, statt zu weinen, solltest du Cho (den heiligen Text, Gebete) lesen und deine Familie beruhigen.‹ Dann schloß er seine Augen und sang zwei oder drei Minuten lang leise vor sich hin (was beruhigend *war*) und ließ sich dann sein Weissagungsbuch *(Tsi)* herbeibringen und suchte einige Texte für den Vater zum Lesen aus.

[Die Anwesenden begannen tatsächlich, ruhiger zu werden und sich zusammenzureißen.] Ich war [jedoch] ziemlich schockiert über den Mangel an *Nyingje* – Mitgefühl, Sympathie, Mitleid –, den der Lama zeigte. An einem Punkt schien er sogar einen Witz machen und lachen zu wollen. Später meinte ein anderer Mann, der dabei war, jedoch beifällig, so seien halt die hohen Lamas. *Wenn ihre eigene Mutter und ihr eigener Vater sterben, meditieren sie einfach fünf Minuten, und damit ist ihre Trauer dann beendet.* Zuviel Weinen führt dazu, daß es Blut regnet... Als Antwort darauf, daß ich gesagt hatte, der Lama habe kein Nyingje gezeigt, meinte er, das *sei* Nyingje *gewesen*.«[50]

Bei dieser Begebenheit waren viele Dinge im Spiel, und ich bin vor einem etwas anderen Hintergrund an anderer Stelle darauf eingegangen.[51] Es gibt jedoch einige bemerkenswerte Punkte, die für unser Thema relevant sind. Zunächst einmal erinnert dieser Vorfall in verschiedener Hinsicht an Ang Tharkays Besuch im Rumbu-Kloster, als er in großer psychischer Not war: In beiden Fällen kamen die Parteien auf der Suche nach konventionelleren Formen des Trostes zum

Kloster, geboten wurde ihnen hingegen die Weisung, sich zu beruhigen und ihre Fassung wiederzugewinnen.

Im Falle von Ang Tharkay waren die Mönche freundlich, während der Tengboche Lama im Falle von Ang Phus Familie hart und streng war. Was ich jedoch als Kälte des Lama empfand, muß auch als ein Akt gesehen werden, der Familie ein mustergültiges Beispiel einer angemessenen Fassung und eines angemessenen Umgangs mit Gefühlen vor Augen zu führen und ihr so einen Weg aus ihrem Schmerz und Entsetzen aufzuzeigen.

So sah es zumindest jener andere Mann – mein Freund Nyima Chotar. Er hieß das Verhalten des Lamas gut und sah darin eine Manifestation einer weitergehenden spirituellen Fähigkeit, selbst die zwingendsten persönlichen Bindungen loszulassen, und das war in seinen Augen das Mitfühlendste, was der Lama der Familie bieten konnte.

Die Geschichte von Ang Phu enthält mehrere Elemente jener »höheren«, mehr monastisch inspirierten religiösen Orientierung, die bei dem Tod eines jungen Bergsteiger-Sherpas zum Tragen kam: die Frage der Disziplinierung von Gefühlen oder zumindest des Zeigens von Gefühlen wie auch die Mobilisierung jener sehr spezifischen höheren buddhistischen Form des Mitgefühls, das Schmerz und Trauer nicht in einem gewöhnlichen Sinne nachempfindet, sondern vielmehr »einen Ausweg daraus aufzeigt«.

Für manche Menschen ist diese Dimension der Religion genau das, was sie sich wünschen und was sie brauchen; für andere mag dies hingegen nicht genügen oder vielleicht auch nicht das Richtige sein. Und diese Episode hatte somit auch noch einen Schlußteil. Wie ich einige Tage später erfuhr, war:

»Ang Phus Cousin, der zusammen mit dem Vater den Rimpoche aufgesucht hatte, zum Everest-Basislager hochgegangen [und hatte herumgetobt]: Er trat den Eßtisch um, ruinierte das ganze Essen, schrie, er werde die Sahibs umbringen, und mehr desgleichen. Dann sprang er in der Nähe von Pangboche in den Fluß und mußte herausgezogen werden.«[52]

KOMPLIZIEREN DES RELIGIÖSEN BILDES

Bisher habe ich die Sherpa-Religion so behandelt, als sei sie eine konsistente Erscheinung im Leben der Sherpas und bei Expeditionen. Ich habe ein Bild von den Sherpas gezeichnet, wonach sie ihre Religion in einem relativ direkten Sinne nutzen, um sich vor Unheil zu schützen, um mit den Sahibs zurechtzukommen und um angesichts von Tod und Gefahr mit ihren eigenen starken Emotionen fertig zu werden.

Es gibt jedoch immer gewisse Abwandlungen, was die Überzeugungen des einzelnen und die Verbindlichkeit religiöser Lehren angeht, und die Sherpas machen darin keine Ausnahme. Selbst im Rahmen der »traditionellen« oder »Volksreligion«, das heißt, im Rahmen der lokalen Überzeugungen, die mutmaßlich vor der Gründung der Klöster maßgebend waren, gab es nachweislich erhebliche individuelle Abwandlungen.

Bei der Everest-Expedition 1938 erlitt einer der Sherpas, Pasang, beispielsweise in einem Lager in großer Höhe einen Schlaganfall, und die anderen Sherpas wollten ihn dort zurücklassen. Nach den Berichten mehrerer Sahibs glaubten die Sherpas, die Götter seien verärgert und hätten Pasang als Opfer gefordert.

Ang Tharkay maß der Begebenheit hingegen keinerlei religiöse Bedeutung bei, sondern schrieb vielmehr, seine Sherpa-Kollegen hätten Pasang einfach nicht anfassen mögen, da er sich besudelt hatte und schlecht roch. Offenkundig unbesorgt wegen verärgerter Götter und wütend, sowohl auf die Sahibs als auch auf seine Sherpa-Kollegen, hob Ang Tharkay Pasang vom Boden auf und begann, ihn den Berg hinunterzutragen, was die anderen Sherpas dann allerdings doch beschämte, so daß sie ihm zu Hilfe kamen.[53]

Vielleicht glaubte Ang Tharkay nicht an die Vorstellungen von verärgerten Göttern in Verbindung mit dem Bergsteigen, oder vielleicht hatte er auch nicht das Gefühl, daß sie für diese spezielle Situation galten. Jedenfalls verwarf er einfach die Möglichkeit, Pasang wegen solcher Überzeugungen nicht zu retten. Der Punkt ist jedenfalls, daß es stets individuelle und situative Abwandlungen gab, inwieweit die Sherpas sich ihrem traditionellen Glauben verpflichtet fühlten und sich daran hielten.

Ein weiterer damit zusammenhängender Punkt ist, daß die Religion als solche sehr flexibel war. Die Sherpas bemühten oft Weissagungen, um sich vorhersagen zu lassen, ob irgendeine Reise oder wichtige Unternehmung, die sie vorhatten, einschließlich einer Bergsteigerexpedition, unter einem verheißungsvollen Stern stand. Wenn sie eine ungünstige oder unheilvolle Weissagung erhielten, bedeutete dies jedoch nicht unbedingt, daß sie sich von dem Vorhaben abbringen ließen.

Im Zweifel bemühten sie sich noch um eine zweite Weissagung, die möglicherweise unter anderen Bedingungen gemacht wurde – ähnlich wie ein Kranker im Westen, der eine schlechte medizinische Diagnose erhält, möglicherweise noch einen weiteren Arzt konsultiert, um eine zweite Meinung einzuholen. In der Bergsteigerliteratur sind verschiedene Beispiele von ignorierten oder wiederholten Weissagungen zu finden.[54]

Mit der Gründung der Klöster wurden neue Dimensionen an Abweichungen und Unterschieden in der Sherpa-Religion eröffnet. Die Klöster hatten es sich auf die Fahnen geschrieben, die Volksreligion zu verbessern und aufzuwerten, und zwar in der Richtung eines »höheren« Buddhismus, wonach die Idealfiguren die Mönche und die reinkarnierten Lamas waren. Manche ließen sich mit großer Begeisterung auf diese Änderungen ein, während andere durchaus ihre Vorbehalte hatten.

Und schließlich gab es noch die »Modernisierung«. Seit fast einem Jahrhundert sind die Sherpas säkularistischen Annahmen ausgesetzt. Dies mag bei vielen von ihnen Skeptizismus und Ungläubigkeit geweckt und dazu geführt haben, daß sie ihre Religion nicht so sehr aus einem anderen ethischen Blickwinkel, wie bei den vorgenannten Beispielen, sondern einfach vor dem Hintergrund einer Hinwendung zu einem gewissen persönlichen Hedonismus hinterfragen, der von der modernen Konsumkultur gefördert wird. Auch dieser Aspekt kommt zweifellos zum Tragen.

Um nur ein Beispiel zu nennen: Bei der indischen Everest-Expedition 1965 gab es etwa den Fall von Ang Kami. Während die meisten Sherpas, die auf den Gipfel gehen, Gebetsfahnen oder andere religiöse Dinge mitnehmen, um sie dort zu lassen, oder Gebete sprechen, um den Göttern für ihre Hilfe und ihren Schutz bei der Unternehmung zu danken, war Ang Kami eindeutig ein »moderner« junger Mann mit nur wenigen, wenn überhaupt irgendwelchen traditionellen religiösen Impulsen:

»Von Ang Kami wurde berichtet, er habe ein Pin-up-Bild von einer Schauspielerin mitgenommen, mit dem er sich auf dem Gipfel fotografieren lassen wollte. C.P. [Vohra, sein Partner bei der Kletterpartie] wollte davon jedoch nichts wissen, und Ang Kami gab schließlich widerwillig nach und hörte auf den Rat von C.P., allerdings erst nach einer gewissen Auseinandersetzung. Später bekannte Ang Kami, eine Gebetsfahne mitgenommen zu haben, die er auf dem Gipfel hissen wollte, dann aber völlig vergessen und wieder mit zurückgebracht hatte.«[55]

Tatsache ist, daß die meisten zeitgenössischen Sherpas ihrer Religion noch immer sehr verbunden zu sein scheinen. Und dies hat eine weitere Frage aufgeworfen: die Möglichkeit, ob die Sherpas ihren Buddhismus in einem gewissen Sinne für die Sahibs praktizieren, ob sie als moderne Subjekte normalerweise säkularisiert wären, im Endeffekt aber wegen der Reaktion der Sahibs auf die Exotik der Sherpas als (tibetische) Buddhisten und dem Gefallen, den sie daran fanden, an ihrer Religion festgehalten haben, um auch auf diesem Wege die Wünsche der Sahibs zu erfüllen.[56]

Ich glaube, es besteht kein Zweifel daran, daß das Interesse der Sahibs am Buddhismus der Sherpas vor dem Hintergrund ihrer eigenen Phantasien, Wünsche und Neigungen das religiöse, theoretische wie praktische buddhistische Engagement der Sherpas weiter verfestigt hat.[57] Solche Verschiebungen in der religiösen Verhaftung, die auf einen breiteren sozialen und politischen Zusammenhang zurückzuführen sind, sind durchaus normal.

An früherer Stelle haben wir zum Beispiel gesehen, wie sich die Sherpas Anfang des Jahrhunderts in die Richtung nepalesischer hinduistischer Praktiken bewegten, ein Trend, der mit der Gründung der Klöster dann jedoch revidiert wurde. Daraus ist allerdings nicht der Schluß zu ziehen (wie Adams [1996] zu argumentieren scheint), daß der Buddhismus zu einem Artefakt verkehrt wurde, dessen einziger Sinn darin besteht, auf die Wünsche der Sahibs einzugehen.

Ich würde demgegenüber vielmehr behaupten, daß er eine gewisse Authentizität behalten hat. Und zwar nicht in dem Sinne, daß er von den Einflüssen der Welt um ihn herum isoliert wäre, sondern in dem Sinne, daß die Überzeugungen und Praktiken, wie sehr sie auch die Wünsche und Phantasien anderer erfüllen mögen, nichtsdestotrotz weiterhin Teil der Tagesordnung und der Sinnfrage der Sherpa-Gemeinschaft sind.

Diese Gemeinschaft ist natürlich auch nicht von der Außenwelt oder der »Modernität« unberührt geblieben, bei weitem nicht. Dennoch operiert sie weiterhin als eine Stätte von Beziehungen und Bedeutungen, die lokal geprägt sind und im Alltagsleben der Gemeinschaft praktiziert werden.

Dieses Alltagsleben kann jedoch nicht als eine monolithische Sherpa-Kultur bezeichnet werden, es handelt sich dabei vielmehr um eine komplexe Interaktion mit Unterschieden zwischen Männern und Frauen, Alten und Jungen, Dorfbewohnern und Städtern, Lamas und Laien, großen und kleinen Leuten und allen anderen.

Die gegenwärtig bei Expeditionen praktizierte Sherpa-Religion ist eindeutig eine Mischung aus all diesen Tendenzen: typische individuelle Abwandlungen (einschließlich Abwandlungen durch Säkularisierung und Modernisierung), Darbietungen für die Sahibs (die als solche verschiedene Formen annehmen: Widerstand, Identitätsbekundungen, Eingehen auf die Wünsche der Sahibs nach Exotik) und schließlich die Verkörperung realer Unterschiede in bezug auf die religiöse Richtung, die die Sherpa-Gemeinschaft belebt haben und weiterhin beleben. Dies läßt sich zum Teil auch bei einem weiteren religiösen Phänomen beobachten, das bei Expeditionen zutage tritt: den Totenfeiern.

Aufkommen der großen Totenfeier im Basislager

In früheren Jahren war es im allgemeinen Usus, daß die Sahibs, wenn es bei einer Expedition zu einem oder mehreren Todesfällen gekommen war, irgendeine Art von Gedenkfeier für die verstorbenen Bergsteiger abhielten. Wenn es nicht zu schwierig und gefährlich war, wurden die Leichen hinuntergebracht. Ansonsten wurden sie in eine Gletscherspalte hinabgelassen oder, wenn sie in eine unzugängliche oder nicht einsehbare Stelle gestürzt waren, dort gelassen, wo sie waren. (Die Leichen stellen oft ein »Entsorgungsproblem« dar, da der Boden oder Untergrund in diesen Höhen gefroren ist, und Holz für eine Verbrennung ist auch nicht vorhanden.)

Bei der Gedenkfeier wurden vielfach ein paar persönliche Worte über den Verstorbenen oder individuelle Gebete für ihn gesprochen, oder manchmal hatte auch jemand eine Bibel dabei, aus der einige Abschnitte gelesen wurden, oder manchmal wurden auch einfach einige Schweigeminuten eingelegt.

Diese Art des privaten Gedenkens war bei den Sherpas nicht üblich. Wenn es in ihren Reihen bei Expeditionen zu Todesfällen gekommen war, scheinen sie in der Vergangenheit einfach das mitgemacht zu haben, was die Sahibs im Basislager anboten, und im übrigen abgewartet zu haben, bis sie wieder zu Hause waren, um die Trauerrituale zu vollziehen.

Es gibt ein Beispiel aus der Zeit vor dem Zweiten Weltkrieg, über das wir Informationen haben: über die Everest-Expedition von 1922, bei der sieben Sherpas in einer Schneelawine starben. Die Leichen wurden nicht geborgen. General Bruce schickte jedoch (vielleicht auf Drängen der Sherpas, was er jedoch nicht erwähnt), Geld zum Rumbu-Kloster hinab, das für Trauerrituale für die Männer verwendet werden sollte.[58]

Während dieser ganzen ersten Zeit kamen weder die Verwandten der verstorbenen Sherpas ins Basislager hinauf noch wurden Lamas gebeten hinaufzukommen, um Trauerriten zu vollziehen.

Nach dem Krieg wurde es dann üblich, daß die Verwandten ums Leben gekommener Sherpas hinaufkamen und oft sehr bewegt an einer verkürzten Version der traditionellen Trauerrituale der Sherpas im Basislager oder in der Nähe des Basislagers teilnahmen. Bei der japanischen Skiexpedition 1970 wurden die Leichen an einen Ort unterhalb des Basislagers (Lobuche, ein Gebiet mit Hochgebirgsweideland) hinuntergeschafft, um dort die Bestattungsrituale zu vollziehen. Viele Sherpa-Familien kamen dorthin, und die Verwandten einiger der überlebenden Sherpas versuchten, in manchen Fällen erfolgreich, ihre Angehörigen von der Expedition wegzuholen.[59]

Bei der Everest-Expedition 1974 kamen der französische Führer und fünf Sherpas ums Leben. Einen ausführlichen Bericht über diese Expedition konnte ich leider nicht finden,[60] aber in einem Interview mit dem Sardar, Sonam Gyalchen, erfuhr ich, daß unterhalb des Basislagers, vermutlich auf dem Lobuche, eine Trauerfeier gehalten wurde. Ein Lama und mehrere Familien der verstorbenen Sherpas waren aus Khumjung hinaufgekommen, um daran teilzunehmen.

Wir haben auch zwei Berichte von der kanadischen Everest-Expedition von 1982. Drei Sherpas wurden durch eine Lawine getötet, und es wurde eine Bestattungsfeier abgehalten. Sie bestand aus langwierigen Ritualen, die sich über mehrere Tage erstreckten und an denen viele Familienangehörige teilnahmen:

»Die trauernden Verwandten begannen, sich zu versammeln. Pasang Sonas Witwe und seine jüngste Tochter kamen als erste an, und ihr Heulen war bereits aus großer Entfernung zu hören. Als nächstes traf Ang Tsultims Vater ein, ein Mann mittleren Alters, der hinkte und sich auf einen Stock stützte und leise vor sich hin weinte. Dawa Dorjes Witwe ließ lange auf sich warten – sie hatte ein kleines Kind und war mit einem weiteren schwanger, und niemand hatte ihr die Nachricht überbringen wollen.[61]

Eine der Witwen weinte stundenlang hemmungslos und versuchte, sich auf den für die Bestattung hergerichteten Scheiterhaufen zu werfen, wurde jedoch von anderen zurückgehalten. Ein »sehr alter, verhutzelter kleiner Mann« griff einen der Sahibs am Arm und sagte: »Laßt keine Sherpas mehr sterben!«[62]

Was stand hinter dieser zunehmenden Ausweitung der Ereignisse und dem zunehmend betriebenen Aufwand? Der authentische Vollzug religiöser Riten, die zu einem solchen Zeitpunkt für die Sherpas wichtig sind? Die gleiche Art von Widerstand, der es den Sherpas erlaubte, allgemein ihre religiösen Praktiken bei Expeditionen zu erweitern? Für die Sahibs inszenierte Dramatisierungen der entsetzlichen Kosten ihres Sports? Eine inszenierte Dramatisierung der Sherpa-Identität, einschließlich ihres Buddhismus, sowohl für sich selbst als auch für die Sahibs? Ein authentischer Ausdruck der Trauer?

Die Antwort ist natürlich, daß alle diese Überlegungen zutreffen, und es wäre absurd zu versuchen, diese verschiedenen Deutungen voneinander zu trennen oder irgendeine davon aus der Diskussion auszuschließen. Es wäre insbesondere absurd, behaupten zu wollen, diese Rituale seien entweder ausschließlich für die Augen der Sahibs aufgeführt worden oder völlig frei von derlei dramaturgischen Anwandlungen gewesen.

Entscheidend ist vielmehr, daß wir versuchen zu verstehen, wie die Sherpas auf der einen Seite von der Erfahrung im Bergsteigen tiefgreifend geprägt werden und auf der anderen Seite gleichzeitig die eigenen Strukturen ihrer Intentionen aufrechterhalten können, ihre eigenen Zielsetzungen im Leben und ihre eigenen Wege, diese Ziele umzusetzen.

Was ich in Verbindung mit diesen Trauerfeiern im Basislager besonders hervorheben möchte, ist, inwieweit diese Ereignisse – wie sehr sie auch an die Sahibs gerichtet gewesen sein mögen – auch langwährende historische Unterschiede und die damit verbundenen Debatten innerhalb der Gemeinschaft der Sherpas ausspielten und widerspiegelten. Der intensive Schmerz und die starke Trauer der Verwandten stehen der strikten Disziplinierung der Gefühle gegenüber, die von der klösterlichen Gemeinschaft gefördert wurde.

Die emotionalen Trauerfeiern im Basislager (und noch mehr die Selbstmordversuche) verdeutlichen, daß die monastische Position wertvoll sein mag, aber nicht genügt. Wir können sogar sehen, wie dieser Unterschied bei einer der Trauerfeiern deutlich wurde.

Bei der ausgedehnten Trauerfeier, die 1982 bei der kanadischen Everest-Expedition für Sherpas abgehalten wurde, machte der Lama, der deswegen hinaufgekommen war, inmitten der ganzen höchst dramatischen Bezeigungen von Schmerz und Wut eine Bemerkung, die einen der Sahibs einfach nur bestürzte, vermutlich jedoch auf die Sichtweise der »Hochreligion« zurückging: »Erschüttert sprach Stephen mit dem Lama über die Katastrophe. Die Worte des Lama überraschten ihn jedoch: ›Dies ist nur eines von vielen Dingen. Es geschieht einfach.‹«[63]

KAPITEL 6

Männer

ENDE DER VIERZIGER JAHRE DES 20. JAHRHUNDERTS LAG IN NEPAL, ZUM TEIL INFOLGE DER ENTWICKLUNGEN IN INDIEN, EINE POLITISCHE REVOLUTION IN DER LUFT. Zudem erfolgte 1950 der erste größere chinesische Einmarsch in Tibet, und Nepal hoffte, auf internationaler Ebene Unterstützung gegen mögliche chinesische Übergriffe zu finden. Aus unterschiedlichsten politischen Gründen begann man etwa ab 1950, ausländische Besucher ins Land zu lassen.

Die Bergsteiger Bill Tilman und Charles Houston waren in jenem Jahr die ersten westlichen Besucher, die in die Heimatregion der Sherpas nach Solu-Khumbu kamen, das sie als wahres Paradies beschrieben.[1] In jenem Jahr gelang es auch dem Ingenieur und Geschäftsmann Maurice Herzog, einem französischen Bergsteiger, und Louis Lachenal, einem Bergführer aus Chamonix, den Gipfel eines Berges namens Annapurna (8091 Meter) in Zentralnepal zu besteigen.

Es war das erste Mal, daß ein Gipfel von über 8000 Meter bestiegen wurde, und stellte den wahren Beginn der Ära des modernen Himalaya-Bergsteigens dar. Drei Jahre später gelang es schließlich einem britischen Team – bestehend aus einem Neuseeländer, Sir Edmund Hillary, und einem Sherpa, Tenzing Norgay –, den Gipfel des Everest (8848 Meter), des höchsten Berges der Welt, zu besteigen.

In den fünfziger und sechziger Jahren waren beim Bergsteigen verschiedene widersprüchliche Trends zu beobachten. Zum einen hielt sich in manchen Kreisen etwas von der Vorkriegsromantik, wonach manche Sahibs eine Art mystische Verbindung mit den Bergen und mit den Sherpas suchten. Zum anderen nahm der militärische Ansatz im Vergleich zur Vorkriegszeit zu und beherrschte schließlich das Bergsteigen in dieser Zeit. Es war die Zeit der Mega-Expeditionen und der hypermännlichen Sahibs.

Männlichkeit war beim Bergsteigen immer eines der eigentlichen

Sahib-Spiele, dessen Charakter sich in der Nachkriegszeit jedoch veränderte. Welcher Art diese Veränderungen waren und wie sie die Sahib-Sherpa-Beziehung prägten, sind unter anderem die Hauptthemen dieses Kapitels.

Die Sherpas hatten jedoch auch ihre eigenen geschlechtsspezifischen Muster, und was die Frage der Männlichkeit im Rahmen der Sahib-Sherpa-Beziehung anging, so waren die Sherpa-Muster nicht nur von dem »Einfluß« der Sahibs geprägt. Hier muß ich jedoch nochmals kurz auf den konzeptuellen Rahmen, der maßgebend für dieses Buch ist, zurückkommen.

MEHR ÜBER DIE ERNSTEN SPIELE

An früherer Stelle habe ich die Idee von ernsten Spielen bereits als Möglichkeit vorgestellt, über den kulturellen Rahmen von Intentionen nachzudenken, in dem Menschen zu einem bestimmten Zeitpunkt operieren. Die Idee des Spiels schließt den Zweck der Aktivität mit ein, die diskursiven Kategorien, durch die es betrachtet wird, die Organisation und relative Macht der Spieler und so weiter und so fort.

Als Aktivität wurde das Bergsteigen in eine Reihe ineinander übergreifender und miteinander verknüpfter Spiele eingeordnet – das Gegenmodernitätsspiel, das »romantische« Spiel des Testens der existentiellen Grenzen und das Männlichkeitsspiel. Dies zu wissen ist die erste Voraussetzung, um die Art der Sprache zu verstehen, die die Bergsteiger sprechen, die Arten der Risiken, die sie bereit sind einzugehen, und die Art der Kontrolle, die sie über sich selbst und andere ausüben.

Ernste Spiele haben jedoch auch noch eine andere sehr wichtige Dimension, die hervorgehoben werden muß. Bei Spielen geht es nicht nur um ein Bündel von Intentionen oder um Sprach- und Diskursfelder. Spiele bedingen Spieler, die in bezug auf diese Intentionen und Diskurse unterschiedlich positioniert und unterschiedlich situiert sind.

Spiele sind sozial, sogar sehr sozial; Personen spielen gegeneinander, miteinander, füreinander. Spiele leben vom Unterschied; es gibt kein Spiel ohne Unterschied. Beim Bergsteigen und in diesem Buch geht es um den Unterschied (und die Beziehung) zwischen Sherpas und Sahibs und die vielfältigen Abwandlungen dieses Unterschieds.

Aber dies ist nur der Anfang. Für jede der Parteien stellt sich des weiteren die Frage, wo sie in den jeweiligen Kontext, aus dem sie kommt und in den sie – dies ist auch im Sinne des herkömmlichen Sprachgebrauchs ein Spiel – wieder zurückkehrt, einzuordnen ist und inwieweit sie sich von diesem Kontext unterscheidet. Was die Sahibs angeht, so war es mir bisher wichtig, sie vor dem Hintergrund der weitestgehend gebildeten Mittelschicht zu sehen, aus der sie kommen und die es ihnen ermöglicht und sie sogar ermutigt, sich gegen die vorherrschende Modernität zu stellen, deren Produkt und Geisteskinder sie sind.

Bei den Sherpas habe ich nach anderen Unterscheidungsmerkmalen gesucht: den Unterschieden zwischen den großen Leuten und den anderen in der Sherpa-Gemeinschaft und damit nach den ökonomischen Belastungen und dem ökonomischen Druck, der viele Sherpas zum Bergsteigen brachte; nach den Unterschieden zwischen den Agenden der monastischen und der Volksreligion, die Anfang des 20. Jahrhunderts eingeleitet wurden und sich während des ganzen Jahrhunderts kontinuierlich weiter verändert haben; und – für dieses Kapitel – nach den geschlechtsspezifischen Unterschieden, hier speziell den Fragen der Männlichkeit.

Alle diese Unterschiede kommen in der Sherpa-Sahib-Beziehung, die im Mittelpunkt des Bergsteigens steht, zum Tragen. Bei dieser Beziehung geht es nicht um irgendeinen transparenten »Macht«-Unterschied, der keiner weiteren Definition bedarf, als vielmehr um die Orchestrierung der verschiedenen Unterschiede zwischen den Sherpas und den Sahibs, die im Rahmen der relativen Macht der Sahibs enthalten sind.

Wenn es ein Thema dieses Buches ist, inwieweit das Bergsteigen den Sherpas ermöglichte, aus ihren wirtschaftspolitischen Zwängen auszubrechen und diese vielleicht sogar zu transformieren, und ein weiteres die fortwährende Transformation und Reorganisation der Religion über das ganze Jahrhundert hinweg, dann ist ein drittes die Frage, inwieweit das Bergsteigen bei den Sherpas tatsächlich die Unterschiede und die Ungleichheit zwischen den Geschlechtern verschärft und eine ausgesprochen »geschlechtsspezifische Dialektik« in Gang gesetzt hat.

Ich werde unter anderem behaupten, daß die Sherpas und Sahibs ihre gemeinsam geteilte Männlichkeit nutzten, um bestimmte vermeintlich egalitäre Banden herzustellen. Und ich möchte mit einer allgemeinen Betrachtung solcher egalitären Beziehungen bei einigen Expeditionen beginnen, die Mitte des Jahrhunderts unternommen wurden.

DER WIDERSPRUCH DER GLEICHHEIT

Die Phantasie vom Gleichsein

Ende der vierziger und Anfang der fünfziger Jahre wurde bei einer Reihe von Expeditionen Wert darauf gelegt, durchaus egalitäre Beziehungen mit den Sherpas herzustellen. Dies ging oft noch weiter, wonach die Sahibs das Gefühl hatten, eine bestimmte Form einer intensiven Bindung mit den Sherpas erreicht zu haben. In manchen Fällen wurde dieses Gefühl von den Sherpas geteilt, in anderen blieben sowohl die Gleichheit als auch die Bindung jedoch mehr eine Frage der Phantasie der Sahibs.

Earl Denman nahm 1947 für sich in Anspruch, der erste Bergsteiger zu sein, der den Sherpas bei einer Expedition volle Gleichberechtigung angeboten hatte, und er glaubte auch, eine besondere Bindung zu den beiden Sherpas, die ihn begleiteten, geknüpft zu haben:

»Tenzing und Ang Dowa fungierten als Träger, ich habe sie jedoch nie so gesehen, da ein Bergsteiger nur so weit auf den Everest hinaufgehen kann, wie es ihm die Träger durch ihre eigenen Anstrengungen erlauben. Somit gab es ideale Bande zwischen uns. Wir waren alle Träger, und wir waren alle Bergsteiger.«[2]

Bei der Annapurna-Expedition 1950 wollten die Franzosen die Sherpas unbedingt als vollwertige »Kletterpartner« behandeln. Es wurden einige persönliche Freundschaften geschlossen. Der Hauptpunkt schien jedoch gewesen zu sein, daß die Franzosen, was die Ausrüstung und das Essen anging (was beides offenbar von außergewöhnlich hoher Qualität war), keinen Unterschied zwischen Sahibs und Sherpas machten.[3] Der Führer der Expedition, Herzog, bot Ang Tharkay sogar die Chance, mit ihm auf den Gipfel zu steigen (Ang Tharkay, dessen Füße kurz vor dem Erfrieren waren, verzichtete darauf, wofür er sich im nachhinein jedoch vor sich selbst schämte).[4]

Eine englische Nanga-Parbat-Expedition von 1950 wurde von Tenzing Norgay als sehr egalitär beschrieben,[5] wie auch verschiedene schweizerische Expeditionen Ende der vierziger und Anfang der fünfziger Jahre.[6] Die schweizerischen Expeditionen scheinen wirklich auf allen Ebenen großen Wert auf Gleichbehandlung gelegt und sie tatsächlich auch in einem beeindruckenden Maße erreicht zu haben.

Möglicherweise hat dieses Engagement der Schweizer, die Sherpas als ebenbürtige Partner zu behandeln, sie 1952 auf dem Everest die Gipfelbesteigung gekostet. Als mehrere Sherpas meinten, der Wind und die bittere Kälte seien nicht mehr auszuhalten, und umkehren wollten, glaubten die Schweizer, nicht das Recht zu haben, sie zum Weitergehen zu nötigen[7] – eine Situation, die mit der zu vergleichen war, als Bauer in den dreißiger Jahren Dordschi auf dem Kangchendzönga gezwungen hatte weiterzuklettern, nachdem dieser demoralisiert war und nicht mehr hatte weitergehen wollen.[8]

Darüber hinaus scheint sich in manchen Fällen tatsächlich eine echte Bindung zwischen einzelnen Bergsteigern und Sherpas entwickelt zu haben. Raymond Lambert schrieb über einen Wortwechsel, den er mit Tenzing gehabt hatte:

»›Sahib, wir sollten heute abend hier bleiben.‹ Und [Tenzing] zeigte auf das Zelt, das er, seit wir aufgebrochen waren, trug. Ich lächelte, unserer beider Gedanken trafen sich, wie so oft. Es sind solche Dinge, die in den Bergen eine tiefe Solidarität entstehen lassen... und vielleicht überall.«[9]

Tenzing und Lambert freundeten sich eng miteinander an, in einer Beziehung, die viele Jahre hielt. Tenzing sagte von Lambert, er sei sein »Gefährte in höchster Höhe« und sein »bester und liebster Freund« gewesen.[10]

Und schließlich scheinen auch die indischen Expeditionen in den sechziger Jahren eine relativ egalitäre Einstellung zur Rolle der Sherpas gehabt zu haben. Die Sherpas wurden zu vollwertigen Mitgliedern der Bergsteigergruppe gemacht und waren auch bei jeder Gipfelgruppe mit dabei.

Als die Inder 1965 (bei ihrem dritten Versuch) auf dem Everest erfolgreich waren, teilten ein Inder (Major H. P. S. Ahluwalia) und ein Sherpa (Phu Dorji) sich den Erfolg.[11] Der Führer jener Expedition,

Tenzing Norgay Sherpa und Raymond Lambert. Schweizer Everest-Expedition, 1952.

Major Kohli, dementierte, wie gewohnt, etwaige Geldmotive auf seiten der Sherpas und bezeichnete sie als »mit Leib und Seele unsere Gefährten beim Abenteuer«.[12]

Diese relativ egalitären Nachkriegsexpeditionen stellten in mancher Hinsicht einen Wandel und in anderer Hinsicht eine Kontinuität dar. Vor dem Zweiten Weltkrieg mochte jemand wie Dr. Kellas enge Beziehungen zu »seinen« Sherpas hergestellt haben. Dies war bei den größeren Expeditionen aber unwahrscheinlich. Und für alle diese Beziehungen galt, daß sie den Beigeschmack einer gewissen Herablassung und von Paternalismus hatten. Die Sahib-Romantik galt vor allem dem Berg und insoweit den Sherpas, als sie mehr oder weniger als Teil der Natur betrachtet wurden.

Die gerade angesprochenen Expeditionen nach dem Zweiten Weltkrieg blieben in ihrem quasi-mystischen Ansatz zum Bergsteigen »romantisch«, verloren jedoch etwas von ihrer paternalistischen Prägung. Bei dieser mystischen Unternehmung wurden die Sherpas mehr als Mitreisende betrachtet, und die romantische Phantasie verlagerte sich, wonach nunmehr auch die Idee der Verbundenheit mit den Sherpas als relativ Gleichberechtigte und Freunde mit einbezogen wurde.

Dieses Muster wurde in den siebziger Jahren noch wesentlich wichtiger, als die Gegenkultur als anerkannte kulturelle Bewegung Form annahm. In den Fünfzigern und Sechzigern war dies hingegen ein Stil, der nur von einer Minderheit gepflegt wurde, auch wenn er insofern sehr wichtig war, als er die Sherpas erstmals voll auf den Geschmack einer Gleichstellung bei Expeditionen kommen ließ und bei ihnen dann dem allgemeineren Gefühl Vorschub leistete, daß sie sich mit weniger nicht mehr zufriedengeben sollten.

Streiks und die Verletzung des Gleichheitsprinzips

Es war in dieser Zeit (in den fünfziger und sechziger Jahren), daß die Sherpas sichtlich selbstbewußter – und gelegentlich auch militant – bezüglich ihrer Rolle und ihrer Rechte bei Expeditionen wurden. Mitte der fünfziger Jahre organisierten sie sich erstmals in Darjeeling auf einer formalen Ebene. Die Briten hatten in Darjeeling den sogenannten Himalaya-Club betrieben, eine Organisation, die als eine Art Agentur diente, Sherpas an Expeditionen vermittelte, Löhne festsetzte und so weiter.

Nachdem die Briten jedoch aus Indien abgezogen waren, nahmen die Sherpas die Sache selbst in die Hand. Sie verstärkten eine ihrer städtischen Selbsthilfegruppen in Darjeeling und übernahmen selbst die Funktionen, die bis dahin der Himalaya-Club erfüllt hatte. Die Sherpa-Organisation war in den zwanziger Jahren gegründet worden und nannte sich Sherpa Buddhist Association.

Sowohl das Datum als auch der Name lassen auf eine Verbindung mit der Gründung der ersten Klöster in den Jahren 1916 und 1924 in Solu-Khumbu schließen. Diese Organisation »bekümmerte sich hauptsächlich um Angelegenheiten der Religion«, schrieb Tenzing Norgay und meinte weiter:

»In den dreißiger Jahren und während des Krieges unternahm sie wenig oder nichts. Jetzt ist sie wieder neu aufgelegt; doch wurde im Titel das Wort ›Buddhist‹ gestrichen, da sie sich nicht mit religiösen, sondern mit praktischen Fragen aller Art befaßt, die unsere Gemeinschaft betreffen... Sie betätigt sich nunmehr auch als Arbeitsver-

»Eine vielversprechende Generation«; namentlich unbekannte Sherpas. Schweizer Everest-Expedition, 1952.

mittlungsbüro und als eine Art von Gewerkschaft für Expeditions-Sherpas, die versucht, eine höhere Lohnskala als beim Himalaya-Club durchzusetzen und bessere Entschädigungen für die Männer, die verletzt werden, und auch für die Hinterbliebenen.«[13]

Etwa 1961 (oder vielleicht auch etwas früher) wurde in Katmandu eine Organisation gegründet, die Himalayan Society (nicht zu verwechseln mit dem Himalaya-Club).[14] Nachdem Nepal Anfang der fünfziger Jahre seine Grenzen für Ausländer offiziell geöffnet hatte, verlagerte sich die Ausgangsbasis des Himalaya-Bergsteigens rasch von Darjeeling nach Katmandu.

In dieser Zeit schien sich auch eine gewisse Konkurrenz zwischen Sherpas, die in Darjeeling lebten und das Expeditionsgeschäft weiter von dort aus betreiben wollten, und den in Nepal lebenden Sherpas entwickelt zu haben, die es bequemer fanden, von Katmandu aus zu arbeiten. Die Gründung der in Katmandu ansässigen Himalayan Society Anfang der sechziger Jahre verdeutlichte und verstärkte diesen Trend. Genau wie die Sherpas bei den ersten Expeditionen die Sahibs gedrängt hatten, die Tibeter draußen zu halten, schienen jetzt einige der in Katmandu ansässigen Sherpas bei den Sahibs darauf gedrängt zu haben, die Männer aus Darjeeling herauszuhalten.

Die Gesellschaft stellte die Regel auf, daß »nicht mehr als zwei nicht-nepalesische [das heißt Darjeeling-]Sherpas bei einer ausländischen Expedition in Nepal zugelassen werden durften«.[15] 1963 wurde, vermutlich als Reaktion auf diese Entwicklungen, in Darjeeling eine neue Vereinigung gegründet, wiederum unter Tenzings Beteiligung: die Sherpa Climbers' Association.[16]

Diese Organisationen konnten sich für Verbesserungen der Arbeitsbedingungen und bessere Lohnzahlungen einsetzen, und sie taten es. Woran sie nichts tun konnten, war die Qualität der Beziehungen zwischen den Sherpas und den Sahibs auf den Bergen. Wie bereits erwähnt, gab es viele Gründe, warum Sherpas bei Expeditionen streiken oder sich anderweitig weigerten, kooperativ zu sein.

Ein Muster war dabei jedoch besonders augenfällig: Wann immer die Sherpas das Gefühl hatten, als minderwertig behandelt zu werden, kam es zu Widerstand. Dieses Muster schien durch die egalitäreren Beziehungen Ende der vierziger und Anfang der fünfziger Jahre noch verstärkt worden zu sein, und bei den meisten größeren Expeditionen, die in den fünfziger und sechziger Jahren durchgeführt wurden, gab es ernsthafte Streiks.

Die britische Everest-Expedition 1953 wurde zum Beispiel von einem langgedienten britischen Armeeoffizier, John Hunt, angeführt, der offenbar besonders hierarchisch orientiert war: »Bei allem sozialen Bewußtsein, das Hunt hatte (und hat), war er ein Kommißkopf, der auf eine strikte Klassenunterteilung zwischen ›Offizieren‹ und ›anderen Rängen‹ getrimmt war. Und die Sherpas waren definitiv ›andere Ränge‹.«[17]

Die Expedition fing gleich denkbar schlecht an, als Hunt dafür sorgte, daß die Sahib-Mitglieder der Expedition in der britischen Botschaft unterkommen konnten, während die Sherpas mit der Botschaftsgarage vorliebnehmen mußten. Dies war sowohl im praktischen Sinne problematisch – die Garage hatte keine Toiletten – als auch symbolisch demütigend.

Die Sherpas waren aufgebracht und machten ihren Gefühlen sehr anschaulich Luft: Sie urinierten vor der Botschaft auf die Straße.[18] Nach diesem Vorfall gab es zwischen den Sherpas und den Sahibs fortwährend Konflikte wegen mannigfachen Fragen zur Ausrüstung.

Eine weitere Expedition, die vor dem Hintergrund von Fragen der Gleichbehandlung größere Konflikte mit den Sherpas hatte, war die amerikanische Everest-Expedition von 1963. Bei einem der Hauptstreitpunkte ging es um Schlafsäcke:

»Die Teammitglieder hatten sowohl innere als auch äußere Schlafsäcke, die Sherpas nur äußere. Und obwohl die äußeren die wärmeren waren – die Sahibs benutzten die anderen selbst auch nur selten –, gab es, wie konnte es anders sein, einen Sturm von Protesten. Fast einen ganzen Tag lang wurde das Basislager zu einer Art Gerichtssaal im Freien, wobei ausgesuchte ›Berganwälte‹ (und die Sherpas haben wirklich einige gute) ihren Fall vortrugen und auf Präzedenzfälle bei vorhergegangenen Expeditionen verwiesen.«[19]

Die Angelegenheit wurde schließlich zur Zufriedenheit der Sherpas geregelt, und die Beziehungen zwischen den Sahibs und den Sherpas beruhigten sich erst einmal wieder für eine Weile. Später gab es dann jedoch wiederholt Probleme, bei denen es um die Verwendung von Sauerstoff in sehr großen Höhen ging. Die Sauerstoffvorräte waren begrenzt, und das Problem wurde zusätzlich dadurch verschärft, daß die Expedition für den Gipfelangriff in zwei getrennte Gruppen geteilt wurde, die auch unterschiedliche Wege nahmen.

Den Berichten der Sahibs zufolge waren die Sherpas, was den Sauerstoff anging, ziemlich »egoistisch«. Sie weigerten sich, auf ein Sauerstoffgerät zu verzichten, so daß der einer Gipfelgruppe zugeteilte Sherpa nicht hatte gehen können, und verbrauchten während der Nacht mehr Sauerstoff, als ihnen zugeteilt worden war. Und dann weigerten sie sich auch noch, bei ihrem Abstieg auf Sauerstoff zu verzichten, so daß noch einer von der Gipfelgruppe nicht hinaufgehen konnte.[20]

Es gibt verschiedene Interpretationen, was hier geschehen war. Der Leiter der Expedition glaubte, die unkooperative Haltung der

Sherpas bei den Sauerstoffflaschen sei zu einem Gutteil auf die Spaltung zwischen den Darjeeling- und den Khumbu-Sherpas zurückzuführen gewesen, während andere diese Interpretation für übertrieben hielten.[21] Es gab jedoch noch eine weitere Deutungsvariante, die die Ursachen auf die Frage der Gleichheit und Hierarchie zwischen den Sherpas und den Sahibs zurückführte.

Von einem bestimmten Zeitpunkt an während des Aufstiegs hatten die Sherpas allein den ganzen Lastentransport übernommen, während die Sahibs (und die Darjeeling-Sherpas, die zu »Mitgliedern« ernannt worden waren) in ihren Zelten herumgelegen und »ihre Kräfte für den baldigen Vorstoß zum Gipfel geschont hatten«.[22] Zwei reine Sherpa-Teams hatten somit mehrfach den ganzen Weg hin- und zurückgehen müssen, um die Lasten von Lager III zum Lager IV zu transportieren.

Nun könnte man argumentieren, daß die Tatsache, die Sherpas ohne weitere Begleitung klettern zu lassen, ein Zeichen des Vertrauens sei, das die Sahibs in die Fähigkeiten der Sherpas hatten, und ein Fortschritt gegenüber der früheren paternalistischen Situation, in der die Sherpas stets von den Sahibs begleitet werden mußten:

»In den frühen Tagen des Himalaya-Bergsteigens wurde es Sherpas selten, wenn überhaupt erlaubt, in großen Höhen ohne Begleitung von Teammitgliedern Lasten zu tragen. Bis 1963 hatten sie im Klettern jedoch ein Niveau erreicht, das allgemein so hoch war, daß, sobald eine Strecke vorbereitet war, unbegleitete Lastentransporte zur Routine gehörten. Und bei der amerikanischen Mount-Everest-Expedition vollbrachten die reinen Sherpa-Gruppen erstklassige Leistungen.«[23]

Eine einfachere Interpretation war jedoch, daß die Sahibs schlechterdings faul und egoistisch waren, wenn es um die harte Expeditionsarbeit ging, und die Sherpas im wesentlichen als Kulis benutzten, während sie selbst ihre Energie für den glorreichen Gipfelangriff sparten. Oberst James Roberts, ein Engländer mit einer langen Himalaya-Erfahrung, der bei der Expedition der für »Sherpas und Transport« zuständige Offizier war, meinte, es hätte bei der Expedition vielleicht weniger Probleme zwischen Sahibs und Sherpas gegeben, »wenn die Sahibs sich mehr an dem routinemäßigen Lastentransport beteiligt und den Trägern einen Teil davon abgenommen hätten, statt in der Cwm [ein walisischer Begriff für ein von Bergen eingeschlossenes Tal; die Cwm ist einer der festen Lagerplätze am Everest] und im Basislager herumzusitzen«.[24] Verschiedene Bergsteiger teilten diese Ansicht.[25]

Bei einer späteren amerikanischen Expedition kam dieses Thema nochmals auf. Während es keine Aufzeichnungen darüber gibt, wie die Sherpas die Situation beurteilten, daß die Sahibs ihnen bei der Expedition 1963 die ganze Arbeit überließen, gibt es doch einen Bericht über eine ähnliche Episode, wonach sie sich in dem gerade angesprochenen Sinne als Kulis klassifiziert sahen:

»Die Sherpas hatten sich eine Zeitlang beklagt, daß die Sahibs sich nicht an der Lastenbeförderung beteiligten, und sie waren erbost, daß wir jetzt die Unverfrorenheit besaßen, dies eine Mal auch noch mit ihnen zu schimpfen, daß sie umgekehrt waren. Die Unzufriedenheit der Sherpas wegen dieses Punktes hatte ich schon seit einiger Zeit mitbekommen. Einige der Sahibs hatten zum Beispiel nicht ihr ganzes persönliches Gepäck zu den Hochlagern hinaufgetragen.«[26]

Wir dürfen wohl zu Recht davon ausgehen, daß die Probleme mit den Sauerstoffflaschen ebensosehr mit jenen Gleichheitsfragen wie mit dem Konflikt zwischen den Solu-Khumbu- und den Darjeeling-Sherpas zusammenhing.

Ein weiteres Beispiel, daß die Sherpas es nicht hinnahmen, als minderwertig behandelt zu werden – und für die Wirksamkeit ihres Widerstandspotentials in jener Zeit –, ist bei der europäischen Everest-Expedition 1972 zu finden. Trotz der Warnungen von einem der britischen Bergsteiger hatte der deutsche Führer Karl Herrligkoffer nicht genügend Ausrüstung für die Sherpas mitgebracht, die im Basislager dann in einen Streik traten.

Es gab langwierige Auseinandersetzungen und verschiedene Versuche von nichtbeteiligten Bergsteigern, zwischen Herrligkoffer und den Sherpas zu vermitteln. Die Sherpas waren letztlich jedoch nicht bereit nachzugeben, und Herrligkoffer war – in dem vielleicht extremsten Beispiel einer festgehaltenen Sahib-Niederlage – gezwungen, einen Hubschrauber zu beschaffen, nach Katmandu und von dort aus nach Deutschland zurückzufliegen und die zusätzliche Ausrüstung zu beschaffen.

Chris Bonington, von dem der einzige Bericht stammt, den ich über diese Begebenheit finden konnte, führte diese Panne zum Teil auf Sprachbarrieren zurück. Er wies jedoch auch auf »die schlechten

Beziehungen« hin, »die sich zwischen den Deutschen und den Sherpas bereits entwickelt hatten, [da] die Deutschen dazu neigten, die Sherpas anzuschreien und sie zu drangsalieren«.[27]

MEGA-EXPEDITIONEN

Einer der Faktoren, der bei den Sahibs, ungeachtet ihrer persönlichen Neigungen, hierarchische Verhaltensweisen erzeugte, war allein die Größe, die manche der Nachkriegsexpeditionen hatten. Wie wir bereits gesehen haben, war die militärische Praxis von früh auf das dominierende Modell, nach dem Bergsteigerexpeditionen durchgeführt wurden.

Die Expeditionen wurden wie Feldzüge ausgerichtet, wobei nach und nach in immer größeren Höhen Lager eingerichtet und Vorräte angelegt wurden, so daß eine Versorgungskette entstand, die den Bergsteigern bei ihrem letzten »Angriff« auf den Gipfel den nötigen Rückhalt gab. Ein Erfolg auf dem Berg wurde stets als »Eroberung« bezeichnet.

Auch wenn dies das allgemeine Modell war, waren die Expeditionen vor dem Zweiten Weltkrieg doch relativ klein und technologisch einfach im Vergleich zu den Maßstäben, die nach dem Krieg galten. Nach dem Zweiten Weltkrieg explodierten die Expeditionen förmlich, was ihre Größe und Komplexität anging. Dies war zum Teil darauf zurückzuführen, daß sich das militärische Modell, der »Militarismus«, bei den siegreichen Nationen – den Franzosen, den Briten und den Amerikanern – so bewährt hatte.

Die Symbole der militärischen Organisation sowie Technologie und Entschlossenheit waren in der unmittelbaren Nachkriegszeit enorm positiv besetzte Symbole. Selbst die an sich eher »romantisch« orientierten Bergsteiger ließen sich von dieser Sprech- und Denkweise gefangennehmen:

»Hauptquartier! Operationen! Und ich, der ich diese militärische Sprache immer belächelt habe, wenn ich ihr in der Himalaya-Literatur begegnete, merkte plötzlich, daß ich sie selbst benutzte! Ob ich es wollte oder nicht, die Idee von einem Feldzug, einem Krieg, drängte sich mir mit jedem Tag mehr auf.«[28]

Die Expeditionen der fünfziger und frühen sechziger Jahre (wozu die französische Annapurna-Expedition von 1950, die Everest-Expedition der Schweizer von 1952, die der Briten von 1953 und die der Amerikaner von 1963 gehörten) setzten neue Maßstäbe und waren stark militärisch ausgerichtete Operationen.

Sie zogen Nutzen aus den technologischen Fortschritten, die sich während des Zweiten Weltkrieges entwickelt hatten, und nahmen eine Menge an (für die damalige Zeit) hochtechnologischer Ausrüstung mit, wozu große Sauerstoffvorräte gehörten, der inzwischen allerdings wesentlich praktischer zu transportieren war. Sie nahmen auch mehr Proviant mit, da sie sich mehr denn je nach dem Modell eines militärischen Feldzugs von der Idee leiten ließen, eine Kette von Vorratslagern zwischen dem Basislager und dem Gipfel anzulegen.

Sie nahmen sogar mehr Bergsteiger mit – aufgrund der Theorie, daß sie notfalls für den letzten Angriff auf frische Truppen zurückgreifen konnten. All dies bedeutete auch, mehr Träger zu engagieren. Der wohl auffälligste sichtbare Aspekt der Nachkriegsexpeditionen der fünfziger und sechziger Jahre war ein extrem langer Zug von Männern, die die Ausrüstung der Expeditionen auf die Berge hinauftrugen.

Die Franzosen hatten viereinhalb Tonnen Material, eineinhalb Tonnen Proviant und etwa zweihundert Kulis dabei.[29] Es gab neun Sahibs und neun Sherpas. Die Schweizer Expedition im Herbst 1952 war noch größer.

»Die Folge war, daß sich eine Karawane von rund vierhundert Mann, Sahibs, Sherpas und nepalesischen Trägern, zum Berg hin in Bewegung setzte, und wenn ich uns früher einmal mit einer Brigade verglich, die in den Krieg zieht, so schienen wir nun eine ganze Armee zu sein.«[30]

Die erfolgreiche britische Expedition von 1953 hatte acht Tonnen an Ausrüstung und Vorräten[31] für eine Gruppe dabei, die, als sie vollzählig war, vierzehn Sahibs und achtunddreißig Sherpas umfaßte.[32] Über die Träger konnte ich keine konkrete Zahlenangabe finden, der Lastentransport bei der Expedition wurde jedoch folgendermaßen beschrieben:

»Um eine Vorstellung von den Zahlen zu vermitteln, die hier im Spiel waren: Der erste Teil der Expedition verließ Katmandu am 10. März mit hundertfünfzig Trägern, der Rest einen Tag später mit zweihundert Trägern. Und sie nahmen nur das Allernotwendigste mit – der Hauptteil der Vorräte wurde einen Monat später, wiederum in zwei Hälften, auf den Weg gebracht.«[33]

Aus dem Anhang des Buches (1953) von Sir John Hunt, dem Leiter, kann man ebenso einen Eindruck von dem militärischen Charakter der Expedition gewinnen. Er ist in zehn Abschnitte unterteilt, einschließlich eines Diagramms über die Autoritäts- und Verantwortungshierarchien, einer detaillierten »Grundlage für die Planung«, die minutiös jeden zu berücksichtigenden Faktor und jede einzelne Phase der Expedition von Katmandu bis zum Gipfel darstellte, und Verzeichnisse über die Ausrüstung, den Sauerstoff (mit Zeichnungen der verschiedenen Komponenten der Sauerstoffausrüstung und Tabellen über Verbrauchsmengen), die Verpflegung (mit Essensplänen und Mengenangaben) sowie die Physiologie und die Medizin – und zusätzlich auch noch eine Tabelle über das Gepäck, das in der letzten Phase der Expedition, beim Gipfelangriff, mitgenommen werden sollte.

Die amerikanische Expedition von 1963 hatte schließlich neunzehn Sahibs, zweiunddreißig Sherpas und über neunundzwanzig Tonnen Ausrüstung, die von sage und schreibe neunhundertneun Trägern befördert wurde.[34] Die große Anzahl an Sahibs war teilweise darauf zurückzuführen, daß die Expedition von der National Geographic Society finanziert wurde, die verlangte, daß die Expedition auch eine wissenschaftliche Komponente hatte. So kamen zur üblichen Schar der Bergsteiger noch ein Physiologe, ein Psychologe, ein Soziologe und ein Geologe hinzu.

Anfang der siebziger Jahre gab es noch eine weitere Mega-Expedition: die berühmte italienische Expedition mit vierundsechzig Sahibs und siebzig Sherpas. Für die Träger liegen keine Zahlenangaben vor, die Lasten wurden jedoch mit einem Hubschrauber hinaufbefördert. Für den Führer der Expedition wurde ein fünf Räume großes, mit Teppich ausgelegtes und mit einer Ledergarnitur ausgestattetes Zelt bereitgestellt.[35]

Die Blütezeit der großen, hochtechnologischen Expeditionen waren jedoch zweifellos die fünfziger und sechziger Jahre. Und mit diesem Muster war ein Männlichkeitsstil verbunden, der sich sehr von den in der früheren Ära dominierenden Umgangsstilen unterschied.

Die Männer jener früheren Ära waren »romantisch«, idealistisch, dem Bergsteigen sogar mystisch verhaftet und sahen sich selbst und die Unternehmung mit einer Art erhabener Ernsthaftigkeit, die heute kaum mehr zurückzuholen oder einzufangen ist. Die Sahibs der fünfziger und sechziger Jahre waren jedoch von einem neuen Schlag, den wir mangels eines besseren Begriffs vielleicht als »Macho« etikettieren können: laut, ausgelassen, spaßig, extrem männlich.

Der Nachkriegsmachismo hatte beim Himalaya-Bergsteigen verschiedene Ausprägungen. Zum einen wurde der männliche Wettbewerb als treibende Kraft bei der Eroberung der Berge verstärkt hervorgehoben. Zum anderen gab es gleichzeitig eine verstärkte Zotigkeit im Umgangsstil und eine verstärkte Sexualisierung der bergsteigerischen Unternehmung (und der Bergsteiger als Männer). Beide Tendenzen waren unverbrüchlich mit den Gleichheitsfragen der Sherpas verbunden, hatten aber auch weitere, unbeabsichtigte Konsequenzen.

NACHKRIEGSMACHISMO I: KONKURRENZKAMPF

Der Wettstreit untereinander ist wahrscheinlich das konsistenteste Merkmal des Diskurses über die Sahib-Männlichkeit beim Himalaya-Bergsteigen, das in der ganzen Literatur von den zwanziger bis in die neunziger Jahre zu finden ist. Man hat den Eindruck, als sei es die Grundlage, der Kern, die – wagt man es zu sagen? – Essenz der westlichen Männlichkeit.

Der einzige Grund, daß ich dabei hauptsächlich auf die fünfziger und sechziger Jahre eingehe, ist, daß dieses Konkurrenzdenken nur in dieser Zeit so absolut und rundum Gültigkeit hatte und abgesegnet war – unverhohlenes Konkurrieren wurde fast als der einzige Grund für die Teilnahme an einer solchen Unternehmung akzeptiert. In früheren und späteren Perioden wurde dieses Konkurrenzdenken durch andere, dem etwas entgegensteuernde Diskurse aufgewogen; in den aggressiven Nachkriegsjahren gehörte es jedoch zu einem auf breiter Ebene gebilligten Männlichkeitswahn.[36]

Einer der Hauptapologeten und -praktiker der Kunst des Konkurrierens nach dem Zweiten Weltkrieg war Sir Edmund Hillary, der sich mit Tenzing Norgay den Erfolg teilte, als erste den Gipfel des Mount Everest bestiegen zu haben. Hillary war ein direkter Vertreter dieses Wettbewerbs, der mit der Besteigung 1951 begann. Zu dem sehr vielversprechenden Versuch, eine Route zum Gipfel zu erkunden, schrieb er:

»Hocherfreut über den Erfolg kehrten wir um und stiegen rasch ab. Shipton und ich lieferten uns auf dem ganzen Weg ein Wettrennen. Obwohl Shipton schon 44 Jahre war, befand er sich in bester Kondition und kletterte sehr geschickt.«[37]

Und über die triumphale Expedition von 1953 schrieb er: »Als wir zum Beispiel am dritten Tag den langen und steilen Weg von Dologhat aus hinaufgingen, holte ich ihn [John Hunt, den Führer] ein, als er voranstürmte, fest entschlossen, sich nicht überholen zu lassen. Das war eine Herausforderung, der ich damals noch nicht widerstehen konnte. Als ich an ihm vorbeizog und mich darüber freute, das Rennen gewonnen zu haben, war ich erstaunt, ein blasses, angespanntes Gesicht zu sehen. Er hatte alle Energie eingesetzt, um das Beste zu leisten.«[38]

Ein Jahrzehnt später stand Hillary, nun als der Ältere, dann im Vergleich mit Jim Fisher, der gerade aus dem Friedenscorps kam und zu der Zeit noch kein Ethnologe war. Fisher schrieb:

»Am nächsten Tag gingen Ed [Hillary] und ich wieder zum Grat hinauf. Ed legte ein schnelleres Tempo vor, als ich es normalerweise getan hätte, obwohl es auch wiederum nicht so schnell war, daß es an meine Grenzen gegangen wäre. Ich fragte mich, was die Hast sollte, und merkte erst später, wie wettbewerbsorientiert das Bergsteigen sein kann – weitaus mehr, als ich gedacht hatte, wie eine Wettkampfsportart... Ich fragte mich, ob er mit mir um die Wette lief – nein, das wäre absurd; warum sollte er darauf aus sein? Wahrscheinlich ging es ihm vielmehr darum, sich selbst einfach zu testen, zu sehen, was er in dieser Phase seines Lebens noch leisten konnte.«[39]

Aus Hillarys Sicht war es in der Tat der Wettbewerb, der einen auf den Everest steigen ließ. Er hatte mit Shipton eine Meinungsverschiedenheit, weil dieser, wie er fand, übertrieben vorsichtig bei allem war:

»Shipton hegte Bedenken, ob man den Weg [durch den gefährlichen Eisbruch am Khumbu-Gletscher] beladenen Trägern überhaupt zumuten dürfe. Er vermochte das mit seinem Verantwortungsbewußtsein nicht zu vereinbaren. Ich meinte dagegen, daß man ältere Anschauungen den neuen Umständen anpassen sollte. Mit übermäßiger Vorsicht kam man nie über den Eisbruch hinweg. Wir müßten die neuzeitlichen Hochleistungen in den Alpen auf den Himalaja übertragen.«[40]

Und Shiptons Vorsicht war möglicherweise tatsächlich einer der Gründe, warum er zum Erstaunen vieler nicht zum Führer der Expedition von 1953 gewählt wurde.[41] Der vorstehende Abschnitt sollte jedoch nicht so verstanden werden, daß Hillary das Leben der Sherpas aufs Spiel gesetzt hätte, ohne sein eigenes aufs Spiel zu setzen; für den Erfolg war er im Grunde zu fast allem bereit.

Willi Unsoeld war nahezu aus demselben Holz wie Hillary geschnitzt und ein weiteres ausgezeichnetes Beispiel für diesen Nachkriegsmachismo. Unsoeld war bei der erfolgreichen amerikanischen Everest-Expedition 1963 dabei und schien entschlossen, jeden bei der Expedition zu übertreffen, einschließlich seines Kletterpartners Tom Hornbein. Als Historiker der Bergsteigergeschichte schrieb Unsworth dazu:

»Hornbein und Unsoeld waren zwei außergewöhnliche Männer, zwei Ausnahmeerscheinungen. Sie waren entschlossen, intelligent und zäh. Sie waren außergewöhnlich forsch zu Fuß, und wenn sie zusammen auf dem Berg waren, machten sie in der Regel nicht nur jeden anderen fertig, der in Sicht kam, sondern versuchten es auch gegenseitig.«[42]

Hornbein schrieb in sein Tagebuch, er habe den Eindruck, so forsch wie jeder andere zu gehen, aber der unglaubliche Unsoeld, der manisch und auf irrwitzige Weise zu gehen schien, drohe die Expedition mit seiner extremen Hyperaktivität, seinem Hyperoptimismus und seiner scheinbar nicht kleinzukriegenden Art zu demoralisieren.[43]

»Unsoeld wußte sehr wohl«, meinte Unsworth dazu, »daß er Hornbein nicht demoralisierte. Nach einem bestimmten Abschnitt, als sie aneinandergeseilt waren und Unsoeld wie eine Rakete vorneweg ging, schrie Hornbein wütend: ›Verdammt noch mal, Willi, was probierst du eigentlich?‹ Unsoeld lächelte und sagte: ›Ich teste dich nur.‹ – ›Für was?‹ – ›Größere Dinge.‹«[44]

Hornbein und Unsoeld gelang schließlich die erste und spektakulärste Everest-Besteigung seit Hillarys und Tenzings Triumph, indem sie den Gipfel über den bis dahin unerklommenen schwierigen Westgrat bestiegen, den Gipfel überquerten und dann über die Hillary-Tenzing-Route wieder abstiegen.

Die allüberragende Frage bei diesem Nachkriegswettstreit der Sahibs war die körperliche Überlegenheit des einzelnen gegenüber allen anderen auf dem Berg, einschließlich der Sherpas. Die früheren Sahibs brüsteten sich damit, moralisch besser als die Sherpas zu sein, sowohl über die Disziplin als auch den »Geist« zu verfügen, woran es den Sherpas vermeintlich mangelte.

Auch wenn körperliche Kraft und Durchhaltevermögen ihnen nicht gleichgültig waren, entsprach das Hauptaugenmerk, das sie auf die Disziplin und Gesinnung legten, doch sehr ihrem eher romantischen Ansatz bei der ganzen Unternehmung. In den fünfziger und sechziger Jahren wurden die Disziplin und Gesinnung der Sherpas – das heißt, ihre Bereitschaft und Fähigkeit, lange und hart und so manches Mal unter widrigen Bedingungen für eine Expedition zu arbeiten – dann nicht mehr in Frage gestellt.

Gleichzeitig waren die Sahibs (zumindest die Briten und Amerikaner) weniger von Aspekten wie der Disziplin und Gesinnung, als vielmehr von Fragen der reinen Kraft und Stärke, der Ausdauer und des Durchhaltevermögens und von einer Art aggressivem Trieb besessen, buchstäblich um jeden Preis auf den Berg hinaufzukommen.

Sahibs reden selten über Körperlichkeiten als solche. Wir haben jedoch einen außergewöhnlich interessanten Text, der die zentrale Rolle verdeutlicht, die in dieser Ära der durchtrainierte männliche Körper beim Bergsteigen spielte. Der durchtrainierte – männliche oder weibliche – Körper ist in diesem Sport natürlich in jeder Ära ein wichtiger Punkt.

Das Ausschlaggebende bei diesem Text ist jedoch die Art und Weise, wie der Körper als das Wichtigste ins Rampenlicht gerückt und nicht nur mit dem Erfolg auf dem Berg, sondern auch mit dem Wettbewerbserfolg gegenüber anderen Männern verbunden wird.

Der Text stammt von James bzw. Jan Morris, einem Journalisten und Auslandskorrespondenten, der Anfang der sechziger Jahre operativ eine Geschlechtsumwandlung vornehmen ließ. Morris war der Reporter, der für die *Times* in London über die triumphale Everest-Expedition von 1953 berichtete. Er schrieb als James Morris ein relativ freimütiges Buch über die Expedition (*Coronation Everest*, 1958), sie schrieb aber auch über die Expedition aus der Perspektive der Jan Morris in ihrem Buch über die Geschlechtsumwandlung (*Conundrum*, 1974, dt. 1993). Für Jan konzentrierte sich das Problem exakt auf den jungen männlichen Körper des Bergsteigers und das Gefühl der Kontrolle, das er daraus bezog.

»Aber versuchen wir nun, uns die Verfassung des jungen Mannes vorzustellen. Zunächst einmal ist er vor diesem unbeständigen Hintergrund beständig. Sein Körper arbeitet nicht in plötzlichen Schüben und Ausbrüchen, er läuft gleichmäßig auf hohen Touren. Der junge Mann knistert geradezu vor Kraft und Energie und wäre nicht überrascht, wenn seine Haut im Dunkeln Funken sprühte. Nichts in seinem Körper gibt nach, er hat kein Gramm überflüssiges Gewicht und besteht nur aus durchtrainierten Muskeln.«[45]

Durch diesen starken und zuverlässigen Körper hat der männliche Bergsteiger, wie Morris des weiteren meinte, das Gefühl, beim Klettern alles unter Kontrolle zu haben:

»Ich glaube, es ist dieses Gefühl stets ungeminderter Kontrolle, das Frauen nicht teilen, und es kommt natürlich weder aus dem Intellekt noch aus der Persönlichkeit und kann einem auch kaum beigebracht werden, sondern es kommt einzig und allein aus dem Körper selbst. Vielleicht ist der männliche Körper unedel und genaugenommen sogar unschöpferisch, aber wenn er richtig funktioniert, ist er etwas Wundervolles. Ich sehe das heute deutlicher als damals, und ich denke an jene Augenblicke männlicher Höchstform zurück wie an prickelnden Champagner oder an ein Bad am frühen Morgen.«[46]

Und dann kommt der Lohn von alledem im Wettstreit: Er war durch nichts zu schlagen. »Nichts konnte mir etwas anhaben, dessen war ich ganz sicher, und so war es auch.«[47]

Morris ist eine sehr interessante, reflektierende Autorin, und ihr Text gäbe in vieler Hinsicht etwas her. Für meine Zwecke möchte ich mich jedoch darauf konzentrieren, wie der Text aus einem ungewöhnlichen Blickwinkel den Geist der fünfziger Jahre zum Ausdruck bringt, als die Frage der Männlichkeit weniger durch Dinge wie Geist als vielmehr durch den starken männlichen Körper und die Wettbewerbsvorteile, die er gegenüber anderen Männern bot, bestimmt wurde.

Diese Konzentration auf die körperliche Überlegenheit brachte allerdings ihre eigenen Verwundbarkeiten mit sich: Im Rahmen des Himalaya-Bergsteigens konnte sie buchstäblich alle Unterschiede zwischen den Sahibs und Sherpas auslöschen. Sie ließ die Sherpas für die Sahibs zu einer Quelle von Konkurrenzängsten werden, die die Sherpas gelegentlich auszunutzen wußten.

Konkurrieren mit den Sahibs

Die Sherpas haben ihre eigenen Wettbewerbstraditionen. Der Drang, mit anderen zu konkurrieren, wird kulturell als ein mehr oder weniger fester Bestandteil der menschlichen Natur gesehen, und in ihrer buddhistischen Religion gibt es vieles, was dem (meistenteils offenbar vergebens) entgegenwirken soll. Aus Sicht der Sherpas – und dies geht bis in ihre früheste Geschichte zurück – konkurriert jeder – Männer, Frauen, kleine Leute, große Leute, hohe Lamas – um Status und um die Bestätigung, in der einen oder anderen Weise als seinen Rivalen überlegen anerkannt zu werden. Verlieren ist mit Schmerz und Demütigung verbunden, und Gewinnen bedeutet eine enorme Freude. Ein Sherpa-Freund sprach in den sechziger Jahren mit mir darüber:

»M erzählte von der Schlägerei zwischen Z und U, bei der U so schlimm zugerichtet wurde... Worum ging es dabei? Er wußte es nicht genau, sie waren jedenfalls beide Sardars, und es gab eine allgemeine Konkurrenz zwischen ihnen: Wenn einer sieht, daß der andere es weiterbringt und aufsteigt, dann erträgt er das nicht.

Es gibt mindestens drei verschiedene Worte für Konkurrieren: *Balabenzin* [nepalesisch], wie Tanzen oder Laufen, nicht sehr ernst, gut, Spaß, Spiel; wenn man verliert, spielt es keine Rolle. Das nächste ist *Tatok* [Eifersucht], was schlecht ist, kein wirklicher Kampf, aber die Parteien wünschen sich gegenseitig Schlimmes; wenn einem etwas Schlimmes passiert, freut sich der andere; wenn etwas Gutes geschieht, ist der andere niedergeschlagen.

Chana ist sehr ähnlich; die beiden letzteren Arten können auch in einem Begriff zusammengefaßt werden *(Tatok-chana)*. Es bedeutet, daß man immer versucht, soviel wie der andere zu haben, es nicht ertragen kann zu sehen, daß der andere weiterkommt.«

Ein anderer Mann betonte in einem anderen Zusammenhang, daß immer eine Konkurrenz zwischen relativ Ebenbürtigen besteht. Große Männer konkurrieren immer mit anderen großen Männern, und kleine mit kleinen; ein kleiner Mann würde hingegen nie mit einem großen konkurrieren. Dies ist für die nachfolgende Diskussion besonders relevant, wonach das Konkurrieren der Sherpas mit den Sahibs ein Weg zu sein scheint, Gleichheit sowohl zu bekräftigen als auch herzustellen.

NACHKRIEGSMACHISMO I

Die Sahibs sind groß und stark; die Sherpas sind klein und stärker. Wenn wir an die Bemerkung von Jan Morris über den männlichen Körper zurückdenken, dann besteht genau darin die Schwierigkeit. Von den ersten Jahren des Himalaya-Bergsteigens bis in die Gegenwart haben die Sahibs einerseits stets die Kraft und Ausdauer der Sherpas geschätzt.

In einer Abhandlung über das Himalaya-Bergsteigen beschrieb Cameron die Sherpas als »eine zähe, widerstandsfähige Rasse, die für ihren Mut und ihre körperliche Kraft bekannt ist – ein Sherpa kann eine Last, die ein Europäer kaum hochheben kann, stundenlang tragen«.[48] Hier ist eine Auswahl von Bemerkungen, die im Laufe der Zeit bei Expeditionen gemacht wurden:

- 1924: »Wie so oft zuvor kann ich mich nur in Bewunderung ergehen über die Diener, Träger usw., die 18 Meilen bei bitterkaltem Wetter marschieren, ins Lager kommen und wie die Pferde arbeiten, um ihre Sahibs (die den Großteil des Weges geritten sind) satt zu kriegen, für ihre Kleidung zu sorgen und sie unterzubringen.«[49]
- 1933: Ruttledge meinte, die Sherpas hätten »eine Kraft zum Tragen, die man sehen muß, um es glauben zu können«.[50]
- 1952: Roch war »verblüfft« über die Leistung der Sherpas.[51]
- 1953: »Aus Solu-Khumbu boten zwei Kulis an, für doppelten Lohn die doppelte Last zu tragen. Wer hätte es sich vorstellen können zu sehen, wie jeder von ihnen sich mit sechzig Kilo Gepäck auf den Weg machte? Es ist verblüffend.«[52]
- 1953: »Fit und stark und von kleiner Statur, wie sie [die Sherpas] sind – ihre Hochgebirgsleistungen ohne Sauerstoff sind einfach außergewöhnlich.«[53]
- 1978: »Ich würde alles auf sie setzen – die Sherpas sind Supermänner.«[54]

Auch wenn all diese Zitate von großer Bewunderung zeugen, wurde die Tatsache, daß die Sherpas oft stärker waren und größeres Durchhaltevermögen hatten, angesichts der außergewöhnlichen Konkurrenzorientiertheit der Sahibs gelegentlich zu einer Quelle von Ängsten. Die außergewöhnlichen Fähigkeiten der Sherpas drohten – insbesondere wenn sie mit Routine, Geschick und Erfahrung beim Klettern zusammenkamen –, die eigentliche Leistung in den Bergen buchstäblich zu untergraben.

Die Sahibs wurden von der nagenden Angst geplagt, daß es in

Wirklichkeit die Sherpas waren, die den Berg bestiegen und sich weitestgehend über die Sahibs lustig machten, indem sie diese in dem Glauben ließen, es sei ihre Leistung. Über die amerikanische Everest-Expedition 1963 schrieb der Schriftführer der Expedition, James Ramsay Ullman:

»Den eigentlichen Job erledigten die Sherpas während dieser Phase oben in der Lhotse-Flanke, und es gab eine bedrückende, immer wiederkehrende, wenn auch kaum realistische Vision, sie könnten den ganzen Weg bis zum Gipfel des Berges gehen, während sich die Sahibs in der Western Cwm die Beine in den Bauch standen und das Nachsehen hatten. DREIZEHN SHERPAS ERREICHEN EVEREST-GIPFEL; AMERIKANER BEGRÜSSEN SIE BEIM ABSTIEG MIT JUBELRUFEN UND HEISSEM TEE – das wäre eine schöne Meldung, die man nach Katmandu und in die restliche Welt schicken könnte.«[55]

Durch das Konkurrenzdenken der Sahibs und ihre tatsächliche Abhängigkeit von den Sherpas bestand somit ein Schwachpunkt, den die Sherpas von Zeit zu Zeit mutwillig ausnutzten. In den meisten Fällen, die wir in der Literatur finden, in denen es einen direkten Wettbewerb zwischen den Sherpas und Sahibs gab, ging dieser in der Tat von den Sherpas aus. Über die Everest-Besteigung von 1921 schrieb Mallory:

»Unbewußt ließ ich mich von einem der Kulis, der sich an mir vorbeizwängte, zu einer Art Wettrennen verleiten. Ich bemerkte, daß er, obwohl er zierlich gebaut war, extrem stark und tatkräftig, ein Muskelpaket zu sein schien... Ich fragte mich, wie lange er das durchhalten würde.«[56]

»[Er] war es nicht gewohnt«, meinte der Verfasser, der Mallory zitierte, »daß Leute mit ihm mithalten konnten. Aber der unbekannte Sherpa schaffte es vermutlich, da Mallory die Geschichte nie mehr erwähnte!«[57]

Der Sardar der vermutlich ersten reinen Frauen-Himalaya-Expedition hielt es in den fünfziger Jahren für notwendig zu beweisen, daß er schneller und stärker als die Memsahibs aus dem Westen war:

»Zwischen dem Sardar und mir herrschte eine gewisse stillschweigende Rivalität. Er war der fittere von uns beiden und wußte es sehr wohl. Er liebte es jedoch, mich zu Rennen herauszufordern, die er stets zu seiner unverhohlenen Freude gewann.«[58]

NACHKRIEGSMACHISMO I

Bei der japanischen Skiexpedition 1969 berichtete Yuichiro Miura – aus unmißverständlicher Angeberei – über das einzige Beispiel, das ich je gefunden habe, wonach ein Sherpa das Rennen verlor:

»Ein Sherpa, Ang Pema, der ein Gurkha-Soldat war,[59] rannte mit mir die halbe Strecke abwärts um die Wette. Ich glaube jedoch, daß er aufgab, obwohl mein Gepäck schwerer war.«[60]

Und aus den siebziger Jahren können wir etwas nachlesen, das absolut identisch war mit dem, was Mallory in den zwanziger Jahren schrieb:

»Ang Mingyur [der zweite Koch bzw. Küchenjunge] trug 80 Pfund, so daß Langbauer zurücktrat, um ihn vorbeizulassen. ›Nach dir, Sahib‹, sagte Ang Mingyur mit einem schelmischen Grinsen. ›Der kleine Bastard‹, dachte Langbauer. ›Ich werde es ihm zeigen.‹ Langbauer wußte, daß er gar nicht mehr anders konnte. Der Rest des Nachmittags bestand aus einem erbitterten Wettrennen, bei dem Ang Mingyur Langbauer bergauf und bergab hetzte und nicht einen Zentimeter nachgab. Ang Mingyur lachte, und Langbauer fragte sich, warum er überhaupt so rannte. Langbauer beschloß, sich auf der Spitze des letzten Hügels auszuruhen, Wettkampf hin oder her. Dicht hintereinander stürmten sie den Pfad hoch, bis Ang Mingyur auf der Spitze lachend zusammenbrach.«[61]

Es gibt kaum einen Zweifel daran, auf was die Sherpas in all diesen Fällen aus waren. In ihrem gutmütigen Stil und in einem kulturellen Rahmen, in dem ein Rennen zu gewinnen als die lockerste und angenehmste Form des Wettbewerbs definiert wurde, taten sie so, als würden sie zumindest teilweise auf gleichem Fuße mit den Sahibs stehen.

Auch wenn das Gewinnen eines Rennens oder eines Wettkampfes im Lastentragen noch keine Wandlung »realer« Ungleichheit darstellte, so war es dennoch in der Praxis ein kleines Mosaiksteinchen, das zusammen mit vielen anderen, großen und kleinen, anfing, gewisse Spuren zu hinterlassen.

Wenn sich der gesteigerte Sahib-Machismo einerseits in dieser Zeit um ein verstärktes Konkurrenzdenken drehte, dann manifestierte sich auf der anderen eine verstärkte Sexualisierung der bergsteigerischen Unternehmungen. Die Sahibs veränderten ihre Haltung und Ausdrucksweise gegenüber dem, was den Berg als »Objekt« ihrer Eroberungen betraf. Ebenso gingen sie zu zotigeren, mehr unterhalb der Gürtellinie orientierten Umgangsformen untereinander und mit den Sherpas über.

Gleichzeitig war dies in Solu-Khumbu jedoch die Zeit, in der die monastische Bewegung sich um eine Enterotisierung des kulturellen Lebens der Sherpas bemühte. Ehe wir auf die Sahibs und die Sherpas vor dem Hintergrund dieser Frage eingehen, müssen wir zunächst noch einmal nach Solu-Khumbu zurück.

DIE KAMPAGNE DER MÖNCHE III: SEXUALITÄT

Mehr Klöster

Während das Bergsteigen Ende der dreißiger und während der ganzen vierziger Jahre praktisch zum Erliegen kam, entwickelte sich in Solu-Khumbu das Klosterleben weiter. In den fünfziger und sechziger Jahren gab es mehrere wichtige Neugründungen. Um 1952 wurde aus der Gemeinschaft der verheirateten Lamas von Thami ein zölibatäres Kloster.[62]

1959 wurde oberhalb von Junbesi (Zhung) das Serlo-Kloster von Sangye Tenzing gegründet, einem Mann aus Solu, der in einem Kloster im Nordosten Tibets seine Mönchsgelübde abgelegt und seine Ausbildung absolviert hatte. Er war im Anschluß daran mit Geschenken von seinem Lehrer nach Solu zurückgekehrt, um hier ein neues Kloster ins Leben zu rufen. Durch seine Ausbildung hatte Sangye Tenzing ehrgeizige Pläne, noch »höhere« Formen des tibetischen Buddhismus einzuführen, als sie in anderen Sherpa-Klöstern praktiziert wurden.

1959 war Tibet endgültig von den Chinesen besetzt, die 1950 mit der Okkupation des Landes begonnen hatten.[63] Die Mönche des Rumbu-Klosters flohen (zusammen mit vielen anderen Flüchtlingen) massenweise über die Grenze nach Solu-Khumbu. Der oberste Lama, der Zatul Rimpoche, war Ende der dreißiger Jahre gestorben. Die Reinkarnationsnachfolge war noch strittig (siehe Anhang B), und das Kloster unterstand der Leitung des Tushi Rimpoche, eines sehr hohen Reinkarnierten, dessen unmittelbarer »früherer Körper« *(Ku kongma)* der Lehrer des Zatul Rimpoche gewesen war.

Nach ihrer Flucht aus Tibet waren die Rumbu-Mönche innerhalb von Solu-Khumbu mehrmals umgezogen und lebten, als ich 1966 bis 1968 meine erste Feldforschung durchführte, in den leerstehenden Gebäuden einer ehemaligen Gemeinschaft verheirateter Lamas (in Phungmoche in Solu). Die örtlichen Sherpa-Dorfbewohner stellten den Mönchen in jener Zeit Land und ihre Arbeitskraft zur Verfügung und bauten ihnen in Solu ein neues Kloster: Tüpden Chöling.

Dieser ganze religiöse Aktivismus gab der monastischen Kampagne zur Erneuerung und Bereinigung der Sherpa-Volksreligion zweifellos zusätzlichen Auftrieb, einer Kampagne, die in den Jahren ab 1910 und dann in den zwanziger Jahren ihren Anfang genommen hatte. Mit dem Anspruch, die Volksreligion »höheren« Praktiken zuzuführen, wurden die monastischen Ideale aus den Klöstern hinaus- und ins Leben der Laien hineingetragen.

Von besonderer Bedeutung für die hier anstehende Diskussion waren die Schritte gegen jede öffentliche Bekräftigung und Validierung von Sexualität und Ehe. Auf die Kampagne gegen die verheirateten Lamas, bei der es weitgehend um Fragen der Gewalt ging, bin ich bereits kurz eingegangen. Die Kampagne zur Bereinigung und Reorganisation bestimmter wichtiger Rituale, die den verheirateten Lamas oblagen und von ihnen durchgeführt wurden, veranschaulicht weitere Dimensionen der monastischen Reformbewegung – in diesem Fall Fragen der Sexualität.

Bereinigung des Dumji-Festes

Aus der Sicht der Mönche waren die verheirateten Lamas, wie wir gesehen haben, nicht sonderlich kompetent und nicht sonderlich mächtig und damit auch nicht sonderlich effektiv mit ihren Ritualen. Eine logische Konsequenz dieser Sichtweise war, daß die Mönche die Durchführung zumindest einiger der Rituale selbst übernahmen, die normalerweise von den verheirateten Lamas vollzogen wurden. Das eklatanteste Beispiel hierfür war das *Dumji*-Fest, die alljährlich in allen größeren Dorftempeln stattfindende Geisterbeschwörungs- und -austreibungszeremonie.

Das Dumji-Fest wurde als absolut notwendige Voraussetzung für das Wohlergehen der Gemeinschaft betrachtet. Die Götter wurden um Schutz der Gemeinschaft ersucht und beschworen, um alle bösen

Dorfälteste aus Khumjung, die den Gott Khumbila begrüßen. Dumji-Riten, 1979.

und unreinen Kräfte aus der Stadt zu vertreiben. Einem Informanten zufolge heißt es in der Tempelurkunde *(Chayik)* von Khumjung, daß, »wenn Dumji nicht zelebriert wird oder die vorgeschriebenen Regeln gebrochen werden, alles einen schlimmen Verlauf nehmen wird: Die Menschen werden alles verlieren und bluterbrechend sterben.«

Ein anderer Mann meinte: »Die Nepalesen möchten Dumji unterbinden, da sie der Meinung sind, daß es zu teuer sei, aber selbst der König kann es nicht aufhalten. Wenn die Sherpas kein Dumji feiern, wird die ganze Ernte mißraten, alles wird schiefgehen.« Ein dritter Mann erzählte, er habe zu einem Nepalesen gesagt, die Sherpas würden mit dem Dumji-Fest aufhören, wenn die Nepalesen mit dem *Hom*, dem brahmanischen Feueropfer, aufhören würden.

Aus Sicht der Sherpas war Hom ein sehr verschwenderisches Fest, da die Hindus dabei riesige Nahrungsmittelmengen verbrannten. Aber die Nepalesen, meinte er, sagten natürlich, daß sie nicht aufhören würden, Hom auszurichten, genau wie die Sherpas nie aufhören würden, Dumji zu begehen.[64]

Das Dumji-Fest wurde mit einer Reihe von Austreibungszeremonien begangen. Als erstes präsentierten sich die Lamas in ihrer mächtigsten und gefährlichsten Form, als Ngawa oder tantrische Priester, die den mächtigen Zauber (*Ngak*, tibetisch: *Sngags*) beherrschten, mit dem die Dämonen besiegt werden konnten. In dieser Maske nahmen sie zunächst die Zerstörung von Dämonen vor, indem sie auf kleine, menschenähnlich geformte Teigfiguren, sogenannte *Lingas*, einstachen.

In der zweiten Runde tanzten die Lamas als Götter kostümiert, die von ihnen im Namen der Bevölkerung herbeigerufen worden waren, um der Gemeinschaft zu helfen. In der Verkleidung der Götter entledigten sie sich eines weiteren Linga. Und schließlich wurde ein Exorzismus durchgeführt, bei dem andere Behältnisse für die Dämonen bereitgestellt und dann mit ihnen aus der Stadt hinausgeworfen wurden. Einige dieser Behältnisse wurden von Vertretern der Laiengemeinschaft zerhackt, während andere einfach mit Nahrungsopfern aus der Stadt hinausgebracht wurden, um den Appetit der Götter zu stillen und sie im Zaum zu halten.

All dies wurde auf sehr dramatische Weise vollzogen. Einige Lamas tanzten als Verkörperungen der Götter in eindrucksvollen Masken und Kostümen, während andere Lamas mit Instrumenten für eine ständige, intensive hämmernde Musikkulisse sorgten. Die Linga wurde zerstückelt oder unter dem gewaltigen Crescendo klagender Hörnerlaute und aufpeitschender Becken- und Trommelmusik hinausgeworfen. Jeder, vom Kleinstkind bis zu den Ältesten in der Gemeinschaft, wurde von der Macht und der Erregung der Ereignisse gepackt.

Unmittelbar nach den Klostergründungen gaben die Mönche zu verstehen, daß sie besser als die verheirateten Lamas geeignet waren, das Dumji-Fest zu zelebrieren. Dies ist auch aus späteren Kommentaren zu ersehen, nachdem es ihnen gelungen war, einige der Dorf-Dumjis zu übernehmen. Zum Beispiel:

»Ich fragte [einen älteren Tengboche-Mönch], ob Dumji sich geändert habe, nachdem es von den Mönchen übernommen worden war. Es wurde besser, sagte er, weil verheiratete Lamas Chang trinken und das Dumji-Fest somit etwas ›schmutzig‹ war [was für gewöhnlich

›geringes Ansehen‹ bedeutete]. Die Mönche trinken nicht, somit ist das Dumji-Fest ›reiner‹.«

Ähnlich meinte ein älterer Thami-Mönch:

»In jener Zeit [als die verheirateten Lamas das Dumji-Fest zelebrierten] hatte das Tanzen keine große Bedeutung, es war einfach Tanzen. Aber nachdem [die Mönche es übernommen hatten], wurde es besser und besser.«

Die Feststellung, daß religiöse Rituale »keine große Bedeutung« haben, daß sie »einfach Tanzen« sind, ist in Wirklichkeit ein schwerer Vorwurf. Solche Redewendungen werden auch verwendet, wenn von Lamas gesprochen wird, die Rituale vollziehen, zu denen sie nicht wirklich berechtigt sind, oder von Lamas, die ihre Macht und Kraft dadurch verloren haben, daß sie unrein wurden. In dem Falle ist das Ganze Heuchelei, da solche Lamas nicht wirklich mit den Göttern Kontakt aufnehmen können, wodurch das ganze Ritual erst wirksam wird.[65]

Die Folge der allgemeinen Bemühungen, die verheirateten Lamas in Verruf zu bringen, und die konkrete Behauptung, daß die Mönche die Aufgabe des Dumji-Festes besser erfüllen konnten, war, daß schließlich die Mönche in den zwei größten Tempeln in der Region Khumbu, denen in Khumjung und Thami, die Dumji-Rituale vollzogen und verschiedene Änderungen vornahmen.

Die Folge einiger recht massiver politischer Maßnahmen, auf die ich an anderer Stelle eingegangen bin,[66] war, daß die Mönche in der Region von Solu, wo ich zusammen mit Robert Paul meine Feldforschung ursprünglich durchführte, mehrere wichtige Dumjis nicht übernahmen (sondern in der Tat bewußt davon ferngehalten wurden). So kam es, daß Paul und ich Mitte der sechziger Jahre verschiedene, relativ unveränderte Dumji-Feste miterleben konnten.[67]

Anhand dieser Feste wie auch nach den veröffentlichten Berichten über frühere Dumjis in Khumbu können wir klar erkennen, was die Mönche abgeschafft haben, als sie die Möglichkeit dazu hatten: alle öffentlichen Darstellungen und erst recht alle zelebrierten feierlichen Darstellungen von Sexualität. Solche Darstellungen hatte es bei den Dumji-Festen in zweierlei Hinsicht gegeben: in verschiedenen bildhaften Darstellungen, die bei den Exorzismusriten verwendet wurden, und bei verschiedenen komischen Tänzen.

Wir wollen zunächst auf die bildhaften Darstellungen eingehen.

Die zentrale Altarfigur für den letzten Exorzismus (von insgesamt dreien) war eine Figur aus Matsch und Teig mit drei Tierköpfen, Brüsten und einem langen, doppeldeutigen Gebilde, das zwischen ihren Beinen bis auf den Boden hinabhing. Diese Figur, das sogenannte *Tonak Gosum* oder »schwarze *Torma* [mit] drei Köpfen« wurde am Ende dieses Teils des Rituals zusammen mit einigen Opfergaben aus der Stadt hinausgetrieben. (Ein Torma ist eine aus Teig hergerichtete rituelle Opfergabe.)[68]

Einigen Informanten (überwiegend verheirateten Lamas) zufolge stellte diese Figur einen zur Austreibung der Dämonen um Hilfe gerufenen Gott dar. Nach Aussage anderer (überwiegend Laien) war die Figur in Wirklichkeit ein dämonisches Behältnis.[69] Sie war in jedem Fall eine starke, mächtige Form, die sich durch recht deutliche (wenn auch komplizierte) sexuelle Merkmale von anderen Dingen unterschied.

Nach dem Exorzismus mit dem Tonak Gosum, der den Höhepunkt der eigentlichen Dumji-Texte darstellt, gab es bei den in Solu abgehaltenen Dumji-Festen noch weitere Austreibungen. Bei einem dieser Austreibungsriten, der üblicherweise auch nach Bestattungen praktiziert wurde, wurde eine aus Matsch und Teig hergestellte Figur eines Tigers eingesetzt, der mit einem erigierten Schwanz und zwei großen Hoden dargestellt wurde.[70]

Der Tiger war eindeutig ein Behältnis, in das die Dämonen hineinbeschworen wurden. Er wurde schließlich von zwei rituellen clownhaften Figuren, den sogenannten *Peshangba*, aus der Stadt hinausgebracht und gewaltsam zerstückelt.

Bei den von den Mönchen in Khumbu übernommenen Dumji-Festen wurden diese beiden Figuren entfernt oder ersetzt. Anstelle des Exorzismus mit dem schwarzen dreiköpfigen Torma mit Brüsten und bodenlangem Penis ging man bei den Dumjis in Khumbu zu einem *Lokpar*-Exorzismus über, bei dem eine schlichte, dreiseitige aus Teig hergestellte Opfergabe (ein sogenanntes *Lokpar Torma*) aus der Stadt hinausgebracht und verbrannt wurde. Gleichzeitig wurde der Exorzismus mit der sehr phallischen Tigerfigur überhaupt nicht mehr praktiziert. Das heißt mit anderen Worten, daß alle Dumji-Komponenten mit eindeutig sexuellen Ritualelementen geändert oder eliminiert wurden.

Ein weiterer wichtiger Bereich der Reinigung waren die komischen

Parodien, die zwischen den Hauptinszenierungen der Maskentänze und Rituale eingelegt wurden. Diese Parodien, bei denen es meistenteils um irgendwelche Formen der Obszönität ging, wurden von Laien aufgeführt und stellten einen komplexen Gegensatz zu den rituellen Haupttänzen dar.[71]

Beim Junbesi-Dumji war die Hauptparodie ein Maskentanz, der sich um ein Paar drehte namens Gawa und Gama, das heißt »alter Mann und alte Frau«, die die Ahnenfiguren Pawu und Pamu darstellen sollten. Es gab auch noch eine dritte Figur, die der »Diener« der beiden sein sollte. In der Version, die ich in den sechziger Jahren gesehen habe, versuchte der Diener mehrmals, wenn der alte Mann ihm den Rücken zudrehte, die alte Frau zu begatten, die nichts dagegen zu haben schien. Als der alte Mann sich dann jedoch umdrehte und die beiden sah, schlug er mit einem Knüppel auf sie ein. Am Schluß wurde dann schließlich mimisch dargestellt, wie der alte Mann und die alte Frau Geschlechtsverkehr miteinander hatten.

Eingeleitet wurde die Parodie von tänzelnd einherstolzierenden kleinen Jungen, die mit ihren selbstgemachten Masken (Tek-tek) und Pappkarton-Phalli mehrere Runden drehten und eindeutig obszöne Beckenbewegungen machten. Die Jungen sollten (unter anderem) die Kinder des alten Mannes und der alten Frau sein. Die ganze Darbietung wurde vom Publikum als belustigend empfunden.

Beim Dumji-Fest in Khumjung wurden diese Darstellungen, nachdem die Mönche die Regie übernommen hatten, unterbunden. Es gab keinen Gawa-Gama-Tanz, den Tanz des alten Mannes und der alten Frau, und auch keine kleinen Jungen mehr, die ihre Hüften vor- und zurückschnellen ließen und mit ihren Tek-tek herumstolzierten.[72]

Gleichzeitig wurden in den Klöstern neue Rituale, die sogenannten *Mani-Rimdu*-Zeremonien, eingeführt. Sie hatten in vieler Hinsicht große Ähnlichkeit mit dem Dumji-Fest, wiesen jedoch auch wichtige monastische Änderungen auf, insbesondere was die Darstellungen von Sexualität und Ehe anging. Anstelle des lüsternen, sexuell aktiven Paars, des alten Mannes und der alten Frau, und ihren ausgelassen hüftschwingenden Kindern traten nun Personen auf, die als Skelette verkleidet waren und mit einem Lumpenpuppen-Baby tanzten, das sexuell verwundet zu sein schien und diversen Drohungen und Mißhandlungen ausgesetzt war.[73]

Bei einer Darbietung in Chiwong trat ein Paar auf, das Mann und Frau darstellen sollte. Ihr Auftritt bestand hauptsächlich aus Streitereien und gegenseitigen Prügeleien und darin, daß sie später Trauerrituale für ihr verstorbenes Baby vollzogen.[74] Diese Darbietungen enthielten wichtige religiöse Botschaften, die in weiten Teilen auf die bereits an früherer Stelle angesprochenen Fragen der Zuneigung, Bindung, starker Gefühle und innerer Disziplin eingingen, und ich möchte diese Rituale keineswegs auf gewaltintensive Karikaturen reduzieren.

Wichtig ist jedoch, daß es von seiten der Mönche eine an mehreren Fronten geführte sehr drastische Kampagne gab, die sowohl auf eine Abwertung als auch Neubewertung der Sexualität abzielte, sie aus dem Bereich der Freude, des Lachens und der Kontinuität des Lebens herausnehmen und mit Schmerz, Verlust und Tod assoziieren wollte.

Aber während die Mönche die Sherpas in diese asketischere, antierotische Richtung zu drängen versuchten, bewegten sich die Sahibs und die Erfahrungen beim Bergsteigen genau in die entgegengesetzte Richtung. In ihrem Machogehabe der Nachkriegszeit legten die Sahibs nunmehr eine eher reichlich sexualisierte Männlichkeit an den Tag, die sich in verschiedenen Formen äußerte.

NACHKRIEGSMACHISMO II: ZOTIGKEIT

Die Vergewaltigung des Berges

Beim Bergsteigen sind seit jeher verschiedene sexuelle Diskurse im Spiel. Bei einem dieser Diskurse geht es um die Feminisierung des Berges und die Sexualisierung der Beziehung des Bergsteigers zum Berg. Hier erscheint die »Eroberung« des Berges in einem ausgesprochen sexuellen, sogar gewaltsam sexuellen Szenario. Die Sexualisierung der Natur und einer bestimmten Form der (männlichen) Beziehung zur Natur ist ein Thema, das bis weit ins 19. Jahrhundert zurückverfolgt werden kann und auch in den Berichten einiger früherer Expeditionen zu finden ist.

In den dreißiger Jahren des 20. Jahrhunderts beispielsweise schrieb der deutsche Bergsteiger Paul Bauer vielsagend: »In Hunderten von Biwaknächten hatten wir der Natur ihre verborgensten Geheimnisse abgelauscht.«[75]

Die Metapher vom »Bergsteigen als Sex«, manchmal gewaltsamem Sex, taucht nach dem Zweiten Weltkrieg jedoch wesentlich häufiger auf. Entsprechend klagte der Historiker Walt Unsworth bei der triumphalen Expedition 1953: »Die Eroberung der höchsten Berge der Welt könnte mit einer sportlicheren Ethik verbunden gewesen sein: weniger Vergewaltigung und mehr Verführung.«[76] Der britische Bergsteiger Dougal Haston schrieb über die Besteigung des Ben Nevis in Schottland in den sechziger Jahren:

»Wenn der Ben eine Dame wäre, dann wäre sie eine wahre Kurtisane. Nur geübten Liebhabern würde erlaubt, sie ganz zu erforschen. Fähige und begeisterte junge Forscher würden in sie hineingezogen und ihnen würden unermeßlich wertvolle Lektionen erteilt. Die Unwissenden und ungeschickt Herumfummelnden würden total abgewiesen. Wir gingen mit alten bevorzugten Liebhabern und erwiesen [ihr] unsere Reverenz und wurden langsam angenommen und selbst zu Liebhabern.«[77]

Der Diskurs wurde fortgesetzt – und nahm in der Tat oft noch kräftigere Formen an. Auch wenn es den Rahmen dieses Kapitels sprengt, möchte ich noch einige weitere Beispiele nennen. Über die amerikanische Dhaulagiri-Expedition von 1973:

»Was den weiblichen Charakter des Berges angeht, ist die Vermenschlichung zu einem Automatismus geworden, dessen Wurzeln in einem Gewirr von männlicher Psychologie und Bergsteigertradition liegen. Sie wird unterschiedlich verwendet, der Ansatz des Bergsteigers gegenüber diesem Bild ist jeweils persönlicher Natur. [Ron] Fears süße Lady und zarte Geliebte ist [Jim] Morrisseys Sirene, Hure und Schlampe: Nur die Augen des Betrachters sind andere.«[78]

Der Abschnitt geht in der Art weiter und gipfelt in der Feststellung:

»Als Roskelley auf dem Ausläufer losging und seufzte: ›Los, besteigen wir dieses Schwein‹, hatte er kein Bild vom Bauernhof vor Augen, sondern von jemandem, der das Erstsemester am College durchnehmen muß.«[79]

Und aus den achtziger Jahren:

»Von Anfang an war [der] Everest eine klassische, mystische Heldin. Sie wurde 1852 aus der Ferne von dem Great Survey of India als der höchste Berg der Welt ausgemacht. Nachdem man sie entdeckt und gesehen hatte, war es ihr Schicksal, unter dem menschlichen [sic] Zwang zu leiden, daß man einen Weg finden mußte, um ihr nahe zu sein, sie zu berühren, ja, mit fast allen Mitteln, ihren Gipfel zu berühren. Es folgte eine lockere Zeit, in der andere, relativ leichte Wege erkundet wurden, bis dies verblaßte. Dann stieg die Entschlossenheit, sie tiefer zu erforschen, ihre Geheimnisse zu entdecken, sich an ihr zu messen, es zu wagen, ihr Widerstand zu leisten, ihre Stärken zu finden, ihre wahrsten, stärksten Qualitäten.«[80]

Obszöne Scherze zwischen Sahibs und Sherpas

Vorab möchte ich gleich bemerken, weil ich fast immer danach gefragt werde, daß es – meines Wissens – nur sehr wenige wirkliche sexuelle Beziehungen zwischen Sahibs und Sherpa-Frauen oder Sahibs und Sherpa-Männern oder unter männlichen Sahibs oder unter männlichen Sherpas gab und gibt.[81] Dies mag es natürlich zum Teil gegeben haben (und vielleicht immer noch geben), in der Praxis jedoch *offenbar* nicht sehr viel (wenngleich ich dem Thema auch nicht allzu tief nachgegangen bin).

Was es diesbezüglich auch immer gegeben haben mag und gibt, taucht jedenfalls nicht »im Diskurs« auf. Was wir hingegen hören werden und was zentral für diese Diskussion sein wird, sind Berichte (sowohl von Sahibs als auch von Sherpas) über Liebeleien zwischen männlichen Sherpas und einheimischen (meist Sherpa-)Frauen und – worauf in Kapitel 7 noch eingegangen wird – zwischen männlichen Sherpas und Memsahibs.

Worauf wir hier eingehen, sind die (angeblichen oder realen) sexuellen Verbindungen zwischen Sherpas und einheimischen Frauen, die auch die Grundlage für obszöne Scherze zwischen Sahibs und Sherpas sind.

Von Anfang an waren einige Sherpas offenbar auch auf sexuelle Abenteuer aus, die sie in den Dörfern suchten, durch die die Expeditionen auf dem Weg zum Berg kamen. Ang Tharkay schrieb zum Beispiel, einige Sherpas hätten sich 1938 beim Anmarsch zum Everest in der tibetischen Stadt Shekar für die Nacht mit einigen »hinreißenden« Dorfmädchen davongemacht.[82] Daß die Sherpas auf dem Weg zu den Bergen Sex suchten, wurde in den fünfziger und sechziger

Vier Bergsteiger (*von links nach rechts*: Robert Anderson, Paul Teare, Ed Webster, Stephen Venables) mit der aus Eis herausgemeißelten nackten »Expeditionsschneefrau«. Amerikanisch-britische Everest-Expedition über die Kangshung-Wand, 1988.

Jahren weitaus üblicher, nachdem sich durch die Routen in Nepal wesentlich mehr Frauen den Expeditionen als Trägerinnen anschließen konnten.

Außerdem benötigten die Mega-Expeditionen so viele Träger, daß sie bei der Geschlechts- oder Altersfrage nicht wählerisch waren. John Hunt hielt die Trägerinnen tatsächlich für eine entschiedene Bereicherung: Sie brachten »Farbe und Heiterkeit in unsere Gesellschaft« und trugen ihre Lasten »ebenso wacker wie ihre Männer«.[83]

Es bleibt offen, ob Expeditions-Sherpas tatsächlich, sei es mit Dorffrauen oder Trägerinnen, sexuelle Beziehungen hatten oder nicht. Was es aber gibt, ist eine ununterbrochene Kette von Witzeleien darüber zwischen Sahibs und Sherpas, die bei den verschiedensten Gelegenheiten von der einen oder anderen Seite initiiert wurden. Auch diese Scherzereien lassen sich zum Teil wiederum bis in die Vorkriegsjahre zurückverfolgen. Bei der Everest-Besteigung 1938 ging einer der Bergsteiger, Noel Odell, beispielsweise kurzzeitig verloren.

»Die Sherpas ... meinten herzlos, [Odell] habe den Nachmittag im benachbarten Nonnenkloster oder Ani-Gompa, wie die Köster genannt werden, verbracht. Seither hieß er bei ihnen nur noch der ›Gompa La Sahib‹, da er in diese Richtung losgegangen war. Wenn er, was nicht selten vorkam, wieder einmal den falschen Weg nahm, dann zeigten sie ihm den richtigen, versäumten dabei aber nie, ihm zu versichern, daß es in der Richtung keine Nonnenklöster gab.«[84]

Mitte der fünfziger Jahre war Norman Hardie mit einigen Sherpa-Trägern und -Trägerinnen vom Kangchendzönga nach Solu-Khumbu unterwegs. Hardie bekam etwas von einem neckischen Geplänkel unter den Trägern und Trägerinnen mit, wie es normalerweise nur zwischen jungen flirtenden Sherpa-Männern und -Frauen stattfand:

»Unser neuer Begleiter rief ihnen ein unter Männern viel gehörtes Wort zu: *Likpa sirki dorji*. Ich wartete auf die Antwort der Frauen, denn ich kannte die Bedeutung: ›Geschmückt mit einem Glied wie ein Donnerkeil.‹ So hatte man den Teilnehmer [Sahib] einer unserer früheren Fahrten [Expeditionen] geehrt. Eine der Frauen war nicht auf den Mund gefallen und schoß noch deutlicher zurück, was allgemeines Gelächter auslöste.«[85]

Die Sahibs der Annapurna-Expedition hatten in den fünfziger Jahren auch Ang Tharkay damit geneckt, daß er ein Frauenheld sei.[86] Und in den siebziger Jahren schrieb Chris Bonington über ein »phallisches« Geplänkel mit Sherpa-Männern, das stark an das erinnert, was Hardie in den fünfziger Jahren unter den Sherpa-Männern und -Frauen mitgehört hatte:

»Als ich an einer Gruppe [von Sherpas] vorbeikam, rief ich ihnen zu: *Likpadello* (ein sexueller Sherpa-Angeberspruch, der soviel bedeutet wie ›mein Sexualorgan ist groß‹). Meine Bemerkung wurde mit schallendem Gelächter aufgenommen, das von ›Likpadello‹-Zurufen und anderen flotten Sherpa-Sprüchen begleitet wurde.«[87]

Die Verlagerung auf das Machogehabe

Nach dem Eindruck, den ich als Feldforscher*in* in den sechziger Jahren insgesamt bekam, waren die Sherpa-Männer gegenüber den Frauen relativ respektvoll und unternahmen sexuell keine Übergriffe. Vergewaltigung war, soweit ich es sagen konnte, buchstäblich unbekannt, und ich habe nie von einer Sherpa-Frau gehört, die zu sexuellem Verkehr genötigt oder gezwungen oder in irgendeiner anderen Form »ausgenutzt« worden wäre.[88]

Als Feldforscher*in* und Frau habe ich mich absolut sicher gefühlt, zum Teil zweifellos auch durch meinen Status geschützt (»als Person aus einer mächtigen Nation mit einer offiziellen staatlichen Erlaubnis, Forschungen zu betreiben«), ganz klar aber auch durch die zurückhaltende Art der Sherpa-Männer.[89]

Die Sherpas waren kaum als prüde zu bezeichnen. Es gab jede Menge zotiger Redereien von der zuvor genannten Art, jede Menge Flirtereien zwischen entsprechenden Partnern und jede Menge Sex zwischen unverheirateten jungen Männern und Frauen, auch wenn dies im Idealfall ein Vorspiel zur Eheschließung sein sollte.

Aber bei alledem wurde unterstellt, daß es auf Gegenseitigkeit beruhte – und das schien es im allgemeinen auch. Das zotige Gerede wurde als ein Austausch aufgefaßt, und der Sex beruhte immer (idealerweise und, soweit ich weiß, auch in der Praxis) auf gegenseitigem Einverständnis. Die Sherpa-Männer schienen keine Don-Juan-Einstellung gegenüber Frauen zu haben, wonach es nur darum ging, möglichst viele gehabt zu haben.

Ab den sechziger Jahren scheint es dann jedoch so etwas wie eine »Verlagerung zum Macho« gegeben zu haben, eine zunehmende Tendenz, Frauen und sexuelle Begegnungen als Eroberungen zu betrachten, mit denen man sich brüsten konnte. Auch wenn es schwierig ist, dies zweifelsfrei nachzuweisen, können wir vielleicht einen Eindruck davon gewinnen, wenn wir den Wandel der Strafen sowie deren Sinn und Zweck einmal näher betrachten, die wegen sexueller Kontakte bei Expeditionen verhängt wurden.

In den fünfziger und sechziger Jahren kam die Zeit, in der die Expeditionen, was die Sherpas anging, bisweilen gemischt-geschlechtlich waren (auf seiten der Sahibs sollten sie erst ab den siebziger Jahren gemischt sein). Bei den Everest-Expeditionen war es üblich, daß die lokalen (überwiegend Tamang-)Träger die Expedition in dem rund 3650 Meter hoch gelegenen Sherpa-Dorf (inzwischen eine Stadt) Namche Basar verließen und die gesamte Trägerarbeit von dort bis zum Basislager (5365 Meter) von körperlich fitten und höhengewohnten Sherpas, darunter auch zahlreiche Frauen, übernommen wurde. Manche Frauen verbrachten die Nacht im Basislager, ehe sie den Rückweg antraten.

Bei manchen Expeditionen kamen einige Frauen später nochmals ins Basislager zurück, um Proviant und ähnliches zu verkaufen. Die Sahibs versuchten, gewisse Regeln aufzustellen: Die Frauen durften nicht in den Männerzelten schlafen. Der Führer der indischen Expedition von 1965 war zum Beispiel der Meinung, daß es schlecht für die Disziplin bei der Expedition war, Frauen in die Zelte zu lassen, und verhängte, nachdem er sich mit den Sardars beraten hatte, eine Geldstrafe von dreißig Rupien für jede Frau, die ohne Berechtigung das Zelt eines Sherpa-Mannes betrat.[90]

Dieses Disziplinierungsmodell bezüglich sexueller Kontakte bei Expeditionen hatte jedoch noch einen völlig anderen Nebeneffekt, indem sich die Männer nämlich kollektiv für ihre sexuellen Abenteuer belohnten. Oberstleutnant N. Kumar berichtete folgendes über jene indische Expedition, ohne jedoch etwas zu den Widersprüchlichkeiten zu sagen, wie über das Geld verfügt wurde:

»Es gab noch viele andere Gesetze, die zu den [vom Sardar aufgestellten] Verhaltensregeln gehörten, und das Witzigste war, wenn ein Sherpa mit einem Mädchen, das nicht seine Frau war, erwischt wurde, dann mußte er eine Strafe von zehn Rupien zahlen, und wenn der [Sardar] oder der stellvertretende [Sardar] dabei erwischt wurden, dann mußten sie eine Strafe von zwanzig Rupien zahlen. Das hatte eine enorme Wirkung, um die Sherpas zu einem züchtigen Verhalten anzuhalten; und auf diesem Wege kam auch ein gemeinsamer Geldtopf von über fünfhundert Rupien zustande, der für verschiedene Feiern ausgegeben wurde.«[91]

Das war nämlich im Endeffekt das Modell: Eine Reihe sexueller Eroberungen zu machen (oder damit zu prahlen), jede Menge Strafgelder zu kassieren (die weniger Strafen als öffentliche Erklärungen waren) und das Geld dann für »verschiedene Feiern« zu verwenden. Bei der japanischen Skiexpedition 1969 machte die Gruppe beispielsweise in einem Dorf halt, wo die Sherpa-»Mädchen« für die und mit den Expeditionsmitgliedern tanzten.

»Wenn sie bis zehn Uhr abends nicht wieder im Lager zurück waren, mußten die Teammitglieder zwanzig Rupien zahlen..., und die Sherpas hatten zehn Rupien ... als Strafe zu zahlen. In jener Nacht wurde eine Menge gezahlt.«[92]

Miura, der Expeditionsleiter, hatte sich zu einem früheren Zeitpunkt während der Expedition darüber beklagt, daß zuviel getrunken und bei jeder Gelegenheit haltgemacht wurde, um Chang zu kaufen. Und jetzt gaben sie die gesammelten Strafgelder für noch mehr Chang und Rakshi aus:

»Als die Frühstückspfeife ertönte, krochen die Männer aus ihren Zelten heraus. Sie sahen alle aus, als wäre der Morgen viel zu hell. Das als Strafe eingesammelte Geld wurde gespart, um für jeden noch mehr Chang und Rakshi zu kaufen – ein Teufelskreis.«[93]

Chris Bonington hatte Mitte der siebziger Jahre zumindest die Regel aufgehoben, Frauen in die Zelte zu lassen:

»Unsere Träger [in Khumbu], von denen die meisten Frauen im Alter von 13 bis 70 Jahren waren, wurden unter freiem Himmel um uns herum im Wald untergebracht... Die, die Glück hatten, teilten sich ein Zelt mit unseren Höhenträgern.«[94]

Auch Bonington berichtete über dieses inzwischen vertraute »Straf«-Muster, das in diesem Fall ausdrücklich an sexuelle Angebereien gekoppelt war:

»Am vorhergehenden Abend hatten wir gehört, wie es im Küchenzelt, das auch der Versammlungsort der dienstälteren Sherpas war, hoch herging. Purna, der immer und ewig natürliche Führer, organisierte für die Sherpas die Geldbeschaffung für die Abschlußfeier der Expedition. Jeder Sherpa mußte für jede Sherpani (Sherpa-Frau), mit der er während des Anmarsches geschlafen hatte, einen bestimmten Betrag in die gemeinsame Kasse zahlen. Dies war ein sicherer Weg, jede Menge Geld zusammenzubekommen, da man sehr schnell auch damit dabei war, daß die Sherpas auch für ihre jeweiligen sexuellen Angebereien zur Kasse gebeten wurden.«[95]

Alles in allem waren die Beziehungen zwischen den Sherpas und Sahibs in den fünfziger und sechziger Jahren besonders komplex und voller Widersprüche. Manche Expeditionen waren relativ egalitär, andere hingegen überhaupt nicht. Die Sherpas versuchten mit verschiedenen Mitteln, Gleichheit oder Gleichberechtigung herzustellen, und initiierten sogar größere Streiks, wenn nicht einmal Mindestansprüche in bezug auf eine anständige Behandlung und mitmenschliche Anerkennung erfüllt wurden.

Darüber hinaus gingen die Sahibs der Nachkriegszeit auch zu einem sehr machohaften Männlichkeitsgehabe über, und sexuelle Neckereien und Scherze wurden sowohl für die Sherpas als auch für die Sahibs zu einem Modus, untereinander »Gleichheit herzustellen«. Dadurch wurden auch die jungen Sherpa-Männer stärker in eine Machorichtung gedrängt, die zumindest mit einer wichtigen kulturellen Bewegung bei ihnen zu Hause nicht vereinbar war – der monastischen Reformkampagne, die genau in die andere Richtung ging: hin zu einem explizit enterotisierten Lebensideal.

Ich neige zu der Annahme, auch wenn ich es sicher nicht beweisen kann, daß das »Macho«-Modell ohne die monastische Gegenbewegung möglicherweise einen noch nachhaltigeren Einfluß auf die Sherpas gehabt hätte, als dies ohnehin der Fall war. Es ist jedoch keine Frage, daß für manche Sherpa-Männer eine Art von Männlichkeitsmodell zur Option wurde, das auf »Eroberungen« ausgerichtet war und bis dahin kulturell keine maßgebende Rolle gespielt hatte.

Monastische Askese und eine Don-Juan-Liebesabenteuerlust sollten fortan die (extremen) Pole der Männlichkeit sein, zwischen denen die Sherpa-Männer sich entschieden. Nur wenige legten sich ganz auf das eine oder andere Extrem fest, die Möglichkeiten wurden in dieser Ära jedoch eindeutig neu geschrieben.

KAPITEL 7

Gegenkultur

EIN ANLIEGEN DIESES BUCHES IST ES, DEN »WIDERSTAND« DER SHERPAS VOR DEM HINTERGRUND DES BERGSTEIGER-SPIELS DER SAHIBS AUFZUZEIGEN. Ich habe den Begriff des Widerstands in Anführungszeichen gesetzt, da er nichts weiter als eine negative Reaktion auszudrücken scheint – eine Verweigerung oder Forderung nach mehr von etwas, das bereits geboten wird, hauptsächlich materielle Vorteile.

Es liegt in der Natur von Machtbeziehungen, daß die weniger starke Partei in einer Beziehung im Zweifelsfall nicht mehr tun kann, als zu versuchen, im Rahmen der gegebenen situativen Bedingungen möglichst geschickt zu lavieren. Aber selbst der einfachste Akt des Widerstands wirft die tiefgründigere Frage über die Rechtmäßigkeit der Bedingungen der Beziehung zwischen den Parteien auf. Während sie scheinbar die allgemeinen Regeln des Bergsteiger-Spiels akzeptierten, so wie sie von den Sahibs vorgegeben worden waren, ist es den Sherpas tatsächlich gelungen, wesentlich mehr als eine Verbesserung ihrer materiellen Situation zu erreichen (obwohl auch das nicht zu unterschätzen ist).

Sie haben, wie ich in diesem Kapitel behaupten werde, erhebliche Fortschritte gemacht, indem sie das Spiel des Himalaya-Bergsteigens neu geprägt haben, und zwar in dem Sinne, daß sie eine neue Definition der Bedingungen der Sahib-Sherpa-Beziehung erreicht haben.

Nach der alten Spielversion waren die Sahibs genau das, nämlich »Sahibs« – Offiziere, Führer, Bosse – und die Sherpas irgendeine Art von Untergebenen – Tagelöhner, Lastenträger, Unterstützungstruppen. Nach der neuen Version waren die Sahibs und Sherpas eher Partner, Gleichberechtigte oder Mitarbeiter. Dieser Wandel war das dialektische Ergebnis des wechselseitigen Spiels der Kräfte zwischen dem Sherpa-Widerstand und der Selbstkritik der Sahibs. Wir wollen mit den Sahibs beginnen.

DIE SAHIBS DER SIEBZIGER JAHRE

In den siebziger Jahren erlebten Europa und die Vereinigten Staaten die Geburt einer breiten öffentlichkeitswirksamen Bewegung, der sogenannten »Gegenkultur«. Als Teil davon wurde ab den späten sechziger Jahren Nepal für sich genommen wahrscheinlich zum größten Magneten der Welt für den gegenkulturellen Lebensstil.[1] Aus allen Nationen strömten die Hippies wegen des billigen Lebens, der »östlichen Religion« und der legalen Verfügbarkeit von Marihuana dorthin, und auch das Bergsteigen selbst wurde stark durch diese Veränderungen beeinflußt.

Einige der Bergsteiger gingen in den siebziger Jahren in ihrer Identifizierung mit der Gegenkultur weiter als andere (Al Burgess sprach später von seiner »gegenkulturellen Vergangenheit«, als er von der »Freak Street« in Katmandu erzählte;[2] Doug Scott krempelte seinen Lebensstil in wesentlichen Bereichen um),[3] die meisten wurden zumindest bis zu einem gewissen Grad davon beeinflußt.

Einige Sahibs fanden in den siebziger Jahren Interesse an den »Weisheiten des Ostens«. Auch wenn es in früheren Zeiten schon eine allgemeine große Faszination an »orientalen«[4] Dingen gegeben hatte, war die Idee, sich ernsthaft mit asiatischen Religionen zu befassen, vordem doch auf Wissenschaftler und bestimmte an Religion besonders interessierte Persönlichkeiten beschränkt (wie Annie Besant, Präsidentin der Theosophischen Gesellschaft, die den Großteil ihres Lebens in Indien verbrachte, oder Alexandra David-Néel, die tief in die tibetische Mystik eintauchte und in den dreißiger Jahren des 20. Jahrhunderts Tibet bereiste).[5]

Im Zuge der Gegenkultur der siebziger Jahre wurden demgegenüber asiatische Religionen auf breiter Ebene als Mittel gegen die Übel der westlichen Moderne akzeptiert, und einige von den stärker gegenkulturell bewegten Sahibs brachten diese Einstellung auch ins Himalaya-Bergsteigen mit ein. Der wahrscheinlich einflußreichste Bergsteiger der siebziger Jahre, der sich der gegenkulturellen Bewegung verschrieben hatte, war Doug Scott, der eine Reihe größerer Himalaya-Expeditionen mitmachte. Über die Kangchendzönga-Expedition von 1979 schrieb Peter Boardman zum Beispiel, Scott habe aus seinem *Gelben Chinesischen Medizinbuch* zitiert und die *Reise nach Ixtlan* von Carlos Castaneda [sic] gelesen und dabei das Buch »wie ein Fundamentalist seine Bibel« umklammert und »ihm bedeutsam erscheinende Stellen rot« unterstrichen.[6]

Boardman neckte Scott, er sei ein alternder Hippie.[7] Scott nutzte später, als er über den Einzug der Frauen ins Bergsteigen sprach, die Sprache der »östlichen Religion« – er war der Auffassung, daß dieser Wandel bei den Expeditionen einen neuen Ansatz verlangte, so daß »der weibliche Aspekt *(Yin)* das männliche Prinzip *(Yang)* ausgleichen konnte«.[8]

Darüber hinaus waren auch einige bemerkenswerte Kontinuitäten zwischen den früheren »romantischen« Sahibs und den Hippie-Sahibs der siebziger Jahre zu verzeichnen.[9] Eine betraf zum Beispiel Aspekte der körperlichen Reinheit. So wie Maurice Wilson sich in den vierziger Jahren fast zu Tode gefastet hatte, wurde Doug Scott in den siebziger Jahren zum Vegetarier,[10] und Yuichiro Miura stieg auf eine »Affendiät« aus Obst und Nüssen um, die so streng und karg war, daß er zu schwach wurde und sie abbrechen mußte.[11]

Zudem war in dieser Zeit eine Wiederbelebung und gar eine Intensivierung eines höchst »romantischen« Diskurses über das Bergsteigen zu registrieren, der dem glich, von dem wir aus früheren Zeiten bereits gehört haben. Eine Dimension davon war, die Expedition als mystische Unternehmung zu konstruieren, wie in Yuichiro Miuras Buch *The Man Who Skied Down Everest*, worin er schrieb, er sei in seinen Träumen von Musashi beraten worden, einem »umherwandernden Philosophen-Krieger aus dem 17. Jahrhundert«.[12] Miura war von den großen Bergsteigern der siebziger Jahre in der Tat einer der mystischsten, der in einem Stil schrieb, der fast aus keiner anderen Ära hätte stammen können.

»Ich bin ein Kind der Erde, ich spüre, wie tief ich in der Erde verwurzelt bin. Ich spüre, daß ich von Stolz erfüllt lebe, und von meinen tief im Boden verankerten Wurzeln dehnt sich mein Geist in den galaktischen Raum aus und kündigt mir eine stille Revolution des Selbst in mir an.«[13]

Oder folgendes von Cherie Bremer-Kamp, der kritisch über die amerikanische K2-Expedition von 1978 schrieb, die im alten »militärischen« Stil organisiert war:

»Wir brachen in der Art und dem Stil der alten britischen Versuche, den Everest zu besteigen, auf – um den Berg zu erobern. Oder, wie es der Führer lakonischer formulierte, ›den Bastard zu erledigen‹ – eine Haltung, die ich eher abstoßend fand. Es war keine Rede von einer Erkundung, um eine Beziehung zum Berg herzustellen, um zu sehen, was er uns dafür geben könnte... Für andere, die mit solchen Dingen vertrauter sind, ist man ›im Einklang‹ mit dem Berg und oft versucht, ihm einen menschlichen oder gottähnlichen Status beizumessen.«[14]

Eine andere Form des »romantischen« Diskurses, der an frühere Texte erinnert, betonte, wie der Berg es einem ermögliche, mit dem eigenen Selbst zu kommunizieren, oder einen zwang, sich mit ihm auseinanderzusetzen. Noch einmal Miura:

»Nur wenn ich am Rande des Lebens und des Todes stehe, weiß ich das Wunder der menschlichen Erfahrung voll zu schätzen, die Schönheit des Menschseins und die spontane Freude meines inneren Selbst.«[15]

Ähnlich schrieb Reinhold Messner in derselben Ära:

»Ich steige nicht auf Berge, um ihre Gipfel zu erobern. Für wen auch? Ich begebe mich in Grenzsituationen, um meine Ängste, Zweifel und Hochgefühle zu erfahren.«[16]

Das Epigramm seines Buches lautet: »Ich wollte einmal hoch hinaufsteigen, um tief in mich hineinsehen zu können.«

BERGSTEIGEN ALS AKTIVITÄT DER GEGENKULTUR

Man mußte in seinem persönlichen Lebensstil kein Hippie sein, um in den siebziger Jahren an den gegenkulturellen Transformationen teilzuhaben. Die Auflehnung gegen frühere und bestehende dominierende, im Grunde »Macho«-Kulturformen erfaßte in weiten Teilen auch die Bergsteigerkultur. Am bezeichnendsten war zunächst einmal die Reaktion gegen die Vergewaltigung-des-Berges-Mentalität, die in den großen militärisch ausgerichteten Expeditionen zum Ausdruck gekommen war.

Zum zweiten versuchten manche Männer, das enorme Konkurrenzdenken herunterzuspielen, dem wir an früherer Stelle bereits begegnet sind, und einige der Expeditionsleiter versuchten, einen mehr kollektiven oder zumindest weniger hierarchischen Führungsstil einzuführen. Drittens wurden sich manche Männer, nachdem in dieser Ära mehr Frauen am Bergsteigen teilnahmen, des Sexismus in ihren Einstellungen gegenüber Frauen bewußt. Und schließlich wurden die Sahibs, die aus der gegenkulturellen Bewegung kamen, offener für die Standpunkte der Sherpas, und es gelang den Sherpas, einige signifikante Änderungen in den Sherpa-Sahib-Beziehungen herbeizuführen.

Verkleinerung der Expeditionen

Die Frage, wieviel Technologie zuviel war, wie viele Träger zu viele waren und ob die zusätzliche Verwendung von Sauerstoff mit dem Sportsgeist zu vereinbaren war, waren Themen, die im Himalaya-Bergsteigen von Anfang an diskutiert wurden.[17] Diejenigen, die für die kleinen, mit einem Minimum an Technologie ausgerüsteten Expeditionen waren, stellten im allgemeinen jedoch eine Minderheit dar, und die Verwendung technologischer Hilfsmittel aller Art, einschließlich Sauerstoff, sollte bis Ende der sechziger Jahre unwiderstehlich bleiben. Die Expeditionen nahmen mehr und mehr an Ausrüstung mit und mehr und mehr Träger, um das Gepäck zu befördern, was dann in den riesigen Mega-Expeditionen jener Zeit gipfelte.

Einige reagierten darauf unmittelbar, was jedoch nicht überrascht, da die auf geringe technologische Ausrüstung setzende Position seit jeher ein Element in der Bergsteigerkultur war. Steven Marcus war, als er sich mit dem Bericht von Sir John Hunt über die britische Everest-Expedition von 1953 beschäftigte, beispielsweise entsetzt über den herzlosen, unpersönlichen und technologisierten Ansatz gegenüber dem Berg, der seiner Meinung nach von der amerikanischen, technikorientierten Kultur beeinflußt war.[18]

Gleichzeitig fand Ed Hillary, der bei dieser Expedition natürlich mit dabei gewesen war, daß die spätere italienische Mega-Expedition – die mit den Hubschraubern und dem fünf Räume großen Zelt – in Fragen der Technologie viel mehr gesündigt hatte. Er bezeichnete sie als »den Gipfel der Lächerlichkeit«.[19] Mit den siebziger Jahren vollzog sich dann jedoch ein breiter Wandel im Diskurs über und, wichtiger noch, in der Verwendung von Technologie.

Hier setzte sich nun zunehmend das sogenannte alpine Bergsteigen durch, bei dem die Ausrüstung auf ein Minimum beschränkt wurde, die einzig und allein von den Bergsteigern selbst zu tragen war. Dabei ging es im wesentlichen darum, möglichst schnell den Berg hinaufzuspurten – ein Ansatz, der vor allem von Reinhold Messner verfochten wurde.[20] Messner brachte die Bergsteigerwelt ins Wanken, als er 1978 mit einer sehr kleinen und leicht ausgerüsteten Expedition den Everest bestieg und den Gipfel zum erstenmal ohne Sauerstoff erreichte und damit Maßstäbe für einen Purismus des Bergsteigens setzte, von dem es kein Zurück mehr gab.[21]

In derselben Dekade gründeten einige norwegische Bergsteiger eine neue »Denkschule namens Friluftsliv. Sie ... verlangten auch, der Alpinismus müsse Umweltgesichtspunkte besser berücksichtigen«.[22] Einer der Norweger erklärte Peter Boardman:

»Wir führen nur Ausrüstung aus Naturfasern mit: Wir haben keine Nylonbekleidung und benützen fast keine aus Stahl oder Aluminium gefertigten Gegenstände. Wir wollen weg von der Techno-Kultur... Die Kluft zwischen Mensch und Natur wird immer tiefer. Wir bemühen uns, sie wieder zu schließen.«[23]

Die Reaktion gegen das Konkurrenzdenken

In den siebziger Jahren trat auch eine gewisse Reaktion gegen das machohafte Konkurrenzdenken zutage, das in den fünfziger und sechziger Jahren unter den Bergsteigern so verbreitet war. Die Friluftsliv-Schule der Norweger forderte zum Beispiel auch, daß die Kletterei »weniger wettbewerbsmäßig betrieben werden« sollte.[24] Und Peter Boardman regte sich über das Konkurrenzgehabe unter seinen Bergsteigerkollegen auf, das bei Expeditionen immer wieder zutage trat. Unter Bezugnahme auf die Kangchendzönga-Expedition von 1979 schrieb er verbittert:

»Gewisse Philosophien der Erziehung in der freien Natur wollen glauben machen, daß Bergsteigen Charakter, Mut, Findigkeit und Teamgeist entwickelt. Das mag so sein, aber es ist auch wahr, daß Kletterexpeditionen Egoismus, Fanatismus, Ruhmsucht und Schlawinertum produzieren. Im Lager I spielten wir die Eröffnungsrunden eines halbernsten Spiels, das sich mit ›Hochgebirgs-Manöver‹ umschreiben läßt und sich im Laufe der Expedition noch entwickeln sollte. Hauptziele dieses Spiels sind persönliches Überleben, Überleben des Ego-Images, persönlicher Erfolg und persönliche Bequemlichkeit. Erste Regel ist, sich beim Spielen nicht von anderen erwischen zu lassen.«[25]

Boardmans Reaktion entsprach eindeutig dem Stil der siebziger Jahre: Er lehnte das Wettbewerbsdenken aus Prinzip ab. Seine Kritik unterschied sich somit von Hornbeins Beschwerde über Willi Unsoeld in den sechziger Jahren, wonach das Problem mit Unsoelds Konkurrenzgehabe darin bestand, daß er immer gewann und damit die anderen Männer demoralisierte.

Derartige Reaktionen auf den wettbewerbsorientierten Stil waren allerdings nicht weit verbreitet, zumindest nicht in der Literatur, die ich finden konnte.[26] Allem Anschein nach hatte das Konkurrenzdenken bei den großen Expeditionen nicht merklich nachgelassen, was denn auch der Grund dafür war, daß diese wenigen Kritiker sich Ende der siebziger und Anfang der achtziger Jahre darüber beschwerten.

Was sich unterdessen offenbar geändert hatte, war, daß diejenigen, die etwas gegen die konkurrenzorientierte Atmosphäre bei den großen Expeditionen hatten, nun zunehmend die Option hatten, sich kleineren, alpinen Kletterpartien anzuschließen. Sie setzten sich aus Gruppen von Freunden zusammen, in denen man wesentlich eher gegenseitige Unterstützung und Kooperation fand.

Kollektivere Führungsstile

Auch wenn es im persönlichen Stil der einzelnen Expeditionsführer seit jeher große Unterschiede gab, wurde gleichzeitig allgemein akzeptiert, daß es bei einer Expedition, insbesondere bei einer großen, relativ klare Autoritätslinien und eine relativ feste Führung geben mußte, um Aussicht auf Erfolg zu haben. Es gehörte jedoch zum gegenkulturellen Denken in den siebziger Jahren, daß jede Form von hierarchischen Autoritätsstrukturen als problematisch betrachtet wurde und daß Entscheidungen, wann immer möglich, auf demokratischem und kollektivem Wege getroffen werden sollten. So begegnen wir in den siebziger Jahren einem kollektiveren oder zumindest »sensibleren« Führungsstil – mit sehr gemischten Ergebnissen bei den bergsteigerischen Unternehmungen.[27]

Bei der amerikanischen Dhaulagiri-Expedition 1973 »entwickelte sich unter Morrisseys Führung« zum Beispiel eine »sehr lockere Beziehung zwischen allgemeiner Teilnahme und Verantwortung, und wir wollten es auch weiter so halten«.[28] Die Autoren beschrieben später auch, die Sherpas seien wegen der »langwierigen Diskussionen verwirrt gewesen; nach ihren Erfahrungen tolerierten Expeditionsleiter keine kollektiven Entscheidungsfindungen«.[29]

Bei der Frauenexpedition zum Annapurna 1978 funktionierte das kollektivistische Führungsprinzip allerdings nicht so gut. Es gab immer wieder große Schwierigkeiten, zu Entscheidungen zu gelangen, und es kam zu endlosen Sitzungen. Für jeden, der sich an derlei Dinge im Rahmen des politischen Aktivismus jener Zeit erinnert, ist es sehr schmerzlich, diese Beschreibungen zu lesen.

Die Expeditionsleiterin, Arlene Blum, fühlte sich gefangen: »Da war sie wieder, die paradoxe Situation. Ich sollte die Leiterin sein und entscheiden, was zu geschehen hatte, doch alle wollten, daß die Entscheidung demokratisch getroffen wurde.«[30] Gleichzeitig fiel es ihr schwer, einen festen, entschlossenen Führungsstil an den Tag zu legen, was sie auf ihre weibliche Sozialisation zurückführte: »Erziehung und Erfahrung hatten mich gelehrt, zurückhaltend und besänftigend zu sein, jetzt jedoch lernte ich auf die harte Art und Weise, daß diese Charakterzüge nicht immer mit wirkungsvoller Führung in Einklang zu bringen sind.«[31]

Einer der effizientesten Expeditionsführer der siebziger Jahre war Chris Bonington. Bonington leitete viele wichtige Expeditionen in dieser Zeit, aber die berühmteste war wahrscheinlich die Everest-Expedition von 1975 über die bis dahin unbestiegene Südwestwand. Sie war auf einer Ebene noch immer eine Mega-Expedition; sie umfaßte achtzehn Sahib-Mitglieder, vier weitere Sahibs des BBC-Fernsehteams und »ein 82-köpfiges Sherpa-Team, dem auch Tamangs und Gurkha-Soldaten angehörten«.[32]

Bonington, der in vieler Hinsicht am Scheitelpunkt dieser Zeitenwende stand, wußte allerdings, daß die alten Autoritätsformen wohl ausgedient hatten: »Ich glaube nicht, daß der alte militärische Führungsstil überhaupt noch funktionieren kann.«[33] Er beschrieb seinen Führungsstil somit als eine Art Hochseilakt zwischen einer strengen Führung und einem kollektiven Entscheidungsprinzip. Auf der einen Seite schrieb er: »Ich glaube nicht, daß wir je irgendwie Gefahr laufen, eine Gruppenführung zu haben.« Aber auf der anderen Seite war er auch der Meinung:

»Wenn es allerdings ein breites Einvernehmen gegen das gibt, was ich sage, und das wird später noch in einem problematischen Sinne zutage treten, dann glaube ich, muß ich sehr aufgeschlossen und empfänglich für die Gefühle der Mannschaft sein, damit ich ihr meine Ideen effektiv verkaufen kann und ihr das Gefühl gebe und sie zu der Überzeugung kommen lasse, daß sie selbst an der Entstehung dieser Ideen beteiligt war.«[34]

Und schließlich meinte er: »Gleichzeitig muß ich ihre gemeinsame Erfahrung nutzen, um Ideen daraus zu schöpfen, und mich nicht scheuen, meine eigenen Pläne zu ändern, wenn andere Vorschläge besser erscheinen.«[35] Abgesehen von dem unglücklichen Tod eines Mitglieds wurde die Expedition als ein Modell guter Planung, Organisation und Beziehungen betrachtet und hatte in der Tat Erfolg.

Es lohnt sich, uns einen Augenblick eine Expedition aus jener Zeit anzusehen, bei der relativ hierarchische und relativ kollektive Führungsstile aufeinanderprallten. Die Expedition zum Nanda Devi von 1976 spaltete sich wegen einer ganzen Reihe von Fragen, die in jener Zeit bezeichnend waren.

Die von John Roskelley angeführte Partei fand, der Berg sei zu schwierig und die Fähigkeiten in der Gruppe zu gemischt, um irgend etwas anderes als eine traditionelle, militärisch ausgerichtete Expedition zu unternehmen. (Er sagte, ihm persönlich wäre eine Besteigung im alpinen Stil mit einer kleinen Gruppe von Freunden mit gleichen Fähigkeiten lieber gewesen, aber die Umstände seien bei der Expedition nicht so gewesen.)

Die andere, von dem damals etwa fünfzigjährigen Willi Unsoeld angeführte Fraktion wollte eine mehr im alpinen Stil ausgerichtete Expedition mit einer relativ geringen Ausrüstung und einer ästhetischeren Haltung gegenüber dem Berg. Die Gruppe verständigte sich schließlich auf einen Kompromiß über die Menge an Vorräten und Ausrüstung, die mitgenommen wurde – nicht genug für eine große Expedition, aber mehr als für eine alpine Besteigung nötig gewesen wäre –, wodurch praktisch von Anfang an schlechte Voraussetzungen (sowohl im materiellen wie im zwischenmenschlichen Bereich) geschaffen waren.

Darüber hinaus waren auch mehrere Frauen mit dabei, darunter Marty Hoey, eine starke und erfahrene Bergsteigerin, und Nanda Devi Unsoeld (nach dem Berg benannt), Willis Tochter, die relativ unerfahren war. Roskelley war gegen die Teilnahme der beiden Frauen – bei Hoey, weil sie mit ihrem Mann zusammen dabei war und Roskelley der Ansicht war, daß Paare die Gruppe störten und zerrütteten, und bei Nanda Devi Unsoeld, weil sie unerfahren war. Roskelley wurde als extrem sexistisch angesehen,[36] was sich als ein weiterer Grund für die ständig schwelenden Konflikte bei der Expedition erweisen sollte.

Und schließlich war da die Führungsfrage. Ursprünglich sollte die Expedition von zwei Führern geleitet werden, Ad Carter (damals zweiundsechzig Jahre alt), der bei der ersten erfolgreichen Besteigung des Berges dabei gewesen war, und Willi Unsoeld. Aus Gründen, die nach Roskelleys Bericht unklar sind, verließ Carter die Expedition frühzeitig, und Unsoeld wurde der einzige Führer. Trotz seines höchst konkurrenzorientierten Stils, den er 1963 an den Tag gelegt hatte, sollte Unsoeld sich jedoch als ambivalenter Führer erweisen.

Auch wenn er nach dem Modus der siebziger Jahre nicht unbedingt als kollektivistisch galt, war er dennoch ein rebellisches Individuum, das sich schwertat, sowohl Befehle zu erteilen als auch zu empfangen.[37] Roskelley klagte von Anfang an über mangelnden Zusammenhalt und Uneinigkeit im Team, und daß niemand die Verantwortung für grundlegende organisatorische Notwendigkeiten übernommen hatte. Unsoeld hielt dem entgegen:

»Ich glaube nicht, daß eine starke Führung bei einer so erfahrenen Gruppe von Personen wie dieser wesentlich ist. Wir sind keine Zweijährigen, die eine Mutter brauchen, sondern Erwachsene, die in der Lage sind, ihre eigenen Entscheidungen zu treffen. Ich glaube nicht, daß wir dazu da sein sollten, um dir die Hand zu halten.‹ Er erinnerte an die Everest-Expedition von 1963, bei der er die Führung als zu herrisch empfunden hatte und wo es genau deswegen zu einigen Konflikten gekommen war.«[38]

Gleichwohl impliziert Roskelleys Bericht nachdrücklich, daß es Unsoelds fehlende Strenge im Führungsstil war, der bei der Expedition zu ernsten und schließlich fatalen Problemen führte. Zum Beispiel wurde Marty Hoey schwer höhenkrank, und der Expeditionsarzt sagte, ihr Leben sei in Gefahr, wenn sie nicht sofort absteige.

Unsoeld scheute sich hingegen, die Entscheidung zu treffen und ihr den Abstieg zu befehlen, und bestand statt dessen darauf, ihr allein die Entscheidung zu überlassen, wozu sie jedoch absolut nicht in der Lage war. Sie starb fast, ehe man sie schließlich den Berg hinuntertrug, überlebte am Ende aber.[39] Unsoelds Tochter Nanda Devi starb dagegen später in einem Hochlager an der Höhenkrankheit, wofür Roskelley unmißverständlich Unsoelds mangelndes Urteilsvermögen und seinen schwachen Führungsstil verantwortlich machte.

Auch wenn Roskelley und zwei weitere Bergsteiger letztlich in einer als brillant angesehenen Kletterleistung den Gipfel erreichten,[40] wurde Roskelley später von der Bergsteigergemeinde geächtet wegen seiner, wie man fand, groben Gefühllosigkeit angesichts von Unsoelds Tragödie.[41]

Willi Unsoeld benutzte nicht wirklich das in den siebziger Jahren übliche Vokabular kollektiver Entscheidungen. Nichtsdestotrotz paßte sein lockerer Führungsstil, der offenkundig aus unterschiedlichen Überzeugungen heraus erwuchs, gut zu den verschiedenen neuen Trends im Bergsteigen: der Teilnahme von Frauen an den Expeditionen und dem Wunsch nach einem ästhetischeren Ansatz.

Man hat das Gefühl, daß er die alpinorientierte Gruppe nicht nur unterstützte, weil seine Tochter mit dazugehörte, sondern weil er seine eigenen Neigungen so problemlos mit den gegenkulturellen Anliegen der siebziger Jahre verbinden konnte. Roskelley war demgegenüber sehr stark dem Machogehabe der fünfziger und sechziger Jahre verhaftet – gegen Frauen in der Männerwelt des Bergsteigens, auf seine eigene physische Stärke und seine physischen Fähigkeiten konzentriert und äußerst konkurrenzorientiert. Die Kollision auf dem Berg war Mitte der siebziger Jahre wirklich unausweichlich.

Der Einzug der Frauen:
der Sexismus der Siebziger und die Sensibilität

Auch wenn es früher bereits Frauen gegeben hatte, die im Himalaya geklettert waren, fanden sie erst mit dem Aufkommen der Frauenbewegung in den siebziger Jahren in bemerkenswerter Zahl zu diesem Sport. Es gab sowohl gemischte Expeditionen, wie die gerade erwähnte Nanda-Devi-Expedition oder die amerikanische Expedition von 1976 anläßlich der 200-Jahr-Feier der USA. Es gab aber auch reine Frauenexpeditionen wie die japanische Frauenexpedition 1975, durch die die erste Frau, Junko Tabei, auf den Gipfel des Everest kam, oder die von Arlene Blum geführte Frauenexpedition zum Annapurna 1978, über die wir an früherer Stelle schon gesprochen haben.

Ich habe zu alledem weitaus mehr im nächsten Kapitel zu sagen, das ganz der »Frauenfrage« gewidmet ist. Ich möchte sie hier jedoch bereits so weit anschneiden, daß wir sehen können, wie sie in den siebziger Jahren in die gegenkulturelle Perspektive der Sahibs hineingetragen wurde.

In manchen Fällen waren die Reaktionen der männlichen Bergsteiger auf das Hinzukommen der Frauen überaus negativ – ablehnend, feindselig, bedrohlich. Die Siebziger brachten in der Tat einige der sexistischsten Ausdrucksweisen des ganzen Jahrhunderts hervor. Ein Ergebnis, das mich zunächst überraschte, als ich bei meiner Lektüre darauf stieß, bis mir dann jedoch klar wurde, daß dies durchaus nachvollziehbar war: Frauen schienen alle gesellschaftlichen Abmachungen über geschlechtsspezifische Beziehungen in Frage zu stellen – und taten es in vieler Hinsicht, und dies war in der damaligen Zeit in der Tat eine starke Provokation.

Gleichzeitig tauchte nun in der Bergsteigerliteratur auch ein »sensiblerer« Diskurs auf. Mit einem sensiblen Diskurs in der Geschlechterfrage meine ich einen Diskurs, der die Bedeutung von Männern hervorhebt, die ihren eigenen Machismo im Auge behalten und sich bewußt bemühen, Frauen nicht zu verletzen. Zwei Bergsteiger, die in dieser Zeit eine relativ »sensible« Sprache sprachen, waren Peter Boardman und Ned Gillette.

Peter Boardman, der eine kritische Einstellung zu der konkurrenzorientierten Haltung unter männlichen Bergsteigern hatte, schrieb auch darüber, wie er mit seinen eigenen traditionellen geschlechtsspezifischen Impulsen beim Bergsteigen mit seiner Frau Hilary zu kämpfen hatte:

»Allmählich staute sich Wut auf Hilary, den Berg, den Regen, den Wind und auf mich selbst in mir auf. Ich versuchte, alles vernünftig zu sehen und meine Frustration in Energie umzuwandeln... ›Warum geht sie, wenn die Zeit knapp ist, immer so langsam? Warum fahre ich sie an und wünsche mir einen gleichstarken Partner? Bei einem anderen Klettergefährten würde mir so etwas nie einfallen; es ist unfair, und so ernst ist die Situation auch wieder nicht.‹«[42]

Ned Gillette und seine Frau Jan Reynolds waren ehemalige olympische Skilangläufer. Sie unternahmen 1982 um den Mount Everest herum eine größere Trekking-, Kletter- und Ski-Expedition und schrieben ein gemeinsames Buch darüber.[43] Ihr Buch war eindeutig ein Versuch, sogar in den Texten Gleichheit herzustellen. Es besteht aus Auszügen aus beider Tagebücher und abwechselnd von beiden geschriebenen Abschnitten.

Reynolds war ausgesprochen feministisch in ihren Erwartungen in bezug auf Gleichheit und Gleichberechtigung bei der Expedition und reagierte kritisch auf männliches Dominanzverhalten.[44] Und Gillette kämpfte, genau wie Boardman, mit seinen eigenen Neigungen, seine Frau zu beherrschen oder sie zu kränken. Das Paar hatte einen alten Kletterfreund getroffen, und Ned machte sich daran, mit ihm vorauszugehen:

»›Wartet doch‹, rief Jan. ›Ich kann in diesem Licht einfach nicht so schnell gehen.‹

›Behalte einfach die Richtung bei‹, schrie ich zurück. ›Wenn wir sie ändern, warte ich.‹ Ich machte ein paar Schritte vorwärts. Craig ging schnell voran.

›Okay, großer Mann. Geh mit Craig.‹

Ich blieb wie erstarrt durch Jans verzweifelten, enttäuschten Ton stehen. Sie kam näher, und ich konnte sehen, wie starr und blaß ihr Gesicht war. Das sagte mehr als irgendwelche klagenden Worte; dies waren Worte, die einfach um Rücksichtnahme und Kameradschaft baten. Ich drosselte meine Adrenalinpumpe und ging neben ihr her.«[45]

In der frühen Bergsteigerliteratur war nichts Derartiges von einer geschlechterbezogenen Nachdenklichkeit aufgetaucht; es sei allerdings gesagt, daß man auch nicht sehr viel mehr in der Art findet. Es geht nicht darum, daß der Machismo verschwunden wäre, sondern daß er in dieser Zeit problematisiert wurde.

Als Fazit der Gegenkultur der siebziger Jahre können wir in Zusammenhang mit dem Bergsteigen sagen, daß die Sahibs in vieler Hinsicht einen Rückzieher in bezug auf den unangefochtenen Machismo der fünfziger und sechziger Jahre machten. Bei einigen vollzogen sich konkrete persönliche Veränderungen, die bezeichnend für diese Ära waren – sie beschäftigten sich mit »östlichen Religionen« (für gewöhnlich mit irgendeiner imaginären Version davon), nahmen (meist sanfte) Drogen oder wurden Vegetarier oder praktizierten andere körperliche Reinigungsformen.

Was die konkrete Praxis des Bergsteigens anging, so war als sichtbarste und dauerhafteste Veränderung ein Rückgang der großen militärisch ausgerichteten Expeditionen und die Zunahme des alpinen Kletterns im Himalaya zu verzeichnen. Diese Art des Kletterns hatte ihre eigenen Macho-Implikationen, sie war jedoch eindeutig zu einem Zeitpunkt aufgekommen, an dem sie eine Reaktion auf die Technologisierung und den Militarismus der früheren Expeditionen war, die offenbar ihr Los mit der Moderne insgesamt zu teilen hatten.[46]

Charakteristisch für die Sahib-Kultur in den siebziger Jahren war sicher, daß sie »sensibler« als in der vorhergehenden Ära war und in mancher Hinsicht der Romantik und Mystik der Vorkriegs-Sahibs näher kam. All dies fand auch seinen Widerhall in der Sahib-Sherpa-Beziehung. Ehe wir jedoch darauf eingehen, müssen wir uns noch die Situation der Sherpas in ihrer Heimat anschauen.

DIE ENTWICKLUNG IN SOLU-KHUMBU

Seit den frühen sechziger Jahren bis in die Gegenwart hinein haben sich in der Sherpa-Region Solu-Khumbu eine Reihe von Veränderungen vollzogen, die in dieser oder jener Weise konkret mit der Beteiligung der Sherpas am Bergsteigen zusammenhängen. Das soll nicht heißen, daß die Region sonst unverändert geblieben wäre, aber daß sowohl die Form als auch die Geschwindigkeit eine andere gewesen wären.

Die ersten westlichen Besucher kamen 1950 mit der sogenannten Houston-Tilman-Expedition in die Region von Solu-Khumbu. Houston schrieb:

»Ich erinnere mich noch lebhaft, wie ich mit Bill [Tilman] durch das herbstliche Gold wanderte und wir darüber nachdachten, was wir [in Khumbu] gesehen hatten und welchen Schaden wir und andere wie wir vielleicht für dieses unschuldige, rückständige, schöne Land in Gang gesetzt hatten. Wir waren alle traurig, wohl wissend, daß wir Zeugen des Endes von etwas Einmaligem und Wildem und des Beginns einer Periode großer Gefahr und immenser Veränderungen waren.«[47]

Der Autor Ian Cameron, der diesen Abschnitt in seiner Geschichte über das Bergsteigen zitierte, beschrieb die Houston-Tilman-Expedition »wie einen Spaziergang durch den Garten Eden vor dem Sündenfall«.[48]

Bis Anfang der sechziger Jahre gab es nur sehr wenige ausländische Besucher in dieser Gegend. Sir Edmund Hillary war nach der Expedition von 1953 jedoch mehrmals in die Region zurückgekehrt, und 1960 war er wieder mit einer Gruppe dort, die daran interessiert war, das Geheimnis des *Yeti*, des »abscheulichen Schneemenschen« zu lösen. Hillary wollte sich im Dorf Khumjung den »Yeti-Skalp« ausleihen, um ihn mit in den Westen zu nehmen und von der wissenschaftlichen Gemeinde untersuchen zu lassen.

Die Dorfbewohner verlangten irgendeine Entschädigung für das Verlustrisiko, und Hillary fragte sie, was sie haben wollten.[49] Nach der Geschichte, die man sich erzählt, soll ein Expeditions-Sherpa namens Urkien daraufhin gesagt haben, was sie am dringendsten bräuchten, seien Schulen.[50]

Hillary kehrte nach Hause zurück und gründete eine gemeinnützige Organisation, den sogenannten Sherpa Trust (später der Himalayan Trust), und begann, Spenden für den Bau von Schulen für die Sherpas zu sammeln. Die erste wurde in dem Dorf Khumjung errichtet, wo die meisten im Bergsteigen tätigen Sherpas herkamen. Sie wurde 1961 gebaut.[51]

Hillary wurde sofort mit Anträgen aus anderen Dörfern überschüttet, die ebenfalls Schulen oder Mittel für andere Dinge wie neue Dächer für Tempel haben wollten. 1963 gab es eine zweite »Schulbau-Expedition«, die die Schulen in Thami und Pangboche baute, und 1964 eine dritte. Bei der Expedition von 1964 war auch Jim Fisher als »Leihgabe« vom Friedenscorps mit dabei, der danach ein unendlich wertvolles Buch über diese Expedition und die darauffolgenden Veränderungen in der Region schrieb.

Es gab zahlreiche und vielfältige Veränderungen: Durch den Unterricht an den Schulen konnten mehr Menschen lesen und schreiben, die Zuführung von Jod in der Ernährung dämmte Mangelerkrankungen wie Kropfbildung und Kretinismus ein, durch Gabe von Verhütungsmitteln und durch Sterilisation ging die Geburtenrate zurück, und als Ergebnis verschiedener Änderungen im innenpolitischen System wirkten Regierungsentscheidungen des nepalesischen Staates stärker als zuvor in die Region Solu-Khumbu hinein.[52]

Sir Edmund (Ed) Hillary bei der Expedition für die Einrichtung von Schulen, 1963.

Von besonderer Bedeutung für die vorliegende Diskussion ist der Bau einer behelfsmäßigen Start- und Landebahn an einem Ort namens Lukla im Jahr 1964, durch die »die Reisezeit von Katmandu nach Khumbu von zwei Wochen auf vierzig Minuten verkürzt wurde«.[53] Fisher zufolge, der das Projekt vom Anfang bis zum Ende im wesentlichen organisierte, war die behelfsmäßige Start- und Landebahn ursprünglich gebaut worden, um Hillary die Herbeischaffung der Materialien für den Bau des Krankenhauses in Kunde zu erleichtern.

»Aber rückblickend«, meinte Fisher dann jedoch, »erscheint unsere praktische, nüchterne Absicht... einfach naiv. Weder [Hillary] noch ich hatten im entferntesten eine Ahnung, daß diese behelfsmäßige Start- und Landebahn schon bald ein wichtiger Transportkanal für Touristen sein würde und eine blühende, völlig neue Branche in Khumbu in Gang setzen würde.«[54]

Die Zahl der ausländischen Besucher in der Region stieg von zwanzig im Jahr 1964, als die behelfsmäßige Start- und Landebahn gebaut wurde, auf dreitausendfünfhundert im Jahr 1974.[55] Und hier verbinden sich meine eigenen Felderfahrungen mit den Themen dieses Kapitels. Als Robert Paul und ich 1966 das erste Mal in dem tiefer gelegenen Sherpa-Tal von Solu waren, haben wir nur eine Handvoll ausländischer Besucher gesehen.[56]

Als ich 1976 mit einem Team zurückkam, um für Granada Television einen Film zu drehen, habe ich in meinen Feldnotizen folgenden Eintrag gemacht (alle Hervorhebungen sind original): »Wir waren von Thami nach Lukla 2 Tage unterwegs. Es gab *eine Million* Touristen. Sowohl der Weg als auch Lukla selbst waren *schrecklich*, hochgradig mit Touristen *verseucht*.«[57]

Die Folgen, die der Tourismus für Solu-Khumbu hatte, waren extrem und lösten eine ganze Flut von Forschungsprojekten und -vorschlägen aus.[58] Man machte sich insbesondere große Sorgen wegen der Umweltbelastungen, die der Tourismus mit sich brachte, wozu vor allem auch das Abholzungs- und Entwaldungsproblem gehörte, da die Touristen Unmengen von Brennholz verbrauchten.[59] Als Reaktion auf diese Probleme traf man schließlich die Entscheidung, die Region von Solu-Khumbu zu einem Nationalpark zu erklären, der dann umweltgerecht geleitet werden konnte.

Der Sagarmatha-Nationalpark wurde inmitten eines Strudels von lokalen Gerüchten und politischen Machenschaften geschaffen, unter der zum Teil komplexen und höchst umstrittenen Beteiligung von Hillary und dem Himalayan Trust, in die ich 1976 bei der Granada-Film-Expedition eingeweiht wurde. Nachfolgende wissenschaftliche Untersuchungen haben sich nicht nur mit den Folgen des Tourismus, sondern auch mit denen des Nationalparks selbst beschäftigt.[60]

Kaum registriert, zumindest in einem positiven Sinne, wurde der enorme wirtschaftliche Aufschwung, der durch den Touristenstrom in Khumbu erzeugt wurde. Fisher beschreibt, wie die Touristen und die Bergsteigerexpeditionen vielen Sherpas, die für sie gearbeitet haben, zu spektakulären Einkommen verholfen haben.[61]

Er weist jedoch auch darauf hin, daß »sich erste Klassenunterschiede bemerkbar machen, nachdem sich eine neue ›Touristen-Sherpa‹-Klasse zu entwickeln beginnt. Diese neureiche Gruppe zeichnet sich durch die neuartige Wohlstandsquelle aus, die ihr zur Verfügung steht..., und den demonstrativ anderen Lebensstil, den sie sich leisten kann«.[62] Diese Klasse ist tatsächlich auch im strengeren Sinn eine »Klasse«, da der andersgeartete Lebensstil auch eine Form von Ausbeutung mit einschließt, um diesen Standard halten zu können:

»Ab dem Frühjahr 1974 begannen die Khumbu-Sherpas zahllose Solu-Sherpas anzuheuern, um auf ihren Feldern zu arbeiten, während sie selbst lukrativeren Trekking-Jobs nachgingen. 1978 hatte die Mehrzahl der Haushalte in Khumjung-Kunde mindestens einen Bediensteten, der für seine Arbeit 6 Rupien am Tag plus Verpflegung erhielt, während sie selbst Trekking-Löhne verdienten und die Differenz in die eigene Tasche steckten.[63] 1988 kam die überwiegende Mehrzahl der Lastenträger in Khumbu aus Solu, während die Khumbu-Sherpas, die den anderen bezeichnenderweise immer einen Schritt voraus waren, weitere Ferienhotels eröffneten oder im Trekking-Geschäft in der Verwaltung oder in führenden Positionen arbeiteten.«[64]

All dies weist auf die Tatsache hin, daß die Entwicklung zumindest für einige Sherpas, die mit dem Bergsteigen und Trekking zu tun hatten, einen wesentlichen wirtschaftlichen Aufschwung mit sich brachte. Hinzu kam, daß sich auch in Khumbu selbst eine ganze Branche entwickelte, die sich um den Tourismus kümmerte. Hunderte von kleinen und großen Teeläden, Ferienunterkünften, Hotels, Rasthäusern und ähnlichem schossen aus dem Boden. Einige wenige wurden von ausländischen Investoren eröffnet, die zweifellos den Großteil der Profite mit außer Landes genommen haben.

Die meisten waren jedoch im Besitz von Sherpas und wurden auch von ihnen betrieben, und manche davon waren recht groß und profitabel. Über die Bedingungen, die 1978 in der Stadt Namche Basar herrschten, berichtete Fisher, etwa fünfundzwanzig Läden und Hotels seien von »Unternehmern aus Namche« eröffnet worden, und »ständig schießen mehr Geschäfte aus dem Boden«.[65]

Darüber hinaus entwickelten sich bestimmte infrastrukturelle Unternehmensformen zur Unterstützung der Hotelbranche. Eine besonders willkommene Entwicklung war die Entstehung des kommerziellen Obst- und Gemüseanbaus für die Versorgung von Touristen. Ein weiterer Eintrag in meinen Feldnotizen aus 1976 besagt:

»Gestern nachmittag [zogen wir] durch das steinige Pharak-Gebiet [das mittlere Gebiet am Dudh Khosi zwischen Solu und Khumbu] von Chaunrikarka. Es scheint der Gegend wirtschaftlich gutzugehen, wahrscheinlich seit der Behelfsflugplatz in Lukla in Betrieb ist. Viele neue große Häuser, mehr bunt angemalte Fensterrahmen und Muster – sehr schön... Und Blumen... Und die größte Veränderung – Gemüsegärten, als Anbau für den direkten Verkauf. Blumenkohl, Kohl, Karotten, Erbsen, Bohnen.«

Als ich 1979 für meine Feldforschung für *High Religion* (1989a) wiederkam, lebte ich (die meiste Zeit) in Khumbu, hatte jedoch einen Gemüse-*Teka* (»festen Lieferanten«) aus Pharak, der mich mehrfach mit frischem Gemüse belieferte.

Mein Punkt ist wiederum, daß Khumbu in den siebziger Jahren boomte und daß die bei den Expeditionen beschäftigten Sherpas ein starkes Gespür dafür hatten, daß da wesentlich mehr Geld im Umlauf war. Dadurch war es insbesondere zu einer Bereicherung von Leuten gekommen, die früher kleiner gewesen wären, so daß die Wohlstandsunterschiede in der Region etwas ausgeglichener waren (selbst wenn sich neue Unterschiede herauskristallisierten). Ein Mann, der 1976 bei der Granada-Film-Expedition für uns arbeitete, sprach eines Tages beiläufig darüber:

»Phu Tharkey sagte, Namche sei sehr reich geworden. Es war ihm jedoch wichtig zu betonen, daß jeder jetzt reich werden kann – jeder ist *Khamu* [»Experte«, gebildet, kann lesen und schreiben], jeder geht zur Schule. Wer ist somit reich? Wer ist arm? Wir wissen es nicht mehr. Vorher gab es einige wenige große Leute, und jeder wußte, wer sie waren, und man katzbuckelte vor ihnen, aber heute ist das alles ausgeglichener.«[66]

Dies sind also die Zusammenhänge – steigender Wohlstand, steigendes Bildungsniveau und auf einer breiteren Ebene die Chance, es wirtschaftlich zu etwas zu bringen –, aus denen die Sherpas in den siebziger Jahren kamen, um mit ihrer Arbeit an den Expeditionen teilzuhaben. Zwischen der größeren Zugänglichkeit der Sahibs als Folge der Gegenkultur und den realen Erfolgen, die die Sherpas sowohl bei den Expeditionen als auch in ihrem häuslichen und heimatlichen Kontext zu verzeichnen hatten, war der Weg für größere Veränderungen zumindest in einigen Aspekten der Sherpa-Sahib-Beziehungen geebnet.

EIN BRUCH IM DISKURS

Ich habe dieses Buch mit der orientalistischen Sicht der Sahibs auf die Sherpas begonnen, wozu auch die Idee gehörte, daß die Sherpas einfach, natürlich und kindlich waren. Diese Sicht schloß die Vorstellung mit ein, daß die Sherpas als unschuldige, natürliche Menschen nicht hauptsächlich um des Geldes willen kletterten. Es sei daran erinnert, daß der Leiter einer Expedition von 1929 schrieb, die Sherpas »gingen bis zuletzt in oft recht verzweifelten Lagen mit einer Treue und Begeisterung mit uns, die nicht vergolten werden kann, die auch nicht nach dem Sold sah, die rein ethischen Motiven, einer edlen natürlichen Veranlagung entsprang«.[67]

Auch nach dem Zweiten Weltkrieg war man immer noch der Meinung, daß die Sherpas nicht in erster Linie um des Geldes willen kletterten, wobei diese Ansicht jedoch weniger auf dem Paternalismus beruhte, der bei den frühen Sahibs verbreitet war, als vielmehr auf der Idee, daß die Sherpas tatsächlich die Motive und Wünsche der Sahibs bezüglich des Bergsteigens teilten. James Ramsay Ullman schrieb zum Beispiel über die amerikanische Everest-Expedition von 1963:

»*Es war nicht hauptsächlich um der Bezahlung willen*, daß sie diesen Marsch mitmachten. Sie taten nicht weniger als die westlichen Bergsteiger, die sie beschäftigten, das, was sie tun wollten, wozu sie geboren waren. Sie waren keine gekauften Hilfskräfte, sondern *Gefährten beim Abenteuer.*«[68]

In derselben Ära schrieb der Leiter der indischen Everest-Expedition von 1962:

»Natürlich hatten sie sich uns angeschlossen, um Geld zu verdienen, aber nachdem die Mitglieder und die Sherpas sich gegenseitig kennen- und verstehen gelernt hatten, *war das Geld zweitrangig*: Da waren Teamgeist, Liebe und Verständnis. Wenn man zu seinem Sherpa-Seilgefährten zurückschaute, der unter jeder Bedingung nur hochgrinste, dann konnte man sich des Gefühls nicht erwehren, daß *die Berge diesen Menschen genauso viel bedeuten wie das Geld.*«[69]

Wenn wir das Ganze etwas schematisch zusammenfassen, bliebe festzustellen, daß die frühen Sahibs glaubten, die Sherpas seien weitestgehend aufgrund ihrer Loyalität gegenüber ihren Sahibs bereit, die Risiken des Kletterns auf sich zu nehmen. Die Sahibs der fünfziger und sechziger Jahre glaubten hingegen, die Sherpas kletterten, weil sie die »romantischen« und abenteuerlustigen Wünsche der Sahibs bezüglich des Kletterns teilten.

Beide spielten das Interesse der Sherpas an Geld herab oder stellten die Bedeutung, die Geld für die Sherpas haben könnte, in Frage. Niemand schien die Möglichkeit berücksichtigt zu haben, daß Geld für sie vielleicht etwas anderes bedeutete, daß es mit positiveren Werten als für die Sahibs der oberen Mittelschicht verbunden war, die sich darüber keine Sorgen oder Gedanken zu machen brauchten oder tatsächlich auch den Materialismus des modernen Lebens ablehnten. Hier müssen wir nun auf die Frage nach dem Realen zurückkommen.

Die Sherpas kletterten für Geld I: ethnographischer Realismus

Ich habe bereits darauf hingewiesen, daß die frühen Sherpas, ungeachtet dessen, was die Sahibs glaubten, weitestgehend aus finanziellen Gründen kletterten. Nicht alle von ihnen waren arm oder, wie man sagte, klein, aber angesichts ihres traditionellen Wirtschaftssystems war es schwierig, reich zu werden, und leicht, arm zu werden. Darüber hinaus hatte das Bergsteigen für die Einheimischen keinen wie auch immer gearteten Wert an sich und war, im Gegenteil, aus religiöser Sicht problematisch.

Ich stelle all dies einfach als objektive Tatsache in den Raum. Wenn wir jedoch anerkennen, daß Ethnologen ebenso wie Bergsteiger oder irgendwelche anderen Beobachter ihre Neigungen und Vorurteile haben können, wieso sollte diese Tatsache dann als solche akzeptiert werden? Hier muß ich kurz für die »ethnographische Autorität« eine Lanze brechen.

Der Grund zu akzeptieren, daß ethnologische Behauptungen einen relativ starken Wahrheitsanspruch beinhalten, kann sich einzig aus der ethnographischen Praxis als solcher ergeben, einer Praxis, die darauf eingeschworen ist, die Sichtweise des anderen verstehen zu wollen, und die – was noch wichtiger ist – so organisiert und darauf ausgerichtet ist, ein solches Verständnis zu gewinnen. Es kann natürlich keine Garantie geben, daß ein solches Verständnis in jedem Fall gewonnen wird.

Aber durch die Bedingungen, unter denen die ethnographische Feldforschung durchgeführt wird – über lange Zeitabschnitte mit den Menschen zu leben, ihre – wenn auch unvollkommen – Sprache zu sprechen, mit ihnen zusammen Dinge zu tun, die in ihrem Leben wichtig sind oder eine Rolle spielen –, werden die Chancen, tatsächlich etwas »Reales« mitzubekommen, erheblich erhöht.

Dies ist allerdings nicht der Ort für eine lange Abhandlung über die erkenntnistheoretischen Wissensgrundlagen, die durch die ethnographische Feldarbeit gewonnen werden. Ebensowenig möchte ich bei weitem nicht den Anspruch erheben, daß man alles glauben sollte, was Ethnologen schreiben.

Indes möchte ich dennoch nachdrücklich darauf beharren, daß Feldforschung einen Unterschied macht, und daß dies der Grund ist, warum Ethnologen eher über die Menschen, die sie untersuchen, etwas sagen, das real oder wahr ist, als eher zufällige Beobachter. Es geht hier sowohl um die Länge als auch die Tiefe der Beziehungen, die sich entwickelt haben, wie auch um die relative Offenheit der Perspektive, mit der man an diese Beziehungen herangeht.

Es gibt jedoch einen besonderen Unterschied zwischen der älteren und der neueren ethnographischen Arbeit, der hier hervorgehoben werden muß: Ältere Ethnographien neigten zu Verallgemeinerungen, dazu, sich zugunsten einer kulturellen Homogenität über soziale Unterschiede hinwegzusetzen: Nach solchen Berichten war das Interessante an den Sherpas (oder irgendeiner anderen so behandelten Gruppe) all dasjenige, worin sie sich von »uns« (das heißt dem angenommenen westlichen Leser) unterschieden, alles, worin sie anders waren.

Während ich weiterhin auf die Feldforschung im klassischen Sinne und das hoffentlich »reiche«, umfassende Verständnis von der Sichtweise anderer Menschen setze, das durch eine derartige Arbeit gewonnen werden soll, gibt es im Unterschied dazu auch eine Forschung, die auf die sozialen Unterschiede innerhalb der Gemeinschaft eingeht und dem Umstand Rechnung trägt, daß es in Wirklichkeit nicht nur eine Sherpa-Sichtweise gibt.

Was somit im Rahmen der Position, die ich hier vertrete, den Wahrheitswert ethnographischer Behauptungen des weiteren fördert, ist ihr spezieller Bezug auf die thematischen Positionen und die historischen Momente, an denen sie festgemacht werden: Männer oder Frauen? Alte oder Junge? Reiche oder Arme? Heute? Wann?

Vor dem Hintergrund all dessen wollen wir nun zu einigen ethnographischen Behauptungen über Sherpas und Geld zurückkommen. Ethnologen begannen in den fünfziger und sechziger Jahren erstmals mit ethnographischen Erhebungen über die Sherpas. Während die Bergsteiger gesagt hatten, die Sherpas würden nicht primär um des Geldes willen klettern, konstruierten die Ethnologen ein völlig anderes Bild von der Situation.

In Gesprächen mit Sherpas und bei einer genaueren Betrachtung der von Ungleichheit geprägten Strukturen im Leben der Sherpas wurde sofort klar, daß der Hauptgrund, der die Sherpas zum Bergsteigen und den damit zusammenhängenden Arbeiten brachte, das Geld war, das dafür bezahlt wurde, und alles, was das Geld mit sich brachte: materielle Befriedigungen, Freiheit von abhängigen Beziehungen, Teilhabe an einer weiteren und kosmopolitischen Welt.

Der erste Ethnograph der Sherpas, Christoph von Fürer-Haimendorf, neigte weitestgehend dazu, Unterschiede und Schwierigkeiten in der Sherpa-Gemeinschaft herunterzuspielen. Aber dennoch erkannte er klar, daß viele junge Sherpas zum Bergsteigen gingen, weil ihre Alternative gewesen wäre, Schulden zu machen und sich lokal in abhängige Beziehungen zu begeben.[70]

Das Thema klang auch in meinem Film *Sherpas* von 1977 an. Darin sprach der Sardar Mingma Tenzing über die finanziellen Härten, mit denen er sich konfrontiert sah, wenn er keine Bergsteigerarbeit bekommen konnte, und daß die Arbeit für Ethnologen (wozu auch ich zählte) nicht gut genug bezahlt wurde, um den Verlust der Expeditionslöhne wettzumachen:

»Und dann ging ich eine Reihe von Jahren nicht klettern... Ich arbeitete sehr viel im Trekking-Geschäft und für Ethnologen. Und danach ging ich wieder zum Bergsteigen zurück. Denn als ich für die Ethnologen gearbeitet habe, gaben sie mir keine Kleidung und bezahlten auch nicht sehr viel. Und ich hatte eine Frau und Kinder, und so ging ich wieder zu den Expeditionen. Bei der Expeditionsarbeit verdient man mehr Geld, und so ging ich wieder zum Klettern zurück.«[71]

Seine Frau sagte in dem Film auch: »Die Expeditionsarbeit ist sehr schwer, aber die Sherpas haben keine andere Möglichkeit, Geld zu

Mingma Tenzing Sherpa hält einen Sonnenreflektor für die Innenfilmaufnahmen im Kloster Thami hoch. Granada-Film-Expedition, 1976.

verdienen. Es gibt keinen Handel. Wenn sie nicht zur Expeditionsarbeit gehen, verdienen sie kein Geld.«[72]

Kurz nachdem der Film gemacht worden war, interviewte Jim Fisher ausführlicher einige Expeditions-Sherpas und bekam im Prinzip die gleiche Geschichte zu hören:

»Acht der erfahrensten und bedeutendsten Sardars aus Khumbu erklärten einstimmig, daß der einzige Grund, warum sie kletterten, der war, daß sie das hohe Einkommen brauchten, das sie sonst nirgends verdienen konnten... Für die Sherpas ist das Bergsteigen als solches kein Punkt: weder Ruhm (obwohl er begrüßt wird, da er ihnen hilft, leichter ihren nächsten Kletterjob zu bekommen; er ist auch ausschlaggebend für die zahlreichen Everest-Besteigungen) noch Herausforderung, noch Abenteuer. Das Klettern ist einfach ein hochbezahlter Job.« (Fisher, 1990, S. 129)

Auch die Interviews, die ich 1990 mit Expeditions-Sherpas geführt habe, haben dieses Bild kaum verändert. Ich fand zwar eine Handvoll einzelner Sherpas, die gelegentlich aus sportlichen Gründen geklettert waren (meist, wenn sie ins Ausland gereist waren, um Sahib-Freunde zu besuchen). Die meisten Sherpas sagten jedoch im allgemeinen, sie würden, wenn sie bessere Möglichkeiten hätten, in etwa das gleiche Geld zu verdienen, keine Lasten tragen oder ihr Leben riskieren.

Es gab natürlich immer einzelne Ausnahmen zu solchen Behauptungen. Tenzing Norgay war eine solche Ausnahme, was in den fünfziger Jahren die Phantasie der Sahibs wohl dazu beflügelt hat, daß die Sherpas ihre »romantischen« Motive teilten. Nach allen Berichten, die es über ihn gibt, einschließlich seiner Autobiographie, hatte Tenzing einen unbändigen Drang, den Gipfel des Everest zu erreichen, einen Drang, der ähnlich, wenn nicht identisch mit dem der Sahibs war.[73]

In jüngerer Zeit sind auch einige weitere Sherpas, die ihre Begeisterung für das Bergsteigen als Sport bekundet haben, in diese Richtung gegangen. Es sind jedoch nur sehr wenige, und sie kommen in der Regel (genau wie die Sahibs) aus den relativ privilegierten Gesellschaftsschichten, die sich ihren Lebensunterhalt nicht mit dem Bergsteigen verdienen müssen.

Wie ich immer wieder betont habe, wird dem Geld eine Reihe von Bedeutungen beigemessen. Viele dieser Bedeutungen sind identisch nach dem Verständnis, das beide, Sherpas und Sahibs, von Geld haben – wozu Dinge wie Sicherheit, Freiheit, Komfort, Status, Macht und Großzügigkeit gehören. Der historisch vielleicht größte und für die jetzige Diskussion relevanteste Unterschied ist die Bewertung von Geld.

Für viele Sherpas war es größtenteils mit positiven Assoziationen verbunden, im Sinne eines Mittels, mit dem man »Modernität als Freiheit« kaufen konnte. Für viele der eher »romantischen« und gegenmodernen Sahibs war Geld demgegenüber in weiten Teilen – wenn auch mit einer gewissen Ambivalenz – etwas Negatives, das zur »Modernität als Verdorbenheit« gehörte.

Hier geht es um zwei Sachverhalte. Zunächst besagt die Feststellung, daß Geld eine Reihe von Bedeutungen hat, nicht, daß die Motive der Sherpas rein materialistisch sind. Denn das Bedürfnis nach Geld schließt komplexe Wünsche mit ein, und die Sherpas streben nicht nur nach Geld, um etwas zu essen zu haben oder reich zu werden.

Das trifft im übrigen für die meisten Menschen die meiste Zeit und an den meisten Orten zu: Geld als Motiv ist nie nur ein einfaches Motiv. Gleichzeitig blieben die Motive der Sherpas in bezug auf Geld angesichts der Strukturen der Sahib-Sherpa-Beziehung und des Maßes, wie die Sherpas für die Sahibs ein orientalistisches Projektionsfeld waren, besonders unklar.

Ab Mitte der siebziger Jahre begannen die Sahibs (und nicht nur die Ethnologen) jedoch festzustellen, daß die Sherpas um des Geldes willen mit dabei waren. Diese Erkenntnisse waren unterschiedlich gefärbt – die Sahibs waren traurig oder desillusioniert oder einfach realistisch. Dieses Thema tauchte dann jedoch sehr konsistent in der Bergsteiger- und Trekking-Literatur auf und stellte eine bemerkenswerte Wende im Diskurs dar.

Die Sherpas kletterten für Geld II: Empfindungen der Sahibs

Die Idee, daß die Sherpas weitestgehend um des Geldes willen kletterten, wurde, oft verbunden mit einem gewissen Schmerz, geschildert. Rick Ridgeway hatte 1976 bei der amerikanischen Everest-Expedition anläßlich der 200-Jahr-Feier der USA zum Beispiel eine Reihe fast verzweifelter Gespräche mit Sherpas, bei denen er herauszufinden hoffte, daß die Gerüchte nicht ganz stimmten und daß die meisten Sherpas nicht überwiegend wegen des Geldes mit dabei waren. Die Sherpas waren höflich, aber ehrlich. Ridgeway schrieb:

»Ich hatte Ang[74] mehrmals gefragt, warum er einen so starken Wunsch danach hatte, den Everest zu besteigen, aber jedesmal hatte er über die Frage nur gelacht, als hätte er sie nicht ganz verstanden... Ich würde die Möglichkeit eines selbstsüchtigen und vielleicht sogar eines pekuniären Elementes in Angs Motiven nicht ganz ausschließen... Aber ich hoffte dennoch, wenn nicht bei Ang, dann wenigstens bei einigen der Sherpas... Liebe zum Everest zu finden... Hatten nicht einige der Sherpas dieser Tage solche Gefühle für die Berge?«[75]

Ridgeway stellte einem weiteren Sherpa dieselben Fragen, immer noch in der Hoffnung, jemanden zu finden, der liebte, was er machte. Aber er wurde wieder enttäuscht:

»›Nima, arbeiten die Sherpas gerne bei Expeditionen, oder würdet ihr Burschen, wenn ihr sie bekommen könntet, lieber irgendeine andere Arbeit machen?‹

›Oh, ich glaube, wenn die Sherpas Geld haben, bleiben sie am liebsten zu Hause bei Frau und Kindern. Expeditionsarbeit ist sehr gefährlich, aber deswegen wird uns ja auch viel Geld bezahlt.‹

Das Gespräch ging weiter:

›Nima, wenn Bergsteigen so gefährlich ist, was glaubst du, warum wir es so gerne machen?‹

›Ich weiß es nicht. Weißt du, die Sherpas reden viel darüber. Vielleicht habt ihr Leute zuviel Geld, und ihr wißt nicht, wie ihr es ausgeben sollt...‹

›Aber erscheint es nicht seltsam, daß man seinen Urlaub damit verbringt und eine Menge Geld dafür ausgibt, um etwas so Schwieriges und Gefährliches zu tun?‹

Nima lachte. ›Nun, wenn du wissen möchtest, was wir denken, wir halten es irgendwie für verrückt. Aber ihr scheint es zu mögen.‹«[76]

Wie Ridgeway den Punkt anging, wenn er von den »Sherpas dieser Tage« sprach, weist auf ein breiteres Thema hin (auf das ich in Kapitel 9 zurückkommen werde): die Vorstellung, daß die heutigen Sherpas durch die Modernität verdorben oder korrumpiert worden sind. Viele der Sahibs haben jedoch einen wesentlich sachlicheren Ton angesichts der Erkenntnis über die monetären Motive der Sherpas an den Tag gelegt. Ein amerikanischer Trekker schrieb:

»Warum klettern sie also? Jeder Sherpa, den ich gefragt habe, gab die gleiche Antwort. ›Ich klettere gern. Nun, wenn man dabei stirbt, ist es nicht gut, aber wenn nicht, verdient man eine Menge Geld, mehr Geld, als man woanders verdienen kann.‹«[77]

In diesem Modus der Anerkennung von Tatsachen beschrieben in den siebziger Jahren andere Sahibs die Sherpas mit Adjektiven, die in der früheren Bergsteigerliteratur fast nie aufgetaucht sind. Den Sherpas wurde nun nachgesagt, sie seien sehr »praktisch veranlagt«,[78] »klug, gerissen und geschäftsorientiert«[79] und »erfinderisch [und] anpassungsfähig«.[80]

Vieles von diesem Diskurs könnte von Chris Bonington stammen, der nicht nur ein ausgezeichneter Bergsteiger, Führer und Expeditionsunternehmer war, sondern offenbar auch einiges über die Ethnologie der Sherpas gelesen und sich mit seinem Freund Mike Thompson, einem Ethnologen und Bergsteiger, darüber unterhalten hatte,

EIN BRUCH IM DISKURS

der die Sherpas selbst studiert hatte. Thompson ist derjenige, der über den Zusammenhang zwischen der Beschäftigung der Sherpas im Handel und ihrem freundlichen, aufgeschlossenen Umgangsstil gesprochen hatte. Bonington schrieb 1976:

»Die nahe an den Pässen nach Tibet lebenden Sherpas sind seit jeher Händler wie auch Bauern gewesen. Als Ergebnis dessen haben sie einen ausgeprägten Geschäftssinn und Unternehmergeist... Sie verstehen den Wert des Geldes...«[81]

Später im Buch stellte er fest, daß das Hauptmotiv der Sherpas beim Bergsteigen Geld zu verdienen war:

»Dies mag sehr gewinnsüchtig klingen, aber dann muß man sich auch vor Augen halten, daß die Sherpas, wenn sie die Expedition gegen Bezahlung unterstützen, sich in nichts von anderen Tagelöhnern unterscheiden, wobei sie allerdings – was sie mit dem gewöhnlichen Fabrikarbeiter in Großbritannien gemeinsam haben – mehr als nur Geld brauchen, um ihren Enthusiasmus wie auch ihren Gehorsam zu gewährleisten.«[82]

Auch wenn wir an Teilen von Boningtons Ansichten vielleicht herumtüfteln möchten – die Sherpas sind wahrscheinlich eher Kleinunternehmer als Proletarier, und die Idee, »ihren Gehorsam zu gewährleisten«, hat einen ordentlichen paternalistischen Beigeschmack –, stellen seine Ideen dennoch eine deutliche Abkehr vom Orientalismus der früheren Ära dar. Die Sherpas werden entromantisiert. Bonington hört ganz klar, was sie sagen; und er hielt sich auch wirklich an die praktischen Implikationen dessen, was er sagte: Er bezahlte sie immer sehr gut.

Ich möchte zu dem Punkt eines klar stellen. Die Idee, die sich in den siebziger Jahren bei den Bergsteiger-Sahibs durchsetzte, daß die Sherpas wegen des Geldes und nicht aus Liebe zu den Sahibs oder zu den Bergen kletterten, stellte – wie ich behaupte – eine korrekte Erkenntnis einer Sherpa-Sichtweise dar, von der früher nichts zu hören war. Sie unterschied sich klar von der Vorstellung, daß die Sherpas *infolge* des Bergsteigens verdorben und materialistisch geworden waren, eine Meinung, auf die wir später noch eingehen werden.

Meine Frage hier war: Was führte dazu, daß die Sahibs nun präziser hinhörten, oder anders herum, wie gelang es den Sherpas schließlich, sich Gehör zu verschaffen? Die Antwort liegt zumindest zum Teil in den gegenkulturellen Wandlungen der siebziger Jahre.

Auch wenn diese Gegenkultur wieder unterging und auch wenn die Kulturgeschichte der siebziger Jahre in weiten Teilen wieder umgeschrieben wurde, lohnt es sich, sich daran zu erinnern, daß damals junge, gebildete Personen der Mittelschicht – eben jene Klasse, aus der die Sahibs kamen – auf einer breiten Ebene Hierarchien und Herrschaft in Frage stellten und in der Tat versuchten, sensibel gegenüber denjenigen zu sein, die weniger mächtig als sie selbst waren. Viele Bergsteiger waren in dieser oder jener Form eindeutig von den kulturellen Veränderungen jener Zeit beeinflußt, und ich bin geneigt zu glauben, daß zumindest einige Sahibs sich wirklich öffneten, um die Sichtweise der Sherpas zu erfassen.

Damit sollen hingegen nicht die Effekte von fünfzig Jahren Sherpa-Widerstand beim Himalaya-Bergsteigen negiert werden – die Streiks, die Auseinandersetzungen, die Forderungen, das taktvolle Management der Sahibs –, den zu dokumentieren mir ein Anliegen war. Damit soll nur gesagt werden, daß ein derartiger Widerstand in den siebziger Jahren auf besonders empfängliche Ohren stieß.

In den Expeditionsberichten sind weitaus mehr Reflexionen der Sahibs über die Frage der Gleichheit und Hierarchie in Verbindung mit den Sherpas zu finden und weitaus häufiger und mannigfaltiger egalitäre Interaktionen zwischen Sahibs und Sherpas. Die Sherpas reagierten nachdrücklich auf diesen Klimawechsel und gingen über den »Widerstand« hinaus praktisch zu Gleichheitsbekundungen über: Vor allem jüngere Sherpas gaben den Begriff des »Sahibs« insgesamt nach und nach auf.

DAS ENDE DES SAHIBS

In den fünfziger und sechziger Jahren war bei einigen Expeditionen eine Entwicklung zur Gleichheit zwischen Sahibs und Sherpas spürbar, wobei solche egalitär ausgerichteten Expeditionen jedoch in der Minderzahl waren. In den siebziger Jahren wurde die Idee der Gleichheit mit den Sherpas dann im Rahmen der allgemeinen antihierarchischen Einstellungen in jener Zeit wesentlich stärker.

In seinem Bericht über seine Annapurna-Expedition von 1970 schrieb Bonington: »Wir behandelten sie [die Sherpas] immer als gleichgestellte Bergkameraden und ließen die frühere Sherpa-Sahib-

Beziehung gar nie aufkommen.«[83] Und über die amerikanische Dhaulagiri-Expedition von 1973, bei der es mit der relativ kollektiven Führung recht gut klappte, wurde berichtet:

»Das Expeditionsteam gewann die Kraft und Stärke von Sonam Girmi und seinen Sherpas, indem es ihnen das gleiche Vertrauen und den gleichen Respekt entgegenbrachte, mit denen sich die Bergsteiger gegenseitig behandelten. Morrissey [der Führer] war einer der letzten, die im Cornice Camp ankamen. Als er sich nach einem Schlafplatz umsah, entdeckte er, daß in Sonam Girmis Zelt noch Platz war, und er fragte, ob er mit hinzukommen dürfe.

Morrissey fand an seiner Bitte nichts Besonderes. Ein Zelt ist ein Zelt, und wir sahen im Team keine besonderen Unterschiede zwischen den Sahibs und den Sherpas, für Sonam war die Bitte jedoch beispiellos. Er hatte 18 Expeditionen mitgemacht und war vorher noch nie im selben Zelt mit dem Führer, dem Bara-Sahib, gewesen. Wenn unser Team überhaupt funktionierte, dann in weiten Teilen, weil die Sherpas mit und nicht einfach nur für uns arbeiteten.«[84]

Bei der Everest-Expedition 1983, einem der »Sieben Gipfel«-Angriffe von Bass und Wells, hatte man auf ganz ähnliche Weise das Gefühl, daß der Erfolg von einem relativ gleichberechtigten Niveau mit den Sherpas abhing:

»[Ershler, der Führer] hörte Gerry Roach aufmerksam zu, als dieser von der Expedition von 1976 erzählte, bei der die Sherpas sich geweigert hatten, nach dem ersten Gipfelversuch mehr Sauerstoff in die Hochlager zu tragen. Roach glaubte, daß das Problem auf das Gefühl der Sherpas zurückzuführen war, nichts weiter als angeheuerte Arbeitskräfte zu sein. Sonam [der Sherpa-Sardar] hatte Ershler auch gewarnt, wenn die Sherpas das Gefühl hätten, nur Lasttiere zu sein und mit dem Klettern nicht wirklich was zu tun zu haben, daß sie dann vorzeitig alles hinwerfen könnten.«[85]

Aber bei der Frage der Gleichstellung mit den Sherpas ging es nicht einfach nur um den Verzicht, sich über sie zu stellen. Angesichts der gelegentlichen Konkurrenzängste der Sahibs gegenüber den Sherpas – des Gefühls oder der Furcht, daß die Sherpas körperlich stärker und oft auch erfahrener als die Sahibs waren – ging es bei der Frage der Gleichheit manchmal auch darum, daß man mit der Überlegenheit der *Sherpas* zu kämpfen hatte. Wie Burgess schrieb: »Ich wollte das Gefühl haben, mit meinen Sherpa-Kameraden auf gleichem Fuße zu stehen und kein Klient in den Händen von Führern zu sein.«[86]

An anderer Stelle in dem Buch von Burgess und Palmer (1983) begegnen wir einer Situation, die an die früheren Wettbewerbe zwischen den Sahibs und Sherpas erinnert. Der Diskurs nimmt am Ende jedoch eine andere Wende, da das Gefühl, mit den Sherpas mithalten zu wollen, als eine Ablehnung der neokolonialen Überlegenheit verstanden wird.

Dazu Peter Boardman Mitte der siebziger Jahre: »Ich spüre einen Anflug von Schuldgefühlen wegen dieser Expedition. Niemand hält es je für richtig, wenn eine fremde Macht eine andere unterjocht. Und so fühle ich mich auch schuldig, mich von den Sherpas bedienen zu lassen und daß die ganzen Gerätschaften und Apparate der westlichen Welt auf dem Rücken einiger Tamang-Träger getragen werden...«[87]

Und ähnliche Gefühle, die ebenso in einen antikolonialen Rahmen gebettet waren, kamen Anfang der achtziger Jahre zum Ausdruck: »Es war mir etwas peinlich, daß die Sherpas Tag für Tag soviel Gewicht tragen und immer noch schneller als die meisten der Bergsteiger gehen konnten. Ich hatte das Gefühl, daß sie uns in Wirklichkeit den Berg hinaufführten. Um wenigstens etwas Respekt zurückzugewinnen und vielleicht auch, um einigen anderen aus dem Westen etwas vor Augen zu halten, entschloß ich mich, eine der großen Propangasflaschen zu tragen.

Das wird in dieser Höhe als das höchste der Gefühle betrachtet. Ich brachte sie unter einem plötzlichen Ausbruch von Jubelrufen und Applaus seitens der Sherpas in meinem Rucksack unter. Mir ging das Bild von einem kolonialen Bwana durch den Kopf, dem die Eingeborenen applaudieren, weil es ihm geglückt ist, eine Banane zu pflücken.«[88]

Alle diese Beispiele demonstrieren das delikate wechselseitige Spiel der Kräfte zwischen der Sensibilität der Sahibs in den siebziger Jahren und der behutsamen, aber unmißverständlichen Botschaft der Sherpas, daß sie sich aus der alten hierarchischen Beziehung zurückgezogen hatten oder ihr auszuweichen wußten. Für die Expeditions-Sherpas, die ich in den neunziger Jahren interviewte, war es absolut klar, daß sie ab den siebziger Jahren den Anspruch erhoben, als Ebenbürtige anerkannt und behandelt zu werden, und daß sie auch das Gefühl hatten, in einer Position zu sein, in der sie es verlangen konnten, wenn auch nicht mit so vielen Worten.

Pema Sherpa, 1990.

Ein Sherpa, Pema, erzählte mir von einer mißlungenen gemeinsamen japanisch-nepalesischen Expedition 1976 zu einem Gipfel namens Ganesh III. Anfang der siebziger Jahre hatte das nepalesische Tourismusministerium, das auch für die Erteilung von Klettererlaubnissen zuständig ist, eine Verfügung erlassen, wonach die Erstbesteigung jedes Gipfels in Nepal in einer gemeinsamen Unternehmung von ausländischen und nepalesischen Staatsangehörigen erfolgen sollte, was im Endeffekt meist Sherpas bedeutete. Und das hieß auch, daß die ausländischen Bergsteiger und die Sherpa-Bergsteiger gleichberechtigte Mitglieder waren. Pema sagte:

»Es gab ein Problem zwischen den japanischen und den nepalesischen [Sherpa-]Mitgliedern. Die meiste Zeit haben die nepalesischen Mitglieder den Weg gebahnt, und die Japaner haben nicht viel geholfen. Die Japaner haben den Sherpas zusätzlich zu ihren Lasten ständig noch etwas von ihrem eigenen Gepäck mit aufgeladen.

Die Sherpas sagten, wir sind alle gleich, dies ist eine gemeinsame Expedition. Eines Tages hatte er [Pema] schließlich vierzig Kilo zu tragen, und er wurde sehr müde. Danach war er sehr unglücklich und wollte nicht mehr mit den Japanern arbeiten, und er fühlte sich auch nicht gut. Er ging zum Basislager zurück... [Er sagte, er] *tsera lasung* – er habe sich geärgert und die Nase voll gehabt.«[89]

Viele Sherpas hatten bei der Gleichheit, die sie erwarteten, nicht nur eine einfache formale Gleichstellung vor Augen, sondern – um

Ang Karma Sherpa, 1990.

auf die Geschichten von Ang Tharkay und Tenzing Norgay zurückzukommen – eine wirkliche Freundschaft. Ang Karma, der Sherpa-Hochgebirgsarbeit verrichtet hat und auch als Journalist tätig ist, sprach über nationale Unterschiede unter den ausländischen Bergsteigern.

Aus verschiedenen Gründen möchte ich nicht weiter auf die einzelnen nationalen Kategorien eingehen (die Sherpas sehen es nicht gerne, wenn solche Dinge, die man sich hinter den Kulissen erzählt, veröffentlicht werden; es könnte den Beigeschmack von einer ethnischen Verunglimpfung haben; außerdem würden auch nicht alle Sherpas diesen Charakterisierungen beipflichten), dieser Punkt sollte aber dennoch zitiert werden:

»Die [Staatsangehörigen X] und die [Staatsangehörigen Y] haben schlechte Manieren. Er hat sich geweigert, bei einigen ihrer Expeditionen mitzumachen. [Warum sind sie so?] Vielleicht leiden sie an einem Minderwertigkeitskomplex. Sie kommen nach Nepal und wollen die Herren sein. Vielleicht haben diese Leute in ihren Heimatländern auch zuviel Hierarchie – bezeugen denen, die über ihnen sind, ihre Achtung und treten die, die unter ihnen sind. Sherpas mögen das nicht, sie arbeiten mit Europäern und Amerikanern, von denen sie wie Freunde behandelt werden.«[90]

Pertemba Sherpa, 1990.

Ein ähnliches Gespräch hatte ich 1990 mit Pertemba, der bei Chris Boningtons Expeditionen so groß herauskam und auch viele andere wichtige Kletterpartien mitgemacht hatte. Pertemba erzählte, daß die Sherpas seit Anfang der siebziger Jahre mehr Gelegenheit haben, bei den Expeditionen in diejenigen Gruppen mit aufgenommen zu werden, die den Angriff auf den Gipfel unternehmen.

»Vor 1973 wurde es nur wenigen Sherpas zugestanden, mit auf den Gipfel zu gehen. Danach gab es mehr die Gelegenheit, dabei mitzumachen. [Warum?] Nun, vorher hing es von dem Führer ab, aber heute kann jeder, der Erfahrung hat, eine Chance bekommen. Das Wichtigste ist die Kommunikation – die Kluft bei der Verständigung mit den früheren Bergsteigern war größer.«[91]

Ich hakte nach, um nähere Erklärungen zu bekommen:

»[Wieso hat sich das geändert? Haben die Sherpas darauf gedrängt, mehr Chancen für Gipfelbesteigungen zu bekommen?] Die Sherpas haben schon gedrängt, aber die Bergsteiger haben auch gemerkt, daß es besser war – die Sherpas sind stark, ihre Anwesenheit bedeutet mehr Sicherheit, aber heute gibt es auch einfach mehr – er hielt inne – *Freundschaft* zwischen den Bergsteigern und den Sherpas.«[92]

Zusammengenommen führte diese Haltung der Sherpas und die etwas größere Sensibilität der Sahibs in den siebziger Jahren zu der recht drastischen Veränderung, die vielen Beobachtern auffiel: Die Sherpas hörten auf, die Sahibs »Sahibs« zu nennen. Ich war mir dieses Umstandes auch bei meiner Feldforschung, die den Zeitraum von Mitte der sechziger bis zu den neunziger Jahren umfaßte, sehr bewußt.

In den ersten Jahren waren die Sahibs universal als »Sahibs« bezeichnet und angeredet worden, während der Begriff 1990 nur noch von älteren Sherpas (und auch nicht mehr durchgehend) verwendet wurde, was die jüngeren Sherpas hingegen fast nie taten. Dieser Umstand trat ab Mitte der siebziger Jahre auch in der Bergsteigerliteratur zutage:

»Die Sherpas erfüllten ihre Aufgaben als Profis effizient, aber ohne Unterwürfigkeit, verwendeten bei der Anrede uns gegenüber selten den traditionellen Begriff ›Sahib‹ und bevorzugten die egalitärere Bezeichnung ›Mitglied‹.«[93]

Dies setzte sich in der Folge auch in der Praxis durch. In den achtziger Jahren meinte eine Trekkerin über ihren Sardar Lhakpa:

»Obwohl er noch relativ jung aussah, machte Lhakpa den Eindruck, als hätte er schon einige Zeit mit Leuten aus dem Westen gearbeitet. Seine Kleidung war nach den Maßstäben von Solu-Khumbu fesch, und mir fiel auf, daß er Julie und mich mit unseren Vornamen ansprach, nachdem wir ihm vorgestellt worden waren.«[94]

Jim Fisher, dessen Arbeit mit den Sherpas im wesentlichen denselben Zeitraum wie bei mir abdeckte, faßte die Situation etwas ironisch zusammen:

»Eine Reihe der erfolgreicheren [Sherpas] hat in den letzten Jahren den Zusatz Saheb [sic] fallengelassen und redet ihre westlichen Klienten mit ihren Vornamen an – sie tun etwas, was sich kein Hausdiener, kein Hoteldiener oder Reiseführer in Katmandu träumen lassen würde. Die Leute aus dem Westen reagieren oft positiv darauf, wie Gleiche behandelt zu werden, selbst von jemandem, der sie von Kopf bis Fuß bedient. Aber einige, die traditionellere hierarchische Beziehungen gewohnt sind oder erwarten, sind auch bestürzt und sprachlos über die Ich-bin-genauso-gut-wie-du-Mentalität der Sherpas.«[95]

Auch wenn ich die Sprache des Widerstands verwendet habe, so habe ich doch auch versucht zu sagen, daß die Idee des Widerstands mit weitaus komplexeren Wünschen verbunden ist. Akte des Widerstands stellen sowohl die Annahmen der Überlegenheit als Grundlage hierarchischer Beziehungen in Frage, als daß sie auch Respekt verlangen, der über die jeweils geforderten konkreten Vorteile hinausgeht.

Akte des Widerstands erheben darüber hinaus den Anspruch auf eine bestimmte Art von kultureller oder symbolischer Macht, die Macht, die jeweilige Situation und die entsprechenden Beziehungen zu definieren oder an der Definition beteiligt zu werden. Kategorien sind wichtig. Dieser Punkt ist entscheidend, um zu verstehen, warum es wichtig war, daß die Sahibs keine Sahibs, sondern nur noch einfache Arbeitgeber und gelegentlich auch Freunde waren.

KAPITEL 8

Frauen

BIS ZU DEN SIEBZIGER JAHREN WAR DAS HIMALAYA-BERGSTEIGEN ÜBERWIEGEND EIN REINER MÄNNERSPORT. Er wurde fast (aber nicht ganz) ausschließlich von Männern betrieben, von Sherpa-Männern und Männern aus der Ersten Welt. Er war von männlichen Umgangsformen geprägt, die aus anderen rein männlichen Institutionen stammten, vor allem dem Militär. Auch wenn es dabei stets um viele Dinge ging – Natur und Nation, Körperlichkeit und Spiritualität, die moralische Qualität des inneren Selbst und den Sinn des Lebens –, so ging es zum Teil doch auch immer um die Frage der Männlichkeit und des Mann-Seins.

In den siebziger Jahren begannen Frauen, sowohl international wie auch als Sherpani (Sherpa-Frau), in diese Männerdomäne vorzudringen. Angesichts des männlichen Charakters dieses Sports war jede Frau, die sich im Himalaya-Bergsteigen engagierte, in einem gewissen Sinne auch eine »Geschlechterradikale«, wie ich es nennen möchte. Jemanden als geschlechtsradikal zu bezeichnen heißt, daß der oder die Betreffende die geschlechtsspezifischen Regeln in Frage stellt oder bricht, wobei es natürlich viele Möglichkeiten gibt, wie dies aussehen kann, und viele ideologische Systeme, im Rahmen derer dies geschehen kann.

Die feministische Bewegung, die in den siebziger Jahren vor allem in Europa und den Vereinigten Staaten aufkam, war nur ein spezifisches historisches Beispiel von Geschlechterradikalismus, die als solche eine Vielzahl von Stilen und Positionen mit einschloß. Entgegen den Behauptungen vieler Feministinnen aus Minderheiten und der Dritten Welt schloß sie nicht alle Formen von Geschlechterradikalismus mit ein, nicht einmal im Westen, geschweige denn in anderen Teilen der Welt.

Das Vordringen der Frauen ins Himalaya-Bergsteigen (sowie die Zunahme von Trekking-Touren und des Tourismus während dieser

Zeit, wodurch noch mehr Memsahibs auf der Bildfläche erschienen) hatte zahlreiche und sehr unterschiedliche Auswirkungen. Am augenscheinlichsten waren zunächst einmal die Erfolge, die Frauen damit zu verbuchen hatten, Erfolge, die die feministische Bewegung suchte – die erste Mount-Everest-Besteigung durch eine Frau, die ersten Sherpani-Gipfelerfolge, und daß die Frauen nun insgesamt stärker in den Reihen der Bergsteiger und »Hoch-Sherpas« vertreten waren.

Aber die Situation war gesellschaftlich, politisch und mitunter auch sexuell wesentlich komplexer, als derartige Auflistungen es auch nur im Ansatz verdeutlichen könnten. Zum einen gingen die sozialen Bewegungen der siebziger Jahre in verschiedene und nicht unbedingt konsistente Richtungen, was die Geschlechterfrage und Sexualität anging.

Zum anderen gab es in Verbindung mit dem Bergsteigen zahlreiche Geschlechterkombinationen und Permutationen: Memsahibs gegenüber Sahibs wie auch Sherpa-Männern, Sherpanis gegenüber Sherpa-Männern und Sahibs, Memsahibs und Sherpanis zusammen innerhalb einer weltweiten feministischen Bewegung – und so weiter.

Ich werde somit in diesem Kapitel weiter auf die, wie ich es an früherer Stelle nannte, »geschlechtsspezifische Dialektik« eingehen, das heißt, auf das komplexe Knäuel der geschlechtsspezifischen Dynamiken, wie sie beim Himalaya-Bergsteigen ins Spiel gebracht wurden. Genau wie bei den Männern müssen wir auch bei den Frauen versuchen, die ernsten Spiele zu verstehen, die für sie bei diesem Sport von Bedeutung waren. Für beide, die Memsahibs wie die Sherpanis, waren dies, grob gesagt, Befreiungs-Spiele. Bei der Frage, Befreiung von was, für was oder auf welche Weise, gab es jedoch erhebliche Unterschiede, sowohl zwischen Memsahibs und Sherpanis als auch unter den Memsahibs. Ehe wir näher darauf eingehen, zunächst noch eine kurze Vorgeschichte der Frauen im Himalaya-Bergsteigen.

GESCHLECHTERRADIKALISMUS BEIM HIMALAYA-BERGSTEIGEN VOR DEN SIEBZIGER JAHREN

Vor dem Zweiten Weltkrieg gab es nur vereinzelt Frauen, sowohl Memsahibs als auch Sherpanis, die im Himalaya kletterten. Einige der Frauen aus dem Westen, die in dieser Zeit aktiv waren, waren Forscherinnen wie die erklärte Feministin Fanny Bullock Workman oder die eher spirituell orientierte Alexandra David-Néel.[1] 1930 nahm eine schweizerische Bergsteigerin, Hetti Dyhrenfurth, an einer Kangchendzönga-Expedition teil,[2] und 1934 erreichte sie die Spitze des Queen Mary Peek (7428 Meter) im Karakorum als Mitglied einer Expedition, die den Bereich des Baltoro-Gletschers erforschte und kartographierte.[3]

Es ist viel schwieriger, Nachweise über die Teilnahme von Sherpa-Frauen an bergsteigerischen Unternehmungen aus der Vorkriegszeit zu finden, die über die »lokale Lastenbeförderung«, das Lastentragen bis zum Fuß eines Berges, hinausgegangen wäre. Es gab eine Frau, die von den Sahibs »Eskimo Nell« genannt wurde, die offenbar zumindest einen Teil der Strecke mit den Everest hinaufstieg:

»Und da war Eskimo Nell. Ich hatte ungeheure Geschichten über ihre Leistungen als Trägerin am Everest im Jahr 1933 gehört, als sie unter den Sherpas die treibende Kraft war und mit ihrer scharfen Zunge die anderen angetrieben hatte, die Lasten in immer noch größere Höhen hinaufzutragen.«[4]

Zwischen den fünfziger und den siebziger Jahren gab es eine allgemeine Intensivierung des Himalaya-Bergsteigens und auch eine etwas sichtbarere Präsenz von Frauen. Auf seiten der Memsahibs waren darunter auch diejenigen »der ersten, allein aus Frauen bestehenden Expedition, die je den hohen Himalaya erkunden und besteigen sollte«,[5] von 1955, und die der Internationalen Frauenexpedition zum Cho Oyu von 1959, die unter der Führung des französischen Bergsteigers Claude Kogan durchgeführt wurde,[6] wie auch die von Josephine Scarr geführte Gruppe von Frauen, die 1961 im Kulu-Gebiet kletterten.[7] Auch hier ist es wiederum schwerer, Informationen über Sherpa-Frauen zu finden. Es gibt jedoch eine Aufzeichnung, wonach zwei Töchter und eine Nichte Tenzing Norgays 1959 bei der Expedition mit Claude Kogan am Cho Oyu mit dabei waren.[8]

Angesichts so kleiner Zahlen und kärglicher Informationen ist es schwierig, die gesellschaftliche Stellung dieser Frauen zu verallgemeinern. Die Memsahibs, die vor den siebziger Jahren im Himalaya kletterten, waren im allgemeinen mit den Sahibs vergleichbar. Sie waren – zumindest diejenigen, über die es Aufzeichnungen gibt – westliche Europäerinnen und Amerikanerinnen. Sie waren alle – soweit dies aus den veröffentlichten Berichten zu ersehen ist – Weiße und kamen größtenteils aus der breiteren Mittelschicht. Einige waren verheiratet oder lebten in langjährigen Beziehungen mit Männern, einige hatten Kinder, andere waren unverheiratet und/oder alleinstehend.[9]

Die meisten scheinen zumindest etwas höhere Bildung gehabt zu haben, und die meisten gaben in irgendeiner Form zu verstehen, daß sie sich des Umstandes bewußt waren, in dieser prinzipiell reinen Männerwelt für Frauen eine Barriere zu durchbrechen. Verallgemeinernd kann wohl gesagt werden, daß diese Frauen, genau wie die Männer, aus dem liberaleren, manchmal dem bohemehaften oder gegenkulturellen Randbereich der Mittelschicht kamen.[10]

Bei den Sherpa-Frauen sind die Informationen noch dürftiger. Sie kamen wahrscheinlich auch aus den mittleren Gesellschaftsschichten. Vor den siebziger Jahren wären die Töchter großer Leute, die Geschlechterradikale waren, wohl eher in ein Nonnenkloster eingetreten, statt sich einer Bergsteigerexpedition anzuschließen, während es bei den Töchtern kleiner Leute unwahrscheinlich gewesen wäre, daß sie die notwendigen Kontakte oder das Selbstbewußtsein gehabt hätten, um irgendeine höhergestellte Position als die einer lokalen Trägerin zu erreichen.

Was den Familienstand angeht, ist bekannt, daß »Eskimo Nell« die Ehefrau eines Sherpas bei der Expedition von 1933 war[11] und daß die Sherpa-Frauen bei der Cho-Oyu-Expedition von 1959, wie bereits erwähnt, mit Tenzing Norgay verwandt waren. Aus diesen Beispielen ist ein Muster ablesbar, das bis in die jüngste Zeit Bestand hat: Sherpa-Frauen waren auf die Gönnerschaft oder Partnerschaft eines männlichen Verwandten oder Ehemanns angewiesen, um bei Kletterpartien mitgenommen zu werden.

Die Sardars – die Obmänner der Sherpas bei Expeditionen – waren und sind im allgemeinen noch immer nicht bereit, eine Frau mitzunehmen, die weder das eine noch das andere vorzuweisen hat. Für Frauen, die klettern wollten, war ein Verwandter oder Ehemann, der ein Sardar war, in der Regel der einzige Weg dazu.

SHERPAS UND MEMSAHIBS

Die Gegenkultur der siebziger Jahre brachte in Europa und in den Vereinigten Staaten unter anderem die sexuelle Befreiungsbewegung hervor. Diese Bewegung nahm wiederum unterschiedliche Formen an, aber eine davon war einfach eine allgemeine Lockerung der sexuellen Regeln und Tabus: Außerehelicher Sex wurde nun als moralisch akzeptabel und im Grunde gesund angesehen und bedeutete Spaß für alle Beteiligten. Die doppelte Moral, wonach es akzeptiert wurde, daß Männer Sex suchten und genossen, während man bei Frauen weder allzuviel von dem einen noch allzuviel von dem anderen sehen wollte, wurde zumindest als die vorherrschende ideologische Position aufgegeben.

Zwischen der sexuellen Befreiungsbewegung und der Befreiungsbewegung der Frauen gab es zwar Überschneidungen, sie waren jedoch nicht deckungsgleich. Die meisten (allerdings nicht alle) Feministinnen waren auch Verfechterinnen der sexuellen Befreiung, aber nicht alle, die für die sexuelle Befreiung eintraten, waren in jedem Fall auch Feministinnen, und für manche Frauen war das Initiieren- und Genießenwollen von häufigerem oder zwangloserem Sex einfach nur eine Steigerung eines eher traditionellen Rollenverständnisses.

Nepal war Mitte der sechziger Jahre einer der ersten großen Anziehungspunkte der Gegenkultur, was teils an der allgemeinen gegenkulturellen Faszination »vom Osten« und teils auch daran lag, daß Marihuana und Haschisch damals dort ebenso billig wie legal waren.[12] In dieser Zeit setzte es sich offenbar auch durch, daß westliche Frauen, die zum Trekking und zum Teil auch zum Bergsteigen nach Nepal kamen, Sherpa-Männern sexuelle Avancen machten und Sex mit ihnen hatten. Wer um wen warb, ist natürlich kein gesicherter Fakt, aber bei westlichen Beobachtern wie auch Sherpas war man allgemein der Meinung, daß es – zumindest in den ersten Jahren – hauptsächlich die Memsahibs waren, die die Initiative ergriffen.

Donna und Phurba Sherpa, um 1990, die heirateten, nachdem sie sich bei einer Trekking-Tour kennengelernt hatten.

Dies wäre aus mehreren Gründen plausibel: zum einen wegen der traditionell zurückhaltenden, nicht auf sexuelle Streifzüge ausgerichteten Einstellung der Sherpas zu Sex, zum anderen weil sie die Memsahibs oft für nicht sonderlich attraktiv hielten und zum dritten weil die Memsahibs per Definition (zumindest in den ersten Jahren) einen hohen Status hatten und die Sherpas darauf bedacht waren, Grenzüberschreitungen vor dem Hintergrund von Status und Macht zu vermeiden.

Auch wenn es aus naheliegenden Gründen schwer ist, an Daten über derlei Dinge heranzukommen, ist die Tatsache, daß es bei vielen Trekking-Touren und manchen Bergsteigerexpeditionen zu Sex zwischen Sherpa-Männern und Memsahibs kam, auf den Straßen von Katmandu bestens bekannt.[13] James Fisher berichtete über »viele... lose Beziehungen, hauptsächlich zwischen Trekking-Sardars und ihren Klientinnen aus dem Westen« wie auch von »etwa vierzig Eheschließungen zwischen Personen aus dem Westen und Sherpas, fast alle relativ ungebildete Dorfbewohner aus Solu oder Khumbu«.[14]

Darüber hinaus haben sich sowohl Sherpas als auch westliche Beobachter häufig darüber ausgelassen, was bei bestimmten Expeditionen auf der sexuellen Ebene lief. Das Nachfolgende muß natürlich als Klatsch eingestuft werden; ich berichte diese Dinge nicht als wahre Geschichten (obwohl sie natürlich wahr sein mögen), sondern als Beispiele, was nach Meinung von Beobachtern vor sich ging.

Von einer bestimmten Frauenexpedition in den achtziger Jahren erzählte man sich zum Beispiel, eine der Frauen habe einen der Sherpas mit zu sich nach Hause nehmen wollen, der jedoch nicht mitgegangen sei. Darüber hinaus erzählte man sich, der Sherpa-Führer der Expedition hätte mit einer dieser Frauen einen Sohn, der jetzt in Amerika lebe. Die Person aus dem Westen, die mir diese Geschichten erzählte, glaubte, die Frauen hätten jeweils die Avancen gemacht, da die Sherpas »zu schüchtern« seien.[15]

Eine der Sherpa-Frauen, die bei Bergtouren mit dabei war, erzählte mir, als ich sie interviewte, eine Geschichte von einer anderen Frauenexpedition:

»Es gab ein Problem, als der Sohn [eines bestimmten Mannes] mit der Leiterin etwas anfing [Sex hatte]. Nach dem erfolgreichen Abschluß der Expedition gab es eine große Feier, bei der die Sherpas sich betranken. Der Vater [des Sherpa-Jungen wurde sehr wütend und] riß alle Zeltstangen ein. Er sagte, er würde es in die Zeitung bringen, daß [Bergsteiger und Bergsteigerinnen dieser Nationalität] nie wieder nach Nepal kommen dürften.«[16]

Die Reaktion des Vaters verdeutlicht, daß sexuelle Verbindungen zwischen jungen Sherpa-Männern und Memsahibs für andere Sherpas nicht unproblematisch sind und sie sich in Wahrheit sehr unterschiedlich zu dem Thema äußern. Meist werden relativ harmlose und freundliche Witze darüber gemacht. So wurden zum Beispiel einige Sherpas zitiert, die einem Autor, der über die Annapurna-Frauenexpedition von 1978 schrieb, gegenüber ihre Witze gemacht hatten:

»Es gibt noch einen anderen Weg, wie man ins Ausland kommt. Es gab dieses Jahr eine amerikanische Frauenexpedition, und einige Sherpas haben einige von diesen Frauen geheiratet [in Wirklichkeit heiratete einer, und einer hatte eine sexuelle Beziehung]. Jetzt sagen die Sherpas: ›Bei Frauenexpeditionen muß man mich nicht bezahlen, ich arbeite kostenlos.‹ Wir lachten beide.«[17]

Aber es gab in dem Zusammenhang auch weniger freundliche Einstellungen. So war zum Beispiel gelegentlich von einer gewissen Verachtung gegenüber den Memsahibs zu hören, die mit einer relativ berechnenden Haltung zu sexuellen Beziehungen mit Memsahibs gepaart war, die an die bereits früher angesprochene »Verlagerung zum Machohaften« anknüpfte. Das betraf zum einen das zotige Geplänkel zwischen Sahibs und Sherpas und die Angebereien mit sexuellen Eroberungen, die bei den Expeditionen dann mit »Strafgeldern« geahndet wurden.

Zum anderen war aber auch das Muster, wonach manche Memsahibs »sexuelle Abenteuer« mit Sherpa-Männern suchten, entstanden, das zudem auch zu dieser Verlagerung beigetragen zu haben scheint. Es muß jedoch betont werden, daß eher auf sexuelle Streifzüge ausgerichtete, machohafte Einstellungen mitnichten charakteristisch für alle Sherpa-Männer sind. Gleichwohl stellen sie eine Entwicklung dar, die viele westliche wie auch Sherpa-Beobachter und -Beobachterinnen eindeutig unangenehm berührt.

Ein Beispiel dazu, dem ich bei einer meiner Forschungsreisen begegnete, und zwar als ich 1976 mit dem Granada-Fernsehteam dort war, um einen Film über die Sherpas zu drehen.[18] Während wir in einem der Dörfer filmten, traf ich einen jungen Sherpa, der für Bergsteigergruppen arbeitete und bei einer Trekking-Tour eine Beziehung mit einer Schweizerin angefangen hatte. Er sollte mit ihr in die Schweiz zurückgehen, wo sie heiraten sollten.

Aber selbst in diesem frühen Stadium der Beziehung schien er an ihr bereits weitaus weniger interessiert zu sein als sie an ihm. Als ich später in Katmandu bei Sherpa-Freunden zu Besuch war, kam ebendieser junge Mann (R) vorbei:

»R kam mit seiner schweizerischen Freundin herein – [ihr gegenüber] sehr mürrisch –, er schien ihrer überdrüssig zu sein. Sie sollte übermorgen abreisen, und ich sagte zu ihm: ›Du bist sicher traurig.‹ [Natürlich wollte ich einfach nur hören, wie er reagieren würde.] ›Nun‹, sagte er, ›ich habe sehr viele Freunde hier.‹ Daraufhin sagte [die Frau, bei der ich zu Besuch war, RJ] zu ihm: ›Mit deinen Freunden kannst du aber nicht schlafen.‹ Und er sagte – schnell, in der Hoffnung, daß ich es nicht verstehen würde: ›Na, es gibt jede Menge Frauen hier [mit denen man schlafen kann].‹«[19]

Andererseits machte 1990 in Katmandu ein recht derber »Witz« die Runde, der »einem Sherpa« zugeschrieben wurde:

»Kennst du den von dem Sherpa, der meinte, Trekking-Arbeit sei sehr leicht? Man muß nur ein Wort auf englisch kennen: ›Yes.‹ Sherpa klettern hoch? ›Yes.‹ Tragen Lasten? ›Yes.‹ Kochen Essen? ›Yes.‹ Memsahib möchte ficken? ›Yes.‹«[20]

Wenn dies wirklich ein Witz ist, der von einem Sherpa aufgebracht wurde, dann verdeutlicht er verschiedene Dinge: erstens die Auffassung, daß Memsahibs die Initiative zum Sex ergreifen würden; zweitens, daß der Sherpa nicht in einer Position ist, in der er dieses

Ansinnen ablehnen könnte; und drittens, daß ein Sherpa in dieser Lage gefühllos, abgestumpft und unverhohlen respektlos gegenüber Frauen oder wenigstens gegenüber Memsahibs werden kann. Das waren die Dinge, durch die manche Sherpa-Männer in den siebziger Jahren mit den Teilnehmern von einigen feministischen und erklärten Antimacho-Expeditionen auf Kollisionskurs gerieten.

FEMINISMUS DER SIEBZIGER JAHRE

Klar ist, daß auch schon vor dem Feminismus als einer politischen und kulturellen Bewegung in den siebziger Jahren die Geschlechtergrenzen sowohl innerhalb als auch jenseits der kulturellen Grenzen in einem gewissen Sinne (und in anderer Hinsicht nicht) herausgefordert wurden. Die feministische Bewegung hatte jedoch auch einige nachhaltige Folgen innerhalb des Himalaya-Bergsteigens.

Aus dieser Perspektive hatte die feministische Bewegung der siebziger Jahre einen absolut transnationalen Charakter. Aus allen »entwickelten« Ländern, einschließlich buchstäblich jedes Landes in Asien, kamen in diesen Jahren Frauen in den Himalaya zum Bergsteigen. Dies brachte für die Bergsteigergemeinde eine weitaus größere ethnische und nationale Vielfalt mit sich, wenn es auch nicht unbedingt eine größere Klassenvielfalt bedeutete. Denn die Frauen kamen, welche Nationalität sie auch immer haben mochten, nach meinem allgemeinen Eindruck in weiten Teilen weiterhin aus der Mittelschicht.

Der Feminismus sorgte jedenfalls dafür, daß das Himalaya-Bergsteigen großen Zulauf bei Frauen fand. Aber die Frauen kamen nicht einfach in den Himalaya, sie eroberten ihn. 1975 wurde der Mount Everest zweimal von Frauen bestiegen, zunächst über die traditionelle Südroute von Junko Tabei, die Co-Leiterin einer rein japanischen Frauenexpedition war,[21] und dann über den schwierigen Nordgrat von Phantog, einer Tibeterin, im Rahmen einer gemischten chinesischen Expedition (die in Wirklichkeit überwiegend aus Tibetern bestand).[22]

In der Frauenbewegung ging es jedoch um weit mehr als nur darum, Fortschritte dieser Art für Frauen zu erzielen. Vielen Frauen ging es auch darum, die Gründe für die männliche Überlegenheit und die Grenzen der Unterschiede zwischen den Geschlechtern zu problematisieren. Dies äußerte sich zumindest in Form eines erhöhten Bewußtseins und einer Sensibilisierung für »Sexismus«, der sich beim Bergsteigen in unterschiedlichen, teils mehr und teils weniger vertrauten Formen äußerte. Allgemeine Respektlosigkeit, Verachtung und Herablassung seitens männlicher Bergsteigerkollegen war wohl die verbreitetste Form.[23] Darüber hinaus gab es jedoch auch aktivere sexuelle Belästigungen:

»Heute morgen rief Jeff [einer der Franzosen] mich ins Messezelt, wo eine kleine Gruppe von ihnen zusammensaß. Sie hatten offenbar mit dem Koch gerade ›starke Zigaretten‹ [Marihuana] geraucht und lachten ausgelassen. ›Komm herein, Julie‹, ermunterte Jeff mich. ›Gelaal [der pakistanische Polizist/Wachmann bei der Expedition] sagt, er will dich f...!‹ ... ›Und, was sagst du dazu?‹ Jeff, unser vermeintlich verantwortungsbewußter Doktor, kicherte. ›Ich würde sagen, das ist typisch für dich und deine Freunde, ihr scheint euer Gehirn alle in den Eiern zu haben‹, konterte ich und ging hinaus.«[24]

Zudem gab es auch noch die Frage des Paternalismus, der für die Bergsteigerinnen ein besonders heikles Thema war. Sie hatten das Gefühl, daß die Männer beim Bergsteigen genau wie in anderen Lebensbereichen gerne das Sagen hatten und die Führung übernahmen, und dem mußte man sich widersetzen. Viele Frauen sprachen sich somit gegen gemischtgeschlechtliche Expeditionen aus. Der einzige Weg, wie sie beim Bergsteigen die Führung behalten und Eigenständigkeit bewahren konnten, war ihrer Meinung nach, überhaupt nicht mit Männern zu klettern.[25]

Diese Position wurde jedoch bei weitem nicht von allen geteilt. Viele Frauen, die in anderer Hinsicht geschlechtsradikal waren, kletterten weiterhin in gemischten Gruppen und/oder mit einem starken männlichen Kletterpartner. Julie Tullis, die englische Bergsteigerin, die die zuvor zitierte Geschichte über die Gruppe von Männern am Nanga Parbat erzählte, setzte reine Frauenexpeditionen dennoch mit einer Art von Feminismus gleich, der sie nicht interessierte.

Sie kletterte stets in gemischten Gruppen, oft als einzige Frau bei der Expedition. Zu einer polnischen Frauenexpedition zum K2 meinte sie: »Die vier Mädels [sic] sind gut miteinander zurechtgekommen und waren sehr stark und äußerst entschlossen bei ihrem

Klettern. Ich könnte mir für meinen Teil jedoch nie vorstellen, an einer ›feministischen‹ Expedition teilzunehmen.«[26]

Und Junko Tabei, eine der ersten beiden Frauen, die den Everest-Gipfel bestiegen, hatte keine Skrupel einzugestehen, wie sehr sie auf ihren männlichen Sherpa-Kletterpartner, Ang Tshering, angewiesen war. Ang Tshering hatte auf dem ganzen letzten Abschnitt zum Gipfel die Führung übernommen und auch den Schwung für den letzten Angriff behalten (wenn man in dieser Höhe überhaupt noch von Schwung reden kann):

»Ang Tshering kletterte schneller und nötigte mich oft weiterzugehen, indem er mich an der Hand zog. Ich war müde, und wir kamen nur langsam zum Gipfel voran, manchmal auf unseren Ellenbogen. Es war ein sehr harter Aufstieg.«[27]

Für viele Frauen war das Bergsteigen ohne Männer jedoch eine erfrischende, belebende Erfahrung. Es gab ihnen ein Gefühl der Befreiung, ein Gefühl, unabhängig, erwachsen und selbständig zu sein. Wie die amerikanische Bergsteigerin und Führerin Arlene Blum es ausdrückte:

»Ich hatte an einer früheren reinen Frauenexpedition teilgenommen – eine Ersteigung des Mount McKinley im Jahr 1970 –, und bis jetzt war das für mich die befriedigendste Bergtour gewesen ... Wir fühlten uns, als ob wir unseren Berg ›ohne die Erwachsenen‹ erstiegen hätten, und bewältigten erfolgreich schwierige Probleme.«[28]

Ähnliche Empfindungen äußerte Stacy Allison, die als erste Amerikanerin den Gipfel des Mount Everest erklomm:

»Unser Zusammensein gab Ev [ihrer Kletterpartnerin] und mir die Energie, alles tun zu können, was immer wir wollten. Wir hatten männliche Freunde, männliche Lehrer, männliche Bergsteiger-Kameraden. Wir mieden es nicht, mit Männern zu klettern, aber zusammen zu klettern bedeutete, daß wir uns nicht auf sie stützen mußten, daß wir uns keine Gedanken machen mußten, ob man unsere Kraft und unsere Fähigkeit zu klettern, wo nur Männer vorher gewesen waren, in Frage stellen würde.«[29]

Wogegen man in diesen Fällen[30] etwas hatte, waren nicht Männer als Sexualpartner, Liebhaber oder Ehemänner, sondern konkret Männer, die sich »patriarchisch« verhielten, Männer als »Väter«, Männer, die immer das Sagen hatten und die Führung übernahmen und Frauen das Gefühl gaben, kindisch zu sein.[31]

Junko Tabei, die als erste Frau den Gipfel des Everest bestieg, mit ihrem Kletterpartner Ang Tshering Sherpa, 1975.

Die Frage, ob man mit Männern klettern wollte oder nicht, wäre relativ unproblematisch gewesen, wenn Bergsteigerinnen die Möglichkeit gehabt hätten, einfach zwischen gemischtgeschlechtlichen und reinen Frauenexpeditionen zu wählen. Im Zusammenhang mit dem Himalaya-Bergsteigen und der damit verbundenen traditionellen Sherpa-Unterstützung stellte sich diese Wahl jedoch nicht so einfach dar, wie bei der berühmten Annapurna-Frauenexpedition 1978 offenbar wurde.

Feminismus, Sherpas und die Annapurna-Frauenexpedition

Kulturübergreifende Beziehungen sind nie geschlechtsneutral. Auch wenn Junko Tabei gerne die Hilfe von Ang Tshering Sherpa annahm, so hatte die Frauenbewegung zusammen mit der sexuellen Befreiungsbewegung unter anderem auch den Effekt, daß die Beziehungen zwischen den Memsahibs und den Sherpas problematisiert wurden. Beide Bewegungen sorgten dafür, daß »die Sherpas«, die bis dahin hauptsächlich als Personen gesehen worden waren, die ganz allgemein auf ihre Funktion hin eingestuft wurden, nunmehr vor allem als MÄNNER gesehen wurden.

Bei den reinen Männerexpeditionen hatten sowohl die Sherpas als auch die (männlichen) Sahibs mit der Frage der Sherpa-Männlichkeit gespielt, um auf diese Weise untereinander »Gleichheit herzustellen«.[32] Gleichzeitig wurden die Sherpas – widersprüchlicherweise – auf der metaphorischen Ebene jedoch durchaus auch mit Frauen gleichgesetzt.

Diese geschlechtsspezifische Einordnung von Unterschieden trifft wohl für viele Formen des westlichen Umgangs mit dem »Anderssein« zu, wonach kulturelle Unterschiede sowohl als absolut als auch als minderwertig hingestellt werden: Das westliche Selbst wird als männlich konstruiert, das »orientale« oder »primitive« andere wird, ungeachtet des Geschlechts, als weiblich konstruiert. Im Falle der Sherpas waren die Verknüpfungen jedoch vielleicht etwas konkreter.

Die Aufgaben, die die Sherpas zu erfüllen hatten, konnte im Grunde als eine Bemutterung der Sahibs angesehen werden – kochen, saubermachen, ihre Lasten tragen und gelegentlich auch die Sahibs selbst tragen. Vielleicht lag es zum Teil auch daran, daß die Sherpas als weiblich eingestuft wurden, vielleicht aber auch daran, daß sie von kleinerer Statur waren, daß ihre oft überlegene körperliche Kraft und Stärke, ihre Schnelligkeit und ihr Durchhaltevermögen, den Sahibs so zu schaffen machte.

So mußten also erst die Frauen kommen, um wirklich die Männlichkeit der männlichen Sherpa-Kletterer zu erkennen. Genauer gesagt, mußte diese spezielle, historisch geprägte Frauenschar kommen – als Produzentinnen und Produkte der sexuellen Befreiung und feministischen Politik –, um die Sherpas als »männlich« zu konstruieren. Mit »konstruieren« meine ich nicht einfach die Feststellung, daß die Sherpas physisch Männer waren, sondern daß diese Männlichkeit mit einer Reihe von Bedeutungen mit praktischen wie auch politischen Implikationen verbunden wurde.

So gab es ein Muster, wonach Sherpa-Männer als sexuelle Männer konstruiert wurden, mit denen man sich sexuell einließ. Aber es gab auch das verstärkte feministische Bewußtsein: Danach wurden die Sherpa-Männer als politische Männer konstruiert, mit allen Attributen, die die Feministinnen abzuschaffen oder zu ändern versuchten: Männer, die sich den Frauen gegenüber als überlegen betrachteten, die den Frauen sagen wollten, was sie zu tun hatten, oder die nicht bereit waren, von weiblichen Führungspersonen Befehle entgegenzunehmen.

Wenn somit in den siebziger Jahren ausgesprochen feministische Expeditionen zusammengestellt wurden, so war es für manche Frauen in der Tat eine Frage, ob man überhaupt Sherpas mitnehmen sollte. Wenn die Expedition erfolgreich, aber mit Hilfe von Sherpa-Männern durchgeführt wurde, konnte sie dann dennoch als erfolgreiche Frauenexpedition verbucht werden?

Beide Themen – Sex mit Sherpas und die Frage des Ausschlusses von Männern bei der Kletterpartie – kamen bei der Annapurna-Frauenexpedition 1978 zum Tragen und wurden in einem der außergewöhnlichsten Bergsteigerbüchern beschrieben, das je erschienen ist: in Arlene Blums *Annapurna. Die erste Frauenexpedition auf einen der höchsten Gipfel der Erde* (1980, dt. 1982). Ich möchte kurz darauf eingehen, wie sich die gerade angesprochenen Bedingungen bei dieser Expedition manifestierten.

Die Expedition wurde von Blum organisiert, einer erfahrenen Bergsteigerin, die vorher neben anderen Besteigungen auch an der (gemischtgeschlechtlichen) amerikanischen Mount-Everest-Expedition anläßlich der 200-Jahr-Feier der USA teilgenommen hatte. Zu dem Zeitpunkt, als sie mit einigen Freundinnen über eine reine Frauenbergtour nachzudenken begann, hatte noch nie eine Frau den Gipfel eines über achttausend Meter hohen Berges bestiegen.[33]

Die Frauenexpedition zum Annapurna erhielt von Anfang an eine enorme öffentliche Aufmerksamkeit, was zumindest zum Teil auch auf den doppeldeutigen Slogan »A Woman's Place Is on Top« [Der Platz einer Frau ist oben] zurückzuführen war, der auf Zehntausenden von T-Shirts zu lesen war, die zur Mitfinanzierung der Expedition (sehr erfolgreich) verkauft wurden.

Die Gruppe bestand aus dreizehn Frauen, alle Amerikanerinnen, im Alter zwischen einundzwanzig und fünfzig Jahren. Sie entsprach dem Profil der hochgebildeten oberen Mittelschicht der meisten Himalaya-Expeditionen. Blum selbst hatte ihren Doktor in Biochemie, und eine der Frauen war Ärztin. Auch sonst wies die Gruppe in bezug auf Familie, Beziehungen oder Sexualität die übliche Mischung auf: Einige der Frauen waren verheiratet, einige lebten in langfristigen Beziehungen mit Männern, und eine war Mutter; von anderen wurde der Familienstand bzw. die sexuelle Orientierung nicht angegeben.

Ein feministischer Aspekt der Expedition war, daß die Gruppe darum gebeten hatte, zu veranlassen, einige Sherpa-Frauen zu holen, um sie als »Sherpas« ausbilden zu lassen. Eine derartige Bitte hatte es bis dahin noch nie gegeben, und die Frauen hatten das Gefühl, daß der Sherpa-Sardar, Lobsang, sich für die Idee auch nicht erwärmen konnte. Gleichwohl stellte er schließlich dennoch zwei Verwandte von sich ein, die als Küchenmädchen im Basislager arbeiten sollten. Das schien jedoch genau das Gegenteil dessen zu sein, was die Amerikanerinnen erreichen wollten, und es führte – wie alles andere bei dieser unglückseligen Expedition – zu Irritationen und Konflikten.

Aus dem Buch geht nicht hervor, was sich danach im einzelnen zutrug. Nach der Erzählung eines Sherpa-Freundes von mir soll sich eine der beiden Sherpa-Frauen dann sexuell mit einem der Sherpa-Männer eingelassen haben. Was auch immer gewesen sein mag, jedenfalls feuerte Blum die Frauen am Ende, die deswegen wiederum sehr wütend waren. Es gab eine häßliche Auseinandersetzung, die Blum sehr mitnahm.

Außerdem war die Gruppe von Anfang an in der Frage gespalten, ob man die Unterstützung von Sherpas in Anspruch nehmen sollte oder nicht. Alison Chadwick-Onyszkiewicz und einige andere sprachen sich dagegen aus, wobei das von anderen Bergsteigerinnen vorgebrachte Thema der Selbständigkeit und Eigenständigkeit seinen Widerhall fand. Die Sherpas »könnten sich als fürchterliches Ärgernis herausstellen«, warnte Chadwick-Onyszkiewicz. »Schließlich ist dies eine Klettertour für Frauen. Wir brauchen die Sherpas eigentlich nicht. Wir sollten das selbst erledigen.«[34]

Sie nahmen jedoch männliche Sherpas mit, und das, was alle befürchtet hatten, sollte eintreten. Obwohl es eine Expeditionsregel gab (»Keine Romanzen während der Tour«),[35] verliebte sich ein Mitglied der Gruppe in den Sherpa-Küchenjungen und begann, mit ihm zu schlafen.[36] Das war an und für sich nichts Schreckliches, aber dadurch kam die Frage von »Sex mit den Memsahibs« für die Expedition insgesamt aufs Tapet:

»Die Sherpas waren sich der Beziehung zwischen Annie und Yeshi völlig bewußt und konnten offensichtlich nicht begreifen, warum wir anderen nicht gleiche Neigungen zeigten. Marie beschwerte sich, daß die Sherpas sie dauernd auf eine Art und Weise anschauten, durch die sie sich sehr unbehaglich fühlte.«[37]

Offenbar ließ sich später auch noch ein anderes Expeditionsmitglied mit einem *Kami*-(Schmied/»Unberührbarer«)Träger ein, was für den Sherpa, der mir die Geschichte (1990) erzählte, absolut unbegreiflich war. In der Sherpa-Gemeinde hatte man in weiten Teilen allgemein das Gefühl, daß »die ganze Expedition nach Ehemännern Ausschau hielt« (was eine höfliche Ausdrucksweise der Sherpas ist, um zu sagen, daß die Frauen Sex suchten).

Die negativen Auswirkungen von alledem kamen später, als die Expedition in verschiedener Hinsicht auseinanderzufallen begann. Einige der Frauen standen den Sherpas eindeutig feindselig gegenüber, und einige der Sherpas gingen – was ein weiteres Beispiel der Hinwendung zum Machohaften war – zu einer Form der sexuellen Belästigung über:

»›Außerdem werden sie langsam ziemlich unangenehm‹, fügte Liz hinzu. ›Dauernd zeigen sie auf uns und kichern die ganze Zeit. Ich weiß, sie machen obszöne Bemerkungen.‹...

›Wie willst du das wissen?‹ fragte ich.

›Nun, zum einen zeichnen sie dauernd Phallus-Symbole in den Schnee‹, sagte Liz. ›Und als Vera W. sie bat, damit aufzuhören, sagten sie einfach: ›Yeti macht Bilder in den Schnee – nicht Sherpas.‹«[38]

Die Frauen fühlten sich im allgemeinen entweder nicht respektiert oder herablassend behandelt.[39] Auch wenn alle Frauen bis zu einem gewissen Grad diese Probleme mit den Sherpas als Männern empfanden, gab es in der Gruppe dennoch eine Spaltung zwischen denjenigen, die der Meinung waren, es sei für Frauen eine hinreichende Leistung, wenn sie, und sei es mit Unterstützung der Sherpas, den

Gipfel des Annapurna erreichten, und jenen, die kategorisch anderer Ansicht waren. Am Ende kam angesichts der harten Witterungsbedingungen an den oberen Berghängen und auch aufgrund des Beharrens der Sherpas eine Gipfelgruppe zustande, die aus zwei Memsahibs und zwei Sherpas bestand. Ihnen gelang eine erfolgreiche Gipfelbesteigung.

Wenn eine Gruppe den Gipfel erreicht, wird die ganze Expedition normalerweise als Erfolg gewertet. Bei den meisten Expeditionen, wobei die geschlechtliche Zusammensetzung keine Rolle spielt, wollen auch andere Mitglieder eine Chance zur Gipfelbesteigung haben, und diese Klettertour machte da keine Ausnahme. Für die zweite Gruppe blieben Alison Chadwick-Onyszkiewicz und Vera Watson übrig. Chadwick-Onyszkiewicz war diejenige gewesen, die am lautesten die These vertreten hatte, wenn man mit Unterstützung der Sherpas den Gipfel bestiege, würde dies als ein Erfolg von Frauen nicht zählen.

Es war noch ein Sherpa übriggeblieben, der die beiden zum Gipfel begleitet hätte; er wurde am letzten Tag jedoch von der Höhenkrankheit heimgesucht (Blum hatte schon die ganze Zeit ihre Zweifel seinetwegen) und mußte wieder absteigen. Blum versuchte, Chadwick-Onyszkiewicz auszureden, ohne Sherpa-Unterstützung einen Gipfelangriff zu versuchen, sie ließen sich jedoch nicht davon abbringen. Sie kamen nie zurück.

Der Tod von Alison Chadwick-Onyszkiewicz und Vera Watson erscheint fast als Parabel auf die Fallstricke der Frauenbewegung – eine »Jawohl!-Erst-recht!«-Geschichte, die den Schluß nahelegt: »Mutter Natur kann man nichts vormachen.« Zum einen wäre diese Interpretation absurd. Der Tod auf den Bergen hat weder Respekt vor dem Geschlecht (auch Hunderte von Männern lassen dort ihr Leben) noch vor einer Ideologie: Julie Tullis, die immer mit Männern kletterte und sich nie für eine Feministin hielt, starb auf dem K2 an der Höhenkrankheit.

Andererseits muß man jedoch zu dem Schluß kommen, daß der Tod *sowohl* von Bergsteigern *als auch* Bergsteigerinnen die Folge von etwas ist, das als »Körperpolitik« bezeichnet werden könnte – den Körper im Namen oder für die Ehre des geschlechtlichen Selbst aufs Spiel zu setzen.

SHERPA-FRAUEN: EIN KURZER ÜBERBLICK

Die Memsahibs waren nicht die einzigen Frauen, die in den siebziger Jahren ins Bergsteigen vordrangen. Die feministische Bewegung, die in diesen Jahren begann, hatte fast sofort auch einen globalen Charakter. Auch wenn der Versuch der Annapurna-Frauenexpedition von 1978, Sherpa-Frauen als »Sherpas« zu rekrutieren, gescheitert war, so gab es doch einige Sherpa-Frauen, die mit anderen Expeditionen in dem Jahr tatsächlich begonnen hatten, auf die Berge zu steigen. Um zu verstehen, wie sie dort hinkamen, ist es hilfreich, einen kurzen Blick auf den sogenannten »Status von Frauen« zu werfen, den sie im Laufe des 20. Jahrhunderts in der Sherpa-Gesellschaft und -Kultur hatten.

Die geschlechtsspezifische Kultur der Sherpas benachteiligte Frauen in vieler Hinsicht. Die Ideologie begünstigte Männer als höherstehend. Männer standen im Ruf, zu größerer Spiritualität fähig zu sein und weniger von egoistischen und weltlichen Belangen aufgesogen und gefangengenommen zu werden. Außerdem wurde die Menstruation als anstößig für die Götter und schädlich für die männliche Spiritualität gesehen. Weiblichkeit war somit eine schlechte Wiedergeburt; eine Frau, die hart an ihrer spirituellen Verbesserung arbeitete, hoffte, als Mann wiedergeboren zu werden.[40]

Auf der praktischen Ebene erhielten Mädchen im allgemeinen eine geringere Ausbildung als Jungen,[41] aber nicht nur aufgrund von Vorurteilen, sondern auch, weil die Mütter glaubten, die Hilfe ihrer Töchter zu Hause nicht entbehren zu können. Außerdem wurden Männer durch die strukturellen Gesellschaftsregeln begünstigt – die Wahl des Wohnsitzes nach der Eheschließung richtete sich innerhalb des traditionellen dörflichen Rahmens nach dem Mann, das heißt, die Frau mußte in das Dorf oder das Haus ihres Mannes ziehen, und Männer erbten und besaßen den Großteil des Grundbesitzes und Vermögens in der Gesellschaft, Land und Herden. Den Männern oblag auch der Handel, eine Quelle größeren Reichtums, und Männer besetzten auch die wenigen politischen Positionen, die es gab.

Gleichzeitig wäre diese Gesellschaft nicht als sehr sexistisch oder männlich dominiert zu bezeichnen. Es gab buchstäblich keine Trennung der Geschlechter und im weltlichen Leben keine Bereiche, in denen sich Männer regelmäßig versammelt oder einfach aufgrund ihres Mannseins teilgenommen hätten. Die ganze wirtschaftliche Produktion und das ganze gesellschaftliche Leben fanden in den Haushalten statt.

Die häusliche Gruppe, die normalerweise deckungsgleich mit der Kernfamilie war, war eine sehr eng verbundene Einheit. In der Beziehung zwischen Ehemann und Ehefrau kam den Ehemännern die ultimative Autorität zu, aber als wirtschaftliche Produzenten und als gesellschaftliche Akteure (vor allem als Mitgastgeber) waren beide, Ehemann und Ehefrau, für den Rest der Gemeinschaft Partner.[42]

Innerhalb dieses kulturellen und institutionellen Rahmens war die Position der Sherpa-Frauen indes etwas widersprüchlich. Nach der vorherrschenden Ideologie wurden die Frauen zum Teil als schwach, nachgiebig und unzuverlässig dargestellt.[43] Andererseits gab es jedoch keine Ideologie oder Praxis, wonach Frauen besonders zu beschützen gewesen wären.

Die Sherpa-Frauen wurden ermutigt, aufgeschlossene und eigenständige Akteurinnen zu sein, die für sich selbst sorgen und fast jede Aufgabe der Welt erfüllen konnten. Sie wurden insbesondere als fähige häusliche »Managerinnen« betrachtet, auf die Verlaß war, daß sie den Haushalt über lange Zeiträume hinweg als wirtschaftliches Unternehmen zu betreiben vermochten, während ihre Ehemänner wegen Handelsgeschäften oder mit Bergsteigerexpeditionen unterwegs waren.

In den siebziger Jahren setzte eine Entwicklung ein, wonach eine zunehmende Zahl von Sherpa-Familien aus den Dörfern wegzog, um sich dauerhaft in der Hauptstadt Nepals, in Katmandu, niederzulassen. Diese Umzüge waren für die Frauen mit vielfältigen Konsequenzen verbunden. Aufgrund des in der Hauptstadt vorherrschenden hinduistischen Familienmodells und auch weil es hier keine Feldarbeit gab, fanden sich die Sherpa-Frauen in einer Situation wieder, in der sie mehr auf das Heim beschränkt waren, als sie es in einem Dorf gewesen wären. Und damit wurden die Widersprüche in puncto Selbständigkeit und Autonomie der Frauen verschärft.[44]

Gleichzeitig war es in der Stadt wesentlich wahrscheinlicher als in den Dörfern, daß die Töchter eine volle Ausbildung erhielten. Nach meinen Daten waren es interessanterweise oft die Sherpa-Väter, die mehr darauf drängten, daß ihre Töchter gut ausgebildet wurden, teils weil es nützlich für die wirtschaftliche Situation der Familie war und teils weil man der Tochter damit etwas Gutes in ihrem Leben zukommen ließ.

Aber in der Stadt hatten die Sherpa-Mütter auch weniger Einwände dagegen, daß ihre Töchter zur Schule gingen, da die in Katmandu anfallende Arbeit einer Hausfrau weitaus weniger abverlangte als die Haushaltsführung in einem Dorf, in dem Ackerbau betrieben wurde. 1979 erzählte mir eine Dorfbewohnerin, daß sie ihre sehr intelligente und rege Tochter zu Hause behalten mußte, um ihr zu helfen, obwohl ihr Ehemann, ein Expeditions-Sherpa, die beiden Töchter gerne zur Schule schicken wollte.

Und in dem Film *Sherpas* erklärte der Sardar Mingma Tenzing, daß er alle seine Kinder, Mädchen wie Jungen, zur Schule gehen ließ. Er meinte, er wüßte natürlich nicht, was sie später machen würden, aber eine Ausbildung wäre in jedem Fall nützlich, egal, was aus ihnen würde.[45] Bei meinem letzten Besuch 1990 arbeitete eine seiner Töchter als Krankenschwester im Krankenhaus in Katmandu, eine arbeitete als zweisprachige Sekretärin bei der Französischen Botschaft in Katmandu,[46] und eine war Studentin an einer Privatschule in Darjeeling.

Darüber hinaus war Mitte der siebziger Jahre in der nepalesischen Gesetzgebung ein Gesetz über die Gleichstellung der Geschlechter verankert worden: Die Position der Distriktleiter mußte im Verhältnis acht zu eins besetzt werden, das heißt, auf jeweils acht Distriktleiterstellen, die mit Männern besetzt wurden, mußte eine Stelle mit einer Frau besetzt werden.[47] In dem Dorf, in dem ich ursprünglich meine Feldforschung durchführte, wurde die Tochter eines der großen Männer des Dorfes auf eine solche Stelle berufen. In meinen Feldnotizen von 1976 habe ich festgehalten:

»C.F. [der Vater] hob die Aspekte der Frauenemanzipation [sic] bei alledem hervor. Hält er es also für eine gute Sache? Ja. Warum? Weil vorher, wenn er keinen Sohn und nur Töchter gehabt hätte, wer hätte dann den Besitz geerbt? Jetzt können seine Töchter erben... Vorher waren die Männer *che* (höhergestellt/vorgesetzt) und die Frauen *tua* (geringer/untergeordnet), aber jetzt sind sie *chikparang* (gleichgestellt/identisch).«[48]

Auch wenn es wohl kaum so war – und ist –, daß Sherpa-Männer und -Frauen oder die Bürger und Bürgerinnen Nepals im allgemeinen gleichgestellt waren oder sind, hatte ein Gesetz wie dieses dennoch eindeutig einige Auswirkungen.

Hinter einigen dieser Entwicklungen, die sich für die Sherpa-Frauen auftaten, stand ein breiterer wirtschaftlicher und kultureller Pragmatismus, der mit Aspekten der geschlechtsspezifischen Ideologie der Sherpas zusammenfiel. Obgleich es bestimmte Vorurteile gegenüber Frauen gab, hatten die meisten davon keine Auswirkungen auf die Bewegungsfreiheit der Frauen oder ihre Fähigkeit zu lernen, glänzende Leistungen zu zeigen und Geld zu verdienen, wenn es ihnen möglich war. Als die Voraussetzungen für verschiedene Formen des persönlichen Weiterkommens für Frauen geschaffen waren, zeigten sich die Frauen empfänglich dafür, sie zu nutzen, und »ihre Kultur« (ob sie in den Händen von Ehemännern, Eltern oder »Männern« lag) neigte nicht dazu, sie davon abzuhalten.

DIE SHERPA-RELIGION
UND DIE UNABHÄNGIGKEIT DER FRAUEN

Es gab bei den Sherpas noch einen anderen wichtigen Gesellschaftsbereich, in dem die Unabhängigkeit der Frauen im Laufe des 20. Jahrhunderts deutlichen Auftrieb erhielt: die Religion. Im Zuge der monastischen Reformbewegung wurde auch ein Ritual, das sogenannte Nyungne, eingeführt, bei dem Laien längere Zeit gemeinsam fasten, schweigen und beten und, wie die Sherpas sagen, für einen Tag Mönche und Nonnen werden. Das Nyungne-Ritual sollte denjenigen, die daran teilnahmen, zu besonders hohen religiösen Meriten verhelfen.

Es hieß, das Nyungne-Ritual sei von einem weiblichen Bodhisattva (einer Art buddhistischem Heiligen) namens Gelungma Palma in die Welt gebracht worden. Die Geschichte von Gelungma Palma wird alljährlich während des Nyungne-Rituals erzählt und ist, zumindest in ihren allgemeinen Umrissen, den meisten Sherpas bestens bekannt. Danach ist eine junge Prinzessin unglücklich über all die Sünden, die im Königreich ihres Vaters begangen werden.

Sie beschließt, nicht zu heiraten. Als sie erfährt, daß dennoch eine Hochzeit für sie arrangiert wird, läuft sie von zu Hause weg und legt das Zölibatsgelübde ab. Sie wird eine glänzende und gelehrte religiöse Praktikerin und zur Oberin eines Mönchsklosters ernannt. Dann wird sie jedoch krank, und da die Mönche glauben, sie würde in Wirklichkeit ein Kind bekommen, werfen sie sie aus dem Kloster hinaus.

Sie wandert viele Jahre umher, in denen sie immer höhere Ebenen der Spiritualität erlangt, bis sie schließlich ein Bodhisattva wird. Sie wird in den Himmel des Gottes Chenrezi aufgenommen, der sie jedoch mit dem Text des Nyungne-Rituals zur Welt zurückschickt, um den unwissenden und leidenden Kreaturen, die in der Welt geblieben sind, Erleuchtung zu bringen (in Anhang A ist eine ausführlichere Version zu finden).

Die Gelungma-Palma-Geschichte wurde bei der monastischen Erneuerungskampagne und bei der jährlichen Begehung des Nyungne-Rituals, das eine der Manifestationen der Kampagne war, ganz besonders herausgestellt. Die Geschichte muß hingegen auch im Rahmen der Gründung des ersten Sherpa-Nonnenklosters, Devuche, im Jahr 1928 gesehen werden. Devuche wurde von einer Gruppe junger Frauen aus großen oder hochgestellten Familien gegründet, die ohne elterliche Zustimmung von zu Hause weggelaufen waren. Sie hatten im Kloster Rumbu, jenseits der Grenze in Tibet, ihre Gelübde abgelegt und waren dann wieder zurückgekommen, um zu studieren und in ihrer Sherpa-Heimatregion schließlich das Nonnenkloster zu gründen.

Die Frauen wußten, daß ihre Eltern nicht glücklich darüber waren, daß sie von zu Hause weggelaufen waren, womit sie in manchen Fällen auch bereits angebahnte Heiratsarrangements zunichte gemacht hatten. Sie hofften jedoch, daß die Eltern ihr Handeln angesichts des Beweggrundes und des kulturellen Stellenwertes, der ihm zukam, schließlich als vollendete Tatsache akzeptieren und sie am Ende unterstützen würden, was in der Tat geschah.[49]

Danach wurden noch weitere Nonnenklöster (wie auch Mönchsklöster) gegründet. Das Klosterleben als Nonne hatte bei manchen Frauen offenbar auch den Effekt, daß ihr Bewußtsein für die Privilegien der Männer und die Benachteiligungen und Schranken der Frauen in der Sherpa-Gesellschaft gefördert und geschärft wurden. So äußerte sich zum Beispiel eine Nonne zu dem privilegierten religiösen Status von Männern:

»Als Frau ist man immer minderwertig..., egal, wieviel man lernt, nie wird einem soviel Respekt wie einem Lama entgegengebracht. Selbst korrupte Lamas werden immer noch mit einem gewissen Respekt behandelt. Ein Mann kann ein sündiges Leben führen und dennoch später ein Lama und als jeder Frau überlegen angesehen werden.«[50]

In meinem Bekanntenkreis gab es auch einige junge Frauen, die zumindest mit dem Gedanken spielten, Nonne zu werden. Der Gedanke, daß es Alternativen zum Heiraten gab, gab ihnen das Gefühl, eine Wahl zu haben. Sie mochten am Ende heiraten, dies hatte jedoch nicht mehr den Status der Unausweichlichkeit und Natürlichkeit, den es früher hatte.

Etwa in derselben Zeit (in der ersten Hälfte des 20. Jahrhunderts) entstanden in Darjeeling durch die »Entwicklungs«-Bemühungen der britischen Herrschaft in Indien zunehmend Lohnarbeitsplätze. Auch diesmal liefen Frauen, um diese Chance zu nutzen, von zu Hause weg. Es waren bestimmt weniger Frauen als Männer, die nach Darjeeling abwanderten, sicher ist jedoch, daß es genügend Frauen gab, die es taten. Die Bedingungen waren dabei ähnlich wie für junge Frauen, die Nonne werden wollten: Die Eltern würden sie nicht gehen lassen, wenn sie es wußten; im nachhinein würden sie es wahrscheinlich jedoch absegnen und damit leben können. Aber während meist Frauen aus reicheren Familien von zu Hause wegliefen, um in ein Nonnenkloster zu gehen, waren es eher Frauen aus den ärmeren (aber auch Mittelschicht-)Familien, die wegliefen, um in Darjeeling – oder später in Katmandu – zu arbeiten.

SHERPA-FRAUEN BEIM BERGSTEIGEN

Auf seiten vieler Sherpa-Männer gab es (und gibt es immer noch) Widerstände, wenn Sherpa-Frauen bei den Expeditionen mitmachen oder mitmachen möchten. Die Gefahr von menstruierenden Frauen auf dem Berg (was auch für die Memsahibs gilt) ist für sie beunruhigend, da die Götter Anstoß daran nehmen. Das Wohlwollen der Götter ist, wie viele Sherpas immer noch glauben, wichtig für einen erfolgreichen Verlauf der Expedition. Der Stellenwert, den dieser »Glaube« heute bei den Sherpas hat, mag sich gewandelt haben, fest steht jedoch ohne Zweifel, daß immer noch viele ihm anhängen.

Pasang Lhamu Sherpa, 1990.

Ein Sardar erzählte Anfang der neunziger Jahre die Geschichte von der französischen Dhaulagiri-Expedition von 1979, bei der ein Sherpa ums Leben kam und der französische Führer durch Erfrierungen beide Hände und Füße verlor. Seiner Auffassung nach waren der Führer und seine Freundin zu lange in großer Höhe geblieben, weil die Frau »persönlich krank« war.[51] Dieser Sardar war der Meinung, daß die Frau während ihrer Periode nicht hätte klettern dürfen und dadurch viel Unheil heraufbeschworen hatte.

Ein weiterer grundsätzlicher Punkt ist, daß viele Sherpa-Sardars der Überzeugung sind, daß Frauen als (Expeditions-)»Sherpas« unter den männlichen »Sherpas« Unfrieden stiften und Konflikte erzeugen. Die meisten sagen immer noch, sie würden keine Frauen beschäftigen, und es ist der Sardar, dem die Rekrutierung der Lastenträger (und -trägerinnen) obliegt.

Meine Freundin Pasang Lhamu meinte 1977 in dem Film *Sherpas* bereits scherzhaft, ihr Mann habe so viele Chancen gehabt, bei den Bergsteigerexpeditionen mitzugehen, und jetzt sei sie einmal an der Reihe. »Nächstes Jahr«, sagte sie, verschmitzt zwinkernd, »gehe ich auf den Everest.«[52] 1990 fragte ich Pasang Lhamu, die in Wirklichkeit nie geklettert war, was sie von den Sherpa-Frauen hielt, die dies machten:

»Sie sagte, viele Frauen möchten mitgehen, sie bekommen aber keine Chance. Ihre zweite Tochter möchte gerne mit auf die Berge gehen, wahrscheinlich würden die Sardars ihr jedoch keinen Job geben. Die Sardars meinen zum einen, die Frauen seien schwach und könnten keine Lasten tragen, und zum anderen, daß es nur Probleme gibt, wenn man Jungen und Mädchen mischt.«[53]

Es gab jedoch immer Ausnahmen, und die Ausnahmen wurden mit der Zeit immer häufiger. Da die Sherpas im allgemeinen darauf bedacht waren, die Bergsteigerjobs möglichst in der Sherpa-Gemeinde und im besonderen in den eigenen Familien zu behalten, setzte es sich in der Praxis durch, daß Sherpa-Frauen und selbst Kinder und alte Menschen als »lokale Träger«, wenn nicht sogar als Kletterer eingesetzt wurden.

Etwas später wurden den Frauen mit der Zeit dann die Küchenjobs, als Köchinnen oder Küchengehilfinnen, übertragen. Bei der Annapurna-Frauenexpedition hatte der Sardar Lobsang zwei junge Frauen aus seiner eigenen Verwandtschaft mit diesen Arbeiten betraut. Auch wenn die Memsahibs darüber nicht glücklich waren, da dies aus ihrer Sicht eher typische, traditionelle Frauenarbeit und alles andere als emanzipatorisch war, blieb, daß das Kochen bei der Expedition ebenso wie alle anderen Expeditionsjobs in der Vergangenheit stets reine Männerarbeit gewesen war.

Insofern war es im Vergleich zum Lastentragen auf lokaler Ebene ein Schritt nach oben, es wurde etwas besser bezahlt, man kam dadurch richtig auf den Berg, und es war und ist für viele Männer die Zwischenstation zur qualifizierteren Sherpa-Arbeit. Und diese Funktionen konnte es auch für Frauen haben.

Ab den siebziger Jahren begannen einige Sherpa-Frauen dann in der Tat, sich um die schwierigere, gefährlichere, aber auch wesentlich besser bezahlte und angesehenere »Sherpa«-Rolle zu bemühen, wozu die Lastenbeförderung in großen Höhen und eine allgemeine Unterstützung der Expedition gehörte. Und in jüngster Zeit haben einige Sherpa-Frauen wie auch einige -Männer sich einfach, ob mit oder ohne Sahib- oder Memsahib-Partner, eigenständig im Bergsteigen versucht.

Wie ist dies zu verstehen? Wir können nicht unbedingt davon ausgehen, daß Sherpa-Frauen aus den gleichen Motiven wie Frauen aus der Ersten Welt zum Hochgebirgsbergsteigen gekommen sind.[54] Wir können aber ebensowenig davon ausgehen, daß ihre Motive völlig andere waren; das wäre einfach nur eine Neuauflage der harten Grenzziehung zwischen [uns] »selbst« und [den] »anderen«. Wir müssen uns vielmehr bewußt machen, daß Unterschiede ebensosehr das Ergebnis einer unterschiedlichen Geschichte und Politik wie das anderer »Kulturen« sind.

Um dies sehen zu können, werde ich im folgenden auf das derzeit einzig verfügbare Material über Sherpa-Frauen beim Bergsteigen eingehen: Interviews, die ich 1990 mit zwei Frauen geführt habe, die in den siebziger Jahren mit dem Klettern begonnen hatten. Ebenso beziehe ich mich auf verschiedene Berichte aus zweiter Hand über eine dritte, etwas jüngere Frau, die nach ihrem Erfolg und ihrem Tod 1993 auf dem Mount Everest in Nepal Anlaß einer intensiven öffentlichen Debatte war.

Ang Rita

Die erste Frau, die ich interviewte, hieß Ang Rita und kam aus dem Dorf Pangboche in Khumbu. Sie hatte etwa 1976 zusammen mit zwei weiteren Sherpa-Frauen einen Ausbildungskurs beim nepalesischen Bergsteigerverband mitgemacht.[55] Eine ihrer ersten Expeditionen war die italienisch-nepalesische Everest-Expedition 1980, bei der sie in einen Konflikt mit dem nepalesischen Co-Führer der Expedition über die Frage geriet, wie hoch sie mit hinaufsteigen durfte:

»Sie [und eine der anderen Frauen] wollten den ganzen Weg bis zum Gipfel mitgehen, der nepalesische [Führer] gab ihnen dabei jedoch keine Unterstützung. Er war Offizier in der nepalesischen Armee. Sie kamen bis ins Lager II, wobei sie von den Männern keine Unterstützung erhielten. Ohne Anweisung des Führers gingen sie dann weiter bis zu einer Stelle unmittelbar unterhalb des Lagers III. Der Führer wurde sehr zornig und fragte: Warum seid ihr ohne Erlaubnis gegangen? Er gab ihnen keine Chance.«[56]

1981 stieg sie mit einer japanischen Expedition auf den Langtang Ri und kam bis zum Lager III. Sie hatte die Chance, mit auf den Gipfel zu gehen. Dann erreichte sie jedoch die Nachricht, daß ihr Bruder auf

Ang Rita Sherpa, 1990.

dem Annapurna ums Leben gekommen war, und der Verbindungsoffizier legte ihr nahe, nicht zu gehen, da sie wegen ihres Bruders so aus der Fassung geraten war. Sie nahm mindestens an vier weiteren Besteigungen teil, wovon sie die letzte 1983 mit der japanischen Frauenexpedition zum Changla Himal unternahm. Zum Abschluß des Interviews meinte sie, sie würde immer noch gerne klettern, hatte offenbar jedoch keine weiteren Möglichkeiten dazu.

Ang Rita war während des ganzen Interviews ziemlich schüchtern und gab auch keine allgemeinen Erklärungen über Frauen beim Bergsteigen ab. Einige Punkte sollten hier jedoch erwähnt werden. Erstens wußte ich aus anderen Quellen, auch wenn sie selbst nicht darüber sprach, daß sie in jüngeren Jahren mit einem Sardar verheiratet gewesen war und daß sie ihre Besteigungen alle bei Expeditionen gemacht hatte, bei denen er der Sardar war.[57]

Bei allen drei Fallbeispielen, die hier genannt werden, war es im übrigen so, daß die Frauen mit ihren Ehemännern kletterten. Dies war zum Teil damit zu erklären, daß Sardars prinzipiell keine nichtverwandten oder ungebundenen Frauen mitnehmen wollten. Dabei kann jedoch auch noch etwas anderes eine Rolle gespielt haben, worauf ich bald zurückkommen werde.

Zweitens ist es bemerkenswert, daß Ang Ritas Auseinandersetzung mit dem nepalesischen Co-Führer der Expedition eine ganz bestimmte Form annahm: Sie stritt nicht mit ihm und gab auch keine Widerworte. Sie dehnte die Grenzen mit ihrem Verhalten schlicht weiter aus (indem sie ohne Erlaubnis bis zum Lager III aufstieg) und hoffte, so einfach vollendete Tatsachen zu schaffen. Dies ist im Prinzip nur eine andere Variante des Weglaufens zu einem Nonnenkloster oder nach Darjeeling, in der Hoffnung oder Annahme, daß die anderen sich im nachhinein damit schon abfinden würden, wenn die Tatsachen nur erst geschaffen waren.

Ang Nyimi

Die zweite Frau, die ich interviewte, hieß Ang Nyimi (oder einfach Nyimi) und kam aus dem Dorf Junbesi in Solu (dem unteren Sherpa-Tal). Ihr Ehemann, Lhakpa Norbu, war ein Sardar. Sie hatten sich 1977, als sie sechzehn war, kennengelernt und kurz danach geheiratet. Sie fing an, mit ihm auf Trekking-Touren zu gehen, und genoß es sehr. Seit dieser Zeit haben sie als Team sehr viel zusammen unternommen.

Ihre erste richtige Expedition war die französische Ama-Dablam-Expedition 1979. Es war für ihren Mann, Lhakpa Norbu, die erste Expedition, bei der er Sardar war. Ang Nyimi war als die zweite Köchin mit dabei und fühlte sich angesichts der einundzwanzig französischen Mitglieder zunächst etwas eingeschüchtert und ängstlich, sie schaffte aber alles bestens. Die Expedition war erfolgreich, und Nyimi blieb mit einigen der Französinnen aus der Gruppe weiter befreundet.

Als nächstes war sie wiederum als Köchin bei der französisch-nepalesischen Polizei-Expedition zum Dhaulagiri mit dabei und dann noch einmal bei der französischen Ama-Dablam-Expedition 1983. In der Zwischenzeit hatte sie als Führerin auch für viele Trekking-Gruppen gearbeitet, bei denen sie dann selbst »der Sardar« war.[58]

1984 schloß sie sich einer französischen Nuptse-Expedition an und bestieg zum erstenmal tatsächlich einen Gipfel.

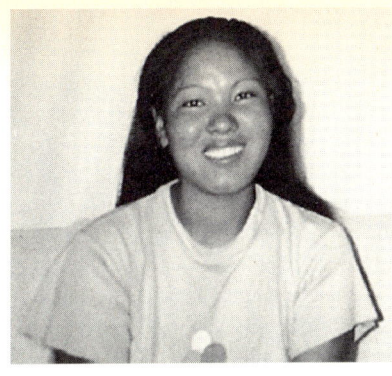

Ang Nyimi Sherpa, 1990.

»Zuerst war sie kein ›Sherpa‹. Die Franzosen hatten ihr jedoch eine gewisse Ausbildung angeboten und dann vier Jungen und sie [für diese Ausbildung] ausgewählt. (Der Führer hatte sie gefragt, ob sie Interesse daran habe, und sie hatte ja gesagt.) Nach etwa vier Tagen Training fragte sie den Führer und den Verbindungsoffizier [ob sie mitgehen könne], und sie sagten, wir werden sehen, wie du dich machst. Wenn du dich gut machst, kannst du mit zum Gipfel gehen. Zu dem Zeitpunkt gab es keine Versicherung für sie, weil sie eigentlich nicht als ›Sherpa‹ hatte eingesetzt werden sollen. Sie wurde auch nicht wirklich ein ›Sherpa‹, sie ließen sie einfach mitgehen.«[59]

Sie sagte, das Klettern sei nicht schlimm gewesen, erst ab etwa siebentausend Meter (der Berg ist 7865 Meter hoch). Sie waren ohne zusätzlichen Sauerstoff aufgestiegen, wodurch es wesentlich schwieriger war. Wenn es sehr steil wurde, hatte sie manchmal Angst bekommen. Für die ganze Tour vom Basislager bis zum Gipfel und wieder zurück brauchten sie zwölf Tage.

»Die erste Gruppe umfaßte vier Personen – ein Mitglied und drei ›Sherpas‹, darunter sie selbst und ihr Ehemann Lhakpa Norbu. Ihr Mann sagte ihr fortwährend, sie solle umkehren und wieder nach unten gehen; sie hatte nur einfache Stiefel. Er sagte, ihre Eltern wären wütend auf ihn, wenn sie einen Unfall hätte. Selbst noch direkt unterhalb des Gipfels sagte er, geh runter – sie wurde etwas wütend auf ihn. Aber jedesmal, wenn er sagte, geh runter, sagte sie, ›noch ein bißchen‹.«

Und sie schaffte es bis zum Gipfel.

Nyimi hatte offenbar auch viel über die Zusammenhänge ihres Tuns nachgedacht und warum sie es gemacht hätte. Als ich sie fragte, warum sie mit dem Klettern begonnen hatte, meinte sie, weil sie keine Ausbildung und somit auch nicht die Voraussetzungen gehabt hätte, um sehr viel anderes zu tun, und daß es wichtig war, *irgend etwas* mit seinem Leben anzufangen.[60]

Sie meinte, andere Frauen seien genauso stark – wenn sie nur wollten, könnten sie es auch machen. Sie würden es jedoch gar nicht erst versuchen, oder ihre Familien würden sie nicht lassen. Sie wiederholte diesen Punkt, wonach Frauen einerseits von anderen zurück- und von Umständen abgehalten wurden, sie andererseits von sich aus aber auch zu schüchtern und zurückhaltend waren:

»Die Sherpa-Frauen haben ein Problem: Wenn sie nach draußen gehen und Dinge tun, dann denken die Leute schlecht von ihnen. Die Leute sind ›sehr konservativ‹. Aber die Psychologie der Frauen ist auch ein Problem – sie sind zu zurückhaltend und bescheiden. Sie selbst kümmert sich nicht darum, was andere Leute denken – sie läßt es in das eine Ohr hinein- und zum anderen wieder hinausgehen (was sie mit einer entsprechenden Gestik veranschaulichend unterstrich). Sonst wirst du nie etwas tun.«

Nyimis Geschichte verdeutlicht eine Reihe von Dingen. In ihr schwingt die gleiche Art von Unabhängigkeit und Selbständigkeit mit, wie wir sie schon bei der Geschichte von Ang Rita gehört haben – ein Kompetenz- und Autonomiegefühl, das allgemein durchaus typisch für Sherpa-Frauen ist. Zudem begegnen wir hier dem gleichen stillen, aber aktiven Widerstand, der sich quasi als eine Art kulturelles Drehbuch für Sherpa-Frauen zu erkennen gibt: Sie stritt nicht mit ihrem Mann, als er ihr sagte, sie solle umkehren, sondern kletterte einfach weiter.

Wir wollen uns einen Augenblick auf ihre Partnerschaft mit ihrem Ehemann konzentrieren. Wir erinnern uns, daß das Geschlechtersystem der Sherpas in verschiedener Hinsicht durch das Bergsteigen destabilisiert wurde. Junge Männer wurden zu einer Art von Machismo ermutigt, der bis dahin in der Kultur nicht üblich war.

Die Memsahibs hatten viele attraktive Dinge zu bieten, bis hin zur Heirat und einem langfristigen Wohnsitz in Europa oder den Vereinigten Staaten. Darüber hinaus gab es zumindest die Tendenz, daß die Männer immer längere Zeiträume von zu Hause wegblieben, sowohl bei Expeditionen als auch in Katmandu, und ihre Bindungen zu ihren Familien, die in den Dörfern zurückblieben, sehr dürftig wurden.

Nyimis sehr engagierte Partnerschaft mit ihrem Mann könnte somit als ein aktiver Schritt verstanden werden, um diesen Entwicklungen entgegenzuwirken, die sich bei den Sherpas in den Beziehungen zwischen den Geschlechtern eingeschlichen hatten. Auch im nächsten Beispiel, der Geschichte der Bergsteigerin Pasang Lhamu, war es so, daß sie mit ihrem Mann im wahrsten Sinne des Wortes in einer Partnerschaft zusammenarbeitete. Sie kletterten nicht nur zusammen, sondern waren auch zusammen mit einigen anderen Verwandten als Inhaber einer Trekking-Agentur Partner.

All dies steht in einem recht scharfen Kontrast zu dem von einigen westlichen Feministinnen geäußerten Bedürfnis, ohne Männer zu klettern, um sich unabhängig und selbständig zu fühlen. Das Muster, wonach die Sherpa-Frauen mit ihren Ehemännern kletterten, war alles andere als traditionell, wie es vielleicht im westlichen Kontext erscheinen könnte, sondern muß in dem historischen Augenblick als geschlechtsradikal interpretiert werden.

Es kann als Versuch gedeutet werden, dem sich einschleichenden Machismo der jüngeren Männergeneration entgegenzuwirken und Beziehungen zwischen den Geschlechtern zu etablieren oder wieder zu etablieren, die mehr von gegenseitigem Respekt geprägt waren.

Nyimi war wahrscheinlich die berühmteste von der kleinen Zahl von Sherpa-Frauen, die in den siebziger und achtziger Jahren aktiv kletterten. Sie wurde nach Europa eingeladen, wo sie den Mont Blanc bestieg, und sie und ihr Mann drehten mit einem französischen Filmemacher einen Film über die Sherpas und das Himalaya-Bergsteigen. Aber wie sie mir in dem Interview erzählte, hatte sie in jedem Fall noch vor, den Mount Everest zu besteigen.

Wenn sie es tun sollte – obwohl sie es so konkret nicht sagte –, wäre sie die erste Sherpa-Frau, die dieses Ziel erreichen würde. Und nicht minder relevant aus der ethnischen und nationalen politischen Sicht wäre, daß sie damit auch die erste nepalesische Frau (im Sinne der Staatsbürgerschaft) gewesen wäre, der dies gelungen wäre.

Dem sollte jedoch nicht so sein. Statt dessen erreichte eine Frau namens Pasang Lhamu (nicht identisch mit der Pasang Lhamu, die im Film als meine Freundin vorgestellt wurde) 1993 im Rahmen einer Expedition den Gipfel, die sie selbst organisiert und geleitet hatte. Sie kam beim Abstieg vom Gipfel zusammen mit einem Sherpa ums Leben.

Die Pasang-Lhamu-Geschichte

Die Geschichte der Ereignisse – die Schilderung, was geschah, und die Darstellung der Motivationen der einzelnen Beteiligten – ist höchst umstritten. Folgende Version, die auch mit den meisten veröffentlichten Berichten übereinstimmt, wurde mir von Sherpa-Freunden erzählt, einem Ehemann und seiner Frau, die kurz nach Pasang Lhamus Bestattung bei mir in Ann Arbor in Michigan zu Besuch waren.

Pasang Lhamu, die im Dorf Pankongma in der Pharak-Region von Solu-Khumbu geboren und beheimatet war,[61] war bei einer Reihe französischer Expeditionen als »Sherpa« mitgeklettert. 1991 hatte sie mit einer französischen Everest-Expedition den Südcol (einen der höchsten Lagerplätze vor dem Gipfel) erreicht, dann hatte der Führer sie jedoch nicht für die Gipfelgruppe ausgewählt, worüber sie wütend gewesen war. Danach hatte sie noch eine weitere Everest-Expedition mitgemacht, die dann jedoch wegen schlechter Witterungsbedingungen abgebrochen werden mußte. Sie war jetzt entschlossen, endlich den Gipfel zu schaffen.

1993 wurde eine indische Frauenexpedition geplant. Die Organisatorinnen setzten sich mit Pasang Lhamu in Verbindung, sie wollte jedoch zusammen mit der indischen Führerin als Co-Führerin genannt werden und die Garantie haben, daß sie zur ersten Gipfelgruppe gehören würde. Die Inderinnen erklärten sich damit nicht einverstanden, und so lehnte Pasang Lhamu es ab, teilzunehmen. Die Inderinnen hatten danach Nyimi gefragt, die das Angebot gerne annahm. Den Informanten wie auch einer Reihe veröffentlicher Quellen zufolge waren Pasang Lhamu und Nyimi sehr *chana* (konkurrenzorientiert).

Unterdessen beschloß Pasang Lhamu, selbst die Initiative zu ergreifen und auf eigene Faust zu gehen. Sie stellte eine nepalesische Frauenexpedition mit sich selbst als Führerin und zwei weiteren Frauen, Lhakputi Sherpa und Nanda Rai, als Mitglieder zusammen.

Als nepalesische Staatsbürgerin stellte sie an die Regierung einen Antrag auf eine Gebührenverzichtserklärung, der aus vielfältigen Gründen, die Gegenstand der späteren Debatten sein sollten, abgelehnt wurde.

So blieb ihr nichts anderes, als zu versuchen, die nötigen Gelder aufzutreiben, um die US-$ 50000[62] zusammenzubekommen. Das war damals die Gebühr, die für eine Everest-Besteigung an den Staat zu entrichten war. Es gelang ihr, San Miguel Beer, Nepal, dafür zu gewinnen, für die Hälfte des Betrages aufzukommen, und die andere Hälfte beschaffte sie mit dem Verkauf von T-Shirts und ähnlichem.

So brachen sie auf. Sie nahm bei der Expedition fünf männliche Sherpas mit, darunter ihren Ehemann, der ein erfahrener Sherpa im Bergsteigen war. Sie und vier der Männer, bei denen ihr Mann nicht dabei war, erreichten den Gipfel. (Ihr Mann hatte auch den Wunsch, mit aufzusteigen, sie waren jedoch übereingekommen, daß es wegen ihrer drei kleinen Kinder besser war, nicht zusammen zu gehen.) Schlechtes Wetter zog auf, und sie mußten alle eine Nacht am Südgipfel biwakieren.[63]

Als dann zwei Sherpas abstiegen, um Hilfe zu holen, zog sich die Wetterfront endgültig zu. Sie hatten keine Radios und keine Möglichkeit, wieder nach oben zurückzusteigen. Nach ein oder zwei Tagen schickte Pasang Lhamu einen weiteren Sherpa hinunter, um Hilfe zu holen; danach gab es keinen weiteren Kontakt mehr. Sie starb mit einem männlichen Sherpa (Sonam Tsering) auf dem Berg, dessen Leichnam nie gefunden wurde, nur sein Rucksack. Man glaubt, daß er bei ihr geblieben sei, bis sie starb, dann versucht habe abzusteigen und dabei abgestürzt sei. Ihre Leiche wurde erst nach einundzwanzig Tagen gefunden.

Pasang Lhamu avancierte zu einer großen Heldin. In der Zeit, in der sie als vermißt galt, wurde Tag für Tag auf der Titelseite in den Zeitungen über die Situation berichtet. Es wurde appelliert, um ihre Sicherheit zu beten. Als es sich bestätigte, daß sie gestorben war, erklärte die Regierung, daß man ihr die Nepal-Tara-Auszeichnung verleihen wolle, die zuvor erst zweimal verliehen worden war, eine davon an Tenzing Norgay. Ihre Leiche wurde unmittelbar unterhalb des Everest-Gipfels geborgen und den ganzen Weg bis nach Katmandu zurückgebracht (eine enorm schwierige und absolut beispiellose Leistung). Sie wurde im Nationalstadion mit der Nationalflagge über ihrem Sarg und im Beisein Zehntausender von Menschen verbrannt.

Pasang Lhamus Intentionen, Motive und Selbstdarstellungen sind kaum nachzuvollziehen, zumindest nicht nach den bisher erschienenen Berichten. Verschiedene Reporter porträtierten sie als äußerst konkurrenzorientiert und auf Eigenwerbung bedacht, während andere diese Beschreibung als sexistisch und als ethnisch oder national voreingenommen anprangerten.[64]

Sie muß mit Sicherheit ein beeindruckendes Maß an Tatkraft, Energie und Überzeugungskraft gehabt haben. Und man sollte sich vor Augen halten, daß sie nicht nur auf dem Mount Everest gestorben ist, sondern auch das Geld aufgetrieben, die Expedition organisiert und als erste den Gipfel bestiegen hat.

In der Pasang-Lhamu-Geschichte kommen viele Umstände zusammen, die im einzelnen hier nicht untersucht werden können. Da war die angebliche Rivalität mit Nyimi, die den kulturellen Wettbewerbsmustern der Sherpas entspricht, die für gewöhnlich bei Männern zum Ausdruck kommen.[65] Da war die Annapurna-Frauenexpedition, von der förmlich alles nachgeahmt wurde, angefangen beim kommerziellen T-Shirt-Verkauf bis zur übertrieben risikoreichen Körperpolitik. Da gab es die geteilten Meinungen und Gefühle, ob Pasang Lhamu als Mutter von drei kleinen Kindern solche Risiken hätte eingehen dürfen.[66] Und da ist das Spiel mit der transnationalen Hauptstadt im Hintergrund, mit dem Sponsoring von San Miguel Beer, Nepal.

Ich kann auch hier wiederum nur kurz auf einige wenige Punkte eingehen. Der erste betrifft eine Frage, die hier klarer zutage tritt als in den Geschichten der anderen Frauen: die Verflechtung von Geschlechterfragen auf der einen und ethnischen sowie nationalen Fragen auf der anderen Seite. Die Verknüpfung von Geschlechterfragen mit anderen politischen und identitätsspezifischen ist ein wichtiger Punkt, der die verschiedenen Formen des Feminismus der Ersten Welt und die verschiedenen Formen des Feminismus von Minderheiten und/oder der Dritten Welt voneinander unterscheidet.[67]

In Pasang Lhamus Fall ist klar, daß hier von Anfang an geschlechterspezifische Fragen mit der ethnischen Sherpa-Politik im Zusammenhang mit dem dominierenden nepalesischen Staat und der Sherpa-nepalesischen nationalistischen Solidarität gegenüber größeren, stärkeren und »moderneren« Nationen verknüpft waren.

Bei verschiedenen Anlässen stieg Pasang Lhamu in beide Diskurse ein. Als sie 1991 zum Beispiel die Auseinandersetzung mit dem französischen Bergsteiger hatte, »ging sie an die Öffentlichkeit und warf [ihm] Diskriminierung einer Frau und einer einheimischen Bergsteigerin vor«.[68] In Zusammenhängen, in denen sich die Geschlechterfrage jedoch nicht stellte, wie bei ihrem Konflikt mit der indischen Frauenexpedition, stellte Pasang Lhamu das Problem dann in einen rein nationalen Rahmen: »Sie fand, da die gemeinsame Unternehmung auf einer nationalen Ebene ausgerichtet und unter der Schirmherrschaft der Premierminister beider Länder durchgeführt werden sollte, daß die Frage der Co-Führerin sehr wichtig war.«[69]

Der Kontrapunkt zwischen dem geschlechtsspezifischen und dem nationalen Rahmen wurde auf der journalistischen Ebene nach ihrem Tod fortgesetzt. Als ein nepalesischer Journalist die Meinung äußerte, die Heroisierung Pasang Lhamus ginge bei weitem über jede Verhältnismäßigkeit hinaus,[70] waren unter den aufgebrachten Reaktionen von Briefeschreibern sowohl Anwürfe, die ihn des »Sexismus«[71] als auch der nationalen Spaltung[72] bezichtigten.

Der zweite Punkt, auf den ich kurz eingehen möchte, ist, daß Pasang Lhamu, genau wie die Frauen in den anderen beiden Fallbeispielen, mit ihrem Ehemann zusammen kletterte. Aber sie kletterten nicht nur zusammen, sondern waren auch Geschäftspartner. Wie ich bereits erwähnt habe, steht zu vermuten, daß die Sherpa-Frauen nicht nur mit ihren Ehemännern kletterten, weil sie ohne sie keine Jobs bei bergsteigerischen Unternehmungen bekommen hätten, sondern auch vor dem Hintergrund eines aktiven und bewußten Bemühens, in ihren Beziehungen mit den Sherpa-Männern wiederum eine gewisse Solidarität und relative Gleichheit herzustellen.

Dabei bliebe jedoch zunächst einmal die Frage, warum Sherpa-Frauen überhaupt den Wunsch hatten zu klettern. Dazu sind bereits verschiedene Antworten in den Raum gestellt worden: Daß sie aus einer Tradition kamen, die von Selbständigkeit geprägt war und die im Laufe des 20. Jahrhunderts durch verschiedene religiöse Veränderungen noch gefördert worden war.

Daß die reine Hausfrauenrolle, auf die sie in Katmandu zwangsweise reduziert wurden, für sie alles andere als befriedigend war und sie sich dagegen auflehnten. Daß das Bergsteigen gut bezahlt wurde und darüber hinaus in Nepal auch mit einem gewissen Charisma verbunden war. Und daß angesichts der Rolle, die der Tourismus und das Bergsteigen in der nepalesischen Wirtschaft spielten, Klettern für junge Leute ohne formale Bildung und Ausbildung (und selbst für manche, die darüber verfügen) im wahrsten Sinne des Wortes das einzige Spiel in der Stadt war.

Aber keiner dieser Punkte schließt die Möglichkeit aus, die ich hier in den Raum stellen möchte: Daß das Klettern mit dem eigenen Ehemann in diesem Zusammenhang ein geschlechtsradikaler politischer Akt war, ein Versuch, angesichts einer Situation wachsender Ungleichheit zu intervenieren und ihr entgegenzuwirken. Und ich habe tatsächlich den Eindruck, auch wenn es an diesem Punkt nur ein Eindruck ist, daß sich in verschiedenen Aspekten die geschlechtsspezifische Politik der Sherpa-Frauen auszuzahlen scheint.

Nach einer Zeit, in der sich die Sherpa-Gesellschaft zwischen den Männern in den Städten, die vom nationalen und transnationalen »Strom« erfaßt wurden, und den Frauen in den Dörfern, die »rückständig« und »traditionell« blieben, zu spalten schien, deutet die Zahl der Ehemann-und-Ehefrau-Teams in dieser Geschichte zumindest auf einen Wandel hin.[73]

Parallel zu diesem Wandel scheint es bei dieser Frage auch eine gewisse Selbstreflexion gegeben zu haben. Zum Abschluß des zuvor erwähnten Gespräches in Ann Arbor kamen wir von Pasang Lhamus Tod zum Beispiel auf die geschlechtsspezifische Politik im allgemeinen zu sprechen:

»Ich fragte, glaubst du, daß noch mehr Sherpa-Frauen klettern werden, da die meisten Sardars, die ich interviewte, meinten, sie würden keine Frau mitnehmen, das gäbe bei der Expedition nur Schwierigkeiten. Und Rinzi [was nicht sein wirklicher Name ist] meinte, ja, die meisten fühlen sich nicht wohl dabei, wenn sie die Frau eines anderen bei einer Expedition mitnehmen sollen.

Und er sagte auch, weißt du, wir Sherpas sind immer noch irgendwie ›männlich dominant‹. Ich sagte, nun ja, aber die Sherpas erschienen mir im Vergleich zu einigen Hindu-Gruppen [in Nepal] relativ egalitär zu sein. Worauf er sagte, ja, unsere Ehefrauen müssen nicht warten, bis wir mit dem Essen fertig sind. Und ich sagte, oder ihren Ehemännern die Füße waschen. Worauf er erwiderte, ja klar, eine Sherpa-Ehefrau würde einfach sagen, wasch sie dir selbst! Und wir krümmten uns alle vor Lachen.«

KAPITEL 9

Umgestaltungen

WENN DIE SHERPAS DURCH DAS BERGSTEIGEN DEFINIERT WURDEN, SO WURDE GLEICHERMASSEN DAS BERGSTEIGEN DURCH DIE SHERPAS DEFINIERT. Und wenn sie durch ihren kulturellen Hintergrund definiert wurden, so haben sie diesen auch neu definiert. Ich habe durchgehend die Position vertreten, daß die Beschäftigung der Sherpas mit dem Bergsteigen gleichzeitig auch immer eine Beschäftigung mit ihrer eigenen Kultur war.

Um auf die Metapher von den ernsten Spielen zurückzukommen, können wir sagen, daß die Sherpas immer mehrere Spiele gleichzeitig gespielt haben. Sie bemühten sich, beim Bergsteiger-Spiel der Sahibs gut abzuschneiden, ein Spiel, das im Laufe der Zeit ein Teil ihrer Identität und damit auch eines ihrer eigenen Spiele wurde.

Erfolge beim Bergsteigen standen für sie jedoch auch immer im Dienst anderer Spiele, Spiele, die durch ihre eigene Geschichte, ihre eigene Politik, ihre eigenen kulturell geprägten Wünsche definiert wurden. Diese These möchte ich nun bis in die Gegenwart hinein übertragen. Und ich beginne wiederum mit den Darstellungsweisen der Sahibs.

HAT DER ERFOLG DIE SHERPAS VERDORBEN?[1]

In den siebziger Jahren setzte ein Wandel in der Sicht der Sherpas und ihrer Motive für das Bergsteigen ein, wonach es sodann weitaus üblicher wurde, daß sie von den Bergsteigern als Personen gesehen wurden, die um des Geldes willen kletterten. Dieser Diskurs konnte sich in verschiedene Richtungen bewegen. Auf der einen Seite verkörperte er eine gewisse Entromantisierung und im Idealfall Entorientalisierung der Sherpa-Kultur.

Er konnte jedoch auch von der Annahme ausgehen, daß die Sherpas einst, völlig anders als »wir«, unschuldig und unmaterialistisch, waren. Dann stand hinter der »Entdeckung« ihres Interesses an Geld gleichzeitig die Entdeckung, daß sie korrumpiert, dadurch verdorben worden waren, daß sie überhaupt in eine Lohnwirtschaft hineingezogen oder zu hoch bezahlt worden waren, wodurch sie ein übersteigertes Gefühl von ihrem Wert erhalten hatten.[2]

In der Bergsteigerliteratur ist der Gedanke, daß die Sherpas durch ihren relativen Ruhm und ihr (lokal vergleichsweise) hohes Einkommen »verdorben« worden seien, von Zeit zu Zeit immer wieder einmal aufgetaucht,[3] seit den siebziger Jahren hat er sich jedoch beharrlicher durchgesetzt. 1981 gab Tom Laird, der lange in Nepal lebte und eine ausgeprägte gegenkulturelle Lebenseinstellung hatte,[4] in einem Artikel zu verstehen, wie unermeßlich traurig er über den, wie er sagte, »neuen Sherpa« sei, den jungen Mann, der wider Willen durch die Verlockung oder Notwendigkeit des Geldes in die Modernität hineingetrieben worden sei. Laird schrieb auch von der »subtilen, allmählichen Veränderung des Sherpa-Willens, dem Verbiegen des Willens durch Geld, was der teuerste Preis« des westlichen Bergsteigens sei.[5]

Die Idee, daß die Sherpas durch die Arbeit, die sie verrichteten, und die Welt, in der sie lebten, korrumpiert worden seien, tauchte Ende der siebziger Jahre auch in der ethnologischen Literatur auf. Mike Thompson behauptete etwa (1979), für die Sherpas hätte sich eine Reihe neuer Optionen aufgetan.[6] Die erste war, wie er meinte, eine relativ »verbindende« Option, wonach der einzelne sich in den zeitgenössischen Tourismus- und Bergsteiger-Spielen behaupten und dennoch gleichzeitig die alten Werte wahren konnte, wonach immer Zeit für Verwandte, alte Freunde und traditionelle Beschäftigungen blieb.

Die zweite war die, wie er sie nannte, »hektische unternehmerische Option«, die als solche zwei Formen annahm: Nach der einen war der einzelne sehr erfolgreich, aber zu beschäftigt durch das Hin und Her zwischen den Expeditionen, den Reisen nach Europa und Japan und dem Pendeln zwischen seinen Unterkünften und den Restaurants in Khumbu und Katmandu, um noch Zeit für seine Freunde zu haben oder um einfach das Leben zu genießen. Nach der anderen wurde der junge Sherpa-Mann jemand, der sich quasi vom Bodensatz des Touristenmarktes ernährte, ständig verzweifelt um Touristen, Trekker und Vermittlungsbüros herumhing, in der Hoffnung, daß die Krumen von Jobs oder irgendwelcher Verbindungen für ihn abfielen.

Thompsons Punkt war, daß zunehmend weniger Sherpas imstande waren, die unbeschwertere, kulturell »verbindende« Option zu wählen. Statt dessen wuchs die Zahl der Sherpas der zweiten Kategorie, die wirtschaftlich erfolgreich waren, aber ihren kulturellen Halt verloren, und auch die Zahl der Sherpas der dritten Kategorie, die einen sterbenden Träger im Stich lassen oder einen arglosen Sahib ohne sonderliche Gewissensbisse ausnehmen würden, wenn sich nur die Gelegenheit dazu bot.[7]

Der Verfall der Sherpa-Kultur infolge der Angriffe durch die Modernisierung war auch das Thema eines maßgebenden Buches von Christoph von Fürer-Haimendorf, das 1984 erschien. Haimendorf hatte seine erste Ethnographie über die Sherpas (1964) mit einer äußerst positiven Darstellung ihrer Kultur begonnen. Er bewunderte an ihnen »ihren Sinn für Unabhängigkeit und Eigenständigkeit, ihre Fähigkeit, so problemlos für das Gemeinwohl zu kooperieren, ihre Höflichkeit und Freundlichkeit im Umgang und ihre Werte, die ein bewundernswertes Gleichgewicht zwischen Zielen der diesseitigen und der jenseitigen Welt herstellen«.[8]

Selbst in diesem Buch hatte er allerdings schon festgestellt, daß es durchaus auch Fälle gab, wonach Personen sich nicht an die traditionellen Tugenden hielten, hauptsächlich – wie er es sah – als Ergebnis von Kontakten mit den Sahibs in Darjeeling.[9] In seinem Buch beschrieb er dann jedoch wesentliche negative Veränderungen, die bei den Sherpas infolge des Wachstums des Tourismus und der weitreichenden Einbindung in »ein Wirtschaftssystem« zu verzeichnen waren, »das die einzelnen dazu anhält, die Geldbeschaffung als erste Priorität zu betrachten«.[10]

Er behauptete (allerdings mit sehr oberflächlichen anekdotischen Belegen), daß »sich die Einstellung der Sherpas geändert hat, die stets berühmt für ihre Ehrlichkeit und Loyalität gegenüber ihren Arbeitgebern waren«.[11] Und er war auch der Meinung, daß »die alten Werte einer Gesellschaft, die buchstäblich frei von Konkurrenzdenken und Rivalitäten war«, untergegangen waren.[12]

Die jüngste Variante dieser Position tauchte in Vincanne Adams' Buch *Tigers of the Snow (and Other Virtual Sherpas)* von 1996 auf.

Adams griff auf eine Reihe zeitgenössischer theoretischer Sichtweisen zurück, mit denen sie ihre eigenen Ansichten in vieler Hinsicht klar von denen der anderen Autoren abgrenzte. Sie sprach sich insbesondere stark gegen die Vorstellung von einer authentischen Sherpa-Kultur aus, die in der Vergangenheit existiert haben oder in der Gegenwart quasi »hinter den Kulissen« existieren sollte.

Aus ihrer Sicht haben »die Sherpas« seit jeher nur im Dialog mit den westlichen Wünschen gelebt. Teils als ein Ableger dieses Argumentes, teils im Widerspruch dazu, ist in ihrem Buch durchgehend wie ein roter Faden auch noch eine andere These zu finden: die Untergang-durch-Modernisierungs-These, die viele Parallelen zu von Fürer-Haimendorf und anderen aufweist. Auf der Linie dieser Diskussion identifiziert Adams ein bestimmtes kulturelles Muster, das in vielen traditionellen Praktiken der Sherpas (insbesondere religiösen) enthalten ist, ein Muster der »Nachahmung und Verführung«, wonach eine Person sich für mächtige andere (einschließlich Götter) begehrenswert macht, um ihre Zuneigung und Unterstützung zu gewinnen.

Die Sherpas haben diese Dynamik bei modernen Beziehungen – mit Bergsteiger-Sahibs, Touristen und Trekkern sowie Ethnologen – angewandt, was in diesem Zusammenhang einen entsetzlichen Preis gefordert hat. Da sie versucht haben, aus sich das zu machen, was nach ihrem Dafürhalten den Wünschen der Sahibs entsprach, haben sie letztlich ihren Körper und ihre Seelen auf dem Altar der Moderne geopfert. Adams berichtet über die hohe Verbreitung von Geschwüren unter den Sherpas und faßte auch das entsetzliche Verzeichnis der Todesfälle beim Bergsteigen zusammen.

Aber abgesehen davon wird in dem ganzen Buch, vor allem in dem Kapitel über die Kosten, »Sherpa zu bleiben«, ein Bild von einem Volk gezeichnet, das jeden Teil seiner Kultur und Identität ausverkauft hat, um den Sahibs zu gefallen und das Sherpahafte der Sahib-Wünsche zu inszenieren.

In diesem Buch habe ich im Gegensatz dazu die soziale und insbesondere politische Komplexität sowohl der traditionellen als auch der modernen Sherpa-Gesellschaft hervorgehoben. In den ersten Kapiteln habe ich die Probleme des Erbschaftssystems, die ökonomischen Ungleichheiten, die in der Idee von den großen und den kleinen Leuten enthalten sind, und die Wege betont, wie der Rana-Staat einige dieser Ungleichheiten noch verstärkte.

Ebenso habe ich versucht, die Entstehung des Mönchtums aufzuzeigen, dem zwar eine außerordentliche Bedeutung für die Sherpa-Gemeinschaft zukommt, das zugleich aber auch seine ambivalenten Aspekte hat. Ohne manche bewunderns- oder gar beneidenswerten Dimensionen einer früheren Sherpa-Gesellschaft und -Kultur bestreiten zu wollen, habe ich mich gleichwohl bemüht, ihre vielfältigen wie auch widersprüchlichen Dimensionen zu erfassen.

In diesem Kapitel möchte ich diesen Fragen weiter bis in die achtziger und neunziger Jahre des 20. Jahrhunderts nachgehen. Wie die meisten Menschen auf diesem Planeten haben sich auch die Sherpas durch ihre Erfahrungen im 20. Jahrhundert verändert, sogar sehr stark verändert. Es ist jedoch wichtig, konkret auf die Natur dieser Veränderungen einzugehen und ebenso auf deren Urheber und/oder Ursachen.

Es wäre klüger, nicht von Korruption, sondern von Umbildung und Umgestaltung zu sprechen. Und in diesem Kapitel möchte ich einige Schlüsselbereiche dieser Veränderungen etwas näher betrachten. Ich beginne mit einigen der üblen Geschichten, die die Wurzel der Korruptionsgeschichte zu sein scheinen.

SCHLIMME GESCHICHTEN

Die Geschichten über schlechte Verhaltensweisen der Sherpas gehen bis zu einigen der ersten Expeditionen zurück. Hierbei handelt es sich nicht um Geschichten von Widerstand, da es dabei für gewöhnlich um die Beziehungen der Sherpas untereinander oder mit anderen Trägern geht und nicht um Verhaltensweisen, die in einem politischen Sinne gegen die Sahibs gerichtet waren (obwohl die Grenzen des Widerstands zum Teil vielleicht auch verwischt werden, da es mitunter um Betrug oder Beraubung der Sahibs geht).

Diese Geschichten handeln in der Regel von Sherpas, die Personen mißhandeln, die in irgendeiner Form weniger mächtig oder stark als sie selbst sind, andere Sherpas oder die »lokalen« Träger betrügen und/oder schlagen oder einen kranken oder verletzten Träger im Stich lassen. Dem Sardar der Everest-Expedition von 1922 wurde zum Beispiel unterstellt, daß er die anderen Sherpas betrog. Die Sahibs betrachteten dies als ein Problem, da sein Verhalten in den Reihen der Sherpas ständig schlechte Gefühle und Widerstände hervorrief; sie verallgemeinerten dieses Verhalten jedoch nicht von dem Einzelfall auf die Sherpas insgesamt.

In jüngerer Zeit geht man hingegen immer häufiger dazu über, solche Fälle als Indiz für einen allgemeinen Verfall der Sherpa-Moral zu verstehen, da sie durch Geld, Erfolg oder andere Merkmale der modernen Welt verdorben oder korrumpiert worden seien. Bei einem Schlüsselbeispiel eines derartigen Falles ging es darum, daß mehrere Tamang-Träger bei einer Trekking-Tour mit Touristen Ende der siebziger Jahre im Stich gelassen wurden:

»Letztes Jahr gerieten einige Sherpas (bei einer ›sicheren‹ Touristen-Trekking-Tour, nicht bei einer ›gefährlichen‹ Bergsteigerexpedition) in einen Sturm... Die gut ausgerüsteten Klienten und die gut ausgerüsteten Sherpas überlebten, aber mehrere der lokalen (Nicht-Sherpa-)Träger, die nur Baumwollkleidung trugen und schwere Lasten schleppten, kamen dabei um. Einige Amerikaner, die zufällig auch den Paß überquerten und taten, was in ihrer Macht stand, versuchten, die Sherpas dazu zu bewegen, den erschöpften Trägern zu helfen. Einen Träger, der im Schnee zusammengebrochen war, hatte man einfach liegen lassen, und sie versuchten, die Sherpas zu überreden, nochmals zurückzugehen, um ihm zu helfen. Sie weigerten sich jedoch und sagten: ›Er gehört nicht zur Gruppe.‹«[13]

Dieser Vorfall gehört zu den Ereignissen, die hinter Michael Thompsons zuvor erwähnter Diskussion (1979) über die Auswirkungen der Modernisierung auf die Sherpas stecken.

Allgemein hat sich unterdessen jedoch die Vorstellung durchgesetzt, daß immer mehr Sherpa-Sardars die Tamang-Träger schlechterdings betrügen. In einem Interview mit dem Trekking-Agenturbesitzer Mike Cheney Ende der siebziger Jahre erzählte Cheney mir von diesem Vorfall, bei dem die Träger im Stich gelassen wurden, und erklärte auch, daß die Sherpas »die Tamang-Träger betrügen, indem sie sie einen Tag, ehe sie das Ziel erreichen, entlassen, damit die Touristen ihnen keine Trinkgelder geben und so mehr Bakschisch [Trinkgelder, Extrazahlungen] für die Sherpas abfällt«.[14]

Der Ethnologe David Holmberg, der viele Jahre unter den Tamang gearbeitet hat, vertrat unlängst die Meinung, der Umstand, daß Sherpas die Tamang-Träger betrügen und schändlich über sie hinweggehen, sei zu einem weitverbreiteten Muster geworden, insbesondere bei den im Vergleich zu den Bergsteigerexpeditionen bequemeren Touristen-Trekking-Touren. Ich zitiere hier aus unveröffentlichten Kommentaren von ihm:

»In den letzten Jahren haben Sherpa-Sardars im Bemühen, tunlichst clevere, organisierte und Widerstand leistende Träger zu vermeiden, ihre Rekrutierungsbasen verlagert und ziehen ihre Träger aus Gemeinden mit naiverer (und damit unterbezahlter, mangelhaft ausgerüsteter, unterernährter und übermäßig ausgebeuteter) Bevölkerung. Durch die organisierten Trekking-Touren kommen die Sherpas in Kontakt mit anderen ethnischen Gruppen, die sie dann oft sehr ausbeuterisch (und es gibt eine Unmenge von Tricks, die Sardars verwenden, um die Träger zu bescheißen und sich selbst zu bereichern), herabwürdigend und in höchst bedenklicher Weise behandeln...

Sowohl auf dem Anmarschweg größerer Expeditionen als auch bei Trekking-Touren, von denen viele Pässe überqueren und Basislager erreichen, die gut über 5000 Meter hoch liegen, ereignen sich viele Todesfälle von Trägern. Sie überstiegen im Laufe der Jahre wahrscheinlich die Zahl der ums Leben gekommenen ›Hoch-Sherpas‹ – dies ist jedoch eine subjektive, unbestätigte Vermutung. Die Träger sterben still, namenlos und fast immer, ohne daß davon Notiz genommen wird, bei Stürmen, denen sie schutzlos ausgesetzt sind – da sie nie über die Ausrüstung oder Erfahrung der Sherpas oder Sahibs verfügen –, infolge akuter Höhenkrankheit oder infolge sonstiger Krankheiten.«[15]

Ich schließe mich fraglos der Verurteilung jeglicher Übergriffe oder Mißhandlungen an, die stattgefunden haben, wie es auch die meisten Sherpas tun würden. Ich möchte jedoch auch versuchen zu verstehen, was dahintersteckt, versuchen, mir die – wie ich es durchgehend in diesem Buch getan habe – Strukturen der Ungleichheit näher anzusehen, im Rahmen derer »schlechte Verhaltensweisen« zutage treten.

Holmberg hat in einem anderen Teil seines Kommentars den Vorschlag gemacht, man müßte sich die langfristigen Muster der Ausbeutung zwischen den Solu-Sherpa-Grundbesitzern und den kleinen Tamang-Pächtern ansehen, was mit Sicherheit ein wichtiger Zusammenhang ist, der untersucht werden sollte. Für meine jetzigen

Zwecke möchte ich jedoch nur kurz (ausgiebige Daten sind nicht verfügbar) auf die neuen Formen von Ungleichheit eingehen, die sich innerhalb der Sherpa-Gemeinschaft und zwischen den Sherpas und anderen Gruppen in Zusammenhang mit dem Bergsteigen und dem Tourismus herauskristallisieren.

NEUE FORMEN DER UNGLEICHHEIT

Ich habe dieses Buch mit einer Darstellung der Strukturen der wirtschaftspolitischen Zusammenhänge in Solu-Khumbu begonnen, die einige der frühen Sherpas zum Bergsteigen brachten. Sehr arme oder landlose Sherpas hatten in der Vergangenheit nur sehr wenige Optionen, an wirtschaftliche Ressourcen heranzukommen, sowohl, um zu überleben, als auch, um ihre Lebenssituation zu verbessern. Die armen Leute borgten sich die Mittel von den reichen Leuten.

Wenn sie das Darlehen nicht zurückzahlen konnten, war die einzige Option, die ihnen blieb (abgesehen von der, wegzulaufen), sich als Bedienstete oder Pächter an die Geldverleiher zu binden, in der Hoffnung, die Schulden abarbeiten zu können. Selbst für diejenigen, die nicht sehr arm waren, stellten sich die Eigentums- und Erbschaftsregelungen und -realitäten so dar, daß die etwaigen Erfolgsaussichten in ihrem Leben stets voller Unwägsamkeiten und Risiken waren.

Manche Familien hatten zu viele Söhne; aber selbst wenn dies nicht der Fall war, wurden einige Söhne angesichts der bestehenden Strukturen gegenüber anderen begünstigt, und einige Söhne wurden bei ihrem Erbe einfach von einem ehrgeizigen Bruder ausgebootet. Die Aussicht, klein zu bleiben, sowohl im Sinne von Armut als auch von Abhängigkeit, war immer existent.

Mit den Löhnen aus dem Bergsteigen wurde die Situation etwas ausgeglichen, und die Einnahmen aus dem Tourismus hatten einen weiteren nivellierenden Effekt. Die Reichen mochten immer noch reich sein, aber die Armen waren nicht mehr gezwungen, sich in Abhängigkeit zu begeben, so daß die eher feudalen Aspekte des alten Systems erheblich untergraben wurden. Inzwischen sind neue Formen der Ungleichheit zum Vorschein gekommen.

Zunächst einmal gibt es inzwischen eine neue Klasse von großen

Leuten – nicht die alten Händler und Grundbesitzer, sondern einige sagenhaft erfolgreiche Sardars, die sich früh von der gefährlichen und harten Arbeit des Kletterns und von dem sozialen Streß der Sardar-Position zur Ruhe setzen konnten. Sie sind in unterschiedliche Geschäftsbereiche gegangen – meist als Hotel- oder Restaurantbesitzer.

Sie können den weniger erfolgreichen Sherpas gegenübergestellt werden, die es, aus welchen Gründen auch immer, nicht zu der Position eines Sardars gebracht haben und die selbst in einem relativ fortgeschrittenen Alter (bis in die Fünfziger hinein) weiterhin Lasten in große Höhen hinauftragen, weil sie es sich nicht leisten können, vorzeitiger aufzuhören.

Zudem gibt es erhebliche Unterschiede zwischen Sherpas, die an den Touristen- und Expeditionsrouten leben, und jenen, die nicht an solchen exponierten Orten ansässig sind. Die erstgenannten profitieren unverhältnismäßig stark vom Tourismusgeschäft.[16] Einige derer, die abseits der Touristenrouten leben – überwiegend, aber nicht ausschließlich Sherpas aus Solu –, stellen inzwischen in der Sherpa-Gesellschaft eine Art von Proletariat dar, da sie in den Touristenunterkünften arbeiten und für Sherpas die Feldarbeit übernehmen, die mit ihrer Expeditionsarbeit zu beschäftigt sind oder die zuviel Land haben, um es selbst zu bearbeiten.[17]

Darüber hinaus arbeitet inzwischen eine erhebliche Anzahl nichtethnischer Sherpas – hauptsächlich Tamang und Gurung – für Sardars beim Bergsteigen und bei Trekking-Touren. Ein Bergsteiger-Sahib schrieb über seine Beobachtungen:

»Nima, unser Küchenjunge, war einer der beiden jungen Tamang-Brüder, die Ang Phurba in seinem Haus in Khumjung adoptiert hatte. Joe [Tasker], der ein Gefühl für hierarchische Verhältnisse hatte, bemerkte oft neckend zu Ang Phurba, daß er, ein Mitglied der Sherpa-Superrasse, Nima wie einen Sklaven ausbeute. Und Ang Phurba lachte, denn auch er hatte gerade ein paar Geschichten von James Lester über schwarze Sklaven in Amerika gelesen.«[18]

Ob die Arbeiter Sherpas aus Solu sind oder anderen Volksgruppen angehören, das Arbeitsverhältnis ist nach herkömmlichen Maßstäben in jedem Fall ausbeuterisch; aber das Muster scheint auch eine spezielle lokale Sherpa-Prägung zu haben. Das heißt, viele dieser Arbeitsverhältnisse werden im beiderseitigen Einvernehmen eingegangen, um für die benachteiligte Partei als Sprungbrett auf den Arbeitsmarkt im Bergsteiger- und Trekking-Geschäft zu dienen.

Die Beschäftigten erklären sich damit einverstanden, im Gegenzug für das Versprechen, ihnen beim Bergsteigen und Trekking eine Chance zu bieten, für wenig oder gar keine Bezahlung zu arbeiten. In diesen Fällen werden die im Bergsteiger- und Touristengeschäft tätigen Sherpas für die weniger begünstigten Gruppen selbst zu Zhindaks (Schirmherren, Beschützern). Ob dies die Ausbeutung abschwächt oder nicht, ist eine andere Frage.

Diese neuen Formen der Ungleichheit stellen eine der vielen Umgestaltungen der traditionellen Sherpa-Gesellschaft dar, einer Gesellschaft, die kein mustergültiges Beispiel von Egalitarismus war, sondern ihre eigenen Formen von Ungleichheit hatte. Diese neuen Formen werden vermutlich, genau wie die alten, Widerstände und Umwandlungen in Gang setzen und so eine Zukunft begründen, die für uns noch nicht absehbar ist.

Ohne ihre Bedeutung herabspielen zu wollen, müssen wir diese Veränderungen jedoch neben andere, positivere Veränderungen stellen, die die Sherpas sowohl erfahren als auch herbeigeführt haben, und zwar in zwei wichtigen Bereichen: die Umgestaltung der Sherpa-Identität und die Umgestaltung der Sherpa-Religion.

UMGESTALTUNG DER IDENTITÄT: UMWANDLUNGEN DES »SHERPA«

Wir haben bereits gesehen, wie es den frühen im Bergsteigen tätigen Sherpas gelang, die Kategorie des »Sherpa« so zu konsolidieren, daß die ethnische Kategorie buchstäblich mit der Arbeitsrolle des Hochgebirgsträgers gleichgesetzt und umkehrbar war. Eine Möglichkeit, an die Umgestaltung der Identität bei den heutigen Sherpas heranzugehen, ist, uns anzusehen, wie die Konsolidierung zustande kam. Ich werde die Frage in Form eines Wortspiels stellen: Am Ende des 20. Jahrhunderts sind die im Bergsteigen tätigen Sherpas möglicherweise keine ethnischen Sherpas mehr, und umgekehrt. Was steckt hinter diesem kleinen Rätsel?

Andere Gruppen als »Sherpas«

Eine als »Sherpa« bezeichnete Person mag in verschiedener Hinsicht in Wirklichkeit kein Sherpa sein. Erstens hat der nepalesische Staat allem Anschein nach verschiedenen tibetisch-stämmigen Gruppen an der Nordgrenze in Ostnepal die Kategorie »Sherpa« aufgezwungen.[19] Zweitens nennen Angehörige anderer Volksgruppen, die im Tourismus arbeiten, sich bisweilen Sherpas, weil die Touristen Sherpas sehen und engagieren möchten.[20] Beide Fälle sind die Ursache von Irritationen für die Nicht-Sherpas, die sich genötigt sehen, eine fremde Identität zu akzeptieren oder anzunehmen.

Auf der anderen Seite hat eine Reihe von Nicht-Sherpas im Hochgebirgsbergsteigen auch ohne die Vortäuschung, Sherpas zu sein, Erfolg gehabt, und dies war und ist für die betreffenden Gruppen eine Quelle von ethnischem Stolz. Mit der italienischen Expedition 1973 erreichte der erste Nicht-Sherpa-Nepalese den Gipfel des Mount Everest, und zwar ein Tamang namens Sambhu Tamang.

Er war damals auch der »jüngste Chomolongma-[Everest-]Gipfelbesteiger«,[21] und 1985 bestieg er nochmals den Gipfel.[22] Bei dieser zweiten Expedition erreichte auch ein junger Mann namens Narayan Shrestha als erster Newar den Gipfel des Everest.[23] Und bei der französischen Everest-Expedition von 1988 waren ein Gurung und ein Tamang bei den »Hoch-Sherpas« mit dabei.[24]

Hier sollten wir nochmals auf die an früherer Stelle bereits angesprochene Frage der Beziehungen zwischen den Sherpas und anderen Volksgruppen zurückkommen. Für manche Zusammenhänge gibt es Belege, daß einige Sherpas andere Nicht-Sherpas ausbeuten (und sogar mißhandeln). Im Falle der Nicht-Sherpas, die als »Hoch-Sherpas« arbeiten – angesichts des buchstäblichen Monopols der Sherpas bei dieser Arbeit –, ist aber auch klar, daß die ethnischen Sherpas es den Nicht-Sherpas erleichtern oder zumindest gestatten müssen, Zugang zu diesen Jobs zu finden.

Nach einem jüngeren Artikel, der in der populären regionalen Zeitschrift *Himal* erschien, hatte man einige Sherpas befragt, ob es zwischen Sherpas und Nicht-Sherpas Reibereien gäbe, nachdem die Nicht-Sherpas nun auch in die Hochträgerjobs vordrangen. Ang Tshering Sherpa, der als Vertreter eines Trekking-Unternehmens beschrieben wurde, meinte dazu: »In diesem Beruf besteht immer eine

Nachfrage nach Leuten, so daß es keine Spannungen und Reibereien zwischen Sherpas und Nicht-Sherpas gibt.«[25] Ähnlich wurde der ehemalige Sardar Pertemba Sherpa zitiert, der gesagt hatte: »Es ist gut, daß auch Nicht-Sherpas mit hinzukommen.«[26]

Im Falle von Pertemba wissen wir in der Tat aus anderer Quelle, daß er Nicht-Sherpas aktiv geholfen hat, Jobs bei Expeditionen zu bekommen. Er war es, der Mitte der siebziger Jahre als junger Sardar bei Chris Boningtons Everest-Expedition über die Südwestwand den Vorschlag gemacht hatte, vier junge Tamang-Männer bei den »Hoch-Sherpas« mit hinzuzunehmen. Obwohl es unter den ethnischen Sherpa-Sherpas zunächst einige Widerstände gegeben hatte, hatte Pertemba sich letztlich durchsetzen können und die Tamangs angeheuert. Sie arbeiteten mit den Sherpas »absolut harmonisch« zusammen.[27]

Sherpas in anderen Berufen

Wenn Tamang-Hochträger und -Bergsteiger Sherpas repräsentieren, aber keine ethnischen Sherpas sind, so repräsentieren Sherpas, die in anderen Berufen als im Bergsteigen arbeiten, Sherpas, die keine Expeditions-Sherpas sind. Diese Sherpas gehen in der heutigen Zeit einem zunehmend breiteren Spektrum von Jobs und Berufen nach, und es ist wichtig, diese Tatsache zu erkennen. Diese Sherpas haben ihre Erfolge nicht dadurch zu verbuchen, daß sie sich im Spiel des Bergsteigens gut schlagen oder es verändern, sondern indem sie die institutionellen Abfallprodukte des Bergsteigens – insbesondere die Bildungs- und Ausbildungsmöglichkeiten – nutzen, um in völlig neue Richtungen zu gehen.

Der Bau der behelfsmäßigen Start- und Landebahn in Lukla, der in den sechziger Jahren zum Materialtransport für den Bau von Krankenhäusern und Schulen in Solu-Khumbu realisiert worden war und anschließend im Dienste der Krankenhäuser genutzt wurde, zog damals eine unbeabsichtigte Konsequenz nach sich: den massiven Zustrom von Touristen.

James Fisher, der sich sowohl um den Bau der Start- und Landebahn als auch der Schulen kümmerte, hält uns vor Augen, wie wichtig diese Schulen neben den drastischen »Wirkungen« des Tourismus

Der inzwischen verstorbene Ang Gyelzen (A.G.) Sherpa und Pemba Tsering Sherpa im Büro ihrer Trekking-Agentur Journeys Nepal, 1990.

waren: »Während der Tourismus die Sherpa-Wirtschaft völlig aus dem Gleichgewicht brachte, brachten auch die Schulen Veränderungen. Sie gaben der Sherpa-Gesellschaft jedoch die Instrumente an die Hand, um ihr kulturelles Gleichgewicht zu wahren. Und da sie vor dem Tourismus kamen, gewährten die Schulen den Sherpas eine Galgenfrist.«[28]

Gebildete Sherpas und auch viele, die keine nennenswerte Bildung haben, gehen inzwischen einer ganzen Reihe von Beschäftigungen nach, und in diesem Sinne ist der Sherpa dann nicht unbedingt ein Sherpa; das heißt, daß ethnische Sherpas nicht unbedingt zwangsläufig im Bergsteigen tätig sind. Viele Sherpas sind in die Geschäftswelt gegangen, betreiben Trekking-Agenturen oder betätigen sich in anderen Unternehmensbereichen.[29] Etwa dreißig Prozent der Trekking-Agenturen in Katmandu gehören inzwischen Sherpas, und sogar fünfzig Prozent von den größten.[30]

Andere gebildete Sherpas arbeiten bei verschiedenen Behörden sowie staatlichen und nichtstaatlichen Einrichtungen, wozu auch der Sagarmatha-Nationalpark und der Himalayan Trust gehören. Und schließlich kristallisiert sich auch eine kleine Gruppe von hochqualifizierten Sherpa-Fachkräften heraus. Vier Sherpas, darunter ein enger Freund von mir, A.G. (Ang Gyelzen) Sherpa, sind (oder waren)

Piloten der Royal Nepal Airlines,[31] und nach der letzten Zählung gab es drei Sherpa-Ärzte.[32]

Die wachsende Zahl der hochqualifizierten Sherpa-Fachkräfte stellt einen positiven Kontrapunkt zu dem »Verdorben-durch-Modernisierung«-Argument dar. Ich möchte ein kleines, aber vielsagendes Beispiel dazu nennen: So habe ich einmal einen Artikel in der *New York Times* darüber gelesen, wie die Sherpas durch den Tourismus »verdorben« worden seien. Eines der Schlüsselbeispiele, die dafür als Beleg herangezogen wurden, war, daß die Touristen bei den Sherpas Süßigkeiten eingeführt und damit einen Anstieg von Karies verursacht hätten.[33]

Später stieß ich auf einen anderen Artikel, der eine Kehrseite der Geschichte erzählte: »Eine in Kanada ausgebildete Sherpa-Frau hat eine Zahnklinik« in Namche Basar »eröffnet«.[34] Die in Kanada ausgebildete Sherpa-Zahnärztin stellt sowohl eine kreative Antwort auf einen kleinen, aber unliebsamen Fallstrick der Modernität als auch ein nettes, befriedigendes Beispiel von einem Sherpa (oder einer Sherpani) dar, der wörtlich genommen kein Sherpa ist.

Die Sherpas als Bergsteiger

Im Rahmen des Bergsteigens stellt sich die Frage der Sherpa-Identität etwas anders dar. Hier geht es bei der Frage darum, *mehr als* nur einfach ein Hochträger zu sein. Bei der Frage geht es um die Anerkennung ihrer bergsteigerischen Leistungen als solche. In diesem Rahmen haben die Sherpas recht aktiv eine Art »Hochträger-Identitätspolitik« betrieben. Genau wie die Sherpas der 1920er Jahre, die die Kategorie des Sherpa im Rahmen des Bergsteigens neu prägten, bemühen sich die Sherpas Ende des 20. Jahrhunderts wiederum sowohl um eine Ausdehnung als auch um eine neue Prägung der Kategorie.

Die Frage der Anerkennung – nicht nur ein beliebiger »Hoch-Sherpa« zu sein – ist in den letzten Jahren zunehmend relevant geworden. Unter den Sherpas herrscht eine ziemlich verbreitete Unzufriedenheit über die mangelnde Anerkennung, die ihnen und ihren großartigen Leistungen im Bergsteigen individuell gezollt wird. Sie haben ihren Unmut geäußert, daß sie in den Bergsteigerberichten der

Sahibs oft nicht namentlich genannt, sondern einfach in der undifferenzierten Masse der Sherpas erfaßt werden.

Selbst ein Held wie Ang Rita Sherpa, der den Gipfel des Mount Everest mehrfach ohne Sauerstoff bestieg, kann sich durchaus verletzt fühlen; als er seinen Rekord mit der neunten Besteigung aufstellte, erwähnte die russische Gruppe, für die er arbeitete, seine Leistung nicht einmal bei ihrer Pressekonferenz.[35] Ebenso ist den Sherpas aufgefallen, daß die Sahibs bei den Expeditionen oft zahllose Fotos oder lange Filmaufnahmen von den Sherpas machen, wovon in dem endgültigen Buch oder Film dann jedoch kaum etwas oder gar nichts erscheint.

Ich habe diese Beschwerden bei meinen Feldforschungen seit den siebziger Jahren immer wieder gehört, in den letzten Jahren sind sie jedoch öffentlicher und vernehmbarer geworden. Das Problem wurde 1995 in einem Artikel mit der Überschrift »Fame Still Eludes Sherpas« [dt.: Der Ruhm geht an den Sherpas immer noch vorbei] recht ausführlich behandelt.[36]

Das klarste Beispiel, wie Sherpas Anerkennung als Bergsteiger und nicht nur als Sherpas verlangen, ist das Entstehen reiner Sherpa-Bergsteigerexpeditionen. An einem frühen Punkt in der Bergsteigergeschichte, als das Klettern aus Sicht der Sherpas nicht mehr und nicht weniger als ein Job war, wären solche Expeditionen als absurd betrachtet worden. Selbst heute noch können die meisten Sherpas dem Bergsteigen um des Bergsteigens willen und der Idee, dafür ihr Leben zu riskieren, kaum etwas abgewinnen und verbringen ihre Zeit lieber mit etwas anderem, wenn sie nicht dafür bezahlt werden.

Nichtsdestotrotz gab es Anfang der achtziger Jahre die – soviel ich weiß – erste reine Sherpa-Expedition überhaupt, die den ersten Winteraufstieg zu einem weniger bekannten Gipfel, dem Tilicho (7132 Meter), unternahm. Der Organisator, Sarkey Tshering Sherpa, erklärte, daß es ihnen bei der Expedition darum ging, »die Einstellung der Sherpas zum Bergsteigen zu ändern, an das wir hier mehr als Sport herangegangen sind«.[37]

1991 stellten die Sherpas die erste (und soweit ich weiß, einzige) reine Sherpa-Everest-Expedition zusammen. Die Idee zu der Expedition hatte Mitte der achtziger Jahre Lobsang Sherpa, der 1990 bei einer erfolgreichen amerikanischen Everest-Expedition für den Bergsteiger Peter Athans gearbeitet hatte. Athans und einige weitere Ameri-

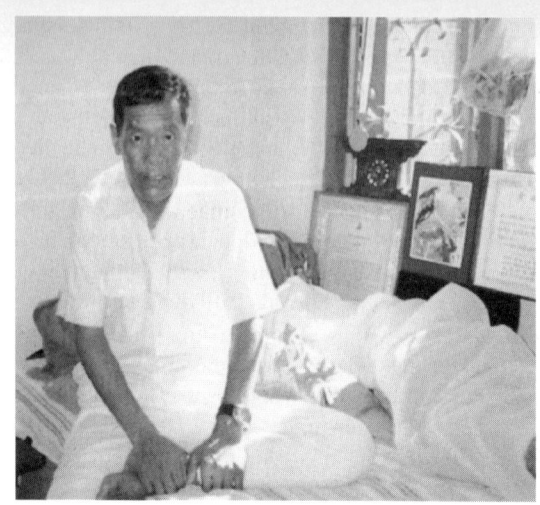

Ang Rita Sherpa, der nach der neuesten Zählung den Gipfel des Everest elfmal bestiegen hat, mit einigen seiner Auszeichnungen, 1990.

kaner halfen, die Gelder für das Projekt aufzutreiben, und arbeiteten, was eine nette Verkehrung der üblichen Situation darstellte, für die Expedition als unterstützende Mitglieder, ohne dafür irgendeine Anerkennung zu finden.

Nach einigen Schwierigkeiten, bei denen es ganz so aussah, als würde das Undenkbare – das Scheitern einer reinen Sherpa-Everest-Expedition – tatsächlich eintreten, war die Expedition dann doch noch erfolgreich, wobei Sonam Dendu, Ang Temba, Apa Sherpa und der Amerikaner Peter Athans den Gipfel erreichten. Und die Sprache war, zumindest wie sich Lobsang als Anführer ausdrückte, reine Identitätspolitik: »Wir möchten als ein abseits stehendes Volk stolz sein.«[38]

Sonam Dendu wurde wie folgt zitiert: »Dies ist *unsere* Expedition... Sie ist für alle Sherpas.«[39] Daraus ist sogar noch eine gewisse Spaltung zu hören, die bei der Identitätspolitik im allgemeinen zum Tragen kommt, wenn Untergruppen innerhalb von Untergruppen Anerkennung suchen. Einer der beiden Sherpas bei der Expedition kam aus dem unteren Sherpa-Tal von Solu und sagte, er »klettere auch um des Stolzes für Solu« willen.[40] Solu hat traditionell seit jeher weniger Sherpas im Bergsteigen gestellt als die obere Khumbu-Region.

Summa summarum haben die Sherpas Ende des 20. Jahrhunderts die Identität des Sherpa in vieler Hinsicht merklich umgestaltet. Manche meiden die Sherpa-Arbeit oder haben sie aufgegeben, während sie gleichzeitig zugelassen oder sogar unterstützt haben, daß Mitglieder anderer Volksgruppen Zugang zu dieser Arbeit gefunden haben.

Und damit haben sie angefangen, die zu Beginn des 20. Jahrhunderts konstruierte Verbindung zwischen der Rolle und der ethnischen Identität zu zerbrechen. Aber selbst wenn die Sherpas beim Bergsteigen geblieben sind, haben sie sich bemüht, über den Rang der Sherpas hinauszukommen und in den Rang eines »Mitglieds« aufgenommen zu werden, ob bei den ausländischen Expeditionen oder bei den reinen Sherpa-Expeditionen, bei denen alle Mitglieder Sherpas sind.

INTERNE UMWANDLUNGEN:
UMGESTALTUNG DER RELIGION

Ein weiterer wichtiger Bereich der kulturellen Umgestaltung war und ist die Religion. Auf einer Ebene war die Religion stets einfach eine Tatsache im Leben der Sherpas. Sie haben in Zusammenhang mit grundlegenden Sicherheits- und Identitätsfragen Zuflucht in ihrer Religion gesucht – sie bietet Schutz vor Unheil und Schaden, liefert die Grundlagen von allem Gutem im Leben, Wohlergehen und Sinn, den Kern dessen, was sie sind.

In diesem Sinne haben sie die Religion auch bei Expeditionen genutzt: um sich vor Gefahren und Tod zu schützen, um sich eine gewisse Macht über die eigenen Ängste zu geben, über den Schmerz und den Schock, wenn sich ein Unfall ereignet hatte, über die Sahibs mit ihren leichtsinnigen Ideen und deren realer Macht.

Gleichzeitig war die Sherpa-Religion mit der Entstehung der Klöster in einem gewissen Sinne selbst zu einer Form interner Differenz geworden. Aus diesem Grunde habe ich die monastische Bewegung, obwohl sie für die Sherpa-Gesellschaft etwas Internes war, ähnlich wie das Bergsteigen behandelt. Sie war ursprünglich ein neues und sogar etwas fremdes Spiel auf der Sherpa-Szene, auf das die gewöhnlichen Sherpas sich nolens volens einlassen mußten.

Die Mönche haben im Laufe des Jahrhunderts die religiöse Landschaft der Sherpa-Gesellschaft ebenso neu geprägt, wie das Bergsteigen die wirtschaftliche Landschaft neu geprägt hat. Die Parallele zwischen dem Bergsteigen und dem Mönchtum kann sogar noch weiter gezogen werden: Die relative Befremdlichkeit des Mönchtums und seine disziplinierende Haltung gegenüber den gewöhnlichen Sherpas haben es, genau wie das Bergsteigen, zu einer Zielscheibe eines gewissen gedämpften Widerstands und der entsprechenden Umgestaltungen gemacht.

In diesem Abschnitt möchte ich somit als erstes den beeindruckenden Gesamterfolg der monastischen Kampagne, die Volksreligion der Sherpas zu einer höheren Religion zu machen, zusammenfassen. Dann möchte ich kurz auf den heutigen Zustand des Mönchtums bei den Sherpas eingehen, der – trotz der Erfolge – durchaus sehr gemischt ist. Und schließlich möchte ich einige Punkte aufzeigen, wie die Sherpas die monastische Religion selbst umzugestalten scheinen und sie stärker auf die Linie ihrer aktuellen Belange bringen.

Die Umgestaltung der Volksreligion zu einer höheren Religion

Ende des 20. Jahrhunderts kann man sehen, daß es enorm viele Veränderungen in der Volksreligion der Sherpas gegeben hat, Veränderungen, die die höheren religiösen Ideale des monastischen Buddhismus widerspiegeln. »Niedrige« Praktiken sind entweder abgeschafft oder verändert worden, »hohe« Praktiken sind institutionalisiert worden. Eine kurze Zusammenfassung:

- Die Nupki-Gyelwu-Riten, die durch Tieropfer Reichtum und Wohlstand bringen sollten und auf einen gewalttätigen und blutdürstigen Gott ausgerichtet waren, wurden als erstes abgeschafft.
- Zu dem jährlichen Familien-Lha-chetup oder den Opferritualen, die in den Haushalten für das Wohlergehen der Familie begangen wurden, gehörte offenbar die Verehrung von Göttern, die ähnliche Charakteristika wie Nupki Gyelwu hatten, und die Verehrung diente offenbar ähnlichen Zwecken. In den letzten Jahren haben viele Sherpas auch ihre Familien-Lha-chetup-Rituale bereinigt und sich von vielen kleineren Göttern getrennt.
- Die verheirateten Lamas, die wegen ihres Trinkens, ihrer man-

gelnden rituellen Fachkundigkeit und ihrer (wie man sich hinter vorgehaltener Hand zuflüsterte) Beteiligung an Zauberei zugunsten von privaten Klienten herabgewürdigt wurden, sind in Khumbu fast ganz verschwunden.[41] Die meiste rituelle Arbeit wird in den Dörfern inzwischen entweder von Mönchen übernommen, die eingeladen werden, von den Klöstern herabzukommen, oder von abtrünnigen Mönchen, die nunmehr als Dorf-Lamas tätig sind.

Nur um den Unterschied klarzustellen: Die ursprünglich »verheirateten Lamas« [Banzin, Choa, Ngawa oder einfach Lama] sahen keine Unvereinbarkeit zwischen Ehe und spiritueller Praxis und glaubten in der Tat, daß die religiösen Kräfte durch die Abstammung aus einer langen Linie von verheirateten Lamas gefördert wurden. Abtrünnige Mönche, die als »Dorf-Lamas« fungieren, sind auch verheiratete Lamas geworden, was sie jedoch für gewöhnlich als das Ergebnis eines Versagens und nicht als Teil einer positiven Alternative zum Mönchsleben betrachten.

• In Solu-Khumbu gab es mindestens vier religiöse Gemeinschaften, die ausschließlich aus verheirateten Lamas und ihren Familien bestanden, von denen heute jedoch nur eine (Kyerok) übriggeblieben ist. Sie hat ihre Praktiken darüber hinaus erneuert, um sie aufzuwerten und mehr in Einklang mit den höheren monastischen Idealen zu bringen.[42]

• Die wichtigsten Dorfrituale, die geblieben sind – vor allem das alljährliche Dumji-Fest mit den Geisterbeschwörungs- und Exorzismusriten –, sind verändert worden. Die meisten obszönen Elemente wurden herausgenommen, und die Gewalt wurde heruntergeschraubt.[43]

• Die Schamanen sind in Solu fast ganz verschwunden,[44] in Khumbu soll es noch einige praktizierende Schamanen geben. Es gibt jedoch die Tendenz, ihr Wirken in einem monastischen Sinne zu übersetzen. Das heißt, daß sie, statt einen Kranken zu heilen, jetzt »allen empfindungsfähigen Wesen helfen«.[45]

• Das Nyungne-Ritual, bei dem Laien sich über mehrere Tage hinweg in einer verkürzten Form in der monastischen Disziplin üben, ist in Solu-Khumbu inzwischen buchstäblich in jedem Dorftempel eine feste Institution geworden. Diese Riten sollen Laien regelmäßig in den Genuß der Erfahrung und der spirituellen Meriten der monastischen Praxis kommen lassen.

- Alle diese Veränderungen, die in die Richtung höherer monastischer Ideale gingen, spiegeln sich in der Ikonographie der Sherpa-Tempel und -Kapellen wider. Bei allen religiösen Kunstwerken, die es vor den Klostergründungen gab, war der (verheiratete) Guru Rimpoche, der Gründer des tibetischen Buddhismus, das zentrale Idol, der für gewöhnlich mit seinen beiden Frauen an seiner Seite dargestellt wurde. Bei allen monastischen Kunstwerken wie auch in allen nach den Klostergründungen neu geschaffenen (oder restaurierten) Tempelkunstwerken steht der zölibatäre Buddha im Mittelpunkt, mit Chenrezi (dem Gott des Mitgefühls) an seiner Rechten und dem Guru Rimpoche an seiner Linken.

Ich denke, man kann zu Recht sagen, daß die Sherpa-Religion »monastiziert«, gesäubert und – wie es die Absicht der Mönche war – in eine höhere Richtung verändert wurde. Die äußeren Merkmale der religiösen Landschaft – die Spezialisten, die gerufen werden können, die Riten, die vollzogen werden und an denen man teilhaben kann – haben sich erheblich verändert. Und zumindest bei einigen Laien-Sherpas wurden diese äußeren Veränderungen der Religion auch von persönlichen Transformationen begleitet.

Der Fall, der mir in dieser Hinsicht am besten bekannt ist, war der von Nyima Chotar, der Ende der siebziger Jahre für mich arbeitete. Er war einer von vielen Sherpa-Männern, die ich kannte, die sagten, sie wünschten, sie wären Mönche geworden, aber die Umstände hätten ihn wie auch viele andere genötigt, in eine andere Richtung zu gehen. Nyima Chotar wurde ein Expeditions-Sherpa. Er machte jedoch nur wenige Bergsteigerexpeditionen mit und sollte sich auf wissenschaftliche Expeditionen spezialisieren: botanische, medizinische und – in meinem Fall – ethnologische. Zwei kurze Anekdoten vermitteln seine persönliche Hinwendung zur Hochreligion.

Nyima Chotar lebte viele Jahre in Darjeeling. Sein Vater war ein berühmter früher Expeditions-Sherpa, Dawa Tenzing. Er hatte jedoch einen jüngeren Bruder durch das Bergsteigen verloren, und seine Mutter hatte wegen dieses Todes Selbstmord begangen. Die erste Geschichte handelt von seiner Entscheidung, die Familien-Lha-chetup-Rituale zu bereinigen und die niedrigen Götter und Geister abzuschaffen:

»Nachdem seine Mutter gestorben war, während er noch in Indien war, beschloß er, daß er die ganzen Lu und Gyelwu und Gyabtak [verschiedene lokale Geister], die seine Familie und die anderen hatten, nicht mehr haben wollte. Man bat sie, daß sie einem helfen, reich zu werden, er glaubte jedoch, daß er sie nicht brauchte. Er schrieb seinem Vater und bat ihn, den Tengboche Lama und die Mönche zu rufen, und sie kamen und vollzogen ein Ritual und warfen sie alle hinaus... Ihm passierte daraufhin nichts, weil er dies getan hatte. Sein Vater empfindet es genauso.«[46]

Bei der zweiten Geschichte geht es um seine Ablehnung des Schamanismus:

»Er sagte, er sei wirklich nicht sehr an Lhawa [Schamanen] interessiert, nur an *Payin* [buddhistisches Verdienst, das Gegenteil von *Dikpa*, Sünde] und hohen Göttern... Er war einmal etwas krank gewesen, und seine Schwester hatte in seiner Abwesenheit einen *Lhabeu* [schamanistisches heilendes Trance-Ritual] bestellt. Der Schamane sagte, die Ursache seiner Krankheit sei der Lu [ein lokaler Geist] eines bestimmten Felsens, auf dem er einmal gesessen hatte. Er wurde wütend auf Lu und ging zu dem Felsen hin, schlug mit einem Hammer darauf ein und schiß darauf. Nichts Schlimmes widerfuhr ihm, und innerhalb von zwei Tagen ging es ihm tatsächlich wieder besser.«[47]

Nyima Chotar ist ein Beispiel für den optimalen Effekt, den die Mönche mit ihren Veränderungen zu einem höheren Buddhismus zu erreichen hoffen konnten. Er übernahm für sich wirklich die ganze monastische Agenda für Laien und richtete seine religiösen Praktiken fast ausschließlich auf die Vermeidung von Sünden (nicht immer erfolgreich, er hatte mit einem Alkoholproblem zu kämpfen) und die Anhäufung von Meriten für eine gute Wiedergeburt aus.[48]

Aber nicht alle Sherpas waren sich so klar wie Nyima Chotar darüber, wie sehr sie sich auf die höheren buddhistischen Praktiken einlassen sollten. Ich behaupte sogar, daß die Bewegung zu einem höheren Buddhismus, auch wenn sie bei den Sherpas zweifellos nachhaltige Effekte hatte, als solche Gegenstand bestimmter Ambivalenzen und im Laufe der Zeit auch gewisser Umgestaltungen war. Der erste Indikator dafür ist der Zustand, in dem sich das monastische System der Sherpas heute befindet.

Abfallende Lamas und dahinsiechende Klöster

Der Zustand, in dem sich das monastische System der Sherpas befindet, ist heute sehr uneinheitlich.[49] Auch wenn einige neue Klöster gebaut werden, sind andere eindeutig dem Verfall preisgegeben, während andere florieren, aber nicht aufgrund von Sherpa-Unterstützung, sondern aufgrund von ausländischer Unterstützung. Der Verfall des monastischen Systems ist vielleicht noch ein weiterer negativer Effekt der »Modernisierung«, und gewisse Aspekte des heutigen Lebens haben dabei zweifellos eine Rolle gespielt.

Gleichwohl möchte ich behaupten, daß diese Veränderungen auch als Reaktionen auf die Sherpa-Wünsche bezüglich der Form ihrer Religion betrachtet werden müssen. Ich möchte mit einem kurzen Überblick über den Zustand der Klöster beginnen. (Ausführlichere Geschichten, zum Teil auch über lokale Skandale, sind in Anhang B zu finden.)

• Das erste (1916) Sherpa-Kloster, Tengboche, ist noch aktiv, und es entwickelt sich gut. Sein oberster Lama, der Tengboche Rimpoche, hat seine Gelübde gehalten und ist weiterhin ein tatkräftiger Leiter. Das Kloster ist jedoch stark von ausländischen Spenden abhängig.

• Das zweite (1924) Sherpa-Kloster, Chiwong, siecht seit den späten fünfziger Jahren dahin. Sein erster oberster Lama brach seine Gelübde mit einer Nonne und verließ das Kloster. Sein zweiter oberster Lama nahm ein Angebot in Tibet an und starb dort, und danach hat auch sein *Geken* oder Lehrer das Kloster verlassen. Es wurde kein neuer oberster Lama gefunden. Ohne einen obersten Lama, der neue Mönche ordiniert, und ohne einen Lehrer, der sie unterrichtet und ausbildet, kann das Kloster nicht wachsen und gedeihen.

• Zum 1928 gegründeten Nonnenkloster Devuche gehörten Ende der siebziger Jahre nur noch sechs Nonnen, und es gab lange Zeit keine Novizinnen.

• Das 1946 von einem ehemaligen Tengboche-Mönch gegründete Takshindo-Kloster konnte die Linie seiner Leitung nicht fortsetzen. Als der oberste Lama 1960 starb, wurde eine Reinkarnation gefunden, die Familie weigerte sich jedoch, das Kind dem Kloster zu übergeben.

• Das Kloster in Serlo wurde 1959 von einem Sherpa-Mönch, Sangye Tenzing, gegründet, der in Tibet ausgebildet worden war und vorhatte, das Kloster in seinen rituellen Praktiken sogar noch einem höheren Buddhismus als die anderen Sherpa-Klöster zuzuführen. Er brach Mitte der achtziger Jahre jedoch seine Gelübde mit einer Nonne und starb später. Das Kloster wurde ganz geschlossen.

• Das Kloster in Thami schien neben dem Kloster Tengboche der zweite große Erfolg der monastischen Bewegung der Sherpas zu sein. Der ursprünglich lokale und sehr alte Tempel, den verheiratete Lamas in einer langen und mächtigen Abstammungslinie geführt hatten, wurde Anfang der fünfziger Jahre in eine zölibatäre Einrichtung umgewandelt. Als der alte oberste Lama Ende der fünfziger Jahre starb, wurde seine Reinkarnation gefunden und erfolgreich ausgebildet und ordiniert. Er brach 1990 jedoch seine Gelübde, und das Kloster geriet eine Zeitlang in mißliche Zustände.

Das Mönchtum und Klosterleben der Sherpas, oder vielleicht sollte ich besser sagen, das Mönchtum und Klosterleben bei den Sherpas, ist nicht tot, sein Platz hat sich im Gesamtbild der Sherpa-Religion jedoch in verschiedener Hinsicht ziemlich verschoben und verändert. Mit dem Niedergang einzelner Sherpa-Klöster sind die Sherpas dazu übergegangen, bei Bedarf, wenn sie monastische Dienste in Anspruch nehmen möchten, die tibetischen Flüchtlingsklöster zu nutzen.

Das tibetische Flüchtlingskloster in Solu, Tüpden Chöling, das von dem hochwürdigen Tushi Rimpoche geleitet wird, ist immer noch sehr lebendig, und der Tushi Rimpoche und seine Mönche zelebrieren sogar noch für die Sherpas das jährliche Mani-Rimdu-Fest in dem nahe gelegenen dahinsiechenden Kloster Chiwong. Ähnlich haben die Sherpas bis vor kurzem auch die tibetischen Klöster in Katmandu genutzt.

Gleichzeitig haben die Sherpas überaus dankbar Unterstützung aus dem Westen für ihre Klöster angenommen. Das Tengboche-Kloster hat große Summen von westlichen Spendern erhalten, unter anderem von Sir Edmund Hillarys Himalayan Trust, der amerikanischen Organisation Cultural Survival und der American Himalayan Foundation.

Andere Beispiele sind etwa Kopan Gompa (*Gompa* kann in engerem Sinne für einen Tempel und in einem weiteren Sinne für ein ganzes Kloster verwendet werden) am Rande von Katmandu und das mit ihm verbundene Kloster in Khumbu, Laudo Gompa, die, wie es heißt, beide von amerikanischen Buddhisten unterstützt werden.[50] Und unlängst hat ein ehemaliger Serlo-Mönch mit dem Bau eines neuen Klosters im Solu-Tal begonnen, das hauptsächlich mit amerikanischen Spendengeldern finanziert wird.[51]

Der Sherpa-Buddhismus ist genau wie die Sherpas selbst ein Teil westlicher Wünsche und westlicher »ernster Spieler« geworden. Aber trotz der ausländischen Finanzierung haben die Klöster für die Sherpas ganz bestimmte Werte behalten: Ihre Rituale sind machtvoll, ihre Praktiker sind gut ausgebildet und, das Wichtigste, sie bringen reinkarnierte Lamas hervor, die immer noch ungemein geschätzt werden. Im ganzen betrachtet, haben sie zwar ihre Arbeit getan und den höheren Buddhismus ins religiöse Leben der Sherpas gebracht, sind aber nunmehr in der Sherpa-Gemeinschaft in eine eher marginale Position gerückt.

Die wichtigste Ausnahme dazu scheint das neue Sherpa-Kloster in Katmandu zu sein, das Anfang der achtziger Jahre gegründet wurde. Dieses Kloster wird nicht hauptsächlich durch ausländische Spendengelder finanziert, und es spielt eine recht zentrale Rolle für das Leben der urbanen Sherpa-Gemeinschaft. Aber es stellt auch eine neue Art von Kloster dar, und die Veränderungen, die es aufweist, spiegeln weitere Aspekte wider, wie die Sherpas ihren hohen Buddhismus neu geprägt haben.

Zunächst gab es das Problem, die Mönche von der Gemeinschaft zu distanzieren, ihre gesellschaftliche Loslösung. Obwohl dies nach herkömmlichen buddhistischen Begriffen fundamental für die Idee des Mönchseins ist, ist eine derartige Loslösung vom Standpunkt vieler Sherpas (und vieler anderer Buddhisten) aus oft als egoistisch dargestellt worden. Somit gibt es eine allmähliche – allerdings widersprüchliche – Tendenz, die Bindungen zwischen den Klöstern und der Laiengemeinde zu verfestigen.

Hinzu kam, daß die Klöster eine größere Betonung des Mitgefühls in die Sherpa-Religion gebracht haben. Die Sherpas scheinen aber das Mitgefühl sogar noch zu einem zentraleren Punkt ihrer Volksreligion gemacht zu haben, als es für die monastische Religiosität üblich war. Ich möchte mit der Festigung der Verbindungen zwischen den Klöstern und der Laiengemeinde beginnen.

Talok (abtrünnige Mönche)
und die »Verweltlichung« des höheren Buddhismus

Als ich Mitte der sechziger Jahre meine erste Feldforschung unter den Sherpas durchführte, erzählte man mir, daß Mönche oder Nonnen, die ihre Gelübde (*Talok*, von *Tawa lokpa*, Mönch – rückgängig gemacht; auch *Ani lokpa*, Nonne – rückgängig gemacht) brachen, eine große Sünde begingen und auch große Schande über sich brachten. Sie fühlten sich gezwungen, die Gemeinschaft zu verlassen, und gingen für gewöhnlich nach Darjeeling oder zumindest in eine andere Gegend der Sherpa-Region. In Solu gab es zur Zeit meiner ersten Forschungsreise nur sehr wenige abtrünnige Mönche und Nonnen (wenn auch vielleicht etwas mehr als in Khumbu).

Sie waren aber nicht alle weggezogen. Einige blieben in der Gegend und wurden im Endeffekt Mittler für die weitere Verbreitung der Hochreligion in ganz Solu-Khumbu. Sangye Lama, der in den zwanziger Jahren eigenhändig die Mittel für die Gründung des Chiwong-Klosters aufbrachte, hatte einen Sohn namens Dawa Tenzing, der Mönch in einem Kloster in Tibet war. Es heißt, Sangye habe am Ende doch noch gewollt, daß der Sohn heiratete, und rief ihn somit aus dem Kloster zurück, um eine arrangierte Ehe einzugehen.

Der Sohn kehrte pflichtgetreu zurück und heiratete, blieb jedoch den monastischen Idealen verpflichtet. Es heißt von ihm, er sei es gewesen, der Sangye dazu gebracht hatte, Chiwong zu bauen, und er habe auch sehr aktiv geholfen, die Mittel dafür aufzutreiben. Ähnlich sei es, wie man sich erzählt, bei einem abtrünnigen Tengboche-Mönch gewesen, der in den vierziger Jahren Tolden Tsultim aus Tengboche animiert habe, das Takshindo-Kloster zu gründen.

Mit der Zeit wuchs die Zahl der abtrünnigen Mönche und Nonnen, und immer mehr blieben in der Region. Viele wurden Dorf-Lamas und füllten die Nischen aus, die durch die rückläufige Zahl der verheirateten Lamas (Banzin) frei geworden waren, die ihre Kräfte aus ihrer Abstammung von einer Linie von verheirateten Lamas bezogen hatten. Viele der abtrünnigen Mönche bedauerten ihre Verfehlung zutiefst und blieben der Hochreligion der Klöster sehr verbunden.

Ein Großteil der Reform der dörflichen volksreligiösen Praktiken, vor allem die Erneuerung des Dumji-Festes, wurde von ihnen bewerkstelligt. Sie neigten auch dazu, ihre eigenen Söhne in die Klöster zu schicken, und waren somit eine wichtige Quelle für den klösterlichen Nachwuchs. Die abtrünnigen Mönche haben folglich zunehmend eine Art unsichtbarer Brücke zwischen den Klöstern und den Dörfern dargestellt, indem sie einerseits ihre Ausbildung in die Dörfer gebracht und andererseits ihre Söhne zurück in die Klöster geschickt haben.

Noch interessanter ist, daß einige Mönche, die ihre Gelübde gebrochen hatten, in beschränktem Umfang wieder in ihre ursprünglichen Klöster integriert wurden. Ende der sechziger Jahre nahm ein Tengboche-Talok, dessen Frau gestorben war, wieder am Leben des Klosters teil. Als Mönch war er in Tengboche eine zentrale Figur, nämlich der Geken, der Lehrer, gewesen. Er war auch der Tänzer für Mi Tsering gewesen, eine der Schlüsselrollen bei den Mani-Rimdu-Tänzen. Bei einem Gespräch 1967 mit Lama Tenzing erkundigte sich der oberste Lama der Gemeinschaft verheirateter Lamas von Kyerok »bei Lama Tenzing nach Tengboche [von wo wir gerade gekommen waren]. Mingma erzählte ihm von dem Talok oder *Domshur* (*Domba shorup*, Gelübdebrecher), dem sie weiterhin erlauben, im Kloster zu arbeiten (seine Frau starb), weil er so khamu (fachkundig) ist«.[52]

Einen ähnlichen Fall gab es Ende der siebziger Jahre in Khumjung. In Tengboche begegnete ich einem ehemaligen Mönch, der weiterhin viel Zeit im Kloster verbrachte (obgleich er dort nicht wirklich lebte). Langsam kristallisierte sich die Geschichte heraus:

»Der Talok steckt in Wirklichkeit mitten in einem Reintegrationsprozeß. Seine Frau starb. Er hat offenbar stark getrunken, hat inzwischen damit aber ganz aufgehört... Rimpoche möchte ihn anscheinend wieder aufnehmen, und es geht auf sein Betreiben zurück, daß der Talok zu vielen Arbeiten geschickt wird [um Rituale für Laien zu vollziehen]. Früher war er ein oberer *Gelung* (voll ordinierter Mönch), aber jetzt sitzt er natürlich ganz unten [in der Reihe der Mönche]. Nyima Chotar merkte an, wie *hart* er [bei Ritualen] arbeitet. Andere Mönche gehen zwischendurch schlafen oder teilen es sich zeitlich etwas ein, aber er ist da, singt jedes Wort, macht jede Geste.«[53]

Das jüngste Beispiel ist der abtrünnige Tulku (reinkarnierte oberste Lama) des Thami-Klosters. Bei einem kurzen Aussetzer, bei dem es ihm 1990 an Nüchternheit und Urteilsvermögen fehlte, brach der Lama sein Gelübde. Soweit ich weiß, ist nie zuvor ein abtrünniger oberster Lama von seinem Kloster wieder aufgenommen worden.

Und in den zuvor genannten Fällen, in denen Mönche wiederum integriert wurden, erfolgte die Reintegration erst, nachdem ihre Ehefrauen gestorben waren. Aber nach dem, was man sich 1990 in Katmandu erzählte, diskutierten die Mönche in Thami über die Möglichkeit, daß der Thami Tulku Vorsteher des Klosters bleiben solle. Wesentlich später habe ich tatsächlich erfahren, daß die Mönche »ihm seinen Fehltritt vergaben« und er im Kloster blieb.[54]

Diese verschiedenen Ebenen, auf denen Taloks (abtrünnige Mönche) verkehrten, lassen auf einen komplexeren zweigleisigen Anpassungsprozeß zwischen Klöstern und Laien-Sherpas schließen, statt daß man einfach von einem einseitigen »nachhaltigen Einfluß« der Klöster ausgehen könnte. Einerseits hatte der Prozeß zur Folge, daß die Hochreligion in die Dörfer gebracht wurde, und dies war für den Erfolg der monastischen Kampagne extrem wichtig. Andererseits führte dieser Prozeß allmählich jedoch auch zu einer allgemeineren Umgestaltung der Grenze zwischen dem Mönchs- und Klosterleben auf der einen und dem Laienleben auf der anderen Seite.

Ende der siebziger Jahre gab es in Khumbu so viele abtrünnige Mönche, daß ich einen Freund fragte, ob es richtig gewesen sei, wenn ich in einem früheren Bericht geschrieben hatte, daß es als große Schande betrachtet wurde, klösterliche Gelübde zu brechen. Ja, sagte er, aber durch die große Anzahl, die es inzwischen gebe, sei das Muster mehr oder weniger etwas Normaleres geworden, und die Leute empfänden es nicht mehr als *Ngotza* (Schande). Nach meinem Gefühl hat sich dieser Prozeß fortgesetzt und ist seither noch mehr zur Routine geworden.

Danach wird der Begriff des »Abtrünnigwerdens« oder des Brechens von Gelübden nicht mehr so streng genommen, und das Klosterleben – wie nach dem Buddhismus in Thailand oder Burma – wird für viele junge Sherpas eine vorübergehende Lebensphase, statt als ein lebenslängliches Gelübde aufgefaßt zu werden. Dabei werden die Klöster selbst gleichzeitig ein Teil der Gemeinschaft, statt einen Gegenpol darzustellen.

Im Licht dieser Diskussion können wir auch das neue Sherpa-Kloster in Katmandu betrachten. Anfang der achtziger Jahre organisierte die Sherpa Sewa Kendra, die Sherpa-Organisation für kommunale Angelegenheiten in der Stadt, die Gründung eines neuen Klosters unter der Leitung des Tengboche Lama.[55] Auch wenn gesagt wird, daß einige Mönche dort studieren, scheint die Gompa (auch hier kann der Begriff wiederum im engeren Sinne für einen Tempel und im weiteren Sinne für ein ganzes Kloster verwendet werden) hauptsächlich als ein Mittelding zwischen einem traditionellen Dorftempel und einem Gemeinschaftszentrum geführt zu werden, als ein Ort, an dem die Sherpas sowohl traditionelle religiöse Rituale (wie die Feier des Neujahrsfestes, *Losar*) zelebrieren als auch neuere religiös-gemeinschaftliche Ereignisse begehen.

Einer meiner Freunde in Katmandu erzählte mir zum Beispiel von der Nutzung des Tempels für Trauerfeiern. Trauerfeiern sind ein Thema, das mit gewissen Spannungen und Reibungen zwischen Sherpas und ihren nepalesischen Nachbarn und Grundbesitzern verbunden ist.

Eine Sherpa-Trauerfeier wurde normalerweise im Haus des Verstorbenen abgehalten, wozu in der Regel auch gehörte, daß der Leichnam über einen längeren Zeitraum hinweg im Haus blieb, während die erforderlichen Rituale vollzogen wurden. Nach Aussage der Sherpas in Katmandu möchten die Hindus aber nicht einmal, daß Personen in ihrem Haus sterben, geschweige denn, die Leichen über einen längeren Zeitraum hinweg dort behalten, so daß die Trauerfeiern nunmehr in der Gompa stattfinden.

In einem festlicheren Rahmen wird der Tempel auch für eine große Sherpa-Zusammenkunft anläßlich des *Phangnin*-Festes genutzt. Phangnin wurde traditionell, soweit ich weiß, in Solu-Khumbu nicht gefeiert und scheint ein neuer urbaner Feiertag (möglicherweise tibetischen Ursprungs) zu sein, der von den Sherpas übernommen wurde.

Er ist ein Anlaß zum Picknicken und offenbar auch für etwas ausschweifendere Formen von Vergnügungen. Vincanne Adams berichtete aus dem Jahr 1987 über eine solche Feier, bei der Parodien mit transvestitenhaften Verkleidungen, einer Scheinehe und dem Überschütten eines Scheinehepaars mit Kondomen aufgeführt wurden.[56] Dies ist dann in der Tat ein Beispiel für die Verweltlichung des monastischen Buddhismus.

Wo die Mönche einst die dörflichen Dumji-Feste von allen netten oder witzigen Darstellungen von Sex gesäubert hatten, scheinen die urbanen Sherpas sie wieder in die Gompa von Katmandu hineingebracht zu haben – ein weiterer Mosaikstein der Umgestaltung der Beziehung und der Grenze zwischen den Klöstern und dem Laienleben.

Mehr Mitgefühl

Mitgefühl, Selbstlosigkeit und Großzügigkeit sind zentrale Fragen in der Theorie des tibetischen Buddhismus. Im Rahmen der Mahayana-Tradition ist es die Zentralität dieser Fragen, die den tibetischen Buddhismus von den verschiedenen Buddhismusformen der Theravada-Schulen unterscheidet. Aus westlicher Sicht geht es dabei jedoch um eine seltsame Form des Mitgefühls.

Denn es wird so definiert, daß es die monastische Disziplin als den effektivsten Weg privilegiert, das transzendentale Heil zu erreichen. Es setzt die Erkenntnis voraus, daß andere leiden, bietet ihnen als Lösung dafür jedoch das Modell des Mönchs an – diszipliniert, losgelöst von sozialen Bindungen, frei von Schmerz, weil er frei von diesen Bindungen ist.

Dieses »hohe« Modell des Mitgefühls hat sicher auch heute noch unter den Sherpas Bestand. Es ist grundlegend für die buddhistischen Theorien zum Umgang mit starken und potentiell übermächtigen Gefühlen und wird von vielen aus ebendiesem Grund geschätzt. Diese Art des Mitgefühls ist – wie an früherer Stelle von mir bereits dargelegt – bei mehreren Todesfällen, die sich beim Bergsteigen ereigneten, augenscheinlich geworden. Ein weiterer Indikator für den Wert, der dem hohen Mitgefühl weiterhin bei den Sherpas beigemessen wird, ist die zunehmende Beliebtheit des monastisch inspirierten Nyungne-Rituals, bei dem der rituelle Erwerb größeren Mitgefühls eng mit asketischen Praktiken verbunden ist.

Während sowohl von Fürer-Haimendorf Mitte der fünfziger als auch ich Ende der sechziger Jahre berichtet haben, das Nyungne-Ritual sei nicht sehr populär und werde hauptsächlich von alten Menschen begangen,[57] wurde es Mitte der achtziger Jahre begeisterter denn je gefeiert, und nicht nur von den Alten und den Frommen.[58]

Gleichzeitig gibt es jedoch auch noch ein gewöhnlicheres und ebenso wichtiges Modell des Mitgefühls, welches das Geben und die Großzügigkeit gegenüber anderen betont, ohne dabei an eine Belohnung für sich selbst zu denken. Es ist im Idealfall die Gesinnung, in der man Göttern Opfer darbringt, und die Gesinnung, in der man Mönchen Almosen gibt. Nach meinem Eindruck ist diese Art von Mitgefühl – die relevanter für das Alltagsleben und positiver für die gewöhnlichen sozialen Beziehungen ist – zunehmend zentraler für den volkstümlichen Sherpa-Buddhismus geworden.

Ein wichtiger Indikator für diesen Wandel zu einem, wenn man so will, alltäglichen Mitgefühl ist die weiterhin ungebrochene und sogar zunehmende Popularität der reinkarnierten Lamas, der Tulkus, die in verschiedener Hinsicht ganz besonders mit Mitgefühl assoziiert werden. Von manchen Tulkus wird gesagt, sie seien Götter, die menschliche Form angenommen hätten, um einer leidenden Menschheit zu helfen.

Anderen wird nachgesagt, sie seien Bodhisattvas, Menschen, die die Erleuchtung erlangt haben und ins Nirwana eingehen könnten, wenn sie wollten, sich jedoch entschieden haben, in der Welt zu bleiben, um anderen den Weg zu zeigen. In beiden Fällen ist ihre bloße Gegenwart in der materiellen Welt ein lebendiger und fortgesetzter Akt des Mitgefühls.

Viele Tulkus sind in ihren persönlichen Umgangsformen auch sehr freundlich und warmherzig. Aber ob sie es sind oder nicht, es bleibt immer das Gefühl, daß sie freigebiger und großzügiger als die Mönche sind oder zu sein scheinen. Zu diesem Edelmut können in der Praxis Akte persönlicher Freundlichkeit und Zuvorkommenheit anderen gegenüber gehören, Akte institutioneller Großzügigkeit (zum Beispiel Spenden an andere Klöster zu geben) oder Akte der Integration und Einbeziehung statt Akte der Grenzziehung und Teilung, wie sie bei Mönchen üblich sind.

Meine Daten zeigen zum Beispiel, daß die Tulkus weitaus mehr willens und bereit waren, den Schamanen nach den Klostergründungen einen Platz im religiösen Leben der Sherpas zu lassen, während die Schamanen von den Mönchen fortwährend herabgewürdigt wurden.

Welche Ambivalenzen die Menschen auch immer gegenüber den Mönchen gehabt haben mögen, sie bezogen sich nicht auf die Tulkus, deren Popularität nicht nur geblieben ist, sondern sich bis heute sogar noch intensiviert hat, sogar im urbanen »modernisierten« Umfeld. James Fisher meinte, er müßte »erst noch einen [sogar] universitätsgebildeten oder Touristen[-führer]-Sherpa finden, der nicht an die Reinkarnation glaubt oder sich nicht vor dem Rimpoche zu Boden wirft, um dessen Segen zu empfangen«.[59] Bis auf den heutigen Tag verläßt wahrscheinlich keine Expedition, bei der Sherpas mit dabei sind, Katmandu ohne den Segen des obersten Tengboche Lama oder irgendeines anderen Rimpoche.[60]

Aber auch jenseits der Popularität der Tulkus hat die Betonung des Mitgefühls im Sinne gewöhnlicher Freundlichkeit, Zuvorkommenheit und Großzügigkeit in verschiedener Hinsicht im heutigen Sherpa-Buddhismus eine herausragendere Bedeutung gewonnen. Insbesondere erfreuen sich die Tso-Rituale einer wachsenden Beliebtheit. Tso werden als »Feste« für die hohen Götter des Buddhismus definiert, bei denen man den Göttern Opfer darbringt, ohne irgendeine Vergeltung zu erwarten, rein um des Gebens willen.

Während bei Opfergaben an niedrigere Götter eine Wechselseitigkeit vorausgesetzt wird (wir sorgen dafür, daß sie glücklich sind, dafür beschützen sie uns), haben Opfergaben an die höchsten buddhistischen Götter diesen wechselseitigen Charakter nicht. Sie sind einfach dazu da, wie bei Almosen an Mönche, Selbstlosigkeit zu üben und auf diesem Wege Meriten zu erwerben.

Tso sind die kollektiven verdienstvollen Allzweck-Rituale. Während jeder einzelne sich selbst in verdienstvollen Praktiken üben kann, werden solche Praktiken kollektiv meist durch Tso geübt. Jeder leistet seinen Beitrag zu dem, was geopfert wird, und jeder hat an den nutzbringenden Effekten teil. Ein Tso-Ritual kann bei jedem Anlaß veranstaltet werden, einige wurden jedoch auch in den regulären Ritual-Kalender aufgenommen.

Nachdem die Sherpas zum Beispiel mit der Verehrung des blutdürstigen Gottes Nupki Gyelwu aufgehört hatten, führten sie ein Tso-Ritual anläßlich des nepalesischen Dasain-Festes ein. Dasain ist ein Festtag, bei dem zahlreiche Tiere geopfert werden, und das Tso-Ritual soll all die Sünden, die durch die Tieropfer in die Welt gebracht werden, aufwiegen und wiedergutmachen. Tso sind ebenso verdienstvolle Rituale, weil sie Akte reinen Gebens ohne Erwartung auf Vergeltung darstellen.

Entsprechend hat Vincanne Adams kürzlich auch berichtet, daß die urbanen Sherpas in Katmandu ein Ritual, *Bumtsho*, was »10 000 Tso« bedeutet, eingeführt hätten. Adams zufolge wurde es in Katmandu zum erstenmal Anfang der 1980er Jahre veranstaltet und seither in vielen Khumbu-Tempeln nachvollzogen. Irgendwann Anfang der neunziger Jahre haben einige Sherpas das Geld aufgebracht, um einen berühmten Tulku, den Khentse Rimpoche, nach Khumbu hinauffliegen zu lassen, um ein Bumtsho-Ritual zu leiten, was er tatsächlich machte.

Er hielt auch eine lange Predigt (Predigten sind bei den Sherpas nicht unbedingt üblich, auch wenn von Zeit zu Zeit welche gehalten werden), in der er die Bedeutung der Großzügigkeit, des Gebens und des Mitgefühls hervorhob. Er sagte unter anderem:

»Ihr könnt [euren Reichtum] nicht mitnehmen. Wenn ihr das Geld heute, da ihr lebt, in Händen habt, dann laßt es uns mit anderen Menschen teilen. Gebt Almosen. Helft armen Menschen. Ihr gebt einmal, und danach bekommt ihr mehr Mitgefühl, und ihr könnt mehr und mehr geben. Euer Mitgefühl wird stärker, und dann habt ihr nichts mehr dagegen, euren Reichtum wegzugeben. Verschwendet Reichtum nicht, bewahrt Reichtum nicht auf. Unterscheidet zwischen Rechtem und Bösem.«[61]

Die Bedeutung des reinkarnierten Lama, die religiöse Betonung dieser besonderen Form des Rituals und jene Worte des Lama verdeutlichen die Hinwendung zu einer »mitfühlenderen« Form des Buddhismus. Das heißt, daß die heutigen Sherpas, auch wenn sie aktiv nach der Hochreligion zu leben versuchen, sich gleichzeitig auch die Version der Hochreligion aussuchen (und damit modulieren), die sie leben möchten. Während sie weiterhin Klöster unterstützen, sind sie bereit gewesen, die abtrünnigen Mönche und Nonnen zu entstigmatisieren und eine aktivere Kommunikation zwischen den von Bindungen losgelösten Klöstern und der eingebundenen Welt herzustellen.

Und während sie bereit waren, vieles von der »niedrigen« Religion fallenzulassen – die verheirateten Lamas, die Schamanen, die »geringen« Götter bei ihren Lha-chetup-Ritualen –, unterstützen sie eine warmherzigere und generösere Version der Hochreligion, als sie ursprünglich von den Klöstern aufgezeigt wurde, eine Hochreligion, bei der die Figur des Tulku und das Ideal des Mitgefühls als Großzügigkeit im Mittelpunkt stehen.

DIE ANHALTENDE FREUNDLICHKEIT DER SHERPAS

Die Sprache, die von Fürer-Haimendorf und anderen bezüglich des Verfalls der Sherpa-Kultur verwenden, ist sehr drastisch. Haimendorf sah eine Zunahme von Individualismus, Konkurrenzdenken und Rivalität und einen Rückgang der Loyalität und Ehrlichkeit. Thompson sah bei den Sherpas eine Zunahme von »wahnsinnig« geschäfts- und profitorientierten Individuen und eine wachsende Zahl irgendwie verabscheuungswürdiger Sherpas, die alles machten, um aus den Tourismus- und Bergsteiger-Spielchen auf die Schnelle »Geld zu machen«.

Und Adams ist schließlich darauf eingegangen, inwieweit die heutigen Sherpas in vieler Hinsicht »virtuell« sind, das heißt, kaum mehr als ein Spiegel der Wünsche, die die Sahibs in bezug auf authentische Sherpas haben. Jedenfalls scheinen die Sherpas in dieser oder jener Form einen Großteil ihrer traditionellen vorzüglichen Qualitäten verloren zu haben.

Wenn man sich jedoch wiederum die Sahib-Literatur über Bergsteigen und Trekking-Touren anschaut, so scheint dies einfach nicht zu stimmen. Die Sahibs haben sich lauthals beklagt und lamentieren weiterhin, die Sherpas seien durch Geld und die Modernität verdorben worden.

Liest man dann die Berichte über ihr Verhalten bei Expeditionen oder die Schilderungen von Trekking-Touren, erkennt man, daß buchstäblich kein Unterschied zwischen den zeitgenössischen und früheren Berichten über die Freundlichkeit, Großzügigkeit und Gutmütigkeit, ganz zu schweigen von den gelegentlichen regelrechten Heldentaten der Sherpas, festzustellen ist. Um in den späten siebziger Jahren zu beginnen:

»Gespräch mit einer deutschen Lehrerin, die gerade von einer Trekking-Tour zurückkam. Schwärmt von ihrem Sherpa. Sie sagte immer wieder in erstauntem Tonfall, er war so *nett*, so *freundlich*, so *höflich* (aber nicht, fügte sie rasch hinzu, unmännlich, verweichlicht). Sie fand ihn wirklich einfach umwerfend.«[62]

Anfang der achtziger Jahre:

»Wir hatten eine hervorragende Gruppe von Sherpas, mit denen wir arbeiteten: fröhlich, selbstlos und stolz auf ihre Arbeit... [Der Koch, Phutashi] war... äußerst einfühlsam und freigebig..., unsere Sherpas behandelten uns königlich. Jeden Morgen wurden wir von einer sanften Stimme geweckt, die uns süßen, warmen Tee anbot, während wir noch gemütlich in unseren Schlafsäcken eingemummt lagen... Ich war ziemlich erstaunt zu sehen, daß es den Sherpas zu gefallen schien, uns so gut zu bedienen.«[63]

Und in den neunziger Jahren:

»Das Schönste an unserer Trekking-Tour... war die Freundschaft, die wir in unserer Mannschaft entwickelten. Die Sherpas waren unendlich fröhlich und vergnüglich, kümmerten sich ständig mit großer Zuvorkommenheit und Aufmerksamkeit um uns und sangen und pfiffen den halben Tag vor sich hin. Sie brachten uns nepalesische Lieder bei; wir brachten ihnen ›Old MacDonald Had a Farm‹ bei, wobei sie sich vor Lachen schüttelten.«[64]

In den achtziger Jahren hatten die meisten Sahibs bereits irgendwo gelesen oder gehört, daß viele Sherpas sehr modern oder in Verbindung mit ihrer Arbeit gewinnsüchtig geworden seien. Somit waren die Sahibs doppelt beeindruckt, wenn sich ein scheinbar gewiefter und »modernisierter« Sherpa als ebenso nett wie die legendären alten Sherpas erwies. Elaine Brook begleitete Mitte der achtziger Jahre eine blinde Freundin, Julie, auf einer Trekking-Tour nach Solu-Khumbu.

Ihr Sardar war ein junger Mann namens Lhakpa Sherpa, bei dem Brook anfänglich gewisse Zweifel hatte: »Ich begann, Lhakpas westliche Manieren und Kleidung als Indiz opportunistischer Motive aufzufassen.«[65] Die Vorstellung vom pragmatischen Sherpa hatte sich bis dahin so durchgesetzt, daß Brook erstaunt war, daß die Sherpas überhaupt eine Sensibilität für Ästhetik hatten: »Langsam stieg der Vollmond auf, warf Schatten der Berge auf das Weiße der Wolkenbank und ließ den Reif in einem kalten Licht funkeln. *Selbst die für gewöhnlich pragmatischen Sherpas* kamen heraus, um es sich verwundert anzuschauen.«[66]

Es stellte sich dann jedoch allmählich heraus, daß Lhakpa nicht der kalte und gleichgültige moderne Sherpa war, wie Brook es befürchtet hatte. Lhakpa wie auch der Koch, Jangbu, und der Küchenjunge, Dawa, zeigten einen enormen Einsatz, damit die Trekking-Tour für die Frauen bestens verlief. Julie hatte auf einigen Abschnitten des Pfades große Probleme, und sie überlegten, ob es nicht besser wäre, ein Yak zu mieten, auf dem sie aufsitzen konnte. Lhakpa wußte jedoch, daß sie wenig Geld hatten, und trug sie über weite Strecken selbst:

»Ich hatte ihnen allen bereits von vornherein gesagt, daß die Ausrüstung, die sie erhalten hatten, alles war, was sie an Bakschisch bekommen würden... Trotzdem hatten sie sich große Mühe gegeben, um uns bei der ganzen Reise in jeder nur erdenklichen Weise zu helfen – selbst bis zu dem Punkt, daß sie Julie getragen hatten, statt uns für ein Yak, auf dem sie hätte reiten können, Geld ausgeben zu lassen, was wir uns kaum hätten leisten können.«[67]

Einige der jüngeren Beispiele kommen von Trekking-Touren und nicht von Bergsteigerexpeditionen, und es sieht so aus, als seien die liebenswürdigeren, fürsorglicheren, elternhaften Formen der Freundlichkeit der Sherpas bei diesen kleineren, intimeren Expeditionen weiterhin eher an der Tagesordnung gewesen.[68] Freundlichkeit und andere Formen der Gutmütigkeit der Sherpas sind jedoch auch weiterhin bei den großen Bergsteigerexpeditionen zu sehen.

Bei der britisch-amerikanischen Everest-Expedition über die Kangshung-Wand, die Ostwand, 1988, gab es einen Sardar namens Pasang, der für einige Expeditionsmitglieder »eine Vaterfigur« wurde, die Mitglieder im Basislager »verwöhnte« und sich sehr besorgt um ihr Wohlergehen zeigte.[69] Der Bergsteiger, der 1989 diesen Bericht schrieb, faßte seine Meinung über die Sherpas in einer Sprache zusammen, die aus den dreißiger Jahren hätte stammen können:

»Das Bemerkenswerte an den Sherpa-Menschen ist, daß es den meisten von ihnen, obwohl sie fortwährend den unvergleichlich größeren Reichtum von ausländischen Touristen mitbekommen, gelungen ist, ihre legendäre Würde, ihren Humor, ihre Effizienz und Großzügigkeit zu bewahren.«[70]

Pasang war zu der Zeit neunundvierzig Jahre alt, ein Veteran einer früheren Bergsteiger-Ära. Man könnte meinen, er wäre vielleicht einfach ein Anachronismus, ein Vertreter der zunehmend seltener werdenden Sherpas der alten Schule gewesen. Es gibt jedoch auch »Gute-Sherpa«-Geschichten, selbst über hochmoderne, junge, aufstrebende Sherpa-Bergsteiger. Bei der norwegischen Everest-Expedition 1985 beschrieb Chris Bonington Sundhare Sherpa zum Beispiel als offenbar durch die Modernität korrumpiert:

»[Sundhare] erschien sehr verwestlicht, er liebte Popmusik und Tanzen zu Discomusik und pflegte den modischen Stil eines smarten jungen Mannes in Katmandu, mit einem modernen schulterlangen Haarstil und engen Jeans. [Bonington verglich ihn unvorteilhaft mit] Ang Rita..., [der] ganz anders als Sundhare war. Unerschütterlich und ganz und gar ein Bauer, man hatte das Gefühl, daß er mehr von seinem Erbe und Hintergrund geprägt war.«[71]

Gleichwohl war es Sundhare, der sich 1978 bei der deutschen Everest-Expedition durch heroisches Handeln hervorgetan hatte, ganz nach der Art der frühen Heldentaten von Gaylay oder Pasang Kikuli. Sundhare biwakierte über Nacht in Gipfelnähe mit der erschöpften Hannelore Schmatz. Er stieg am nächsten Tag zu einem tiefer gelegenen Lager ab, um Sauerstoff für sie zu holen. Bei seiner Rückkehr blieb er bei ihr, als sie nochmals zusammenbrach, und stieg trotz seiner eigenen erfrorenen Füße nicht ab, bis sie gestorben war.[72]

Ab Mitte der achtziger Jahre kamen beim Himalaya-Bergsteigen sogenannte kommerzielle Bergsteiger-Expeditionen hinzu, bei denen Klienten von jemandem, den sie bezahlten, geführt wurden. Diese Expeditionen waren ziemlich problematisch (in Kapitel 10 werde ich mehr darüber sagen). Aber selbst dabei waren es oft die Sherpas, die sich positiv hervortaten, wenn die Sahibs sich nur um sich selbst kümmerten. Bei der zum Teil kommerziellen amerikanischen Everest-Expedition von 1988 war ein Bergsteiger, Geoff Tabin, zusammen mit einigen Sherpas zum Gipfel aufgebrochen.

Sie hatten eine der Frauen, eine unerfahrene Bergsteigerin namens Peggy, allein am Hillary Step zurückgelassen, um sich dort auszuruhen, dem letzten technisch schwierigen Kletterabschnitt vor dem Gipfel. Auf dem Rückweg – bei bestem Wetter, sollte vielleicht hinzugefügt werden – begegneten sie ihr wieder, als sie sich allein zum Gipfel hochkämpfte:

»Geoff blickte nach den Sherpas. ›Ich gehe runter‹, sagte er. ›Ihr könnt mitkommen oder auf Peggy warten.‹ Die Sherpas blickten einander an, musterten sich gegenseitig. Schließlich meldete sich einer zu Wort. Es war Dawa Tsering, einer der beiden jüngeren Sherpas, der mit Peggy zusammen den ganzen Weg von Lager II hinaufgeklettert war.

›Ich warte auf Peggy‹, sagte er. Geoff nickte. *Guter Mann*!«[73]

Es gab auch die berüchtigten kommerziellen Expeditionen von 1996, bei denen viele Menschen starben. Der Sardar bei einer der kommerziellen Gruppen war ein Sherpa namens Lobsang Jangbu, der genau wie Lhakpa oder Sundhare als hochmodern beschrieben wurde und sein Haar wie sein »Vorbild« Scott Fischer zu einem Pferdeschwanz zusammengebunden trug. Lobsang Jangbu besaß »grenzenlose Energiereserven, unwiderstehlichen Charme und eine gewisse Art, bei der Frauen ins Schwärmen gerieten«.[74]

Krakauer attestierte ihm allerdings auch einen »typischen Mangel an Bescheidenheit«. Und in einem anderen Bericht über die Katastrophe wurde er dann als jemand beschrieben, der versuchte, bei dem sterbenden Fischer zu bleiben, so wie Sundhare bei Hannelore Schmatz, obwohl Fischer gedroht hatte, Lobsang Jangbu den Berg hinunterzuwerfen, wenn er nicht abstieg, was er schließlich tat.[75] Krakauer begegnete ihm nach Fischers Tod; »halbverrückt vor Schmerz und Erschöpfung« wiederholte er immer wieder, daß es sein Fehler gewesen sei.[76]

Ich beschließe diese Diskussion jedoch nicht mit einer Geschichte über große Empfindsamkeit oder große Heldentaten von seiten eines Sherpa, sondern mit einer Geschichte, die von einfachem, gewöhnlichem Anstand zeugt. Zur selben Zeit wie Krakauers Gruppe war auch eine südafrikanische Expedition auf dem Berg, die enorme interne Konflikte austrug. Der Führer hatte einen Reporter und einen Fotografen aus dem Basislager hinausgeschmissen.

Die Zeitung, für die sie arbeiteten, die Johannesburger *Sunday Times*, war jedoch ein wichtiger Sponsor der Expedition, und der Herausgeber hatte sie angewiesen, sich der Expedition wieder anzuschließen. Als sie zurückkamen, forderte der Führer sie neuerlich auf, die Gruppe zu verlassen. Der Reporter schrieb später über seine Erfahrung:

»Ms. O'Dowd ging zu Ang Dorje, dem Anführer der Expeditionssherpas, und sagte mit deutlich hörbarer Stimme: ›Der Herr dort ist Ken Vernon, einer der Leute, von denen wir Ihnen erzählt haben. Ihm ist jede Unterstützung zu verweigern.‹ Ang Dorje ist ein Baum von einem Kerl, und wir hatten so manches Glas Chang miteinander geleert, dem beinahe feuergefährlichen Gebräu der Einheimischen. Ich sah ihn an und fragte: ›Nicht einmal eine Tasse Tee?‹ Es spricht für ihn, daß er ganz im Sinne der traditionellen Gastfreundschaft der Sherpas Ms. O'Dowd einfach nur anblickte und sagte: ›Quatsch.‹ Er packte meinen Arm, schleppte mich ins Speisezelt und servierte mir eine Tasse dampfenden Tee mit einem Teller Kekse.«[77]

Diese »Gute-Sherpas«-Geschichten sind nicht vorgestellt worden, um die zuvor erzählten »Schlimme-Sherpas«-Geschichten aufzuheben. Ebensowenig sollen meine Darstellungen einige der positiveren

Veränderungen in der Sherpa-Religion den zuvor präsentierten Abriß der neuen problematischen Formen der Ungleichheit aufheben. Das Leben der Sherpas am Ende des 20. Jahrhunderts ist ebenso widersprüchlich wie das eines jeden anderen, und das war – als Kontrapunkt zum Modernisierungs-Verfall-Standpunkt – die Hauptthese dieses Kapitels.

KAPITEL 10

*E*pilog

IN KAPITEL 7 HABE ICH ÜBER DIE VERÄNDERUNGEN BEI DEN SAHIBS UND BEIM BERGSTEIGEN GESPROCHEN, DIE TEIL EINER BREITEN SOZIALEN UND KULTURELLEN BEWEGUNG, DER SOGENANNTEN »GEGENKULTUR«, WAREN. Diese Bewegung war insbesondere in den siebziger Jahren ein Phänomen, das auf komplexe Weise mit den politischen Bewegungen jener Ära verknüpft war (Bürgerrechte, die Antikriegsbewegung und der Feminismus, mehr oder weniger in dieser Reihenfolge).

Sie wurde von jungen Menschen der Mittelschicht getragen, die aus dem »Wettrennen der Ratten« aussteigen und mit der Erfolgsleiter zu einer lukrativen, respektablen Standardkarriere der Mittelschicht nichts zu tun haben wollten. Dies mochte vorübergehend oder dauerhaft, wörtlich zu nehmen oder vielleicht weitestgehend auch nur symbolisch gewesen sein, dahinter stand aber in jedem Fall eine Ablehnung der vorherrschenden kulturellen Werte sowohl der Modernität (Bürokratie, Technologie, Hyperrationalität) als auch der Mittelschicht (Geld, Komfort, Sicherheit, Eigentum).

Man könnte argumentieren, daß es schon immer eine gewisse Form der Gegenkultur gegeben hat, seit es die kapitalistische Moderne gab, daß die Einteilung des modernen Lebens und der Materialismus einer kapitalistischen Mittelschicht fast zwangsläufig eine ständige Opposition hervorbringen. Dies trifft zum Teil zu, weil die persönlichen Geschmäcker und Stile einfach verschieden sind. Aber es trifft auch zu, weil nicht jeder bei den kapitalistischen Spielen des Lebens Erfolg haben kann. »An der Spitze« ist nicht »Platz für alle« Kinder der Mittelschicht, die somit auch ihre eigenen »überschüssigen« Kinder hervorbringt.[1]

Der Punkt wäre somit, daß es schon immer ein gegenkulturelles Spiel gab, das auf die weniger erfolgreichen, mehr am Rande stehenden oder einfach kritischeren Kinder der Mittelschicht wartete, und daß das Bergsteigen dazugehört. Auch wenn die Stile und Themen des Spiels sich mit den sich wandelnden Definitionen des Modernen und dessen, was die Mittelschicht ausmacht, verändert haben, bleibt die allgemeine Grundidee, daß die herrschende Kultur in gewisser Weise erdrückend und immer der Kern davon ist.

Das heißt nicht, daß jeder Bergsteiger erkennbarerweise gegenkulturell war oder daß das Bergsteigen keinen Widerhall des Modernen wie auch des Gutbürgerlichen gehabt hätte. Im Gegenteil, genau wie die historisch spezifische Gegenkultur der siebziger Jahre hat dieses beständigere gegenkulturelle Spiel der euro-amerikanischen Kultur in einer sehr delikaten und symbiotischen Beziehung mit modernen Institutionen und Mittelschichtwerten operiert. Ihr offizieller Standpunkt ist jedoch stets weitestgehend oppositionell und kritisch gewesen.

Ich hatte ursprünglich vor, das Argument der Gegenkultur durchgehend in diesem Buch immer wieder anzulegen. Ich habe behauptet, daß die »romantische« Bergsteigerkultur der zwanziger und dreißiger Jahre und die Hippie-Bergsteigerkultur in den siebziger Jahren in ihren Weltanschauungen und Werten viele Aspekte teilten – sowohl gegenmoderne als auch antibürgerliche. Der problematische Zeitraum für dieses Argument waren die fünfziger und sechziger Jahre, in denen der dominierende Stil der Sahibs hypermachohaft und der dominierende Stil der Expeditionen hochtechnologisiert und rationalisiert war.

Man könnte jedoch argumentieren, daß der Machismo der Sahibs in einem weiteren Sinne dennoch gegenkulturell war, auch wenn die Modernität auf der technologischen und organisatorischen Ebene triumphiert hatte. Die Sahibs operierten aus ihrer Sicht gegen die damalige Konventionalität, die in der Figur des »Betriebsmenschen« und in der gutbürgerlichen Fadheit des Vorstadtlebens verkörpert wurde.

Dieses Argument muß an diesem Punkt jedoch weitestgehend als Vermutung im Raum stehenbleiben. Die achtziger und neunziger Jahre warfen andere Fragen zu diesen Themen auf. Auf der Titelseite des *New York Times Magazine* vom Sonntag, dem 26. Juli 1998, prangte in Riesenlettern ein Wort: »Explornography«, als Reißer für einen Artikel über reiche, erfolgreiche Leute, die sich auf extrem schwierige und gefährliche Abenteuerexpeditionen begeben, wozu auch das Bergsteigen gehört.

Waren diese Leute in irgendeiner Weise gegenkulturell? Ist von der Gegenkultur der siebziger Jahre oder dem schon länger laufenden Oppositionsspiel, das, wie ich behaupte, mehr oder weniger eine dauerhafte hintergründige Erscheinung der Modernität und des Kapitalismus ist, denn überhaupt noch etwas übriggeblieben? Auch hier möchte ich wiederum gegen eine Verfall-und-Untergangs-These argumentieren und für eine komplexere und optimistischere Sicht im Sinne der Transformation und Umgestaltung plädieren.

YUPPIE-BERGSTEIGEN

Mitte der achtziger Jahre nahm das Himalaya-Bergsteigen mit der explosionsartigen Zunahme der Abenteuerreisen, bei denen man für die Teilnahme an schwierigen, risikoreichen Unternehmungen an fernen Orten zahlt, eine neue Wende. Das in dieser Ära zu verzeichnende enorme Wachstum dieser Branche war ein Ableger des neu erworbenen Reichtums und anderer Transformationen der akademischen Mittelschicht, die in den siebziger Jahren begonnen hatten, das Aufkommen der sogenannten »Yuppies«.

Eine Form der Abenteuerreise war das Hochgebirgsbergsteigen, wobei jeder, der genug Geld und Lust auf Abenteuer oder risikoreiche Unternehmungen hatte, eine deftige Summe zahlen konnte, um mit geschickteren und erfahreneren Bergsteigern zu klettern, die sich dann zu kommerziellen »Führern« zu entwickeln begannen. Während Himalaya-Expeditionen vorher hauptsächlich aus Gruppen von Freunden oder Bergsteigern bestanden hatten, die sich zumindest vom Hörensagen kannten, wurden bei den kommerziellen Expeditionen Personen zusammengebracht, deren einzige Verbindung miteinander die war, daß sie reich waren und den Wunsch zu klettern hatten.

Die Kommerzialisierung des Bergsteigens hatte viele Konsequenzen. Eine sehr augenscheinliche Veränderung hing mit dem Geschmack und Lebensstil dieser neuen Klientel zusammen. Zwei der ersten »Pioniere«, Dick Bass und Frank Wells vom Sieben-Gipfel-Projekt, waren beide Spitzenmanager und Millionäre. Bass hatte eine Ölfirma in Texas, einen Skiurlaubsort – Snowbird – in Utah und Kohlenbetriebe in Alaska. Wells war Präsident der Warner Brothers Studios und wurde später Präsident der Disney Studios.

Die Kosten des Sieben-Gipfel-Projektes lagen etwa bei einer Viertelmillion Dollar pro Expedition, und da man zweimal zum Everest ging, beliefen sich die Gesamtkosten etwa auf zwei Millionen Dollar, die sie weitestgehend aus ihrem privaten Vermögen finanzierten. Der allgemeine kulturelle Stil dieser und ähnlicher Bergsteiger dieser Ära war weit von den gegenkulturellen Standpunkten vieler ihrer Vorgänger aus den siebziger Jahren entfernt. Dahinter stand quasi ein Ansatz nach dem Motto: »Ich bin der Herr des Universums.« Geld war kein Thema, und alles war möglich, wenn man nur den Willen und genügend Energie und Einfluß hatte. Nehmen wir Frank Wells:

»Frank kümmerte sich auch weiterhin eigenhändig darum, wie die DC-3 in die Antarktis kommen sollte. Dick wurde bewußt, daß er, selbst wenn er mehr Zeit für das Sieben-Gipfel-Projekt gehabt hätte, nicht mit Frank hätte mithalten können. Frank vermochte eine solche Herausforderung wie die mit der Antarktis zu bewerkstelligen, weil sein Rückhalt als Konzernmanager von entscheidender Bedeutung war. Er war nicht unterzukriegen. Wann immer er einer neuen Hürde begegnete, fand er einfach eine Lösung, weigerte sich, von jemandem die Meinung zu akzeptieren, daß etwas unmöglich war.«[2]

Bei den Expeditionen setzte sich auch äußerlich ein Lebensstil durch, der den Lebensstil reflektierte, den solche Personen gewohnt waren. Eines der kommerziellen Bergsteigerunternehmen war Adventure Consultants, gegründet von und im Besitz des Neuseeländers Rob Hall. Zu der kommerziellen Adventure-Consultants-Everest-Expedition, die 1996 unter der Führung von Hall unternommen wurde, gehörten unter anderem vier Doktoren, ein Rechtsanwalt, ein Verleger und ein Konzernmanager. Hier versammelte sich wiederum die akademische Mittelschicht,[3] und das ganze materielle Drum und Dran bei der Expedition entsprach exakt ihren Erwartungen:

»In auffallendem Gegensatz zu der Unwirtlichkeit unserer Umgebung standen die unzähligen Annehmlichkeiten, die das Leben im Adventure Consultants Camp bot... Unser Speisezelt war mit einem riesigen Steintisch, einer Stereoanlage, einer Bibliothek und sich aus Solarenergie speisendem Strom ausgestattet. Das angrenzende Kommunikationszelt beherbergte ein Satellitentelefon und Faxgerät.«[4]

Über eine Bergsteigerin bei einer anderen kommerziellen Expedition, Sandy Hill Pittman, machte man sich weithin in der Presse lustig, weil sie angeblich ihren Cappuccino-Automaten mit ins Basislager gebracht hatte, wobei dies jedoch absolut zu dem materiellen Leben bei diesen Expeditionen gepaßt haben dürfte.

Darüber hinaus war auch eine bestimmte Umkehrung der antikolonialen Werte aus den siebziger Jahren erkennbar: »In Fortsetzung einer noch aus Raj-Zeiten stammenden Tradition, die von Expeditionen jener Tage eingeführt worden war, kamen Chhongba und sein Küchenjunge Tendi jeden Morgen an den Zelten vorbei und servierten uns Kunden eine Tasse dampfenden Sherpa-Tee an den Schlafsack.«[5]

Auch was das eigentliche Klettern anging, hatte die kommerzielle Natur der Expeditionen eine Reihe von Folgen. Jon Krakauer (1997), der Autor, der die Everest-Katastrophe von 1996 protokollierte, beklagte sich über die streng hierarchische Organisation bei diesen Klettertouren. Der Führer wurde als der absolute Führer und die absolute Autorität definiert, und die Klienten wurden zur Passivität angehalten. Man sagte ihnen, ihre beste Aussicht auf Erfolg sei, nur das zu tun, was man ihnen sagte.[6]

Aber noch wichtiger war, wie Krakauer immer wieder betonte, daß jegliche sozialen Beziehungen unter den Klienten, die es früher bei den Expeditionen zwischen den Bergsteigern gab, fehlten. Das bedeutete, daß es sich bei der Gruppe einfach um eine Ansammlung nicht miteinander verbundener und eigennütziger Individuen handelte. Krakauer selbst schrieb in der Sprache der früheren Gegenkultur, für ihn »vermittelte [das Bergsteigen] auch ein Gemeinschaftsgefühl. Bergsteiger zu werden hieß, in eine in sich geschlossene, fanatisch-idealistische Gemeinschaft aufgenommen zu werden, die überraschenderweise unverdorben war und von der Welt im großen und ganzen kaum zur Kenntnis genommen wurde«.[7] Er war somit äußerst betrübt über den Mangel an Bindung und zwischenmenschlicher Verbundenheit in der kommerziellen Gruppe:

»Ich fühlte mich an diesem gottverlassenen Ort [am Südsattel] von den Bergsteigern um mich herum in einem Ausmaß isoliert – gefühlsmäßig, geistig und rein körperlich –, wie ich es bisher auf noch keiner Expedition erlebt hatte. Ein Team waren wir nur auf dem Papier, wie ich traurig feststellte. Obwohl wir in wenigen Stunden das Lager als Gruppe verlassen würden, würde letztlich jeder für sich klettern, weder durch ein Seil miteinander verbunden noch durch irgendein inneres Band der Loyalität. Jeder Kunde kochte sein eigenes Süppchen.«[8]

Der Mangel an sozialer Verbundenheit unter den Bergsteigern führte bei den Sahibs auch zu einer merklichen Zunahme von egoistischem Verhalten, zumindest nach dem, was in der Literatur berichtet wird. Die Rettungsethik ist im Bergsteigen sehr unklar, und es ist immer schwer zu sagen, wann die Regel *Rette-sich-wer-kann* gilt oder wann man die Pflicht hat, einem anderen Bergsteiger zu helfen. Besonders unter extremen Bedingungen sind Bergsteiger sehr zurückhaltend, wenn es darum geht, einander vorzuwerfen, das eigene Leben gerettet und es versäumt zu haben, einem anderen Bergsteiger zu helfen.

Den meisten Bergsteigern ist bewußt, daß sie unter ähnlichen Bedingungen möglicherweise auch nicht den Helden spielen würden. Dennoch gab es bei Expeditionen in den achtziger und neunziger Jahren einige Fälle, in denen Sahibs ein erstaunlich egoistisches Verhalten zeigten, wie es in der früheren Literatur nicht zu finden ist.

Bei der amerikanischen Everest-Expedition über die Nordwand 1987, bei der es sich um eine Mischung zwischen einer Gruppenorganisation und selbstzahlenden Klienten handelte, war zum Beispiel das erste Zeichen, daß etwas im argen lag, vielleicht die Tatsache, daß nur zwei der Mitglieder Interesse zeigten, auf dem Weg zur Nordwand zum Rumbu-Kloster hinaufzugehen.[9] Während der ganzen Expedition sonderten sich immer wieder kleine Gruppen ab, die ihre eigenen Angelegenheiten vor Augen hatten. Gegen Ende schrieb Stacy Allison:

»Wir hatten alle jede Hingabe, die wir im besten Interesse der Expedition einmal gehabt hatten, über Bord geworfen. Wir mochten unsere Unternehmung als eine geschlossene Gruppe von Freunden begonnen haben, aber als wir uns für den Gipfelangriff aufstellten, waren wir kaum mehr als eine Söldnertruppe.«[10]

Die Expedition scheiterte. Allison ging jedoch 1988 noch einmal mit einer anderen, teils teammäßig zusammengestellten, teils kommerziellen Gruppe.[11] Auch diese hatte einen schlechten Start, da der Führer versuchte, einer anderen Gruppe zweitausend Dollar für die Benutzung einer Strecke in Rechnung zu stellen, für die Allisons Gruppe bereits bezahlt hatte (für Ausrüstung, Träger und Sherpas) und die durch den Khumbu-Eisbruch führen sollte.

In vieler Hinsicht schien dies nur fair zu sein, es war jedoch das erste Mal, daß irgend jemand eine Gebühr (was inzwischen die Regel ist) für die Benutzung einer Strecke auf dem Mount Everest erhob, und es stellte eine weitere Dimension der Kommerzialisierung der ganzen Unternehmung dar. Die Führer der beiden Gruppen hatten eine scheußliche Auseinandersetzung darüber.[12] Es gab eine Reihe von Vorfällen bei der Expedition, die Fragen hinsichtlich des Führers aufwarfen, wozu auch der Umstand gehörte, daß er sich selbst für die erste Gipfelangriffsgruppe aufgestellt hatte (sehr schlechter Stil), und daß er Allison zufolge gegenüber der Presse gelogen hatte, wie sie (Allison) zum ersten Gipfelversuch gekommen war.

Als die Gruppe sich zum Schluß ernsthaft aufzulösen begann, machten einzelne sich daran, privat um die knappen Transportressourcen zu verhandeln. Der Führer packte schließlich seine Sachen und verließ die Gruppe, noch ehe die Expedition wirklich vom Berg wieder herunter war, etwas, das in den Annalen des Bergsteigens bis dahin beispiellos war.[13]

In dieser Zeit setzte es sich auch durch, daß man dazu überging, wenn man auf dem Berg auf Leichen traf, solche Begegnungen als alltägliche Begebenheit zu behandeln und sie sogar auf die leichte Schulter zu nehmen. Niemand erwartet von Bergsteigern, ihr Leben zu riskieren, um einer Leiche eine respektvolle Bestattung zuteil werden zu lassen. Der Berg ist außerdem in ständiger Bewegung, so daß selbst begrabene oder anderweitig angemessen »entsorgte« Leichen später wieder an der Oberfläche auftauchen können.

Es scheint jedoch eine bestimmte Abhärtung in den Einstellungen gegenüber Begegnungen mit gefrorenen Leichen stattgefunden zu haben. 1978 war Hannelore Schmatz bei ihrem Abstieg vom Gipfel gestorben, und ihre Leiche blieb über ein Jahrzehnt an dem Ort, an dem sie gestorben war. Ihr Mann zahlte später für die Bergung ihrer Leiche; ein nepalesischer und ein Sherpa-Bergsteiger kamen bei dem Versuch, sie herunterzubringen, ums Leben.[14]

Allison schrieb über die Expedition von 1988: »Wenn der Schnee im Frühjahr abschmilzt [von Schmatz], lassen absteigende Bergsteiger leere Sauerstoffflaschen [um sie herum] zurück oder tätscheln ihren Kopf, was Glück bringen soll.«[15] Eine französische Expedition, bei der zwei Sherpas starben, war zur selben Zeit auch auf dem Berg. Die Franzosen rollten die Leichen vom Berg herunter – weil sie vielleicht versuchen wollten, respektvoller damit umzugehen, als sie einfach herumliegen zu lassen. Eine der Leichen raste jedoch an einer Gruppe von amerikanischen und Sherpa-Kletterern aus Allisons Expedition vorbei:

»[Die Sherpas] wußten, es war eine Leiche, und standen mit offenem Mund da, sahen, wie sie wie ein Komet an ihnen vorbeifiel, an dem Bergschrund [einer riesigen Gletscherspalte] vorbei und dann auf die flache Oberfläche der Cwm, wo sie weiterpurzelte und sich mehrfach seitlich überschlug und dann bis zu einem Hindernis rollte.

Steve sah, als er sich über die Leiche beugte, daß der Sherpa schon seit mindestens zwölf Stunden tot war. Er war steif gefroren. Jemand mußte ihn offenbar absichtlich hinuntergeworfen haben... Die Sherpas neben ihm verschränkten immer wieder die Arme, um sie dann wieder zu lösen, ihre Gesichter düster und umwölkt. Niemand, das wußten sie, würde jemals die Leiche eines weißen Bergsteigers die Lhotse-Flanke hinunterwerfen.«[16]

Jon Krakauer erzählte von mehreren Begegnungen mit liegengelassenen Leichen bei der Adventure-Consultants-Expedition 1996 wie auch von der Schnelligkeit, mit der er eine emotionale Abgestumpftheit entwickelte:

»Bei 6400 Metern, ganz benommen von der Hitze, stieß ich auf ein großes, in blaues Plastik gewickeltes Etwas am Wegesrand. Meine von der Höhenluft arg beeinträchtigten grauen Zellen brauchten wohl ein, zwei Minuten, um zu kapieren, daß dieses Etwas die Leiche eines Menschen war...

Am Samstag besserte sich mein Zustand. Um fit zu werden und meine Akklimatisierung voranzutreiben, stieg ich etwa dreihundert Meter höher, und dort, etwa fünfzig Meter neben der Hauptroute, stieß ich auf eine weitere Leiche oder, genauer gesagt, auf die untere Hälfte einer Leiche...

Der Fund der ersten Leiche hatte mich mehrere Stunden lang zutiefst erschüttert. Der Schock beim Anblick der zweiten legte sich beinahe sofort. Nur wenige der vorbeiziehenden Bergsteiger schenkten der Leiche größere Beachtung.«[17]

Die Idee des Bergsteigens unter Yuppies läßt als solche vermuten, daß das Bergsteigen nicht mehr zum gegenkulturellen Strom in der westlichen gutbürgerlichen, modernen Kultur gehörte, sondern ein Teil der dominierenden Kultur geworden war. Bergsteiger und Bergsteigerinnen, die ihre Cappuccino-Automaten zum Everest mitbringen, Zelte im Basislager, die in einer »Kommunikationsanlage« mit Faxgeräten und Telefonen ausgestattet sind – nichts von alledem scheint auch nur im entferntesten als gegenkulturell verstanden werden zu können.

Die Situation ist in Wirklichkeit jedoch vielschichtiger und spiegelt die verwirrende Komplexität der Kulturpolitik in den letzten Jahrzehnten des 20. Jahrhunderts wider. Eine andere Dimension dieser Kulturpolitik ist die Identitätspolitik, die im Himalaya-Bergsteigen ebenso wie in den meisten anderen Bereichen unseres heutigen Lebens zutage tritt.

IDENTITÄTSPOLITIK

Die Identitätspolitik war, je nach dem, wie man sie definiert, seit jeher ein Merkmal des Himalaya-Bergsteigens. Auch wenn der Nationalismus kein starkes Charakteristikum des Himalaya-Bergsteigens war, so gab es doch einige Fälle, in denen er ein Thema war. Die Identitätspolitik in einem zeitgenössischeren Sinne – wonach Identitäten nach subnationalen Kategorien wie »Rasse«, Geschlecht, Alter, Ethnie und Sexualität gebildet werden – begann jedoch wahrscheinlich erst mit der feministischen Bewegung in den siebziger Jahren. Das Geschlecht ist wahrscheinlich immer noch die größte Identitätsgrenze in dem Sport.

Stacy Allison, die erste Amerikanerin, die den Gipfel des Mount Everest erreichte, übersetzte George Leigh Mallorys Begründung für das Besteigen eines Berges – »Weil er da ist« – in einen Identitätswert: »Weil ich hier bin.«[18]

Die Identitäten haben sich in den achtziger und neunziger Jahren im Bergsteigen weiterhin vervielfacht. Die Geschichte begann wahrscheinlich wiederum mit Dick Bass, dem Millionär aus Texas, der sich vorgenommen hatte, die »Sieben Gipfel« zu besteigen, die höchsten Gipfel auf jedem Kontinent, und das Unternehmen 1985 mit der Besteigung des Everest-Gipfels erfolgreich beschloß. Neben dem ganzen Tamtam um die »Sieben Gipfel« trat bei der Everest-Besteigung jedoch auch eine Identitätsfrage zutage: Da Bass damals fünfundfünfzig war, wurde die Altersidentität ein Thema: Bass sollte für kurze Zeit (der Rekord wurde bald eingestellt) der älteste Mann sein, der auf dem Gipfel des Everest gestanden hatte.

Dann gab es die Geschichte von Geoff Tabin, einem Mitglied der amerikanischen Everest-Expedition von 1992. Er hatte in seinem »Leben die Ambition, [wie er] jedem erzählte, der erste Jude zu sein, der auf der Spitze des Mount Everest stand. Er sagte den Satz, als wäre es ein Witz, [die Autorin] weiß jedoch nur zu gut, daß [er] es absolut ernst meinte«.[19] Tabin schaffte es.

Und noch ein Beispiel. Während der vom Unglück verfolgten Saison von 1996 war auch eine südafrikanische Expedition auf dem Berg, zu der ein farbiger Mann und eine farbige Frau gehörten. Bei dem Mann handelte es sich um einen »zurückhaltenden farbigen Paläoökologen und Bergsteiger von internationalem Rang und Namen«, der Edmund February hieß und von seinen Eltern nach Sir Edmund Hillary benannt worden war.[20] February wird nicht als jemand dargestellt, der Ambitionen geäußert hätte, daß er seine Rasse vertreten wollte (obwohl er es hätte tun können; wenn er Erfolg gehabt hätte, wäre er der erste Schwarze gewesen, der den Everest bestiegen hätte), sondern der Aussagen über den neuen Integrationsprozeß in Südafrika machte. Die Frau, Deshun Deysel, war »eine schwarze Sportlehrerin ohne jegliche Klettererfahrung«.[21]

Deysels Meinung über ihre Anwesenheit bei der Expedition wird nirgends zitiert. Später stellte sich jedoch heraus, daß der Führer, Ian Woodall, ein Weißer, sie nicht auf der Liste für die Klettererlaubnis aufgeführt hatte, und man argwöhnte in manchen Reihen, daß er ihre Anwesenheit als Schwarze nur werbewirksam benutzt hatte, um Gelder aufzutreiben.[22]

Identitätspolitik kann eine Fülle von Bedeutungen haben – von etwas so relativ Harmlosem wie einem Eintrag ins *Guinness Buch der Rekorde* bis zur völkermörderischen »ethnischen Säuberung«. Das Buch über ihre langfristigen Auswirkungen für die Form der politischen Aktion während der letzten zwei Jahrzehnte und in der Zukunft ist noch nicht geschrieben worden. Beim Bergsteigen und anderswo weist sie jedoch auf die sich verändernde Rolle von Minderheitsgruppen hin, und zwar in bezug darauf, was wir für die »dominierende Kultur« halten. Und das bringt uns wiederum auf die Frage der Gegenkultur zurück.

NEUE FORMEN DER GEGENKULTUR?

Beim Bergsteigen gibt es immer noch eine Form der Gegenkultur im klassischen Sinne – antimodern und antibourgeois. Sie ist jedoch nicht mehr so offen sichtbar, wie sie es einmal war. Bergsteiger, die in diesem Sinne gegenkulturell sind, klettern heutzutage in der Regel in sehr kleinen Gruppen oder allein auf schwierige, aber wenig bekannte Gipfel, außerhalb des Rampenlichts der Medien. Sie schreiben selten Bücher oder schreiben Bücher mit sehr ambivalenten Titeln wie David Roberts' *Moments of Doubt* [Augenblicke des Zweifels] (1986) und Greg Childs *Mixed Emotions* [Gemischte Gefühle] (1993). Autoren also, die über viele Aspekte des Sports intensiv nachdenken und kritisch darauf eingehen (allerdings auf liebevolle Weise).

Angesichts der beim Bergsteigen zu verzeichnenden wachsenden Präsenz (wie man heute sagt) zuvor unterrepräsentierter Gruppen – Frauen, rassische und ethnische Minderheiten und Bergsteiger aus kleinen oder armen oder postkommunistischen Nationen – könnte man die Meinung vertreten, daß dies heutzutage eine andere Form des gegenkulturellen Spiels darstellt. Dies mag zwar nicht im klassischen Sinne gegenkulturell erscheinen – antimodern oder antibourgeois –, gleichwohl stellt dieser Trend implizit oder explizit andere vorherrschende Modelle dieses Sports in Frage: männlich, weiß, westlich und individualistisch.

Ein faszinierender Artikel von Greg Child über polnische Bergsteiger mag die Implikationen dieser neuen gegenkulturellen Trends veranschaulichen. Die Polen haben in den letzten zehn Jahren einige großartige Himalaya-Bergsteiger und -Bergsteigerinnen hervorgebracht; Child hat drei herausgestellt. Wanda Rutkiewicz ist eine davon, die »wahrscheinlich führende Hochgebirgsalpinistin der Welt«[23] und eine große Verfechterin reiner Frauenexpeditionen. Sie sieht sie als Möglichkeit für Frauen, ein Gefühl der Selbständigkeit und Entscheidungskompetenz zu entwickeln.[24]

Ein weiterer ist Jerzy Kukuczka, der als relativ »reiner« Kletterer begann, sich aber vom Reiz öffentlichkeitswirksamer Sichtbarkeit verführen ließ.[25] Und der dritte ist Wojciech Kurtyka, der ein Vertreter der klassischen Gegenkultur geblieben ist, »der letzte vom Schlag der Romantiker«, die »um seiner geometrischen Schönheit willen und der Aussicht auf das Abenteuer, das er vielleicht bereithält«, einen Berg besteigen.[26]

Die drei repräsentieren einen Gutteil des Spektrums, das im heutigen Bergsteigen vertreten ist: die Frau/Feministin, der Superstar und der altmodische Romantiker. Darüber hinaus ist bei allen dreien aber auch noch ein »polnischer« Faktor im Spiel, der ihnen in bezug auf den Sport, so wie er historisch konstruiert war, eine gewisse oppositionelle Rolle zukommen läßt. Zum einen leiden viele der polnischen Expeditionen an drastischem Geldmangel. Die Lösung, die die Polen dafür gefunden haben, ist jedoch eine völlig andere Art der Geld- und Sponsorenbeschaffung als diejenige, die im Westen von Europäern und Amerikanern gepflegt wird.

Sie treiben auf dem Landweg zwischen Polen und Nepal oft Handel oder wickeln Tauschgeschäfte ab. Sie sind dabei so erfolgreich, daß sie weitaus mehr Geld und Ausrüstung auftreiben, als sie benötigen. Den Überschuß nehmen sie mit nach Polen zurück, wo sie ihn dann zur Finanzierung eines höheren Lebensstandards verwenden, als sie sich ansonsten leisten könnten.[27] Wojciech Kurtyka meinte auch, die geschichtliche Unterdrückung der Polen hätte sie zu besseren Bergsteigern gemacht:

»Unter den Deutschen und den Russen haben wir zwischen dem Hammer und dem Amboß gelebt. Wegen des innenpolitischen Freiheitskampfes in Polen haben die meisten Polen das Gefühl, hart und zäh zu sein. Das Gefühl der Niederlage auf einem Berg ist für einen Polen größer, und deshalb ist es das letzte, was ein Pole sich wünscht, bei einer Expedition zu scheitern. Wir sind letztlich besser, was die Kunst des Leidens angeht, und das bedeutet für das Hochgebirge alles.«[28]

Und schließlich gibt es noch eine dritte zeitgenössische gegenkulturelle Szene, die im Sinne eines extremen Paradoxons als »Yuppie-Gegenkultur« etikettiert werden könnte. Dabei handelt es sich um eine Gruppe wohlhabender und einflußreicher Personen, die – noch deutlicher – weder antimodern noch antibourgeois sind, aber dennoch aus den siebziger Jahren bestimmte klassische gegenkulturelle Werte mitgebracht haben: Umweltschutz, Feminismus und andere soziale Egalitarismusformen sowie eine Faszination von anderen Kulturen, im Sinne eines Relativismus und einer Wertschätzung der Vielfalt. Das augenscheinlichste Beispiel dieses Stils heutzutage wäre der

Medienmogul Ted Turner und seine Heirat mit der ehemaligen politischen Aktivistin Jane Fonda, seine Unterstützung von Umweltanliegen und seine Milliarde-Dollar-Spende an die Vereinten Nationen.

Im Himalaya-Kontext ist der wohlhabende Investmentbanker Richard C. Blum die prominenteste Figur, Ehemann von Dianne Feinstein, der Senatorin für Kalifornien, und Gründer und Vorstandsvorsitzender der American Himalayan Foundation. Die AHF, die in den achtziger Jahren ins Leben gerufen wurde, sammelt Spenden für Projekte im Umweltschutz, in der Kulturförderung, der Gesundheitspflege sowie für soziale Projekte im ganzen Himalaya. Die Stiftung ist unter anderem ein Hauptsponsor des Tengboche-Klosters gewesen.[29]

Der Vorstand der Stiftung bringt (zumindest nach dem Impressum des Rundbriefes) vermögende und gesellschaftlich prominente Unterstützer zusammen, darunter Bergsteiger mit großen Namen wie Edmund Hillary, Maurice Herzog und Jim Whittaker. Die Stiftung organisiert Wohltätigkeitsveranstaltungen zur Spendensammlung, bei denen unter anderem Bergsteigerberühmtheiten und reinkarnierte Lamas die Stars des Abends und Hauptattraktionen sind. Bei einer Galaveranstaltung zum sechzigsten Geburtstag des Vorsitzenden Richard Blum »schickten Präsident Clinton, [Starbergsteiger] Reinhold Messner und Sharon Stone Geburtstagsgrüße... Sir Edmund Hillary und der Rimpoche des Tengboche-Klosters waren unter den 450 erlesenen Gästen«.[30]

Man könnte zynisch auf eine Organisation wie die American Himalayan Foundation reagieren, es gibt jedoch gewiß Schlimmeres, was sie mit ihrem Geld machen könnten. Es wäre vielleicht auch sinnvoll, sie als Teil einer zunehmend in Erscheinung tretenden Welt transnationaler nichtstaatlicher Organisationen zu sehen, die außerhalb der bestehenden nationalstaatlichen Strukturen operieren. Auch hier ist das Buch noch nicht geschrieben über die sich gegen Ende des 20. Jahrhunderts verändernden Formen der politischen Aktion und die Art und Weise, wie Organisationen wie diese Teil wesentlicher politischer Transformationen sein können – oder natürlich auch nicht sein können.

Und wo steht die Ethnologie inmitten von alledem? Dieses Buch sollte nicht nur eine chronikartige Aufzeichnung einer bestimmten Art der Begegnung, sondern auch ein Versuch sein, diese Frage zu beantworten. Wenn ich alle die Teilantworten, die bisher gegeben wurden, zusammenfassen sollte, würde ich folgendes sagen.[31] In den sechziger und siebziger Jahren gab es in der Ethnologie eine Revolution – die am augenfälligsten mit dem Namen Clifford Geertz assoziiert wird –, die das Feld als eine Unternehmung neu definierte, bei der es um die »Bedeutung« ging, das heißt darum, was Menschen sich zu bestimmten Zeiten an bestimmten Orten von ihrem Leben wünschten und inwieweit die Welten, in denen sie lebten, diese Wünsche sowohl reflektierten als auch darstellten.

Etwas später gab es eine weitere intellektuelle Revolution, die eng mit den politischen und kulturkritischen Bewegungen der siebziger Jahre verbunden war und insbesondere mit den Namen Edward Said und Michel Foucault assoziiert wurde. Bei dieser Revolution wurden Machtfragen in den Vordergrund gestellt, die Frage, inwieweit die Welten, in denen die Menschen leben, nicht nur durch politische und wirtschaftliche Vorherrschaft verzerrt werden, sondern auch durch die kulturellen Kategorien und Bilder, wonach Menschen oder Völker als inhärent anders, minderwertig und so konstruiert werden, daß sie es verdienen, beherrscht zu werden. Für viele Wissenschaftler hat die zweite Revolution die erste ersetzt.

Auch wenn ich die zweite sehr begrüßt habe, würde ich auf die erste jedoch nie verzichten wollen. Ich könnte nie von der Idee lassen, egal, wie sehr Macht, Gewalt und bloße Unterschiede die Welt auch formen und deformieren mögen, daß Menschen dennoch, egal, wo sie sind und was sie tun, versuchen, aus ihrer Sicht sinnvolle Welten zu konstruieren. Die stärkste Ethnologie ist meiner Meinung nach heute diejenige, die sich weiterhin um den Drahtseilakt zwischen diesen beiden Perspektiven bemüht. Auf einer Seite herunterzufallen hieße, das Spiel ganz aufzugeben.

Eine jüngere Ausgabe des *American Himalayan Foundation Newsletter* enthält eine Fotografie des Tengboche Rimpoche, wie er in der Nähe des kalifornischen Big Sur »ein Bündel mit heiligen Gegenständen« in den Pazifik wirft. Ich mußte bei der Fotografie lächeln. Ich kenne den Rimpoche. Ich habe selbst an wunderschönen Abschnitten der kalifornischen Küste wie diesem gestanden, und es war irgendwie schön, daß der Rimpoche in »meinen« Raum gekommen war, so wie ich in seinen kam.

Man muß jedoch vorsichtig mit solchen Bildern sein. Sie stehen als ein Zeichen – und kommen einem Klischee durchaus nahe – der »Globalisierung«, ein hinreichend reales Phänomen, das jedoch mit bestimmten Bedeutungen verbunden ist: Es betont die Verbreitung des Kapitalismus und westlicher Kultur »hinein in« andere Teile der Welt und die Verschiebung und den Kreislauf von Menschen von anderen Orten in die westliche Welt. Aber wie auch immer, der Westen bleibt in jedem Fall der Bezugspunkt.[32]

In diesem Sinne stellt das Bild der Globalisierung eine systematische Verletzung der lokalen Welten und lokalen Geschichten dar, die für viele Menschen immer noch eine tiefe Bedeutung und einen Sinn haben und die ihre Identitäten beim Umgang mit anderen stärken. Bei der Fotografie des Rimpoche hat es den Effekt, daß der Rimpoche in einer weiteren Sahib-Darstellung vereinnahmt wird, genauso wie es bei den Sherpas lange der Fall war. Bei solchen Wiedergaben wird nicht sichtbar, inwieweit er letztlich immer noch eine Person mit seiner eigenen Welt und seiner eigenen Geschichte ist.

Anhang A

GESCHICHTEN

Alle diese Geschichten wurden mir von dem rangältesten Tengboche-Mönch Au Chokdu erzählt.

Die Nupki-Gyelwu-Geschichte

Vor langer Zeit gebar in Lhasa die Königin des Königs Tisen Detsen, Sai Markyen, einen Sohn. Der Sohn kam mit Ziegenhörnern auf dem Kopf, dem Maul eines Hundes und einem menschlichen Körper zur Welt. Der Vater empfand dies als große Schande und verfluchte den Sohn. Er ließ das Kind an einen Ort bringen, wo es niemanden gab, nach Khembalung in Ostnepal. In Wirklichkeit lebten dort jedoch Menschen, Angehörige des Kiranti-Rai-Stammes, und er wurde ihr König – König Kikha Rasa (Hunde-Maul, Ziegen-Horn).

[Nach der Geschichte, die eine andere Person separat erzählte, tötete Kikha Rasa, als er König von Khembalung war, jeden Tag ein junges Mädchen.]

Später lud König Tisen Detsen den großen tantrischen Meister, Guru Rimpoche, nach Tibet ein, um dort den Buddhismus zu begründen und das erste tibetische Kloster, Samye, zu bauen. Guru Rimpoche wollte das Khembalung-Tal als *Beyul*, geheimen Ort, um religiöse Texte zu verstecken, nutzen. [Vielleicht – meine Notizen sind nicht ganz klar – wußte er auch, daß es ein Beyul war, und wollte an die Texte herankommen, die dort waren.] So besann er sich auf einen Trick, um König Kikha Rasa aus Khembalung herauszubekommen. Erst sorgte er dafür, daß der König krank wurde, indem er einen Geist von den Toten [einen *Nerpa*] zu ihm schickte.

Dann reiste der Guru Rimpoche, als Bettelmönch verkleidet, von

Tibet nach Khembalung. Der kranke König fragte den Bettler, ob er die Fähigkeit besäße, ihm eine Weissagung zu machen, die Ursache seiner Krankheit herauszufinden und wie er geheilt werden könnte. Guru Rimpoche machte die Weissagung und erklärte dem König, er müsse den Göttern Opfergaben darbringen. Sonst würde er sterben.

Als die Zeit gekommen war, um die Opferrituale (Lha chetup, die üblichen regelmäßig stattfindenden Rituale, mit denen man den Göttern Gastfreundlichkeit erwies) zu vollziehen, wies Guru Rimpoche die Dorfbewohner an, alle Kleinkinder aus dem Dorf hinauszubringen, damit man das Ritual veranstalten konnte. Dann riegelte er das Dorf ab, versteckte es in Wolken, so daß der König den Weg dorthin nicht mehr finden konnte. Der König wanderte dann von Ort zu Ort und suchte einen neuen Platz, an dem er seinen Palast bauen konnte. Er ging nach Chukung, Dingboche, Zonglo, Maundzo, Changma und schließlich nach Dolakha, wo er starb.

König Kikha Rasa wurde sodann als Nupki Gyelwu, ein westlicher König, wiedergeboren. Er verkündete, das Volk müsse ihm Opfer darbringen, oder er werde von Nerpa, krankmachenden Geistern, heimgesucht. Jeden Monat [oder jedes Jahr?] mußte eine unverheiratete junge Person getötet und das Blut dem Gott/König geopfert werden.

Diese Sachlage kam Guru Rimpoche zu Ohren. Er kam nach Dolakha. Wiederum als Bettler verkleidet, ging er zum Haus des Jungen, der am nächsten Tag getötet werden sollte. Er blieb lange draußen stehen, aber niemand kam heraus, um ihm Almosen zu geben. So ging er hinein und fragte, warum niemand herausgekommen sei.

Der Vater sagte: »Mein Sohn soll morgen dem Gott geopfert werden, ich bin außer mir deswegen, ich kann dir keine Almosen geben.« Guru Rimpoche sagte: »Wo ist dieser Gott? Zeig ihn mir.« Der Vater ging mit ihm und zeigte es ihm. Guru Rimpoche stieß einen Fluch über den Palast aus, der daraufhin in alle Richtungen auseinanderflog. Dann sagte er zu dem Vater: »Jetzt mußt du deinen Sohn nicht mehr opfern.«

Später kam ein Limbu-Händler durch die Gegend, der Schweineborsten zu kaufen suchte. Er aß mit seinen Freunden zusammen im Freien zu Mittag. An der Stelle, wo sie saßen, bewegte sich immer wieder ein großer Stein. Zwei- oder dreimal kippte er das Essen des Händlers um. Dann kam Wasser aus dem Stein. Der Händler nahm sein *Kukuri*, sein großes gebogenes Messer, und stach damit auf den Stein ein, worauf Blut aus ihm heraustrat. Der Händler fragte den Stein, was hier vor sich ginge.

Der Stein sagte: »Ich bin König Bimshing. Ich war in meinem Dorf, als ein Yogi vorbeikam und es abriegelte. Dann folgte er mir hier herunter nach Dolakha. Ich wurde mit sehr vielen Kindern gefüttert, aber ich habe sie alle verloren. Jetzt bekomme ich keine mehr, und so bleibe ich einfach hier als Stein.« Dann sagte er dem Händler: »Wenn der Gorkha- [das heißt, der nepalesische] König mir und der Göttin Pashupati Opfer darbringt, werden wir ihm helfen. Er muß keine Menschen opfern, nur weibliche Büffelkälber, kleine Ziegen und Tauben, und ich werde zufrieden sein.« Der Händler erzählte es jedem, und der Gorkha-König und der Newar-König und alle die Newars hörten davon und begannen, Bimshing zu verehren. Das ist der Ursprung des Dasain-Festes [des Feiertags, an dem in ganz Nepal Tausende von Tieren geschlachtet werden].

Die Gelungma-Palma-Geschichte

(1967 habe ich eine kurze Zusammenfassung, quasi einen Abriß dieses Textes bekommen.[1] Diese Version enthält wesentlich mehr Details und verändert auch die Schwerpunktsetzung jenes Abrisses etwas.)

In Indien gab es einmal einen König und eine Königin. Ihr Königreich umfaßte die halbe Welt, sie hatten großen Reichtum und viele Untertanen. [Der König und die Königin hatten zuerst einen Sohn und dann eine Tochter. In der Nacht, nachdem die Tochter geboren worden war,] hatte die Königin einen Traum, in dem viele Blumen blühten, und auf jeder Blume saß eine *Kangdoma* [eine Göttin]. Als die Tochter drei Jahre alt war, ging sie im Palast die Treppen hinauf, um sich die Stadt von oben anzuschauen. Ihre Dienerin Samdema war bei ihr.

Zwei Metzger kamen mit vielen Schafen vorbei und fingen an, ein Schaf nach dem anderen zu töten. »Diese Schafe gehören uns«, sagte das Mädchen, »warum werden sie getötet?« – »Übermorgen«, sagte die Dienerin, »werden die Untertanen und Häuptlinge ein Fest feiern, alle diese Schafe gehören uns.« – »Das ganze Töten und Essen [ich kann es nicht ausstehen]«, sagte das Mädchen. »Ich werde keine Laienperson sein, ich werde gehen und mich Cho [Religion] hingeben.«

Als das Mädchen sieben Jahre alt war, fragte es seine Eltern, ob sie gehen dürfe, um sich Cho zu widmen. Sie sagten: »Nein, genau wie Wasser nicht unter einem trockenen Erdrutsch fließen kann, so können Mädchen sich nicht Cho widmen. Wir werden dich nicht weggehen lassen, um dich Cho hinzugeben.« Als sie elf war, kamen vier Könige, um um ihre Hand anzuhalten. Ihr Vater stimmte zögerlich zu, sie zu verheiraten, konnte sich jedoch nicht entscheiden, welchem König er sie geben sollte. Er kam, um seine Tochter zu fragen, welchen sie haben wollte.

»Ich werde niemandes Frau sein«, sagte sie. »Ich werde mich Cho hingeben. Wenn du vier Töchter hättest, könntest du jedem eine geben. Ich bin jedoch nur eine, und wenn du mich einem gibst, werden die anderen drei Groll gegen dich hegen. Deshalb mußt du mich weggehen lassen, um mich Cho hinzugeben.« [Ihr Vater beschloß aufgrund einer Weissagung, sie einem der nichtbuddhistischen Könige zu geben.] Sie ging zu Pawa Chenrezi, dem Elfköpfigen [der Figur des Gottes], und sagte: »Meine Eltern wollen nicht zulassen, daß ich mich Cho verschreibe. Sie versuchen, mich mit einem König zu verheiraten. Ich sehe zu gut aus. [Sie stieß einen Fluch aus und sagte:] Laß mich Aussatz bekommen.«

Später ging sie zu ihrer Mutter und bat noch einmal darum, weggeschickt zu werden, um sich Cho zu widmen. »Ich kann dich nicht wegschicken«, sagte ihre Mutter. »Du mußt deinen Vater fragen.« Dann fragte sie ihren Vater, aber er sagte: »Ich kann es nicht entscheiden, du mußt zu deinem Bruder gehen [der vorher gekrönt worden war, und] der jetzt König ist.« Sie ging zu ihrem Bruder. Sie sagte nichts, sondern nahm einfach vor ihm Platz.

»Du hast mir etwas zu sagen?« sagte er. »Was ist es? Sag es mir!« »Ich werde gehen und mich Cho widmen«, [sagte sie]. »Mein Vater sagte, [ich könnte] ›gehen‹, meine Mutter sagte, ›geh‹, und jetzt brauche ich deine Erlaubnis.« »Du sagst, daß du dich Cho widmen möchtest, seit du elf Jahre alt warst«, sagte er. »An jedem Tag, als du zwischen sieben und elf Jahre alt warst, hast du von Cho gesprochen. Geh dann, und widme dich gut dem Cho.« Und er gab ihr einen Elefanten und zwei Säcke Gold. Samdema, ihre Dienerin, führte den

Elefanten am Zügel, und das Mädchen ging hinterher, weg, um sich Cho zu widmen.

Sie gingen und gingen und legten einen langen Weg zurück. Sie sahen einen Gelung [einen voll ordinierten Mönch] beim Pflügen. Der Gelung hatte sein Umhängetuch in einen Baum gehängt. Er hatte einen Lederbeutel Chang [Bier] dabei, und an seiner Seite waren einige kleine Kinder. Das Mädchen dachte bei sich: »Das ist schlecht für einen Gelung, das ist kein Gelung.« Der Gelung [las ihre Gedanken und sagte:] »Denke nicht so etwas, du mußt meine Geschichte hören.« Dann warf sich das Mädchen vor dem Gelung zu Boden [weil er ihre Gedanken gelesen hatte] und sagte: »Bitte erteile mir Cho [hier: religiösen Unterricht].« – »Ich kann nicht«, sagte er, »aber dort oben, dort ist eine sehr große *Gonda* [Kloster] mit einem sehr mächtigen Lama.« Und er zeigte ihr den Weg zum Kloster.

Sie erreichten die Gonda kurz vor Sonnenuntergang. Die Dienerin sagte: »Jetzt geht bald die Sonne unter. Dies ist eine Mönchs-Gonda, und da wir Frauen sind, können wir nicht schlafen. Heute nacht bleiben wir hier und werden morgen früh hineingehen.« Die Tochter des Königs war damit einverstanden..., und in dieser Nacht schliefen sie draußen auf der Tanzfläche. Als die Sonne aufging, kam der Diener des Lama mit einem Kessel in der Hand vorbei, um Wasser zu holen. Er fragte sie, woher sie kämen ... und von welchem König das Mädchen die Tochter sei.

[Sie beantwortete diese Fragen und sagte dann:] »Dies ist meine Dienerin, und ich bin gekommen, um Cho zu suchen. Geh und frage den Lama [für mich].« Der König [ihr Bruder] hatte ihr zusammen mit einem Brief ein Gold-*Mendel* [ein ritueller Gegenstand, Symbol des Kosmos] von der Größe einer Elle mitgegeben. »Wir sollten dem Lama das Mendel und den Brief durch diesen Jungen zustellen lassen«, sagte Samdema. Das Mädchen meinte jedoch: »Wir geben sie ihm selbst, wenn wir ihn treffen.«

Der Diener ging daraufhin zum Lama und sagte: »Draußen sind Menschen, die dich sehen wollen.« – »Warum kommst du so früh zu mir?« fragte der Lama. [Und der Diener erwiderte:] »Die Tochter von König Dharmapala und Königin Domo Hlazen ist [aus einem indischen Königreich] gekommen, um Cho zu suchen. Unsere Gonda hat einen großen Namen. Du solltest die beiden Frauen in Religion unterweisen.« – »Dieses Mädchen wurde vier Königen versprochen«, sagte der Lama. »Sie werden unsere Gonda angreifen. Du denkst, es sei eine gute Nachricht, daß sie gekommen sind, ich denke dies jedoch nicht. Hinaus mit dir!«

Der Diener brachte ihnen eine Kanne Tee und servierte ihn. »Es ist noch früh«, sagte er. »Nehmt etwas Tee zu euch. Der Lama wird euch kein Cho vermitteln, er hat mit mir geschimpft. Ihr müßt wieder gehen.« – »Ich habe dir gesagt, du sollst ihm das Goldmendel und den Brief mitgeben«, sagte Samdema zu dem Mädchen. »Ob er Cho vermittelt oder nicht, du mußt sie dem Lama durch die Hand des Dieners überbringen lassen.« Sie schickten ihm das Goldmendel und den Brief. Der Lama willigte ein und sagte, sie dürften hereinkommen. Unter der Führung des Lama lernte die Prinzessin viel über Religion. Sie lernte viele Texte und wurde sehr gelehrt.

Ihr Bruder, der König, hörte davon und kam zur Gonda. Er sah den Lama auf seinem Thron sitzen und nur etwas niedriger seine Schwester [die jetzt] Gelungma Palma [hieß, was soviel bedeutet wie: Ordinierte Nonne Erlauchte Frau], und auf der anderen Seite von dem Lama war der Platz des *Geshe* [eines höherstehenden, hochgebildeten Mönches]. Sie und der Geshe debattierten miteinander. Der Lama war der Zeuge: Gelungma Palma gewann die Debatte.

Dort gab es auch einen mächtigen *Tolden* [tantrischer Asket], und sie debattierte mit ihm und gewann auch diese Debatte. Und sie debattierte ebenso mit einem *Gomjemba* [Meditationsmeister], der sehr mächtig war, sie gewann aber erneut. Danach war der König überzeugt [daß sie eine fachkundige religiöse Praktikerin war], und ging nach Hause. Sie blieb in der Gonda.

Nachdem sie sich viel mit Cho beschäftigt hatte, gab der Lama ihr eine aus einem menschlichen Schädel angefertigte Schale voller Chang [Bier] und sagte: »Gib sie niemand anderem, weil ich ein Molom [Zauber-, Segensspruch] darüber gesprochen habe. Trinke es nur selbst.« Sie nahm sie mit nach Hause und trank etwas mehr als die Hälfte davon. Dann dachte sie: »Nyingje [Mitleid], ich werde der Dienerin etwas [als] *Chelap* [religiöse Medizin] davon geben.« So trank die Dienerin den Rest, etwas weniger als die Hälfte. Der Lama fragte Gelungma Palma [später], ob sie das ganze Chang selbst getrunken habe. »Ich habe etwas mehr als die Hälfte getrunken«, sagte sie, »und Samdema hat etwas weniger als die Hälfte getrunken.«

»Wenn du Samdema davon etwas abgegeben hast«, sagte der

Lama, »dann kannst du nicht mehr bei mir bleiben. Es wäre nicht gut für uns. Du gehst ins Dorf hinunter, und ich bleibe hier oben und vermittele dir Cho. Aber du und ich, wir können jetzt nicht mehr zusammenbleiben.« – »Wenn du nicht stirbst oder ich nicht sterbe, warum können wir dann nicht zusammenbleiben?« fragte sie ihn. »Weil du die Hälfte des Chang jemand anderem gegeben hast«, sagte er. »Aber wenn ich da unten bleibe, wie werde ich dann dein Cho hören?« fragte sie. »Du hast das Ohr eines Gottes«, sagte er, »und ich habe die Stimme eines Gottes. Du wirst mich hören können.« Sie ging zusammen mit Samdema zum Dorf hinunter und übte sich dort in Cho.

Eines Tages starb der *Khembu* [oberste Lama] eines großen Klosters. »Ich bin reich. Ich werde Khembu sein«, sagte ein Mönch. »Ich bin gelehrt *[khamu]* und hervorragend *[yenden chemu]*, ich werde Khembu sein«, sagte ein anderer. »Ich bin älter, ich werde Khembu sein«, sagte wiederum ein anderer. Zwischen ihnen gab es viele Auseinandersetzungen. Dann reichte ein klügerer Mönch allen anderen Tee und sagte: »Unter uns ist kein richtiger Khembu. Gelungma Palma ist sehr mächtig und sehr *khamu*. Wir werden sie rufen und sie zu unserem Khembu machen.« Woraufhin die anderen erwiderten: »Gut, wir werden gehen und ihren Lama fragen.«

Sie diskutierten darüber, ob sie mit entsprechenden Ehrenschals [Kata] gehen sollten oder nicht, und ein Mönch meinte: »Nein, wir nehmen sie einfach mit.« Zehn Mönche gingen zu dem Lama und sagten: »Unser Khembu ist gestorben, wir brauchen einen Khembu.« Zuerst sagte der Lama: »Nein, sie ist mein Herz-Lama (*Tsawa'i Lama*, wörtlich ›Wurzel-Lama‹).« Aber dann setzte er sich mit geschlossenen Augen ein paar Minuten hin.

Hinter der Gonda warteten viele Mönche auf eine Auseinandersetzung. Aber der Lama dachte: »Das ist nicht gut.« Dann sagte er: »Gut, ich werde sie schicken.« Er ließ sie zur Gonda hinaufrufen und sagte: »Geh, und sei ihr Khembu.« Sie weinte und sagte: »Ich möchte nicht gehen.« – »Wenn du meinen Befehlen nicht gehorchst«, erwiderte er, »so ist es, als würden meine Worte zerrissen/halb geschrieben, sie würden wertlos. Du wirst in die Hölle kommen.« Er forderte sie viele Male auf, dorthin zu gehen. Schließlich willigte sie ein.

Viele Menschen trugen sie. Der Lama hatte gesagt: »Dort unten mußt du eine Ruhepause einlegen und zu mir beten und ein Mendel darbieten.« Sie waren jedoch so glücklich, als sie sie trugen, daß sie sehr schnell liefen und nicht an dem Ort anhielten, den der Lama genannt hatte. Sie sagte: »Ich habe die Anweisung des Lama. Ihr müßt eine Ruhepause einlegen. Der Lama ist dort oben und denkt: ›Ich habe dir die Anweisung gegeben, dort unten zu rasten. Sie ist nicht sehr gut. Gibt [mir] nicht einmal einen Kniefall. Frauen sind nicht gut, sie beachten nichts, sie kümmern sich nicht.‹« Später machten sie eine Rast, und sie warf sich für den Lama mehrfach zu Boden.

Dann ging sie zum Kloster und wurde der Khembu. Den kleinen Mönchen vermittelte sie [ein besonderes] Cho; dem obersten Mönch vermittelte sie [ein anderes], den alten Mönchen vermittelte sie [noch ein anderes]. Mit Gelungma Palma als Khembu ging es der Gonda sehr gut, und alle Mönche wurden sehr gebildet und vollkommen.

Viele Jahre später wurde Gelungma Palma krank. Sie sagte zu den Mönchen: »Ich werde mich drei Jahre zur Meditation zurückziehen. Ihr müßt gut lehren und euch gut in Cho üben.« – »Drei Jahre sind zu lang«, meinten die Mönche, »zieh dich nur für ein Jahr zurück.« Sie war einverstanden damit und blieb ein Jahr im oberen Raum des Tempels. Vor vielen Jahren hatte sie sich selbst gegenüber Chenrezi verflucht und ihn gebeten, sie häßlich zu machen. Jetzt war sie krank, mit Aussatz.

Aus dem oberen Geschoß fielen Bluttropfen herunter. Die kleinen Mönche sagten: »Unser Lama meditiert nicht, sie bekommt ein Baby.« Alle kleinen Mönche gingen hoch, um nach ihr zu sehen. Sie fanden sie schlafend und konnten ansonsten jedoch nichts feststellen. Ein kleiner Mönch rief laut nach ihr, und sie bewegte sich ein wenig. Er sah, daß ihr Gesicht ganz entstellt war, und sagte zu den anderen: »Unser Khembu hat eine schlimme Krankheit.«

Sie redeten sehr schlecht über sie und griffen nach Stöcken. Der alte Mönch sagte: »Gelungma Palma, du solltest nicht hierbleiben, weil die Jungen alle mit Gewalt drohen. Bleibe auf der Veranda.« Dann trugen die Diener sie auf die Veranda hinunter und gaben ihr eine Matte, auf der sie liegen konnte, und sie blieb dort. Später sagten sie jedoch, sie könne nicht auf der Veranda bleiben, sie müsse weiter weg in einen kleinen Holzschuppen gehen. »Wenn sie auf der Veranda bleibt, werden keine Gönner zu unserer Gonda kommen.«

Ihre Dienerin hielt an dem Holzschuppen gar nicht erst an, sondern trug sie weit, weit weg, bis in die Gegend einer Hochsommerweide. Gelungma Palma glaubte, sich aus ihrem vergangenen Leben an den Ort zu erinnern, und bat die Dienerin, einen Schafhirten nach dem Namen des Ortes zu fragen. Er sagte es der Dienerin, und Gelungma Palma bestätigte, daß sie sich daran erinnere, und meinte: »Dies ist ein guter Ort. Dort unten sind drei Wassermühlen. Geh, und bitte um etwas Mehl, ich werde hierbleiben.« – »Wenn du hierbleibst«, sagte die Dienerin, »werden die Mönche kommen und dich schlagen.«

»Sie werden nichts tun«, sagte Gelungma Palma. »Geh, und bitte um das Mehl.« Die Leute von der höchstgelegenen Mühle von den dreien gaben der Dienerin etwas Mehl. Dann ging sie zu der in der Mitte gelegenen, und sie gaben ihr auch ein wenig. Dann ging sie zu der am tiefsten gelegenen Mühle. Dort war ein kleiner Junge, und er sagte: »Meine Mutter und mein Vater sind nicht hier. Ich habe kein Mehl. Du kannst aber diese Rübe nehmen.« Die Dienerin dachte: »Ich werde sie mitnehmen und im Feuer verbrennen. Der Duft wird Gelungma Palmas schlechte Gemütsverfassung beruhigen.«

Die Dienerin sah einen Tolden [einen tantrischen Asketen]. Der Klang seines Gesangs tat [ihren Ohren] sehr gut. Sie ging zu ihm hin. Sie fragten einander: »Woher kommst du?« Sie erzählte ihm, was geschehen war, und erfuhr, daß er vorher der Kammerherr des Königs gewesen war. Daraufhin sagte sie zu dem Tolden: »Du warst der Kammerherr des Königs. Wir waren lange weg. Wie geht es meiner Mutter und meinem Vater?« – »Mein Lama ist ziemlich krank«, fuhr sie fort. »Sie ist dort oben in der Höhle.«

»Das Haus deiner Eltern ist zerfallen«, sagte der Tolden, »und sie wurden getötet. Der König ist gestorben, die Königin ist gestorben. Gelungma Palmas älterer Bruder [der König] ging nach Westindien, um Cho auszuüben, und dort [im Palast] ist jetzt niemand mehr.« Als sie zu Gelungma Palma zurückkam, fragte diese sie: »Bist du von einem Hund gebissen worden?«

»Ich bin nicht von einem Hund gebissen worden, aber mein Vater und meine Mutter sind nicht mehr am Leben«, sagte sie und weinte ein wenig. »Du hast noch [mehr] Dinge zu sagen«, meinte Gelungma Palma. »Erzähle sie mir.« Und die Dienerin sagte: »Der König ist gestorben, die Königin ist gestorben, meine Eltern sind tot, und dein Bruder ist nach Westindien gegangen, um sich Cho hinzugeben.«

»Wenn er dorthin gegangen ist, um sich Cho zu widmen, so ist das gut«, sagte Gelungma Palma. »Wir werden nicht hierbleiben, sondern anderswo hingehen, um uns in Cho zu üben.«

Sie gingen an einen anderen Ort, wobei die Dienerin Gelungma Palma auf ihrem Rücken trug. Sie legten einen weiten Weg zurück. »Unser Gold und den Elefanten«, sagte Gelungma Palma, »haben wir damals im Haus eines reichen Mannes gelassen, wir gehen hin und holen beides.« Die Dienerin holte das Gold und den Elefanten, und sie machten sich auf den Weg. Als sie an einen sehr großen Fluß kamen, sagte die Dienerin: »Wir können ihn nicht überqueren. Sollen wir umkehren, oder was?«

»Ich werde beten«, sagte Gelungma Palma. »Du mußt dir keine Sorgen machen. Schließe ganz fest deine Augen, nimm den Zügel des Elefanten in die Hand, und geh in den Fluß hinunter.« Der Lama [Gelungma Palma] betete, die Dienerin ging, den Elefanten am Zügel haltend, in den Fluß hinein, der Fluß teilte sich, und ein Weg tat sich auf. Gelungma Palma fragte: »Können wir jetzt den Fluß durchqueren?« Sie konnte wegen des Aussatzes nicht sehen. »Sind wir schon auf der anderen Seite?« Und die Dienerin sagte: »Ja.« – »In welchem Zustand ist der Fluß?« fragte Gelungma Palma.

»Vorher floß er«, [sagte die Dienerin]. »Als wir hineingegangen sind, tat sich ein Weg auf. Und jetzt fließt er wieder.« – »Fließendes Wasser ist gut [ein gutes Omen] für uns«, sagte Gelungma Palma, »und gut für Cho. Laß uns hinuntergehen. Dort ist eine schöne Höhle. Trage mich dorthin.« Wieder glaubte Gelungma Palma, sich an den Ort erinnern zu können, und die Dienerin bestätigte, daß er mit ihrer Beschreibung übereinstimmte.

Dann sagte Gelungma Palma zu ihrer Dienerin: »Nun werden wir beide nicht mehr zusammenbleiben. Du mußt eine Ladung von dem Gold und den Elefanten nehmen und gehen, um dich Cho zu widmen. Es macht nichts. Du gehst, um dich Cho zu widmen.« Und sie gab ihr das Gold und den Elefanten. »Ich werde nicht gehen, bis du stirbst«, sagte die Dienerin. Gelungma Palma erwiderte jedoch: »Wenn du den Anweisungen eines Lama nicht gehorchst, ist es, als würden Worte zerrissen, du wirst in die Hölle kommen, du mußt gehen.«

So machte die Dienerin sich auf, um die zwei Säcke Gold abzuholen. Die Ehefrau des Hausbesitzers sagte: »Wir haben jede Menge Land und Schafe und Kühe, Pferde und ein großes Vermögen. Du hast viel Gold. Bleibe hier und heirate.« Die Dienerin entgegnete jedoch: »Ich habe die Anweisungen des Lama, ich werde gehen, um mich Cho hinzugeben. Gib mir mein Gold. Aber auch wenn du es mir nicht gibst, werde ich gehen, um mich Cho hinzugeben. Ich werde nicht heiraten.« – »Dein Lama«, sagte die Hausherrin, »ist Gelungma Palma, die mit Aussatz.« Daraufhin warf die Dienerin ihr Dreck ins Gesicht, nahm das Gold und machte sich davon. Sie zog von Dorf zu Dorf, bis sie schließlich eine abgeschiedene Hütte fand und dort blieb, um ein Jahr lang zu meditieren.

Eines Tages hatte Gelungma Palma in der Höhle sehr große Schmerzen. Sie saß völlig gekrümmt da. Sie konnte sich beim Schlafen nicht auf dem Rücken ausstrecken, da ihr Körper mit Geschwüren bedeckt war. Sie saß völlig gekrümmt da, weinte und schlief darüber ein. Alle kleinen Geschwüre auf ihren Augen wurden naß, und sie konnte die Augen ein wenig öffnen. Durch den winzigen Spalt sah sie Pawa Chenrezi, den Elfköpfigen, vor sich stehen.

Sie ging zu ihm hin, um ihn zu umarmen: »Ich bete den ganzen Tag, die ganze Nacht, so viele Jahre. Warum bist du nicht gekommen, um nach mir zu sehen?« – »Ich bin die ganze Zeit bei dir«, sagte er, »Tag und Nacht, aber dein *Le* [Karma] ist voller Wolken, du kannst mich nicht sehen, aber ich bin die ganze Zeit bei dir. Jetzt sind deine Sünden beendet, dein schlechtes Karma ist beendet.«

Dann sagte er: »Pawa Zhembi Yang [ein anderer Gott] hat dir als Chelap [religiöse Medizin] ein *Rilwu* [eine Pille, die bei Ritualen für ein langes Leben verwendet wird] geschickt, und Sangye Mela [ein weiterer Gott] hat noch eine andere Medizin geschickt.« Sie nahm beide und schluckte sie, und Pawa Chenrezi verschwand. Drei Tage später war der Aussatz völlig verschwunden. Ihr Gesicht war wieder schön, und alles war gut.

Eines Tages kam Pawa Chenrezi wieder. »Bleibe nicht hier. Wir werden nach Takbi Shingkam [einen der Himmel] gehen.« Und so gingen sie nach [Takbi] Shingkam. Sie starb nicht, sie ging lebend nach [Takbi] Shingkam. Dort waren Kangdomas [Göttinnen], die sich miteinander unterhielten: »Hier sind nur tote Menschen, sie ist aber nicht tot, sie ist lebendig.« Andere sagten: »Manche werden es glauben, andere nicht.« Als Gelungma Palma dies hörte, sagte sie zu ihnen: »Morgen sollt ihr Kangdomas alle kommen, um euch eine Vorstellung anzusehen.«

Und am nächsten Tag kamen sie alle. Sie ließ sich den Kopf mit einem Schwert abschlagen, setzte den Kopf auf die Spitze des Schwertes, während ihr Körper seitlich davon stehen blieb. Ihr Kopf sang, und ihr Körper tanzte. Danach glaubten es alle Kangdomas. Sie sagten: »Du bist lebend nach Takbi Shingkam gekommen, jetzt glauben wir es.« Sie machte etwas mit ihren Händen, ihr Kopf kehrte wieder auf ihren Körper zurück, und sie war dieselbe wie vorher.

Eines Tages sprach Pawa Chenrezi zu ihr: »Morgen wird deine Dienerin zu der Höhle kommen. Du mußt wieder hinuntergehen.« Gelungma Palma sagte jedoch: »Sie hat genug zu essen. Ich gehe nicht zurück.« – »Sie geht [dorthin], weil sie an dich glaubt«, sagte Pawa Chenrezi, »sie verehrt dich [religiös]. Sie möchte sehen, wie es dir geht. Du mußt dorthin gehen.« Dann gab er Gelungma Palma die Gebete für das Nyungne-Ritual im Takbi-Himmel, und nachdem er ihr seine Worte/Stimme [*Sung*, das heißt die Texte] gegeben hatte, wies er sie an: »Gehe in die säkulare Welt, und gib dies jedem. Es ist sehr mächtig. Es sind Chenrezis Worte/Stimme. Gib es den Laien.«

Alle Sekten des tibetischen Buddhismus – Nyingmawa, Gelugpa, Kadyupa –, alle sagen, es sei Gelungma Palmas Lehre/Gebot, sie habe es vom Himmel gebracht. Seit dieser Zeit haben wir das Nyungne-Ritual. Er gab ihr alle die Nyungne-Texte, und sie kehrte zu der Höhle zurück und meditierte eine Zeitlang.

Die Dienerin traf ein. Sie dachte bei sich: »Vielleicht ist mein Lama gestorben. Wenn dem so ist, werde ich ihre Knochen einsammeln und *Tsawar* anfertigen [aus Ton und Knochen des/der Verstorbenen geformte und mit Eindrücken von heiligen Gegenständen versehene Formen – dies ist ein Weg, Verdienste für den/die Verstorbene zu erwerben]. Aber wenn sie am Leben ist, werde ich mich ihr als ihre Dienerin anschließen, um ihr zu helfen.« Gelungma Palma meditierte. Die Dienerin sah, wie schön und gut sie aussah.

Sie umarmten einander und blickten sich, voreinander kniend, gegenseitig an, berührten ihre Köpfe. »Wer gab dir Medizin?« fragte die Dienerin. »Ich traf Pawa Chenrezi«, sagte Gelungma Palma, »und Pawa Zhembi Yang gab mir Chelap, und Sangye Mela gab mir Chelap, und dann war ich nach drei Tagen völlig geheilt. Ich war im Takbi-Himmel, und dann sagte Pawa Chenrezi mir, ich solle hierher kommen. So bin ich heute in die diesseitige Welt gekommen. Er gab mir das Nyungne-Cho, die Nyungne-Regeln, und wir beide werden zu den diesseitigen Menschen gehen und sie ihnen geben.«

»Als du sehr krank warst«, sagte die Dienerin, »haben sie dich aus der Gonda hinausgeworfen. Laß uns jetzt dorthin zurückgehen und es ihnen zeigen.« Gelungma Palma sagte jedoch: »Ich werde nicht dorthin gehen. Dort gibt es zuviel Widerstreit. Ich würde nicht einmal dorthin gehen, um zu pinkeln.« Die Dienerin bedrängte sie jedoch: »Du bist jetzt ein Buddha. Laß uns zum Kloster gehen. Steige in den Himmel hoch, und sprich drei Worte von Cho – nur das, nicht mehr.« Gelungma Palma war einverstanden.

[In der Gonda] saß die Dienerin am Boden, während der Lama frei in der Luft schwebte und ihr Cho erteilte. Aus dem Himmel über der Gonda herab sagte sie: »Ich werde den alten Männern ihr Cho erteilen, und den jungen Männern ihr Cho und den kleinen Mönchen ihr Cho. Dann darf es keinen Widerstreit mehr geben. Ihr müßt von jetzt an gutes Cho üben.«

Alle Mönche warfen sich vor dem Lama zu Boden. Einige der kleinen Mönche glaubten ihr jedoch nicht; einige sagten, ein Arzt habe ihr Medizin gegeben. Sie sind alle noch immer in der Hölle. Die Mönche warfen sich alle zu Boden, und der Lama kam in die Gonda zurück, und sie gab ihnen das Nyungne-Cho. Sie gab es in Indien jedem, und es ging sehr gut. Dann begab sie sich nach Tibet, und es ging sehr gut... Nyungne ist, was... Chenrezi Gelungma Palma im Himmel gab, um es der Welt zu bringen... Nyungne ist sehr mächtig. Sie hat es vom Himmel mitgebracht.

Die Geschichte von der Dü-Mutter

Von Fürer-Haimendorf[2] zitierte die Geschichte von der *Dü*-Mutter als wichtigsten Vorläufer des Nyungne-Rituals in Khumjung. Au Chokdu zufolge wird sie jedoch hauptsächlich mit Sozhung in Zusammenhang gebracht, einem Tag asketischer Übungen, die sowohl im Nyungne-Ritual enthalten sind als auch eigenständig gemacht werden können. In der Geschichte schwingt sowohl die Nupki-Gyelwu-Geschichte als auch die Gelungma-Palma-Geschichte mit.

Es war einmal eine Nonne, die war sehr, sehr arm und ganz allein. Sie lebte in Waranasa [Benares]. Sie zog umher und bettelte um Essen. Jeder gab ihr Essensreste. Einige junge Mönche – kleine herumalbernde Jungen – warfen ihr schmutzige Sachen in ihre Bettelschale. Die Nonne stieß einen Fluch aus und sagte: »In meinem nächsten Leben werde ich fünfhundert Söhne und jede Menge zu essen haben.« So hatte sie dann in ihrem nächsten Leben [sie wurde eine Dämonin] fünfhundert Söhne, und sie zogen alle umher und fraßen Menschen.

Der Buddha hörte davon und stahl ihr ihren jüngsten Sohn. Die Dü-Mutter war außer sich, und da sie nicht wußte, daß der Buddha ihren Sohn genommen hatte, wandte sie sich hilfesuchend an ihn. Er entgegnete ihr jedoch: »Wenn du so aufgebracht darüber bist, gerade einmal einen Sohn verloren zu haben, denke darüber nach, wie es all den Menschen gehen muß, deren Kinder deine Söhne gegessen haben.«

Er versprach ihr, wenn sie und ihre Söhne aufhörten, Menschen zu fressen, dann werde er ihr ihren Sohn zurückgeben und dafür sorgen, daß sie und alle ihre Söhne genug zu essen hätten. Und so quetschen die Leute heute beim Sozhung ihre Essensreste zu einem kleinen Klumpen zusammen, den sie für sie liegenlassen. Gelungs [voll ordinierte Mönche] tun dies jeden Tag. Später wurden die Dü-Mutter und ihre Söhne Götter.

Anhang B

KLÖSTER

Ich möchte hier in Kurzform auf die Geschichte der fünf Sherpa-Klöster eingehen, die mir am besten bekannt waren. Der Großteil der Angaben über Tengboche ist zuvor bereits veröffentlicht worden, und ich möchte sie (in Kurzform) nur um der Vollständigkeit willen mit aufnehmen. Von dem Rest ist vieles, sofern nichts anderes angegeben ist, bisher noch nicht veröffentlicht worden. Diese Angaben wurden (mit Genehmigung und Dank) aus Robert Pauls Feldnotizen, die Mitte der sechziger Jahre gemacht wurden, aus meinem eigenen Projekt von 1979 über die monastische Geschichte und aus späteren Mitteilungen von Sherpa-Freunden zusammengestellt.

Hauptsächlich geht es darum, durch die Geschichten einen Eindruck vom Schicksal der Klöster bis in die Gegenwart zu vermitteln, von denen die meisten (Tengboche ist die große Ausnahme) gravierende Probleme haben, insbesondere auf der Führungsebene. Die Geschichten veranschaulichen auch die komplexen Verbindungen zwischen den verschiedenen Abstammungs- und Reinkarnationslinien bei den obersten Lamas. Und ich möchte den Anhang mit einer Schilderung der Geschichte der Nachfolge des Zatul Rimpoche und einer graphischen Darstellung aller mir bekannten Querverbindungen der Abstammungslinien abschließen.

Tengboche

Die frühe Geschichte von Tengboche ist an anderer Stelle detailliert behandelt worden, einschließlich der Gründung des Klosters 1916[1] wie auch – in Kapitel 4 dieses Buches – der Entdeckung der Reinkarnation von Lama Gulu, des derzeitigen obersten Lama des Klosters. Dem Kloster ging es lange sehr gut, bis es dann jedoch Ende der sechziger Jahre immer mehr Mönche verließen. Dieser Trend wurde Ende der siebziger Jahre wieder umgekehrt, und das Kloster florierte sowohl mit neuen Mönchen als auch mit Laienschülern, als von Fürer-Haimendorf es 1983 wieder besuchte.[2]

Es hatte in der Zwischenzeit von der amerikanischen Organisation Cultural Survival Gelder für ein »Kulturzentrum« und ein Wohnhaus für Mönche erhalten, von dem nepalesischen Ministerium für Parks und Naturschutz Zahlungen für ein Bibliotheks- und Museumsgebäude und vom Himalayan Trust für die Gehälter von Mönchslehrern.[3] Darüber hinaus hatte das Kloster offenbar auch erhebliche Einnahmen durch Spenden von Touristen und Bergsteigerexpeditionen.

Ende der achtziger Jahre finanzierte die in San Francisco ansässige American Himalayan Foundation (AHF) auf ein Gesuch des obersten Lama – oder Rimpoche, wie er im allgemeinen bezeichnet wird – ein Projekt zum Bau eines Ministaudamms, um die Gompa mit Elektrizität zu versorgen. Im April 1988 wurde das Projekt begonnen, und in einem Artikel im *National-Geographic*-Magazin wurde optimistisch verbreitet, die Elektrizität werde »das harte Leben der 50 Mönche« im Kloster »erleichtern«.[4] Unten auf der Seite ist ein Mann in einem roten Pullover abgebildet (nur Mönche und Exmönche tragen in der Sherpa-Gesellschaft Rot; es ist nicht klar, wer der Mann war), der einen glühenden Raumstrahler hochhält und anstarrt.

Nicht einmal ein Jahr später, am 19. Januar 1989, brannten der große Haupttempel und die Wandelgänge, die den Hof des Tengboche-Klosters umgeben, bis auf den Grund nieder, der Übeltäter war aller Wahrscheinlichkeit nach ein unbeaufsichtigter Heizstrahler.[5] Niemand wurde verletzt,[6] und einige der heiligsten Reliquien des Klosters konnten offenbar gerettet werden; abgesehen davon war der Schaden jedoch groß.

Neben den vielen Freskogemälden, die die ganzen Innen- (und zum Teil auch Außen-)Wände bedeckten, überstanden die meisten Tengboche-Texte und Gebrauchsgegenstände den Brand nicht. Zu den Verlusten gehörten die Mani-Rimdu-Kostüme und -Masken, die zum Teil aus dem Rumbu-Kloster stammten, eine 108-bändige Kengyur- und Tengyur-Ausgabe, die heiligen Texte des tibetischen Buddhismus, und »einige seltene Texte, die der derzeitige Abt vor vielen Jahren aus Tibet importiert hatte«.[7]

Etwas über ein Jahr nach dem Brand, am 27. April 1990, leitete und segnete der Rimpoche eine Zeremonie, bei der Sir Edmund Hillary an den vier Ecken die Grundsteine für den Neubau von Tengboche legte. Die geschätzten Kosten des Wiederaufbaus – ohne Freskogemälde, Statuen, Bücher und sonstige Innenausstattung – lagen bei rund US-$ 160000,[8] von denen bereits über die Hälfte bereitgestellt worden war, offenkundig auch seitens der AHF.

Das Gebäude, das der Rimpoche entwarf, ging von dem Entwurf einer Gompa in Bhutan aus. Es ist inzwischen fertiggestellt, größer als vorher und sehr beeindruckend.

Chiwong

Das zweite Sherpa-Kloster Chiwong wurde 1924 von Sangye gegründet, dem jüngeren Bruder des Gründers von Tengboche. Sangye berief einen Mönch, den Kusho Tulku, einen Bruder des (verheirateten) obersten Lama der Thami-Gompa, zum Vorsteher seines neugegründeten Klosters. Der Kusho Tulku war die Reinkarnation eines mächtigen verheirateten Lama aus dem Solu-Sherpa-Dorf Chalsa. Auf Einladung Sangyes kam der Kusho Tulku mit seinem jüngeren Bruder, Kusho Mangden, ebenfalls ein ordinierter Mönch, sowie mit mehreren älteren Mönchen nach Chiwong, die im Thami-Tempel gelebt hatten, obwohl dies damals noch eine Gemeinschaft verheirateter Lamas war.

Nach einer rund fünfjährigen erfolgreichen Leitung des Klosters fing der Kusho Tulku dann jedoch eine sexuelle Beziehung mit einer Nonne an, bei der es sich, einem Bericht zufolge, um die Tochter aus dem Clan des Klostergründers, dem Lama-Clan, handelte.[9] Sangye, der Gründer, und andere Mitglieder des Lama-Clans waren darüber extrem aufgebracht, und der Kusho Tulku und die Nonne, Ani Galden, verließen die Gegend und gingen nach Katmandu.

Damit war die Geschichte jedoch nicht zu Ende. Ein Mitglied der Lama-Familie, möglicherweise der Vater des Mädchens, schlug den Kusho Tulku danach entweder in der Nähe des Lamjura-Passes auf dem Weg nach Katmandu (wie es in einer Version heißt) oder auf der Straße in Katmandu (wie es in einer anderen heißt) krankenhausreif. Die Tage des Kusho Tulku als Vorsteher von Chiwong waren damit vorbei.[10]

Jetzt hatte Chiwong keinen obersten Lama mehr. Nach und nach gingen viele der Khumbu-Mönche nach Thami zurück. Wie ein Informant es formulierte: »Wenn eine Mutter [sic] einen Ort verläßt, gehen ihre Kinder mit ihr.« Trotz vieler Stiftungsgelder ging es mit Chiwong jetzt bergab. Was in den Augen vieler jedoch nicht nur ein Ergebnis der Sünde war, die der Kusho Tulku mit dem Bruch seines Zölibatsgelübdes begangen hatte, sondern auch des fast ebenso schwerwiegenden Vergehens, den Kusho Tulku zusammenzuschlagen.[11]

Solange der Kusho Tulku lebte, wurden offenbar keine Versuche unternommen, ihn als Vorsteher von Chiwong zu ersetzen. Das Kloster wurde von dem hochgeschätzten Geken, Lehrer, aus Thami, Lowen Woser, geleitet, was jedoch nicht dasselbe war, als wenn man einen voll ermächtigten (und reinkarnierten) obersten Lama gehabt hätte. Darüber hinaus verlor Chiwong nach dem Tod des Gründers Sangye im Jahr 1939 wohl noch mehr an Zusammenhalt.

Im selben Zeitraum starb dann jedoch der Lama, der diese ganze Geschichte gewissermaßen begonnen hatte, der Zatul Rimpoche, und wurde einige Jahre später reinkarniert. In Wirklichkeit gab es sogar zwei (geltend gemachte) Reinkarnationen – eine in einem tibetischen Kind in Lhasa und eine in einem Sherpa-Kind von Eltern aus Solu. Bei dem Sherpa-Kind handelte es sich um den unehelichen Sohn einer Devuche-Nonne, die ihr Gelübde gebrochen hatte und selbst eine Tochter des Chalsa Lama war, der in dem Kusho Tulku reinkarniert worden war.[12]

Nachdem der Anwärter aus Lhasa als die »offizielle« Reinkarnation anerkannt und zum Abt des Rumbu-Klosters ernannt worden war,[13] wurde der Sherpa-Anwärter – der der *Kumdul* (eine Zusammensetzung von Khumbu Tulku) Rimpoche genannt wird – von den Chiwong-Mönchen gebeten, die vakante Leitung des Chiwong-Klosters zu übernehmen, was er tat.[14]

Durch die Anwesenheit einer neuen Führungskraft von hohem spirituellem Ansehen wurde Chiwong eine Zeitlang etwas wiederbelebt. Als der Tibetologe David Snellgrove das Kloster 1955 besuchte, wohnte der damals siebzehnjährige reinkarnierte Lama im Kloster und ging unter der Anleitung eines tatkräftigen und talentierten Mönches aus einer Junbesi-Familie eifrig seinen Studien nach. Snellgrove erwähnte das Kloster lobend wegen seiner damals »hervorragenden religiösen Praktiken«.[15]

Nach ein oder zwei Jahren reiste der Zatul-Rimpoche-Tulku jedoch studienhalber nach Tibet und erhielt, während er dort war, das Angebot, die Leitung eines größeren und angeseheneren Klosters zu übernehmen. Er nahm das Angebot an und starb dann 1958 plötzlich, ohne jemals wieder nach Solu zurückgekehrt zu sein.[16] Sein ausgezeichneter Lehrer, Ngawang Yenden, hatte Chiwong etwa zur selben Zeit verlassen.[17]

Seit Ende der fünfziger Jahre hat das Chiwong-Kloster keinen offiziellen obersten Lama mehr gehabt. Es wird immer noch beträchtlich von der Lama-Familie unterstützt, und es gibt immer noch eine Handvoll Mönche, die im Kloster leben. Eine Zeitlang hatten sie auch aufgehört, das größte jährliche Ritual, das Mani-Rimdu-Fest, mit den maskierten Tänzen, den Geisterbeschwörungen und Austreibungen von Dämonen und der rituellen Verleihung eines langen Lebens an die anwesende Laienbevölkerung zu zelebrieren.

Der aus Tibet geflohene reinkarnierte Lama, der Tushi Rimpoche, hat das Mani-Rimdu-Ritual unterdessen jedoch wiederbelebt. Er kommt mit einer Gruppe tibetischer Mönche aus seinem nahe gelegenen Kloster hinunter, um das Ritual im Chiwong-Tempel zu feiern.[18] Das kollektive rituelle Leben des Klosters ist sehr zurückgegangen, und seit vielen Jahren hat es, wenn überhaupt, nur wenige Novizen gegeben.

Takshindo

Das Takshindo-Kloster wurde im Jahr des Ochsen (etwa 1949) in der Solu-Region gegründet, unweit (wenn man Sherpa-Entfernungen nimmt) der dahinsiechenden Chiwong-Gompa, und es hat in einem gewissen Sinne wohl auch unter der Flaute in Chiwong gelitten. Es wurde von einem Tengboche-Mönch, Tolden Tsultim, gegründet. Auch wenn es als ein Ableger oder als eine »Tochter« des Tengboche-Klosters definiert wurde, war Tolden Tsultim offenbar eine starke Persönlichkeit, und man glaubte allenthalben, daß er in der Region, aus der er ursprünglich kam, in Ost-Solu, ein neues Kloster errichten (und leiten) wollte. Das Kloster florierte in seinen ersten Jahren und zog einige ordinierte Mönche aus Tengboche wie auch einige junge

Novizen an. Die Mönche kamen ursprünglich, wie Tolden Tsultim, aus Solu.[19]

Darüber hinaus entdeckte man, daß ein Junge aus einem Dorf in der Region die Reinkarnation eines lokalen verheirateten Lama war, und er wurde zur Unterrichtung nach Takshindo gebracht. Dieser Tulku (Reinkarnation) wurde lokal als der Takshindo Lama bekannt, obwohl er in Wirklichkeit nicht der Vorsteher des Takshindo-Klosters war, wie die Bezeichnung vermuten lassen würde. Und schließlich gab es in dem Kloster noch einen ausgezeichneten Lehrer, einen äußerst gelehrten Sherpa, der fünfzehn Jahre in Khams, im Nordosten Tibets, studiert und den akademischen Grad eines Geshe erworben hatte, der in etwa vergleichbar mit einem Doktor der Philosophie ist.

Tolden Tsultim starb Ende der fünfziger Jahre, und die Führungsfrage blieb unbestimmt. Das Kloster wurde sowohl von dem jungen reinkarnierten Lama (obgleich er keine offizielle Position dort hatte) als auch dem Geshe geleitet. Etwa drei Jahre später entdeckten die Takshindo-Mönche dann jedoch, daß Tolden Tsultim in einem Kind einer Familie eines Lama-Clans in Phaphlu reinkarniert worden war. Die Mönche waren an die Familie herangetreten, die offenkundig jedoch nicht daran interessiert war, ihren Sohn dem Kloster zu überlassen – und so ist die Situation ungeklärt geblieben.[20]

Thami

Das Thami-Kloster war ursprünglich eine Gemeinschaft verheirateter Lamas, eine der drei ältesten Tempel-Gemeinschaften in Solu-Khumbu.[21] Um die Zeit der Gründungen der ersten Sherpa-Klöster bis in die 1920er Jahre hatte der oberste Lama von Thami (der ein verheirateter Lama aus der mächtigen Abstammungslinie der Gründer des Tempels war) drei Söhne, von denen zwei ihre Mönchsgelübde in Rumbu ablegten und einer sich als verheirateter Lama ausbilden ließ. Der mittlere Sohn war kein anderer als der Kusho Tulku, der bereits in der Geschichte des Chiwong-Klosters aufgetaucht ist.

In der Gemeinschaft der verheirateten Lamas in Thami lebten auch eine Reihe zölibatärer Sherpa-Mönche, und um diese Zeit wurden erste Anläufe unternommen, den Tempel in eine zölibatäre Gemeinschaft umzuwandeln, mit dem zölibatären Kusho Tulku als obersten

Lama (womit sein nichtzölibatärer älterer Bruder bei der Nachfolge übergangen worden wäre). Der Kusho Tulku übernahm offenbar für kurze Zeit die Leitung und überwachte den Neubau des Haupttempels an einem neuen Ort, mit einem größeren Hof, um die für das Kloster bedeutsamen Mani-Rimdu-Rituale abhalten zu können. Dies war Anfang der zwanziger Jahre, nach der Gründung von Tengboche, aber vor der Gründung von Chiwong.[22]

Wenn alles wie geplant verlaufen wäre, wäre mit der Umwandlung des Thami-Tempels in ein zölibatäres Kloster zu jener Zeit das zweite Kloster in Solu-Khumbu entstanden. Es lief jedoch nicht wie geplant. Zum einen hieß es, der Kusho Tulku habe Schwierigkeiten mit einigen Förderern von Thami gehabt. Zum anderen ließ er sich von Sangye Lama dazu verleiten, als Vorsteher die Führung des neugebauten Chiwong-Klosters in Solu zu übernehmen.

Als der Kusho Tulku Thami verließ, gingen die meisten der zölibatären Mönche mit ihm nach Chiwong, und es heißt, er habe auch die Mani-Rimdu-Kostüme mitgenommen. Das müßte etwa 1923 gewesen sein. Der erste Versuch, Thami zum zölibatären Kloster umzuwandeln, war somit gescheitert. Die Leitung von Thami wurde dann am Ende doch noch von dem älteren Bruder des Kusho Tulku, dem verheirateten Lama Tundup, übernommen.

Der Kusho Tulku brach Ende der zwanziger oder Anfang der dreißiger Jahre in Chiwong seine Gelübde, und die Mönche begannen, wieder nach Thami abzuwandern, wo sie dann aufs neue Vorstöße unternahmen, den Tempel zu einem Kloster hochzustufen. In den vierziger Jahren fingen sie an, die Mani-Rimdu-Feste wieder zu begehen, zunächst allerdings in einer sehr reduzierten Form, da sie die Kostüme nicht hatten.[23] Die Zahl der zölibatären Mönche, die in der Gemeinschaft lebten, wuchs jedoch stetig weiter, und um das Jahr 1950 wurde der Tempel schließlich in ein zölibatäres Kloster umgewandelt.

Der verheiratete und sehr beliebte Lama Tundup stand der Gemeinschaft weiterhin bis zu seinem Tod 1958 vor. (Der Widerspruch, daß ein verheirateter Lama ein zölibatäres Kloster leitete, wurde durch einige rituelle Arrangements gelöst.) Nach einigen Jahren wurde seine Reinkarnation in einem kleinen Jungen aus der entlegenen Sherpa-Region von Rolwaling, nordwestlich von Thami, gefunden.

KLÖSTER

Der Junge wurde ins Kloster gebracht und sorgsam von den Mönchen unterrichtet und erzogen, insbesondere auch von seinem Studienleiter/Tutor Ngawang Samden (der ein leiblicher Enkelsohn von Lama Tundup war).[24] Er wuchs zu einem klugen jungen Mann und einem pflichtbewußten Lama heran, und das Thami-Kloster sollte die ganzen achtziger Jahre hindurch weiterhin blühen und gedeihen. Neben Tengboche war Thami einer der größten Erfolge der monastischen Bewegung bei den Sherpas, und der Thami Rimpoche war neben dem Tengboche Rimpoche der zweite wichtige Sherpa-Tulku.

Und dann kam die Katastrophe. Im Februar 1990 kehrte der Rimpoche nach Rolwaling zurück, um Verwandte zu besuchen und einige Rituale zu leiten. Sein Tutor, Ngawang Samden, reiste gewöhnlich mit ihm und behielt ihn immer sehr genau im Auge. Diesmal begleitete Ngawang Samden den Lama jedoch nicht, der, wie es heißt, bei diesem Anlaß zuviel getrunken hat und mit einer Frau des Haushaltes, in dem er sich aufhielt, ins Bett ging. Jeder war sprachlos, einschließlich der Autorin, die kurz nachdem es geschehen war, davon erfuhr.[25] Die Mönche »vergaben« dem Lama schließlich, daß er seine Gelübde gebrochen hatte, und er ist heute weiterhin der Vorsteher des Klosters.

Serlo

Eines der letzten Klöster, die in Solu-Khumbu von Einheimischen gegründet wurden, war die Serlo-Gompa, die etwa 1959 am Berghang oberhalb des Dorfes Junbesi in Solu errichtet wurde. Der Lama, Sangye Tenzing, war ein junger Mann aus Solu, der nach Khams, im Nordosten Tibets, gegangen war, um sich ordinieren und ausbilden zu lassen. Er blieb viele Jahre dort und kehrte während der chinesischen Invasion nach Solu zurück. Sein Lehrer gab ihm eine große Geldsumme und viele religiöse Gegenstände mit, um ein neues Kloster zu gründen.

Sangye Tenzing war neben dem Takshindo-Geshe wahrscheinlich einer der gelehrtesten Mönche in Solu-Khumbu. Er wurde so etwas wie eine lokale Autorität, was die tibetische buddhistische Praxis und die Sherpa-Religionsgeschichte anging. Er arbeitete mit dem Tibetologen Alexander W. MacDonald[26] und mit dem Theologiestudenten Kurt Schwalbe,[27] und er veröffentlichte selbst ein Werk über die Religionsgeschichte der Sherpas.[28]

Er hatte Ambitionen, die Serlo-Gompa in bezug auf Gelehrsamkeit und fortschrittliche religiöse Techniken noch »höher« als die anderen Sherpa-Klöster zu machen. In der Zeit meines ersten Forschungsaufenthalts (1966–1968) war der Haupttempel zum Teil schon fertiggestellt. Der Lama hatte einen kleinen, aber ergebenen, erlesenen Kreis junger Mönche um sich geschart, und es gab auch eine Gruppe von Kindern, denen Elementarunterricht erteilt wurde.

In den siebziger Jahren brachen mehrere der wichtigsten Mönche ihr Gelübde, was nicht ungewöhlich war, aber zum einen war das Kloster winzig, und zum anderen zehrte dies maßgebend an der Moral des Klosters – insbesondere wohl an der Moral des obersten Lama.[29] Denn irgendwann in den achtziger Jahren ging der Lama selbst eine sexuelle Beziehung mit einer Nonne ein, und das versetzte dem Kloster den letzten Schlag.

Der Lama wohnte weiter im Kloster, er verstand sich jedoch nicht mit den Dorfbewohnern, mit denen er eine Reihe von Disputen über Grundbesitzfragen hatte. Er hatte fünf Kinder, die nach dem Bruch seines Gelübdes schnell hintereinander geboren worden waren, und starb 1990 dann plötzlich. Das Kloster wurde ganz geschlossen.[30]

Das Schicksal des Rumbu-Klosters und die Nachfolge des Zatul Rimpoche

Der Zatul Rimpoche starb etwa 1940. Nach seinem Tod gab es zwei Personen, die Anspruch auf den Status seiner Reinkarnation erhoben: ein tibetisches Kind und ein Sherpa-Kind von Solu-Eltern. Es ist vom kulturellen Verständnis her möglich, daß es drei Reinkarnationen von einem einzigen Individuum gibt, je eine für die drei Komponenten seiner Person: Körper, Sprache und Geist. Obwohl es heißt, daß die Rumbu-Mönche den Sherpa-Kandidaten bevorzugt hätten, wurde der tibetische Junge schließlich von der Zentralregierung in Tibet als die offizielle Reinkarnation anerkannt und als Abt des Rumbu-Klosters eingesetzt.

Der Sherpa-Junge (der Kumdul [eine Zusammensetzung von Khumbu und Tulku] Rimpoche genannt wurde) blieb in Solu-

Khumbu, wo er einigen Berichten zufolge eine Zeitlang als Leiter des Dorftempels von Namche Basar (Nauje) diente. Schließlich wurde er, wie wir bereits gehört haben, für einige Jahre mit der Leitung des Chiwong-Klosters betraut, reiste dann, um zu studieren, nach Tibet, wo er ein Angebot zur Leitung eines tibetischen Klosters annahm und dort im Alter von zwanzig Jahren plötzlich starb.

Unterdessen wurde die tibetische Reinkarnation (der von der Regierung in Lhasa offiziell als Reinkarnation des Zatul Rimpoche anerkannte Junge) in Rumbu eingesetzt. Einige Mönche begannen jedoch, sich für eine andere Quelle, aus der die neue Führung stammen sollte, stark zu machen. Im Kloster lebte die Reinkarnation des Lehrers des Zatul Rimpoche in einer früheren Existenz, ein Tulku namens Tushi Rimpoche.[31] Seine Mutter, eine unverheiratete ehemalige Nonne, hatte ihn 1926, als er fünf Jahre alt war, von seinem Zuhause in Zentraltibet ins Rumbu-Kloster gebracht. Als der Zatul Rimpoche um das Jahr 1940 starb, war Tushi Rimpoche also in seinen Jugendjahren.

Viele der Mönche begannen, sich um ihn statt um den Rumbu Tulku zu scharen. Und im Jahr 1950 war es bei der ersten chinesischen Invasion der Tushi Rimpoche und nicht der Rumbu Tulku, der eine große Gruppe von Rumbu-Mönchen über die Grenze nach Solu-Khumbu vorübergehend ins Exil vor den Chinesen führte. Die Gruppe blieb etwa ein Jahr in der Umgebung der Thami-Gompa, und während dieser Zeit nahmen die Thami-Mönche offenbar auch den Rat des Tushi Rimpoche an, den Thami-Tempel dem Zölibat zu unterstellen.

Die Gruppe kehrte nach Tibet zurück, nachdem die Bedrohung nachgelassen hatte. Der Tushi Rimpoche begann dann offenbar auch, unweit von Rumbu sein eigenes Kloster zu bauen (wo vermutlich unter anderem auch Rumbu-Mönche angesiedelt werden sollten). Das Projekt wurde jedoch durch die chinesische Invasion 1959 ein und für allemal gestoppt. Auch diesmal führte der Tushi Rimpoche die Mönche wieder aus Tibet heraus in die Region von Solu-Khumbu, und diesmal für immer.

Die Mönche kehrten zunächst in die Thami-Gegend in Khumbu zurück, um dann jedoch nach Solu hinunterzuziehen. Die Gruppe spaltete sich und lebte an verschiedenen Orten; sie zogen zum Teil auch mehrmals um. Der Tushi Rimpoche baute in Senghe Puk ein Kloster, wo dann viele von den Mönchen lebten; einige lebten jedoch

Vier Tulkus. *Von links nach rechts:* Ngawang Samden (Tutor und »Hüter« des Thami Tulku), der Thami Tulku, der Tushi Rimpoche, der Chiwong Tulku, der Zatul-Rimpoche-Tulku (genannt der »Napta Tulku«) auf dem Arm seines Vaters und einer der persönlichen Diener des Tushi Rimpoche, 1967.

auch in Churung Kharka. Zu diesem Zeitpunkt war der Tushi Rimpoche mit einigen Mönchen auch nach Chiwong gezogen, was ideal für alle Betroffenen hätte sein können: Dem Kloster fehlte ein Vorsteher, und dem Rimpoche und seinen Mönchen fehlte ein Kloster.

Aber aus irgendwelchen Gründen funktionierte es nicht (alles, was ich herausfinden konnte, war, daß der Rimpoche meinte, das Wasser sei nicht gut). Als ich 1966 das erste Mal nach Solu kam, lebte die Gruppe in Phungmoche, wo ehemals eine Gemeinschaft verheirateter Lamas gelebt hatte, die es inzwischen jedoch nicht mehr gab.

In der Zeit, als ich meine Feldforschung durchführte, meldete sich eine tibetische Flüchtlingsfamilie in Solu, die behauptete, ihr Sohn zeige Anzeichen, eine weitere Reinkarnation des Zatul Rimpoche zu sein. (Im klassischen Fall sagt das Kind Dinge wie: »Dies [sein Geburtshaus] ist nicht mein Zuhause; mein Zuhause ist dieses und dieses Kloster« – und so weiter.) Um seine Authentizität zu prüfen, wurde das Kind nach Phungmoche gebracht.

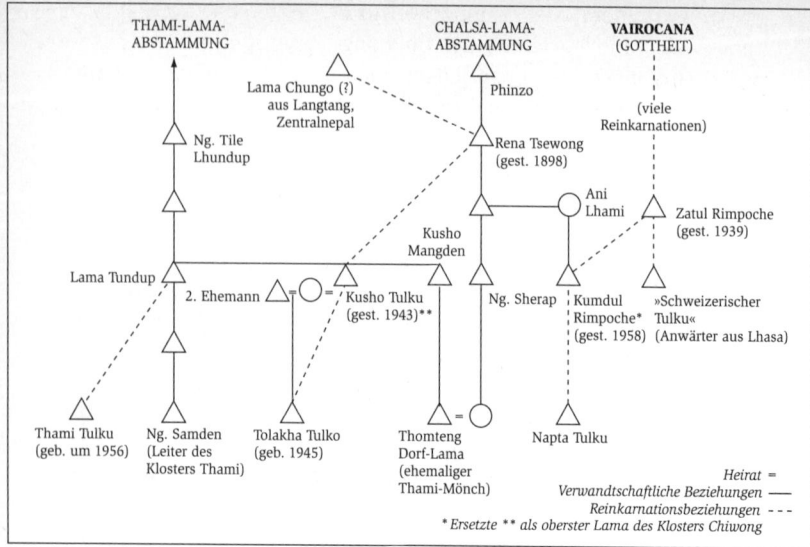

Verbindungen zwischen ausgewählten Abstammungslinien (*Lami Gyudpa* oder *Largyu*) und den Reinkarnationslinien von Lamas in der größeren Solu-Khumbu-Region
(Bei diesem Diagramm gibt es viele Unsicherheiten, und ich bin für Ergänzungen bzw. Korrekturen dankbar.)

Bei einer solchen Prüfung geht es normalerweise darum, daß das Kind unter einer Reihe ähnlicher Gegenstände »seine eigenen« Sachen (aus seinem früheren Leben) heraussucht. Ich war bei den Zeremonien dabei, die Prüfung wurde jedoch nie durchgeführt. Der Grund dafür war, einem Sherpa-Informanten zufolge, daß der Tushi Rimpoche durch übernatürliche mentale Fähigkeiten hatte feststellen können, daß das Kind authentisch war.

Auf dem Foto (siehe S. 369), das ich bei diesem Anlaß gemacht habe, ist das Kind auf dem Arm seines Vaters diese spezielle Zatul-Rimpoche-Reinkarnation, und es wird der »Napta Tulku« genannt. Der Tushi Rimpoche steht in der Mitte. Rechts von ihm (für den Betrachter links) steht der achtjährige Thami Tulku, der zu diesem Anlaß im Kloster zu Besuch war und von seinem Tutor und Hüter, Ngawang Samden, ganz links auf dem Foto, begleitet wurde.

Links von dem Tushi Rimpoche (für den Betrachter rechts) steht ein junger Mönch, der als der Chiwong Tulku identifiziert wurde, wobei aus meinen Notizen jedoch nicht klar hervorgeht, wer sein »früherer Körper« gewesen sein soll. Ganz rechts auf dem Foto ist ein Mönch, der der langjährige persönliche Diener des Tushi Rimpoche war. Das Foto wird von vielen Sherpas als sehr heilig und mächtig angesehen, da es vier Tulkus auf einem Bild vereinigt.

1967 baute der Tushi Rimpoche dann mit dem Geld und der Arbeitskraft der Solu-Sherpas wie auch tibetischer Flüchtlinge unweit des Dorfes Junbesi ein Kloster für sich und seine Mönche. Es ist somit der Tushi Rimpoche, der etwa ab Mitte des 20. Jahrhunderts in der Praxis die Stelle des Zatul Rimpoche eingenommen hat und bei den religiösen Entwicklungen bei den Sherpas die wichtige Rolle spielt, die der des Zatul Rimpoche in den ersten Jahrzehnten des Jahrhunderts entsprach.

Die tibetische Zatul-Rimpoche-Reinkarnation ist offenbar zur Zeit der chinesischen Invasion nach Dharamsala geflohen. Dann führte er eine Gruppe tibetischer Flüchtlinge in die Schweiz, wo sie sich niederließen, und ist unlängst nach Sydney, Australien, umgesiedelt.[32]

Anhang

DANKSAGUNG

Wie die meisten Bücher und ganz bestimmt die meisten meiner Bücher hat auch dieses eine lange Entstehungsgeschichte, und entsprechend lang ist die Liste der Personen, denen ich zu Dank verpflichtet bin. Den nachfolgenden Einrichtungen und Personen möchte ich aufrichtig für die vielen Dinge danken, die sie zu diesem Projekt beigetragen und damit dieses Buches ermöglicht haben.

Für Geld *(Conditio sine qua non)*: der John D. and Catherine T. MacArthur Foundation, der National Endowment for the Humanities, der National Science Foundation und der University of Michigan (Faculty Assistance Fund und Faculty International Travel Fund).

Allen, die mit ausführlichen Kommentaren, einer kritischen Lektüre oder anderweitig mit ihrer Kritik und mit Ratschlägen erheblich zur Entstehung dieses Buches beigetragen haben: Arjun Appadurai, James F. Fisher, Harka Gurung, Peter H. Hansen, David Holmberg, Mary Murrell, William H. Sewell Jr., Timothy D. Taylor und ein anonymer Press-Leser.

Für Interviews und sonstige Hilfe und Unterstützung in Nepal (1990): Mr. Banskota (Ministerium für Tourismus), Elizabeth Hawley, Ang Nyimi Sherpa, Lhakpa Ongju Lama, Pemba Lama, (Col.) James Roberts, Ang Kami Sherpa, Ang Karma Sherpa, (Takto) Ang Karma Sherpa, Ang Nyima Sherpa, Ang Nyima Sherpa (Namche Basar), Ang Pasang Sherpa, Ang (Tsak) Pasang Sherpa, Ang Purwa Sherpa, Ang Rita Sherpa (w.), Ang Rita Sherpa (m.), Ang Tshering Sherpa, Apa Sherpa, Au Norbu Sherpa, Lhakpa Gyelzen Sherpa, Lhakpa Norbu Sherpa, Lobsang Tsering Sherpa, Mingma Tenzing Sherpa, (Jiri) Norbu Sherpa, Nyima Tsering Sherpa, Pasang Sherpa, Pasang Nuru Sherpa, Pasang Temba Sherpa, Pema Sherpa, Pertemba Sherpa, Phu Dorje Sherpa, Sangye Sherpa, Sonam Gyalchen Sherpa, Tsultim Sherpa und Urkyen Sherpa.

Für die wertvolle Vorablektüre von einzelnen Kapiteln und Teilen dieses Buches: Lila Abu-Lughod, Vincanne Adams, Laura Ahearn, anonyme Kritiker von SINHAS *(Studies in Nepali History and Society)*, Eberhard Berg, Emily Chao, Nancy Chodorow, Elaine Combs-Schilling, Coralynn Davis, Clifford Geertz, Stephen Greenblatt, Liisa Malkki und Abigail Stewart.

Für verschiedene kleinere, aber nichtsdestotrotz unverzichtbare Beiträge: Arlene Blum, Pat Cahill, Brot Coburn, Tom Cuddy, Michael Fahy, Michael Falter, Lindsay French, Barbara Kaplan, Gwendolyn Ida Ortner Kelly, Mountain Travel/Sobek Himalayan Library, Lars Rodseth, Jessica Sewell, Ruth Shamraj, Robert Yale Shapiro und Harrison White, Ang Rita Sherpa vom Himalayan Trust, Pemba Tsering Sherpa, Tara Susman, Timothy D. Taylor sowie Joan und Will Weber.

Für Jahre der Freundschaft und persönliche Unterstützung in Nepal 1990: Mingma Tenzing Sherpa, Pasang Lhamu Sherpani, (Tawa) Dorje Sherpa und Ang Gyelzen (A.G.) Sherpa. (Ang Gyelzen Sherpa, den ich seit seinem zehnten Lebensjahr kannte und den ich als einen guten Freund betrachten durfte, kam bei einem Flugzeugabsturz ums Leben, als dieses Buch gerade in Druck ging. Er war ein junger Mann mit einem wunderbaren Charakter – klug, freundlich, unermüdlich arbeitsam, großherzig –, und sein Tod im Alter von zweiundvierzig Jahren ist eine furchtbare Tragödie.)

Für all die Liebe, Unterstützung und Ablenkung, die ich zu Hause erfahren habe: Gwendolyn Ida Ortner Kelly, Timothy D. Taylor und Paddy, die Katze.

Mein tiefster Dank an alle.

HINWEIS FÜR DEN LESER

Sofern nichts anderes vermerkt ist, habe ich in diesem Buch durchgehend die authentischen Namen verwendet. Die Namensangaben wurden nur dann geändert oder weggelassen, wenn ich die Sorge hatte, daß es für die betreffenden Personen peinlich oder unangenehm sein könnte, was ich geschrieben oder zitiert habe.

Eine veränderte Fassung von Kapitel 3 wird unter dem Titel »The Making and Self-Making of the Sherpas in Early Himalayan Mountaineering« in *Studies in Nepali History and Society* erscheinen.

Eine andere Version von Kapitel 5 wurde unter der Überschrift »Thick Resistance: Death and the Cultural Construction of Agency in Himalayan Mountaineering« in *Representations* 59, 1997, S. 135-162, veröffentlicht.

Eine andere Fassung von Kapitel 8 wurde unter dem Titel »Borderlands Politics and Erotics: Gender and Sexuality in Himalayan Mountaineering« in: S. B. Ortner, *Making Gender: The Politics and Erotics of Culture*, S. 181-212, Boston, Beacon Press, 1996, publiziert.

VERZEICHNIS DER ILLUSTRATIONEN

Fotografien

1. Sahibs der Everest-Expedition von 1922. *Hintere Reihe v.l.n.r.*: Major Morshead, Captain Geoffrey Bruce, Captain Noel, Dr. Wakefield, Captain Morris, Major Norton; *vordere Reihe v.l.n.r.*: Mr. Mallory, Captain Finch, Dr. Longstaff, General Bruce, Colonel Strutt, Mr. Crawford. Aufnahme, die freundlicherweise von der Royal Geographical Society zur Verfügung gestellt wurde. (S. 59)
2. Ajeeba Sherpa trägt den halberfrorenen Maurice Herzog. Französische Annapurna-Expedition, 1950. Nachdruck aus Herzog, *Annapurna. Erster Achttausender*, Wien 1952. (S. 75)
3. Ein frühes Foto von Ang Tharkay *(l.)* mit Sen Tenzing und Pasang Bhutia (ohne Datum). Nachdruck aus Mason, *Abode of Snow*, London 1987, S. 174. (S. 90)
4. »Träger, die am höchsten hinaufstiegen« – bei der britischen Everest-Expedition, 1924. *V.l.n.r.*: 'Bom, Narbu Yishe, Semchumbi, Lobsang, Llakpa Chedi, Angtenjin. Nachdruck aus Norton, *The Fight for Everest: 1924*, New York 1925, S. 191. (S. 92)
5. »Die ›Tiger‹ (außer Kipa), die das Lager VI errichteten«; namentlich unbekannte Sherpas der britischen Everest-Expedition von 1933. Nachdruck aus Ruttledge, *Everest 1933*, London 1933, S. 119. (S. 99)
6. Kloster Tengboche mit dem Everest, der hinter dem Nuptse-Kamm zu sehen ist, 1968. Fotografiert von der Autorin. (S. 112)

7. Verheiratete Lamas führen im Dorf Junbesi (Zhung) einen Hochzeitszug an, 1967. *Links*: Lama Tenzing; *rechts*: Lama Kinziu. Fotografiert von der Autorin. (S. 120)
8. Der große reinkarnierte Lama, der Tushi Rimpoche, 1967. Fotografiert von der Autorin. (S. 142)
9. Au Chokdu, Mönch des Klosters Tengboche – und ein ausgezeichneter Geschichtenerzähler, 1979. Fotografiert von der Autorin. (S. 144)
10. Der Tengboche Rimpoche im Kloster Tengboche, 1979. Fotografiert von der Autorin. (S. 147)
11. Aufziehen der Gebetsfahnen für die Puja-Zeremonie im Basislager. Amerikanische Frauenexpedition zum Annapurna, 1978. Nachdruck aus Blum, *Annapurna. Die erste Frauenexpedition auf einen der höchsten Gipfel der Erde*. Stuttgart 1982. Foto freundlicherweise von Arlene Blum zur Verfügung gestellt. (S. 159)
12. Namentlich unbekannte Sherpas (Tenzing Norgay, *zweiter v.r.*) am Grab von Mingma Dorjee. Schweizer Everest-Expedition, 1952. Nachdruck aus *Everest*, Schweizerische Stiftung für Alpine Forschung, Zürich 1953. Fotografiert von Norman Dyhrenfurth. (S. 161)
13. Lobsang Tsering Sherpa, Sardar der amerikanischen Frauenexpedition zum Annapurna und anderer Hochgebirgspartien, 1990. Fotografiert von der Autorin. (S. 168)
14. Tenzing Norgay Sherpa und Raymond Lambert. Schweizer Everest-Expedition, 1952. Nachdruck aus Tenzing, *Der Tiger vom Everest*, Wiesbaden 1955. Freundlicherweise von der Schweizerischen Stiftung für Alpine Forschung zur Verfügung gestellt. (S. 184)
15. »Eine vielversprechende Generation«; namentlich unbekannte Sherpas. Schweizer Everest-Expedition, 1952. Nachdruck aus *Everest*, Schweizerische Stiftung für Alpine Forschung, Zürich 1953, S. 141. (S. 186)
16. Dorfälteste aus Khumjung, die den Gott Khumbila begrüßen. Dumji-Riten, 1979. Fotografiert von der Autorin. (S. 205)
17. Vier Bergsteiger (*v.l.n.r.*: Robert Anderson, Paul Teare, Ed Webster, Stephen Venables) mit der aus Eis herausgemeißelten nackten »Expeditionsschneefrau«. Amerikanisch-britische Everest-Expedition über die Kangshung-Wand, 1988. Nachdruck aus

Venables, *Everest: Alone at the Summit*, Bath, Großbritannien 1989, S. 135. Fotografiert von Joseph Blackburn. (S. 213)
18. Sir Edmund (Ed) Hillary bei der Expedition für die Einrichtung von Schulen, 1963. Fotografie freundlicherweise von Jim Fisher zur Verfügung gestellt. (S. 234)
19. Mingma Tenzing Sherpa hält einen Sonnenreflektor für die Innenfilmaufnahmen im Kloster Thami hoch. Granada-Film-Expedition, 1976. Fotografie freundlicherweise von Leslie Woodhead zur Verfügung gestellt. (S. 242)
20. Pema Sherpa, 1990. Fotografiert von der Autorin. (S. 250)
21. Ang Karma Sherpa, 1990. Fotografiert von der Autorin. (S. 251)
22. Pertemba Sherpa, 1990. Fotografiert von der Autorin. (S. 252)
23. Donna und Phurba Sherpa, um 1990, die heirateten, nachdem sie sich bei einer Trekking-Tour kennengelernt hatten. Nachdruck aus Sherpa, *Living in the Middle*, Prospect Heights, Illinois, 1994. Fotografie freundlicherweise von Donna Sherpa zur Verfügung gestellt. (S. 260)
24. Junko Tabei, die als erste Frau den Gipfel des Everest bestieg, mit ihrem Kletterpartner Ang Tshering Sherpa, 1975. Nachdruck aus Ahluwalia, *Faces of Everest*, Neu Delhi 1978, S. 171. (S. 266)
25. Pasang Lhamu Sherpa, 1990. Fotografiert von der Autorin. (S. 278)
26. Ang Rita Sherpa, 1990. Fotografiert von der Autorin. (S. 281)
27. Ang Nyimi Sherpa, 1990. Fotografiert von der Autorin. (S. 283)
28. Der inzwischen verstorbene Ang Gyelzen (A.G.) Sherpa und Pemba Tsering Sherpa im Büro ihrer Trekking-Agentur Journeys Nepal, 1990. Fotografiert von der Autorin. (S. 303)
29. Ang Rita Sherpa, der nach der neuesten Zählung den Gipfel des Everest elfmal bestiegen hat, mit einigen seiner Auszeichnungen, 1990. Fotografiert von der Autorin. (S. 306)
30. Vier Tulkus. *V.l.n.r.*: Ngawang Samden (Tutor und »Hüter« des Thami Tulku), der Thami Tulku, der Tushi Rimpoche, der Chiwong Tulku, der Zatul-Rimpoche-Tulku (genannt der »Napta Tulku«) auf dem Arm seines Vaters und einer der persönlichen Diener des Tushi Rimpoche, 1967. Fotografiert von der Autorin. (S. 369)

Diagramm

Verbindungen zwischen ausgewählten Abstammungslinien (*Lami Gyudpa* oder *Largyu*) und den Reinkarnationslinien von Lamas in der größeren Solu-Khumbu-Region. (S. 370)

Karten

1. Das größere Himalaya-Karakorum-Gebiet mit allen 14 Achttausendern der Erde. (S. 17)
2. Ostnepal, die Heimatregion der Sherpas von Solu-Khumbu, und einige der regionalen Hauptreisepunkte. (S. 20)
3. Die Solu-Khumbu-Region. (S. 79)

ANMERKUNGEN

Kapitel 1

1 Ein Sherpa starb in einer früheren Phase der Expedition an Höhenkrankheit.
2 Doug Scott beklagte den Mangel an verläßlichen Informationen über Unfälle beim Bergsteigen im Himalaya: »Zeitschriftenredakteure haben eine Verantwortung, die Einzelheiten und Statistiken von Unfällen zu veröffentlichen, wie auch über die Erfolge zu berichten, damit wir alle Bescheid wissen, was uns erwartet.« (1985, S. 32)
3 Blum, 1980, dt. 1982, S. 31.
4 Fleming und Faux, 1977, S. 40.
5 Allison, 1993, S. 206.
6 Morrow, 1986, S. 63.
7 Dowling, 1996, S. 42.
8 Fisher, 1990, S. 146.
9 Carrier, 1992, S. 82.
10 Bonington, 1987, S. 246.
11 Manchmal sah es so aus, als würde jedesmal, wenn ich mich hinsetzte, um am Thema des »Risikos« zu arbeiten, in den internationalen Nachrichten über einen tödlichen Unfall beim Himalaya-Bergsteigen berichtet. Als ich 1995 am ersten Entwurf arbeitete, kam im Radio die Meldung über den Tod von Alison Hargreaves auf dem K2, der ersten Frau, die den Mount Everest ohne zusätzlichen Sauerstoff bestiegen hatte. Als ich 1996 am zweiten Entwurf arbeitete, hörte ich von der Everest-Katastrophe, mit der ich dieses Kapitel eingeleitet habe.
12 Zitiert in: Tilman, 1983, S. 487.
13 Blum, 1980, dt. 1982, S. 110.
14 Der Begriff »Sherpa« ist im Vokabular des Westens in verschiedener Hinsicht zu einer Metapher geworden: Es gibt einen britischen Lastwagen, der »Sherpa« heißt, vermutlich, weil damit große und schwere Lasten über große Entfernungen hinweg transportiert werden. Zudem wird eine bestimmte Art von Mantelfutter aus Wolle als »Sherpa« bezeichnet, vermutlich in Anlehnung an den Gedanken, daß die Sherpas in einem kalten Klima leben und wissen, wie man sich warmhalten kann. Und der bei Firmen- und politischen Verhandlungen notwendige Unterstützerstab wird gelegentlich »Sherpa« genannt, wohinter die Idee steht, daß die dazugehörigen Mitglieder die höherrangige Partei bei ihren Bemühungen bei schwierigen Verhandlungen unterstützen. Besonders treffend ist der Ausdruck bei hochrangigen politischen Begegnungen, da mit der Bezeichnung »Gipfel-Treffen« zugleich auch die Idee des Bergsteigens heraufbeschworen wird. Adams (1996) geht auf die metaphorischen Sherpas und den Einfluß der westlichen Metaphern auf die Sherpas ein.
15 Ortner, 1989a.
16 Hansen, o.J.
17 Thapa, 1997.
18 Barcott, 1996, S. 65.
19 Ang Tharkay, 1954; Tenzing Norgay, 1955, dt. 1955. Tenzing Norgay schrieb noch eine weitere Autobiographie, die 1977 veröffentlicht wurde. Bei dem

meisten, was darin über sein frühes Leben enthalten ist, handelt es sich um eine Wiederholung aus der Autobiographie von 1955. Das neuere Material bezieht sich weitestgehend auf sein Leben, nachdem er mit dem Bergsteigen aufgehört hat. Ich greife gelegentlich auf das spätere zurück, für die hier vorliegende Studie ist sie jedoch weniger relevant als das frühere Buch.

20 Nepali, die Landessprache, habe ich nie gelernt. Viele Sherpas werden zweisprachig erzogen, in Sherpa und Nepali, oder beherrschen auch drei Sprachen, Sherpa, Nepali und Englisch. Meine mangelnden Nepali-Kenntnisse waren jedoch kein sonderliches Problem, als ich hauptsächlich in den Dörfern von Solu-Khumbu arbeitete, da die Menschen hier selten Nepali sprachen, außer bei Unterredungen mit dem gelegentlich vorbeikommenden Regierungsbeamten. In Katmandu war es hingegen eher üblich, Nepali zu sprechen, wo die Sherpas sich sowohl bei zwanglosen Konversationen als auch untereinander in dieser Sprache unterhielten.

21 Zum Beispiel Greenblatt, 1993; Sahlins, 1981, dt. 1986.
22 Zum Beispiel Said, 1978, dt. 1981; Guha und Spivak, Hrsg., 1988.
23 Zum Beispiel Appadurai, 1990; Clifford, 1997.
24 Spivak, 1988.
25 Für ähnliche Argumente, die sich auf verwandte Themen beziehen, siehe Hansen, 1997.
26 Clifford und Marcus, 1986.
27 Said, 1978, dt. 1981.
28 Siehe Ortner, 1995b, wo diese Fragen detaillierter erörtert werden.
29 Geertz, 1973, dt. 1983; siehe auch Ortner, 1997.
30 Sahlins, 1981, dt. 1986, S. 57.
31 Ortner, 1996d.

KAPITEL 2

1 Cameron, 1984, S. 110.
2 Ebd., S. 111 f.
3 Mason, 1955, S. 76.
4 Mein Dank an Harka Gurung für die Übersetzung.
5 Cameron, 1984, S. 111; Mason, 1955, S. 75.
6 Wenn sie nicht selbst gehen konnten, schickten die Briten indische Forscher. Die Sherpa-Region in Solu-Khumbu wurde (aus Sicht der Briten) als erstes von einem Inder namens Hari Ram erforscht, der 1885/86 für den Survey of India arbeitete *(Survey of India, 1915)*.
7 Siehe insbesondere Hansen, 1996a und 1996b.
8 Die Gurkha-Regimenter wurden von den Herrschern Nepals an die Briten in Indien »ausgeliehen« und/oder »vermietet«. Bezüglich jüngerer Abhandlungen über die britische Sicht der Gurkhas, siehe Caplan, 1991, 1995; Des Chene, 1991. Für Hinweise, daß die Gurkhas in der frühen Geschichte des Bergsteigens mit dabei waren, siehe Gurung, 1985, 1991.
9 Herrligkoffer, 1954a, S. 11.
10 Ebd., S. 7.
11 Collie, zitiert in Herrligkoffer, 1954a, S. 14.
12 Ebd., S. 15.
13 Ich verwende den Begriff hier im Sinne von professionellen und Amateurforschern, die vom »Orient« fasziniert waren und ihn studierten, um zu sehen, was der Westen mit Blick auf seine spirituelle Verbesserung daraus lernen konnte. Auch wenn Südasien in gewissem Umfang das Objekt christlicher Missionierung war, scheinen viele aus dem Westen den Buddhismus von Anfang an für eine höherstehende Religion gehalten und ihn genutzt zu haben, um dem wachsenden Materialismus in der westlichen Zivilisation zu begegnen.

14 Siehe Mason, 1955.
15 Hooker, 1854.
16 Zum Beispiel White, 1909.
17 Waddell, 1888.
18 Freshfield, 1979 [1903].
19 Cameron, 1984, S. 144–152.
20 Hansen, 1996a und 1996b; Unsworth, 1981, S. 16.
21 Siehe Ortner, 1989a, Kap. 7, bezüglich der Geschichte über den großen finanziellen Erfolg von Sangye Lama und seiner Frau in Darjeeling.
22 Dash, 1947, S. 72; Ortner, 1989a, S. 160.
23 Rubenson, 1908a, S. 67.
24 C. G. Bruce, 1910, S. 28.
25 Zitiert in: Cameron, 1984, S. 161; siehe auch Kellas, 1913, S. 144 ff.
26 Cameron, 1984, S. 161 f.; Noel, 1927, S. 60.
27 Peter Hansen (persönliches Gespräch) war der Ansicht, die Meinung, die Rubenson/Monrad-Aas und Kellas über die Sherpas hatten, sei erst später auf breiterer Ebene bekannt geworden. Bruce wiederholte jedoch Rubensons Bericht 1910, wie wir gesehen haben, und fuhr 1921 mit Kellas zum Everest.
28 Unsworth, 1981, S. 163; siehe auch Hansen, 1995.
29 Unsworth, 1981, S. 24. Fünfzig Jahre später äußerte ein Bergsteiger eine ähnliche Meinung über einen anderen, der ihm offenbar zu elitär war: »Wir hielten zuerst nicht viel von ihm..., ich ging davon aus, daß er zu sehr der piekfeine Privatschulentyp war, aber nachdem wir ihn kennengelernt hatten, merkten wir, daß er ein guter Kerl war.« Zitiert in: Bonington, 1976, S. 37.
30 Unsworth, 1981, S. 163.
31 Bauer, 1934, S. 22 f.
32 Tilman, 1983 [1948], S. 465.
33 Siehe auch Hansen, 1995, über den Ursprung des Bergsteigens in der Mittelschicht. Hansen und ich sind unterschiedlicher Meinung, was die »gegenkulturelle« Stellung des Bergsteigens angeht; was jedoch die entscheidende Rolle der Klassenzugehörigkeit anlangt, sind wir einer Meinung.
34 Simmel, 1983, S. 13. Mein Dank an David Koester für den Hinweis auf das Simmel-Zitat.
35 Unsworth, 1981, S. 23; siehe auch French, 1995.
36 Unsworth, 1981, S. 100; Morrow, 1986, S. 63.
37 In: Chevalley u. a., 1953, S. 48.
38 Tilman, 1983 [1948], S. 502.
39 Denman, 1954, S. 230.
40 Tilman, 1983 [1948], S. 502.
41 Desio, 1956, S. 10 f.; siehe auch Miura, 1978, S. 40.
42 Singh, 1961, S. 140.
43 Zitiert in: Ullman, 1964, S. xvii.
44 Ridgeway, 1979, S. 149. Peter Hansen (persönliches Gespräch) erzählte mir, Sir Edmund Hillary habe überlegt, einem seiner Bücher den Titel *Flucht vor der Langeweile* zu geben.
45 Younghusband, 1926, S. 17.
46 Bauer, 1934, S. 10.
47 Unsworth, 1981, S. 237 ff.
48 Denman, 1954. Ab Mitte der dreißiger bis Anfang der fünfziger Jahre gab es aufgrund der Wirren und Zerrüttungen durch den Zweiten Weltkrieg und dann durch die indische Unabhängigkeitsbewegung überhaupt keine großen Expeditionen. Das fast zwei Jahrzehnte dauernde Ausbleiben von Expeditionen bedeutete eine große ökonomische Härte für jene Sherpas, die ihren Lebensunterhalt mit dem Einkommen aus dieser Arbeit bestritten hatten (siehe Tenzing Norgays Autobiographie, 1955, Kap. 8, S. 104 ff.).
49 Unsworth, 1981, S. 237.
50 Tilman, 1983 [1948], S. 505.
51 Ebd.
52 Ebd., S. 508.
53 Ebd., S. 509.
54 Younghusband, 1926, S. 196 f.; siehe auch Norton u. a., 1925, S. 39.
55 Beetham, 1925, S. 189 f.
56 Younghusband, 1925, S. 5.

57 C. G. Bruce u.a., 1923, S. 23.
58 Norton u.a., 1925, S. 39.
59 Northey und Morris, 1976 [1927].
60 Ebd., S. 253.
61 Finch, 1923, S. 238.
62 J. G. Bruce, 1925, S. 229.
63 Herrligkoffer, 1954a, S. 47.
64 Morris, 1958, S. 60.
65 Dias, 1965, S. 16. Siehe Peter Bishop (1989) über die westlichen Vorstellungen in dieser Region, wie sie im »Mythos von Shangri-La« zusammengefaßt werden sollten.
66 Kohli, 1969, S. 7.
67 Miura, 1978, S. 77.
68 Bauer, 1934, S. 101.
69 Smythe, 1931, S. 93.
70 Ruttledge, 1935, S. 85.
71 Eiselin, 1960, S. 181.
72 Ullman, 1964, S. 67.
73 Auch einige der tödlich verlaufenen Expeditionen, die vor den zwanziger Jahren unternommen wurden, sollten erwähnt werden: 1895 unternahmen die Briten einen Versuch, den Nanga Parbat zu besteigen, einen sehr schwierigen Berg im westlichen Himalaya. Der Leiter der Expedition, A. F. Mummery, und zwei Gurkha-Soldaten (Ragubhir Thapa und Gaman Singh) verschwanden spurlos, »wahrscheinlich kamen sie durch eine der Lawinen um, die auf der Route niedergingen« (Gurung, 1985, S. 2; siehe auch C. G. Bruce, 1910). 1905 versuchten die Schweizer, den Kangchendzönga zu besteigen. Ein Sahib und drei Träger wurden unter einer Schneelawine begraben (Mason, 1987 [1955], S. 126). Durch den Ersten Weltkrieg gab es von 1914 bis etwa 1920 eine Unterbrechung der bergsteigerischen Unternehmungen.
74 Unsworth, 1981, S. 489; Mason, 1955, S. 157ff.
75 MacDonald, 1973, S. 231; C. G. Bruce u.a., 1923, S. 280ff.; Unsworth, 1981, S. 490.
76 Unsworth, 1981, S. 490.
77 Noel, 1927, S. 157ff.; Norton u.a. 1925, S. 88ff.
78 G. O. Dyhrenfurth, 1931, S. 84.
79 Bauer, 1933, S. 42; Bauer, 1934, S. 155f., 159ff.; Mason, 1955, S. 199.
80 Tenzing Norgay, 1955, S. 53; Bechthold, 1935, S. 27ff. (Nachruf); Mason 1987 [1955], S. 159, 229ff.; Herrligkoffer, 1954b, S. 20, 22.
81 Unsworth, 1981, S. 237–246. Tenzing Norgay äußerte sich sehr kritisch zu den drei Tibetern, die Wilson als Träger angeworben hatte und die seiner Meinung nach mehr hätten tun sollen, um ihm zu helfen. Er glaubte auch, daß sie Wilsons Geld genommen hätten, nachdem er nicht zurückgekehrt war (Tenzing Norgay, 1955, S. 60f.).
82 Ang Tharkay, 1954, S. 75; Tenzing Norgay erzählt von dieser Geschichte eine andere Version (1955, S. 57ff.).
83 Brown, 1936, S. 312; Mason, 1987 [1955], S. 210.
84 Pfeffer, 1937, S. 210.
85 Bauer, 1955, S. 176f.
86 Tilman, 1948, S. 95ff.; Ang Tharkay, 1954, S. 82ff.
87 Hunt, 1978, S. 58; Tenzing Norgay, 1955, S. 150; Desio, 1956, S. 45. Diese Expedition wurde einer scharfen Kritik unterzogen (siehe Mason, 1955, S. 263; und ebenso einer Neubewertung jüngeren Datums [D. Roberts, 1986a, S. 161ff.]).
88 Roch, 1947, S. 150ff.
89 Tilman, 1946, S. 37.
90 Zum Beispiel Somervell und Mallory, zitiert in: Unsworth, 1981, S. 97f.
91 Noel, 1927, S. 157. Dies war jedoch eine der Begebenheiten, bei der die Sahibs zutiefst erschüttert waren.
92 Bauer, 1933, S. 42, 66f.; Mason, 1955, S. 199.
93 Bauer, 1933, S. 68; Frank Smythe sagte demgegenüber: »Die Sherpas mögen anfällig für abergläubische Ängste sein, sie sind jedoch Manns genug, um sie zu besiegen.« (1931, S. 84).

94 Bauer, 1955, S. 176f.; Bauer, 1939, S. 103.
95 Zitiert in: Unsworth, 1981, S. 253.
96 Bauer, 1933, S. 67. Tenzing Norgay beschreibt selbst, wie er einen Sherpa tüchtig durchgebläut und ihm ein paar derbe Fußtritte versetzt hatte, damit er sich weiter fortbewegte (Tenzing Norgay, 1955, S. 211f.). Und Reinhold Messner schlug und trat einen Sherpa, um ihn 1978 bei der Erstbesteigung des Everest ohne zusätzlichen Sauerstoff bei schlechtem Wetter dazu zu bringen, daß er sich weiterbewegte (Messner, 1979). Die Sherpas, die bei der Expedition dabei waren, beschwerten sich kollektiv über Messners Verhalten; Messner glaubte jedoch, dem Sherpa das Leben gerettet zu haben (Faux, 1982, S. 24).
97 Ein Teil dieser erzieherischen Maßnahmen war körperlicher Natur: In der Literatur sind Begebenheiten zu finden, daß ein Träger mit dem Stock einen Klaps erhielt oder mit einer geschüttelten Faust vor dem Gesicht bedroht oder damit bestraft wurde, daß er zusätzliche Lasten tragen mußte. (Sewell o. J., *passim*). Dies waren keine trivialen Vorfälle, aber sie kamen weitaus seltener vor, und man stützte sich weniger darauf als auf Formen der Autorität, die um ein einvernehmliches Auskommen bemüht waren.
98 J. G. Bruce, 1925, S. 192, 348.
99 Norton u. a., 1925, S. 20.
100 Bauer, 1934, S. 101, als er über die Kangchendzönga-Expedition von 1929 schrieb.
101 J. G. Bruce, 1925, S. 69.
102 Norton u. a., 1925, S. 107f.
103 Unsworth, 1981, S. 107. Einer der Sherpa-Medaillenempfänger war möglicherweise Narbu Yishe, der auch bei der Expedition 1924 arbeitete (Norton u. a., 1925, S. 153). Über die Identität des anderen Trägers konnte ich in der publizierten Literatur keinen Hinweis finden.

104 Tilman, 1983 [1946], S. 281.
105 Tenzing Norgay, 1955, S. 79f.
106 Ruttledge, 1935, S. 128f.
107 Ruttledge, 1934, S. 52.
108 Ruttledge, 1935, S. 128f.
109 Tilman, 1983 [1948], S. 489.
110 Ortner, 1989a.

KAPITEL 3

1 Zum Beispiel Guha und Spival, Hrsg., 1988.
2 Althusser, 1974.
3 Fisher, 1990.
4 C. G. Bruce, 1910.
5 Barnes, in: Tenzing Norgay, 1977, S. 20.
6 Siehe auch Dias, 1965, S. 13; Kohli, 1969, S. 7.
7 Hillary und Hillary, 1984, S. 208.
8 Burgess und Palmer, 1983, S. 135.
9 In: Hagen u. a., 1959, S. 15.
10 Hillary, 1975, dt. 1976, S. 178.
11 Ullman, 1964, S. 170f.
12 Kohli, 1969; Roch 1952.
13 Sonam Gyalchen, von der Autorin interviewt, 1990; Kohli, 1969, S. 121.
14 Herzog, 1952; Lkapa Norbu, von der Autorin interviewt, 1990.
15 Allison, 1993, S. 262.
16 Ang Nyima, von der Autorin interviewt, 1990; Harvard und Thompson, 1974.
17 Blum, 1980, dt. 1982, S. 78f.; G. O. Dyhrenfurth, 1959, S. 156; Unsworth, 1981, S. 422, 289; Harvard und Thompson, 1974, S. 172; Tilman, 1983 [1948], S. 485.
18 Unsworth, 1981, S. 440, und weitere Quellen, die zu zahlreich wären, um sie alle aufzuführen.
19 Hillary, 1955, dt. 1956, S. 129.
20 Die Sherpas haben nicht ihr Leben riskiert, um jeden zu retten, und es wurde berichtet, daß sie einen Nicht-Sherpa-Träger, der unten im Schnee steckte, einfach liegenließen und weitergingen (Thompson, 1979, S. 48) und

ebenso eine Sherpani mit Erfrierungen (Dingle und Hillary, 1982, S. 56f.). Auf diese Fälle werde ich in Kapitel 9 nochmals zurückkommen.
21 Tenzing Norgay, 1955, S. 150; Hunt, 1978, S. 58.
22 G. O. Dyhrenfurth, 1959.
23 Younghusband, 1941; Tenzing Norgay, 1955, S. 53.
24 Sundhare kam später durch einen Sturz von der Pangboche-Brücke ums Leben. Er ertrank auf der Stelle, und es gab Gerüchte, er sei in jungen Jahren bereits Alkoholiker geworden, da er den Ruhm nicht hatte bewältigen können.
25 Dowling, 1996, S. 36. Lobsang Jangbu kam im September desselben Jahres durch eine Schneelawine auf dem Everest ums Leben.
26 Tilman, 1935, S. 25.
27 Yaks wurden zur Lastenbeförderung über weite Strecken beim Handel nach Tibet genutzt. Für den rein lokalen Lastentransport wurden sie selten eingesetzt, und sie können nicht gut auf geringere Höhen hinuntergeführt werden, da sie ein wärmeres Klima schlecht vertragen.
28 Houston, 1987, S. 224. Arlene Blum schrieb: »Tatsächlich hat das Hämoglobin in ihrem Blut eine andere biochemische Struktur als bei uns« (1980, dt. 1982, S. 102); sie präsentiert jedoch keine Belege für diese Behauptung und gibt auch keine Quellen dazu an.
29 Mehr über die traditionelle politische Wirtschaft der Sherpa-Gesellschaft in: Ortner, 1989a.
30 Was die Sahibs in diesem Punkt angeht, muß gerechterweise jedoch gesagt werden, daß die Sherpas diese Seite ihrer Kultur wahrscheinlich erfolgreich vor ihnen verborgen gehalten haben. Verschiedene Beobachter haben behauptet, die Sherpas seien gut im »Eindruck-Management« (Thompson, 1979; Zivetz, 1992). Darüber hinaus unterscheiden die Sherpas selbst zwischen äußerlichen Verhaltensweisen und der Selbstdarstellung einer Person und dem, wie diese Person im Innern wirklich ist (siehe insbesondere Paul, 1970). Es gibt somit keinen Zweifel daran, daß man darauf bedacht ist, »schlechte« Sherpa-Individuen und »schlechte« Sherpa-Interaktionen möglichst gar nicht erst ins Blickfeld der Sahibs geraten zu lassen.
31 Siehe auch March, 1979; Brower o.J.
32 Ortner, 1989a.
33 Siehe Ortner, 1973.
34 Thompson machte zusammen mit Mary Douglas am University College in London seinen Doktor der Ethnologie und nahm in den siebziger Jahren an vielen bergsteigerischen Unternehmungen teil, unter anderem auch 1975 an der von Bonington angeführten Besteigung der Südwestwand des Everest.
35 Ortner, 1989a.
36 Thompson, 1979, S. 46. In *Gewohnheiten des Herzens* gehen Robert Bellah u.a. kurz auf die historische Entstehung von »Freundlichkeit« im kulturellen Stil der US-amerikanischen Mittelschicht ein. Sie sprechen von den Belastungen, denen die Menschen mit dem im 19. Jahrhundert entstehenden Gesellschaftssystem ausgesetzt waren, das weniger lokal orientiert war, sondern auf Mobilität setzte und individuelle Leistungen in den Vordergrund stellte:»In der neuen mobilen Welt der Mittelschicht mußte ein autonomes Individuum einem anderen autonomen Individuum gegenübertreten, wobei die Selbstachtung und die Erfolgsaussichten von der Fähigkeit abhingen, Eindruck zu machen und Verhandlungsgeschick zu beweisen. Die sozialen Interaktionen waren unter diesen Bedingungen zwar häufig intensiv, aber zugleich begrenzt und flüchtig. ›Freundlichkeit‹ wurde fast zwanghaft zu einem Mittel, Schwierigkeiten zu überdecken.« (Bellah u.a., 1985, dt. 1987, S. 148)

37 Zwei traditionelle Lösungen für das Parzellierungsproblem waren das Klosterleben (wobei einer oder mehrere Söhne in ein Kloster gingen und ihren Grundbesitzanteil nicht bekamen) und die brüderliche Polyandrie (wobei mehrere Brüder eine Frau heirateten und das ungeteilte Land gemeinsam besaßen). Aber keine dieser Möglichkeiten war für die Sherpas wirklich eine Lösung. Bis zum 20. Jahrhundert gab es in Solu-Khumbu keine buddhistischen Klöster, und ein junger Mann, der ins Kloster gehen wollte, mußte nach Tibet gehen. Das war ein größeres Unterfangen, und die Zahl derer, die gingen, war sehr klein. Aber selbst nach der Gründung der Klöster in Solu-Khumbu war der Klosterbeitritt für einen Armen nicht wirklich eine Option (worauf wir noch im nächsten Kapitel eingehen werden). Was die Polyandrie anging, so war dies bei allen Tibetisch sprechenden Völkern in der Region eine Option, bei den Sherpas war hier jedoch von all diesen Gruppen (offenbar) eine der niedrigsten Raten zu verzeichnen. Warum dies so war, ist, soviel ich weiß, jedoch nie untersucht worden.
38 Ortner, 1989a, Kap. 6.
39 Ortner, 1989a; Regmi, 1978.
40 Ang Tharkay, 1954, S. 15f. Obwohl es theoretisch eine gleichberechtigte Erbregelung gibt, sieht es in der Praxis – insbesondere wenn der jüngere Bruder relativ skrupellos ist – so aus, daß er alles an sich reißen kann.
41 Ebd., S. 22.
42 Tenzing Norgay, 1955, S. 40.
43 Ang Tharkay, 1954, S. 33.
44 Ebd., S. 46.
45 Ebd., S. 182.
46 Tenzing Norgay, 1955, S. 40f.
47 Ang Tharkay, 1954, S. 47.
48 Knowlton, 1933; Brown, 1936; Shipton, 1938; Tilman, 1937; Herrligkoffer, 1954a.
49 Herrligkoffer, 1954a, S. 249.
50 Ebd., S. 25; 1954b, S. 60.
51 Ebd., S. 69.
52 Ebd., S. 78.
53 Das gleiche mag für die häufig schlechten Beziehungen zu den tibetischen Trägern zutreffen, sowohl für die unter dem traditionellen politischen Feudalsystem in Tibet wie auch (noch klarer) unter dem chinesischen kommunistischen Regime. Um zu sehen, ob und wie der Vergleich standhalten würde, wären hingegen zusätzliche Untersuchungen erforderlich.
54 Ang Tharkay, 1954, S. 64f.
55 J. C. Scott, 1985. Ich gehe auf neue Richtungen in den Untersuchungen über Widerstand in Ortner, 1995b, ein.
56 Norton u.a., 1925, S. 97, 106ff.
57 Bauer, 1934, S. 161f.; Bauer gab dem Sardar die Schuld daran.
58 Ebd., S. 178.
59 Es gab auch die Fragen der Versicherung für die Familien von Sherpas, die bei Expeditionen ums Leben kamen. Darum ging es jedoch selten bei Streiks, die auf dem Berg durchgeführt wurden. Sie standen jedoch im Brennpunkt des Aktivismus verschiedener Sherpa-Organisationen, die sich jenseits des Berges seit den fünfziger Jahren um die Belange der Sherpas kümmerten (siehe Mason, 1955, S. 192; Tenzing Norgay, 1955, S. 148). Das nepalesische Gesetz verlangt inzwischen, daß Expeditionen einen bestimmten Versicherungsbetrag pro Sherpa abführen. Nach Aussage von Sherpa-Freunden gibt es jedoch Sahibs und Expeditionen, die sich nicht daran halten, und in einigen Fällen mußten Sherpas gerichtlich vorgehen, um die Sahibs zur Entrichtung ihrer Zahlungen zu bewegen.
60 Howard-Bury u.a., 1922, S. 47.
61 Was auch immer der Grund gewesen war, Bruce nahm denselben Sardar

ANMERKUNGEN

bei der nächsten Expedition mit, und es gab keine Streiks.
62 Bauer, 1934, S. 65f.
63 Ebd., S. 132. Leider ist mir der Ausgang des Prozesses nicht bekannt.
64 Ang Tharkay, 1954, S. 58.
65 Ebd.
66 Die Sherpas genießen es (in Grenzen und insbesondere, wenn sie gewinnen), mit anderen zu konkurrieren, mindestens ebensosehr wie viele westliche Männer. Das Konkurrieren mit den Tibetern wie auch untereinander und sogar mit den Sahibs war somit wahrscheinlich eine weitere Dimension, die zur Fröhlichkeit beitrug. Das Thema des Konkurrierens wird in Kapitel 5 eingehender behandelt.
67 Bauer, 1934, S. 65f.
68 Ebd., S. 132f.
69 Unsworth, 1981, S. 112.
70 Tilman, 1983 [1948], S. 450.
71 Ebd. Bei den frühen Expeditionen wurden für den Anmarsch, der durch Tibet führte, Packtiere eingesetzt. Bei späteren Expeditionen, die durch Nepal gingen, standen lange Zeit keine Tiere zur Verfügung. Ab den achtziger Jahren haben Sherpa-Unternehmer in Khumbu für den Verleih an Touristen und Expeditionen hingegen mit der Yakhaltung begonnen.
72 Tilman, 1935, S. 25.
73 Ebd.
74 Ortner, 1989a, Kap. 4. Die Original-Horatio-Alger-Geschichten hatten eine ähnliche Struktur. Der Held macht sich auf und findet einen reichen Patron, und dieser Patron greift ihm unter die Arme, gibt ihm eine Chance, seine hohe Motivation, seine Cleverneß, und Bereitschaft, hart zu arbeiten, zu zeigen. Bei den Amerikanern ist dieser Patron bei der Legendenbildung und in Zusammenhang mit Erfolgsgeschichten in Vergessenheit geraten. Die Amerikaner glauben im allgemeinen, der Held habe es dank harter Arbeit allein geschafft (siehe zum Beispiel Alger, 1962).
75 Adams (1996) geht in ihrem Buch ausführlich auf die Zhindak-Beziehung ein, die sie in ihre Argumentation einordnet, wie »virtuelle Sherpas« geschaffen wurden.
76 Zitiert in: Laird, 1981, S. 127. In Appadurai, 1990, wird eine ähnliche Dynamik bei einem indischen Fall besprochen.
77 James Fisher berichtete kürzlich über eine Sherpa-Analogie aus dem Tourismusgeschäft: »Touristen sind wie so vieles Vieh, sie stellen höchst bewegliche, produktive und renommierte, aber verderbliche Formen von Reichtum dar. Wie Vieh geben Touristen gute Milch, aber nur wenn sie auch gut gefüttert werden« (1990, S. 123). Diese Analogie verdeutlicht die Idee der Wechselseitigkeit, stellt die Statusbeziehungen zwischen den Parteien jedoch auf den Kopf. Sie ist natürlich weniger respektvoll als die Zhindak-Beziehung, hält jedoch das Gefühl von der notwendigen Wechselseitigkeit der Beziehung aufrecht.
78 Samuel, 1993, S. 14.
79 In: Chevalley u. a., 1953, S. 74.
80 Eric Shipton, aufgezeichnet am 16. September 1969, National Sound Archive, London, Aufzeichnung LP32593. Dank an Peter Hansen für die sorgfältige Recherche, die zu diesem Fund führte, und für die großzügige Weitergabe an mich.
81 Ang Tharkay, 1954, S. 149.
82 Ebd., S. 139. Dies ist möglicherweise ein Beispiel für eine Stelle in der Autobiographie, die stark von der Phantasie der Sahibs infiltriert ist. Sie scheint aber dennoch eine Spur von Ang Tharkays eigenem Standpunkt zu enthalten.
83 Ang Tharkay lernte keine europäische Sprache auch nur halbwegs fließend sprechen. Wie die Autobio-

graphie verfaßt wurde, wird in dem Buch nirgends beschrieben, man kann jedoch wohl von folgendem Werdegang ausgehen: Die Autobiographie scheint einer Nepali (oder Hindi) sprechenden Person mündlich erzählt worden zu sein. Hierzu ist anzumerken, daß Nepali (das mit dem Hindi eng verwandt ist) nicht Ang Tharkays Muttersprache war. Er hat als Junge Sherpa gesprochen, womit er groß wurde, ein tibetischer Dialekt, der sprachlich mit dem Nepali überhaupt nicht verwandt ist. Nepali war jedoch die Verkehrssprache in der Region, und er lernte es mit der Zeit wohl einigermaßen gut sprechen. Jedenfalls hat die Nepali oder Hindi sprechende Person, der er seine Geschichte erzählte, das Ganze ins Englische übersetzt und es dem Herausgeber, Basil P. Norton, erzählt, der die Geschichte dann so niederschrieb, wie er es für richtig hielt. Und schließlich wird dem Ethnographen Christoph von Fürer-Haimendorf noch gedankt, daß er »die ersten Kapitel des Buches gelesen ... und zahlreiche Einzelheiten klargestellt (préciser) hat«. Um alles noch weiter zu komplizieren, sei gesagt, daß Nortons englische Version offenbar nie veröffentlicht wurde. Sie wurde vielmehr von Henri Delgove ins Französische übersetzt und in Paris herausgegeben. Die französische Ausgabe ist auch die, die ich verwende, und die einzige, die ich ausfindig machen konnte. Tausend Dank an Peter Hansen, daß er mir von der Existenz der Autobiographie erzählt hat.

84 Ang Tharkay, 1954, S. 9.
85 Ebd., S. 148.
86 Tenzing Norgay, 1955, S. 39f.
87 In: Chevalley u.a., 1953, S. 74.
88 Tenzing Norgay, 1955, S. 302.
89 Ebd., S. 300f.
90 Ebd., S. 236f.
91 Ebd., S. 116.
92 Ebd., S. 174.

93 Ebd., S. 146f. Hervorhebung durch die Autorin.
94 Die Tiger-Medaillen wurden nach dem Abzug der Briten und nachdem sich die Rekrutierung der Arbeitskräfte von Darjeeling nach Katmandu verlagert hatte, nicht mehr verwendet. Die nepalesische Regierung begann später ebenfalls Medaillen zu verleihen, sie waren jedoch nie mit demselben Renommee verbunden. Siehe Dixit und Risal, 1992, S. 18.

KAPITEL 4

1 Alle Informationen über den Verlauf der politisch-wirtschaftlichen Entwicklungen in Solu-Khumbu Anfang des 20. Jahrhunderts und über die Gründung der Klöster in (stark) kondensierter Form aus: Ortner, 1989a.
2 Ebd.
3 Das Foto wurde mir von seinem Enkel, Tsering Tenzing Lama, überreicht, was ich dankbar vermerken möchte. Es erschien in Ortner, 1989a, S. 106.
4 Einen umfassenden Bericht über die Volksreligion der Sherpas finden Sie in Ortner, 1978. Obwohl die Feldforschung für dieses Buch in den sechziger Jahren durchgeführt wurde und die Klöster damals bereits seit einiger Zeit bestanden, erhob ich meine Daten in Solu, wo die klösterliche Bewegung etwas weniger nachdrücklich zum Tragen kam. Auf mögliche Erklärungen dieses weniger nachhaltigen Einflusses gehe ich in Ortner, 1989b, ein.
5 Es gab auch ganze Gemeinschaften von verheirateten Lamas (die sich Ngawa nannten) und ihren Familien in Solu-Khumbu. Dazu gehörten Pangboche (das bis zu der Zeit, als ethnographische Erhebungen in Solu-Khumbu durchgeführt wurden, zum Kern einer gewöhnlichen säkularen Gemeinde geworden war), Kyerok (das heute noch als eine Gemeinschaft verheirateter

Lamas funktioniert), Thami (das in den fünfziger Jahren zu einem zölibatären Kloster aufstieg) und Phungmoche, das, als ich in den sechziger Jahren meine erste Feldforschung durchführte, nicht mehr existierte und dessen Gebäude von den geflohenen tibetischen Mönchen unter dem Tushi Rimpoche genutzt wurden, derweil ihr eigenes Kloster gebaut wurde. Gemeinschaften von verheirateten Lamas sind insofern wie Klöster, als ihr Daseinszweck darin besteht, soweit wie möglich dem religiösen Leben zu dienen. Im Unterschied zu Mönchen haben diese Lamas jedoch Ehefrauen, die sich um ihre weltliche Arbeit kümmern. Diese Gemeinschaften sind bei Sherpas nie untersucht worden, siehe jedoch Aziz (1978) über *Serkim Gompa* in Tibet. Sofern nichts anderes vermerkt ist, beziehen sich meine Ausführungen über »verheiratete Lamas« in diesem Buch ausschließlich auf die verheirateten Lamas, die in den Dörfern leben und den Bedürfnissen der Dorfbewohner dienen.

6 Schamanen wurden nicht als »religiöse« Experten betrachtet, und die Arbeit, die sie verrichteten, war keine »religiöse Arbeit«. Sie waren – abgesehen von ihren besonderen technischen Kenntnissen – gewöhnliche Mitglieder der Gemeinde und Buddhisten wie alle anderen.

7 Eine umfassende Abhandlung über die Beziehungen zwischen der »Hoch«- und »niederen« Religion in Zusammenhang mit dem tibetischen Buddhismus liefert Geoffrey Samuels ausgezeichnetes Werk *Civilized Shamans* (1993).

8 Robert Paul (1976a, 1979, 1982) hat ausführlich über den Gegensatz zwischen der »Wildheit« der volkstümlichen Religiosität der Sherpas und der disziplinierenden Haltung der Hochreligion des Buddhismus geschrieben, und ich schließe mich in vieler Hinsicht seiner allgemein akzeptierten Meinung in dieser Diskussion an.

9 Ortner, 1995a; siehe Paul (1977) bezüglich der Bedeutung, nicht die »Wahrheit« zu offenbaren, wenn sie Unfrieden in der Gemeinde stiften konnte.

10 Es gibt noch einen weiteren Ansatz für Kritik, der mit der Heirat zusammenhängt: die Frage des Wertes der biologischen Abstammung für die Definition des Status. Verheiratete Lamas und Schamanen gewinnen aus der Tatsache heraus an Status, daß sie aus Geschlechtern geboren werden, die schon vor ihnen (mächtige) verheiratete Lamas und Schamanen hervorgebracht haben. Insbesondere für verheiratete Lamas galt (bei Schamanen war die Situation komplexer), daß es sie im Vergleich zu »selbstgemachten« *(rangjung)* Lamas in den Augen anderer mächtiger machte und ihnen einen höheren Status verlieh, wenn sie aus einer langen Linie verheirateter *(largyu)* Lamas abstammten. Die Mönche betonten im Unterschied dazu das Lernen und spirituelle Errungenschaften, und die Frage der Abstammung wurde als ein Status- und/oder gesellschaftliches Identitätsprinzip verunglimpft. Laien wurden manchmal als »Abstammungsmenschen« oder »Stammbaummenschen« *(Gyudpi mi)* bezeichnet.

11 Ortner, Feldnotizen, 1967.

12 Ortner, 1989a.

13 Ortner, Feldnotizen, 1979.

14 Ebd.

15 Alles Nachfolgende bezieht sich auch auf eine Nonne (Ani). Die Nonne hat als Figur jedoch nicht das gleiche Charisma wie der Mönch, und ich möchte hier den Mönch als das Hauptmodell des religiösen Ideals verwenden. Auf Nonnen werde ich näher in Kapitel 8 eingehen.

16 Ich möchte davon absehen, auch nur ansatzweise auf allgemeine Quellen über die buddhistische Lehre hin-

zuweisen. Die Liste wäre enorm lang und auch das Thema der entsprechenden Kontroversen. Was die unmittelbar für dieses Buch relevanten Quellen angeht, siehe die jeweils angegebenen Fußnoten und Zitate.

17 Die Privatisierung des Mönchslebens ist in mancher Hinsicht bei den Sherpas sogar noch extremer als in den tibetischen Klöstern. Im Gegensatz zu den großen tibetischen Klöstern werden die Sherpa-Klöster nicht vom Staat gefördert, und jeder Sherpa-Mönch wird hauptsächlich durch seine eigene Familie unterstützt.

18 Ortner, 1977, S. 47.

19 Zitiert in: Downs, 1980, S. 21.

20 Siehe Ortner (1973, 1978) bezüglich einer umfassenden Diskussion. Die Sherpas glauben auch, daß zuviel intellektuelle Arbeit zu einer Störung des Geistes führen kann. Länger anhaltende geistige Arbeit kann einen krank oder gar verrückt machen, und Mönche, die hart an ihren Studien arbeiten, werden dafür bewundert, daß sie das Risiko dieses Ergebnisses im Namen der religiösen Hingabe auf sich nehmen. Ähnlich kann zuviel geistige Arbeit dazu führen, daß man Kleiderläuse bekommt oder Gewicht verliert.

Eine Feldnotiz von 1979 lautet: »Ich stelle fest, daß ich offenbar wieder an Läuse gekommen bin. Nyima Chotar (mein Assistent) sagt, ›denkende Leute‹ neigen dazu, Läuse zu bekommen und dünn zu werden: [Dazu gehören] Leute, die zuviel mentalen Streß *(Sem dukpa)* haben, wie Geschäftsmänner, die immerzu daran denken, wie sie ihr Geld bekommen oder wie sie ihre Darlehen eintreiben können, oder Leute wie ich [Ethnologin], die immerzu daran denken, was sie die Leute morgen fragen sollten usw.«

21 Ortner, Feldnotizen, 1967.

22 Ortner, Feldnotizen, 1979.

23 Das Dorsem-Ritual im Kloster Thami wurde 1976 für den Film *Sherpas* aufgenommen (Ortner, 1977).

24 Zitiert in: Brook, 1985, S. 37.

25 Hier noch ein analoges Beispiel von einem Laien: »Nyima Chotar sagte, als seine Schwester [die Nonne war] sich vom Orden löste, habe er sich in seinem Innern *rulwa*, hundsmiserabel, gefühlt, äußerlich habe er jedoch darüber gelacht und gesagt: ›Wenn sie einen Ehemann braucht, dann soll sie doch gehen.‹« Wir werden später noch sehen, daß Nyima Chotar sich stark mit der Sicht der Mönche identifizierte (Ortner, Feldnotizen, 1979).

26 Es gibt hier eine Art praktisch-theoretisches Modell (Bourdieu, 1977), wonach mit äußerlichen körperlichen Übungen Einfluß auf den inneren Zustand genommen wird. Ähnlich versuchte der Tengboche Lama die Beziehung zwischen den Menschen und Göttern oft in einer praktisch-theoretischen Weise zu erklären. Den Prozeß, eine enge Beziehung mit einem Gott zu entwickeln, erklärte er einmal folgendermaßen: »Wenn man nur ein kleines Bild vom König hat, so ist das in Wirklichkeit nichts, nur Papier, der König ist nicht wirklich da. Aber wenn man es jeden Tag reinigt und ihm Aufmerksamkeit schenkt, wird man sich sehr bald ein größeres Bild wünschen, und am Ende fängt man an, sich zu wünschen, dem König selbst zu begegnen.« (Ortner, Feldnotizen, 1967)

27 Ang Tharkay, 1954, S. 17.

28 Ebd., S. 58.

29 Ebd., S. 63.

30 Ebd.

31 Ebd.

32 Ebd.

33 Ebd., S. 65.

34 Offenbar verehrten auch einige Sherpa-Familien einen Gott der Gelugpa-Sekte des tibetischen Buddhismus, Shunden (oder Shugden), ebenfalls für den Zweck, reich zu werden. Der Zatul Rimpoche sagte, daß die Leute dies

ebensowenig tun sollten, weil dieser Gott ebenfalls »böse« war, Fleisch verlangte und Fleischfett statt Butter.
35 Ang Tharkay, 1954, zum Beispiel, S. 77f.
36 Tilman, 1983 [1948], S. 473.
37 Weir, 1955, S. 104f.
38 Dies soll nicht heißen, daß das Ende des Tötens das Ende aller Formen von Gewalt bei den Sherpas war. Wie im letzten Kapitel bereits kurz angesprochen, gibt es nach wie vor sehr viele Streitereien und Kämpfereien und auch ein gewisses Maß an innerfamiliärer Gewalt. Aber das Ende des Tötens hatte im wahrsten Sinne des Wortes absolute Gültigkeit.
39 In Khumbu gab es Gerüchte, daß man in Solu nicht gänzlich dem Morden abgeschworen habe. 1967 habe ich mir folgende Feldnotiz gemacht, da man in Khumbu jedoch sehr viele Vorurteile gegenüber den Menschen in Solu hat, wäre ich sehr vorsichtig, dies ohne weitere Verifikation als Fakt zu nehmen:
»Vor ungefähr zehn Jahren [dies wäre Mitte der Fünfziger gewesen] hatte Solu einen schlechten Ruf wegen vieler Tötungsdelikte, die es insbesondere in der Gegend von Takto gab, wo reiche Passanten abgepaßt, ausgeraubt, umgebracht und dann in den Fluß geworfen wurden. Der erste Ehemann [einer Frau] kam wegen Diebstahl und Mord ins Gefängnis und starb in der Haft. Derzeit sind in Darjeeling acht Solu-Sherpas in Verbindung mit dem Mord an einem Offiziellen des indischen Straßenbauprojektes in Haft.«
40 Es gab auch arme Mönche, aber ich habe keine Daten und Informationen darüber, wie sie unterstützt wurden. In den nichtstaatlich unterstützten Klöstern in Tibet, oder wo ein Mönch einfach zusätzlicher Unterstützung bedurfte, konnte er als Diener für einen bessergestellten Mönch arbeiten. Dies war bei den Sherpas jedoch nicht üblich. Ich kann nur davon ausgehen, daß ein armer Sherpa-Mönch irgendeine Art Förderer haben mußte, vielleicht einen entfernten Verwandten, der die Verpflichtung einging, ihn zu unterstützen, und sich somit verdient machte. Darüber hinaus verdienten die Mönche auch etwas Geld durch rituelle Arbeit für Laien.
41 Paul, Feldnotizen, 1967.
42 Mönche helfen ihren Familien von Zeit zu Zeit bei der Feldarbeit aus. Dies wird weder gerne noch als erstrebenswert angesehen, es stellt jedoch keinen wesentlichen Bruch von Gelübden dar. Darüber hinaus treiben die Mönche sowohl für sich selbst als auch für ihre Klöster recht umfangreichen Handel, was offenkundig jedoch nicht als »Arbeit« betrachtet wird.
43 Ortner, Filmabschrift, 1977.
44 Die Debatte darüber, ob buddhistische Ideale »egoistisch« sind, hat eine lange Geschichte. Die Mahayana-Schule des Buddhismus, zu der der Sherpa-/tibetische Buddhismus gehört, ist aus Vorwürfen heraus entstanden, daß die etablierte Schule des Buddhismus, die Theravada, eine egoistische Einstellung bei Mönchen förderte, die ermutigt wurden, sich ihrer persönlichen Heilssuche zu verschreiben, während sie für das Leiden anderer nichts taten (siehe insbesondere Conze, 1975 [1951], dt. 1953). Im Hinblick auf den Sherpa-/tibetischen Buddhismus haben Snellgrove (1957) und ich (Ortner, 1978) diese Ansicht in einer früheren Arbeit unterstützt. Einige Wissenschaftler waren anderer Meinung und haben ein weitaus sozialer eingestelltes und »mitfühlenderes« Bild vom Buddhismus präsentiert (siehe Obeyeserke, 1980; Ling, 1976; Collins, 1982). Wiederum andere haben seinen dualen Charakter hervorgehoben (zum Beispiel Dumont, 1960; Tambiah, 1976). Meine frühere Position wird durch die Diskussionen in dem

hier vorliegenden Buch in verschiedener Hinsicht modifiziert.
45 Tenzing Norgay, 1955, S. 34 ff.
46 Ebd., S. 38.
47 Ebd., S. 43.
48 Er nennt nirgends den Namen des obersten Lama, sagt an einem Punkt jedoch, ein hoher Lama von Rongbuk habe ihm den Namen Tenzing gegeben, der auch der Name des Lama selbst gewesen sei (ebd., S. 34 ff.). Der persönliche Name des Rumbu Lama war Ngawang Tenzing Norbu.
49 Siehe insbesondere Hansen, 1997, Stewart, 1995.
50 Tenzing Norgay, 1955, S. 124; Hervorhebung durch die Autorin.
51 Siehe Ortner, 1978, 1989b.
52 Das genaue Todesjahr ist nicht bekannt. Auf der Grundlage unterschiedlichster Informationen würde ich das Todesjahr zwischen 1936 und 1940 ansiedeln.
53 Im Sherpa-/tibetischen Buddhismus gibt es in Wirklichkeit drei Formen des Tulku. Die eine ist ein Gott, der menschliche Gestalt annimmt. Der Dalai Lama ist zum Beispiel die Reinkarnation des ganz und gar mitfühlenden Gottes Chenrezi, der zuvor in Verbindung mit Nyungne erwähnt wurde. Bei der zweiten Art von Tulku handelt es sich genaugenommen um einen Bodhisattva, einen Menschen, der Erleuchtung erlangt hat, es aber vorzieht, in der Welt zu bleiben, um anderen zu helfen, ebenfalls Erleuchtung zu erlangen. Die dritte – eher weniger erhöhte, aber immer noch sehr hohe – Art ist die eines großen religiösen Führers oder Praktikers, der die Erleuchtung noch nicht erlangt hat, aber auf dem besten Wege dahin ist. Er geht eine Reinkarnation ein, um sein spirituelles Werk zu vollenden. Alle Sherpa-Tulkus sollen der letzten Art angehören, wobei der Zatul Rimpoche, der geistige Ahnherr des klösterlichen Systems der Sherpas, allerdings ein Bodhisattva war, und der Tushi Rimpoche, sein Lehrer, der sich auf der Flucht vor der chinesischen Invasion in Tibet mit seinen Mönchen in Solu niederließ, ist die Reinkarnation eines Gottes, möglicherweise von Vairocana.
54 Gelegentlich sind von eher gelehrten Mönchen gewisse Beschwerden darüber zu hören, daß (einige kleinere) Tulkus, ungeachtet ihres Gelehrtheitsgrades, über alle anderen Mönche gestellt werden. Wie bereits an früherer Stelle erwähnt, ist die persönliche Leistung entscheidend für die monastische Karriere, und dies kann sowohl dem auf der biologischen Abstammung beruhenden Status bei den verheirateten Lamas (siehe vorstehende Fußnote 9) als auch der auf der spirituellen Abstammung beruhenden Grundlage der Tulkus entgegengestellt werden.
55 Der Sherpa-Händler war Tsepal, der ehemalige Gembu oder oberste Steuereintreiber in Khumbu, der nach Lhasa geflohen war, nachdem er angeblich einen Mord begangen hatte. Tsepal war einer der großen finanziellen Förderer des Klosters Tengboche. Dieser Mord war der bereits an früherer Stelle erwähnte, letzte in Solu-Khumbu bekannte Mord. Siehe Ortner, 1989a, bezüglich weiterer Einzelheiten.

Kapitel 5

1 Siehe Regmi, 1978; Ortner, 1989a, Kap. 6.
2 Regmi, 1978, S. 68 f.
3 Ebd., S. 74.
4 Von Fürer-Haimendorf, 1964, S. 119.
5 Siehe Miller, 1965, S. 254 f.; von Fürer-Haimendorf, 1964, S. 121.
6 Von Fürer-Haimendorf, 1964, S. 126.
7 Siehe insbesondere Tenzing Norgay, 1955, S. 84, 101.
8 Denman, 1954.
9 Tenzing Norgay, 1977, S. 134 f.

10 Ebd., S. 118.
11 Tenzing Norgay, 1955, S. 81 ff.
12 Alle Informationen, die wir über dieses Ereignis haben, stammen aus Fürer-Haimendorfs Bericht (1976); siehe auch March, 1979, S. 128. Der Dorfoberste stiftete sowohl Land als auch Geld für die Unterstützung der Nonnen und konnte auch die Dorfbewohner überreden, ihre Arbeitskraft für den Bau des Tempels kostenlos zur Verfügung zu stellen. Er gewann einen bhutanesischen Lama, der früher bei einer Pilgerreise einmal durch das Dorf gekommen war, um die Führung des Tempels zu übernehmen.
13 Jerstad, 1969; von Fürer-Haimendorf, 1964, S. 211.
14 Der oberste Lama und die frühen Mönche von Takshindo gingen nach Darjeeling, um für das neue Kloster Geld zu sammeln, womit sie offenbar recht erfolgreich waren.
15 Von Fürer-Haimendorf, 1964, S. 159.
16 Ortner, Feldnotizen, 1979. Anfang des Jahrhunderts hatten Karma und Sangye Lama in Tashilhunpo den Bau einer Unterkunft für Sherpa- und andere Himalaya-Mönche gefördert (Ortner, 1989a, S. 129).
17 Noel, 1927, S. 160. Ohne es gesehen zu haben, kann man schwer sagen, ob das Wandgemälde tatsächlich das bedeutete, was Noel hineininterpretierte. In der herkömmlichen tibetischen buddhistischen Ikonographie ist oft eine nackte, menschenähnliche Gestalt zu sehen, die zertreten unter dem Fuß eines unter seinem mächtigsten *(takbu)* Aspekt dargestellten Gottes liegt. Dabei soll die Gestalt in solchen Fällen jedoch normalerweise einen Dämon darstellen, der von dem Gott unterworfen wurde. (Warum Dämonen in diesem Zusammenhang in Menschengestalt dargestellt werden, ist eine andere Frage.) Aus kultureller Sicht ist Noels Interpretation jedoch nicht absolut abwegig.
18 Tenzing Norgay, 1955, S. 43.
19 Ang Tharkay, 1954, S. 180.
20 Laird, 1981, S. 127.
21 Siehe Kohli, 1969, S. 188; Curran, 1987, S. 84; Brook, 1985, S. 37.
22 MacDonald, 1973.
23 C. G. Bruce u. a., 1923.
24 Cameron, 1984, S. 188; Ruttledge, 1952, S. 159.
25 Harvard und Thompson, 1974, S. 96.
26 Ortner, Feldnotizen, 1990. Siehe auch Boardman, 1982, dt. 1984, mit mehreren Beispielen, wie die Sherpas versuchten, den Sahibs beizubringen, die Götter auf den Bergen nicht zu beleidigen.
27 Boardman, 1982, dt. 1984, S. 107f.
28 Bass und Wells, 1986, S. 116.
29 Ang Tharkay, 1954, S. 154.
30 Hillary, New York 1955, S. 90.
31 Harvard und Thompson, 1974, S. 101.
32 Puja ist der nepalesische Hindi-Ausdruck für jede Form von religiösem Ritual. Er wird inzwischen allgemein von den urbanen, wenn nicht auch von den dörflichen Sherpas verwendet (und ersetzt verschiedene tibetisch-buddhistische Ausdrücke). Oft wird die britische, koloniale Schreibweise, mit einem »h« am Ende, verwendet.
33 Herrligkoffer, 1954a, S. 47.
34 Jackson und Stark, 1956, S. 152.
35 Bonington, 1976, S. 76. Dies war ein interessantes Ereignis, und Bonington beschreibt, wie manche Sherpas ernst und andächtig bei der Sache waren, während andere herumalberten. Viele mögliche Interpretationen kommen einem dabei in den Sinn, die Informationen reichen jedoch nicht aus, um sich für eine bestimmte zu entscheiden.
36 Blum, 1980, dt. 1982, S. 108; siehe auch Bass und Wells, 1986, S. 118.
37 Allison, 1993, S. 206. Die positiven Auswirkungen der »Pujah« auf den »Teamgeist« waren sehr kurzlebig. Denn Allison zufolge löste sich der Gruppengeist später in sehr häßliche

und selbstsüchtige Verhaltensweisen einzelner auf. Siehe Kapitel 10.
38 C. G. Bruce u. a., 1923, S. 76.
39 Ullman, 1964, S. 111.
40 Ebd. In der gleichen Zeit gab es bei der ersten indischen Everest-Expedition (1962) unter den Sherpas einen Toten. Die Sherpas zeigten offensichtlich keine starke Reaktion, was den indischen Führer jedoch nicht veranlaßte, auf einen orientalistischen Fatalismus zu spekulieren: »Der Tod ist beim Bergsteigen ein Berufsrisiko. Seine allgegenwärtige Nähe und Bedrohung macht die Faszination aller gefahrvollen Unternehmungen aus. Die Mitglieder und die Sherpas wußten dies und reagierten tapfer darauf, indem sie es leichtnahmen.« (Dias, 1965, S. 33f.)
41 Bonington, 1976, S. 78.
42 Messner, 1979 [1998], S. 88.
43 Hillary, 1975, dt. 1976, S. 158.
44 Singh, 1961, S. 109.
45 Ang Tharkay, 1954, S. 109.
46 In Scott, 1985, S. 31.
47 Ortner, Feldnotizen, 1990.
48 Blum, 1980, dt. 1982, S. 278.
49 Ebd.
50 Ortner, Feldnotizen, 1979.
51 Ortner, 1997.
52 Ortner, Feldnotizen, 1979.
53 Ang Tharkay, 1954, S. 82ff.
54 Zum Beispiel Kohli, 1969, S. 188; Ridgeway, 1979, S. 83f.
55 Kohli, 1969, S. 170.
56 Adams, 1996.
57 Siehe auch Fisher, 1990.
58 C. G. Bruce u. a., 1923, S. 74f.; MacDonald, 1973.
59 Miura, 1978, S. 117.
60 Eine Zusammenfassung findet sich in: Unsworth, 1981, S. 460f.
61 Morrow, 1986, S. 71.
62 Burgess und Palmer, 1983, S. 95.
63 Morrow, 1986, S. 73.

KAPITEL 6

1 Tilman, 1952.
2 Denman, 1954, S. 222.
3 Ang Tharkay, 1954, S. 143.
4 Ebd., S. 162.
5 Tenzing Norgay, 1955, S. 174f.
6 Ebd., S. 174.
7 Chevalley u. a., 1953, S. 162.
8 Obwohl die Schweizer in vieler Hinsicht recht egalitär waren, stößt man dennoch immer wieder auf Abschnitte wie folgenden:
»[Die Sherpas] haben eine bestimmte Art von Vorahnung, was unsere Wünsche, unsere Bedürfnisse angeht, und sie haben sie vorausgesehen. Kein Grund für viele Worte, sie haben etwas von der wunderbaren Intuition kleiner Kinder.« (Ebd.)
9 Ebd., S. 168.
10 Tenzing Norgay, 1955, S. 196.
11 Ahluwalia, 1978.
12 Kohli, 1969, S. 50.
13 Tenzing Norgay, 1955, S. 147f.
14 Dem verstorbenen Mike Cheney zufolge gab es mit dieser Gesellschaft viele Probleme; siehe dazu seinen Artikel (1978), über den er auch mit mir 1990 in einem Interview sprach. Um seine diversen Vorwürfe bewerten zu können, wären mehr Nachforschungen notwendig.
15 Kohli, 1969, S. 13; siehe auch Eiselin, 1960, S. 28, 68f.
16 Tenzing Norgay, 1977, S. 85.
17 Unsworth, 1981, S. 315.
18 Ebd.
19 Ullman, 1964, S. 116.
20 Ebd., S. 170–179.
21 J. O. M. Roberts, persönliches Gespräch.
22 Unsworth, 1981, S. 155.
23 Ebd., S. 156.
24 Ullman, 1964, S. 339.
25 Ebd., S. 159. Der Historiker Unsworth (ein Engländer) war der Meinung, daß die Amerikaner eher zu egalitär als zu hierarchisch orientiert

waren (Unsworth, 1981, S. 372). Er lieferte jedoch keinen Nachweis, daß dies bei den Sherpas der Punkt war, und es scheint seine eigene Meinung zu sein.

26 Ridgeway, 1979, S. 179.
27 Bonington, 1973, S. 51.
28 Chevalley u. a., 1953, S. 81.
29 Herzog, 1952, dt. 1952, S. 27.
30 Tenzing Norgay, 1955, S. 220.
31 Hunt, 1993 [1953], dt. 1956. Diese Information taucht in einer Bildunterschrift auf, die vielleicht nicht in allen Ausgaben enthalten ist.
32 Ebd., S. 52, 271.
33 Unsworth, 1981, S. 316.
34 J. O. M. Roberts, 1964; Ullman, 1964, S. 56.
35 Unsworth, 1981, S. 461f. Später sagte Unsworth, bei der Expedition hätte es einhundert Sherpas gegeben (1981, S. 501).
36 Dies galt insbesondere für die Briten und Amerikaner, und man könnte den Verdacht haben, daß es aus den militärischen Erfolgen des Zweiten Weltkrieges heraus erwuchs. Andere haben mit anderen Spekulationen aufgewartet: Sie sehen einen Zusammenhang mit dem nationalistischen Machismo des Kalten Krieges oder bewerten es als die Folgen, daß verstärkt Männer aus der Arbeiterklasse in den Sport hineinkamen. Es bedürfte weiterer Daten, um irgendeine dieser Thesen zu erhärten.
37 Hillary, 1975, dt. 1976, S. 159.
38 Ebd., S. 170.
39 Fisher, 1990, S. 48.
40 Hillary, 1955, dt. 1955, S. 36f.
41 Unsworth, 1981, S. 298ff.
42 Ebd., S. 374.
43 Zitiert in: Unsworth, 1981, S. 374.
44 Ebd.
45 Jan Morris, 1974, dt. 1993, S. 108.
46 Ebd., S. 109.
47 Ebd. Morris vollbrachte bei der Everest-Expedition 1953 selbst eine außergewöhnliche Leistung. Er schaffte es mit List und Geschick, mittels Läufern und einem Rundfunksender die Nachricht von der erfolgreichen Gipfelbesteigung nach Katmandu zu übermitteln, von wo sie dann pünktlich zum Krönungstag von Königin Elizabeth II. nach London gelangte. Er konnte wirklich durch nichts geschlagen werden; auch andere Zeitungen versuchten, den Knüller zu bekommen. Morris setzte seinen Boten jedoch derart zu, um sie zur Geheimhaltung zu verdonnern, daß die *Times* in London (die nicht nur sein Gehalt bezahlte, sondern auch einen guten Teil der Kosten der Expedition finanzierte) mit Exklusivberichten tatsächlich als erste die Story bringen konnte (James Morris, 1958; 1974, dt. 1993, S. 105, 109f.).
48 Cameron, 1984, S. 232.
49 Norton u. a., 1925, S. 32.
50 Ruttledge, 1935, S. 49f.
51 Roch, 1952, S. 158.
52 Chevalley u. a., 1953, S. 36.
53 Hillary und Hillary, 1984, S. 208.
54 Messner, 1979, engl. Ausgabe S. 96 [in der aktualisierten deutschen Neuauflage von 1998 ist das Zitat nicht mehr enthalten].
55 Ullman, 1964, S. 159. Erwähnenswert ist auch, daß die Sherpas im Durchschnitt oft jünger als die Sahibs waren, im Teenageralter und in den Zwanzigern, während die Sahibs im allgemeinen bereits in den Zwanzigern und Dreißigern waren.
56 Zitiert in: Unsworth, 1981, S. 54.
57 Ebd., S. 55.
58 Jackson und Stark, 1956.
59 Eine klägliche Handvoll Sherpas ging zu den Gurkha-Regimentern. Einer der Expeditions-Sherpas, die ich für dieses Buch interviewte, fand den Dienst sehr »langweilig« und betonte, daß man insbesondere für die Mahlzeiten endlos anstehen mußte.
60 Miura, 1978, S. 64.
61 Harvard und Thompson, 1974, S. 71. Ich möchte keineswegs behaupten, daß

die Idee, den Wettbewerb zu nutzen, um »Gleichheit herzustellen«, ausschließlich eine Erfindung der Sherpas wäre. John Roskelley berichtet von einem sehr ähnlichen Wettrennen, das im Karakorum von einem Nicht-Sherpa-Träger initiiert wurde (1987, S. 115, 117).
62 Ortner, 1989a.
63 Die chinesische Okkupation Tibets hatte für die Sherpas zahlreiche Folgen, auf die wir hier nicht alle eingehen können. Eine sehr wichtige war, daß der Transhimalaya-Handel zum Erliegen kam, was an anderer Stelle erörtert wurde (von Fürer-Haimendorf, 1984; Fisher, 1990).
64 Zitate aus: Ortner, Feldnotizen, 1967.
65 Im Falle von Thami bestand ein Teil des Problems auch darin, daß das Tanzen zum Teil tatsächlich von Laien übernommen wurde, wodurch es wirklich »einfach Tanzen« war und keine besondere rituelle Wirksamkeit hatte. Der Vorwurf war jedoch doppeldeutig sowohl gegen die verheirateten Lamas als auch gegen die Laientänzer gerichtet.
66 Ortner, 1989b.
67 Ich will damit nicht behaupten, daß die Gründung der Klöster im Gegensatz zu Khumbu in Solu keinen Einfluß auf die Volksreligion gehabt hätte. Wie ich an anderer Stelle dargelegt habe, kam der Einfluß in den zwei Regionen einfach anders zum Tragen (Ortner, 1989b).
68 Siehe Ortner, 1975, 1978.
69 Siehe Nebesky-Wojkowitz (1956, S. 514) und Waddell (1888 [1959], S. 531ff.) mit Abwandlungen der offenbar gleichen rituellen Figur.
70 Siehe Ortner, 1978, Kap. 5.
71 Siehe insbesondere Paul (1979) bezüglich einer detaillierten Interpretation; Beschreibungen liefern von Fürer-Haimendorf, 1964; Kunwar, 1989; Funke, 1969.
72 Es gibt kaum Zweifel, daß diese Elemente vorher vorhanden waren. Siehe Hardie, 1957, dt. 1959, S. 61ff.; von Fürer-Haimendorf, 1964, S. 202.
73 Paul, 1982, S. 109ff. Die Figur des alten Mannes scheint bei der umgewandelten Mani-Rimdu-Zeremonie in Wirklichkeit in verschiedene Figuren gespalten zu sein. Auf der einen Seite sind die Skelette, und auf der anderen Seite gibt es die Figur eines alten Mannes namens Mi Tsering, das heißt »Mann des langen Lebens«, der jemandem aus dem Publikum verschiedene kulturelle Bräuche beizubringen versucht. Während die Skelette (oder ein verheiratetes Paar, nach der Version aus Chiwong) mit ihren verwundeten oder toten Babys die Negativität der biologischen Fortpflanzung veranschaulichen, verdeutlicht die Mi-Tsering-Figur das Positive des Lehrens, das heißt der kulturellen statt der biologischen Reproduktion.
74 Mein tiefster Dank an Kathryn March, die mir Kopien von ihren Feldnotizen über verschiedene Chiwong-Dumjis aus der Mitte der siebziger Jahre zur Verfügung gestellt hat.
75 Bauer, 1934, S. 9.
76 Unsworth, 1981, S. 196.
77 Haston, 1997 [1972], S. 18.
78 Harvard und Thompson, 1974, S. 139.
79 Ebd.
80 Burgess und Palmer, 1983, S. 5.
81 Bei meinen Vorträgen wurde oft die Frage nach schwulen männlichen Bergsteigern und/oder männlichen homosexuellen Beziehungen bei Expeditionen gestellt. Es gibt eine Reihe von männlichen Bergsteigern, die sich offen zu ihrer Homosexualität bekannt haben (zum Beispiel John Morris, 1960, Jan Morris, 1974). Von sexuellen Beziehungen zwischen Sahibs und Sherpas habe ich jedoch nie etwas gehört oder gesehen.
82 Ang Tharkay, 1954, S. 79.

83 Hunt, 1993 [1953], dt. 1954, S. 80.
84 Tilman, 1983 [1948], S. 455.
85 Hardie, 1957, dt. 1959, S. 42.
86 Ang Tharkay, 1954, S. 157.
87 Bonington, 1976, S. 91.
88 David Holmberg erzählte mir (in einem persönlichen Gespräch), daß die Sherpas gegenüber Tamang- und Rai-Frauen sexuell etwas aggressiv gewesen seien, wenn die Expeditionen durch die Dörfer dieser Gruppen kamen; allerdings habe ich hierzu keine weiteren Informationen. Gerüchteweise habe ich auch von anderen Fällen gehört, in denen den Sherpas eine gewisse sexuelle Aggressivität nachgesagt wurde. Aber auch hier weiß ich nichts genaues. Deshalb möchte ich mich bei allen Personen und Organisationen entschuldigen, die ich bei früherer Gelegenheit als Quelle dieser Gerüchte genannt habe. Ferner ist mir wichtig zu wiederholen, daß ich mich zu keinem Zeitpunkt sexuell belästigt fühlte. Vielleicht lag das auch daran, daß ich als »Power-Memsahib« angesehen wurde.
89 Bei meiner ersten Feldforschung war ich auch Teil eines verheirateten Paares. Das machte sicher etwas aus. Als ich bei meiner zweiten Forschungsreise als unverheiratete Frau zurückkam, gab es entschieden mehr Versuche, mit mir zu flirten. Die betreffenden Männer waren keine Expeditions-Sherpas, und die Verhaltensänderung schien damit zusammenzuhängen, daß ich jetzt unverheiratet und allein war, und nicht etwa damit, daß sich an den sexuellen Einstellungen der Sherpa-Männer etwas geändert gehabt hätte. Aber ich fühlte mich dennoch physisch absolut sicher. Meine größte Angst war, von einem Hund gebissen zu werden, was einmal passierte, oder von einer der eher furchteinflößenden Brücken zu fallen (was in der Gegend und in ganz Nepal eine der häufigsten unfallbedingten Todesursachen ist).
90 Kohli, 1969, S. 132.
91 Kumar, in einem Anhang über »Sherpas« in: Kohli, 1969, S. 303.
92 Miura, 1978, S. 65.
93 Ebd.
94 Bonington, 1976, S. 72.
95 Ebd., S. 85.

KAPITEL 7

1 Relevant in diesem Zusammenhang ist, daß die Flugpreise in dieser Zeit erheblich gesenkt wurden. Meinen Dank an Peter Hansen für diesen Hinweis.
2 Burgess und Palmer, 1983, S. 13.
3 Siehe Child, 1993.
4 Siehe zum Beispiel Hansen, 1996b.
5 Besant, 1893; David-Néel, 1932, dt. 1998.
6 Boardman, 1982, dt. 1984, S. 102, 125.
7 Boardman, 1982, S. 133f.
8 Scott, 1985, S. 32.
9 In den siebziger Jahren kamen die Bergsteiger auch weiterhin überwiegend aus der gebildeten Mittelschicht (so Ridgeway, 1979, S. 7), was für das ganze 20. Jahrhundert galt. (Auf den vorhergehenden Zeitraum bin ich bereits eingegangen; bezüglich der fünfziger Jahre siehe Herzog, 1987 [1952], dt. 1952, S. 27; bezüglich der sechziger Jahre siehe Ullman, 1964, S. 29.) In dieser Zeit war allerdings ein gewisser Anstieg der Zahl von Bergsteigern aus der Arbeiterklasse zu verzeichnen. Ob dies in irgendeiner maßgebenden Weise die breitere »Sahib-Kultur« beeinflußt hat, ist hingegen nicht klar.
10 Boardman, 1982, dt. 1984, S. 102.
11 Miura, 1978, S. 27.
12 Ebd., S. 4.
13 Ebd., S. 56.
14 Bremer-Kamp, 1987, S. 21.
15 Miura, 1978, S. 5.
16 Messner, 1998 [1979], S. 13.
17 Siehe Tilman, 1983 [1948].
18 Marcus, 1975.
19 Zitiert in: Unsworth, 1981, S. 462.

20 Messner, 1998 [1979]; Scott, 1984.
21 Messner, 1998 [1979], 1981; Faux, 1981; Child, 1993.
22 Boardman, 1982, dt. 1984, S. 171f.
23 Ebd., S. 173.
24 Ebd., S. 171.
25 Ebd., S. 106.
26 Frank Wells machte einige verschwommene kritische Bemerkungen über das Konkurrenzgehabe bei Expeditionen (Bass und Wells, 1986, S. 56, 95), in anderen Zusammenhängen war er selbst hingegen äußerst konkurrenzorientiert. Seine Bemerkungen schienen mit dem Umstand zusammenzuhängen, daß er wenig Bergsteigererfahrung hatte und sich als eines der schwächeren Mitglieder der Expeditionen fühlte. Wells kam 1994 bei einem Hubschrauberabsturz ums Leben, als er in den Ruby Mountains in Nevada auf einer Skitour unterwegs war.
27 In früheren Zeiten wurde ein ausgesprochen demokratischer Führer oft als schwach betrachtet und war vielfältiger Kritik ausgesetzt. Siehe zum Beispiel verschiedene Diskussionen über Norman Dyhrenfurths Führung bei der amerikanischen Everest-Expedition 1963 (Ullman, 1964, S. 75; Unsworth, 1981, S. 378) und bei der Internationalen Expedition von 1971 (Unsworth, 1981, S. 410).
28 Harvard und Thompson, 1974, S. 33.
29 Ebd., S. 147.
30 Blum 1980, dt. 1982, S. 139.
31 Ebd., S. 49.
32 Unsworth, 1981, S. 503.
33 Bonington, 1976, S. 62.
34 Ebd.
35 Ebd.
36 Siehe auch das früher genannte Zitat über »dieses Schwein besteigen« und die Diskussion in D. Roberts (1986a) bezüglich seiner Ansichten über die »absolute Autorität« in seiner Ehe.
37 Siehe Leamer 1982 bezüglich eines sehr »gegenkulturellen« Porträts von Unsoeld. Mein Dank an Jim Fisher für den Hinweis.
38 Roskelley, 1987, S. 36. Andere haben behauptet, bei dieser Expedition sei die Führung schwach und unentschlossen gewesen; siehe Fußnote 27 oben.
39 Marty Hoey kam später, 1982, bei einem Absturz auf dem Everest ums Leben (Bass und Wells, 1986).
40 D. Roberts, 1986a.
41 Ebd. Willi Unsoeld kam später bei einem Sturm ums Leben, als er eine Gruppe von Studenten (von denen ebenfalls einer starb) 1979 auf den Mount Rainier führte.
42 Boardman, 1982, dt. 1984, S. 55.
43 Gillette und Reynolds, 1985.
44 Zum Beispiel ebd., S. 103.
45 Ebd., S. 108; siehe auch S. 65 in Gillette und Reynolds, 1985.
46 Nebenbei sollte erwähnt werden, daß die Verlagerung auf den alpinen Stil, bei dem mit Abstand weniger Sherpas erforderlich waren, weniger drastische ökonomische Folgen für sie hatte, als man vielleicht annehmen möchte, da die Anzahl der Expeditionen, die jedes Jahr nach Nepal kamen, so schnell wuchs, daß immer mehr Jobs zu vergeben waren, als Sherpas, die um sie nachfragten.
47 Zitiert in: Cameron, 1984, S. 193.
48 Ebd.
49 Der Skalp wurde schließlich untersucht. Dabei wurde festgestellt, daß es sich um das Haar einer seltenen wilden Himalaya-Ziegenart handelte (Bishop, 1962, S. 527).
50 Hillary, 1964, S. 1f. Kalden, ein erfolgreicher Sherpa-Geschäftsmann in Katmandu, behauptete 1990 in einem Gespräch mir gegenüber, es sei nicht Urkien, sondern sein Vater, Lama Ongju, gewesen, der diese Forderung gestellt habe. Fisher zufolge schrieb Lama Ongju den formalen Antrag für die Einrichtung der ersten Schule in Khumjung (Fisher, 1990, S. 68). Das spricht jedoch nicht gegen die ur-

sprüngliche Version mit Urkien, der offensichtlich ein starkes Interesse daran hatte, eine ordentliche Ausbildung für seine Kinder zu bekommen. In den fünfziger Jahren hatte er gegenüber Norman Hardie erklärt, daß er ihm »überall in der Welt als Vorarbeiter dienen wolle, brächte ich seine beiden Söhne in einer englischen oder neuseeländischen Schule unter«. (Hardie, 1957, dt. 1959, S. 59)

51 Hillary, 1964. Es war in Wirklichkeit nicht die erste Schule in der Region. Es gab bereits eine Schule in Namche Basar, als Shipton Anfang der fünfziger Jahre dort durchkam (Shipton, 1952a). Es ist durchaus verständlich, daß Namche, ein Dorf mit relativ wohlhabenden und (nach örtlichen Maßstäben) weltoffenen Händlern, die erste Schule in der Gegend eingerichtet hatte. Sie überlebte jedoch offenbar nicht lange und wurde wieder geschlossen, nachdem sich – Hillary zufolge – jemand »mit den Schulgeldern auf und davon gemacht« hatte (Hillary, 1964, S. 35).

52 Fisher, 1990, *passim*.

53 Ebd., S. 66.

54 Ebd., S. xxii.

55 Ebd., S. xxiii.

56 Ich kann mich nur an einen amerikanischen Reisenden erinnern, einen afro-amerikanischen Studenten der Ethno-Musikwissenschaft aus Wesleyan. Ich habe mich oft gefragt, was aus ihm geworden ist – und aus den zwei Schweizern, die in Chalsa ein tibetisches Flüchtlingslager für das schweizerische Technische Hilfswerk leiteten.

57 Natürlich hätte ich mir gewünscht, daß sie nicht dort gewesen wären. Leslie Woodhead, dem Filmproduzenten, gebührt jedoch Anerkennung, daß er erkannte, daß sie ein Teil der Geschichte waren. In dem Film gibt es einen ausgezeichneten Abschnitt über Tourismus, der nicht mein Verdienst ist (Woodhead, 1977).

58 Burger, 1978; Bjonness, 1983.

59 Das Abholzungs- und Entwaldungsproblem hat bereits 1959 begonnen, als unzählige tibetische Flüchtlinge über die Grenze kamen und monatelang in verschiedenen Teilen Khumbus in Lagern kampierten. In Thami wurde 1976 der Vorwurf laut, die Flüchtlinge hätten durch die Brennholzbeschaffung die Berghänge kahlgeschlagen.

60 Brower, 1991; Stevens, 1993.

61 Er betont auch, daß vieles davon von der Inflation aufgefressen wird und daß viele Sherpas darüber hinaus wenig Erfahrung mit Sparen und Geldanlagen haben, so daß am Ende oft nicht allzuviel übrigbleibt (Fisher, 1990, S. 115ff.).

62 Ebd., S. 118.

63 Siehe Bjonness, 1983.

64 Fisher, 1990, S. 122.

65 Ebd., S. 111.

66 Ortner, Feldnotizen, 1976.

67 Bauer, 1934, S. 101.

68 Ullman, 1964, S. 67; Hervorhebung durch die Autorin.

69 Dias, 1965, S. 31; Hervorhebung durch die Autorin.

70 Von Fürer-Haimendorf, 1964, S. 4.

71 Ortner, 1977, S. 69. Dies war die Zeit, 1966–1969, der Großen Kulturrevolution in China. Die Chinesen reagierten in dieser Ära äußerst empfindlich auf Grenzverletzungen; als Reaktion darauf schloß Nepal alle Grenzgipfel für das Bergsteigen. Die Folge war, daß die Expeditionsarbeit für die Sherpas sehr knapp wurde.

72 Ebd., S. 3.

73 Tenzing Norgay, 1955, 1977; Hillary, 1955, dt. 1956.

74 Ridgeway wußte offensichtlich nicht, daß »Ang« kein Name ist. Es ist ein Begriff, der, wenn er mit einem Namen verbunden wird, »jung« oder »junior« bedeutet. Manchen Kindernamen wird in jungen Jahren einfach ein »Ang« angehängt bzw. ihrem Namen vorangestellt (Ang Tenzing, Ang Purwa usw.), und dabei bleibt es

dann, so daß sie es, wenn sie älter werden, nicht mehr abschütteln können, selbst wenn sie es wollen. Es ist vielleicht vergleichbar mit einem amerikanischen Kind, das verniedlichend »Bobby« genannt wird und dann gerne »Bob« oder »Robert« genannt werden möchte, wenn es älter wird, aber jeder bleibt weiterhin bei »Bobby«. Aber wie dem auch sei, kein Sherpa, ob Kind oder Erwachsener, wird einfach nur »Ang« genannt.

75 Ridgeway, 1979, S. 229 f.; Satzreihenfolge geändert.
76 Ebd., S. 142 f.
77 Brook, 1985, S. 36.
78 Cameron, 1984, S. 233.
79 Morrow, 1986, S. 63.
80 Burgess und Palmer, 1983, S. 13.
81 Bonington, 1976, S. 48.
82 Ebd., S. 88.
83 Bonington, 1971, S. 107.
84 Harvard und Thompson, 1974, S. 81.
85 Bass und Wells, 1986, S. 119.
86 Burgess und Palmer, 1983, S. 188.
87 In: Bonington, 1976, S. 58.
88 Burgess und Palmer, 1983, S. 138. Der schweizerische Bergsteiger Dittert machte in den fünfziger Jahren etwas Ähnliches:
»Aus Neugier versuchte ich, die Last eines Kulis zu tragen, nur sechzig Kilo..., und ich schaffte es nicht, sehr weit damit zu gehen, die Tragriemen (zwei Stricke) schnitten mir in die Schultern ein, die Kiste ruinierte meinen Rücken, meine Nackenmuskeln waren durch den Stirngurt bis zum Zerreißen angespannt. So war ich gezwungen, sie unter dem schallenden Gelächter der Sherpas schwerfällig abzusetzen, die über diese armselige Demonstration entzückt waren.« (In: Chevalley u. a., 1953, S. 44)
89 Ortner, Feldnotizen, 1990.
90 Ebd.
91 Ebd.
92 Ebd.
93 Harvard und Thompson, 1974, S. 65.
94 Brook, 1987, S. 56.
95 Fisher, 1990, S. 137.

Kapitel 8

1 Blum, 1980, dt. 1982, S. 13; David-Néel, 1932, dt. 1998.
2 Smythe, 1931; H. Dyhrenfurth, 1931.
3 Blum, 1980, dt. 1982, S. 15. Hettie Dyhrenfurth war die Ehefrau eines Mitglieds der ansonsten rein männlichen Expeditionen. In derselben Ära nahm auch eine Amerikanerin, Elizabeth Knowlton, als nicht zu den Bergsteigern zählendes Mitglied an der sonst rein männlichen deutsch-amerikanischen Expedition zum Nanga Parbat 1933 teil. Knowlton war eine erfahrene Bergsteigerin, die »viele Besteigungen gemacht« hatte, sich dieser Expedition aber angeschlossen hatte, »um die englischsprachige Pressearbeit abzuwickeln« (Knowlton, 1933, S. 15).
4 Bourdillon, 1956, S. 203. Dem Klappentext ihres Buches zufolge verbrachte Jennifer Bourdillon »viele Wochen ganz allein bei den Sherpas – als erste weiße Frau überhaupt«. Ihr Ehemann Tom kletterte in der Zeit auf den Everest. Er kam später bei einem Unfall in den Alpen ums Leben (Unsworth, 1981, S. 341).
5 Jackson und Stark, 1956.
6 Birkett und Peascod, 1989; siehe auch Lambert und Kogan, 1956.
7 Scarr, 1956.
8 Birkett und Peascod, 1989, S. 211. Kogan kam bei dieser Expedition zusammen mit drei männlichen Sherpas in einer Lawine ums Leben.
9 Da ich in dieser Zeit angesichts des erhöhten Bewußtseins bezüglich sexueller Identitäten oft nach der sexuellen Orientierung von Bergsteigern und Bergsteigerinnen gefragt werde, möchte ich anmerken, daß konkrete Angaben über die sexuelle Orien-

tierung von Bergsteigerinnen erst in jüngster Zeit veröffentlicht wurden, und das auch nur am Rande, in der Mainstream-Literatur (siehe da Silva, Hrsg., 1992, in der Einleitung, S. xv-xx, und den Essay von Maureen O'Neill, ebd., S. 233-250). Die Einzelheiten über das Privatleben von Bergsteigern und Bergsteigerinnen sind, abhängig von dem Kontext, unterschiedlich sachdienlich, wobei sie bei den Bergsteigerinnen im allgemeinen jedoch signifikanter sind, da die Teilnahme der Frauen am Bergsteigen eine Verletzung der kulturellen geschlechtsspezifischen Annahmen darstellt und somit eine Erklärung oder Rechtfertigung verlangt.

10 Ein sehr bohemehaftes Beispiel liefert Moffatt, 1961. Gwen Moffatt kletterte Ende der vierziger und in den fünfziger Jahren in Europa.

11 Shipton, 1952a, S. 172, 174.

12 Ich konnte keine zuverlässigen Informationen über die gesetzlichen Entwicklungen in Nepal in bezug auf Marihuana und Haschisch bekommen. Einem Informanten zufolge, der auf meine Anfrage im World Wide Web (1996) antwortete, »wurden Haschisch und Marihuana im Frühjahr 1973 in Nepal verboten«. Einem anderen Informanten zufolge »wurde nur der Verkauf von Marihuana und Haschisch verboten, nicht aber der Besitz und Konsum«. Meinen Dank an meinen Internetgehilfen Tim Taylor und die Informanten.

13 Siehe auch Adams, 1996, S. 56ff.

14 Fisher, 1990, S. 127, wobei er sich zum Teil auf von Fürer-Haimendorf, 1984, bezieht. Einen bemerkenswerten Bericht aus erster Hand über eine dieser Ehen lieferte D. M. Sherpa, 1994; siehe auch F. Sherpa, 1997.

15 In diesem wie in anderen Fällen nenne ich weder die Expedition noch die betreffenden Personen, wenn mir die Geschichten vertraulich erzählt und/oder noch nicht anderweitig veröffentlicht oder bestätigt wurden.

16 Ortner, Feldnotizen, 1990.

17 Laird, 1981, S. 124.

18 Ortner, 1977.

19 Ortner, Feldnotizen, 1976.

20 Ortner, Feldnotizen, 1990.

21 Birkett und Peascod, 1989.

22 *Another Ascent*, 1975. Das Jahr 1975 war im übrigen das Internationale Frauenjahr. Junko Tabei sagte später, sie sei sich zu dem Zeitpunkt dessen nicht bewußt gewesen. Die Erfindung von Dingen wie dem Internationalen Frauenjahr durch die Vereinten Nationen bedeutet eindeutig, daß, zumindest in einem Fall wie diesem, größere Effekte erzielt werden, als zynischerweise vielleicht zu erwarten wäre.

23 Siehe Ridgeway, 1979, S. 119ff., über Arlene Blums Probleme bei der gemischten amerikanischen Expedition anläßlich der 200-Jahr-Feier der USA; siehe auch Bremer-Kamp, 1987; Gillette und Reynolds, 1985.

24 Tullis, 1986, S. 150.

25 Siehe Rutkiewicz, 1986.

26 Tullis, 1986, S. 227.

27 Zitiert in: Unsworth, 1981, S. 463; siehe auch Birkett und Peascod, 1989, S. 99-111.

28 Blum, 1980, dt. 1982, S. 19.

29 Allison, 1993, S. 46. Ich entschied mich, auf ein Frauen-College zu gehen, und glaube rückblickend, daß dies genau aus diesen Gründen in der Phase meines Lebens wichtig war – wegzukommen aus dem abschätzenden, beschützerischen und gönnerhaften männlichen Blickfeld. Vielleicht ist dies der Ort, um dem Bryn Mawr College zu danken, ohne das ich sicher nicht hier stünde und täte, was ich heute tue.

30 Siehe auch Johnson, in: Gardiner, 1990, S. 91.

31 In manchen Fällen ging es auch um problematischere Themen als um persönliche Unabhängigkeit und Freiheit,

die Freiheit, die Beste zu sein. Zwei beachtliche Bergsteigerinnen, Cherie Bremer-Kamp und Stacy Allison, beschrieben, wie sie zum Beispiel nach außen hin ein geschlechtsradikales Leben führten (wozu in Allisons Fall auch gehörte, daß sie den Gipfel des Mount Everest erklomm), in ihrem Privatleben aber dennoch zutiefst herabwürdigende, schlimme Beziehungen mit Männern ertrugen (Bremer-Kamp, 1987; Allison, 1993).

32 Auch wenn bei einigen Sherpa-Sahib-Beziehungen oft eine Menge persönlicher Zuneigung im Spiel ist, bin ich nicht der Überzeugung, daß es sonderlich hilfreich wäre, sie als »homoerotisch« zu bezeichnen. Unter Sherpa-Männern scheinen keine physischen homosexuellen Beziehungen praktiziert zu werden, soweit Robert Paul (1970) oder ich dies bei unseren früheren Feldforschungen feststellen konnten. Durchaus gut dokumentiert ist hingegen die männliche Homosexualität in einigen tibetischen Klöstern (Goldstein, 1964).

33 Bis die Expedition 1978 unternommen wurde, war der Everest bereits zweimal von Frauen bestiegen worden.

34 Blum, 1980, dt. 1982, S. 38.

35 Ebd., S. 51.

36 Sie heirateten am Ende.

37 Blum, 1980, dt. 1982, S. 216.

38 Ebd., S. 132.

39 Zum Beispiel ebd., S. 133, 205.

40 James Fisher berichtet auch über »die große Freude, die bei der Geburt eines Jungen zum Ausdruck gebracht wird, und den entschiedenen Mangel an Begeisterung, die bei der Geburt eines Mädchens gezeigt wird«. (Fisher, 1990, S. 79)

41 Fisher, 1990, S. 79.

42 Ortner, 1978; March, 1979.

43 Ortner, 1996a, 1983; March, 1979.

44 Meinen Dank an Vincanne Adams für die Verdeutlichung des Hindu-Faktors.

45 Ortner, 1977.

46 Sie verbringt inzwischen einen Teil des Jahres in der Schweiz, wo ihr Sherpa-Ehemann als Bergführer und Skilehrer tätig ist.

47 Diese Information stammt von einem Sherpa-Dorfbewohner. Ich habe versucht, Genaueres zu erfahren, was das Gesetz tatsächlich besagte, aber ohne Erfolg. Inzwischen ist es offensichtlich wieder geändert worden.

48 Ortner, Feldnotizen, 1976.

49 Ortner, 1989a, Kap. IX; 1996a (1983).

50 Zitiert in: von Fürer-Haimendorf, 1976, S. 148.

51 Die Worte, die er in Sherpa gebrauchte, waren *metsenga ten*, was wörtlich übersetzt »schmutzig« heißt. Ein anderer, der dabei zugegen war, übersetzte es als »persönlich krank«.

52 Ortner, 1977.

53 Ortner, Feldnotizen, 1990.

54 Mohanty, 1991.

55 Leider habe ich über die anderen beiden Frauen keine weiteren Daten. Eine von ihnen hieß Ang Maya, und mir wurde erzählt, sie sei die jüngere Schwester eines Expeditions-Sherpas gewesen. Mehr weiß ich jedoch nicht. Von der anderen Frau konnte ich nicht einmal den Namen in Erfahrung bringen.

56 Ortner, Feldnotizen, 1990.

57 Zum Zeitpunkt des Interviews waren sie und der Sardar Sangye geschieden. Sie hatte wieder geheiratet und führte einen Teeladen an der Straße zwischen Katmandu und Baudha.

58 Ein Bericht über eine weitere Sherpa-Trekking-Tourführerin findet sich in: Mitten, 1992, S. 205 ff.

59 Es gab keine Tonbandabschrift. Bei den Auszügen handelt es sich um wörtlich übernommene Zitate aus meinen Feldnotizen, während es sich bei der übrigen Geschichte um eine Zusammenfassung meiner Feldnotizen handelt (1990).

60 Ang Nyimi mag nicht »gebildet« sein, sie spricht jedoch mindestens vier Sprachen fließend – Sherpa, Nepalesisch, Französisch und Englisch. Das Interview wurde in Englisch geführt.

61 Das Dorf, aus dem sie stammte, wurde in keinem der veröffentlichten Berichte genannt, obwohl es für Sherpas – wie auch für mich – ein wesentlicher Ansatzpunkt ist, um angesichts der vielen Namensgleichheiten bei den Sherpas Personen einordnen zu können. Diese Information stammt von Vincanne Adams (persönliche Mitteilung). Adams geht ausführlich auf Pasang Lhamu als persönliche Freundin und als ein öffentlich-kulturelles Phänomen ein (Adams, 1996, *passim*).

62 Adams nennt einen Betrag von US-$ 38000 (1996, S. 5). Wie dem auch sei, die zu entrichtende Summe war jedenfalls keine Kleinigkeit.

63 Das bedeutete, draußen im Freien oder in einer Schneehöhle zu schlafen. Das Besteigen der oberen Everest-Hänge ist derart schwierig, daß die meisten Bergsteiger alles weiter unten zurücklassen, was sie nur irgendwie entbehren können, einschließlich der Zelte.

64 Siehe die Debatten in *Himal*: Risal, 1993; Sharma, 1993; Acharya, 1993; Lieberman, 1993a und 1993b; Sherpa-Padgett, 1993; Sangroula, 1993.

65 Vincanne Adams zufolge (persönliche Mitteilung) wurde Pasang Lhamu und Lhakputi Sherpa nachgesagt, ebenfalls sehr konkurrenzorientiert gewesen zu sein.

66 Laura Ahearn, damals Doktorandin der Anthropologie an der University of Michigan, war in der Zeit, als die nepalesische Frauenexpedition unternommen wurde, im Rahmen einer Feldforschung im Dorf Magar. In einem Brief an mich schrieb sie:
»Es war interessant für mich, mit nepalesischen Frauen über Pasangs Tod zu sprechen. Alle (gebildeten) Frauen, mit denen ich in Katmandu gesprochen habe, unterstützen Pasangs Bemühungen sehr und scheinen, trotz der Tragödie, die dann kam, von ihrer Leistung inspiriert worden zu sein. Die Frauen in meiner eigenen nepalesischen Familie (gebildete wie ungebildete) betrachten Pasangs Wunsch, zu klettern, hingegen bestenfalls als verrückt und schlimmstenfalls, insbesondere wenn sie an ihre drei Kinder denken, als kriminell.« (Brief an die Autorin, 25. Mai 1993; mit Erlaubnis der Verfasserin zitiert)

67 Mohanty, 1991; Johnson-Odim, 1991.

68 Risal, 1993, S. 43.

69 Sangroula, 1993, S. 7. Die indische Frauenexpedition und Nyimi Sherpa scheinen den Gipfel des Everest erreicht zu haben. Darüber wurde mit keinem Wort berichtet.

70 Risal, 1993.

71 Acharya, 1993.

72 Sharma, 1993.

73 Eine berühmte Partnerschaft zwischen Ehemann und Ehefrau war die von Sangye, dem Gründer des Chiwong-Klosters, und seiner Frau, in den ersten Jahrzehnten des 20. Jahrhunderts (Ortner, 1989a). Tenzing Norgays dritte Frau kletterte zum Teil mit ihm und arbeitete als Führerin von Trekking-Touren; er unterstützte dies durchaus (Tenzing Norgay, 1977, S. 39).

Kapitel 9

1 Fisher verwendete diese Frage als Überschrift bei seinem Artikel von 1991.

2 Ein weiterer Bereich, in dem den Sherpas zunehmender Verfall nachgesagt wurde, war die Umwelt in Solu-Khumbu. Das Gefühl, daß die Region von Touristen und von wirtschaftlichen Praktiken in Zusammenhang mit dem Tourismus geplündert wurde, führte Mitte der siebziger Jahre zur Entstehung des Sagarmatha-Nationalparks, wodurch die Heimat der Sherpas in ein staatlich reguliertes Gebiet verwandelt wurde. Sowohl Brower (1991) als auch Stevens (1993) haben danach die Frage gestellt, ob die Gefährdung der Umwelt nicht übertrieben wurde, und selbst wenn dem nicht so war, ob die Schaffung eines Nationalparks wirklich die Lösung war.

3 Zum Beispiel Streather, 1954, S. 80; Kohli, 1969, S. 51; Bremer-Kamp, 1987, S. 54.

4 Laird wurde eingangs seines Artikels wie folgt beschrieben:
»Der Verfasser Laird lebt seit 1972, als er achtzehn war, von und in Nepal und spricht Nepalesisch. Er war eineinhalb Jahre bei den Sherpas in Ostnepal, nahe dem Mount Everest. Er kehrt gerade dorthin zurück, um dort zu leben. Er hat einen von uns zu Besuch eingeladen: ›Ich könnte Ihnen ein Haus bei einer Klippe neben einem Wasserfall besorgen, wo Raben Ihnen die Kartoffeln stehlen, während Sie sie schrubben. Neben dem Lärm des ständig über die 300 Meter hohe Klippe stürzenden Wasserfalls sind der Lärm und der Glanz der Milchstraße bei Nacht ohrenbetäubend und blendend.‹«
(Laird, 1981, S. 116)

5 Ebd., S. 125.

6 Thompson, 1979.

7 Siehe auch Lively, 1988, S. 52 ff.

8 Von Fürer-Haimendorf, 1964, S. xix.

9 Ebd., S. 70.

10 Von Fürer-Haimendorf, 1984, S. 12.

11 Ebd., S. 68.

12 Ebd., S. 112.

13 Thompson, 1979, S. 48. Siehe auch Dingle und Hillary (1982, S. 56 f.) bezüglich der Geschichte über eine Begegnung mit einigen Sherpa-Männern, die sich weigerten, einer Sherpa-Frau mit erfrorenen Füßen zu helfen. Wie die frühen Sahibs vermeiden die Autoren auch in diesem Fall eine Verallgemeinerung.

14 In einem im vorhergehenden Jahr veröffentlichten Artikel erklärte Cheney das schlechte Verhalten der Sherpas bei Expeditionen mit dem Hinweis auf bestimmte Händel, die zwischen dem nepalesischen Staat und einigen Solu-Sherpa-Geschäftsinteressen geschlossen worden waren (Cheney, 1978). Zum Zeitpunkt dieses Interviews schien er jedoch allgemein zu der Überzeugung gelangt zu sein, daß es mit den Sherpas insgesamt bergab ging.

15 Kommentare im Manuskript für dieses Buch, 1998. Mit Erlaubnis des Verfassers zitiert.

16 Brower, 1991, S. 85 ff.

17 Stevens, 1993, S. 370 ff.; Fisher, 1990, S. 122.

18 Boardman, 1982, dt. 1984, S. 159; siehe auch Brower, 1991, S. 85.

19 Parker, 1989, S. 12.

20 Ebd., S. 13.

21 Dixit und Risal, 1992, S. 17.

22 Fisher, 1990, S. 123.

23 Ebd.; Dixit und Risal, 1992. Narayan Shrestha kam bei der spanischen Everest-Expedition 1992 in einer Lawine ums Leben (Allison, 1993, S. 267).

24 Fisher, 1990, S. 123.

25 Dixit und Risal, 1992, S. 16.

26 Ebd.

27 Cheney Anhang (»Organisation in Nepal«), in: Bonington, 1976, S. 180.

28 Fisher, 1990, S. 173.

29 Der unschönste Unternehmensbereich ist der Drogenhandel bzw. Drogentransport, in dem sich einige wenige Sherpas betätigen. Siehe Brower, 1991, S. 90.

30 Fisher, 1990, S. 115; siehe auch Kunwar, 1989.

31 Ang Gyelzen, der den Rang eines Kapitäns erreicht hatte und zur Flug-

schule zurückgehen wollte, um sich als Pilot für Düsenflugzeuge auf internationalen Flugstrecken ausbilden zu lassen, kam im November 1998 beim Absturz eines Kleinflugzeugs in Khumbu ums Leben.

32 Carrier, 1992, S. 87.
33 Crossette, 1991.
34 Carrier, 1992, S. 82.
35 Thapa, 1995, S. 50.
36 Thapa, 1995; siehe auch Fleming, 1988, S. 10.
37 Meine einzige Quelle dafür, die frustrierend vage ist, ist Scott, 1985. Das Zitat von Sarkey Tshering Sherpa ist auf S. 31 zu finden. Es ist nicht vermerkt, ob die Expedition erfolgreich verlief.
38 Zitiert in: Carrier, 1992, S. 74.
39 Ebd., S. 70.
40 Ebd., S. 85. Die heutige Sherpa-Identitätspolitik ist von zentraler Bedeutung für Fragen, die über das Bergsteigen hinausgehen, insbesondere für die ethnische und nationale Politik in Nepal. Ich habe jedoch keine Daten, um auf diese Frage hier weiter einzugehen.
41 Ich habe an anderer Stelle erklärt, warum sie in Solu offenbar besser überleben konnten. Siehe Ortner, 1989b.
42 Der Gedanke, daß Kyerok im Sinne einer »höheren« Religion seine Praktiken erneuert hat, stammt von v. Fürer-Haimendorf, 1984, S. 93.
43 Mir wurde auch erzählt, daß der Tengboche Lama seine »Takbu-Arbeit« einschränkte, das heißt Rituale, die Götter in ihrer grausamen, gewalttätigen Form heraufbeschwören.
44 Ortner, 1995a.
45 In Katmandu gibt es keine Sherpa-Schamanen. Nach der Theorie, daß es sich bei den krankmachenden Geistern in Katmandu wohl um nepalesische Geister handelt, gehen die Sherpas im Zweifel zu lokalen *Dhami*, nepalesischen Schamanen (oder zu westlichen Ärzten oder zu beiden).

46 Ortner, Feldnotizen, 1979.
47 Ortner, Feldnotizen, 1979. Nyima Chotar hat es mir nie erzählt (vielleicht wußte er es auch nicht), aber nach von Fürer-Haimendorfs Bericht läßt sich rekonstruieren, daß seine Mutter in ihrem Dorf als eine Pem, eine Hexe, betrachtet wurde. Die Tatsache, daß seine Mutter somit aufgrund des volkstümlichen Glaubens zur Zielscheibe lokaler Feindseligkeiten wurde, mag der Anstoß für seine eigene Feindseligkeit gegenüber der »niedrigen« Volksreligion gewesen sein. Der Glaube an Hexen ist bei jüngeren Sherpas möglicherweise rückläufig. Als ich in Katmandu eine Gruppe junger Männer, die im Bergsteigen tätig waren, fragte, ob sie sich jemals wegen Pems (Hexen) und Nerpas (Geister) Gedanken gemacht hätten, sagten sie nein. In Katmandu gäbe es jedenfalls nicht viele Pems und Nerpas. Und dann fingen sie an herumzualbern: »Na, Pem, kannst dir das Flugticket nicht leisten?« – »Ja, und es ist zu weit, um zu Fuß zu gehen.«
48 Nyima Chotar und seine Frau waren unter den achtundzwanzig Personen, die 1982 auf dem Heimweg von einer Pilgerfahrt bei einem Busunglück ums Leben kamen. Sie waren nach Dharamsala gefahren, um den Dalai Lama zu sehen.
49 Das klösterliche System der Sherpas war nie sehr groß, was die Anzahl von Mönchen und Nonnen anging, die nur etwa zwei Prozent der Bevölkerung stellten (siehe Paul, 1970, 1990). Das ist im Vergleich zu Tibet sehr wenig (siehe Samuel, 1993, Anhang 1, bezüglich der besten aktuellen Schätzungen für Tibet). Viele der tibetischen Klöster wurden jedoch staatlich unterstützt, und die Mönche wurden einberufen oder eingezogen, während das Sherpa-System weitestgehend privat unterstützt wurde und auf absoluter Freiwilligkeit beruhte.

50 Beide, Kopan und Laudo, wurden in den siebziger Jahren auf dem Höhepunkt der Gegenkultur gegründet. Die Mönche in Kopan sind hauptsächlich Sherpa-Mönche, die von der Thami-Seite in Khumbu kommen, und der oberste Lama ist ein reinkarnierter Sherpa. Das Kloster gehört jedoch zur Gelugpa-Sekte des tibetischen Buddhismus (die Sekte des Dalai Lama), während die Sherpas seit jeher die Nyingmapa-Sekten-Version des tibetischen Buddhismus praktiziert haben. Das Kloster führt Kurse über die verschiedenen Aspekte der theoretischen und praktischen buddhistischen Lehre für westliche Touristen und jeden, der daran teilnehmen möchte, durch. Laudo ist der Khumbu-»Ableger« von Kopan und liegt oberhalb des Weges zwischen Namche Basar und Thami an den Hängen des Khumbila. In Laudo soll es Sherpa-Mönche wie auch mehrere amerikanische Mönche und Nonnen geben. (Weder über Kopan noch über Laudo ist viel bekannt. Ich habe Kopan mehrmals besucht, da ich mit einem Mönch dort befreundet bin. Ich war jedoch nie in Laudo, und meines Wissens ist auch nichts darüber geschrieben worden. Was ich darüber weiß, habe ich beiläufig bei meinen verschiedenen Reisen erfahren. James Fisher liefert zu beiden Orten auch einige Anmerkungen [1990, S. 91 ff.].)

51 Lively, 1988.

52 Ortner, Feldnotizen, 1967.

53 Ortner, Feldnotizen, 1979.

54 Persönliche Mitteilung von Ang Rita Sherpa vom Himalayan Trust, Oktober 1998.

55 Von Fürer-Haimendorf, 1984, S. 99; Adams, 1996, S. 63.

56 Adams, 1996, S. 102.

57 Von Fürer-Haimendorf, 1964, S. 182; Ortner, 1978, Kap. 3.

58 Siehe zum Beispiel Brook, 1987, S. 112.

59 Fisher, 1990, S. 150.

60 Es gibt viele Gründe für die anhaltende und wachsende Popularität der Tulkus, die darüber hinausgehen, daß sie mit Mitgefühl assoziiert werden. Sie kombinieren die Ausbildung und Disziplin der Mönche mit den intuitiveren und »magischeren« Kräften der verheirateten Lamas und Schamanen, und diese beiden Dimensionen fallen dann mit dem Mitgefühl des Bodhisattva zusammen. Die Tulkus verkörpern im Prinzip in einer Figur den ganzen tibetischen Buddhismus.

61 Zitiert in: Adams, 1996, S. 131.

62 Ortner, Feldnotizen, 1979.

63 Gillette und Reynolds, 1985, S. 23.

64 Lieberman, 1991, S. 14. David Holmberg meinte (in einer persönlichen Mitteilung), der Grund, daß die Sherpas sich vor Lachen schüttelten, sei, daß »chick« im Nepalesischen »ficken« bedeutet, so daß die Zeile »with a chick chick here« bei ihnen als »mit einem Fick Fick hier« angekommen sein könnte.

65 Brook, 1987, S. 71.

66 Ebd., S. 103; Hervorhebung durch die Autorin.

67 Ebd., S. 201.

68 Ich habe die Diskussionen über Trekking-Touren thematisch nicht von Diskussionen übers Bergsteigen getrennt. Mit Trekking wird in Nepal, im Unterschied zum Bergsteigen, jedes Gehen oder Marschieren unter 5500 Metern Höhe verstanden, wobei keine technische Ausrüstung oder besondere Fähigkeiten erforderlich sind. Trekking ist die Art und Weise, wie Touristen das Land kennenlernen, in dem es nur sehr wenige Straßen gibt. Trekkingtouren zu leiten wird in der Regel schlechter als Klettern bezahlt, und dabei fallen auch nicht die großen Sondervergütungen in Form von Ausrüstung wie beim Bergsteigen ab, es ist jedoch wesentlich sicherer. Die Sherpas sind unterschiedlicher Meinung, was die relativen Vor- und Nachteile

der jeweiligen Arbeiten angeht. Beide sind jedoch mit ausgedehnten Kontakten mit Sahibs verbunden, und aus diesem Grund habe ich sie nicht voneinander getrennt.
69 Venables, 1989, S. 80, 108 und *passim*.
70 Venables, 1989, S. 38.
71 Bonington, 1987, S. 215.
72 Siehe zum Beispiel Morrow, 1986, S. 89.
73 Allison, 1993, S. 262; Hervorhebung im Original.
74 Krakauer, 1997, dt. 1998, S. 174f.
75 Dowling, 1996, S. 36.
76 Ebd., S. 260.
77 Zitiert in: Krakauer, 1997, dt. 1998, S. 137ff. Eine Interpretation der fortgesetzten Freundlichkeit der Sherpas ist, daß sie gut im »Beeindrucken« sind (Thompson, 1979, S. 49; Zivetz, 1992, S. 109). Während einige Begebenheiten sicher diese Qualität haben mögen, kommt sie in vielen Fällen – ich würde sagen, den meisten – jedoch als »authentisch« herüber. Die Authentizität ist natürlich eine subjektive Kategorie; aber das Gewicht der Einzelheiten in den Anekdoten ist sehr überzeugend wie auch die Häufigkeit der Anekdoten selbst.

Kapitel 10

1 Diese Bemerkungen weisen auf mein neues Forschungsprojekt über die US-amerikanische Mittelschicht hin. Siehe Ortner, 1998.
2 Bass und Wells, 1986, S. 80.
3 Siehe auch Venables, 1989.
4 Krakauer, 1997, dt. 1998, S. 89ff.
5 Ebd., S. 90.
6 Ebd., S. 91, 98, 196. Krakauer war als bezahlter Journalist für das *Outside*-Magazin bei Rob Halls Adventure-Consultants-Gruppe mit dabei. Das Magazin war ein Produkt des neu entstandenen Yuppie-Marktes, die Zielgruppe ein gutsituiertes, abenteuerlustiges und körperlich aktives Publikum, das auch den Kern von Halls Klientenbasis stellte.
7 Krakauer, 1997, dt. 1998, S. 43.
8 Ebd., S. 213f.
9 Allison, 1993, S. 138. Rumbu war während der Großen Kulturrevolution in den sechziger Jahren zerstört und aufgelöst worden, war zu dieser Zeit aber zum Teil schon wieder bewohnt und tätig.
10 Ebd., S. 157.
11 Allison liefert eine gute Beschreibung, wie die Organisatoren versucht waren, zahlende Klienten zu nehmen, selbst wenn sie weniger versiert und/oder weniger kollegial als andere mögliche Mitglieder waren. Siehe auch Ullman über die Schwierigkeiten, die Mittel für die Finanzierung einer Expedition aufzutreiben, was er als »nur etwas weniger schwierig als, sagen wir, die Mittel aufzutreiben, um eine Statue von Karl Marx auf dem Rasen des Weißen Hauses errichten zu lassen«, beschrieb (1964, S. 21).
12 Allison, 1993, S. 215ff.
13 Ebd., S. 272.
14 Bass und Wells, 1986, S. 295.
15 Allison, 1993, S. 235.
16 Ebd., S. 269.
17 Krakauer, 1997, dt. 1998, S. 146f.
18 Allison, 1993, Kap. 8.
19 Ebd., S. 189.
20 Krakauer, 1997, dt. 1998, S. 134.
21 Ebd., S. 135.
22 Infolge gravierender Probleme mit dem Führer verließ February die Expedition vorzeitig. Wer von seiner Gruppe – wenn überhaupt – den Gipfel erreichte, ist nicht klar.
23 Child, 1993, S. 173.
24 Cain, o. Jahresangabe.
25 Er konkurrierte mit Reinhold Messner (dem wohl heute in seiner Öffentlichkeitswirksamkeit sichtbarsten Bergsteiger, teils auch weil er den Wettbewerb gewann) um die Leistung,

alle vierzehn über 8000 Meter hohen Gipfel der Welt bestiegen zu haben. Er kam 1989 bei einem Unfall auf dem Lhotse ums Leben.
26 Child, 1993, S. 174.
27 Ebd., S. 177.
28 Ebd., S. 187f.
29 Die Finanzierung von Projekten in Tengboche durch die American Himalayan Foundation (AHF) ist in Wirklichkeit eine ziemlich dramatische Geschichte, die ich aus Platzgründen aussparen mußte. Die Stiftung hat unter anderem ein Wasserkraftwerk finanziert, das das Kloster mit Strom versorgen sollte. Nicht einmal ein Jahr nachdem die Lichter angedreht worden waren, brannten der gesamte Klostertempel und die Wandelgänge, die den Vorhof umgeben (wo die wichtigsten rituellen Tänze stattfinden), offenbar aufgrund eines defekten Heizstrahlers oder allzu unachtsamen Umgangs damit bis auf den Boden ab. Die AHF finanzierte dann einen Gutteil des Wiederaufbaus des Klosters. Siehe Sassoon, 1988; Adams, 1996.
30 *AHF Newsletter* [Rundbrief], Sommer 1996, Nr. 6.
31 Eine ausführlichere Abhandlung darüber findet sich in: Ortner, 1997.
32 Siehe insbesondere Taylor, 1997.

Anhang A

1 Siehe Ortner, 1978, S. 51.
2 Von Fürer-Haimendorf, 1964, S. 181.

Anhang B

1 Ortner, 1989a, Kap. 7.
2 Von Fürer-Haimendorf, 1984, S. 91.
3 Bezüglich des Kulturzentrums und des Wohnhauses für die Mönche, siehe Leon, 1984. Meinen Dank an Ang Rita Sherpa für die Informationen über den Himalayan Trust, Oktober 1998.

4 Kohl, 1988, S. 643.
5 Sassoon, 1988.
6 Ein Grund, daß niemand verletzt oder getötet wurde, war, daß der oberste Lama und mit einer Ausnahme (der Arme, der auf das Kloster aufpaßte und unter dessen Augen all dies geschah) alle Mönche zu dem Zeitpunkt kein »hartes Leben« im Kloster führten, sondern in eine Gegend mit wärmerem Klima, nach Katmandu, gereist waren.
7 Sassoon, 1988, S. 8.
8 Ang Rita Sherpa, 1990, S. 10ff. Dies ist nicht der Ang Rita Sherpa, der den Mount Everest neunmal bestieg (und auch nicht die Bergsteigerin Ang Rita, über die in Kapitel 8 gesprochen wurde). Der Ang Rita, der diesen Bericht als Sekretär des Wiederaufbauprojektes des Klosters Tengboche schrieb, arbeitete zusammen mit Jim Fisher an dem Buch *Sherpas* (1990) und ist mit Fisher auf einer Fotografie auf dem Schutzumschlag des Buches zu sehen.
9 Von Fürer-Haimendorf, 1964, S. 158.
10 Er wurde später von den Dorfbewohnern von Tolakha im Westen Solus eingeladen, um einen Dorftempel zu gründen und zu leiten, was er machte. Zusammen mit seinem jüngeren Bruder Kusho Mangden entwarf, baute und leitete er den Tempel. Kusho Tulku starb recht jung, er war erst Anfang oder Mitte Vierzig. Seine Witwe, eine ehemalige Nonne, heiratete erneut und hatte ein Kind, von dem sie behauptete, es sei die Reinkarnation des Kusho Tulku. Dies wird von den Sherpas als etwas ungewöhnlich angesehen – es sind keine Fälle bekannt, in denen ein Lama in einem Sohn seiner eigenen Witwe wiedergeboren wurde –, aber akzeptiert.
Auch der Bruder, Kusho Mangden, brach seine Gelübde und heiratete in Tolakha. Er leitete den Tempel weiter und unterrichtete die junge Reinkarnation seines Bruders. Der junge Tulku

heiratete und blieb weiterhin in Tolakha. Am Ende hatte Kusho Mangden jedoch Reibereien mit seinen Förderern in Tolakha, und er zog sich in die Abgeschiedenheit eines Meditationshauses *(Charok)* in Khumbu zurück, das er als der jüngste Sohn des früheren obersten, verheirateten Thami Lama geerbt hatte. (Unser Interview wurde im Charok geführt.)

Der Sohn brach jedoch seine Gelübde und ist heute ein Dorf-Lama in Thomteng, wo er als recht *khamu*, sachkundig, angesehen wird. Er heiratete die Tochter eines Lama aus Chalsa; sie ist die Urenkelin des Lama, der ursprünglich in seinem Onkel, dem Kusho Tulku, reinkarniert wurde. Siehe die graphische Darstellung auf S. 370, die diese Beziehungen verdeutlicht.

11 Der Kusho Tulku wurde immer noch als mächtig angesehen: Nachdem er Chiwong verlassen hatte, hatte er 1933 in Katmandu ein Erdbeben vorhergesagt und die Bewohner aufgefordert, zu einem bestimmten Zeitpunkt ihre Häuser zu verlassen und aufs freie Feld hinauszugehen. Nach dem Beben bat ihn eine Frau, ihr den Zustand ihres Hauses und ihrer Familie, die in Solu geblieben war, weiszusagen. Er sagte ihr, ihre Familie sei unverletzt, und von ihrem Haus sei nur eine Seite beschädigt. All dies stellte sich als korrekt heraus. Der Mann, der den Kusho Tulku zusammengeschlagen hatte, soll infolgedessen jung gestorben sein.

12 Von Fürer-Haimendorf, 1964, S. 158f.

13 Der Reinkarnierte des Zatul Rimpoche aus Lhasa floh während der chinesischen Invasion in die Schweiz. (Die Sherpas nennen ihn den »Schweizer Tulku«.) Es heißt, er habe seine Gelübde gebrochen und dort geheiratet. Er ist kürzlich nach Sydney in Australien gezogen, wo er Präsident der Tibetan Community Association von New South Wales ist. Meinen Dank an Peter Hansen für diese Information aus Australien.

14 Von Fürer-Haimendorf, 1964, S. 156ff. Der biologische Enkelsohn nahm, mit anderen Worten, den Platz der spirituellen Reinkarnation derselben Person als Vorsteher des Klosters Chiwong ein. Eine wichtige Lektion aus dieser ganzen Angelegenheit ist, wie relevant die spirituelle Macht bestimmter Stammbäume verheirateter Lamas für die religiöse Politik geblieben ist, obwohl der Status der verheirateten Lamas abgewertet wurde.

15 Snellgrove, 1957, S. 217–222.

16 Siehe auch von Fürer-Haimendorf, 1964, S. 158. Nachdem er gestorben war, gab es zwei, die Anspruch auf den Status *seines* Tulku erhoben. Diese beiden Jungen waren zu der Zeit, als Robert Paul und ich unsere Feldforschung dort von 1966 bis 1968 durchführten, etwa sechs Jahre alt. Einer war das Kind einer tibetischen Flüchtlingsfamilie und der andere das Kind einer Sherpa-Familie aus dem Dorf Ringmo in Solu. Die Leute schienen den Anspruch des tibetischen Kindes für stärker zu halten, aber keines der beiden Kinder war zu der Zeit von den Chiwong-Mönchen zu ihrem Vorsteher berufen worden.

17 Snellgrove zufolge war ihm »politische Agitation« gegen die nepalesische Regierung vorgeworfen worden, und er war nach Darjeeling geflohen (1957, S. 222).

18 Das von dem Tushi Rimpoche geleitete Mani-Rimdu-Ritual wurde Mitte der achtziger Jahre in Chiwong gefilmt. Der Film heißt *The Lord of the Dance* (Kohn, 1986).

19 Die meisten Angaben über Takshindo stammen von R. A. Paul, 1970, und R. A. Pauls Feldnotizen (1967) – meinen Dank an ihn.

20 Einigen Berichten zufolge ging der Tulku, der im Kloster lebte, nach Kalifornien, wo er als der Thartang

Tulku bekannt ist. Nach den Informationen, die ich 1979 in Katmandu erhalten habe, wurde die Reinkarnation von Tolden Tsultim, der Sohn einer Familie eines Lama-Clans in Phaphlu, tatsächlich Mönch, der jedoch in der Kopan-Gompa in Katmandu lebte.
21 Siehe Ortner (1989a, S. 47f.) bezüglich der Geschichte über die Gründung des ursprünglichen Thami-Tempels Anfang des 18. Jahrhunderts.
22 Ortner, 1989a, S. 188; von Fürer-Haimendorf, 1964, S. 134.
23 Von Fürer-Haimendorf, 1964, S. 211.
24 Ngawang Samden war ein Enkelsohn von Lama Tundup, dem ehemaligen obersten Lama. Wäre der Tempel nichtzölibatär geblieben, hätte er die Leitung womöglich geerbt. Da man im Tempel jedoch zum Zölibat überging, legte er in Rumbu seine Gelübde ab und wurde ein zölibatär lebender Mönch. Während man darauf wartete, daß der Tulku heranwuchs, führte er in der Rolle des Studienleiters das Kloster; für den Tulku wurde er buchstäblich ein Vater.
25 Ich kannte den Lama seit meiner ersten Feldforschung 1967 flüchtig, als er etwa acht Jahre alt war. Ich habe ihn jedesmal gesehen, wenn ich in Nepal war, und ich habe recht viel Zeit mit ihm verbracht, als wir (ein Filmteam von Granada Television und ich) 1976 den Film *Sherpas* drehten (Woodhead, 1977). Das Kloster Thami wurde in dem Film in einem ausgezeichneten Zustand gezeigt, und mehrere lange Sequenzen wurden im Kloster selbst gefilmt.
26 MacDonald, 1980.
27 Schwalbe, 1979.
28 Sangye Tenzing, 1971. Ich habe in meinem Buch *High Religion* (Ortner, 1989a) wesentlich aus dieser Quelle geschöpft; auf S. 10 des Buches ist eine Fotografie von Sangye Tenzing zu finden.
29 1976 betrieb einer dieser Mönche, Ngawang, zusammen mit einem weiteren Serlo-Mönch ein Hotel in Junbesi, das »Chez Ngawang«. Auch wenn sie noch nicht abtrünnig geworden waren, sagten die Dorfbewohner dies doch voraus. Wie sagte doch ein Mann: »Sie sind noch nicht abtrünnig geworden, aber was ist das für eine Arbeit, mit der man Zigaretten und Arrak [Likör] verkauft? Keine Mönchsarbeit, sondern die Arbeit von Männern, die heiraten.« (Ortner, Feldnotizen, 1976)
30 1996 erhielt ich einen Brief von einem Mönch, der Spenden zu sammeln versuchte, um das Kloster wieder zu öffnen. Mir ist nicht bekannt, was aus den Bemühungen wurde.
31 Bezüglich eines ausführlichen Porträts des Tushi Rimpoche siehe Aziz, 1978.
32 Peter Hansen, persönliche Mitteilung.

ANMERKUNGEN

BIBLIOGRAPHIE

Acharya, Mamta (1993), »A True Heroine«. In: *Himal*, Juli/August 1993, Nr. 5.

Adams, Vincanne (1996), *Tigers of the Snow (and Other Virtual Sherpas): An Ethnography of Himalayan Encounters*, Princeton 1996.

Ahluwalia, Major H. P. S. (1978), *Faces of Everest*, Neu Dehli 1978.

Alger, Horatio (1962), *Ragged Dick and Mark, The Match Boy: Two Novels by Horatio Alger*, New York 1962.

Allison, Stacy, mit Peter Carlin (1993), *Beyond the Limits: A Woman's Triumph on Everest*, Boston 1993.

Althusser, Louis (1974), *Lenin und die Philosophie*, Reinbek b. Hamburg 1974.

Ang Tharkay (1954), *Memoires d'un Sherpa, recueillis par Basil P. Norton*, Paris 1954.

Another Ascent to the World's Highest Peak – Qomolangma, Peking 1975.

Appadurai, Arjun (1990), »Topographies of the Self: Praise and Emotion in Hindu India«. In: *Language and the Politics of Emotion*, hrsg. v. C. A. Lutz/L. Abu-Lughod, New York 1990, S. 93–112.

Aziz, Barbara (1978), *Tibetan Frontier Families*, Chapel Hill 1978.

Barcott, Bruce (1996), »Cliffhangers: The Fatal Descent of the Mountain-Climbing Memoir«. In: *Harper's*, August 1996, S. 64–69.

Bass, Dick/Frank Wells mit Rick Ridgeway (1986), *Seven Summits*, New York 1986.

Bauer, Paul (1933), *Um den Kantsch. Der zweite deutsche Angriff auf den Kangchendzönga 1931*, München 1933.

Bauer, Paul (1934), *Kampf um den Himalaya*, München 1934.

Bauer, Paul (1939), »Nanga Parbat, 1938«. In: *Himalayan Journal*, 1939, Nr. 11, S. 89–106.

Bauer, Paul (1955), *Das Ringen um den Nanga Parbat 1856–1953*, München 1955.

Bechthold, Fritz (1935), »The German Himalayan Expedition to Nanga Parbat, 1934«. In: *Himalayan Journal*, 1935, Nr. 7, S. 27–37.

Beetham, Bentley (1925), »The Return Journey«. In: E. F. Norton u. a., *The Fight for Everest: 1924*, New York 1925, S. 155–192.

Bellah, Robert N./Richard Madsen/William M. Sullivan/Ann Swidler/Steven M. Tipton (1985), *Habits of the Heart: Individualism and Commitment in American Life*, Berkeley 1985; dt.: *Gewohnheiten des Herzens. Individualismus und Gemeinsinn in der amerikanischen Gesellschaft*, Köln 1987.

Besant, Annie Wood (1983) [1893], *Annie Besant: An Autobiography*, Madras 1983.

Birkett, Bill/Bill Peascod (1989), *Women Climbing: 200 Years of Achievement*, Seattle 1989.

Bishop, Barry (1962), »Wintering on the Roof of the World«. In: *National Geographic*, 1962, Nr. 122 (4), S. 503–547.

Bishop, Peter (1989), *The Myth of Shangri-La: Tibet, Travel Writing and the Western Creation of Sacred Landscape*, London 1989.

Bjonness, Inger-Marie (1983), »External Economic Dependency and Changing Human Adjustment to Marginal Environment in the High Himalaya, Nepal«. In: *Mountain Research and Development*, 1983, Nr. 3 (3), S. 263-272.

Blum, Arlene (1980), *Annapurna. A Woman's Place*, San Francisco 1980; dt.: *Annapurna. Die erste Frauenexpedition auf einen der höchsten Gipfel der Erde*, Stuttgart 1982.

Boardman, Peter (1982), *Sacred Summits: A Climber's Year*, Seattle 1982; dt.: *Auf den Zinnen der Götter. Das Jahr eines Bergsteigers*, Zürich 1984.

Bonington, Chris (1971), *Annapurna South Face*, London 1971; dt.: *Annapurna-Südwand*, Stuttgart 1971.

Bonington, Chris (1973), *Everest: Southwest Face*, London 1973.

Bonington, Chris (1976), *Everest the Hard Way*, New York 1976. [Amerikan. Ausgabe v. Bonington (1973)].

Bonington, Chris (1987), *The Everest Years: A Climber's Life*, New York 1987.

Bourdieu, Pierre (1976), *Entwurf einer Theorie der Praxis auf der ethnologischen Grundlage der kabylischen Gesellschaft*, Frankfurt/Main 1976.

Bourdillon, Jennifer (1956), *Visit to the Sherpas*, London 1956.

Bowman, W. E. (1983) [1956], *The Ascent of Rum Doodle*, London 1983.

Bremer-Kamp, Cherie (1987), *Living on the Edge*, Layton, Utah, 1987.

Brook, Elaine (1985), »Sherpas: The Other Mountaineers«. In: *Mountain*, 1985, Nr. 101, S. 36-39.

Brook, Elaine (1987), *The Windhorse*, New York 1987.

Brower, Barbara (1991), *Sherpa of Khumbu: People, Livestock, and Landscape*, Delhi 1991.

Brower, Barbara (o.J.), »Geography and History in the Solukhumbu Landscape«, Typoskript o.J.

Brown, T. Graham (1936), »Nanda Devi«. In: *Alpine Journal* 48, Nr. 253, November 1936, S. 311f.

Bruce, (Major) Charles Granville (1910), *Twenty Years in the Himalayas*, London 1910.

Bruce, (Brigade-General, der Sehr Ehrenwerte) Charles Granville u.a. (1923), *The Assault on Mount Everest 1922*, New York 1923.

Bruce, (Captain) J. Geoffrey (1925), »The Rongbuk Glacier«. In: E. F. Norton u.a., *The Fight for Everest: 1924*, New York 1925, S. 54-72.

Burger, Veit (1978), »The Economic Impact of Tourism in Nepal: An Input-Output Analysis«, Diss., Cornell University 1978.

Burgess, Al/Jim Palmer (1983), *Everest: The Ultimate Challenge*, New York, Toronto 1983.

Cain, Karen (o.J.), »Wanda Rutkiewicz«. In: *Rock and Ice*, Nr. 27, S. 18-24.

Cameron, Ian (1984), *Mountains of the Gods*, New York, Oxford 1984.

Caplan, Lionel (1991), »›Bravest of the Brave‹: Representation of ›the Gurkha‹ in British Military Writings«. In: *Modern Asian Studies*, 1991, Nr. 25 (3), S. 571-597.

Caplan, Lionel (1995), *Warrior Gentlemen: »Gurkhas« in the Western Imagination*, Providence, R. I., Oxford 1995.

Carrier, Jim (1992), »Gatekeepers of the Himalaya«. In: *National Geographic* 182, Nr. 6, Dezember 1992, S. 70-89.

Cheney, Mike (1978), »Events and Trends 1970-6, Nepal Himalaya«. In: *Alpine Journal* 83, 1978, Nr. 327, S. 218-227.

Chevalley, Gabriel/René Dittert/Raymond Lambert (1953), *Avant-Premières à L'Everest*, B. Arthaud 1953.

Child, Greg (1993), *Mixed Emotions: Mountaineering Writing*, Seattle 1993.

Clifford, James (1997), *Routes: Travel and Translation in the Late Twentieth Century*, Cambridge, Mass., 1997.

Clifford, James/George E. Marcus (1986), *Writing Culture: The Poetics and Politics of Ethnography*, Berkeley 1986.

Collins, Steven (1982), *Selfless Persons: Imagery and Thought in Theravada Buddhism*, Cambridge 1982.

Conze, Edward (1975) [1951], *Buddhism: Its Essence and Development*, New York 1975; dt.: *Buddhismus. Wesen und Entwicklung*, Stuttgart 1995.

Crossette, Barbara (1991), »A Changing Everest: Tourists and Toothache«. In: *New York Times*, 11. 3. 1991, B, S. 1.

Curran, Jim (1987), *K2: Triumph and Tragedy*, Boston 1987.

Dash, A. J. (1947), *Darjeeling, Bengal District Gazetteers*, Alipore 1947.

David-Néel, Alexandra (1932), *Magic and Mystery in Tibet*, New York 1932; dt.: *Leben in Tibet. Tradition und Alltag im Land des Buddhas*, München 1998.

Denman, Earl (1954), *Alone to Everest*, London 1954.

Des Chene, Mary (1991), »Relics of Empire: A Cultural History of the Gurkhas, 1815–1987«, Diss., Fachbereich Anthropologie, Stanford University 1991.

Desio, Ardito (1956), *K2, 2. Berg der Erde*, München 1956.

Dias, John (1965), *The Everest Adventure: Story of the Second Indian Expedition*, Delhi 1965.

Dingle, Graeme/Peter Hillary (1982), *First Across the Roof of the World: The First-Ever Traverse of the Himalayas – 5000 Kilometers from Sikkim to Pakistan*, Auckland 1982.

Dixit-Kanak Mani/Dipesh Risal (1992), »Mountaineering's Himalayan Face«. In: *Himal*, November/Dezember 1992, S. 11–18.

Dowling, Claudia Glenn (1996), »Death on the Mountain«. In: *Life*, August 1996, S. 32–46.

Downs, Hugh R. (1980), *Rhythms of a Himalayan Village*, San Francisco 1980.

Dumont, Louis (1960), »World Renunciation in Indian Religions«. In: *Contributions to Indian Sociology*, 1960, Nr. IV, S. 33–62.

Dyhrenfurth, G. O. (1931), »The International Himalayan Expedition, 1930«. In: *Himalayan Journal*, Nr. 3, April 1931, S. 77–91.

Dyhrenfurth, G. O. (1959), »Die bergsteigerische Erschließung der Everest-Gruppe«. In: Toni Hagen/G. O. Dyhrenfurth/C. von Fürer-Haimendorf/Erwin Schneider, *Mount Everest. Aufbau, Erforschung und Bevölkerung des Everest-Gebietes*, Zürich 1959.

Dyhrenfurth, Hetti (1931), *Memsahib im Himalaya*, Leipzig 1931.

Eiselin, Max (1960), *Erfolg am Dhaulagiri. Die Erstbesteigung des Achttausenders durch die Schweizerische Himalaya-Expedition 1960*, Zürich 1960.

Faux, Ronald (1981), *Reinhold Messner. Autorisierte Biographie*, München 1981.

Finch, Captain George (1923), »The Attempt with Oxygen«. In: C. G. Bruce u. a., *The Assault on Mount Everest 1922*, New York 1923, S. 273–298.

Fisher, James F. (1990), *Sherpas: Reflections on Change in Himalayan Nepal*, Berkeley 1990.

Fisher, James F. (1991), »Has Success Spoiled the Sherpas?«. In: *Natural History*, Februar 1991, S. 39–44.

Fleming, Jon/Ronald Faux (1977), *Soldiers on Everest: The Mount Army Mountaineering Association – Royal Nepalese Army Mount Everest Expedition 1976*, London 1977.

Fleming, Wendy Brewer (1988), »Another First on Everest: History in the Making«. In: *Nepal Traveller 5*, Nr. 3, Mai 1988, S. 7–10.

French, Patrick (1995), *Younghusband: The Last Great Imperial Adventurer*, New York 1995.

Freshfield, Douglas W. (1979) [1903], *Round Kangchenjunga: A Narrative of Mountain Travel and Exploration*, Katmandu 1979.

Funke, Friedrich W. (1969), *Religiöses Leben der Sherpa*, Innsbruck, München 1969.

Fürer-Haimendorf, Christoph v. (1964), *The Sherpas of Nepal: Buddhist Highlanders*, London 1964.

Fürer-Haimendorf, Christoph v. (1976), »A Nunnery in Nepal«. In: *Kailash*, 1976, Nr. 4, S. 121–154.

Fürer-Haimendorf, Christoph v. (1984), *The Sherpas Transformed: Social Change in a Buddhist Society of Nepal*, Neu Delhi 1984.

Fürer-Haimendorf, Christoph v. (1990), *The Renaissance of Tibetan Civilization*, Oracle, Arizona, 1990.

Gardiner, Steve (1990), *Why I Climb: Personal Insight of Top Climbers*, Harrisburg, Pa., 1990.

Geertz, Clifford (1973), »Thick Description: Toward an Interpretive Theory of Culture«. In: C. Geertz, *The Interpretation of Cultures*, New York 1973, S. 1–32; dt.: *Dichte Beschreibung. Beiträge zum Verstehen kultureller Systeme*, Frankfurt/Main 1983.

Gillette, Ned/Jan Reynolds (1985), *Everest Grand Circle: A Climbing and Skiing Adventure through Nepal and Tibet*, Seattle 1985.

Goldstein, Melvin (1964), »Study of the ldap ldop«. In: *Central Asiatic Journal*, 1964, Nr. 9, S. 123–141.

Greenblatt, Stephen, Hrsg. (1993), *New World Encounters*, Berkeley 1993.

Guha, Ranajit (1988), »The Prose of Counter-Insurgency«. In: R. Guha/G. C. Spivak, Hrsg., *Selected Subaltern Studies*, New York, Oxford 1988, S. 45–89.

Guha Ranajit/Gayatri Chakravorty Spivak, Hrsg. (1988), *Selected Subaltern Studies*, New York, Oxford 1988.

Gurung, Harka (1985), »Gurkhas and Mountaineering«. In: *Nepal Himal Journal*, 1985, S. 1f.

Gurung, Harka (1991), »The Pioneer Mountaineers«. In: *Himal*, Juli/August 1991, S. 35.

Hagen, Toni/G. O. Dyhrenfurth/C. von Fürer-Haimendorf/E. Schneider (1959), *Mount Everest. Aufbau, Erforschung und Bevölkerung des Everest-Gebietes*, Zürich 1959.

Hagen, Toni/F. T. Wahlen/W. R. Corti (1980) [1961], *Nepal. Königreich am Himalaya*, Bern 1980.

Hansen, Peter H. (1995), »Albert Smith, the Alpine Club, and the Invention of Mountaineering in Mid-Victorian Britain«. In: *Journal of British Studies*, Nr. 34, Juli 1995, S. 300–324.

Hansen, Peter H. (1996a), »Vertical Boundaries, National Identities: British Mountaineering on the Frontiers of Europe and the Empire, c. 1868–1914«. In: *Journal of Imperial and Commonwealth History*, 1996, 24 (1), S. 48–71.

Hansen, Peter H. (1996b), »The Dancing Lamas of Everest: Cinema, Orientalism, and Anglo-Tibetan Relations in the 1920s«. In: *American Historical Review*, 1996, 101 (3), S. 712–747.

Hansen, Peter H. (1997), »Debate: Tenzing's Two Wrist-Watches: The Conquest of Everest and Late Imperial Culture in Britain, 1921–1953«.

In: *Past and Present*, Nr. 157, November 1997, S. 159–177.

Hansen, Peter H. (o.J.), »Guides and Sherpas in the Alps and Himalayas, 1850s–1950s«, Manuskript o.J.

Hansen, Peter H. (o.J.), »Confetti of Empire: The Conquest of Everest in Nepal, India, Britain, and New Zealand in 1953«, Manuskript o.J.

Hardie, Norman (1957), *In Highest Nepal: Our Life among the Sherpas*, London 1957; dt.: *Im höchsten Nepal. Ein Leben mit den Sherpas*, München 1959.

Harvard, Andrew/Todd Thompson (1974), *Mountain of Storms: The American Expeditions to Dhaulagiri, 1969 and 1973*, New York 1974.

Haston, Dougal (1997) [1972], *In High Places*, Seattle 1997.

Herrligkoffer, Karl M. (1954a), *Nanga Parbat*, New York 1954.

Herrligkoffer, Karl M. (1954b), *Nanga Parbat 1953*, Berlin 1954.

Herzog, Maurice (1952), *Annapurna. Erster Achttausender*, Wien 1952.

Hillary, Sir Edmund (1955), *High Adventure*, New York 1955; dt.: *Ich stand auf dem Everest. Meine Erstbesteigung mit Scherpa Tensing*, Wiesbaden 1955.

Hillary, Sir Edmund (1962), »We build a School for Sherpa Children«. In: *National Geographic* 122, Nr. 4, Oktober 1962, S. 548–551.

Hillary, Sir Edmund (1964), *Schoolhouse in the Clouds*, London 1964.

Hillary, Sir Edmund (1975), *Nothing Venture, Nothing Win*, New York 1975; dt.: *Wer wagt, gewinnt. Eine Autobiographie des Erstbezwingers des Mount Everest*, Bergisch Gladbach 1976.

Hillary, Sir Edmund/Peter Hillary (1984), *Two Generations*, London 1984.

Holmberg, David H. (1989), *Order in Paradox: Myth, Ritual and Exchange among Nepal's Tamang*, Ithaca, NY, 1989.

Hooker, J. D. (1854) [1969], *Himalayan Journals*, London 1969.

Houston, Charles, S. (1987), *Going Higher: The Story of Man and Altitude*, Boston 1987.

Howard-Bury, C. K. u.a. (1922), *Mount Everest: The Reconnaissance, 1921*, New York 1922.

Hunt, John (1953), *The Ascent of Everest*, New York 1953; dt.: *Mount Everest, Kampf und Sieg*, Wien 1956.

Hunt, John (1978), *Life Is Meeting*, London 1978.

Hunt, John (1993) [1953], *The Ascent of Everest*, Seattle 1993; dt.: *Mount Everest. Kampf und Sieg*, Wien 1956.

Jackson, Monica/Elizabeth Stark (1956), *Tents in the Clouds: The First Women's Himalayan Expedition*, London 1956.

Jerstad, Luther G. (1969), *Mani Rimdu: Sherpa Dance Drama*, Kalkutta 1969.

Johnson-Odim, Cheryl (1991), »Common Themes, Different Contexts: Third World Women and Feminism«. In: *Third World Women and the Politics of Feminism*, hrsg. v. C. T. Mohanty u.a., Bloomington, Indiana, 1991, S. 314–327.

Kellas, A. M. (1913), »A Fourth Visit to the Sikkim Himalaya, with Ascent of the Kangchenjhau«. In: *Alpine Journal*, 1913, 27, (200), S. 25–52.

Knowlton, Elizabeth (1933), *The Naked Mountain*, New York, London 1933.

Kohl, Larry (1988), »Heavy Hands on the Land«. In: *National Geographic* 174, Nr. 5, November 1988, S. 632–651.

Kohli, M. S. (1969), *Nine Atop Everest: Story of the Indian Ascent*, Bombay 1969.

Kohn, Richard (1986), *The Lord of the Dance: Destroyer of Illusion* (Film), New York 1986.

Krakauer, Jon (1997), *Into Thin Air: A Personal Account of the Mount Everest Disaster*, New York 1997; dt.: *In eisige Höhen. Das Drama am Mount Everest*, München 1998.

Kunwar, Ramesh Raj (1989), *Fire of Himal: An Anthropological Study of the Sherpas of Nepal Himalaya Region*, Jaipur, Neu Delhi 1989.

Laird, Thomas (1981), »Mountains as Gods, Mountains as Goals«. In: *Co-Evolution Quarterly*, 1981, Nr. 31, S. 116-129.

Lambert, Raymond/Claude Kogan (1956), *White Fury: Gaurisankar and Cho Oyu*, London 1956.

Leamer, Laurence (1982), *Ascent: The Spiritual and Physical Quest of Willi Unsoeld*, New York 1982.

Leon, Lydia (1984), »Project Reports: Tengboche Culture Center in Nepal«. In: *Cultural Survival Quarterly* 8, Nr. 3, Herbst 1984, S. 69f.

Lieberman, Marcia R. (1991), »A Trek of One's Own in Nepal«. In: *New York Times*, 28. 7. 1991, Rubrik Reisen, S. 14-16.

Lieberman, Marcia R. (1993a), »Scott, Amundsen, and Pasang Lhamu«. In: *Himal*, Juli/August 1993, S. 7.

Lieberman, Marcia R. (1993b), »Marcia Lieberman Responds«. In: *Himal*, September/Oktober 1993, S. 7.

Ling, Trevor (1976), *The Buddha: Buddhist Civilization in India and Ceylon*, Harmondsworth 1976.

Lively, Scott Allen (1988), »Monks and Mountaineers: The Changing Role of Monasteries in Sherpa Society from 1915 to the Present«, Thesenpapier, Harvard College 1988.

MacDonald, Alexander W. (1973), »The Lama and the General«. In: *Kailash: A Journal of Himalayan Studies*, 1973, 1 (3), S. 225-234.

MacDonald, Alexander W. (1980), »The Writing of Buddhist History in the Sherpa Area of Nepal«. In: *Studies in History of Buddhism*, hrsg. v. A. K. Narain, Neu Delhi 1980, S. 121-131.

Mallory, George H. (George H. Leigh-Mallory) (1922), »The Reconnaissance of the Mountain«. In: C. K. Howard-Bury u. a., *Mount Everest: The Reconnaissance, 1921*, New York 1922, S. 183-280.

Mallory, George H. (George H. Leigh-Mallory) (1923a), »The First Attempt«. In: C. G. Bruce u. a., *The Assault on Mount Everest 1922*, New York 1923, S. 121-226.

Mallory, George H. (George H. Leigh-Mallory) (1923b), »The Third Attempt«. In: C. G. Bruce u. a., *The Assault on Mount Everest 1922*, New York 1923, S. 273-298.

March, Kathryn (1977), »Of People and Naks: The Meaning of High Altitude Herding among Contemporary Solu Sherpas«. In: *Contributions to Nepal Studies*, 1977, 4 (2), S. 83-97.

March, Kathryn (1979), »The Intermediacy of Women: Female Gender Symbolism and the Social Position of Women among Thamangs and Sherpas of Highland Nepal«, Diss., Fachbereich Anthropologie, Cornell University 1979.

Marcus, Steven (1975), »Mt. Everest and the British National Spirit«. In: S. Marcus, *Representations: Essays on Literature and Society*, New York 1975, S. 76-87.

Mason, Kenneth (1955), *Abode of Snow: A History of Himalayan Exploration and Mountaineering*, London 1955.

Messner, Reinhold (1979), *Everest: Expedition to the Ultimate*, New York 1979; dt.: *Everest Expedition zum Endpunkt*, München 1979 [2., aktualisierte Ausg. 1998].

Messner, Reinhold (1981), »At My Limit: I Climbed Everest Alone«. In: *National Geographic* 160, Nr. 4, Oktober 1981, S. 552-566.

Miller, Robert (1965), »High Altitude Mountaineering, Cash Economy and the Sherpa«. In: *Human Organization* 1965, XXIV (3), S. 224–249.

Mitten, Denise (1992), »The American Team«. In: *Leading Out: Women Climbers Reaching for the Top*, hrsg. v. Rachel da Silva, Seattle 1992, S. 201–217.

Miura, Yuichiro, mit Eric Perlman (1978), *The Man Who Skied Down Everest*, San Francisco 1978.

Moffat, Gwen (1961), *Space Below My Feet*, Cambridge, Mass., 1961.

Mohanty, Chandra T. (1991), »Under Western Eyes: Feminist Scholarship and Colonial Discourses«. In: *Third World Women and the Politics of Feminism*, hrsg. v. C. T. Mohanty u. a., Bloomington, Indiana, 1991, S. 51–80.

Morris, James (1958), *Coronation Everest*, London 1958.

Morris, Jan (1974), *Conundrum*, New York 1974; dt.: *Conundrum. Mein Weg vom Mann zur Frau*, Frankfurt/Main 1993.

Morris, John (1960), *Hired to Kill: Some Chapters of Autobiography*, 1960.

Morrow, Patrick (1986), *Beyond Everest: Quest for the Seven Summits*, Camden East, Ontario, 1986.

Nebesky-Wojkowitz, René de (1956), *Oracles and Demons of Tibet: The Cult and Iconography of the Tibetan Protective Deities*, Den Haag 1956.

Noel, Captain John (1927), *The Story of Everest*, New York 1927.

Northey, W. Brook/C. J. Morris (1976) [1927], *The Gurkhas: Their Manners, Customs and Country*, Neu Delhi 1976.

Norton, E. F., u. a. (1925), *The Fight for Everest: 1924*, New York 1925.

Ortner, Sherry B. (1973), »Sherpa Purity«. In: *American Anthropologist*, 1973, Nr. 75, S. 49–63.

Ortner, Sherry B. (1975), »Gods' Bodies, Gods' Food: A Symbolic Analysis of a Sherpa Ritual«. In: *The Interpretation of Symbolism*, hrsg. v. R. Willis, London 1975, S. 133–169.

Ortner, Sherry B. (1977), *Sherpas* (Abschrift der für den Film aufgezeichneten Dialoge), unveröffentl. Bzgl. Filminformationen siehe Woodhead (1977).

Ortner, Sherry B. (1978), *Sherpas through Their Rituals*, Cambridge 1978.

Ortner, Sherry B. (1989a), *High Religion: A Cultural and Political History of Sherpa Buddhism*, Princeton 1989.

Ortner, Sherry B. (1989b), »Cultural Politics: Religious Activism and Ideological Transformation among 20th Century Sherpas«. In: *Dialectical Anthropology* 1989, Nr. 14, S. 197–211.

Ortner, Sherry B. (1995a), »The Case of the Disappearing Shamans, or No Individualism, No Relationalism«. In: *Ethos*, 1995, 23 (3), S. 355–390.

Ortner, Sherry B. (1995b), »Resistance and the Problem of Ethnographic Refusal«. In: *Comparative Studies in Society and History* 37, Nr. 1, Januar 1995, S. 173–193.

Ortner, Sherry B. (1996a), *Making Gender: The Politics and Erotics of Culture*, Boston 1996.

Ortner, Sherry B. (1996b) [1983], »The Founding of the First Sherpa Nunnery, and the Problem of ›Women‹ as an Analytic Category«. In: S. B. Ortner, *Making Gender: The Politics and Erotics of Culture*, Boston 1996, S. 116–138.

Ortner, Sherry B. (1996c), »Borderland Politics and Erotics: Gender and Sexuality in Himalayan Mountaineering«. In: S. B. Ortner, *Making Gender: The Politics and Erotics of Culture*, Boston 1996, S. 181–212.

Ortner, Sherry B. (1996d), »Making Gender: Toward a Feminist, Minority, Postcolonial, Subaltern, Etc., Theory of Practice«. In: S. B. Ortner, *Making Gender: The Politics and Erotics of Culture*, Boston 1996, S. 1–20.

Ortner, Sherry B. (1997), »Thick Resistance: Death and the Cultural Construction of Agency in Himalayan Mountaineering«. In: *Representations* 59, Sommer 1997, S. 135–162.

Ortner, Sherry B. (1998), »Generation X: Anthropology in a Media-Saturated World«. In: *Cultural Anthropology* 13, Nr. 3, August 1998, S. 414–440.

Parker, Anne (1989), »The Meaning of ›Sherpa‹: An Evolving Social Category«. In: *Himalayan Research Bulletin*, 1989, IX (3), S. 11–14.

Paul, Robert A. (1970), »Sherpas and their Religion«, Diss., Fachbereich Anthropologie, University of Chicago 1970.

Paul, Robert A. (1976a), »The Sherpa Temple as a Model of the Psyche«. In: *American Ethnologist*, 1976, Nr. 3, S. 131–146.

Paul, Robert A. (1976b), »Some Observations on Sherpa Shamanism«. In: John T. Hitchcock/Rex L. Jones, Hrsg., *Spirit Possession in the Nepal Himalayas*, Neu Delhi 1976, S. 151–152.

Paul, Robert A. (1977), »The Place of Truth in Sherpa Law and Religion«. In: *Journal of Anthropological Research*, 1977, Nr. 33, S. 167–184.

Paul, Robert A. (1979), »Dumje: Paradox and Resolution in Sherpa Ritual Symbolism«. In: *American Ethnologist*, 1979, Nr. 6, S. 274–304.

Paul, Robert A. (1982), *The Tibetan Symbolic World: Psychoanalytic Explorations*, Chicago 1982.

Paul, Robert A. (1990), »Recruitment to Monasticism among the Sherpas«. In: *Personality and the Cultural Construction of Society*, hrsg. v. D. K. Jordan/M. J. Swartz, Tuscaloosa 1990, S. 254–274.

Pfeffer, Martin, u. a. (1937), »The Disaster on Nanga Parbat, 1937«. In: *Alpine Journal* 49, Nr. 255, November 1937, S. 210–227.

Regmi, Mahesh Chandra (1978), *Thatched Huts and Stucco Palaces: Peasants and Landlords in Nineteenth Century Nepal*, Neu Delhi 1978.

Ridgeway, Rick (1979), *The Boldest Dream: The Story of Twelve Who Climbed Mount Everest*, New York, London 1979.

Risal, Dipesh (1993), »Pasang Lhamu«. In: *Himal*, Mai/Juni 1993, S. 42 f.

Roberts, David (1986a), »The Direct Style of John Roskelley«. In: *Moments of Doubt and Other Mountaineering Writings*, Seattle 1986, S. 145–160.

Roberts, David (1986b), »Patey Agonistes: A Look at Climbing Autobiographies«. In: *Moments of Doubt and Other Mountaineering Writings*, Seattle 1986, S. 183–194.

Roberts, (Lieutenant Colonel) James O. M. (1964), »Transport and Sherpas«. In: J. R. Ullman, *Americans on Everest*, Philadelphia, New York 1964, S. 335–342.

Roch, André (1947), *Garhwal Himalaya: Expédition Suisse 1939*, Neuchâtel, Paris 1947.

Roch, André (1952), »The Sherpas of Everest«. In: *Himalayan Journal*, VII, 1952, S. 157 f.

Roskelley, John (1987), *Nanda Devi: The Tragic Expedition*, Sparkford 1987.

Rubenson, C. W. (1908a), »An Ascent of Kabru«. In: *Alpine Journal*, Bd. 24, Nr. 179, Februar 1908, S. 63–67.

Rubenson, C. W. (1908b), »Kabru in 1907«. In: *Alpine Journal*, Bd. 24, Nr. 182, November 1908, S. 310–321.

Rutkiewicz, Wanda (1986), »Paper read

by Mrs. Wanda Rutkiewicz of Poland [Women's Mountaineering in the Himalayas and Karakorams]«. In: N. D. Jayal/M. Motwani, Hrsg., *Conservation, Tourism and Mountaineering in the Himalayas*, Dehra Dun [Indien] 1986, S. 134–137.

Ruttledge, Hugh (1934), *Everest 1933*, London 1934.

Ruttledge, Hugh (1935) [amerikan. Ausg. v. 1934], *Attack on Everest*, New York 1935.

Ruttledge, Hugh (1952), »In Memoriam: The Late Head Lama of Rongbuk Monastery«. In: *Himalayan Journal*, 1952, Nr. 17, S. 159 f.

Sahlins, Marshall (1981), *Historical Metaphors and Mythical Realities: Structure in the Early History of the Sandwich Islands Kingdoms*, Ann Arbor 1981; dt.: *Der Tod des Kapitän Cook, Geschichte als Metapher und Mythos als Wirklichkeit in der Frühgeschichte des Königreichs Hawaii*, Berlin 1986.

Sahlins, Marshall (1995), *How »Natives« Think: About Capitain Cook, for Example*, Chicago 1995.

Said, Edward (1978), *Orientalism*, New York 1978; dt.: *Orientalismus*, Berlin 1981.

Samuel, Geoffrey (1993), *Civilized Shamans: Buddhism in Tibetan Societies*, Washington, DC, London 1993.

Sangroula, Yubaraj (1993), »A National Heroine«. In: *Himal*, September/Oktober 1993, S. 7.

Sangye Tenzing (1971), »The Unprecedented Holy Scepter: A Religious History of the Sherpa People«, unveröffentl. Übersetzung, Junbesi, Nepal, Paris/Nanterre 1971.

Sassoon, D. (1988), »The Tengboche Fire: What Went Up in Flames?«. In: *Himalayan Research Bulletin*, 1988, 8 (3), S. 8–14.

Scarr, Josephine (1956), *Four Miles High*, London 1956.

Schwalbe, Kurt J. (1979), »The Construction and Religious Meaning of the Buddhist Stupa in Solo Khumbu, Nepal«, Thesenpapier, Graduate Theological Union, Berkeley, Kalifornien, 1979.

Scott, Doug (1984), »Himalayan Climbing: Part One of a Personal Review«. In: *Mountain*, 1984, Nr. 100, S. 26–36.

Scott, Doug (1985), »Himalayan Climbing: Part Two of a Personal Review«. In: *Mountain*, 1985, Nr. 101, S. 26–32.

Scott, James C. (1985), *Weapons of the Weak: Everyday Forms of Peasant Resistance*, New Haven 1985.

Sewell, Jessica (o.J.), »Views of the Sherpas on the Early Himalayan Expeditions«, Papier zu den im Rahmen dieses Projektes in Auftrag gegebenen Recherchen, Unterlagen bei S. B. Ortner.

Shaha, Rishikesh (1990), *Politics in Nepal 1980–1990*, Neu Delhi 1990.

Sharma, Prayag Raj (1993), »Don't Belittle Pasang Lhamu«. In: *Himal*, Juli/August 1993, S. 5.

Sherpa, Ang Rita, mit Unterstützung von Pertemba Sherpa (1990), »Tengboche Monastery Reconstruction: An Appraisal Report«, Typoskript 1990.

Sherpa, Donna M. (1994), *Living in the Middle: Sherpas of the Mid-Range Himalayas*, Prospect Heights, Ill., 1994.

Sherpa, Fran (1997), »A Comparison of Life and Migration Experiences of Sherpa Spouses Inside and Outside Nepal«, Manuskript verteilt anläßlich der Versammlungen der Association of American Geographers, Forth Worth, Texas, 1997.

Sherpa-Padgett, Linda M. (1993), »Devastating Words«. In: *Himal*, September/Oktober 1993, S. 5 f.

Shipton, Eric (1937), »Survey in the

Nanda Devi District«. In: *Alpine Journal* 49, Nr. 254, Mai 1937, S. 27–40.

Shipton, Eric (1938), »Shaksgam Expedition«. In: *Alpine Journal* 50, Nr. 256, Mai 1938, S. 34–59.

Shipton, Eric (1952a), »The Everest ›Tigers‹: The Sherpas and Their Country«. In: *Geographical Magazine*, August 1952, S. 172–183.

Shipton, Eric (1952b), *The Mount Everest Reconnaissance Expedition 1951*, London 1952.

Silva, Rachel da, Hrsg. (1992), *Leading Out: Women Climbers Reaching for the Top*, Seattle 1992.

Simmel, Georg (1983), *Philosophische Kultur. Über das Abenteuer, die Geschlechter und die Krise der Moderne*, Berlin 1983.

Singh, Gyan (1961), *Lure of Everest: Story of the First Indian Expedition*, Delhi 1961.

Smythe, F. S. (1931), *The Kangchenjunga Adventure*, London 1931.

Snellgrove, David (1957), *Buddhist Himalaya: Travels and Studies in Quest of the Origins and Nature of Tibetan Religion*, New York 1957.

Spivak, Gayatri Chakravorty (1988), »Can the Subaltern Speak?«. In: *Marxism and the Interpretation of Cultures*, hrsg. v. C. Nelson/ L. Grossberg, Urbana, Ill., 1988, S. 271–316.

Stevens, Stanley F. (1993), *Claiming the High Ground: Sherpas, Subsistence, and Environmental Change in the Highest Himalaya*, Berkeley 1993.

Stewart, Gordon T. (1995), »Tenzing's Two Wrist-Watches: The Conquest of Everest and Late Imperial Culture in Britain 1921–1953«. In: *Past and Present*, Nr. 149, November 1995, S. 170–197.

Stoler, Ann/Frederick Cooper (1997), *Tensions of Empire: Colonial Cultures in a Bourgeois World*, Berkeley 1997.

Streather, H. R. A. (1954), »Third American Karakoram Expedition, 1953«. In: *Himalayan Journal*, 1954, Nr. 18, S. 67–80.

Survey of India (1915), *Exploration of Tibet and Neighboring Regions, 1879–1892*, Bd. 8, Pkt. 2, S. 383–399.

Tambiah, Stanley (1976), *World Conqueror and World Renouncer: A Study of Buddhism and Polity in Thailand Against a Historical Background*, Cambridge, New York 1976.

Taylor, Timothy D. (1997), *Global Pop: World Music, World Markets*, New York 1997.

Tenzing Norgay mit James Ramsay Ullman (1955), *Tiger of the Snows*, New York 1955; dt.: Tenzing Norgay: *Der Tiger vom Everest. Die Autobiographie Sherpa Tenzings*, Wiesbaden 1955.

Tenzing Norgay Sherpa (1977), *After Everest: An Autobiography*, aufgezeichnet von Malcolm Barnes, London 1977.

Thapa, Deepak (1959), »Fame Still Eludes Sherpas«. In: *Himal* 8, Nr. 5, September/Oktober 1959, S. 50f.

Thapa, Vijay Jung (1997), »Lords of Everest«. In: *India Today International*, 7. 7. 1997, S. 54ff.

Thompson, Mike (1979), »Sahibs and Sherpas«. In: *Mountain*, 1979, Nr. 68, S. 45–49.

Thompson, Mike (1980), »Risk«. In: *Mountain*, 1980, Nr. 73, S. 44ff.

Tilman, H. W. (1935), »Nanda Devi and the Sources of the Ganges«. In: *Himalayan Journal*, 1935, Nr. 8, S. 1–26.

Tilman, H. W. (1937), »The Ascent of Nanda Devi«. In: *Alpine Journal* 49, Nr. 254, Mai 1937, S. 13–26.

Tilman, H. W. (1946), *When Men and Mountains Meet*, Cambridge 1946.

Tilman, H. W. (1948), *Mount Everest, 1938*, Cambridge 1948.

Tilman, H. W. (1952), *Nepal Himalaya*, Cambridge 1952.

Tilman, H. W. (1983) [1946], »When Men and Mountains Meet«. In: *The Seven Mountain-Travel Books*, Seattle 1983, S. 269–422.

Tilman, H. W. (1983) [1948], »Everest, 1938«. In: *The Seven Mountain-Travel Books*, Seattle 1983, S. 423–511.

Tullis, Julie (1986), *Clouds from Both Sides*, London 1986.

Ullman, James Ramsay (1947), *Kingdom of Adventure Everest*, New York 1947.

Ullman, James Ramsay (1955), »The Gentleman from Chomolungma«. In: Tenzing Norgay, *Tiger of the Snows*, New York 1955, S. xi–xvi [Einleitung]; dt.: *Der Tiger vom Everest. Die Autobiographie Sherpa Tenzings*, Wiesbaden 1955.

Ullman, James Ramsay (1964), *Americans on Everest*, Philadelphia, New York 1964.

Unsworth, Walt (1981), *Everest: A Mountaineering History*, Boston 1981.

Venables, Stephen (1989), *Everest Kangshung Face*, London 1989.

Waddell, L. A. (1959) [1888], *The Buddhism of Tibet or Lamaism*, Cambridge 1959.

Weir, Tom (1955), *East of Katmandu*, Edinburgh, London 1955.

White, J. Claude (1909), *Sikkim and Bhutan: Twenty-One Years on the Northeast Frontier 1887–1908*, New York 1909.

Woodhead, Leslie (1977), »Sherpas«, aus der Filmserie *Disappearing Worlds*, anthropologische Beratung S. B. Ortner, Manchester 1977.

Younghusband, Sir Francis (1925), »Introduction«. In: E. F. Norton u. a., *The Fight for Everest: 1924*, New York 1925, S. 13–30.

Younghusband, Sir Francis (1926), *The Epic of Mt. Everest*, London 1926.

Younghusband, Sir Francis (1941), *Everest: The Challenge*, London 1941.

Zivetz, Laurie (1992), *Private Enterprise and the State in Modern Nepal*, Madras 1992.

REGISTER

(Die meisten Sherpas verwenden keinen oder »Sherpa« als Nachnamen.
Die Sherpa-Namen sind folglich alphabetisch nach den Vornamen geordnet.)

Abenteuerreisen 9, 330f.
Adams, Vincanne 71, 173, 293f., 318, 321, 323, 379 (14), 386 (75), 401 (44), 402 (61, 62, 65)
Ahearn, Laura 402 (66)
Ahluwalia, H. P. S. 183, 377, 393 (11)
Ajeeba Sherpa 75, 375
Allison, Stacy 265, 334–337, 379 (5), 383 (15), 392 (37), 400 (29), 401 (31), 403 (23), 406 (9, 11f.), 15, 18, 73)
Althusser, Louis 70, 383 (2)
American Himalayan Foundation (AHF) 313, 341f., 360, 407 (29)
Ang Dawa 165
Ang Dorje 327
Ang Dowa 182
Ang Gyelzen Sherpa 303, 374, 377, 403f. (31)
Ang Kami Sherpa 172f., 373
Ang Karma Sherpa 251, 373, 377
Ang Kitar Sherpa 62
Ang Maya 401 (55)
Ang Mingyur 202
Ang Nyima Sherpa 74, 373, 383 (16)
Ang Nyimi Sherpa 282–286, 373, 377, 402 (60, 69)
Ang Pema 202
Ang Phu 163, 166, 168ff.
Ang Phurba 299
Ang Rita (Sherpa-Bergsteiger) 21, 305f., 325, 373, 377, 407 (8)
Ang Rita (Sherpa-Bergsteigerin) 280ff., 284, 373, 377, 407 (8)
Ang Rita (Sekretär d. Wiederaufbauprojekts d. Tengboche-Klosters) 407 (8)
Ang Temba 306
Ang Tharkay Sherpa 23, 66, 87, 89ff., 94, 97, 103ff., 127f., 131, 135f., 153, 157, 165, 169ff., 182, 212, 214, 251, 375, 379 (19), 382 (82, 86), 385 (40, 43, 47, 54) 386f. (64, 81–84), 389 (27), 390 (35), 392 (19, 29), 393 (3, 45, 53), 395 (82), 396 (86)
Ang Tshering Sherpa 265ff., 301, 373, 377
Ang Tsultim 176
Angputer 164
Ani Galden (Nonne) 361
Annapurna-Expedition (1950) 16, 75, 103, 157, 182, 192, 214, 375f.

Annapurna-Expedition (1970) 247
Annapurna-Frauenexpedition (1978) (s.a.: Blum, Arlene) 158f., 167f., 226, 230, 261, 266, 267–272, 279, 288
– Führungsfrage 226
– Klettern ohne Männer 268ff.
Apa Sherpa 21, 306, 373
Athans, Peter 305f.
Au Chokdu (Mönch) 143–146, 345, 357, 376

Bass, Dick 248, 331f., 337, 392 (28, 36), 397 (26, 39), 399 (85), 406 (2, 14)
Bauer, Paul 50, 55, 63ff., 96, 98, 183, 210, 381 (31, 46), 382 (68, 79, 85, 92, 93), 383 (94, 96, 100), 385 (57), 386 (62, 67, 395 (75), 398 (67)
Becker Larsen, Klaus 64
Bellah, Robert 384 (36)
Bergsteigen (s.a.: Frauen u. Bergsteigen; Sexualität; Tod u. Bergsteigen) 9ff., 46, 179ff., 250, 255
– Alpiner Stil 223ff., 227, 229, 232, 397 (46)
– B. als Modernitätskritik 45ff., 51f., 56ff., 189f., 339f.
– B. u. Abenteuerreisen 9, 330f.
– B. u. geschlechtsspezifische Fragen 152, 189f., 201, 215, 228ff., 255ff., 267f.
– B. u. kommerzielle Expeditionen 326f., 331ff.
– B. u. religiöse Zeremonien 153ff.
– B. u. Romantik 33f., 49ff., 58, 60, 179f., 184, 191, 193, 197, 221f., 232, 239, 243, 246, 291, 330, 339f.
– B. u. Sexualität 50, 152, 194, 202, 210ff., 259ff., 267ff., 395 (81)
– Einschränkung in den dreißiger u. vierziger Jahren 39, 150, 381 (48)
– Intentionen u. Wünsche d. Sahibs 71, 160, 173f., 176, 239, 243, 294, 323
– Sozioökonomische Schicht d. Teilnehmer 16, 22, 31, 43ff., 57, 181, 239, 247, 258, 263, 269, 332
– Spiel d. Bergsteigens 30ff., 45f., 52
Besant, Annie 220
Be-/Verschmutzung 83, 124
– Psychische/emotionale B./V. 83, 124
– V. d. Berge 152ff.
Beziehungen zwi. Sahibs u. Sherpas (s.a.: Gegenkultur) 10ff., 18f., 29, 31, 40ff., 52f.,

56f., 63f., 69ff., 102ff., 159, 180ff., 187ff., 217, 219ff., 237, 244, 247ff., 259ff., 294
- Disziplinieren d. Sherpas 54, 56f., 60, 64ff.
- Egalitarismus 43, 101ff., 182ff., 187ff., 194, 199, 202, 217ff., 247ff., 267
- Homosexualität 212, 395 (81), 401 (32)
- Konkurrieren 10, 197ff., 248f., 267
- Sexuelle B. 212ff., 259ff.
- Sexuelle Obszönitäten u. Witzeleien 212ff., 218, 261f.

Bishop, Peter 382 (65), 397 (49)
Blum, Arlene 167f., 226, 230, 265, 268f., 271, 374, 376, 379 (3, 13), 383 (17), 384 (28), 392 (36), 393 (48), 397 (30), 399 (1, 3), 400 (23, 28), 401 (34, 37)
Blum, Richard C. 341
Boardman, Peter 220f., 224f., 230f., 249, 392 (26, 27), 396 (6, 7, 10), 397 (22, 42)
Bonington, Chris 13, 158, 162f., 190, 214, 217, 226, 245ff., 252, 302, 325, 379 (10), 381 (29), 384 (34), 392 (35), 393 (41), 394 (27), 396 (87, 94), 397 (33), 399 (81, 83, 87), 403 (27), 406 (71)
Bourdillon, Jennifer 399 (4)
Bourdillon, Tom 399 (4)
Breitenbach, Jake 162
Bremer-Kamp, Cherie 221, 396 (14), 400 (23), 401 (31), 403 (3)
Briten:
- Aktivitäten im Himalaya 19, 35ff., 56, 149f., 185, 277
- Himalaya-Club 66, 185f.

Brook, Elaine 324, 389 (24), 392 (21), 399 (77, 94), 405 (58, 65)
Brower, Barbara 384 (31), 398 (60), 403 (2, 16, 18, 29)
Bruce, Charles Granville 36–41, 53, 59, 65, 72, 89, 155, 162, 175, 375, 381 (24, 27), 382 (57, 73, 75), 383 (4), 385 (61), 392 (23), 393 (38, 58)
Bruce, J. Geoffrey 54, 59, 65f., 375, 382 (62), 383 (98, 101)
Buddhismus (s. a.: Klöster; Lama[s]; Mönche; Religion u. Bergsteigen; Volksreligion) 38, 41, 83ff., 110ff., 123ff., 160, 166f., 199, 310, 317, 319ff.
- Mahayana-Schule 137, 139, 319, 390 (44)
- Monastische Bewegung 24, 109ff., 117ff., 129ff., 152, 172, 181, 203ff., 218, 275ff., 307ff.
- Volksreligion 24, 109ff., 114ff., 129ff., 181, 275ff., 300, 307ff.

Burgess, Al 220, 248f., 383 (8), 393 (62), 395 (80), 396 (2), 399 (80, 86, 88)
Burke, Mick 163

Cameron, Ian 200, 233, 380 (1, 5), 381 (19, 25, 26), 392 (24), 394 (48), 397 (47), 399 (78)
Carter, Ad 228
Chadwick-Onyszkiewicz, Alison 269, 271
Cheney, Mike 296, 393 (14), 403 (14, 27)
Chettan (Sherpa) 61

Chhongba 333
Chhowang 74
Child, Greg 339, 396 (3), 397 (21), 406 (23), 407 (26)
China:
- Beschränkung d. Bergsteigens 14, 39
- C. u. d. Dalai Lama 38
- Invasion in Tibet 38f., 77, 124, 179, 203, 366, 368, 371
Chomolungma (s.: Everest, Mount)
Clinton, Bill 341

Dalai Lama XIII./XIV. 38, 141, 391 (53), 404 (48), 405 (50)
David-Néel, Alexandra 220, 257, 396 (5)
Dawa Dorje 176
Dawa Tenzing 310, 315
Dawa Tsering Sherpa 326
Denman (Earl) 47, 50, 59f., 150, 182, 381 (39, 48), 391 (8), 393 (2)
Deysel, Deshun 338
Dias, John 55, 382 (65), 383 (6), 393 (40), 398 (69)
Dittert, René 47, 103, 105, 399 (88)
Domai Tsering 163, 166
Dordschi (Träger) 64, 96, 183
Dorje (Mönch) 134
Dorje Sherpa 61, 374
Douglas, Mary 384 (34)
Drexel, A. 61
Dü-Mutter, Geschichte der 357f.
Dumji-Fest 126, 204–210, 309, 315, 318
Dyhrenfurth, Hettie 257, 399 (2, 3)
Dyhrenfurth, Norman 48f., 162, 376, 397 (27)

Eiselin, Max 56, 382 (71), 393 (15)
Ershler (Führer) 248
Eskimo Nell 257f.
Ethnographie 12, 22, 24, 27–31, 33f., 38, 70, 84, 239ff., 293, 387 (5, 83)
Ethnologie 14, 22, 25–30, 34, 69ff., 84, 239ff., 244f., 292, 294, 296, 310, 341f., 384 (34)
Everest, Mount (s. a.: Tod u. Bergsteigen) 13, 16, 19, 21, 43f., 48ff., 56, 62ff., 74f., 77f., 94f., 96ff., 105, 112, 127, 136, 147, 189f., 153, 155, 157f., 161ff., 168, 171ff., 175f., 179, 182f., 186ff., 192, 194ff., 201, 211ff., 221, 224, 226, 228, 230f., 235, 238, 242ff., 256f., 263, 265f., 268, 278, 285ff., 295, 301f., 305f., 325f., 332ff.
- Erste Expedition auf d. Mt. Everest 37ff., 41, 47, 50, 61, 96f.
- Höhe d. Mt. Everest 16, 35, 179
- Katastrophen auf d. Mt. Everest 9, 13, 15, 75
Everest, Sir George 35
Expeditionen 16f., 42, 44, 58, 149, 151, 165, 179
- Mega-Expeditionen 179, 191ff., 213, 223, 226
- Militärisches Modell 57ff., 179, 191ff., 221f., 226f., 232, 255

424 ANHANG

- Organisation d. Sherpas 185 ff.
- Verkleinerung d. E. 18, 223 f.

February, Edmund 338, 406 (22)
Feinstein, Dianne 341
Finch, George 54, 59, 375, 382 (61)
Fischer, Scott 75, 326 f.
Fisher, James F. [Jim] 71, 195, 233–236, 242, 253, 260, 302, 320, 373, 377, 379 (8), 383 (3), 386 (77), 393 (57), 394 (39), 395 (63), 397 (37, 50), 398 (52, 61, 64), 399, 400 (14), 401 (40, 41), 402 (1), 403 (17, 22, 24, 28, 30), 405 (50, 59), 407 (8)
Fonda, Jane 341
Foucault, Michel 42, 342
Frauen u. Bergsteigen (s.a.: Annapurna-Frauenexpedition, 1978) 10, 16, 152, 158, 222 f., 226 ff., 255 ff., 339 f.
- Beziehung zu d. Sherpas 201, 212, 259 ff., 267 ff.
- Einzug d. Frauen ins B. 43, 215, 221 f., 229, 255 ff.
- Feminismus 226, 229 ff., 255 ff., 285, 288, 329, 337, 340
- Gegenkultur 221 f., 226, 259 ff.
- Memsahibs 158, 201, 256, 258 ff., 284
Führungsstil bei Expeditionen (s.a.: Militärischer Ansatz z. Bergsteigen) 187 ff.
- Gegenkultureller F. 222, 225 ff.
- Hierarchischer F. 187 f., 191 ff., 222, 225 ff., 247, 249, 333
Fürer-Haimendorf, Christoph v. 33 f., 84, 241, 293 f., 319, 322, 357, 360, 387 (83), 400 (14), 404 (42), 404 (47)

Gaman Singh (Gurkha-Soldat) 382 (73)
Gaylay (Gyali) Sherpa 61 f., 64, 74, 326
Geertz, Clifford 31, 342, 374, 380 (29)
Gegenkultur (s.a.: Frauen u. Bergsteigen) 185, 219 ff., 258 f., 292, 329 ff., 333, 336 ff.
- Ablehnung d. Konkurrenzdenkens 222, 224 f.
- Führungsstil(e) 225 ff.
- Gleichheit/Gleichberechtigung 185, 219, 255 f., 290
- Sexuelle Befreiung 256, 259 ff., 267
Geld als Motivation d. Sherpas 32, 34, 55 ff., 65 ff., 71, 80 f., 87 ff., 94, 97 f., 107 f., 184, 238 f., 241 ff., 291 f., 296, 323
Gelung Umze (Mönch) 144 f.
Gelungma Palma (Bodhisattva) 275 f., 347–357
Gillette, Ned 230 f., 397 (43, 45), 400 (23), 405 (63)
Goethe, Johann Wolfgang v. 52
Great Trigonometrical Survey of India (1852) 35 f., 211, 380 (6)
Guha, Ranajit 70, 380 (22), 383 (1)
Gurkha 36 ff., 54, 61, 202, 226, 380 (8), 382 (73)
Guru Rimpoche 310, 345 ff.

Hagen, Toni 73, 383 (9)
Hall, Rob 9, 332, 406 (6)
Hansen, Peter H. 373, 379 (16), 380 (7, 25), 381 (20, 27, 28, 33, 44), 386 (80), 387 (83), 391 (49), 396 (1, 4), 408 (13), 409 (32)
Hardie, Norman 214, 395 (72), 398 (50)
Hari Ram 380 (6)
Hargreaves, Alison 379 (11)
Haston, Dougal 211, 395 (77)
Hawley, Elizabeth 13
Herrligkoffer, Karl M. 37, 190, 380 (9, 11), 382 (63, 80), 385 (47, 49, 51), 392 (33)
Herzog, Maurice 16, 75, 103 f., 179, 182, 341, 375, 383 (14), 394 (29), 396 (9)
Hillary, Sir Edmund (Ed) 73 f., 164, 179, 194 ff., 223, 233 ff., 313, 338, 341, 361, 377, 381 (44), 383 (7, 10, 19), 384 (20), 392 (30), 393 (43), 394 (37, 40, 53), 397 (50), 398 (51, 73), 403 (13)
Himalaya-Club 66, 185 f.
Himalayan Society 186 f.
Himalayan Trust (vormals: Sherpa Trust) 233, 235, 303, 313, 360, 374, 405 (54), 407 (3)
Höhenkrankheit 12, 229, 271, 297
Hoey, Marty 227 f., 397 (39)
Holmberg, David H. 296 f., 373, 396 (88), 405 (64)
Hornbein, Tom 196, 225
Houston, Charles S. 78, 179, 232 f., 384 (28)
Howard-Bury, C. K. 43 f., 96, 385 (60)
Hunt, Sir John 187, 193, 195, 213, 223, 382 (87), 384 (21), 394 (31), 396 (83)
Hunzas 92 ff.

Identität d. Sahibs 337 f.
Identität d. Sherpas 11, 71, 94 ff., 174, 176, 291, 300 ff., 304 ff.
- »Fröhlichkeit« 37, 53 ff.
- I. u. Widerstand 94 ff., 174
Irvine, Andrew 61

Kalden 397 (50)
Kami (Diener) 64
Karma Lama 114, 392 (16)
Karma Paul 62
Kellas, A. M. 40 f., 58, 61, 184, 381 (25, 27)
Khentse Rimpoche (Tulku) 321
Kipling, Rudyard 45
Klöster (s.a.: Buddhismus; Lama[s]; Mönche; Volksreligion) 11, 24, 81, 87, 109 ff., 127 f., 133 f., 150 f., 154 f., 172 f., 185, 203 ff., 206, 209, 276 f., 295, 307, 309 ff., 320 ff., 385 (37), 401 (32), 404 (49), 405 (50)
- Bigu (Nonnenkloster) 151
- Chiwong 111 f., 114, 133, 151, 210, 312 f., 315, 361 f., 364 f., 368 f., 371, 395 (73, 74), 402 (73), 408 (11, 14, 16, 18)
- Devuche (Nonnenkloster) 112, 135, 276, 312, 362
- Kopan 313, 405 (50), 409 (20)

REGISTER 425

- Laudo 313, 405 (50)
- Rumbu (»Rongbuk«) 113, 128, 135f., 138, 143ff., 153, 169, 175, 203, 276, 334, 360, 362, 364, 367ff., 406 (9), 409 (24)
- Serlo 203, 312ff., 366f., 409 (29)
- Takshindo 151, 312, 315, 363f., 392 (14)
- Tashilhunpo 151
- Tengboche 88, 102, 111f., 114, 125, 127, 129ff., 135, 138f., 141, 143f., 146f., 151, 163, 168, 170, 206, 311ff., 315ff., 321, 341, 345, 359ff., 363, 365f., 407 (29)
- Thami 125, 140, 151, 203, 207, 242, 313, 316f., 361f., 364ff., 388 (5), 389 (23), 395 (65), 408 (10), 409 (21, 25)
- Thodung 151
- Tüpden Chöling 204, 313
- Geschichte d. K. 109ff., 150f., 203ff., 359ff.
- Heutige Situation d. K. 312ff., 359ff.
- Nonnenklöster 112, 135, 214, 258, 276f., 282, 312

Knowlton, Elizabeth 385 (48), 399 (3)
Kogan, Claude 257, 399 (6, 8)
Kohli, M. S. 55, 184, 382 (66), 383 (6, 12, 13), 392 (21), 393 (12, 15, 54, 55), 396 (90, 91), 403 (3)
Konkurrenzdenken 10, 66, 165, 187, 194ff., 224f., 228f., 248f., 286, 288, 293, 322
- K. u. Machismo 194ff., 222, 224f.
- Reaktion gegen K. 224f.
- Sherpa-Einstellung zum K. 165, 199ff., 249, 286, 288, 293, 322
Krakauer, Jon 327, 333, 336, 406 (4, 6, 7, 17, 20, 74, 77)
Kukuczka, Jerzy 339
Kumar, N. 216, 396 (91)
Kumdul Rimpoche 362, 367
Kurtyka, Wojciech 339f.
Kusho Mangden 361, 407f. (10)
Kusho Tulku 361f., 364f., 407f. (10, 11)

Lachenal, Louis 179
Laird, Thomas 153, 292, 386 (76), 392 (20), 400 (17), 403 (4)
Lakpa 165
Lama Gulu (s.a.: Tengboche Rimpoche) 138f., 143–147, 359
Lama Ongju 397 (50)
Lama Tenzing 120, 316, 376
Lama Tundup 365f., 409 (24)
Lama(s) (s.a.: Buddhismus; Klöster; Mönche) 83, 102, 116ff., 135f., 153, 157, 167ff., 175, 177, 205f., 277, 309, 311, 315, 321
- Monastische Kampagne 117ff.
- Reinkarnierte L. (Tulkus) 123f., 130, 138ff., 172, 203, 312ff., 316f., 320ff., 341, 359, 361ff., 370f., 391 (53, 54), 405 (60), 407f. (10), 408 (13, 14, 16, 20), 409 (24)
- Verheiratete L. 110f., 116ff., 126, 133f., 136ff., 140f., 146, 169, 203ff., 208, 308ff., 313, 315, 322, 361, 364f., 369, 387f. (5), 388 (10)

Lambert, Raymond 183f., 376, 399 (6)
Langbauer 202
Lhakpa (Everest-Besteiger, 1922) 61
Lhakpa Norbu Sherpa 282f., 373, 383 (14)
Lhakpa Sherpa 253, 324, 326
Lhakputi Sherpa 286, 402 (65)
Lobsang Jangbu Sherpa 75, 326f., 384 (25)
Lobsang Tsering Sherpa 92, 158, 168, 269, 279, 305f., 373, 375f.
Lor Khan 37, 93
Lowen Woser 362

MacDonald, Alexander W. 366, 382 (75), 392 (22), 393 (58), 409 (26)
Machismo 15, 50, 194ff., 215ff., 218, 229f., 232, 261, 330
- M. u. Gegenkultur 219ff., 222, 229f., 263, 330
- M. u. Konkurrenzdenken 194ff., 222
- M. unter Sherpas 215, 218, 262, 270, 284
Mallory, George Leigh 9, 43, 47, 49, 59, 61, 96, 201f., 337, 375, 382 (90)
Männlichkeit (s.a.: Machismo) 46, 50, 57f., 179f., 193, 210, 255
- Konkurrenzdenken 10, 194ff., 267
- M. bei d. Sherpas 83, 164f., 180, 267f.
- Westliche Maßstäbe bei Expeditionen 46, 57f., 179f., 194ff., 218
March, Kathryn 132, 384 (31), 392 (12), 395 (74), 401 (42, 43)
Marcus, George E. 380 (26)
Marcus, Steven 223, 396 (18)
Mason, Kenneth 36, 375, 380 (3, 5), 381 (14), 382 (73, 74, 79, 80, 83, 87, 91), 385 (59)
Memsahibs (s.: Frauen u. Bergsteigen)
Merkl, Willy 61f., 64, 74
Messner, Reinhold 163f., 222, 224, 341, 383 (96), 393 (42), 394 (54), 396 (16), 397 (20, 21), 406 (25)
Militärischer Ansatz z. Bergsteigen 57ff., 65, 179, 191ff.
Mingma Tenzing Sherpa 156, 241f., 274, 316, 373f., 377
Miura, Yuichiro 55, 202, 217, 221f., 381 (41), 393 (59), 394 (60), 396 (11, 15, 92)
Modernitätskritik (s.a.: Gegenkultur; Romantik) 81, 220, 239, 243, 294, 296, 304, 312, 325, 328ff., 339
- Bergsteigen als M. 45ff., 51f., 56ff., 180f., 239, 330, 339
- M. u. d. Sherpas 56, 294, 296, 304, 312, 325
Moffat, Gwen 400 (10)
Mönche (s.a.: Buddhismus; Klöster; Lama[s]; Volksreligion) 24, 107, 109ff., 116ff., 133ff., 153, 167, 172, 203ff., 295, 308ff., 389 (17), 390 (40, 42, 44)
- Bruch v. Gelübden 126, 135, 163, 309, 312f., 315ff., 322, 361, 365ff., 407f. (10), 408 (13), 409 (29)

- Innere Disziplin 112ff., 142, 152, 167, 170, 177, 210, 319
- Mitgefühl in d. Hochreligion 137f., 140ff., 147, 169f., 314, 319ff.
- M. gegen verheiratete Lamas 118f., 204, 206, 308f.
- M. u. »höherer« Buddhismus 117ff., 138ff., 152, 172, 177, 308ff.

Monrad-Aas 40, 381 (27)
Morris, C. J. 54, 59, 375, 382 (59)
Morris, James [Jan] 55, 197f., 200, 394 (45–47), 382 (64), 395 (81)
Morrissey, Jim 211, 225, 248
Mummery, A. F. 382 (73)

Nanda Rai 286
Narayan Shrestha 301, 403 (23)
Narbu Yishe 92, 375, 383 (103)
Nehru, Jawaharlal 105
Ngawang (Mönch) 409 (29)
Ngawang Samden 366, 369f., 377, 409 (24)
Ngawang Tenzing Norbu 391 (48)
Ngawang Yenden 363
Nim Tharkay 89
Nima Tensing 157
Noel, John (Captain) 59, 63, 153, 162, 375, 381 (26), 382 (77, 91), 392 (17)
Northey, W. Brook 54, 382 (59)
Norton, Basil P. 104, 387 (83)
Norton, E. F. 53, 59, 65f., 375, 381 (54), 382 (58, 77), 383 (99, 102, 103), 385 (56), 394 (49)
Nukku Sherpa 63
Nupki Gyelwu (Gottheit) 129–132, 137, 308, 321, 345ff., 357
Nyima Chotar 170, 310f., 316, 389 (20, 25), 404 (47, 48)
Nyungne-Ritual 137f., 275f., 309, 319, 356f., 391 (53)

Odell, Noel 214
O'Dowd (Ms.) 327
Orientalistischer Fatalismus 160ff., 166f., 393 (40)
Orientalismus 27f., 30, 56f., 76, 100, 160, 238, 244, 246, 291

Palmer, Jim 249, 383 (8), 393 (62), 395 (80), 396 (2), 399 (80, 86, 88)
Pasang (verschiedene Sherpas dieses Namens) 61f., 171, 325, 373
Pasang Bhutia 90, 375
Pasang Kikuli Sherpa 62, 74, 326
Pasang Lhamu (Khumjung) 285
Pasang Lhamu Sherpa (Bergsteigerin) 278, 285–290, 374, 377, 402 (61, 65, 66)
Pasang Norbu Sherpa 62
Pasang Nuru Sherpa 163, 373
Pasang Sona Sherpa 176

Pasang Temba Sherpa 373
Paternalismus 57ff., 65, 76, 100f., 184, 189, 238, 246, 264f.
Paul, Robert A. 131, 207, 235, 359, 384 (30), 388 (8, 9), 390 (41), 395 (71, 73), 401 (32), 404 (49), 408 (16, 19)
Pema Sherpa 61
Pema Sherpa 250, 373, 377
Pemba Lama 373
Pemba Tsering Sherpa 303, 374, 377
Pertemba Sherpa 163f., 166, 252, 302, 373, 377
Phantog (Nordgrat d. Mt. Everest) 263
Phu Dorji Sherpa 183
Phu Tharkey 237
Phungmoche 204, 369, 388 (5)
Phurba Sherpa 260, 377
Pintso Sherpa 62
Pittman, Sandy Hill 332
Puja-Ritual 156–160, 392 (32, 37), 376
Purna 217

Ragubhir Thapa (Gurkha-Soldat) 382 (73)
Rana (nepal. Familie) 86f., 109, 113, 129, 133, 294
Religion u. Bergsteigen (s.a.: Tod u. Bergsteigen) 11, 135f., 151ff., 171ff.,
- Abwandlungen im Glauben 11, 171ff., 307ff.
- Funktion bei Expeditionen 151ff.
- Töten v. Tieren 129ff., 152, 154ff.
- Trauerfeiern im Basislager 174ff.
- Verärgerung d. Götter 151ff., 277
Reynolds, Jan 231, 397 (43, 45), 400 (23), 405 (63)
Ridgeway, Rick 244f., 381 (44), 393 (54), 394 (26), 396 (9), 398 (74), 399 (75), 400 (23)
Risiko d. Bergsteigens (s.a.: Tod u. Bergsteigen) 12ff., 60ff., 160ff., 180
Roach, Gerry 248
Roberts, David 339, 382 (87), 397 (36, 40)
Roberts, James O. M. 189, 373, 393 (21), 394 (34)
Roch, André 200, 382 (88), 383 (12), 394 (51)
Romantik 33f., 49ff., 58, 60, 179f., 184, 191, 193, 197, 221f., 232, 239, 243, 246, 291, 330, 339f.
Roskelley, John 211, 227ff., 395 (61), 397 (38)
Rubenson, C. W. 40, 381 (23, 27)
Rutkiewicz, Wanda 339, 400 (25)
Ruttledge, Hugh 44, 56, 67, 127, 200, 375, 382 (70), 383 (106–108), 392 (24), 394 (50)

Sagarmatha-Nationalpark 35, 235, 303, 403 (2)
Sahibs (s.a.: Beziehungen zwi. Sahibs u. Sherpas; Machismo; Männlichkeit; Militärischer Ansatz z. Bergsteigen) 12, 15, 21, 29ff., 41ff., 210
- Ende d. S. 247ff.
- Identität d. S. 337f.
- S. u. Sherpas, Meinung über d. S. 19, 22, 34, 37, 40f., 52ff., 63ff., 69ff., 82, 84, 93, 98ff., 103, 149, 200, 238f., 244ff., 291ff., 323ff.
- Sozioökonomische Schicht d. S. 16, 22, 31, 43ff., 57, 181, 239, 247
- Spiele d. S. 30ff., 45f., 52, 57, 180ff., 219, 330

Sahlins, Marshall 32, 380 (21, 30)
Said, Edward 56, 342, 380 (22, 27)
Sambhu Tamang 301
Sangye 361 ff., 401 (57)
Sangye Lama 112, 114, 315, 365, 381 (21), 392 (16), 402 (73)
Sangye Mela (Gottheit) 355 f.
Sangye Tenzing 203, 312 f., 366, 409 (28)
Sardar 15, 21, 87, 90 f., 96, 165 f., 168, 199, 201, 216, 242, 258 f., 269, 278 f., 281 f., 290, 295, 297, 299, 302, 324 f.
Sarkey Tshering Sherpa 165, 305, 404 (37)
Scarr, Josephine 257, 399 (7)
Schaller, Hermann 61
Schamane 116 ff., 121 f., 137, 309, 311, 320, 322, 388 (6, 10), 404 (45)
Schmatz, Hannelore 74 f., 326 f., 335
Schwalbe, Kurt J. 367, 409 (27)
Scott, Doug 162, 220 f., 379 (2), 393 (46), 396 (8), 397 (20), 404 (37)
Scott, James C. 95, 385 (55)
Sen Tenzing 90, 375
Serlo Lama 124
Sexismus 222, 228 ff., 264, 272, 288 f.
Sexualität (s.a.: Machismo) 50, 116, 118 ff., 123, 152, 194, 202 ff., 210 ff., 259 ff., 318, 337, 396 (88, 89), 399 (9)
– Prahlen d. Sherpas 216 f., 261
– Scherze u. Obszönitäten über S. 50, 212 ff., 218, 261 f.
– S. zwi. Sherpas u. Memsahibs 212, 259 ff., 267 ff.
Sherpa(s):
– Darstellung d. S. 10 f., 19–22, 34, 37, 40 f., 52 ff., 63 ff., 69 ff., 82, 84, 93, 98 ff., 103, 149, 200, 238 f., 244 ff., 291 ff., 322 ff.
– Disziplinierung d. S. 54, 56 f., 60, 64 ff.
– Emotionale Aufregung, Abneigung gegen S. 152, 160 ff., 165 ff.
– »Entdecken« d. S. 39 ff.
– Freundlichkeit u. Charakter d. S. 34, 37, 71 ff., 81 ff., 293, 322 ff., 406 (77)
– Fröhlichkeit 37, 53 ff., 72 f., 76, 81 ff., 91 ff., 99 f., 108, 324
– Geld als Motivation 32, 34, 55 ff., 65 ff., 71, 80 f., 87 ff., 94, 97 f., 107 f., 184, 238 f., 241 ff., 291 f., 296, 323
– Geschichten v. guten S. 323 ff.
– Geschichten v. schlechten S. 295 ff.
– Identität, Veränderung d. 11, 29, 71, 94 ff., 112 ff., 300 ff., 304 ff.
– Konkurrieren u. Machismo 10, 66, 83, 197 ff., 249, 293, 322, 386 (66)
– Memsahibs, Beziehungen z. 201, 212
– Mitgefühl 169 ff., 293, 319
– Organisation für Expeditionen 185 ff., 385 (59)
– S. als unabhängige Arbeiter 39, 91 ff.
– S. ohne Sahibs 165, 305 ff.
– S. u. Bergsteigen 9 ff., 19 ff., 29, 149 ff., 180 ff., 304 ff., 323

– Streiks u. Widerstand 10, 63 f., 93 ff., 185 ff.
– Ungleichheit, neue Formen d. 11, 34, 235 ff., 241, 243, 294 ff., 328
– Zhindaks u. Loyalität 100 ff.
Sherpa Buddhist Association 185
Sherpa Climbers' Association 187
Sherpa-Frauen 43, 101, 181, 212 ff., 255 ff., 269, 272 ff.
– S.-F. u. Religion 112, 167, 275 ff.
– Soziale Charakteristika d. S.-F. 167, 181, 272 ff.
– Status im 20. Jahrhundert 255 ff., 272 ff.
Sherpa-Gesellschaft 11 f., 31, 34, 76 ff., 233, 291 ff.
– Fröhlichkeit u. soziale Ungleichheit 76, 81 ff., 91 ff., 108
– Grundbesitz u. Erbe 82 f., 85 ff., 109 f., 294, 298, 385 (37)
– Nichtmonolithische Natur d. S.-G. 171 ff., 181
– Soziale Unterschiede 78, 80 ff., 101, 174, 181, 235 ff., 241, 243, 294, 298 ff.
– Tourismus u. Entwicklung 71, 234 f., 255 f., 290, 292 ff., 302 ff., 323, 386 (77), 402 f. (2)
Sherpa Trust (s.: Himalayan Trust)
Shipton, Eric 16, 103, 195 f., 386 (80), 398 (51), 400 (11)
Simmel, Georg 46, 381 (34)
Smythe, Frank S. 55, 382 (69, 93), 389 (2)
Snellgrove, David 362, 390 (44), 408 (15, 17)
Sonam Dendu 306
Sonam Girmi (Sherpa-Sardar) 155, 248
Sonam Gyalchen Sherpa 175, 373, 383 (13)
Sonam Tsering Sherpa 287
Spiele, ernste 24, 30 ff., 67, 78, 110, 180 ff., 219, 256, 291, 314, 329
Spivak, Gayatri Chakravorty 26, 380 (22, 24)
Stevens, Stanley F. 403 (2, 17), 398 (60)
Stone, Sharon 341
Streiks (s.: Widerstand)
Sundhare Sherpa 74, 325 ff., 384 (24)

Tabei, Junko 230, 263, 265 ff., 377, 400 (22)
Tabin, Geoff 326, 338
Talok (abtrünniger Mönch / s.a.: Mönche – Bruch v. Gelübden) 315–318
Tasker, Joe 299
Tawa Gyeldzen 163
Tengboche Rimpoche (s.a.: Lama Gulu) 147, 168, 312, 341 ff., 360 f., 366, 376, 389 (26), 404 (43)
Tenzing Norgay Sherpa 23, 66, 72 f., 88–91, 103–106, 134 ff., 150, 153, 161, 179, 182–185, 187, 194, 196, 243, 251, 257 f., 287, 376, 379 f. (19), 381 (48), 382 (81, 82, 87), 383 (5, 96, 105), 384 (21, 23), 385 (42, 46, 59), 387 (86, 88), 391 (7, 9, 45, 48, 50), 392 (11, 18), 393 (5, 10, 13, 16), 394 (30), 398 (73), 402 (73)
– T. N.s Autobiographie als Quelle 23, 72, 103 f., 243, 381 (48)
Thami Rimpoche 366
Thartang Tulku 408 f. (20)

Thompson, Mike 84, 245f., 292f., 296, 323, 384 (30, 34, 36), 383 (20), 403 (6, 13), 406 (77)
Tiger-Medaille 66, 107f., 149, 387 (94)
Tilman, H. W. [Bill] 44, 47, 51f., 63, 67, 76, 98, 100, 131, 179, 232f., 379 (12), 381 (32, 38, 40, 50), 382 (86, 89), 383 (17, 104, 109), 384 (26), 385 (48), 386 (70, 72), 390 (36), 393 (1), 396 (17, 84)
Tod u. Bergsteigen (s.a.: Religion u. Bergsteigen) 9, 12ff., 37, 41, 60ff., 63f., 74f., 96, 135, 149ff., 174ff., 227, 271, 280f., 286f., 294, 297, 310, 319, 326, 333, 335f., 382 (73)
– Beinaheunfälle u. Reaktion d. Sherpas 63f., 164f.
– Monastische Disziplin bei d. Reaktion auf T. u. B. 152, 160ff., 170
– Orientalistischer Fatalismus 160ff., 166f., 393 (40)
– Reaktion auf Todesfälle 15, 63f., 96, 160ff., 174ff., 281, 293, 393 (40)
– Zahlen zu T. u. B. 9, 12ff.
Tolden Tsultim 315, 363f., 409 (20)
Töten 118ff., 123, 129ff., 152, 154ff., 308, 390 (38, 39)
Tourismus, Einfluß d. 71, 150, 234ff., 255f., 290, 292ff., 302ff., 323
Trekking 166, 231, 236, 241, 255f., 259f., 262, 282, 285, 293f., 296f., 300f., 303, 323ff., 405f. (68)
Tso-Rituale 321
Tucci, Giuseppe 150
Tulkus (s.: Reinkarnierte Lamas)
Tullis, Julie 264, 271, 400 (24, 26)
Turner, Ted 341
Tushi Rimpoche 124, 140ff., 203, 313, 363, 368-371, 376f., 388 (5), 391 (53), 408 (18), 409 (31)

Ullman, James Ramsay 56, 72, 201, 238, 381 (43), 382 (72), 383 (11), 393 (19, 24, 39), 394 (34, 55), 396 (9), 397 (27), 398 (68), 406 (11)
Unsoeld, Nanda Devi 227ff.
Unsoeld, Willi 196, 225, 227ff., 397 (37, 41)
Unsworth, Walt 43f., 196, 211, 381 (20, 28, 29, 30, 35, 36, 47, 49), 382 (74-76, 81, 90), 383 (17, 18, 95, 103), 386 (69), 393 (17, 22, 25, 60), 394 (33, 35, 41, 43, 56), 395 (76), 396 (19), 397 (27, 32), 399 (4), 400 (27)
Urkien 233, 397 (50)

Vernon, Ken 327
Vohra, C. P. 173
Volksreligion 81, 102, 109ff., 114ff., 171ff., 181, 275ff., 307ff.
– Kampagne zur Bereinigung u. Aufwertung d. V. 24, 109ff., 117ff., 129ff., 152, 154, 172, 181, 203ff., 275f., 308ff.
– Kritik an d. V. als undiszipliniert 110, 117ff.
– Mitgefühl 137f., 140ff., 147, 169ff., 314, 319ff.
– Nupki-Gyelwu-Ritual 129ff., 132, 137
– V. u. verheiratete Lamas 118ff., 204, 206, 308f.

Wangdi Norbu (Sardar) 66
Watson, Vera 271
Wells, Frank 248, 331f., 392 (28, 36), 397 (26, 39), 399 (85), 406 (2, 14)
Welzenbach, W. 61
Whittaker, Jim 341
Widerstand (s.a.: Beziehungen zwi. Sahibs u. Sherpas – Disziplinieren d. Sherpas) 26, 29ff., 60, 63f., 151f., 174, 176, 219, 247f., 253f., 282, 284, 295, 297, 302, 308
– Definition v. W. 95
– Neudefinition d. Sahib-Sherpa-Beziehung 185ff., 219ff., 237
– Streiks u. alltäglicher Widerstand 10, 60, 93, 185ff., 217, 247f.
Wieland, U. 61
Wilson, Maurice 50f., 59f., 62, 221, 382 (81)
Wolfe, Dudley 62
Woodall, Ian 338
Woodhead, Leslie 377, 398 (57), 409 (25)
Workman, Fanny Bullock 257

Younghusband, Sir Francis 38f., 47, 50, 53, 381 (45, 54, 56), 384 (23)

Zatul Rimpoche 130, 138, 140f., 143-147, 151, 155f., 203, 359, 362f., 367-371, 377, 389 (34), 391 (53)
– Reinkarnationen d. Z. R. 151, 203, 362f., 367ff., 408 (13)
Zhindak (Förderer, Schirmherr) 100-106, 300, 386 (75, 77)

»Wer einmal den Baikal gesehen hat, den lässt er nicht mehr los«, sagt Klaus Bednarz und entführt den Leser in einen Landstrich voller Superlative und Rätsel.
»Heiliges Meer«, »Perle Sibiriens« oder »Das blaue Herz der Taiga« nennen die Russen den Baikalsee. Er ist nicht nur der älteste, sondern auch der tiefste und geheimnisvollste See der Erde, eingebettet in eine einzigartige Natur – und Ursprung einer uralten Kultur.
Sagen und Legenden erzählen von diesem einmaligen Naturphänomen, Lieder und Gedichte feiern den Zauber dieses Sees und der ihn umgebenden endlosen Wälder und Steppen.

»Ein Meisterwerk.«
Süddeutsche Zeitung

»Fast möchte man bedauern, dass sich Bednarz dem Fernsehjournalismus verschrieben hat. Er lässt auch ohne Kamera lebendige Bilder entstehen, allein mit der Kraft der Worte.«
DIE ZEIT

ISBN 3-404-60485-7

Fesselnd und faktenreich erzählt dieses Buch die 5000 Jahre währende Geschichte der Weltentdeckung mit dem Schiff

Wussten Sie,
- dass erst im 20. Jahrhundert die Erde ganz entdeckt war?
- dass den Römern der Seeweg nach Indien bekannt war?
- dass viele Entdecker verschollen sind oder bei ihren Fahrten umkamen?
- dass die Chinesen den Kompass schon 100 Jahre vor den Europäern benutzten?

Ans Ende der Welt und darüber hinaus ...
erzählt die Abenteuer- und Kulturgeschichte der Schifffahrt. Der Autor berichtet von häufigen Niederlagen und seltenen Erfolgen, von unscheinbaren Erfindungen und Epoche machenden Expeditionen, von berühmten Entdeckern und unbekannten Helden. Sie brauchten Mut, um in unbekannte Gewässer vorzudringen, denn lange war nicht sicher, dass die Erde eine Kugel ist. Hinter jeder Grenze, die überwunden wurde, tat sich eine neue auf ...

ISBN 3-404-64182-5

Anna ist 17, Meike 22, als sie in die sibirische Steppe kommen, mit einem Treck von jungen enthusiastischen Bauhaus-Architekten und Ingenieuren aus Deutschland und Holland. In Magnitogorsk soll innerhalb kürzester Zeit eine Industriestadt aus dem Boden gestampft werden. Für Anna und Meike ist alles neu und aufregend, sie erleben die grandiose, oft abweisende Natur – endlose Steppe, Wälder, aus denen nachts Wölfe zu hören sind, die kurzen, unerträglich heißen Sommer und ewigen Winter bei bis zu minus 40 Grad. Das Leben in dem Holzbarackenlager ist alles andere als konfortabel, doch sie haben diesen Traum, vom Reißbrett aus eine neue, bessere Welt zu schaffen ...

Gabriele Krone-Schmalz erzählt vom unbekannten Alltag in den 30er-Jahren, berichtet von Lebensschicksalen, der Liebe, den Träumen und gescheiterten Utopien des 20 Jahrhunderts.

ISBN 3-404-60496-2